质量管理工程师手册

主　编　孙　磊　王新平　孙长敬
副主编　尤建新　夏恩余　黄文同　李正权
　　　　官　勇　陈得泉
参　编　陆　晶　李志斌　陈　昊　庞湘萍
　　　　刘　容　展飞燕　陈发波　邓昌友
　　　　唐先德　陈铁华　马新强　郭　彬
　　　　钱　敏　李涛林　孙　玲　曹旭峰
　　　　张自达　李若望　冯　祺

机械工业出版社

本手册系统介绍了新时代质量管理工程师应具备的知识体系,为便于学习,将本书分为质量管理篇和质量工程篇。其中,质量管理篇的内容包括质量管理概论、质量管理体系、全过程质量管理、优秀质量模式、质量文化和质量领导力6章。质量工程篇的内容包括概率论与数理统计、质量工程技术、质量改进方法、新技术与质量管理4章。读者通过对这10章知识的学习、理解和掌握,可较好地增加读者对质量管理工程的系统性认知,帮助质量工作者在组织内更有效地开展质量管理与质量工程相关工作,从而助力组织质量管理绩效得到全面提升。

本书可作为广大质量工作者持续学习的指导书,也可作为各类质量培训、质量专业人员能力考评、质量专业继续教育与质量认证等机构培训与考试的辅助教材,还可作为高等院校质量管理工程、工业工程、工商管理、工程管理等相关专业的参考用书。

图书在版编目(CIP)数据

质量管理工程师手册/孙磊,王新平,孙长敬主编. —北京:机械工业出版社,2023.9(2024.1重印)

ISBN 978-7-111-73877-0

Ⅰ.①质… Ⅱ.①孙… ②王… ③孙… Ⅲ.①质量管理-手册 Ⅳ.①F273.2-62

中国国家版本馆 CIP 数据核字(2023)第 175332 号

机械工业出版社(北京市百万庄大街 22 号 邮政编码 100037)
策划编辑:陈玉芝 责任编辑:陈玉芝 张雁茹 王振国 关晓飞
责任校对:樊钟英 李 杉 封面设计:马精明
责任印制:张 博
北京中科印刷有限公司印刷
2024 年 1 月第 1 版第 2 次印刷
169mm×239mm・37.25 印张・2 插页・767 千字
标准书号:ISBN 978-7-111-73877-0
定价:168.00 元

电话服务 网络服务
客服电话:010-88361066 机 工 官 网:www.cmpbook.com
　　　　　010-88379833 机 工 官 博:weibo.com/cmp1952
　　　　　010-68326294 金 书 网:www.golden-book.com
封底无防伪标均为盗版 机工教育服务网:www.cmpedu.com

专家推荐

  这本书是一部关于质量管理、质量工程与质量大数据领域的重要著作。作者们以其丰富的理论知识和实践经验,剖析了质量管理原理、方法与大数据技术在现代产业中的应用。书中案例丰富、观点独到,既有理论指导价值,又具有很高的实用性。无论是对于正在从事质量管理从业者,还是对于希望提高质量管理能力的企业,都是一本必读之作。

  -宗福季 教授 香港科技大学信息枢纽署理院长 国际质量科学院院士

  质量管理是质量强国的重要基础和保障。质量管理需要全员全方位全过程的管理,需要紧跟时代发展、坚持与时俱进的管理,质量管理是一门历久弥新的科学。《质量管理工程师手册》涉及质量管理概论、质量管理体系、质量文化、优秀质量模式、质量领导力、数理统计基础、质量工程技术等诸多内容,提纲挈领,系统全面,是培育质量管理工程师的有益教材,是提升产业、行业、企业质量管理水平的重要参考。

  -贾玉奎 学者 研究员 中国市场监管(质量)研究与教育联盟秘书长

  质量是企业生存和发展的根本,作为一家食品生产企业更应加强企业全过程、全流程的质量管控,以确保产品质量和食品安全,这既是企业落实主体责任、也是承担社会责任的体现。要实现系统化的质量管控就必须配备具有系统性的质量管理知识和技能的质量人员。

  孙磊等主编的《质量管理工程师手册》,是由国内一批长期从事质量管理研究、质量管理实践的资深专家们的成果。这本书不仅有系统性的质量管理理论知识,更有可直接应用的实战案例,是质量管理工程师的操作指南,也是企业开展质量管理的实战工具。

  -王明 质量管理中心总经理 泸州老窖股份有限公司

质量管理工程师的培养是为质量强国建设奠定人才基础的重要举措。《质量管理工程师手册》的出版，令人耳目一新，眼前一亮。这本书内容新颖、时代性强、案例丰富、贴近实业，推荐企业领导一读，推荐企业质量技术人员，特别是质量管理人员，必读必学。

-王文斌　董事长兼总经理　陕西斯瑞新材料股份有限公司

我国经济发展正在从规模扩张转向提质增效，发展动力从要素投入转向创新驱动，高质量发展要靠高质量的人才支撑。这本书契合时代发展，融合了一大批在质量管理领域有着丰富理论基础和实践经验的高校和企业专家们的智慧，既是质量管理工程师的必读之书，也是企业质量管理工作者不可多得的实践指导手册，同时也可作为高校质量管理工程专业学生的参考用书，特此推荐！

-张德华 集团副总经理 箭牌家居集团股份有限公司

在世界百年未有之大变局下，质量人才的重要性勿庸质疑。《质量管理工程师手册》的出版，是适应新时代要求启动新的质量人才资格评价制度的勇敢尝试。注重实战、可读性强、足够新颖、足够专业，是这本书的最大特色。郑重推荐广大质量人士，特别是企业质量管理人员一读。

-邵国强 副总经理/质量总监 陕西汽车控股集团有限公司

序 一

质量,是国家昌盛、企业发展和人民生活中永恒的主题。当前,我国整体的质量水平和竞争力与高质量发展时代的要求还有较大差距。质量提升行动的实施及其目标的达成离不开数量众多、知识丰富、能力较强的质量人才队伍,其中坚力量就是质量工程师。《质量强国建设纲要》中明确指出,要重视质量工程师队伍建设。自学和社会化培养是目前大批量培养质量工程师的重要途径。质量工程师的培养离不开全面、系统的相关书籍。

我国专注于系统化质量工程师培养的书籍有1994年的《质量专业工程师手册》(2002年再版为《质量工程师手册》)。配合国家层面的质量专业技术人员职业资格考试,该书极大地促进了质量工程师的社会化培养。社会的进步、知识的更新、新技术的应用及相关方需求的变化,对从事质量管理和质量工程工作的质量人士在知识体系、能力结构等方面都提出了新要求。质量人才队伍的建设急需一本与时俱进、内容涵盖全面、实战案例丰富的书籍。《质量工程师手册》自2006年第5次印刷后至今没有更新,《质量管理工程师手册》的出版正当时。

《质量管理工程师手册》的编写团队包括近30位长期从事质量管理工程研究和应用的教授以及多年躬耕于质量管理工程实践的知名企业的质量高管,是理论研究和实践应用的充分结合。手册在结构上,将全书分为上下两篇,并将与质量管理和质量工程相关的内容分别以模块形式按照一定逻辑编入对应篇章;内容上,继承和补充了《质量工程师手册》,增加了质量领导力、优秀质量模式、新技术应用等新内容,还加入了较多的应用案例。《质量管理工程师手册》结构清晰、内容完整、案例丰富,是广大质量工作者系统学习质量专业知识、提升质量能力的"好老师",也是提升质量工作绩效的"好帮手"。

——宋明顺 2023年夏 于杭州
教授、中国计量大学原校长

序 二

中国正在迎来质量新时代。世界正在见证中国的质量新时代。

站在百年未有之大变局的 2023 年，蓦然回望，人类的脚步已经悄悄迈进了 21 世纪的第二个十年，中国正以更加自信的步伐走进质量新时代，举国上下正在为经济的高质量发展、为全面实现小康社会、为实现中华民族的伟大复兴而努力奋斗。时代的进步，更加激发了人们对质量的向往与追求，对质量管理创新和质量治理体系的探索。

综观质量强国德国和日本的制造和质量发展历史，质量竞争力的提升是根本。二战后曾帮助日本提升质量的著名质量大师戴明博士说过，质量和一致性是商业繁荣和和平发展的基石。另一位质量大师朱兰博士曾断言："21 世纪是质量的世纪，质量将成为和平占有市场最有效的武器，成为社会发展的强大驱动力"。置身于经济全球化浪潮之中，能不能提供高质量的商品，是一个国家在世界经济舞台的核心竞争力；而拥有多少高质量的知名品牌，则直接关乎一个国家在经济领域的影响力。

如果说中华民族的伟大复兴是一场薪火相传、接续奋斗的接力跑，那么，从 1996 年《质量振兴纲要（1996—2010 年）》、2012 年《质量发展纲要（2011—2020 年）》、2017 年中共中央国务院发布《中共中央国务院关于开展质量提升行动的指导意见》，再到 2023 年 2 月 6 日党中央、国务院印发《质量强国建设纲要》（以下简称《纲要》），则是一场迈向质量强国的接力跑。当前，中国质量发展挑战与机遇并存，亟需重构中国质量发展的新体系、描绘中国质量发展的新蓝图。《纲要》的发布，不仅为新时代中国质量发展举旗定向，也为质量强国建设指路引航，并且确立了新时期质量工作的全新方位。

曾几何时，国人出国抢购电饭煲、智能马桶盖带来的集体尴尬；不必讳言，曾经长期连圆珠笔芯都要依靠进口，以至于有人感叹"中国能造原子弹，为何造不好圆珠笔芯？"更不能无视，世界上各类名牌商品，其中发达国家拥有大多数著名品牌所有权，长期处在产业链的高附加值环节，而中国产业长期徘徊在低端环节。如何扭转这一态势？习近平总书记早已给出答案：推动中国制造向中国创造转变、中国速度向中国质量转变、中国产品向中国品牌转变。这其中的关键，就是提质增效，建设质量强国。

质量强国的目标已经确定，质量强国建设亟需一批具备系统专业知识的质量管理专业人才。为帮助广大的质量从业者专业、系统地开展质量管理工作。中国质量俱乐部组织国内高等院校、行业协会的质量管理专家及头部企业的质量经理人们共同编写了《质量管理工程师手册》。以期本书的内容能为新时代下的质量从业者们更加专业、更加职业地开展质量管理工作提供有益的帮助。

更难能可贵的是，作者们立足质量新时代，涉足了信息化、物联网、人工智能、大数据以及质量道德与质量伦理的相关内容，并增加"质量领导力"章节，旨在培养质量人面对时代巨变迅速适应提升基于大数据和人工智能背景下的质量管理能力，精准培养大变局时代质量人的领导素质和领导能力，这有助于提升质量从业者们的战略判断力和质量创新决断力。

本书是基于传统的质量管理专业知识和新时代背景下质量人急需具备的专业知识之有效融合的研究成果。对于正在从事质量管理的工程师、质量经理、质量领导者们都是一本难得的系统性质量书籍。同样，本书对质量管理工程、工业工程等专业的高校学者们也是一本有价值的参考用书。

欣然命笔，是为序言。

何 桢
天津大学教授、博士生导师
国家级领军人才
国际质量科学院（IAQ）院士

前　言

质量发展是兴国之道、富国之本、强国之策。纵观世界工业发展历程，每一次工业革命的崛起，无一例外都是建立在夯实的质量基石之上。在人类社会发展的历史长河中，每一次质量变革都促进了技术的进步和人民生活质量的提高。

从经济发展规律来看，赢得质量才能赢得未来。著名质量管理专家朱兰博士曾说过："在和平时期，用质量去占领市场是一种最有效的手段，质量是推动社会进步的最有效措施。"

我国领导人历来对质量都高度重视，邓小平同志1975年8月提出"一定要坚持质量第一""要想在国际市场上有竞争能力，必须在产品质量上狠下功夫"等著名论断。胡锦涛同志指出："增长质量和产品质量关系发展可持续性，关系人民群众切身利益，关系国家形象。"党的十八大以来，以习近平同志为核心的党中央更加重视质量，明确提出"把推动发展的立足点转到提高质量和效益上来"，强调要以提高经济增长质量和效益为中心。党的十九大报告再次提出建设质量强国的目标，强调："必须坚持质量第一、效益优先，以供给侧结构性改革为主线，推动经济发展质量变革、效率变革、动力变革。"进入新发展阶段，中国经济从高速增长阶段转向高质量发展阶段。党的二十大报告指出："高质量发展是全面建设社会主义现代化国家的首要任务。"把发展质量摆在更突出的位置，经济、社会、文化、生态等各方面都要体现高质量发展的要求。2023年2月，党中央、国务院印发《质量强国建设纲要》，揭开了新时代建设质量强国的新篇章，对我国质量事业发展具有重要里程碑意义。

相对于发达国家来说，我国的质量人才培养体系建设起步较晚。2000年"中国质量管理之父"刘源张院士向时任国务院总理朱镕基写信建言，建议开展质量工程师职业考试制度。2001年，国家质检总局、人事部联合在全国范围内开展质量专业技术人员职业资格考试。2014年7月22日，《国务院关于取消和调整一批行政审批项目等事项的决定》（国发〔2014〕27号）公布取消质量专业技术人员职业资格许可和认定。同年8月13日，人社部办公厅发布了《关于做好国务院取消部分准入类职业资格相关后续工作的通知》，其中指出：根据《国务院办公厅关于清理规范各类职业资格相关活动的通知》（国办发〔2007〕73号）和《人力资源社会保障部关于减少职业资格许可和认定有关问题的通知》（人社部发〔2014〕53号），取消国务院部门设置的没有法律法规或国务院决定作为依据的准入类职业资格。质量专业人员职业资格取消后，研究建立新的人才评价制度。截止到2014年年底，共有约20余万名从事质量工作的人士获得了质量专业职业资格证书。

中国质量俱乐部2021~2023年连续三年开展的年度质量人生存与发展调查报告显示，目前95%以上的企业质量工作者都是非科班"质量管理工程专业"毕业，企业质量人员对质量知识的系统性掌握严重不足。虽然很多企业也重视质量工作，定期派人或组织内部人员开展质量工具和方法的学习，但效果不佳。其根本原因之一是质量管理是系统工程，需要从系统视角精心策划、有效地组织与开展。企业急需大量经过系统培训与考评合格的质量管理工程师队伍，社会对专业化质量人才招聘的需求有增无减，专业化质量人才的供需矛盾越来越突出。

从2021年开始，中国质量俱乐部组织国内高等院校质量专家和行业头部企业质量高管们共同策划并编写了《质量管理工程从业人员职业能力要求》《质量管理工程从业人员职业能力评价规范》两份团体标准作为质量管理工程师能力评价的依据。《质量管理工程师手册》则作为质量管理工程师能力评价的配套用书和质量从业者自我提升学习的参考教材。手册分上下两篇，上篇是质量管理篇，包括质量管理概论、质量管理体系、全过程质量管理、优秀质量模式、质量文化和质量领导力6章。下篇为质量工程篇，包括概率论与数理统计、质量工程技术、质量改进方法、新技术与质量管理4章。编写本手册的目的是希望广大质量从业者通过10章知识的学习，增强对质量管理工程的系统性认知，帮助其在组织内更有效地开展质量管理与质量工程相关工作，从而助力全面提升组织质量绩效。

本手册的第1章质量管理概论，其中第1、2、5节由尤建新、陆晶编写，第3节由尤建新、陆晶、李志斌编写，第4节由李志斌编写；第2章质量管理体系，其中第1节由夏恩余编写，第2、4、5节由夏恩余、陈昊编写，第3节由夏恩余、刘容、庞湘萍编写；第3章全过程质量管理，其中第1节由黄文同编写，第2节由黄文同、展飞燕编写，第3节由李志斌编写，第4节由陈发波编写，第5节由邓昌友编写，第6节由唐先德编写；第4章优秀质量模式由王新平、陈铁华编写；第5章质量文化由李正权、孙磊编写；第6章质量领导力，其中第1节由官勇编写，第2节由马新强编写，第3节由郭彬编写；第7章概率论与数理统计由王新平、钱敏编写；第8章质量工程技术，其中第1节由李涛林编写，第2节由孙玲编写，第3、5节由王新平编写，第4节由曹旭峰编写；第9章质量改进方法，其中第1、3、4节由陈得泉编写，第2节由陈得泉、邓昌友编写，第5节由张自达编写，第6节由李若望、陈得泉编写；第10章新技术与质量管理，其中第1节由冯祺、孙长敬编写，第2、3节由孙长敬编写，第4节由陈发波编写。本手册由孙磊、王新平、孙长敬策划、统稿并担任主编，尤建新、夏恩余、黄文同、李正权、官勇、陈得泉担任副主编。本书副主编和参编按章节编写顺序排列。

  从古至今，人们对质量的追求与对美好生活的向往从未停歇。如今我们正在经历世界百年未有之大变局，新一轮科技革命和产业变革快速发展，引发质量理念、质量方法与实践的深刻变革。质量已作为繁荣经济贸易、促进产业发展、增进民生福祉的关键要素。面对新势态，国家已把推动发展的立足点转到提高质量和效益上来，推动中国制造向中国创造转变、中国速度向中国质量转变、中国产品向中国品牌转变，推动质量变革、效率变革和动力变革，实现高质量发展，建设质量强国，最终实现中华民族伟大复兴。作为时代的质量人，更应抓住机遇，通过系统、专业的学习，提高质量意识和能力，为组织的产品和服务质量提升以及高质量发展贡献力量。《质量管理工程师手册》编写团队也希望本手册的出版，能为世界质量的发展贡献中国智慧，为质量管理工程师的培养及建设质量强国贡献微薄之力。

  本手册能顺利出版，除了与多位编者的心血和智慧有关，也得益于出版社的大力支持，此外上海电机学院质量管理工程专业2019级的卢师倩、梁金敏、万亚丽和白玛拉卓四位同学也付出了辛勤劳动。

  在手册的编写过程中，编者们参考了国内外相关文献资料，在此向各位作者谨表谢意。如有不慎遗漏，在此深表歉意。由于编者们学识水平有限，书中难免存在不当之处，恳请读者不吝批评指正，以便不断改进完善。

编　者

目 录

序一
序二
前言

上篇 质量管理篇

第1章 质量管理概论 ……………… 2
- 1.1 质量与质量管理 ………………… 2
  - 1.1.1 质量概述 ………………… 2
  - 1.1.2 质量管理概述 …………… 4
  - 1.1.3 质量管理发展历程 ……… 8
- 1.2 质量战略与策划 ……………… 11
  - 1.2.1 质量战略 ………………… 11
  - 1.2.2 质量方针目标的策划 …… 13
  - 1.2.3 质量方针目标管理 ……… 15
- 1.3 国家质量基础设施（NQI）… 16
  - 1.3.1 国家质量基础设施（NQI）
    概述 ……………………… 16
  - 1.3.2 我国的国家质量基础设施
    （NQI）建设 …………… 19
- 1.4 国家质量法制基础 …………… 26
  - 1.4.1 质量法制 ………………… 26
  - 1.4.2 企业的产品质量责任 …… 28
  - 1.4.3 标准的法律保障 ………… 29
  - 1.4.4 计量法规与监督管理 …… 30
- 1.5 质量经济性 …………………… 32
  - 1.5.1 质量经济性概述 ………… 32
  - 1.5.2 质量成本与质量成本管理 … 33
  - 1.5.3 质量经济性管理 ………… 35

第2章 质量管理体系 ……………… 36
- 2.1 质量管理体系基础 …………… 36
  - 2.1.1 质量管理体系概述 ……… 36
  - 2.1.2 质量管理体系标准概述 … 38
- 2.2 质量管理体系的建立和实施 … 40
  - 2.2.1 前期准备阶段 …………… 41
  - 2.2.2 整体设计阶段 …………… 43
  - 2.2.3 组织设计阶段与实施 …… 44
- 2.3 质量管理体系的维护和改进 … 49
  - 2.3.1 例行的维护、保持和改进 … 49
  - 2.3.2 被动的突然变更和主动的
    创新性改进 ……………… 49
- 2.4 质量管理体系的外部认证 …… 49
  - 2.4.1 外部认证的价值 ………… 49
  - 2.4.2 外部认证的申请和实施 … 50
- 2.5 质量管理体系审核 …………… 51
  - 2.5.1 质量管理体系审核概述 … 51
  - 2.5.2 质量管理体系审核的策划与
    实施 ……………………… 52
  - 2.5.3 现场审核后活动的实施 … 64

第3章 全过程质量管理 …………… 70
- 3.1 需求质量管理 ………………… 70
  - 3.1.1 定义客户需求 …………… 70
  - 3.1.2 客户需求转换 …………… 71
  - 3.1.3 客户需求测量 …………… 74
  - 3.1.4 客户需求实现 …………… 75
- 3.2 设计与开发质量管理 ………… 79

3.2.1 设计与开发策划 …………… 79
3.2.2 设计与开发过程管理 ……… 81
3.2.3 设计与开发过程控制要点 … 84
3.2.4 设计评审与质量成熟度评价 … 90
3.2.5 设计变更管理 …………………… 92
3.2.6 设计标准化管理 ……………… 93
3.2.7 软件质量管理 …………………… 94
3.3 供应商质量管理 …………………… 97
3.3.1 供应商管理概述 ……………… 97
3.3.2 供应商资源的开发管理 …… 101
3.3.3 供应过程的质量管理 ……… 106
3.3.4 供应商绩效评价与持续改进 …………………………… 109
3.3.5 供应商风险管理 ……………… 113
3.4 过程质量管理 ………………………… 116
3.4.1 过程的定义与识别 ………… 116
3.4.2 过程控制的主要方法 ……… 117
3.4.3 统计过程控制（SPC） …… 119
3.4.4 过程能力和过程绩效评价 … 139
3.5 质量检验技术 ………………………… 146
3.5.1 质量检验的基本概念 ……… 146
3.5.2 质量检验的要求与检验岗位的设置 ……………… 151
3.5.3 质量检验计划制定 ………… 152
3.5.4 抽样检验的基本概念 ……… 153
3.5.5 计数标准型抽样检验方法 … 158
3.5.6 计数调整型抽样检验方法 … 160
3.6 服务质量管理 ………………………… 166
3.6.1 服务质量管理概述 ………… 166
3.6.2 服务设计与改进 ……………… 171
3.6.3 服务业质量管理 ……………… 173
3.6.4 商品售后服务 …………………… 178
3.6.5 服务认证 ………………………… 180

第4章 优秀质量模式 …………………… 182
4.1 质量革命呼唤优秀质量模式 … 182

4.2 相关政府质量奖 …………………… 183
4.2.1 日本戴明奖 …………………… 183
4.2.2 美国波多里奇质量奖 ……… 185
4.2.3 欧洲质量奖 …………………… 188
4.2.4 中国质量奖 …………………… 191
4.3 优秀质量模式的启示 …………… 194
4.3.1 各国政府质量奖的启示 …… 194
4.3.2 我国质量强国战略的实施 … 194

第5章 质量文化 …………………………… 199
5.1 质量意识与质量道德 …………… 199
5.1.1 员工的质量意识 ……………… 199
5.1.2 员工的质量道德 ……………… 201
5.1.3 企业的质量责任制 ………… 203
5.2 企业的质量文化建设 …………… 205
5.2.1 质量文化的基本作用 ……… 205
5.2.2 质量文化的构成要素 ……… 208
5.2.3 质量文化建设的策划和实施 … 210
5.3 质量信誉与质量形象建设 …… 213
5.3.1 企业的质量信誉 ……………… 213
5.3.2 企业的质量形象 ……………… 217

第6章 质量领导力 ……………………… 220
6.1 质量领导力概述 …………………… 220
6.1.1 质量领导力的定义 ………… 220
6.1.2 质量领导力框架 ……………… 223
6.1.3 质量领导力认知 ……………… 224
6.2 质量领导力要素与质量领导力建设 …………………………… 226
6.2.1 质量领导力要素 ……………… 226
6.2.2 质量领导力建设的原则 …… 229
6.2.3 质量领导力建设的内容 …… 229
6.3 质量领导力应用与评价 ………… 236
6.3.1 质量领导力应用 ……………… 236
6.3.2 质量领导力评价 ……………… 239
6.3.3 质量领导力提升 ……………… 245

下篇　质量工程篇

第7章 概率论与数理统计 ………… 248
7.1 概率论基础 ………………………… 248
7.1.1 事件与概率 …………………… 248
7.1.2 概率的确定方法 ……………… 254
7.1.3 概率的性质 …………………… 255
7.1.4 条件概率 ………………………… 257

  7.1.5 独立性和独立事件的
    概率 ……………………… 259
7.2 随机变量及其分布 …………… 260
  7.2.1 随机变量 ………………… 260
  7.2.2 随机变量的分布 ………… 261
  7.2.3 均值、方差与标准差 …… 265
  7.2.4 常用分布 ………………… 267
  7.2.5 中心极限定理 …………… 275
7.3 数理统计基础 ………………… 277
  7.3.1 总体与样本 ……………… 277
  7.3.2 频数及直方图 …………… 278
  7.3.3 基本统计量 ……………… 280
  7.3.4 抽样分布 ………………… 283
7.4 参数估计 ……………………… 284
  7.4.1 点估计概述 ……………… 284
  7.4.2 区间估计概述 …………… 287
7.5 假设检验 ……………………… 292
  7.5.1 假设检验的基本概念 …… 292
  7.5.2 假设检验的基本步骤 …… 293
  7.5.3 有关正态总体参数的假设
    检验 ……………………… 295
  7.5.4 有关比例 p 的假设检验 …… 300
7.6 回归分析 ……………………… 302
  7.6.1 散点图的概念 …………… 303
  7.6.2 相关系数的概念 ………… 303
  7.6.3 一元线性回归方程 ……… 305
7.7 方差分析 ……………………… 308
  7.7.1 方差分析的概念 ………… 308
  7.7.2 单因子方差分析 ………… 309

第8章 质量工程技术 ……………… 314

8.1 实验设计 ……………………… 314
  8.1.1 实验设计概述 …………… 314
  8.1.2 实验设计的原则及实施
    步骤 ……………………… 322
8.2 测量系统分析 ………………… 341
  8.2.1 测量系统分析概述 ……… 341
  8.2.2 计量型测量系统分析 …… 345
  8.2.3 计数型测量系统分析 …… 352
  8.2.4 测量结果 ………………… 355

8.3 质量功能展开 ………………… 359
  8.3.1 质量功能展开概述 ……… 359
  8.3.2 质量功能展开的基本思路及
    程序 ……………………… 361
  8.3.3 质量屋的结构及应用
    方法 ……………………… 363
8.4 失效模式与影响分析 ………… 367
  8.4.1 失效模式与影响分析
    简介 ……………………… 368
  8.4.2 DFMEA 的开展流程与
    案例 ……………………… 370
  8.4.3 PFMEA 的开展流程与
    案例 ……………………… 385
8.5 可靠性基础知识 ……………… 399
  8.5.1 可靠性概述 ……………… 399
  8.5.2 可靠性、维修性的常用度量
    参数 ……………………… 401
  8.5.3 可靠性设计、试验与
    管理 ……………………… 406

第9章 质量改进方法 ……………… 414

9.1 质量改进概述 ………………… 414
  9.1.1 质量改进的定义 ………… 414
  9.1.2 质量改进的程序 ………… 415
9.2 质量改进分类 ………………… 416
  9.2.1 快赢型改进 ……………… 417
  9.2.2 纠正型改进 ……………… 420
9.3 质量改进工具 ………………… 426
  9.3.1 量化的质量改进工具 …… 427
  9.3.2 非量化的质量改进工具 …… 441
9.4 质量管理小组 ………………… 457
  9.4.1 质量管理小组概述 ……… 457
  9.4.2 质量管理小组的组建 …… 458
  9.4.3 质量管理小组活动实施 …… 458
  9.4.4 质量管理小组活动成果与
    评审 ……………………… 468
9.5 六西格玛管理 ………………… 470
  9.5.1 六西格玛管理概述 ……… 471
  9.5.2 六西格玛管理的战略
    推进 ……………………… 476

- 9.5.3 六西格玛管理的方法论 …… 485
- 9.5.4 六西格玛项目选择 …… 489
- 9.5.5 DMAIC 实施步骤 …… 492
- 9.5.6 DFSS 实施步骤 …… 511
- 9.6 精益生产 …… 514
  - 9.6.1 精益生产的起源 …… 514
  - 9.6.2 精益生产的核心方法 …… 516
  - 9.6.3 精益生产的实施步骤 …… 521
  - 9.6.4 精益生产与六西格玛的融合 …… 539

第 10 章 新技术与质量管理 …… 541
- 10.1 信息化与质量管理 …… 541
  - 10.1.1 信息、数据与信息化 …… 541
  - 10.1.2 质量管理中的信息 …… 543
  - 10.1.3 质量信息管理 …… 545
  - 10.1.4 质量管理信息化 …… 545
  - 10.1.5 质量管理信息系统 …… 546
  - 10.1.6 质量管理信息化应用案例 …… 549
- 10.2 人工智能与质量管理 …… 551
  - 10.2.1 人工智能概述 …… 551
  - 10.2.2 人工智能的核心 …… 554
  - 10.2.3 人工智能的研究和应用领域 …… 555
  - 10.2.4 人工智能对质量管理的影响与挑战 …… 559
  - 10.2.5 人工智能在质量管理中的应用案例 …… 562
- 10.3 物联网与质量管理 …… 565
  - 10.3.1 物联网概述 …… 565
  - 10.3.2 物联网关键技术及应用 …… 566
  - 10.3.3 物联网在质量管理中的应用案例 …… 569
- 10.4 大数据与质量管理 …… 571
  - 10.4.1 大数据概述 …… 571
  - 10.4.2 大数据技术的应用 …… 574
  - 10.4.3 大数据在质量管理中的应用 …… 575
  - 10.4.4 大数据在质量管理中的应用案例 …… 576

参考文献 …… 579

上篇　质量管理篇

第1章 质量管理概论

1.1 质量与质量管理

人类社会的质量活动可以追溯到远古时代，而现代意义上的质量管理则起源于 20 世纪初。质量管理历经了百年发展，在当今社会中扮演着越来越重要的角色。

什么是质量？这是一个既简单又复杂的问题，每个人心中可能会有不一样的想法。同样，质量对于不同的人在不同的情况下也会有不一样的意义。那么，质量到底有没有标准的概念，大家能不能形成一个统一的认识呢？专家们经过多年的质量管理理论研究和实践，在 1986 年发布的 ISO 8402《质量管理和质量保证》标准中给出了质量的定义。2015 年出版的 ISO 9000：2015 标准中给出的质量定义为：客体的一组固有特性满足要求的程度。这里的特性是指可区分的特征，如感官特征、物理方面的特征、组织或者行为的特征等。要求有明确的、隐含的或者必须履行的需求或期望。客户的期望和需求多种多样，有的很明确，有的很隐含，有的一直在变化，还有非常模糊。因此，企业需要面对不同的需求和期望，提供相应的服务来满足要求。

1.1.1 质量概述

对质量好坏的直观判断通常从产品质量性能角度进行，产品的质量特性可以概括为产品性能、产品寿命、产品的可信性、产品的安全性、产品的适应性和产品的经济性等。产品性能是指产品功能，即产品在功能上满足客户要求的能力；产品寿命是指在规定使用条件下产品正常发挥功能的时间；产品的可信性包括可用性、可靠性、维修性和保障性；产品的安全性是指产品服务于顾客时保证其人身和环境免遭危害的能力；产品的适应性是指产品适应外界环境变化的能力；产品的经济性是指在产品寿命周期内的总费用。顾客对产品质量性能的感受直接影响其购买行为以及购买后的满意程度。不同的顾客对同一产品的质量感受也不尽相同，比如由于顾客的不同感官、不同的消费感受等催生了各种各样不同等级、不同特色的宾馆和饭店。大众比较容易理解的是不同特色，而不同等级却容易误解为与质量高低有关。ISO 9000：2015 标准对等级的定义为：对功能用途相同的客体按不同要求所做的分类或分级。必须注意的是，不是顾客对于高等级就一定满意或对于低等级就一定不满意。高等级或低等级都有其顾客，都有其质量要求，都可能使顾客满意或不满意。所以企业要结合顾客的要求，对不同等级的产品明确其质量要求并制定标准，以便使供需双方达成共识，并在此基础上开展质量管理活动。

为了帮助读者更好和深入地理解质量概念，下面列举部分质量专家对质量概念做出的解释。

美国质量大师约瑟夫·朱兰（Joseph M. Juran）于 20 世纪 60 年代用一条螺旋上升的曲线向人们揭示了产品质量是一个产生、形成和实现的过程。这条"朱兰质量螺旋曲线"，阐述了五个重要的理念：

① 产品质量的形成由市场研究到销售、服务等 13 个环节组成，它们共处于一个系统，相互依存、相互联系、相互促进，要用到系统论的观点来管理质量。

② 产品质量形成的 13 个环节一个循环接一个循环，周而复始，不间断重复，是不断上升、不断提高的过程，所以质量要不断改进。

③ 产品质量形成是全过程的，对质量要进行全过程管理。

④ 产品质量形成的全过程中受到供方、销售商和顾客的影响，涉及企业之外的因素，所以，质量是一个社会系统工作。

⑤ 所有的质量活动都由人来完成，质量管理应该以人为主体。"朱兰质量螺旋曲线"的提出，推动了人们对质量概念的认识逐渐由狭义的产品质量转向广义的企业整体质量。

美国另一位质量专家菲利普·克劳士比（Philip B. Crosby）在他的《质量免费》一书中指出：对于质量的定义，最容易错误地将质量形容为"优良""精美""闪闪发光"或"引人注目"。他认为必须对质量有一个准确的定义：质量就是符合要求。在企业中，"要求"必须被明确地表达，以确保不会被误解；必须持续地测量，以确保符合"要求"。凡是有不符合"要求"的地方，就表明质量有欠缺。这样，质量问题就转化成了是否有不符合要求的问题，"质量"也就清晰了，而且是可测量的（有明确的界限）。

日本的质量专家石川馨认为质量反映了顾客的满意程度，但顾客的要求是变化的，因此质量的定义也是不断变化的，高质量就是满足顾客不断变化的要求。同时，石川馨特别强调价格的作用，认为价格是质量的重要组成部分，这与 ISO 9000：2015 标准对质量术语的解释是一致的。对于质量的定义，石川馨认为人们如何解释"质量"这个术语很重要。他指出：狭义的解释，质量是指产品质量；广义的解释，质量是指工作质量、服务质量、信息质量、过程质量、部门质量、人员质量、系统质量、公司质量和目标质量等。

几十年来，质量概念的发展伴随着世界经济、政治的发展和变化，到了 20 世纪90年代后期，人类对质量概念的认识随着可持续发展概念的提出而发生了重大变革。随着"绿色质量"理念的提出，资源和环境的问题不仅提出了生态化的追求目标，还直接揭示了质量的代价，高质量的低代价和低质量的高代价概念已清楚地反映了质量在成本、利益和风险等方面对人类发展产生的影响。进入21世纪之后，人类社会对科技发展的作用和全球经济发展的模式有了更新的认识，对经济发展模式的关注重点也从商品生产和经济增长的速度转向了人居环境和经济增长的质量。毋庸置疑的是，随着人类对科技和经济发展认知的变化，其质量观念和质量管理思想也发生了变化。

1.1.2 质量管理概述

1. 质量管理相关术语

（1）质量管理 ISO 9000：2015标准将质量管理定义为：关于质量的管理（指挥和控制组织的协调活动）。质量管理可包括制订质量方针和质量目标，以及通过质量策划、质量保证、质量控制和质量改进实现这些质量目标的过程。因此，必须有一个健全的管理体系来支持质量管理活动。由于环境的多变性和发展的导向性，组织的全部质量活动都必须围绕着与顾客和社会需求相适应、与满足顾客要求相吻合的目标来进行，全面有效地实施质量保证和质量控制，并考虑质量管理活动的经济效果，使组织的各相关方的利益都得到满足。

成熟的现代企业在质量管理实践中，"顾客至上"已被逐渐地落实并认真贯彻执行。企业有了清晰的质量目标后，其质量管理活动就可以有效地配置资源，更好地实现企业质量目标的过程。公共部门如果引入"顾客至上"的理念，就能帮助工作人员更好地认识他们工作的质量目标，有效地配置公共资源，社会发展会更加和谐和美满。

（2）质量管理的原则 按照ISO 9000：2015标准，质量管理活动必须坚守以顾客为关注焦点、领导作用、全员积极参与、过程方法、改进、循证决策和关系管理七项原则，这是许多专家在质量管理理论和实践发展过程得出的重要结论。

1）以顾客为关注焦点。质量管理的首要关注点是满足顾客要求并且努力超越顾客期望。企业落实以"顾客为关注焦点"，需要企业领导在思想上真正认识并在企业质量方针和质量目标中体现这一原则；企业的员工充分理解并普遍接受这一原则；企业的所有工作尤其是质量管理体系都充分体现此原则或从此原则出发；企业建立了与顾客沟通的渠道，并定时进行沟通；在识别和转化顾客需求的基础上企业建立了行之有效的制度；企业将该原则纳入管理评审，定期评审并加以改进；企业及时处理顾客抱怨和投诉，所有与顾客相关的工作得到持续改进。

2）领导作用。领导是企业宗旨和方向的建立者，同时也是创造全员积极参与实现组织质量目标的条件。企业质量管理中，领导人要建立良好的质量氛围，起到模范带头作用，鼓励在企业范围内履行对质量的承诺，创造全员参与实现企业目标的人文环境，推动质量文化的全面展开。

3）全员积极参与。整个企业内各级胜任、经授权并积极参与的人员，是提高组织创造和提供价值能力的必要条件。全员参与是现代企业质量管理的一个重要特征，也是现代企业质量管理的一个基本要求。由于质量是企业整个组织各个环节、各个部门全部工作的综合反映，企业必须充分调动全体员工的积极性和创造性，倡导人人关心质量，人人做好本职工作，全体参与质量管理。

4）过程方法。过程定义为利用输入实现预期结果的相互关联或相互作用的一组活动。将活动作为相互关联、功能连贯的过程组成的体系来理解和管理时，可以更加有效和高效地得到一致的、可以预知的结果。过程方法实际上是对过程网络的一种管理方法，即企业系统地识别并管理所采用的过程及过程的相互作用。很显然，识别过程和过程内容非常重要。

5）改进。持续的质量改进是组织永恒的主题，任何时候都具有重要意义。在互联网的冲击下，持续改进对于企业来说更为重要。尤其是所有企业都面临跨界的挑战，优势劣势瞬息万变，持续改进是企业取胜的法宝。需要注意持续改进是主动寻求改进，而不是等问题出现再开始行动。

6）循证决策。质量管理要求尊重客观事实，用数据说话。基于数据和信息的分析和评价进行的决策，更有可能产生期望的结果。真实的数据既可以定性反映客观事实，又可以定量描述客观事实，这样就可以更精准地分析问题和解决问题。

7）关系管理。为了持续成功，组织需要管理与相关方（如供方、合作伙伴、顾客、投资者、雇员或整个社会）的关系。以供方为例，供方是组织的"受益者"之一，同时供方又是组织的"资源"，供方的质量业绩显著影响企业的质量业绩，供方已经超越企业的供应链管理，扮演了重要角色。企业和供方已经是一个共同体，一损俱损已成为不争的事实，与供方共建质量管理体系、共筑质量防线已成必然。企业应当建立平衡短期利益与长期考虑的关系，与相关方合作开展开发和改进活动，共同进步。

2. 全面质量管理的基本知识

全面质量管理TQM（Total Quality Management）起源于美国海军航空系统司令部，当时用来描述日本式的质量管理方法。经过相当长时间的完善和发展，全面质量管理的科学原理于20世纪20年代遍及当时的美国工业。20世纪30年代，质量管理专家休哈特建立了统计分析和质量控制的方法，戴明在50年代把这些方法教给日本的工程师和高管们，同时朱兰教给他们质量管控和管理突破的概念。费根堡姆1961年的著作《全面质量管理》（Total Quality Control）是目前公认的全面质量管理的先驱。全面质量管理是一种综合的、全面的经营管理方式和理念，它以组织全员参与为基础，代表了质量管理发展的新阶段。这一管理方式后来在其他一些工业发达国家开始推行，并且在实践运用中各有所长。特别是日本，在20世纪60年代以后推行全面质量管理并取得了丰硕的成果，引起世界各国的瞩目。

20世纪80年代后期,全面质量管理得到了进一步的扩展和深化,逐渐由早期的TQC(全面质量控制)演化为TQM(全面质量管理),其含义远远超出了一般意义上的质量管理领域。全面质量管理是能够在最经济的基础上,并在考虑到充分满足客户要求的条件下进行生产和提供服务,把企业各部门在研制质量、维持质量和提高质量的活动中构成一体的一种有效体系。全面质量管理不同于以往的质量管理,它主要强调以下几点:

① 质量管理应当由以检验人员、狭义质量相关人员为主,进一步拓展到全员参与。

② 不仅要对制造工序实施质量管理,更要对产品产生与形成的全过程都实施质量管理,将质量管理拓展到产品整个生命周期。

③ 质量管理不应只考虑狭义的产品质量,要综合考虑质量、价格、交货期和服务。

④ 解决质量问题的方法和手段应该是多种多样的,不能仅靠质量检验和统计方法,必须有一整套的组织管理工作。

3. 质量管理专家的质量概念

在质量发展的历史长河中,有许多质量管理专家为推动质量管理理论和实践的发展做出了巨大贡献。部分著名质量管理专家的经典理论见表1-1。

表1-1 部分著名质量管理专家的经典理论

质量专家	专家简介及其经典理论
休哈特	休哈特被称为统计质量控制之父。作为朱兰和戴明的导师,休哈特对统计学和概率论进行了广泛的研究,并将统计、工程和经济结合成一门新的学科。休哈特在他的《*Economic Control of Quality of Manufactured Product*》一书中首次提出过程中存在引起变异的两种原因:随机原因和可确定原因。并指出可确定原因是能够进行研究并加以消除的。使用统计控制界限的方法,对过程数据进行分析,从而可以区分两种原因。休哈特关注通过迅速识别过程中存在的问题和减少检验来实现更经济的方法或降低成本。休哈特首先创造了PDCA循环(Plan计划、Do执行、Check检查、Act处理)的概念,后期由戴明改编、采纳、宣传和普及
戴明	1987年8月,在美国召开的戴明国际学术研讨会上,戴明博士以"迎接挑战,摆脱危机"为题重点阐述了著名的14条质量管理要点: 1)建立改进产品和服务的坚定目标。要使产品具有竞争力并占领市场,应把改进产品和服务质量作为长期目标 2)提倡新的质量观念。无论是最高管理者还是组织的其他成员,都必须不断地学习和更新质量观念 3)消除依赖大批量检验来保证质量。在改进质量活动和降低成本方面,要积极使用科学的方法,了解控制的目标,掌握统计控制技术,摆脱对大批量检验的依赖性 4)采购、交易不应只注重价格。要求供应商提供质量管理体系的有关资料,废除传统的只用较低价格中标的竞争体系,要综合考虑供应商的供货能力 5)持续不断地改善生产和服务系统。如果不改进,组织的运作过程总是存在或出现质量的不满足问题,持续改进才能使组织的体系持续满足发展变化的要求

(续)

质量专家	专家简介及其经典理论
戴明	6)实现更全面、更好的在职教育和培训。无论是质量观念还是质量方法,都存在发展和变化。因此,需要不断进行员工的继续教育和培训 7)高层管理者的工作在于领导。在组织的质量活动中,高层管理者的主要任务是创造并提供符合质量要求的、舒适的工作环境,包括使每个员工获得必要的工具和文件,能够认识和理解工作的要求,具备合适的工作能力等 8)排除恐惧,让每个人都能有效工作。增强组织内的信息沟通,减少对员工的束缚,消除对员工的不信任感并帮助员工建立克服困难的信心,营造一个鼓励创新的工作氛围 9)拆除部门壁垒。努力消除组织内各部门间的隔阂,鼓励各部门协同解决质量问题 10)不搞流于形式的质量运动。最高管理者不要为了达到零缺陷和提高生产率而给员工制订过多的口号、告诫和目标,使大家对质量承诺失去信心,对质量管理活动失去信心 11)密切核查各项过程标准的效果。改进应有助于质量目标的实现,要努力追求过程的改进,提高过程的效率和有效性 12)排除人们为其工作成果而感到自豪的障碍。工作成果应该成为员工继续努力工作的动力,要鼓励员工在各方面都能为自己的进步或成果而感到自豪,如技术水平的提高、目标任务的完成、发现一个不易觉察的缺陷或解决一个质量问题等 13)鼓励自我改进,实施有力的继续教育和培训计划。鼓励员工接受更多的继续教育和培训,增强专业知识和能力,不断地进行自我改进,以适应组织不断发展的需要 14)采取积极的行动推动组织的变革。最高管理者对于质量的永恒的责任是实现顾客的要求,满足顾客的要求,让顾客感到满意并忠诚于组织。为此,必须不断地推动组织的变革以适应环境的发展变化,从而增强组织的竞争能力,保持组织的竞争优势
朱兰	朱兰定义了两种不同但是相关联的质量概念:第一种质量是以收入为导向,由满足客户需求并由此产生收入的产品特征组成。从这个意义上讲,更高的质量通常会花费更多。第二种质量形式是以成本为导向的,包括免受失败和缺陷的影响。从这个意义上讲,更高的质量通常成本更低 朱兰还定义了质量要求的三个基本管理过程(通常称为"朱兰三部曲"):质量策划、质量控制和质量改进。这些过程与传统的财务管理过程类似。他在 Managerial Breakthrough 一书中,提出了结构化的改进方法,并列举出了高层管理者不能委任别人承担职责: 1)使人们意识到改进的必要性和机会 2)使质量改进成为每个职位说明的一部分 3)建立基础设施质量委员会,负责选择要改进的项目并建立团队 4)提供质量改进方法方面的培训 5)定期评审改善进程 6)认可改进团队 7)利用结果来传播努力的力量 8)修订奖励制度以提高改善率 9)通过扩大包括质量改善目标在内的经营计划来保持改进的势头
克劳士比	克劳士比对质量的定义是符合要求,因此可用是否符合成本要求来衡量质量。基于这种理解,质量管理意味着预防不合格成本,组织的其中一个目标便是实现零缺陷。他在 Quality Without Tears 一书中发表了改进必需的14个步骤: 1)高层管理者的承诺 2)组织质量改进团队 3)质量检测

(续)

质量专家	专家简介及其经典理论
克劳士比	4）质量成本 5）质量意识 6）质量改进的行动 7）零缺陷运动的策划 8）教育与培训 9）零缺陷日 10）制定目标 11）消除产生错误的根源 12）表彰 13）质量委员会 14）重新开始
费根堡姆	1998年，费根堡姆在第三届上海国际质量研讨会（SISQ-3）上发表了"未来属于全面质量领先者"的演讲。他定义了全面质量管理的四项基本原理： 1）竞争意味着不存在永久的质量水平，必须持续改进才能保持竞争力 2）良好的管理者通过动员组织的质量知识、技能和态度来亲自领导工作，以使每个人都意识到质量的提高可以使一切变得更好 3）创新成功需要高质量的支持，尤其是在可以更快更有效地设计和推出新产品的地方 4）成本和质量是互补的目标，而不是相互矛盾的目标 随着知识经济时代的到来，费根堡姆借助"知识就是力量"的口号提出：全面质量的有效在于"知识，在得到正确应用的时候，才有力量"
石川馨	石川馨是戴明的学生，是日本科学技术联盟（JUSE）的成员。他发明的鱼骨图和因果图，至今仍被广泛使用。石川馨在他的 *What Is Total Quality Control? The Japanese Way* 一书中，讨论了全面质量管理的以下几个方面的内容： 1）质量控制是全员和全部门的职责 2）全面质量控制是一项集体活动而不能由个人完成（团队合作） 3）有从上（总裁）到下（产线工人）的通力合作，全面质量控制就不会失败 4）中层管理者需要准备好，因为他们会经常被讨论和批评 5）质量管理小组活动是全面质量控制的一部分 6）不要混淆目标与实现目标的手段 7）全面质量管控并非神药，它的特性更像是中草药

1.1.3 质量管理发展历程

1. 世界质量管理的发展历史

1911年美国工程师泰勒提出的"科学管理理论"强调科学分工，在生产管理中，由以往的自产、自检改为生产和检验分开，从而产品的质量得到了提高，这种事后检验成为质量管理的开始。这个时期的质量管理也被称为质量检验阶段。到20世纪20年代，美国贝尔实验室的休哈特博士于1924年提出过程控制理论以及监控过程的工具（控制图），引入事前预防的概念。同一实验室的道奇（Dodge）博士和数学家罗米格（Roming）于1929年提出产品抽样理论。这些理论最早实践在美国军需物资的制造上，保证了"第二次世界大战"中美国军需品的质量和交货期。1941~1942年，美国标准协会制订出以Z1为代号的标准：Z1.1为质量管理指南；Z1.2为分析数据控制图法；Z1.3为控制图法。由于"第二次世界大战"期间，美国机载电子设备的大量故障，逐步出现了可靠性需求和研究。1950年，美国制定美国军方抽样标准MIL-STD-105A。这个时期的质量管理也被称为统计过程控制阶段。1950年，受日本科学技术联盟（JUSE）邀请，美国质量专家戴明（Deming）博士赴日本讲学，他的质量管理思想深深震撼了当时的日本。为永久纪念戴明（Deming）博士对日本人民的贡献和友情，更为了推动企业的质量管理，促进日本质量控制的持续发展，日本科学技术联盟（JUSE）在1951年设立了"戴明奖"。同年美国另一质量领导人物朱兰（Juran）出版了《质量控制手册》，这本著作影响了全世界的质量理念。1958年，美国军方制定了一系列的美国军用标准，并在MIL-Q-9858A中提出了"质量保证"的概念。1960年，日本质量领军人物石川馨首次提出质量管理小组（QCC），他在《日本的质量管理》一书中说："日本的质量管理是经营思想的一场革命"。1966年，日本另一名质量管理专家田口玄一出版了《统计分析》一书，介绍了信噪比。田口玄一以他的田口损失函数闻名。20世纪60年代，美国费根堡姆和朱兰等人推出"大质量"的概念，质量从单纯的性能考虑开始增加安全性、经济性、可靠性、质量保证和环境等多方面因素。全面质量管理（TQM）应运而生。1961年，费根堡姆出版了专著《全面质量管理》，为各国的全面质量管理工作和实践提供了很好的依据。国际标准化组织（ISO）从1987年开始陆续提出ISO 9000族标准，并在1994年、2000年、2008年和2015年进行了四次修订。ISO 9000族已为世界各国所采用，成为广泛使用的质量管理标准。质量管理也正式进入全面质量管理阶段。

2. 中国质量管理的发展历程

改革开放以来，伴随着生产力的巨大解放，我国质量管理工作不断调整和变革，质量管理水平走出了一条阶梯式的发展路线。总体来看，大体可以分为三个发展阶段。

第一阶段（萌芽阶段：20世纪70年代至80年代末）

新中国成立初期，计划经济所形成的生产思维模式更重视生产是否按照计划完成，并不关注产品的质量管理。在这种管理观念下，生产的产品信誉低，只能自产自销，无法走出国门，同时也存在一定程度的浪费。改革开放后，我国开始从计划经济体制转向社会主义市场经济体制，面对冲击剧烈的外部环境和市场竞争压力，我国企业要逐步走向世界舞台，必须做好自身产品质量的保障，提高产品品牌价值，最终才能赢得顾客的认可。当时质量管理水平与发达国家相比明显落后，质量问题的解决迫在眉睫。1978年8月，日本质量大师石川馨率团访问中国，介绍日本的全面质量管理模式，并对中国质量工作提出多项建议。北京内燃机总厂在吸收日本小松制作所的管理经验后，中科院系统所刘源张研究员组织了中国第一个QC

小组，于同年9月发布成果，做出了卓越的贡献。1979年5月，国家经委首次举办全国质量管理培训班；同年8月，第一次全国质量管理小组代表会议召开；8月31日，中国质量管理协会成立。1980年3月，国家经委颁发了《工业企业全面质量管理暂行办法》，推动了我国工业企业规范化、制度化的质量管理路程。1982年3月，国务院同意设立国家质量管理奖，表彰在质量管理工作中表现突出的企业。企业在这时期，质量管理意识开始慢慢觉醒，典型的有海尔张瑞敏的"砸问题冰箱"事件。1986年4月，国务院颁发《工业产品质量责任制条例》，规定不合格工业品由生产企业对用户和经销商承担维修、更换、退货以及赔偿经济损失的责任。该条例的颁发，意味着消费者从此维权有了法律的武器，产品责任第一次明确化。全国质量月活动最早开始于1978年，从1993年开始每年举办一直持续至今，为推动质量知识的普及做出了很大贡献。

第二阶段（振兴时期：20世纪80年代末至21世纪初）

这一阶段进入改革开放深入发展时期，加入世贸组织后，大量进口产品让中国制造面临严峻的竞争压力，质量的差距让我国企业对质量的系统化，以及质量管理体制的建立和完善有了更迫切的需求。1987年，国际标准化组织首次发布了ISO 9000族标准的第一版，使世界各国有了一套相同的国际标准化的质量管理方法。1988年我国标准化行政管理部门按照等效采用国际标准的指导思想，制定发布了GB/T 10300《质量管理和质量保证》系列标准，并在企业中开展贯彻标准的试点工作。同年，国家技术监督局成立，成为国务院直属机构，按照《中华人民共和国标准化法》的相关要求，1989年组织成立了全国质量管理和质量保证标准化技术委员会。在广泛听取了专家、学者、质量管理和标准化工作者的意见后，最终于1992年10月发布GB/T 19000质量管理和质量保证系列标准，在全国范围内进行贯彻和执行，这也意味着我国在质量标准领域有了统一的参照。同年7月，国务院发布《关于进一步加强质量工作的决定》，提出依靠技术，加强质量监督等政策措施。1993年，全国人大常委会审议通过《中华人民共和国产品质量法》，我国的质量工作正式进入法制轨道。1998年3月，国家技术监督局更名为国家质量技术监督局，列为国务院直属机构，行使执法监督职能，管理标准化、计量、质量工作。2001年4月，国家质检总局成立，实行对质量、计量、标准化一体管理。随着建立12365投诉举报咨询系统，加大对质量违法行为的处罚力度，加强对企业的质量监督，国家质量管理体制逐步完善。并且在1992年，"中国质量万里行"采访报道活动成为20世纪90年代初期最有影响的社会活动之一。质量意识此时已有明显提高，质量工作也逐步深入人心。

第三阶段（高质量发展期：21世纪10年初至今）

进入经济全球化深入发展期，以质量为核心要素的市场竞争越来越激烈。我国经济发展已由高速增长阶段转向高质量发展阶段，"质量强国"被写入党的代表大会报告和政府工作报告。第一次以党中央、国务院文件的名义提出实施质量强国战略,充分体现了国家推进高质量发展、建设质量强国的坚定决心,为我国质量发展提供了强有力的后盾。经过40多年的大力发展,我国质量管理水平已取得巨大成效,产品、工程和服务质量明显进步。国家质检部门抽查的产品质量平均合格率已由1985年的66.5%上升至2022年的93.3%,并多年保持在90%以上。欧美国家对我国出口的商品通报召回的数量也逐年降低。质量管理也逐渐由政府引导模式转为法制规范化,一大批法律法规施行,质量制度体系日益健全,质量管理体制机制在法治轨道上不断优化和完善。

我国质量管理工作过去依靠向国外学习"引进来"的方式慢慢改变为"走出去"的方式。前两个质量发展阶段,我们都是向国外尤其是日本和美国学习经验,邀请质量专家现场指导。如今,我国已在国际标准化组织(ISO)、国际电工委员会(IEC)、国际电信联盟(ITU)等30余个国际组织中担任重要职务,为全球的质量发展提供了中国智慧和中国经验。

1.2 质量战略与策划

1.2.1 质量战略

1. 战略管理的基本概念

战略,最早是军事用语,主要用在军事领域。战略可以理解为战争的谋略,即为达到战争目的而对战斗的运用。20世纪初,战略这一词开始应用于商业领域。1938年,C. I. Barnard认为"在需要做出决策的任何情况下,企业组织应遵循相同的原则,必须考虑战略因素",首次将战略概念引入管理理论。20世纪60年代起,结合战略与商业策略,在企业中推广与应用战略成为学术界关注的焦点。如哈佛大学的Michael E. Porter教授把战略定义为:公司将自身与行业环境结合起来进行的自我定位。到了20世纪80年代,"战略"概念的应用得到不断地深化和丰富,除了军事战略、企业战略之外,还出现了人才战略、教育发展战略、城市发展战略等。

随着西方管理学的蓬勃发展,战略管理一词被广泛讨论。一开始有一些狭义的理解,认为将战略管理分解为目标制定、战略评价、实施和控制等与管理相关的操作就能落实好战略管理。"战略管理之父"H. Igor Ansoff在他的 *Corporate Strategy* 一书中对战略管理进行了定义和解释,他认为"战略管理是运用战略对整个企业进行战略性管理,主张将企业的日常业务决策活动同长期规划决策相结合","战略管理与以往经营管理的不同之处在于:战略管理是面向未来动态地、连续地完成从决策到实现的过程"。他对经营战略的定义为"企业为了适应外部环境,对目前从事的和将来要从事的经营活动而进行的战略决策。"当代管理学大师Peter F. Drucker在他的《管理的实践》一书中写道:"真正重要的决策,都是战略性决策，必须设法了解情势改变情势，找出可用的资源或应该采用的资源。这些都属于管理决策。任何管理者都必须制订这类战略性决策，管理者的层级越高，则需要制订的战略性决策就越多。"进入21世纪以来，企业战略管理已成为管理学科的核心内容，并逐步从理论研究步入更多实践的学习与应用。

战略管理包含了战略策划和实施两部分。战略策划需要根据公司的愿景和使命设定战略总目标，制定年度战略目标，建立实现目标的行动计划，然后进入下一个重要环节战略实施。战略策划指导组织中的每一个人去实现共同的目标，它使组织有序地行动来帮助组织持续关注顾客的需求、保持相应的反应和灵活性、善待员工、满足各方利益从而最终达到卓越。战略实施首先要保证最高管理者的承诺、参与与坚定支持，组织中的每一个人都参与并承诺其职能范围中的行动策划，战略计划才能切实执行。另外，在目标实施过程中，要对公司的关键指标进行测量，以保证动态实施的过程得到监控，并且对可能存在的问题能及时纠正和预防。

2. 企业经营战略与质量战略

质量战略是企业关于质量的发展方向、目标、规划和政策。质量战略管理是结合现代质量管理与战略管理而形成的一种新型的管理模式，它的主要原理是通过观察质量管理活动的动态反映，分析质量过程的经济性和评估其战略绩效，不断提高质量管理水平，最终达到质量战略目标。企业经营战略是企业最高层次的战略，它描述着整个企业的经营内容和范围、愿景、使命，企业采用何种经营模式，怎样发展，如何调配资源等总体的经营战略。质量战略是企业核心的职能战略之一，与企业的总体经营战略存在一种相互依存又相互制约的关系。一方面，公司级经营战略是企业的总体战略，为企业的经营发展确定目标，而质量战略是在总体战略指导下制定的，因此必须和企业的总体战略步调一致。另一方面，如何保证企业战略措施有效地实施，需要质量战略等职能级战略的支持与保证。首先质量战略可以对企业经营战略进行分解细化，将总体战略思想和目标明确具体化，建立统一的标准来规范执行者的行为，指导各方工作。其次在市场竞争日益残酷的今天，质量战略已极大地影响着企业的竞争能力，沿着质量战略既定的方向和目标进行计划和实施，可以全面地、充分地支持企业总体战略和业务战略，保证企业的竞争能力。

3. 质量战略与质量创新

现代世界经济企业正面临着最剧烈的数字变革，它正以前所未有的可能性在改变消费者、企业及其员工的观念和行为。全球一体化，不同国家在世界网络中的角色日新月异的变化，新知识、新能力、新材料、新的基础设施、新的营业模式等不断涌现。传统的经济形态、经营模式、经营思想逐渐被打破，未来更是越来越难以预测。短期内相对稳定的经济体与社会长远看面临着更多的挑战。在高度动态的环境中，如果没有足够的创意和想法，恐怕很难应付变化和生存下去。

在质量战略的大前提下，企业需要灵活性、速度和创造性，此类企业可称为敏捷企业。敏捷企业通常是网络化的企业，它需要不同的策略和文化，强调创新的发展：提出新的概念、解决方案和创新的管理方式。市场和社会数字化的转变也带来了我们对质量保证和要求的转变。质量已经从传统质量保证的关注点（功能性）转变为多层次、复杂的并且变化的概念。典型的例子有智能手机的生命周期，使用寿命长达10~15年已毫无意义，软硬件的更新换代需要的是更快的工艺开发和制造速度，但同时我们不希望手机用不了几天就坏了。这就挑战着传统的制造业，要转变成快、好、安全且紧跟市场步伐的企业。

敏捷企业的等级不森严、员工能更多地自我管理连成网络，能更好地调动资源，贯彻质量策略，深入企业的整个网络开展质量保证的工作。随着数字转型的发展，消费者的互动、市场的透明度等质量问题是很容易暴露的。敏捷企业中的员工在公司鼓励的氛围中能更容易地想出新点子、思考出质量可能存在的问题。全新的质量管理需要民主化员工的角色，提供创新、复杂、更具有竞争力的产品。

企业在数字化时代，要充分创新质量管理方法，进行敏捷质量管理。

4. 企业愿景、使命、价值观的核心要义

愿景、使命、价值观是企业质量文化体系的核心内容，是企业生存和发展的内在动力源。这些核心内容展示了企业的目标、方向和文化，引导着企业的战略计划和行动。在ISO 9000：2015标准中，愿景（Vision）的定义为由最高管理者发布的对企业的未来展望，即企业想要成为什么样的企业。愿景的表述清晰、简短、鼓舞人和富于挑战性地描述了一个理想化的企业。使命（Mission）的定义在ISO 9000：2015标准中为由最高管理者发布的组织存在的目的。为了有效地发展所有对象、手段和行动计划的战略计划，企业必须要确立它的使命，从而明确企业的目的。愿景是为了明天的目标，而根据实现愿景所要做的工作，使命规定了今天的目标（现在的主要目的）。价值观（Value）定义为原则或思维模式，旨在发挥作用，塑造企业文化，并确定什么是重要的企业，以支持使命和愿景。价值观有助于建立企业文化，是形成决策的基础。它可能是顾客关心的焦点，可能具有创新意义，也可能具有一定的挑战性，但会是企业和其员工共同遵守的思维模式和职业道德。价值观是指导行动的基本准则，也为企业处理各种矛盾提供了判断依据。

1.2.2 质量方针目标的策划

企业的质量管理是通过制定质量方针和目标，建立、健全质量管理体系并使之有效运行来实施的。质量管理体系是企业有效开展质量管理的核心，在ISO 9000：2015标准中，质量管理体系被定义为企业建立质量方针和质量目标，以及实现这些目标的过程的相互关联或相互作用的一组要素。由于企业间的差异，每个企业都应明确自己的质量方针和质量目标，并结合自己的生产和经营特点、产品类型、技术和设备能力等具体情况建立一个完善的企业质量管理体系，并使其有效运行。

1. 质量方针目标管理的概念

在ISO 9000：2015标准中，质量方针被定义为关于质量的、由最高管理者正式发布的企业的宗旨和方向。通常，质量方针与企业总方针一致，与企业的愿景和使命一致，为制定企业质量目标提供框架。质量方针声明应包括满足各方的需求和期望并促进改进的承诺。标准里的质量管理原则（以顾客为关注焦点、领导作用、全员积极参与、过程方法、改进、循证决策、关系管理）可以作为制定质量方针的基础。

在 ISO 9000：2015 标准中，质量目标定义为企业在质量方面需要实现的结果。企业应针对相关职能、层次和质量管理体系所需的过程建立质量目标。质量目标可以涉及不同领域，也可应用于不同的层次。质量目标应该与质量方针保持一致；可测量；考虑使用的要求；与产品和服务合格以及增强顾客满意相关；予以监视；予以沟通；适时更新。

2. 质量方针目标管理的原理、作用

企业的质量方针是企业总方针的一个重要组成部分，是企业质量文化的旗帜。一个企业如何认识和看待质量问题，质量意识如何，反映出它有什么样的质量管理体系、什么样的质量管控过程和什么水平的产品质量。如果没有质量方针作指导，很难有统一的和适合的质量意识。质量方针是企业对质量问题的识别、分析和解决的依据，它是企业解决质量问题的出发点。企业质量目标的制定和评审在质量方针的指导下进行，质量方针则用来衡量企业是否合理地进行资源利用和分配，以达到质量目标所规定的结果。质量方针是企业建立和运行质量管理体系的基础，作为一种指导思想指导着质量体系的建立，引领着质量文化的推动。质量方针是检验质量管理体系是否有效运行的最高标准。

质量目标是建立、实施和保持质量体系的指导性要素，质量目标的好坏直接决定着质量管理系统的有效性，影响着质量方针的实现。企业的质量目标可以帮助企业有目的地、合理地分配和利用资源，以达到策划的结果。一个有魅力的质量目标可以激发员工的工作热情，引导员工自发地为实现企业的总体目标做出贡献，对提高产品质量、改进作业效果具有其他激励方式不可替代的作用。

3. 质量方针目标制定的依据和程序

质量目标在一定程度上产生于质量策划的需求，它是建立在企业的质量方针基础上的。一般来说，企业中长期的质量目标就是从质量方针直接引出的。其他质量目标仍然必须遵循质量方针所规定的原则，不得有违背或抵触的地方。在制定质量目标之前，我们有必要理解所要制定的质量目标的类别。一般来说，我们可以将质量目标分为战术质量目标和战略质量目标两种。

（1）战术质量目标　人类各种各样的需求形成了不同的质量目标，如产品特征、过程特征及过程控制特征。在狭义的质量管理里，质量目标在性质上几乎都是战术性的。它们是由企业的中下层或工厂一级的职能部门设定的。

（2）战略质量目标　战略质量目标由企业根据经营战略规划需要而定期指定，作为企业整个经营计划的指导方向。战略质量目标的概念是把质量列为企业目标中最优先考虑的目标。战略质量目标是外加的，不能代替战术目标，它对战术质量目标的设定和实现都具有深刻的影响。

要想使质量目标真正地符合企业的实际情况，在质量管理中发挥作用，需要对质量目标涉及的问题进行综合考虑。在质量目标的制定过程中要着重考虑以下四个方面：

1) 确保质量目标与质量方针一致。
2) 充分考虑企业现状及未来的需求。
3) 考虑顾客和相关方的要求。
4) 考虑企业管理评审的结果。

质量目标的制定可以参照如下步骤进行：

1) 找出企业目前的弱项和存在的问题。
2) 对这些问题进行分析，确定问题的范围。
3) 由所存在的问题引导出质量目标。

1.2.3 质量方针目标管理

1. 质量方针目标管理考核的对象和内容

为了确保达成策划的质量方针目标，使质量策划的成果按照既定的计划有序、按时、高质量地完成，质量策划的制定和实施要遵循 PDCA 方法循环向上地进行。首先，在策划时，每一项措施（过程）都应规定相应的责任部门或责任人及相应的完成时间。其次，在质量策划实施过程中，企业在相应的节点要进行必要的检查、督促、协调、指导和帮助相关人员的工作。最后在质量计划完成之后，组织需要进行必要的验证验收，并对质量策划的参与人员及实施成果进行考核和奖惩。

2. 质量方针目标管理诊断与管理

为了达成策划的质量方针目标，对质量策划要适时地进行评审和诊断。一是质量策划的最终成果形成质量计划的书面文件后，视其计划的内容广泛征求意见，使其更加完善；二是当质量策划在实施中遇到重大困难时，也可以对质量计划进行评审。如果质量策划设计的内容较多、时间较长（如中长期质量计划），或当环境发生变化时（如企业的状况发生变化、顾客的要求发生变化、市场发生变化、政府的经济政策发生变化等），应当进行定期评审，并在必要时予以修正。不管是企业的战略层、管理层、执行层，还是操作层，都应当通过固定的或规定的渠道（主要是监视和测量的渠道、内部或外部顾客信息反馈的渠道）来获得不合格的信息，通过定期分析来确定潜在不合格的信息，然后通过分析原因、制定具体措施的方式进行质量策划的修正。但是，对质量策划的评审和修订应该是建立在更好地满足要求的基础之上进行的，不能因为遇到一点儿困难就随意修订计划。

支持改进的质量评价（Quality Evaluation to Support Quality Improvement, QESQI）是组织整个系统中借用评价方法发现弱点、诊断原因、提出改进建议的企业质量自我评价。该评价的目标主要是发现企业中的质量问题，诊断引起质量问题的根源，并提出质量改进的具体目标和思路。

面向过程改进的自我诊断性质量评价是对包括企业"使命或目标"及结果的评价、过程的评价、质量体系要素的评价及跨部门职能之间的综合评价与诊断，具有以下显著特点：

（1）评价方法以反映企业使命的模型为基础　面向过程改进的自我判断性质量评价覆盖了企业经营的各个方面，以反映企业使命的模型为基础，结合过程和系统因素，面向使命和战略目标，反复分析目标。

（2）评价方法与改进相结合　这里的改进包含两层含义：一是当绩效没有满足目标和期望时，发挥现有能力，是指为达到目标和期望所要求的水平而采取的行动；二是在现有能力上的进一步改善与提高，具有超越目标的含义。

（3）评价方法以结果为基础　结果与目标（或期望）的差距，或企业预期的绩效与现有绩效的差距，是面向改进自我诊断评价的主要动力。

（4）评价方法基于过程和诊断　明确诊断路径，从结果开始寻找相关原因，寻找关键输出过程。但要注意，原因可能在有关过程或整个系统中。如果企业领导不给力，在检验"过程"时就会直接发现问题，但进一步分析根本原因，可能会发现这种问题存在于整个系统中。

在获得了评价和诊断结果后，企业应根据具体细节，详细分析并制定相应对策，及时纠正和实施相关预防策略。

1.3　国家质量基础设施（NQI）

1.3.1　国家质量基础设施（NQI）概述

1. NQI 概念

国家质量基础设施（National Quality Infrastructure，NQI）由联合国工业发展组织（UNIDO）、世界贸易组织（WTO）、国际标准化组织（ISO）等共同提出，这些组织认为，国家质量基础设施已经成为未来世界经济可持续发展的关键支柱。国家质量基础设施包括计量、标准、认证认可、检验检测等要素，对于支撑产业升级、加强质量安全、保护消费者、促进公平竞争、推进国际贸易便利化、营造商业环境具有积极促进作用。

2. NQI 概念的来源与发展

2005 年，联合国贸易和发展会议（UNCTAD）和世界贸易组织（WTO）在《出口战略创新》中首次提出国家质量基础设施概念。

2006 年，联合国工业发展组织（UNIDO）和国际标准化组织（ISO）正式提出国家质量基础设施的概念，并确定了计量、标准化、认证认可、检验检测作为其组成要素，又将认证认可、检验检测作为合格评定的主要组成部分，因而形成了计量、标准、合格评定三大独立类别，并称为国家质量基础的三大支柱。其中，计量是基准，是控制质量的基础；标准是依据，用以引领质量提升；合格评定是手段，控制质量并建立质量信任，三者构成一条完整的链条，是保护消费者权利、提高企业生产力和质量、保护环境、维护生命健康安全的重要技术手段，能够有效支撑国际贸易和可持续发展。图1-1所示为三大支柱的关系。

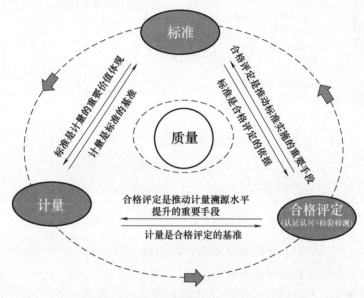

图1-1 国家质量基础设施（NQI）三大支柱的关系

2012年1月11日，国务院召开研究部署进一步加强质量工作常务会议，正式将国家质量基础设施概念引入国内，会议强调，"标准、计量、认证认可和检验检测（认证认可和检验检测是合格评定的主要内容）是质量基础工作，必须予以加强"，形成了具有中国特色的国家质量基础设施的雏形。

2013年，世界银行提出了建设国家质量基础的公共干预理论，认为国家质量基础适用于所有产品和服务。

2016年1月11日至12日，国家质检总局原局长支树平在全国质量监督检验检疫工作会议上，用了大量篇幅专门阐述NQI的重要性和紧迫性，科技部也以专栏的形式首次将NQI纳入《国家科技创新"十三五"规划》。

国际计量局（BIPM）、国际认可论坛（IAF）、国际电工委员会（IEC）、国际实验室认可合作组织（ILAC）、国际标准化组织（ISO）、国际贸易中心（ITC）、国际电信联盟（ITU）、国际法制计量组织（OIML）、联合国欧洲经济署（UN-ECE）、联合国工业发展组织（UNIDO）10个国际机构经过共同研究，在2018年联合国工业发展组织（UNIDO）发布的《质量政策——技术指南》一书中提出了新的质量基础设施定义：质量基础设施是由支持与提升产品、服务和过程的质量、安全和环保所需的组织与政策、相关法律法规框架和实践构成的体系，涉及消费者、企业、质量基础设施服务、质量基础设施公共机构、政府治理五个方面内容。如图1-2更清晰地描绘出国家质量基础设施及其各组成要素之间的关系。

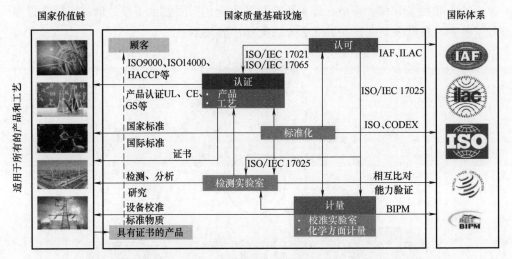

图1-2　NQI体系及其各组成要素之间的关系

2018年11月30日，国际质量基础设施网络（INetQI）在瑞士日内瓦举行成立会议，标志着国际质量基础设施网络正式诞生。

为保障NQI在我国的体系化建设和高效率运行，我国开展了《中华人民共和国计量法》《中华人民共和国标准化法》《中华人民共和国认证认可条例》等与国家质量基础设施相关的法律更新活动，从法律层面为活动提供保障。

至今，国家质量基础设施的概念已在国内外得到一致的、广泛的认可，成为质量从业人员进行沟通交流的标准词汇。

3. 实施NQI的意义

NQI建设在我国的"质量时代"具有特殊意义。我国经济发展已迈入新常态，发展模式由速度、数量、规模型发展逐渐转向质量、效益、内涵型发展。在当前复杂的世界经济环境下，推动标准与国际先进水平对接，提升产品和服务品质是高质量发展的迫切需求。加强国家质量基础设施的建设，对于迈入质量新时代，加快推进"中国制造向中国创造转变，中国速度向中国质量转变，中国产品向中国品牌转变"具有十分重要的战略意义。这种意义主要体现在NQI具有的国际性、基础性、科学性、系统性四大特性上。

（1）NQI是战略性的国际竞合技术规则　一方面，NQI中的基础要素是世界通用的技术语言，是助推中国创造、中国质量、中国品牌走向世界的基石。通过NQI技术体系的全球合作，使全球采购变得非常便利，产品的互换性、兼容性和一致性得以实现,大大提高了国际产业分工协作的效率和质量,减少了企业的国际贸易和产品生产成本。另一方面,高水平的 NQI 代表着国家的国际竞争优势(尤其体现在新兴产业),计量代表着国家的测量水平,标准代表着国家整体产品、技术和创新能力。这些都决定了国际环境下竞争的主导权和话语权。

(2) NQI 是关键性的产业技术基础 NQI 是现代产业技术的基础,计量保证着产品制造过程中每个环节的质量水平;高技术标准决定着产业技术的发展水平,同样推动着关键工艺和过程的生产质量提高;科学及准确的检验检测水平影响着最终产品的质量性能;严格的认证技术将在系统上提高企业的整体质量水平,并对企业的发展战略提出了更高要求。

(3) NQI 是基础性的科技创新平台 科学性是 NQI 的本质属性。国家科研离不开计量和标准的基础,坚实的技术准备和经验能更好地推动科技的不断创新。NQI 给科技带来基础性保障,而科技创新又能推动 NQI 的不断进步。两者相辅相成,为国家整体的质量水平、科技水平、创新水平的上升添砖加瓦。

(4) NQI 提供系统性的公共技术服务 NQI 具有公共产品属性,是第三方的产业技术服务平台,为各种不同产业的企业主体提供计量测试、技术标准、检测和认证服务。国家通过 NQI 可以统一监管,建设高标准体系,实现市场监督、保障国家安全、优化公共服务、保护消费者利益等技术服务。

1.3.2 我国的国家质量基础设施(NQI)建设

在国家质量基础设施的技术要素中,标准、计量和认可具有一定的独特性,并且已建立了区域性和国际水平的组织。这些组织以国际同行评审为基础,通过互认协议-多边互认协议,确保各个国家之间相容性。其余两个要素——检测和认证,必须适用于国家质量基础设施的用户,这些基础设施使用国家标准机构提供的标准,其检测结果可溯源至国家计量机构,并具有经过国家认可机构正式评审的技术能力,从而与国家体系相联系。

在我国,由于认证认可领域已经形成了一整套具有中国特色的统一管理体制,因此我们通常将认可和认证结合在一起。因此,我国所表述的国家质量基础设施,通常是指标准、计量、认证认可、检验检测这四大技术要素。下面就我国这四大技术要素的发展情况做一个简单的介绍。

1. 标准

(1) 概述 标准是一种提供规则、指南或特性的文件。ISO/IEC 和我国标准将其定义为"规范性文件"。标准的本质在于统一。标准是社会经济活动的重要技术依据,在现代化建设中发挥着基础性、引领性、战略性的作用。由于标准是世界通用的语言,在社会高度国际化的今天,世界协同标准共同发展,标准促进世界互联互通。

根据国际标准化组织的定义,标准化是指为了在既定范围内获得最佳秩序,促进共同效益，对现实问题或潜在问题确立共同使用和重复使用的条款，以及编制、发布和应用文件的活动。标准化活动主要是编制、发布和应用标准或其他标准化文件的过程。标准化活动的输出是指形成标准化文件。标准化活动包括预研、立项、起草、征求意见、审查、批准、出版、复审和废止九个阶段。

为了避免国内或部门之间因可能举办的相关活动而造成混乱，我国成立了国家标准化管理委员会，由其规定并协调每一个标准化机构或行业（地方）标准化委员会的成立和任务，使得所有标准能在全国范围内实施。这些标准机构的技术能力必须由不同标准化委员会提供，这些委员会由各行各业的专家，比如工业标准、食品标准、健康标准或者环境标准的专家组成，协助从事国内外的标准工作。我国国家标准化管理委员会在国际上代表着国际组织中的中国国家角色，充分发挥标准的促进作用。所有的国家标准公开在一个系统性的数据库中，有助于国内外各类机构，特别是与国际互认相关的机构可以在一个地方找到完整的和最新的相关信息。

（2）标准的实现形式 标准在世界各国的呈现形式多种多样，就其特性而言可以划分成以下三类。

1）强制性标准（技术法规）。在我国，一些与健康、安全、环境和消费者保护相关的领域的技术性规范被制定成强制性标准，在我国的行政区域内具有强制性，必须强制执行。强制性技术法规的制定和执行是一个国家的首要任务，因此相关部门或该部门授权的技术机构负责制定它们各自领域内的技术规范。例如，医疗器械注册制度中的通用要求，食品级饮用水、直饮水的通用要求，电子电器产品领域的电器安全和电磁兼容性要求等，由相关部门或其授权机构制定。为了避免重复性的工作，标准化管理委员会指定相应的技术委员会负责该领域的强制性标准的起草工作，其他部门在发布技术规范时将会参考该标准，例如中国国家的强制性标准系列。中国在加入WTO的谈判过程中，将国家的强制性标准等同于欧美的技术法规，例如欧盟在电子电器产品有毒有害物质中的RoHS指令和WEEE指令。

2）推荐性标准（自愿性标准）。当所有的质量活动（包括质量管理体系、最佳实践、认证认可）的相关各方对共同关注的要点取得了一致同意，例如明确了协定的参数和参数的公差，确保产品的所有部件（不用考虑部件的来源）能够组装在一起，并具有相同的测量准确度时，就形成了标准。这同样适用于指定产品制造所有的程序、标准事件、规范的草案等。一致同意的相关方越多，标准得到的认可范围也就越广。这就是我国标准化体系中国家标准、行业标准/团体标准、地方标准、企业标准的分级来源。在我国的标准化体系中，只有国家标准拥有强制性标准的类别，其他类别都是推荐性标准，各部门（食品、卫生、医药）自行制定的技术规范除外。各推荐性标准的使用方，一旦宣称采用该推荐性标准，则该标准的内容对使用方具有强制性。我国鼓励标准的使用各方以采用推荐性标准为主，并促进推荐性标准的不断提高，满足各使用相关方的需求。

下面的例子可以帮助我们区分强制性标准与推荐性标准之间的区别。例如瓶子和瓶盖，分别有对应的标准。饮料的生产商可以从不同的供应商购买瓶子和瓶盖，只要符合标准就可以确保购买的瓶子和瓶盖是匹配的。为了保护消费者，国家卫生健康委员会需要确保出售的饮料符合可直接食用的要求，不能受到任何污染。国家食品监管部门就会发布一项技术规范，明确装饮料用的瓶子和瓶盖可以用的制造材料，以及饮料中可以含有的添加剂的限值。据此，可以明确区分自愿性标准和强制性技术法规。在涉及民生安全领域可以发现很多类似的案例。

3）买方标准。对于存在一些特殊要求的客户或市场，必须符合买方要求，也就是遵守额外的买方标准。这些标准与国家标准或技术法规不同，是国家标准或技术法规的附加标准。这类标准在国内体现为产品标准、原材料标准、零部件标准、供应商标准、采购标准等。它是标准化体系中一个重要的组成部分，常用于工业企业间的供应链管理。

各企业设定自身的需求，比如，家电企业作为买方会告知其所需要的电子零部件的要求，产品参数、产品安全的要求，产品需要销售的目的地及特殊要求。这些要求的组合便构成了买方标准。同时，卖方通过这些标准可以得知特殊市场中客户的需求，例如电子元器件的买方可能需要指定销售区域的特殊标准的需求。

零售商也是使用额外标准的主体，成为一种不可小觑的市场力量。比如，许多欧洲零售商需要用到额外的食品标准，亚马逊会规定以销售目的地的强制性法规作为产品的验收标准。

当前，某些群体还需要用到额外的一些标准，比如经济或环境标准，良好行为规范、社会责任规范等标准。这已成为区分供应链或形成供应链技术壁垒的手段。

2. 计量

（1）概述　计量是实现单位统一、量值准确可靠的活动。计量是我们日常生活中的一部分，计量结果影响许多学科的决策。除了保护消费者在合法交易中的利益，质量相关方面的精密测量对全球性企业和地方供应商的全球化生产显得尤为重要。例如，为确保供应的汽车零部件尺寸完全满足要求，测试时必须保持准确度。但是，在进行测量之前，必须规定测量体系和单位。这种对测量体系和单位的协调始于1875年的巴黎米制公约，发展至今形成了国际SI单位制。此外，必须认识到，所有测量都具有"不确定度"，测试结果和分析研究也是如此，因为这些测量存在一定程度的统计偏差、人为偏差和技术偏差。

在不考虑操作人员、位置、环境条件以及测量仪器特性的情况下，如何确保1kg、1m、1s或它们的分数和倍数都具有相同的测量结果？这就需要依靠计量手段和溯源层级。我国成立了量值溯源体系，将各类器具分成四级。一级：国家计量基准系列（包含国家计量基准、国家副计量基准、工作计量基准）；二级：社会公用计量标准（含省级、市级、县级）；三级：企事业单位计量标准；四级为工作计量器具。这四级器具在保证其溯源性的同时，自下而上测量不确定度呈次序递减。图1-3所示为中国量值溯源体系原理图。

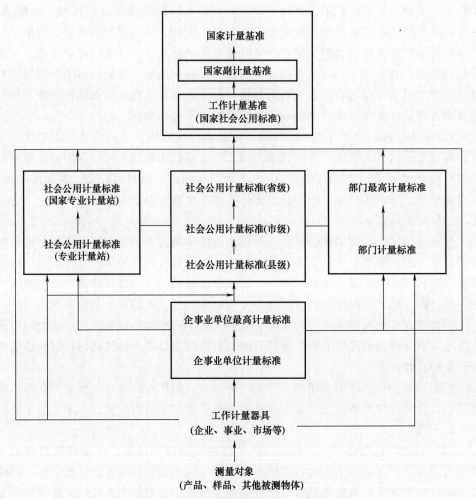

图 1-3 中国量值溯源体系原理图

在计量领域，一家机构的计量或测量结果要在国际上得到承认，除了在报告中提供测量不确定度值外，该机构还必须接受相应的认可机构的评审。而评审结果除了公示的参数和范围外，最关键的不在于最高的测量准确度，而是最可靠的、公开的测量能力，这就是在校准实验室经常被提到的校准测量能力（CMC）。这种能力将被公示在其评审机构的网站上，而且该数据库会随着测量能力的变化而时常更新和扩充。

（2）计量的分类　简单来说，计量是正确可靠的测量科学。基于测量的目的不同，可以分为科学计量（主要测量标准或主要测量方法的制定）、工业计量（工业测量设备的正确维护和控制，包括校准仪器和制定测量标准）以及法制计量（按照技术法规规定的标准，验证商业交易所用的手段）。

1）科学计量。科学计量是指基础性、探索性、先行性的计量科学研究，通常采用最新的科技成果来准确定义和实现计量单位。其目的是建立或制定主要测量标准和主要测量方法。一般而言,每个国家都有一个国家级计量机构,负责制定和维护该国的测量标准。在我国,中国计量科学研究院承担了这一职能,很多计量的标准、规程都从这里走向全国。它也为我国的计量事业输送了很多人才。

2)工业计量。在工业测量领域,工业计量是指工业生产领域里的计量工作,是为获得准确可靠的测量数据,以满足企业生产经营要求所采取的各项活动。其测量需求取决于产品的质量、制造工艺以及客户要求。通常情况下,标准或技术法规会对此做出规定。国际上通用的各类管理体系标准,需具有测量的溯源性。溯源性是指利用准确度不断提高(测量不确定度范围不断变小)的仪器所进行的连续计量比对测量链,该链起于工业用仪器,止于国家测量标准。这种按照测量标准,并利用更高准确度比较测量仪器的定期测量称为"校准"。

工业计量是企业现代化生产和经营管理活动中一项不可缺少的技术和管理基础,贯穿于企业生产经营活动的全过程,为新产品开发、原材料检测、生产工艺监控、产品质量检验、物料能源消耗、安全生产、环境监测、成本核算、责任制考核和国有资产管理提供准确可靠的计量数据,以达到强化管理、指导生产,实现安全、优质、低耗、提高经济效益的目的。

3)法制计量。购买 1kg 的牛肉,在加油站加一箱汽油或是乘坐计程车的顾客在支付产品或服务费用时,必须依靠所显示的数量及金额进行计量。不能按照单一的标准来验证所有的商品交易,因此,需要相应机构来承担保护消费者的责任。政府的首要任务是保护公民不受意外或不正当的损失,因此根据法律规定,政府有义务控制商品交易相关的正确检测结果,并强制执行。《中华人民共和国计量法》规定,贸易结算、安全防护、医疗卫生、环境监测四个方面都属于法制计量的范畴。

相较于质量方面的测量仪器的校准,法定计量人员必须检定测量仪器,也就是检查其指示值是否在相应技术法规或检定规范规定的可被接受的公差以内。这就存在检定和校准的区别。但两者也有相同的地方,检定实验室通常依靠自身的技术设施进行现场检定。但是,不论在什么场所实施检定,它们的检定标准要确保溯源到国家计量机构的国家测量标准。工业校准实验室也同样如此。

不管是科学计量、工业计量,还是法制计量,其主要对象都是物理量,即对物理量的计量。伴随着计量技术的发展,这些年化学计量作为计量的一个新兴领域得到了全面的发展,出现了标准物质、有证标准物质等可以在已知的化学领域进行计量溯源,这样就解决了化学领域存在成千上万个不能直接用国际单位制单位来衡量的已知参数的难题。

3. 认证认可

(1)概述 现代认证认可制度起源于英国。经过 100 多年的发展,已经逐步形成了一套较为系统的国际认证认可体系。我国的认证认可制度始于 20 世纪 70~80 年代的改革开放之初,随着我国社会主义市场经济的发展而不断发展。经历了 20 世纪 70~80 年代的试点和起步阶段、20 世纪 90 年代的全面推行阶段,至 2001

年，国家认证认可监督管理委员会（简称认监委）的设立，以及2003年《中华人民共和国认证认可条例》（简称《认证认可条例》）的颁布，标志着我国认证认可工作已经进入统一的认证认可制度建立和实施阶段。

当前，我国的认证认可管理体制是依据我国有关认证认可的法律、法规，参照国际惯例，结合我国实际情况，坚持国家对认证认可工作实施统一管理，并充分发挥各部门作用的指导思想下建立起来的。统一管理主要表现在以下几个方面：

1）管理部门统一。按照"统一管理，共同实施"原则，建立了以市场监管总局作为主管部门、相关部委（认监委）和单位组成的部际联席会议作为议事协调机构、全国各地认证监管部门作为执法监督主体、认证认可检验检测机构作为实施主体的组织机构体系。国家认监委作为国务院认证认可监督管理部门，负责统一管理、监督和综合协调全国认证认可工作。

2）法规统一。2003年11月，国务院颁布实施了《认证认可条例》。该条例建立了既适应国际通行规则，又符合我国实际情况的认证认可管理制度。我国建立了以《认证认可条例》为核心的法律法规体系。目前已有19部法律、17部行政法规、14部规章明确写入了认证认可的条款。

3）认证体系统一。以强制性产品认证制度为核心，建立了国家统一管理的认证制度体系。现已建成强制性与自愿性相结合的认证制度、国家认可制度、检验检测机构资质认定制度、认证人员注册制度等，全面涵盖了认证认可检验检测活动。

4）认可体系统一。2002年8月，在原进出口和国内两套认可体系的基础上，建立了集中统一的认可体系；2006年3月，为适应国际认可组织的要求和变化，中国认证机构——国家认可委员会和中国实验室国家认可委员会合并，成立了中国合格评定国家认可委员会（CNAS），作为唯一的国家认可机构。认证认可工作稳步推进，建立了"法律规范、行政监管、认可约束、行业自律、社会监督"五位一体的监管体系，对认证机构、认可机构、检验检测机构实行准入管理和事中事后监管。构建了与国际社会全面接轨的认证认可体系，将36项合格评定国际标准全部等同转换为国家标准。目前，已发布94项国家标准、136项行业标准，统一规范了评价依据。推进国际合作互认，共计加入21个认证认可国际组织，对外签署13份多边互认协议和121份双边合作互认安排。

（2）认证 当前，我国国内所开展的认证活动，按其属性可分为：

1）强制性认证。目前我国仅在产品认证领域，建立了强制性产品认证制度，即俗称3C认证制度。该制度是为保护广大消费者的人身健康和安全，保护环境、保护国家安全，依照法律法规实施的一种产品评价制度，也是一种市场准入制度。通过制定强制性产品认证的产品目录和强制性产品认证实施规则，对列入目录的产品实施强制性的检测和工厂检查。凡列入强制性产品认证目录内的产品，没有获得指定认证机构颁发的认证证书，没有按规定加施认证标志，一律不得出厂、销售、进口，或者在其他经营活动中使用。

2) 自愿性认证。自愿性认证是相对强制性认证而言的，是根据组织自身的需要或其顾客、相关方的要求自愿向提供自愿性认证服务的机构提出申请的认证。自愿性认证对于提升认证标准、技术规范的应用，提升认证对象的质量水平，提高社会和用户的信任，都具有非常重要的意义。自愿性认证也应建立一整套严谨的认证规则和认证程序。其认证技术上的前沿性、认证制度和认证过程的规范性、应用的广泛性是认证结果能否得到普遍采信的重要影响因素。

3) 管理体系认证。管理体系认证是指由取得管理体系认证资格的第三方认证机构，依据正式发布的管理体系标准，对组织的管理体系实施评定，评定合格的由第三方机构颁发管理体系认证证书，并给予注册公布，以证明组织的管理体系符合相应标准要求并有效实施的合格评定活动。

4) 产品认证。产品认证是指由取得产品认证资格的第三方认证机构，根据正式发布的产品认证规则，通过检验评定企业的质量管理体系和样品型式试验等方式来确认企业的产品是否符合特定的要求，并给予书面证明的一种合格评定活动。

5) 服务认证。服务认证是指由取得服务认证资格的第三方认证机构，根据正式发布的服务认证规则，通过特定的评定手段，证实某项服务符合规定的要求，并给予书面证明的一种合格评定活动。

6) 人员认证。人员认证是一种提供保证的方法，表明获得认证的人员满足了认证方案的要求。人员认证的总体目的是对一个人完成一项任务或工作的能力给予承认。人员认证的价值在于公众的信任和信心。而公众的信任则有赖于第三方机构（人员认证机构）实施的对其能力的有效评审和定期重复确认。

（3）认可　通常情况下，人们会混淆"认可"和"认证"，或认为它们完全相同，这是一种误解。"认可"的程度比"认证"更高一层。尽管"认可"和"认证"的有些程序相似，但是"认可"却包含了一种额外的意味，那就是"给予信任"。首先需要找出人员、机构或实验室是否信用可靠，也就是说关于该人员、机构或检测能力是可以相信的。仅从验证合格性的一系列清单上，是无法看出这一点不同的。为了证明技术能力，重要的不仅仅是正确执行质量标准，还要评价能力和技术结果。在认可机构实施认可的过程中，需要的技术顾问不但必须是这个领域的专家，还至少需要具有与受评审实体相当的能力水平，这样才能确定该机构是否符合各项标准。同时，还需要技术顾问具备如《世界贸易组织技术性贸易壁垒协议》第 6.1.1 款中所述的技术能力。

认可机构自身必须保持与 ISO/IEC 17011《合格评定 认可机构通用要求》的一致性。尽管所有的认可类型都是根据不同的指导方针开展的，但都要遵循相同的模式。构成这个模式的主要因素有：对认可实体中实施的质量体系的评审，以及对认可领域内专业能力的评审。对于第二部分，一般会分配给加入到评审组的一位权威专家，这样能为认可机构带来巨大的灵活性。比如，"咨询专家库"中经常加入新专家，能给予认可机构将其认可活动扩展到新领域的机会。与标准机构的工作类似，一家认可机构也会拥有多个包含外部专家的技术委员会，以此支持各种认可领域的专有技术。

4. 检验检测

所有领域都将检验检测作为研究特性、含量、和/或与质量测定相关的产品参数、工艺参数、产品组成、物质等决定指标的一种手段。由于各检验检测领域（化学检验检测、微生物检验检测、电学检验检测、物理检验检测等）的不同，所以各领域的分析方法、检测方法或检验方法也会随着分析设备和测试仪器的不同而不同。无论哪种检验检测，都必然依靠普遍适用且公认的检测标准，这些标准明确规定了检验检测的方法和条件。在这里，检验检测标准对许多检验检测方法进行统一，从而保证检验检测结果具有可比性和再现性。

检验检测和分析的结果有多种不同的用途。如果把检验检测作为生产过程中的一项常规手段，并作为质量体系的一个组成部分，那么组织将在内部建立小型实验室执行检验检测，重在满足内部需要。在这种情况下，供应商和客户代表不需要第三方的参与，也不需要进行外部评审。组织内部的实验室与质量管理体系可以完美融合在一起。

如果一个国家内的每个生产者、消费群体或政府机构都要为所要求的检验检测建立自己的实验室，那么成本无疑会相当高昂。因此，充分利用现有的专业实验室，并且只建造尚未满足要求的实验室，是一项十分有益的措施。这些实验室既可以是民营的，也可以由政府机构运营，但重要的是要获得适当的认可，从而能够有效地、可靠地用于各种用途。商业检验检测实验室可以向客户提供相应检验检测服务。在这种情况下，实验室只有展示了其技术能力，客户才会相信其提供的检验检测结果。一般情况下，客户自身不具有评价工具，所以解决方法就是借助第三方评价，这种评价采用有能力的公认机构规定的标准，例如实验室认可标准 ISO/IEC 17025：2017《检测与校准实验室能力的通用要求》。但也有一个例外，临床和医学实验室采用导出标准 ISO/IEC 15189《医学实验室——质量和能力的要求》。

检验检测是确定和确保满足标准（技术法规）的一种手段。根据需要，可以由政府主导或民营机构主导建立检验检测实验室。无论主导方是谁，都必须获得客户要求能力标准的认可，不能有任何的优先权或例外。因此，若无标准化、计量和认可这些组成要素，那么就不会出现可靠的、获国际认可的检验检测机构。

1.4 国家质量法制基础

1.4.1 质量法制

1. 国家质量立法的基本原则

前面已多次提到质量的重要性，但是在实现质量强国目标的过程中，离不开质量法律体系的保障。只有不断完善和发展质量法律体系，质量才能从根本上得到保障。

国家质量立法有一些基本原则：

1）建立质量法律体系框架。完善质量法律体系，需要建立基本的框架，如对所有产品的质量监管问题做出规定——《中华人民共和国产品质量法》（简称《产品质量法》），对标准的制定和执行做出要求——《中华人民共和国标准化法》（简称《标准化法》），对计量的实施提出要求——《中华人民共和国计量法》（简称《计量法》）等，以及配套各种行政法规和条例，如《认证认可条例》《工业产品生产许可证管理条例》等。

2）建立适应社会主义市场经济发展需要的法律、法规。随着经济的快速发展，国际竞争环境的巨大压力，中国产品面临着更高质量的迫切需求。国家在某些领域的法制未及时更新或有些还是空白，这就需要尽快根据当前社会环境预估未来短期经济环境，尽快修改和制定质量相关的法律，促进质量法律体系的完善。

3）完善质量监督工作，规范质量行为。《产品质量法》的颁布与实施，大大推动了我国质量工作的深入开展。但在该法实施过程中，仍然遇到了各种各样的问题，比如国家监督抽查过程中的拒检等情况。

因此，2019年，国家市场监督管理总局颁布了《产品质量监督抽查管理暂行办法》，开启了深化质量监督法制和管理、细化行政法规的序幕，此举对加强生产企业的质量监督非常有效。

2. 质量管理中常用法律法规

质量管理中常用到的法律主要有：《产品质量法》《标准化法》和《计量法》等。1993 年诞生的《产品质量法》已实施了 30 年。这三部具有中国特色的质量法，在推进国家质量进程，促进产品规范、服务质量提升等方面发挥了巨大的作用。

1989 年实施的《标准化法》将中国标准化事业带入了一个新的阶段。2018 年 1 月 1 日，新修订的《标准化法》实施，使标准化事业更加贴近市场，充分发挥了市场在资源配置中的决定性作用。该法在国家标准体系中增设的团体标准，丰富了标准体系，代表着巨大进步。

1986 年实施的《计量法》是质量管理的基本法，加之一批与之配套的计量行政法规、计量技术规范和计量地方性法规等，形成了完整的、科学的、规范的计量法规体系。《计量法》的实施，强化了我国的计量水平，推动了计量产业化的发展。2018 年，《计量法》完成了第 5 次修正，修正的计量法加强了计量监督管理，有利于生产、贸易和科学技术的发展。

3. 与质量相关的其他主要法律法规

除了上面列出来的被经常提到的质量相关法律法规之外，还有很多其他的与质量相关的法律法规，如《进出口商品检验法》《刑法》《民法典》《商标法》《消费者权益保护法》《特种设备安全法》《食品安全法》《药品管理法》《农产品质量安全法》《反不正当竞争法》《专利法》《环境保护法》《认证认可条例》《工业产品生产许可证管理条例》《食品安全法实施条例》《化妆品监督管理条例》等，总体构建起了由18部法律、17部行政法规、181部部门规章，以及298部地方性法规组成的质量法律法规体系，为我国实现质量优先的发展战略起到了重要的保障作用。

1.4.2　企业的产品质量责任

1993年2月22日第七届全国人大常委会第三十次会议通过了我国质量领域第一部法律——《产品质量法》，并于1993年9月1日起施行，后经多次修正。

《产品质量法》对产品的销售者和生产者的责任分别做了规定。

（1）销售者的责任　《产品质量法》第三章第二节和第四章第四十、四十二、四十三条分别做了规定，明确了销售者对于销售的产品有相关质量责任和义务。对于其销售的产品，为了保证产品质量，销售者需要采取相关的措施（如进货检查验收等），不得伪造相关生产信息（如产地、厂名等），不得伪造和冒用相关质量认证标志，不得掺杂不合格品或假货等；若有不符合产品质量的情况发生，销售者需要承担修理、退换货和赔偿的责任。

（2）生产者的责任　《产品质量法》第三章第一节和第四章第四十、四十一条做了规定，明确了生产者对其生产的产品质量应当负有的责任。首先是强调产品的安全性，必须符合相关的国家标准、行业标准，其次是要做到产品符合注明的产品标准和要求。针对有特殊要求的产品（如易爆、易碎、有毒等），需要符合国家相关标准和规定，并做出说明以警示。另外，还明确了因产品质量问题造成的人身和财产的损失，由生产者承担赔偿责任。

由于企业（严格讲是生产者）具有物质性（提供产品和服务满足客户需求）、营利性（为盈利而经营的经济组织）、独立性（法律上独立的法人组织）等基本属性，决定了企业是产品质量责任的主体。质量工作的关键在于企业产品质量主体的落实。企业作为产品质量责任的主体，应切实负起责任，发挥好提升产品质量主力军的作用。

1）质量文化建设：高度重视质量文化建设，牢记"质量是企业生命"的理念，在全企业范围内倡导质量，广泛推动质量活动，创造良好的质量氛围，人人对质量负责。

2）严格质量管理制度：管理者代表责任的履行、各岗位的质量规范和考核、质量工作有序地开展都离不开质量管理制度。企业应完善质量管理制度，建立高效运行的内部质量保证体系，切实执行产品标准，进行科学的计量检测，建立产品质量追溯、售后服务、重大质量事故处理等机制。

3）强化质量管理措施：大力推广质量管理措施，参考先进的质量管理理念和方法，开展质量改进、质量对比，以及质量月、质量小组等质量管理活动，从而确保企业质量管理体系的有效运行。企业应诚实守信、当责肯干、追求卓越，并将不断追求质量的精神转化为企业和员工的行为准则，提高企业产品的市场竞争能力。

1.4.3 标准的法律保障

1. 我国的标准化体系

我国的标准化体系始于新中国成立之初。当时基本上是照搬苏联的模式对全国的标准进行划分。进入改革开放时期，为加入 WTO 和满足对外贸易的需求，我国对标准化体系进行了对照、优化和调整。现有的标准分类可以从以下几个维度考虑：

1）标准制定主体：我国标准按制定主体分为国家标准、行业标准、地方标准，以及团体标准、企业标准。政府主导制定国家、行业和地方标准，其中国务院行政部门制定国家和行业标准，地方政府制定地方标准。市场自主制定团体和企业标准，其中团体标准由商会、学会、联合会、协会或产业联盟等社会团体制定，企业标准由企业自主或企业联盟制定。

2）标准应用性质：标准按照应用性质分为强制性标准和推荐性标准。强制性标准是指国家一级的标准，强制性标准必须执行，企业不得生产和销售不符合强制性标准的产品和服务。若违反强制性标准，企业需依法承担相应的法律责任。推荐性标准包括国家标准、行业标准和地方标准等。国家鼓励采用推荐性标准，会采取一些优惠措施，企业可根据自身的情况自愿采用。但要注意的是，当推荐性标准被相关法律法规引用时，推荐性标准就必须按照法律法规的定义强制执行。当企业对市场承诺，在产品包装、说明书中或公开宣称使用推荐性标准时，企业就必须执行该推荐性标准。此类行为由《产品质量法》约束。推荐性标准作为合同双方对产品和服务交付的质量依据时，双方必须执行，并依据《民法典》的规定承担法律责任。

3）标准化对象：国际上，对于标准从标准化对象角度划分比较普遍。标准化对象是需要统一技术事项的主题，如材料、系统、功能、方法或活动等产品、过程或服务。

2. 标准化的法律法规体系

标准化工作事关国民经济发展和科学技术进步，事关国家经济安全和国家经济利益，事关广大人民群众的生活质量和健康安全。通过立法的形式来协调标准化活动中相关各方的关系，是社会发展到一定阶段的必然产物。我国标准化法律制度是随着国民经济和社会发展对加强标准化法制建设的要求逐步建立和发展起来的。其根本宗旨是要充分运用标准化手段，促进技术进步，保证产品质量，提高社会经济效益，加强科学管理，发展国内外贸易，维护国家、企业和人民利益，从而使标准化工作不断适应国民经济和社会发展的需要。

从新中国成立之初，经历了改革开放，我国的标准化法制建设取得了长足的进步，逐步建立和完善了标准化法律法规体系，使标准化运行管理有了法律法规依据。我国标准化法律法规体系由于其制定机关不同，可以划分为标准化法律、行政法规、地方法规、部门规章和地方规章五个层次，按性质分为标准化法律、标准化法规、标准化规章三个层次。

（1）标准化法律　主要是指《标准化法》，于1989年4月1日正式实施，是我国标准化工作的基本法。它是我国标准化法制建设的最高形式，是我国开展标准化活动的最高准则，也是我国标准化管理的根本法，其最新版本由中华人民共和国第十二届全国人大常委会第三十次会议于2017年11月4日修订通过，自2018年1月1日起施行。

（2）标准化法规　标准化行政法规，典型的有《〈中华人民共和国标准化法〉实施条例》（以下简称《实施条例》）。《实施条例》是对《标准化法》的补充和具体化。此外，国务院发布的许多行政法规中也有一系列有关标准化工作的规范性要求。除此之外，还有省、自治区、直辖市以及国务院批准的较大的市的人民代表大会结合本行政区域的具体情况和实际需要，为更好地贯彻《标准化法》及其《实施条例》等法律法规，制定和颁布有关标准化工作的地方性法规或规范性文件。

（3）标准化规章　标准化行政规章（又称为部门规章），是指国家标准化行政主管部门及国务院有关行政主管部门根据《标准化法》及其《实施条例》等法律法规，在本部门的权限内制定的有关标准化工作的办法、规定、规则等规范性文件，如《企业标准化管理办法》《能源标准化管理办法》等。

标准化地方规章，由各省、自治区、直辖市以及国务院批准的较大的市的人民政府，根据《标准化法》及其《实施条例》和地方性法规制定和发布，调整本地区范围内标准化工作的规范性文件。

1.4.4　计量法规与监督管理

1. 计量法规的立法宗旨和调整范围

计量是经济建设、科技进步和社会发展的一项重要的基础技术。经济越发展，越需要加强计量工作；科技越进步，越需要准确的计量；社会越发展，越需要在全国范围内实现计量单位制的统一和量值的准确可靠，因而越需要加强计量法制监督。因此，计量立法的宗旨，首先要加强计量监督管理，健全国家计量法制。其核心内容是要解决国家计量单位制的统一和全国量值的准确可靠问题，也就是要解决可能影响经济建设、科技进步和社会发展，损害国家和人民利益的计量问题，这是计量立法的基本点。《计量法》第一条把计量立法的宗旨高度概括为："加强计量监督管理，保障国家计量单位制的统一和量值的准确可靠，有利于生产、贸易和科学技术的发展，适应社会主义现代化建设的需要，维护国家、人民的利益。"

2. 计量法规体系组成

我国已经基本形成由《计量法》及其配套的计量行政法规、规章构成的计量法规体系。计量法规体系是建立国家计量体系的根本，也是实施法制计量管理的具体指导和保障。

《计量法》是国家管理计量工作的根本，是实施计量法制管理的最高准则，具有最高法律效力。《计量法》的基本内容包括：计量立法宗旨、计量单位制、计量器具管理、计量监督、计量法律责任等。《计量法》的目的是保障计量单位制的统一和量值的准确可靠，从而促进国民经济和科学技术的发展，为社会主义现代化建设提供计量保证，保护人民群众的身体健康和生命、财产安全，维护消费者利益，保护国家利益不受侵犯。

计量行政法规包括国务院依据《计量法》制定或批准的计量行政法规，如《〈计量法〉实施细则》《国防计量监督管理条例》和《进口计量器具监督管理办法》等。此外，还包括部分省、自治区、直辖市人大或常委会制定的地方性计量法规。

计量规章和规范性文件包括国家主管部门制定的有关计量的部门规章，如《计量法条文解释》《计量基准管理办法》《计量标准考核办法》《制造、修理计量器具许可证监督管理办法》等。其次，还包括国务院有关部门制定的计量管理办法，以及县级以上地方人民政府及计量行政部门制定的地方计量管理规范性文件。

3. 计量检定的管理

计量器具的检定是指"查明和确认计量器具是否符合法定要求的程序，它包括检查、加标记和（或）出具检定证书"。计量检定就是为评定计量器具的计量性能及其是否符合法定要求，确定其是否合格所进行的全部工作。它是计量检定人员利用计量基准、计量标准，对新制造的、使用中的、修理后的和进口的计量器具进行一系列实际操作，以判断其准确度等计量特性及其是否符合法定要求、是否可供使用。因此，计量检定在计量工作当中具有非常重要的作用。计量检定具有法制性，其对象是法制管理范围内的计量器具。它是进行量值传递或量值溯源的重要形式，是保证量值准确一致的重要措施，是计量法制管理的重要环节。

4. 计量器具产品的管理

列入《中华人民共和国依法管理的计量器具目录（型式批准部分）》的计量装置、仪器仪表和量具应纳入法制管理的计量器具产品的范围。对计量器具产品实施管理的措施主要包括计量器具新产品的型式批准制度，制造、修理计量器具许可制度和进口计量器具的型式批准及检定制度。

计量器具新产品的管理是指对本单位从未生产过的计量器具，包括原有产品在结构、材质等方面做出重大改进，导致性能技术特征发生变更的计量器具的管理。在国内，任何单位制造以销售为目的的计量器具新产品必须遵守《计量器具新产品管理办法》，必须申请型式批准。

制造、修理计量器具的企业、事业单位，必须具备与所制造、修理的计量器具相适应的设施、人员和检定仪器设备，经县级以上人民政府计量行政部门考核合格，取得"制造计量器具许可证"或"修理计量器具许可证"。《制造、修理计量器具许可证监督管理办法》对制造、修理计量器具许可的适用范围、管理体制、申请与受理、核准与发证、标志与证书、监督管理以及法律责任等做出了规定。

进口计量器具是指从境外进口的在境内销售的计量器具。任何单位和个人进口的计量器具，以及外商或者其代理人在中国销售的计量器具，必须遵守《中华人民共和国进口计量器具监督管理办法》的规定。国务院计量行政部门对全国的进口计量器具实施统一监督管理；县级以上地方政府计量行政部门对本行政区域内的进口计量器具依法实施监督管理；各地区、各部门的机电产品进口管理机构和海关等部门在各自的职责范围内对进口计量器具实施管理。进口或者在中国境内销售列入《中华人民共和国进口计量器具型式审查目录》的计量器具，应当申请办理型式批准，未经型式批准的不得进口或者销售。

1.5 质量经济性

1.5.1 质量经济性概述

1. 质量的经济性概念

质量的经济性是质量成本的基本属性之一。研究质量经济性的活动通常围绕质量成本分析展开，分析组织质量成本与经济效益之间的关系，寻求质量保证成本和质量损失成本之间的平衡，最终达到降低质量总成本的目的。质量经济性用来度量人们获得质量所耗费资源的价值量，在质量相同的情况下，耗费的资源价值量小的，其经济性就好，反之就差。有两种意义的质量经济性，即狭义的和广义的。狭义的质量经济性是指质量在形成过程中（主要是指产品设计和制造成本）所耗费的资源的价值量；广义的质量经济性是指用户获得质量所耗费的全部费用，包括质量形成过程和使用过程中所耗费的价值量。

2. 质量经济性涵盖的内容

《质量管理　实现财务和经济效益的指南》[GB/T 19024（ISO10014）]中提到，企业的经济效益实施通过有效的资源管理和配置，提高整体竞争力和长久发展能力。质量问题也是经济问题，质量经济性用来衡量产品质量所消耗的资源价值量，主要关注的是获得产品和服务最佳质量水平时，资源的投入，即资源与投入、产出之间的关系。质量经济性分析的内容主要包括产品决策分析、产品构成分析、产品寿命周期费用分析、产品功能分析、产品附加值分析、产品质量改进分析、生产过程质量经济性分析、流程经济性分析和质量检验经济性分析等过程。在企业经营管理活动过程中，实现质量所占用耗费的资源越少，质量经济性也就越高，所占用耗费的资源越多，质量经济性就越低。

1.5.2 质量成本与质量成本管理

1. 质量成本的概念与分类

质量成本的概念由费根堡姆在20世纪50年代初最早提出,他第一次将企业中质量预防和鉴定活动的费用与产品质量不满足要求所引起的损失一起考虑,并形成质量成本报告,质量成本报告成为企业高层管理者了解质量问题对企业经济效益影响及与中低层管理者之间沟通的桥梁,是进行质量决策的重要依据。此后,质量成本的概念在美国很快便得到企业界的广泛重视,被许多企业所采用,并在实践中得到不断发展和完善。继费根堡姆之后,朱兰等提出了"矿中黄金"的概念,指的是"质量上可减免成本的总额"。朱兰认为,企业在废次品上发生的成本好像一座金矿,人们完全可以对它进行有利的开采。从此,关于质量成本的概念有了很大的发展,对推动企业有效开展质量管理工作、促进质量管理理论研究和实践的进一步完善产生了重大作用。

企业运行中的质量成本由两部分组成:一部分是为确保满意的质量而发生的费用,即预防和鉴定成本;另一部分是由于没有达到质量要求所造成的损失,即内部和外部损失成本,有时统称为质量损失成本。具体地可以将这些费用归纳如下:

1)预防成本:为了减少不合格和鉴定成本而投入的费用,比如审核新产品设计和质量计划、供应商质量调查、过程能力评估、质量教育和培训等方面的成本。

2)鉴定成本:评价、评估、审核产品或服务是否符合质量标准的成本,比如来料检验、产品检验、测量设备或者工具的校准等方面的成本。

3)内部损失成本:内部损失成本出现在产品交货前,比如不合格产品的返工、返修、重新检验、重新测试和计划外的停机、内部沟通问题造成的延迟等内部损失。

4)外部损失成本:外部损失出现在产品交付之后,比如客户投诉的处理、客户退货、产品召回、责任赔偿等外部损失。

需要特别注意的是,质量成本适用于所有部门,而不仅是与生产相关的部门。支持部门的成本很可能隐藏在标准成本内,但往往占有总质量成本的相当大一部分比例。

2. 质量成本的结构

由质量成本的定义可以看出,质量成本为质量保证费用与质量损失成本的总和。这就意味着质量成本有一个最佳值,即合适的质量成本水平。由于企业的生产类型不同、产品结构存在各种差异,没有绝对的质量最佳值。同时,面对不断变化的外界环境,新科技的层出不穷,质量最佳值在不同的时期也会有变化。因此,企业应该通过自己的实践,累积数据,建立自己的定量模型,不断探索各成本之间的比例,以求得平衡关系。

尽管在不同行业、不同企业、不同产品之间,预防成本、鉴定成本、内部损失成本、外部损失成本四大项目构成的比例关系及其变化会有很大差异，但通过与标准（基数）的比较，仍可揭示出降低质量成本的关键所在。各个项目之间存在相互影响、相互作用的关系，如预防成本、鉴定成本的增加会导致质量损失成本的减少。质量成本特性曲线（见图1-4）显示了质量成本最佳值的概念，及其对应的适宜质量水平的概念。这两个概念对探求质量改进的机会和方向有很强的指导意义。

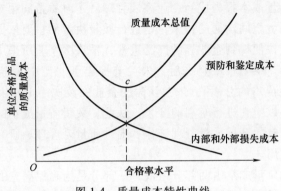

图1-4 质量成本特性曲线

3. 质量成本指标的分析方法

现代质量成本指标已不同于传统的质量成本概念，更强调从"大质量"的概念去作综合考量。质量成本不仅发生在以下的产品价值实现过程——采购过程、设计研发、生产制造、市场营销过程等，还应考虑人力资源、法律等其他过程。传统质量成本忽略的隐藏成本有以下几类：

1）非产品实现过程的质量损失。

2）产品实现过程中因效率低下和设置不合理造成的损失，如流程烦琐、过程设计不合理、库存过多、设备能力过剩等。

3）支持性过程的成本，如供应商的产品质量不良对企业造成的损失和影响等。

4）销售损失成本，如由于产品质量和服务问题造成的市场影响、声誉破损等从而最终导致的客户流失、订单取消等丢失成本。

质量成本可按照形成过程来确定，包括三个主要阶段：设计过程、生产过程和销售服务过程。设计过程可以分阶段考虑，比如技术设计阶段、图样设计阶段、评审阶段、论证阶段和设计完成输出阶段。生产过程应考虑材料、人工、设备、产品检验等，包括从下订单到出货的质量费用。销售服务过程应考虑广告、提供服务过程中发生的质量费用等。

质量成本指标可以从几个性质的质量成本考虑：

1）预防成本：事前付出的成本用于预防。比如市场调查、产品研发和设计、供应商评审、质量策划、培训等预防成本。

2）鉴定成本：来料检验、过程控制审核、产品测试、过程检验和出货、设备保养维护、标准认证等成本。

3) 内部损失成本：返工、返修和重新检验测试成本，不合格品报废成本，内部流程不合理造成的浪费，内部问题纠正等造成的内部损失成本。

4) 外部损失成本：客户投诉调查和纠正、产品退换货、销售损失成本等外部损失成本。

1.5.3 质量经济性管理

1. 质量经济性策划

质量经济性策划基于质量经济性分析。通过对以货币形式表现出来的数据信息的分析，来掌握目前的企业质量水平和企业存在的质量问题。为了达到最佳经济效益的管理和控制，需要对产品的质量控制、质量成本、企业的质量投资回报和利润之间的关系进行分析，为质量的经济性策划提供针对性的活动依据。质量经济性策划需要事前根据公司总体的经济战略，参考业界标杆，总结公司的历史数据，对照公司的质量战略，综合进行策划。

2. 质量经济性评价

对质量经济性的评价，要从其两个表现形式出发。一个是有形的、可以直接衡量的，即收入的增加、支出的降低等；二是无形的，如企业的口碑、品牌影响力等。对于有形资产的评价，借助收集的数据，能比较直观地进行分析和研究。可拿标杆企业的数据作为对比，分析企业的差距，再比较近几年企业的表现变化，从而进行相对准确的质量经济性评价，找出需要改善的关键点，进行针对性改善。

对于无形资产的评价，相对复杂一些，可参考顾客满意度调查等方法，进行定性的数据收集和评价。

3. 质量经济性提升

质量经济性的提升基于顾客的满意度和成本降低两个方面。质量的经济性由顾客的忠诚度决定。为了不断提高顾客的忠诚度，企业应基于顾客的明确要求和隐含需求，对影响质量的所有因素进行挖掘、分析和评价，结合企业的实际情况，充分识别质量及质量经济改进的机会，不断创新和达到或超越顾客的要求。

企业应建立有效的质量成本管理体系，加强从上至下的推动，系统性地针对各项成本进行预算、计划、实施、分析、核算和考核、公司汇报等工作。依照公司所处的环境、组织目标和方针，结合企业短期和长期的目标和计划，基于风险思维，更多地采取事前预防控制行为，使成本最小化。其中，对质量经济性问题贡献度最大的设计阶段，对质量经济具有决定性的影响，因此加强设计阶段的成本和相关管控，将大大提高质量的经济性。实行相关的责任惩罚制度，持续监控管理体系的实施状况，积极有效地推进质量经济性提升工作，帮助企业实现经营目标。

第2章 质量管理体系

2.1 质量管理体系基础

2.1.1 质量管理体系概述

1. 质量管理体系的产生和发展

自从有了产品,便有了产品质量的概念。而质量管理概念的产生,则是随着社会分工,随着用于交换的商品的产生而产生的。随着劳动分工的不断细化和专业化,完成任何一项产品和活动都需要多职能、多部门的协同,依靠单一的岗位、单一的工具和方法已经很难来组织,这样自然就形成了一个体系。于是,质量管理体系就自然而然地产生了。何谓体系?根据 ISO 9000:2015 标准给出的定义,所谓体系就是相互关联或相互作用的一组要素。何谓管理体系?ISO 9000:2015 标准给出的定义为,管理体系是指组织建立方针和目标以及实现这些目标的过程的相互关联或相互作用的一组要素。而质量管理体系则是管理体系中关于质量部分的描述。

由此可见,只要组织建立了方针和目标,并为目标的实现确定和展开了相关过程,并为过程的有效运行提供了相应的职责、资源、能力、控制准则、监视和测量安排等要素,组织就已经建立和实施了管理体系,与是否导入了管理体系标准,是否开展了管理体系认证无关。

因此,组织只要贯彻了一部分全面质量管理的思想,内部只要建立了基本的质量方针和质量目标,建立了基本的质量管理流程、程序,实施了基本的质量管理活动,就表明该组织已经建立了基本的质量管理体系。组织运行的质量管理体系的差别,只是质量管理体系是否适宜、充分、有效而已。质量管理体系标准,是为组织的质量管理体系建立和实施提供的一套相对科学、完整的方法。而质量管理体系认证,则是为组织的质量管理体系的评价,以及展示其符合性和有效实施提供的一套合理的方式。

2. 质量管理体系的标准化和发展

据记载,最早成文的质量管理体系标准,是 1959 年由美国国防部发布的标准

MIL-Q-9858A《质量大纲要求》。

第二次世界大战后期，美国国防部在对军品生产商的质量管理中，通过对生产商的研发、生产、原材料和产品检验以及企业内部运作过程提出一些标准化的做法，并要求生产商实施，军品采购管理部门按照这些标准化做法对军品产品质量施加影响，并在产品质量管控上取得了很好的效果。之后，这些标准化的做法要求也逐步以非正式文件，或者小范围内正式文件的形式出现，并不断修订完善。1959年，美国国防部在这些文件的基础上，进一步修订完善，提出了 MIL-Q-9858A《质量大纲要求》，使之成为世界上最早的有关质量保证的标准。20 世纪 70 年代初，借鉴军用质量保证标准的成功经验，美国国家标准学会（ANSI）和美国机械工程师协会（ASME）分别发布了有关核电站和锅炉压力容器生产方面的质量保证标准。美国在质量保证标准化方面的成功经验，在世界范围内产生了很大的影响。20 世纪 70 年代末，一些发达国家如英国、加拿大、法国等先后制订和发布了用于民用品生产的质量保证标准。

随着越来越多国家的质量保证标准的陆续制订和发布，以及全球质量热潮的发展，越来越多的标准化领域的专家学者建言国际标准化组织（ISO）考虑制订质量保证领域的国际标准。1980 年，ISO 成立了质量管理和质量保证技术委员会（TC/176），负责制订质量管理和质量保证方面的国际标准。

1986 年，ISO 发布了 ISO 8402《质量管理和质量保证—术语》标准。1987 年，ISO 发布了 ISO 9000《质量体系—设计开发、生产、安装和服务的质量保证模式》、ISO 9002《质量体系—生产、安装和服务的质量保证模式》、ISO 9003《质量体系—最终检验和试验的质量保证模式》、ISO 9004《质量管理和质量体系要素—指南》等 6 项标准，通称为 ISO 9000 系列标准（2000 年换版后改称"族标准"）。

ISO 9000 系列标准的发布，使各国的质量管理和质量保证活动统一在 ISO 标准的基础上，标准总结了工业发达国家先进企业的质量管理的实践经验，统一了质量管理和质量保证的术语和概念。对推动质量管理理论和方法在全球范围内的学习、推广和实践，推动企业产品质量提升和提高顾客满意度，消除贸易壁垒等方面都产生了积极的影响，得到了世界各国的普遍关注和采用。截至目前，ISO 9000 族标准先后经过 4 次修订。从前到后，5 个版本标准分别简称为 1987 版、1994 版、2000版、2008 版和 2015 版。

我国于 1988 年 12 月宣布等效采用 ISO 9000 族标准，发布了 GB/T 10300 质量管理和质量保证系列标准。国家技术监督局于 1992 年 10 月决定等同采用 ISO 9000族标准，并发布 GB/T 19000 质量管理和质量保证标准。在此后历次版本中均保持等同采用。迄今为止，ISO 9000 族标准已被全世界 150 多个国家和地区采用为本国（本地区）标准，是国际标准组织（ISO）所发布的所有标准中，最受欢迎和采用率最高的。

ISO 9000 族标准是通用的质量管理体系标准，适用于各种类型、不同规模和提供不同产品和服务的组织。随着质量管理体系标准化的发展，也逐渐产生了一些针对特定行业或特定规模组织的质量管理体系标准，如适用于汽车生产件或相关服务件行业的 IATF 16949 标准，适用于医疗器械行业的 ISO 13485 标准等。

2.1.2 质量管理体系标准概述

1. ISO 9000 族质量管理体系标准简介

2000 版 ISO 9000 族标准有 4 个核心标准，分别是 ISO 9000，ISO 9001，ISO 9004 和 ISO 19011。但是，随着标准的不断发展，ISO 9004 和 ISO 19011 逐步脱离了核心标准的位置。

ISO 9004：2018《质量管理-组织质量-实现持续成功指南》已从 2000 版定位的"质量管理体系业绩改进指南"发展到定位于"组织质量"，致力于"着重于为组织实现持续成功的能力提供信心"，与 ISO 9001 标准的"着重于为组织的产品和服务提供信心"相差甚远，类似于"卓越绩效评价模式"了，已经不再与 ISO 9001 标准是"协调一致的两个标准"的关系，而成为一个独立发展方向的标准了。

ISO 19011 标准经历了《质量管理体系审核指南》《质量和环境管理体系审核指南》《管理体系审核指南》三级变化，标准的适用范围不断扩大，已经从质量管理体系的核心标准，发展成为独立的管理体系审核指南标准。

至此，ISO 9000 族标准只剩下 ISO 9000 和 ISO 9001 两个相互配合协调一致的核心标准。ISO 9000 标准主要为质量管理体系提供基础原理，并规定术语、概念、定义。ISO 9001 标准规定了质量管理体系的要求，为组织建立和评价质量管理体系提供依据。

下面以 ISO 9001 标准为基础，介绍一下质量管理体系标准的核心要求。

图 2-1 所示为 ISO 9001 标准结构在 PDCA 循环中的展示。

（1）圆角矩形　表示组织的质量管理体系基础，这个矩形不应被理解为一个空心框，而是类似于一块地基，在其上面承载了组织的整个质量管理过程和活动，其边界就是组织的质量管理体系范围和边界。组织在建立和变更其质量管理体系时，应首先确定质量管理体系的范围和边界。

（2）左侧的三个箭头　是组织质量管理体系的输入。输入应以顾客要求为核心，同时要考虑组织及其环境（包括外部环境和内部环境），以及相关方（包括外部相关方和组织内部相关方）的需求和期望。组织是一个社会有机体，需要具备适应环境变化的能力。因此，组织的质量管理体系不能是静态的，需要因输入条件进行适当的变化。组织应该建立上述输入的识别、分析和洞察过程，以确保获得适时、正确的输入能力。

（3）右侧的组合箭头　是组织质量管理体系的输出。输出可以描述为"质量管理体系的结果"，主要分为 3 个方面：产品和服务、顾客满意和质量管理体系的其他结果（预期的或非预期的）。组织质量管理体系的预期结果可以理解为 3 部

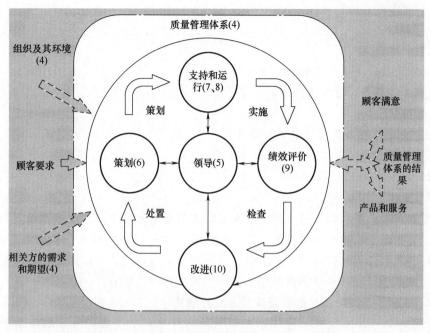

图 2-1 ISO 9001 标准结构在 PDCA 循环中的展示

分：第一项是"具有稳定提供满足要求的产品和服务的能力"，第二项是"增强顾客满意"，第三项是"组织自定的影响组织成功的其他结果"。第三项中也包括质量管理体系的自我建设和完善。

在组织质量管理体系"地基"上运行的质量管理体系活动过程，按照 PDCA 循环可以分为四个阶段的活动，并对应标准要求的条款安排。

P 阶段（即 Plan 计划阶段）提出的要求：
1）识别和确定风险和机遇。
2）确定质量目标并策划确保目标实现的措施。
3）实施质量管理体系策划。
4）质量体系变更（如需要时）的管理。

D 阶段（即 Do 实施阶段）提出的要求：
1）价值实现过程的控制要求：包括产品和服务实现过程策划、产品和服务要求的确定、产品和服务的设计和开发的控制、外部供应方提供的产品或过程的控制、生产和服务运作的控制、检验和试验的控制、产品放行和不合格产品的控制、交付后活动的控制等。

2）支持过程的控制要求：包括资源确定提供和维护、能力管理、人员意识和质量文化管理、内外部信息交流、成文信息的管理等。

C 阶段（即 Check 检查阶段）提出的要求：
1）质量管理体系的监视、测量、分析和评价。

2）顾客满意的监视、分析和评价。

3）内部审核。

4）管理评审。

A 阶段（即 Act 处理阶段）提出的要求：

1）不合格产品的纠正措施。

2）持续改进。

PPCA 循环核心驱动力提出的要求：

1）领导作用和承诺。

2）建立质量方针。

3）岗位、职责和权限。

需要特别说明的是，这样的 PDCA 展示图只是一种形象的解读，旨在方便理解和记忆。实际上，整个质量管理体系标准条款之间的关系和联系是复杂和多线的，比如每一项具体的条款要求中，也包含了策划—实施—检查—改进的 PDCA 循环原理。因此不能以 PDCA 展示图教条地去理解标准条款的内容。

2. 质量管理体系、其他管理体系及卓越模式

ISO 9001：2015 质量管理体系和组织其他管理体系（如财务管理体系、环境管理体系、职业健康安全管理体系）一样，都是组织总的管理体系的一个组成部分，基于相同的管理体系原理，只是管理的对象不同而已。

另外，一些与质量管理领域存在重叠的管理体系标准，如合规管理、卓越模式等，其中表述的质量管理体系方法都是基于共同的原则。

在当前的环境中，许多问题，例如创新、道德、诚信和声誉均可作为质量管理体系的参数。这些因素在多个领域的管理体系中都有所涉及，只是侧重点有所不同。

组织的管理体系中具有不同作用的部分，包括其质量管理体系，可以整合成为一个单一的管理体系。当质量管理体系与其他管理体系整合后，与组织的质量、成长、资金、利润率、环境、职业健康和安全、能源、公共安全等方面有关的目标、过程和资源，可以更加有效和高效地得以实现和应用。

ISO/IEC 导则 第一部分 ISO 补充规定的附件 SL 的附录 2（ISO/IEC Directives, Part 1, Consolidated ISO Supplement, Annex SL, Appendix 2）中提出的"高阶结构"，规范了管理体系国际标准的结构、共用术语和核心定义，为组织管理体系的整合提供了很大的便利。

2.2 质量管理体系的建立和实施

组织的质量管理体系，可以理解为在质量管理体系框架下，封装了从顾客需求到顾客满意的价值实现过程，以及所有为这个价值实现过程提供管理和支持的过程。

质量管理体系框架包括了领导作用和承诺、建立质量方针、质量体系策划和变更、监视测量分析和评价、内部审核、管理评审和改进等一系列要素，也包含了基于 PDCA 循环的思想和始终基于风险的思维。

（1）从顾客需求到顾客满意的价值实现过程　包括产品和服务实现过程策划、产品和服务要求的确定、产品和服务的设计和开发的控制、外部供应方提供的产品或过程的控制、生产和服务提供的控制、产品放行和不合格产品的控制、交付后活动的控制等一系列要素。

（2）管理过程　包括组织环境的分析和理解、相关方需求和期望的确定、组织职责和权限分配、质量目标的确定和实现措施策划、绩效分析和评价等一系列要素。

（3）支持过程　包括资源确定提供和维护、能力管理、人员意识和质量文化管理、内外部信息交流、成文信息的管理等一系列要素。

质量管理体系框架有规可循，但每个组织的价值实现过程以及相关的管理和支持过程都是独特的，并且在不断更新、改进和完善中，因此这些质量管理体系的内容需要基于过程方法，结合组织实时面对的内外部环境，根据组织确定的需求和期望量身订造，加以建设和完善。

2.2.1　前期准备阶段

1. 人员和能力储备、质量基础教育、质量文化建设

质量管理以人为本。只有组织内所有与质量管理有关的人员全力参与，才能取得良好的质量管理效果。同样，质量管理体系的建立和实施，不但需要一支对质量管理、对质量管理体系有深刻理解的建设者队伍，而且需要建立在良好的质量基础教育、人员质量意识和组织质量文化的基础上。

一个缺乏最基本质量意识，没有建立基本质量文化的组织，是不可能建设出有效的质量管理体系的。同时，缺乏对质量管理、质量管理体系有深刻理解的体系建设人员，也是不可能建设出高效的质量管理体系的。因此，一个组织，一旦有准备启动质量管理体系改进建设计划，首先要有意识地进行人员和能力储备，通过"招进来、送出去、请进来"三结合的方式，通过招聘有能力的人员，送人员出去培训，请外部老师进来培训授课等方式，进行组织的质量能力建设。

要积极开展质量基础教育、质量文化建设。特别是中高层管理人员的质量意识、制度意识、流程意识的树立。在组织内逐步形成"人人重视质量、人人创造质量、人人享受质量"的良好质量文化。

2. 管理体系现状调研和差距分析，确定目标

确定要启动质量管理体系变革改进项目时，应先行进行管理体系现状调研，对照 ISO 9001 标准的要求进行差距分析，识别出薄弱点，确定改进的方向和工作内容，确定质量管理体系变革改进项目的目标。

对于基本的产品实现过程控制、产品质量管控机制尚没有有效建立，生产和质量管理还处在原始和无序状态的组织，建议先不急于一步到位按照 ISO 9001 标准的要求建立完整、充分的质量管理体系。应考虑先做到基础工作的夯实，如建立基本的作业流程文件、工作 SOP（Standard Operating Procedure，即标准作业程序）、作业指导书，建立基本的检验标准、检验规范，完善相应的质量控制点设置等。

3. 建立项目组织，启动项目

确定启动质量管理体系变革改进项目后，应首先为项目成立强有力的组织。通常由最高管理者，或者最高管理者在自己的管理团队内任命一名成员作为分管领导担纲整个项目。

项目小组通常由各职能部门负责人作为成员组成，只有对于大型组织，方可考虑由部门负责人在其管理团队中选择副手担任成员。项目小组组长即由担纲整个项目的最高管理者或分管领导担任，必要时可由其任命执行组长，但项目责任依旧由正式组长承担。

项目小组人员的层级和参与程度直接影响到项目成败和所建设的质量管理体系的有效性，因此要始终坚持"高层级、高参与"，这也是始终贯彻"领导作用"这一质量管理原则的体现。

外部咨询顾问方的参与有助于管理体系建设的科学性和效率，但体系建设过程的最终责任在于组织自身。过度依赖于外部咨询顾问方，会带来管理体系的适合性问题，同时由于组织内部人员没有在体系建设过程中经受锻炼，容易出现体系运行"两张皮"现象和不能长期坚持有效运行的问题。

项目组织应正式公布，以提升项目组成员的责任感，同时能为项目组在组织内建立一定程度的权威感。项目启动应有仪式感，以提高组织内所有人员对项目工作的重视程度。此举有利于项目成功实现其预期目标。

4. 理解价值实现过程的业务逻辑

组织的业务活动是紧紧围绕其价值实现过程的，价值实现过程的业务逻辑会直接影响组织所有业务活动和过程的策划与组织。

组织的质量管理体系自然也是紧紧围绕其价值实现过程的，应通过对组织价值实现过程和其他管理和支持过程的规范化运作控制，来实现质量管理体系的预期结果。

在启动对质量管理体系的优化建设之初，应确保能深度理解价值实现过程的业务逻辑，以备未来的体系策划都是基于这些组织特有的业务逻辑基础，并妥善予以结合和融合。

实际的体系建设工作中，切忌跳过这一步骤，直接照搬一套其他组织成型的管理体系文件。以免之后发现，两者价值实现过程的业务逻辑不一样，导致实现过程不一样，再导致关键控制点和关键活动也都不一样，致使最终建设的管理体系基本是无效的，根本实现不了预期的结果。

一种比较简便易行的方法是，根据组织的价值实现过程的业务逻辑，从产品要求的确定开始一直到交付后活动的实施，绘制一个全价值链的流程简图。特别是当组织内部有多个基本相互独立的价值实现过程时，应画出多个流程简图。

5. 理解组织环境、相关方需求和期望

组织不能脱离其所处的内外部环境而独立存在。组织存在的价值，在于实现其宗旨。组织的战略、方针、目标，以及依据战略、方针、目标建立的管理体系，目的在于帮助组织实现其宗旨。组织所处的内外部环境，以及这些内外部环境的任何变化，既有可能影响组织阶段性的宗旨的确立，也有可能会对组织宗旨的实现构成影响。

质量管理体系是组织总的管理体系的一部分，用于实现组织在质量方面的宗旨。因此，在质量管理体系建设和运行过程中，应基于对组织所处的内外部环境的准确理解，并时刻关注组织内外部环境因素的变化，从中分析出可能对组织宗旨以及对组织质量管理体系构成影响的那些因素，并在管理体系建设过程中加以考虑，或通过风险和机遇分析、控制措施策划、改进等活动加以应对。

需要特别指出的是，组织内外部环境、相关方需求和期望都是处于不断发展变化中的。因此，对组织环境、相关方需求和期望的识别、分析和理解活动不是一劳永逸的，应是一个动态的过程。通常可通过定期收集汇总评审，或输入定期的管理评审活动来实施。但无论如何，质量管理体系优化改进项目启动之初，应先期开展一次评审，并基于相关结果，开展后面的质量管理体系优化改进活动。

2.2.2 整体设计阶段

1. 确定质量体系范围和边界

明确组织质量管理体系的边界和适用性，以确定质量管理体系的范围，是组织建立和实施质量管理体系的基础。范围的确定通常需要考虑组织预期提供的产品和服务，以及实现产品和服务的核心价值过程、体系应用的物理边界等综合进行。比如，"位于××（地址）××（公司）的智能手机的设计、生产、销售和售后服务"，这里包含了在一个明确的物理地址的基础上，某个组织提供的预期产品和服务以及核心的价值管理过程。

一般而言，组织应围绕确定的质量管理体系范围，按 ISO 9001 质量管理体系标准的全部要求，建立适合于本组织的质量管理体系要求。组织的某些特性不适用标准的某些条款要求时，可以不予应用，但应说明不应用的理由。该理由成立的条件是："不应用该条款不会影响组织提供合格产品和服务的能力或责任，也不影响增强顾客满意。"否则，不能声称其符合 ISO 9001 质量管理体系标准的要求。

清晰地确定质量管理体系范围，对于一个组织的质量管理体系的建设，以及该体系的有效性至关重要。某审核员曾在认证审核中遇到一个企业，其所申请认证的质量管理体系范围是："厨房灶具的设计、生产、销售与服务。"从范围上看，这应该是一家生产制造型的企业，但到了企业，经过实地调查了解之后发现，这是一家主要为宾馆、酒楼、单位食堂提供定制化厨房设计、施工、设备采购一条龙"交钥匙"式的服务的企业，其实际上是工程项目型企业。很显然，这样基于错误范围所建设的质量管理体系，很大程度并不适用于企业的运作实际，所建立的质量管理体系也基本上是无效的。

2. 建立一个成文信息的管理系统

为了更高效地沟通和协同，以达成组织的预期目标和适用标准的要求，通常情况下，组织将根据自身规模以及管理成熟度、活动/过程/产品/服务的类型、过程的复杂程度以及人员的能力状况等，制定适合于本组织特性的不同类型的成文信息。成文信息类型一般包括：媒介类型（如纸质版、电子版、样品等）和表现形式（语言、图表、软件版本等）。

这些成文信息应予以受控管理，包括：成文信息的确定和批准、发放的范围和方式、必要的标识和说明、访问的权限、检索的方法和使用的要求、信息的存储和保护、变更的管理要求，以及对不同类型成文信息的保留和处置规定等。这些成文信息的管控对象既包括组织内部策划和建立的，也包含来自组织以外的其他相关方提供的成文信息，均应进行管控。

按照习惯，通常把成文信息分为"文件"和"记录"两类。"文件"通常是指那些用来指导或约束作业活动的成文信息，管控重点在于发布前获得批准和保持对版本的控制，以确保在使用场合能获得正确的适用版本，防止错误版本被使用。"记录"是指那些阐明所取得的结果或提供所完成活动的证据的成文信息，管控重点在于收集保存，予以妥善保护，并防止非预期地更改，以确保在有需要的时候能够及时调取。

在目前信息时代背景下，很多成文信息的承载方式和传递方式都在发生着巨大的变化，因此如何确保组织以适宜的方法对相关的成文信息进行有效管理，使其能在需要的场合和时机下，方便和安全地获取和使用，对于组织而言也是一个挑战。

2.2.3　组织设计阶段与实施

1. 确定以顾客为关注焦点的方向

持续增强顾客满意度，是组织建立和运行质量管理体系的基本目的和根本追求。ISO 9000标准明确提出质量管理的首要原则是"以顾客为关注焦点"，因此组织在建立、实施和保持质量管理体系的过程中，应始终秉承以顾客为关注焦点的基本原则。一旦偏离了这一原则，质量管理体系就有可能偏离初心，最终无法实现持续增强顾客满意度的目的。

2. 确定质量方针

在ISO 9000：2015《质量管理体系 基础和术语》标准中对"质量方针"给出

了如下的定义:"关于质量的方针",即关于质量方面由最高管理者正式发布的组织的宗旨和方向。同时,该标准在注释中明确:"通常,质量方针与组织的总方针相一致,可以与组织的愿景和使命相一致,并为制定质量目标提供框架。"这就意味着,在组织发展的不同阶段,组织的目标可能是不同的,但方针与组织的宗旨和方向应是一致的。

3. 建立职责、权限系统

组织结构是一个组织流程活动运作的基础,是一个组织是否实现内部高效运转、是否能够取得良好绩效的先决条件。组织结构通常表现为一个组织的职能划分、部门、岗位、角色、职权、职责、工作内容、目标、工作关系等要素的组合形式,是组织在"软层面"的基本形态,其本质是实现某一组织的各种目标的一种手段。为了确保效率和合理性,必须使组织架构与其战略发展相适应,即战略决定结构。战略就是对"我们的业务是什么、应该是什么和将来会是什么"这些问题的解答,它决定着组织结构的宗旨,并因此决定着在某一组织中哪些是最关键的活动。有效的组织结构,就是使这些关键活动能够正常工作并取得杰出绩效的组织设计。因此,有关结构的任何工作,都必须从目标和战略出发。

通常基于上述组织战略和目标的组织架构设计应充分考虑实现组织预期提供的产品和服务中的各项内容,以及它们之间的关联关系和制衡机制,既要满足专业化分工,又要考虑到制约机制和经济性,以高效、经济和最大保障程度的方式达成组织预期目标。

在组织架构设计方面,组织高层管理者需要反复考虑的内容是设置多少个管理部门、每个职能部门的职责权限是什么、应该建立几个管理层次、每一级的管理层次又起着什么样的作用等问题。在组织架构设计的同时,应定义其各职能/部门/岗位的职责和权限,可根据其管理层次的不同,明确其负责的工作内容与权限边界,以支撑组织架构按预期的设计有效协同和高效运营。为了加强组织的价值链管理,优化组织结构和业务流程,降低组织和经营成本,增强组织的竞争力,组织应该定期或不定期调整自己的组织机构,进行部门的合理划分。

岗位是组织为完成某项任务而设定的,因此应有一个具体化的工作描述;职责是职务与责任的统一,由授权范围和相应的责任两部分组成。所以,岗位职责应包含一个岗位所需要完成的具体工作内容以及应当承担的责任范围。

权限是指为了保证职责的有效履行而设定的该岗位任职者对某一事项进行决策的范围和程度。一般而言,可以通过职级对应工作内容权限的设定,通常以"对×××工作的审核权/批准权/考核权/提名权"等来描述。

4. 建立内外部信息交流系统

在企业管理领域,信息交流有时候也叫作沟通。组织的协同工作离不开良好的沟通机制,因此,组织需要确定与组织内部和外部相关方就质量管理体系进行沟通的安排,并在安排中明确沟通什么、何时沟通、与谁沟通、如何沟通、谁来沟通等要素。上述对于这些沟通的安排应让组织内的相关人员清楚了解，对于沟通安排的有效落实将极大地增强沟通效率并确保沟通效果。

组织内外部信息交流系统的策划应结合组织的实际需求，满足其特性的要求，实现高效率和高质量的内外部信息交流。

组织内的信息交流方式很多，按其经过事先策划的程度区分，可以分为两类。第一类可称之为集约型信息交流方式，诸如文件化的规定、计算机软件系统（OA、ERP、PLM、MES等）、决策审批流、格式化表单传递等。第二类可称为粗放型信息交流方式，诸如电子邮件、即时聊天工具、会议、面谈等。在企业管理领域，应致力于尽力推动粗放型信息交流方式往集约型信息交流方式发展。

5. 识别和确定过程，确定所需输入和期望输出

质量管理体系是以过程为基础的。因此，质量管理体系的优化建设必须从过程识别开始。

组织应结合前期准备阶段所理解的价值实现过程的业务逻辑，对组织内与质量管理体系有关的活动和过程加以识别。

可采用列表的形式，对活动和过程加以排列，并明确每一个过程所需的输入、投入的资源和期望获得的输出。

鉴于组织内的过程是一个过程网络，所有的过程不是平铺的，而是有包含和嵌套关系，大过程包含小过程，因此使用列表的方式进行过程识别对于复杂的过程网络往往不太方便。此时，学习和使用结构化的过程规划方法会特别有助于进行过程识别。

6. 建立过程监视和测量程序

价值实现过程及其支持过程策划并建立之后，质量管理体系可进入部分试运行阶段，重点测试运行价值实现过程及其支持过程，目的是引导和训练组织全体员工按照程序和文件执行的习惯，并验证此前各阶段所形成的程序和文件的充分性、适宜性和有效性，以便及时修正和完善。

此时，应该及时策划和建立起针对各过程的监视和测量程序，并予以实施，以便能即时反馈：

1）过程控制准则是否得到遵守和执行？
2）过程是否有效？

针对第一个问题，可考虑通过过程之间的相互检查、监督，以及专项的过程检查（流程审计）、内部审核等方式进行。针对第二个问题，过程有效可以采用定性评价，即由适当的人员对过程是否能够实现预期结果的主观评判来进行。也可以采用定量评价，即设定定量的过程绩效指标，通过对指标达成情况的监控或统计来进行。具体采用定性评价还是定量评价，可综合考虑过程的重要性、过程的复杂程度、管理精细化程度等方面内容确定。

7. 建立分析和评价程序

分析和评价是组织发现和揭示问题的重要手段，及早且准确地发现已发生或潜在的问题，将有助于组织的持续改进。

分析和评价的基础是监视和测量的结果，可以理解是监视和测量结果的深度应用。

选择适宜的分析和评价的工具和方法，对分析和评价的有效性至关重要。典型的分析评价方法和工具有：传统 QC 七大手法、SPC、实验设计和回归分析等。

分析、评价方法和工具的使用应重点关注其适宜性和充分性，不同的目的可能采取不同的分析方法，而且应注意分析样本的代表性和有效性，确保分析过程的符合性以及结果的有效性。

组织针对价值实现过程的分析和评价程序，应聚焦在价值实现过程的关键绩效指标上，例如：

1）产品的质量表现和趋势（如半成品、成品的合格率等）。
2）关键、重要过程的绩效指标和趋势（如采购按期交付率、研发计划延误天数等）。
3）外部供应商的能力表现和趋势（如供应商来料批次合格率、供应商定期审核得分等）。

与监视和测量程序一样，分析和评价程序也应明确以下几个问题：

1）分析和评价对象是什么？
2）数据来源是什么？
3）谁来进行分析和评价？
4）多长时间进行一次分析和评价？
5）结果反馈给谁？
6）发现异常的处理程序是什么？

8. 建立内部审核的过程并实施

内部审核是组织确保其质量管理体系符合相应标准要求、自身质量管理体系文件规定，并有效实施运行的重要手段和工具之一。按照策划的时间间隔进行内部审核，也是所有质量管理体系标准的硬性要求。

需要特别予以说明的两点是：

1）建设一支具备充分能力的内部审核队伍，是确保内部审核有效性的关键，但目前很多组织忽视了这一点。
2）在资源能够保证的情况下，努力提高内部审核的频次，对于促进质量管理体系的完善和提升质量管理体系的有效性至关重要。一年一度的内部审核，对于因迅速变化的组织内外部环境而导致的质量管理体系变更和完善需求而言，是不及时的。对质量管理体系的建设和完善抱有更高期望的组织，提倡采用"滚动式审核"，以保持持续性的质量管理体系得以完善和改进。

9. 建立管理评审的过程并实施

管理评审是组织的最高管理者为确保质量管理体系持续的适宜性、充分性和有效性，以及是否与组织战略方向保持一致而组织策划、实施的重要评价和改进手段。按照策划的时间间隔进行管理评审，也是所有质量管理体系标准的硬性要求。

管理评审的基本目的是"承前启后"，是总结过去、规划未来。其基本逻辑是通过对过去一个周期质量管理体系运行情况、运行绩效进行总结，充分考虑未来一段时间组织在质量管理体系方面所面临的内外部环境变化、相关方要求、风险和机遇情况，进而确定下一个周期质量管理体系的战略决策、目标、资源提供和变更的需求。

管理评审的周期由组织策划和决定，通常和组织的整体战略和绩效检视周期同步，也可以单独确定周期。管理评审的周期一般不超过12个月。

有效的管理评审取决于最高管理者乃至组织管理层的分析决策能力，以及规范的运作程序。因此，除了组织最高管理者要充分理解和主导管理评审活动外，一套经过细致策划的管理评审程序是至关重要的。程序中应着重明确输入信息的充分性、客观性，确保管理决策建立在充分的证据基础上。程序中还应充分明确管理评审的输出要件。总结过去不是管理评审的目的，只是手段。规划未来才是管理评审的最终目的。

作为最高管理者的智库和决策参谋部门，可以在管理评审前事先做好必要的准备工作。应充分认识到，组织的最高管理者是决策者，而不是政策和方案的制定者。"总结过去，规划未来"的具体工作，往往是由智库和决策参谋部门来进行，并形成"规划建议"，由最高管理者决策实施。

需要特别注意的是，管理评审所形成的"未来规划"，需要有一整套执行系统负责贯彻落实，将之作用到组织的质量管理体系中（这通常会引起质量管理体系的变更）。要保留相应的贯彻落实的证据，以便为下一轮管理评审引为输入要素。

10. 质量管理体系变更

质量管理体系的变更可能来自主动的变更，也可能来自被动的变更。

为确保质量目标的达成，通过制订控制措施并对质量管理体系进行变更，以及由管理评审的输出所引起的变更等，这些都属于主动变更。这类变更是积极和有意义的，也是实际中组织质量管理体系变更的主要来源。

被动的变更，可能来自于对内外部环境变化后所带来的风险和机遇的应对。常见的如外部法规要求的变化带来的流程变更，内部核心人员的离职带来的组织架构的变更，市场的变化带来组织所提供产品类型的变更，以及由这些变更引起整个质量管理体系的再造等。

应该认识到，组织的质量管理体系是一个动态的体系，始终处于不断适应、学习、改进和变更之中。因此，应坦然面对质量管理体系的变更，并建立好相关的流程，去管理这些变更。

2.3 质量管理体系的维护和改进

2.3.1 例行的维护、保持和改进

例行的维护、保持和改进有赖于完善的运营机制、最高管理者的意识，以及组织管理体系所取得的绩效。完善的运营机制主要包括全员参与的文化、过程方法的应用、内审和管理评审活动的有效开展，以及恰当的目标和绩效考核方案的落实等。它们将对例行的维护、保持和改进起到积极的促进作用。

改进的目的是更好地满足顾客要求和增强顾客满意，因此改进的机会可能来源于组织内部，也可能来源于组织外部；改进的内容包括产品和服务、已发生的不合格或者潜在的不利影响，以及体系的绩效和有效性的增强等。

典型的持续改进方法包括：

1）针对已发生的不合格及其产生原因制定的纠正和纠正措施，经过效果验证后，可作为长期准则和方法的补充和完善，制定为成文的信息予以贯彻实施的。

2）针对发现的尚未发生的潜在不利影响制定的预防措施。

3）鉴于发展和变化中发现的新的需求或机遇而制定的应对措施等。

2.3.2 被动的突然变更和主动的创新性改进

一个组织的质量管理体系处于不断发展、完善和改进的动态过程中。其改进过程通常是：突变改进——维护、保持、巩固和完善——突变改进——维护、保持、巩固和完善这样的路径。

当今的时代是一个"乌卡时代"［VUCA，易变不稳定（volatile）、不确定（uncertain）、复杂（complex）、模糊（ambiguous）］。组织所处的内外部环境变化非常迅速。质量管理体系只能依靠例行的维护、保持和改进，改进的速度和深度很难适应快速变化的内外部环境的要求。时间稍久，就有可能导致质量管理体系不能很好地适应组织所处的内外部环境的要求，致使其适宜性和有效性下滑。

因此，组织在质量管理体系例行的维护、保持和改进之外，还应策划和保持突变改进的活动，包括被动的突然变更需求和主动的创新性改进要求。

2.4 质量管理体系的外部认证

2.4.1 外部认证的价值

对于组织质量管理体系建设过程来说，外部认证并不是必需的活动，也不是必经的阶段。一个组织无论是否寻求和获取外部认证，理论上都不影响其管理体系的

建设和运行。

外部认证通常由第三方认证机构来完成。第三方认证机构是指经过必要的认可程序批准成立的，具有可靠的执行认证制度的必要能力，并在认证过程中能够客观、公正、独立地从事认证活动的机构。即认证机构是独立于制造厂、销售商和使用者（消费者）的，具有独立的法人资格的第三方机构，因为称为第三方认证。外部认证的基本价值在于增强客户信任、提升交易信心，以及消除国际贸易中的技术壁垒。

2.4.2 外部认证的申请和实施

当一个组织拟获取外部认证时，首先应根据组织目前的状况，如顾客要求、所属行业、所在区域、拟认证类别和范围等不同的条件，选择适宜的第三方认证机构，并根据该机构的要求提交认证申请资料，包括但不限于组织的营业执照、生产许可证、体系文件等。

认证机构通过对申请方的相关资料进行初评，给予是否受理的通知。如果发现有不符合要求的地方，认证机构将通知申请组织进行修正或补充。在成功受理后，认证机构通常将遵循 ISO 17021 标准的要求、认可机构的认可准则文件，以及认证机构相关的文件要求，与申请方协商认证审核有关的安排，如预计审核时间、费用、申请范围等事项。双方确认后签订认证服务合同/协议。

认证机构将基于认可准则的相关要求开展认证审核活动，包括但不限于制定审核方案、组成审核组、进行文件审核、实施一阶段和二阶段现场审核等。审核组按照审核计划，通过现场审核收集客观证据并依据审核准则，得到符合或者不符合的审核发现，并根据不符合的审核发现的严重程度、数量以及集中度等做出现场审核结论，即是否通过现场审核并向认证机构推荐该组织认证注册。

现场审核通过后，组织应在规定的时间内对审核组所开具的不符合项报告进行相应的整改，审核组根据不符合项的性质，以适宜的方式对相关的不符合项进行验证后，提交相关的审核资料给认证机构进行合格评定，最终由认证机构相关专业领域的专家组成评审单位，对审核组提交的审核资料进行认证评定，并做出认证决定。如通过评定，则由认证机构颁发相应的认证证书。反之，则不通过，并做出不予认证注册的决定。一般情况下，认证机构做出不予认证注册的决定后，其他认证机构一年内将不得受理该组织的认证申请。

认证注册完成后，认证机构将向获证组织颁发认证证书，同时在认证监管系统进行备案登记，便于社会公众进行查询。认证证书有效期一般为 3 年，在有效期内，每年会安排一次例行的监督审核，一般不超过 12 个月，监督审核将对最近一年该获证组织的体系运行绩效和合规性进行相应的审核，以确认该组织的管理体系是否持续有效。有效期到期前 3 个月，组织可选择再次认证，并有机会重新选择认证机构，如仍在原机构审核，原机构则需要对该组织上一周期内管理体系运行绩效进行一次重新评价,以确认是否需要对审核方案进行必要的调整;如果选择新的认证机构,通常将重复上述的申请流程,并提交上一周期内原认证机构审核的相关资料或证据,让新认证机构了解该组织上一周期内体系运行的状况。通常而言,新认证机构为了降低审核风险,会选择以初次认证的方式对该组织拟定审核方案,并组织实施认证审核活动。

2.5 质量管理体系审核

2.5.1 质量管理体系审核概述

1. 质量管理体系审核的概念及价值

质量管理体系审核是对质量管理体系进行评价的重要方法之一,也是推动质量管理体系完善和改进的重要工具和手段。

审核活动有别于普通的工作检查活动。根据 ISO 9000:2015《质量管理体系基础和术语》对"审核"的定义:审核是为获得客观证据并对其进行客观的评价,以确定满足审核准则的程度所进行的系统的、独立的并形成文件的过程。审核活动区别于普通的工作检查活动主要体现在以下三个方面:

(1) 系统性 审核活动具有一整套相对统一的程序和方法,工作检查活动则通常由检查方自行策划和确定。

(2) 独立性 审核活动严格要求独立性,即审核人员不能审核自己的工作,工作检查活动通常不排除"自我检查"这种方式。

(3) 形成文件 审核活动必须按照要求对审核过程和审核结果形成规范的成文信息,工作检查活动有可能不形成成文信息。

质量管理体系审核的程序和方法应参照 ISO 19011:2018《管理体系审核指南》标准中的指南性规定。对于第三方认证审核,则应遵循 ISO 17021-1:2015《合格评定 管理体系审核认证机构的要求 第一部分:要求》标准中关于认证审核的相关要求。

2. 质量管理体系审核的三种类型

质量管理体系审核既可以用于对组织自身的质量管理体系的评价,也可以用于对外部组织的质量管理体系的评价。

根据提出审核的审核委托方的不同,通常将质量管理体系区分为三种用途类型,即第一方审核、第二方审核和第三方审核。

(1) 第一方审核 即由组织自己提出审核,对组织自身的质量管理体系进行审核。这类审核的目的通常是为了掌握组织自身质量管理体系的符合性和有效性,识别完善的需求和改进的机会。

(2) 第二方审核 即由相互关联的一方提出审核,对另一方的质量管理体系进行审核。如商业关系中的需求方对提供方提出的审核、集团组织对其下级组织提出的审核等。这类审核的目的通常是为了评价另一方质量管理体系的符合性和有效性，为其商业行为或管理行为的决策提供输入信息。

（3）第三方审核　即由相互关联以外的第三方提出审核，对当事方的质量管理体系进行审核。这类审核的目的通常是为了提供中立立场的审核结论。认证审核即属于第三方审核。

以上三种审核类型，其中第一方审核通常称为"内部审核"，第二方、第三方审核称为"外部审核"。

需要注意的是，区分第一方审核、第二方审核、第三方审核，主要是看由谁提出审核，由谁委托审核组实施审核并接受审核报告，与审核组成员来自哪里没有关系。比如，有些组织也会聘请外部人员实施"内部审核"，有些需方也会聘请第三方机构实施对其供方的第二方审核。

2.5.2　质量管理体系审核的策划与实施

1. 审核程序及审核资源的策划和准备

审核活动是一项系统性活动，具有一整套相对统一的程序和方法。因此，组织在策划自己的质量管理体系审核之前，应该策划和建立符合指南标准建议、符合行业通行惯例、适合于组织自身特点的审核程序，并将之文件化。根据组织的实际需求，可分别建立内部审核、对外部相关方实施审核的程序，也可以合并建立。

审核资源主要分为物力资源和人力资源，必要时还涉及财力资源。组织应充分识别所需的资源并予以保证。物力资源相对需求较少，主要是一些大型组织、多现场组织可能需要交通工具、必要的远程审核工具等。财力资源也相对需求较少，主要是交通、食宿等支出，有的组织还会安排审核人员的物质激励，这也会涉及一部分财力资源。

审核活动是一项系统性、专业性都很强的活动，而且流程很长。从前期的审核方案策划、审核员的评价与确认、审核策划与准备，到现场审核，到审核后活动的实施、不符合项纠正措施计划的实施和验证等，往往横跨数月甚至数年，而且牵涉活动和过程甚多。因此，审核管理的活动就显得尤为重要。通常来说，组织的审核工作应该由一个部门或一个团队来统筹管理。有不少组织忽视了这一点，导致审核活动的价值并未得到充分发挥。

最重要的审核资源是审核员资源。组织要充分重视审核员的培养和能力评价。审核员在组织内部既是管理体系的评价者，也是管理体系的建设者和改进者。一支具有充分能力的审核队伍，是审核活动是否有效的关键，也是组织管理体系能否充分、适宜、有效建设和运行的关键。

2. 审核方案的策划和建立

经验表明，一次次相互独立的审核，并不能实现审核价值的最大化发挥。而经过策划的，并在实施中根据实际灵活加以调整的，相互配合、相互支持、相互呼应的多次审核结合在一起，可以有效地提升这一组审核的总体价值。

比如，一年周期内策划的两次审核，上半年重点审核产品从需求管理到研发，到供应商物料导入验证，到完成开发样品确认这样一个核心过程，下半年重点审核从生产计划、物料计划、采购、生产制造到产品出货这样一个核心过程，就可以为每一次审核确定出重点，有的放矢，避免审核资源被绝对平均主义滥用。

又如，如果审核中发现物料导入过程存在诸多问题，过程有效性较差，对这些情况可以进行记录，并以适当的方式传递到下一次审核的策划过程，安排在下一次审核中，投入更多资源重点审核物料导入过程，以验证本次审核后，这些过程的完善优化情况。

以上这种多次的相互配合、相互支持、相互呼应的审核，成为一组审核活动的总体安排，通常称之为"审核方案"。按照 ISO 9000：2015 标准的定义，审核方案是指"针对特定时间段所策划并具有特定目标的一组（一次或多次）审核安排"。

组织内部负责管理审核活动的部门、团队或人员，应该建立并保持一个针对质量管理体系的审核方案。很多组织通常按年来策划审核方案，形成一个"年度审核计划表"。这种方式虽然未必有错，但仅仅规划一下每年审核的次数和实施的月度，这样的计划表实际意义是不够的。

组织应该尝试在更长的时间周期内，在更多的审核次数的基础上，进行审核方案的策划。无论审核方案的形式如何，应起码能体现各次审核之间的关联。

每一次审核活动实施完成后，应结合本次审核的情况，对审核方案进行评审，必要时还要进行调整和更新，以便更有效地指导下一次的审核策划。

3. 审核策划和准备

对于一次成功的审核而言，周密而细致的审核策划和准备至关重要。经验表明，在一次审核活动的总的工作量占比中，审核策划和准备的工作量至少应占 35%或以上。

按时间的先后顺序，审核的策划和准备主要包括以下工作。

（1）启动审核，指定审核组长，组成审核组，提出审核任务　按照年度体系工作计划和审核方案的安排，组织应适时启动审核。审核活动启动的时间，通常以计划中现场审核的日期之前 15 日左右为宜。太早则容易出现太多变数，太迟则没有时间进行充分的审核策划和准备。

审核启动之后，第一件事就是要指定本次审核的审核组长。此后审核活动都将在审核组长的主导下进行。审核组长原则上应由体系主管领导（管理者代表）指定。但对于大多数组织，内部审核通常由体系管理部门主导，因此由体系管理部门选择、协调和选定也是可以的。对审核组长的首要要求是具备比较资深的审核能力，熟悉审核的过程和方法，并具有一定的领导审核组的能力。其次是要具有良好的责任心和工作热情。一位出色的审核组长是一次成功审核的关键因素，其能力和责任心缺一不可。

审核组长确定后,应由审核组长主导选择审核组成员,组成审核组。审核组成员的选择,应充分考虑审核能力和审核协同能力。审核工作是团队工作,能否融入团队合作必须予以重点考虑。审核组长对选择审核组成员具有决定权。对于以审核服务为主营业务的第三方机构如认证机构,在审核策划时,审核组的组成要考虑的因素较多,如审核组成员的审核领域、专业领域、语言能力、地域交通等因素,受制于多重条件筛选后的可选资源较少,通常难以做到审核组成员均由审核组长选择,而往往由专职的审核调度人员统一协调和调度。即使在这种情况下,如审核组长对某位审核组成员提出替换的要求,审核调度人员仍应尊重审核组长的意见。

在组织策划内部审核时,审核组的组成还应综合考虑审核过程的复杂程度、专业技术特点等,在组内起码要确保一定数量的熟悉过程、熟悉专业技术的人员,以避免出现"外行审核内行"的情况,确保审核的深度和专业度。另外,审核组的组成还应考虑审核员队伍的梯队培养,引入适当数量的见习审核人员。

对那些审核员资源不足的组织,为确保审核的有效性,聘请或邀请外部具有能力的人员来实施内部审核,是一个比较可行和有效的方法。这里的外部人员可以来自兄弟单位、供应链上下游单位、咨询培训机构,也可以来自独立的第三方机构如认证机构。审核组可以全部是来自外部的人员,也可以部分是来自外部的人员,但通常而言,审核组中至少应有部分组织内部人员,以利于审核能力的建设,以及审核后活动的实施。

审核组组建完成后,组织应对审核活动进行交底,提出审核任务。审核任务通常应包括审核的目的、范围、依据,必要时可包括对本次审核的期望、审核要点,以及认为有必要提出的其他信息。保持动态更新审核方案也应作为审核任务的关键信息,提交给审核组。审核任务的提出,可以以书面的形式,如《审核委托书》《审核任务书》等,也可以通过其他非正式的方式传递,如召开审核任务会议等。

(2)收集汇总审核策划信息,审核组准备会议,制订现场审核计划 并非所有的审核组长、审核员都对组织的运作情况充分掌握,尤其是聘请或邀请外部人员参与审核时。因此,在具体策划审核前,审核组长应安排时间收集、汇总、阅读、理解和掌握受审核方体系运作的关键信息,诸如组织架构和职责权限分配、主要的业务运作过程、产品及其服务特点等。可通过收集和阅读组织的质量管理体系文件、与相关人员访谈等方式进行,必要时可以深入一线进行走访调研。

在对受审核方质量管理体系有了充分的了解之后,通常应组织一个审核组准备会议,由全体审核组成员参加。会议通常由审核组长召集和主持,可包含以下内容:

1)沟通和交流审核任务信息,特别是关于审核目的、审核委托方的期望、审核要点、审核方案中策划的信息等。

2）研讨和确定审核计划安排。
3）研讨和确认审核组成员分工安排。
4）研讨和确定审核组成员审核准备工作要求。

如果可能，审核组准备会上可考虑增加审核组技术研讨或培训的内容，由资深审核员，或专业技术背景较强的人员，或对业务运作过程熟悉的人员，对其他审核组成员提供适当的培训。培训内容包括历史审核情况，与受审核方核心价值过程相关的专业技术知识及审核要点，受审核方业务过程及其关键控制点、控制准则等信息。此类研讨和培训活动，对于提升审核的有效性，加强审核人员的能力培养，非常有价值。

至此，审核组长可着手准备详细的审核实施计划，制定出书面的《审核计划》。《审核计划》也可以由审核组成员策划和编制，或参与部分策划和编制。但最终责任由审核组长承担。

实际实施中，也有将审核组准备会议放到《审核计划》初稿完成之后进行，并根据审核组准备会议的结果，对初稿进行适度的修改。

《审核计划》除包括审核目的、范围、依据、审核组成员，还应包含审核活动具体安排、资源使用配合要求、审核报告的时间和方式等信息。其中，审核活动具体安排，包括审核组成员的分工，这是其中的核心内容。

《审核计划》初稿完成后，审核组长应进行适当的评审，以确保《审核计划》的充分性和适宜性。评审也可以由审核组准备会进行。评审主要内容有：
1）审核员独立性。
2）审核员能力搭配。
3）审核时间安排的合理性。
4）完整体系审核计划不能漏过程/部门/条款。
5）审核内容安排准确充分。

例如：按部门编排的审核计划（局部）见表 2-1。表 2-2 是一个按过程编排的审核计划。这两个表可帮助读者加深理解。

表 2-1 按部门编排的审核计划（局部）

日期	时间	受审核部门	主要涉及标准条款	主要涉及过程	审核员
	09：00—09：30		首次会议		
3月6日	09：30—12：00	制造部	5.3, 6.1, 7.1, 7.2, 7.3, 7.4, 7.5, 8.1, 8.5.1, 8.5.2, 8.5.4, 8.5.6, 8.6, 8.7, 10.2	人员上岗培训过程 设备管理维护过程 生产过程 制程检验过程 不合格品处理过程	张三
	12：00—13：00		午餐、审核组内部交流		

表2-2 按过程编排的审核计划（局部）

日期	时间	受审核过程	主要涉及标准条款	过程所有人	主要涉及部门	审核员
3月6日	09:00—09:30	首次会议					
	09:30—12:00	××产品的生产制造过程	5.3、6.1、7.1、7.2、7.3、7.4、7.5、8.1、8.5.1、8.5.2、8.5.4、8.5.6、8.6、8.7、10.2	王五	制造部 PMC部 品质部	张三
	12:00—13:00	午餐、审核组内部交流					

（3）审核员工作准备、策划审核检查表　审核组成员应根据审核组准备会的安排和《审核计划》的安排，进行审核前的准备工作。即使资深的审核员，如果缺乏足够的审核前准备，赤膊上阵，审核工作有效性也会大打折扣。内部审核员受制于审核机会有限，通常审核能力有限，因此更需要重视审核准备。

审核员的审核准备重点在于加强对所分工的审核任务所涉及的过程、场所、职能的充分理解。受制于审核的独立性要求，审核组不能安排审核员审核自己的工作，因此通常承担审核任务的都是非本部门或本过程的人员，这些人员往往对部门或过程的运行细节了解不足，所以需要在审核前对所承担任务涉及的过程、场所、职能进行充分的调研了解，力争达到清晰、准确的程度。调研了解主要是通过对相关管理体系文件、运作文件的阅读，访谈部分人员等方式进行，必要时可到一线调查了解。

对所承担的审核任务有充分、深入的理解之后，审核员应着手准备审核检查表。检查表是审核员的备忘录、购物清单，对审核员现场审核过程可以起到提醒作用。准备充分的基于系统思考后的检查表，可大幅度弥补审核员经验的不足，减少审核活动的随意性和盲目性。特别是一些初次承担审核任务的审核员，在现场审核嘈杂的环境下，很容易出现失去审核思路、不知道从哪里下手的情况，此时检查表可以有效帮助审核员凝聚思路，找到突破口，并确保审核的充分性，避免遗漏主要审核点。

检查表是基于标准要求，结合了受审核过程和职能的实际情况、体系文件的规定等内容，所确定的审核要点。其目标在于将标准的要求，转化成现场要评审什么，以及如何评审。也就是要评估什么？对这个评估项要看什么，要问什么。

检查表绝不是将标准条款的要求前面加一个"是否"转变成疑问句，而是将标准要求和现场的客观证据之间连接起来的中间层。检查表一定是结合了受审核过程/职能贯彻标准条款的实际做法。对同一个标准要求，一千个组织可能有一千个贯彻落实的方式。因此，对应同一个标准要求，一千个组织可能需要一千个审核检查表，那些在网上下载的所谓"标准检查表"，只具有参考价值，并不能直接用于现场审核。实际上，检查表是审核员根据每一次审核任务临时编撰的，其中还包含了审核员自己的审核思路和要点把握。因此，张三准备的检查表，让李四去用，往往也是很难有效使用的。

检查表准备完成后，审核员应对检查表进行评审，必要时进行修改和补充。可行时，可以在整个审核组内进行评审、交流和沟通，评审的内容通常包括：

1）审核内容充分，无遗漏。
2）结合受审核部门/过程的特点。
3）突出要点。
4）时间要留有余地。
5）具有可操作性。

审核检查表的编排方式可分为条款型审核检查表和部门/过程型审核检查表。条款型审核检查表是按照标准条款实施审核所使用。由于质量管理体系已经很少使用按条款审核的方式，所以这种检查表现在已经很少使用。

表 2-3 是一个按部门审核检查表的简单例子，而按过程审核的审核检查表与之类似。

表 2-3 审核销售部门的审核检查表（该部门核心职责为签订合同订单和售后服务）

序号	审核要点	涉及标准条款	审核方法	审核结果记录
1	销售科长是否了解质量方针？是否明确本部门的职责及在质量管理体系的作用	5.2/5.3	1. 与销售科长面谈 2. 查阅质量手册、程序文件	
2	销售科是否对每项合同、标书和订单进行了评审	8.2	1. 检查人员对《合同订单管理程序》的熟悉程度 2. 检查5~8份合同评审记录，注意是否在签订之前评审 3. 检查历史投标项目，检查对标书的评审记录，查看中标后合同与投标是否有不一致的地方，明确解决方式 4. 口头订单是否形成记录？是否进行了评审 5. 询问科长有无因评审不当而造成违约的情况	
3	合同更改是否按程序进行	8.2	检查3~5份合同更改的记录，注意检查更改是否得到确认和重新评审，是否及时通知了相关人员	
4	是否建立了与顾客沟通的渠道	8.2.1	1. 询问科长就与顾客沟通的渠道有哪些，并与《顾客沟通控制程序》相对照，看其是否一致 2. 检查5~7份顾客来电来函及投诉处理的情况，查看是否传递到相关部门并得到了有效处理	

（续）

序号	审核要点	涉及标准条款	审核方法	审核结果记录
5	是否按规定向顾客提供了服务，包括维修、备件提供、培训，以及退、赔、换、修补合格品	8.5.5	1. 检查人员对《售后服务控制程序》的掌握情况 2. 检查售后服务记录台账，查看是否符合规定要求，查看顾客意见反馈是否满意	
6	是否进行了顾客满意监控	9.1.2、9.1.3	1. 检查顾客满意调查记录，调查是否按规定进行 2. 检查对调查结果是否进行了统计分析，对调查分析的问题，是否组织相关部门进行了分析，是否制定并实施了改进措施	
7	销售部门人员培训情况	7.2	1. 检查销售科培训计划及实施记录 2. 检查3名销售人员，是否按规定要求进行了培训	

（4）发出审核计划、征求受审核部门意见、组织受审核部门工作准备会 《审核计划》定稿之后，应及时发布《审核计划》。《审核计划》发布时间以正式现场审核前7天左右为宜。提前时间太短则受审核方来不及提出修改意见，以及来不及进行配合准备。

《审核计划》发布后，各受审核部门可对计划的内容，包括审核要点、审核时间、所安排的审核人员等提出意见。审核组长应与受审核方保持沟通，必要时修改后重新发布《审核计划》。

必要时，审核工作的管理部门可组织受审核部门工作准备会，逐项策划和配合审核工作，包括审核工作所需的资源和后勤保障安排等。各受审核方应及时调整工作安排，以便迎接审核，顺利完成既定的审核任务。

（5）开展单独的文件审核（适用时） 质量管理体系审核活动的审核内容应包含质量管理体系文件的充分性、适宜性和实施有效性。在实践中，对质量管理体系文件的审核方式通常有两种：单独的文件审核，与现场审核结合在一起的文件审核。

与现场审核结合在一起的文件审核方式，通常对审核员的能力要求更高一些。因此，对于组织的内部审核，特别是质量管理体系建立不久，体系的充分完整性水平还不高，同时审核员能力也不足的组织，实施单独的文件审核还是非常有必要的。但无论选择哪一种审核方式，为确保质量管理体系文件的有效实施，还是要结合现场审核过程进行审核评价。

如果选择进行单独的文件审核，这个审核活动就应该进行正式的策划。审核相关安排应纳入《审核计划》中，或单独制定《文件审核计划》。文件审核可以由审核组长负责评审，也可以由审核组共同评审。对于后者，可以通过集中会议评审的方式，也可以分配任务由审核员自行评审。无论采用何种审核方式，都应该坚持目标导向，避免走过场，要真正找出质量体系文件中存在的问题。

采用审核组共同评审方式的，审核员的现场审核检查表准备工作，可以放到文件审核后进行。文件评审过程也是审核员对文件熟悉和理解的过程。

对于文件审核中发现的问题点，审核组应发出《问题点清单》，交由相关部门和人员组织进行分析，必要时对文件进行修订。这些工作应该规定时间期限，通常而言，文件审核所提出的问题没有得到解决，不应进入现场审核。

4. 现场审核的实施

现场审核有一套相对固定的程序。按时间的先后顺序，主要包括以下几项工作。

（1）首次会议　正式进入现场审核之前，通常应召开首次会议。首次会议的召开，标志着正式进入现场审核。很多组织认为审核员都是内部的，相互之间非常熟悉，首次会议开不开不重要，其实不然，首次会议是区分角色的重要机会。在没有审核之前，审核员和受审核方是同事关系，是上下级，但进入审核之后，角色就发生了变化，是审核员和受审核方。这种角色的区分，需要一个具化的行动加以强调。所以，无论是内部审核，还是外部审核，首次会议都是要召开的，这是确保审核得到严肃认真对待的条件。

内部审核的首次会议可由审核管理部门召集，审核组长主持会议。参加人员除全体审核组成员之外，还应包含组织的管理层、各部门/职能的负责人员、主要过程/活动的应对审核人员等。

首次会议的主要内容通常包括：

1）宣布现场审核正式开始。

2）双方人员介绍。

3）介绍审核的目的、范围、依据，以及对审核的期望。

4）介绍审核计划、审核组分工情况。

5）介绍审核的方法和原则。

6）说明抽样的方法，以及抽样所存在的局限性和风险的说明。

7）说明审核发现及结论的形成过程。

8）确认各项安排及审核组会议/末次会议的安排。

9）明确其他需要说明的事项。

审核组长应在首次会议建立起整个审核的风格，突出准时、明了、干练、果断的特质，并获取受审核方的理解和支持。一个畏首畏尾、冗长拖沓的首次会议，很难获得受审核方的重视和信服，自然也会影响到审核过程的配合和支持。

首次会议通常不安排高层领导发言，如需安排，也应简短，并聚焦在审核上，避免长篇大论，或者扯到其他问题上。应重点突出审核组长对审核的整体把控。

（2）实施现场审核　实施现场审核的步骤如下：

1）到达受审核区域，与受审核部门/职能/过程的负责人建立联系、相互介绍、说明来意。

2）了解受审核区域的职责分配、涉及人员、工作场所。

3）邀请负责人或主要工作人员介绍主要过程、活动、运作程序。

4）询问相关过程、活动、程序有无文件规定，快速阅读掌握文件的大纲内容。

5）利用检查表，或从检查表上各步骤中所获取的审核线索，选择典型问题逐项展开审核，形成审核发现。

6）发现不符合要求的线索，应调查研究到必要的深度。

7）利用检查表确保审核覆盖完整。

8）和受审核方人员确认审核发现事实。

9）道谢并进入下一个审核区域。

为确保现场审核的有效进行，每个受审核区域的审核应先与相应区域的负责人建立联系。部门/职能有负责人，过程也有过程负责人。按照人类的认知习惯，先整体后局部是比较高效的。因此，先与负责人建立联系并开始审核活动，能从整体上先收集信息，然后选择适当的细节重点展开审核。同时，先与负责人建立联系，这是一种以人际沟通为主的工作方式。

审核的核心活动是获取客观证据，获取客观证据的方式通常有以下四种：

1）询问交谈。

2）查阅文件记录。

3）观察现场操作。

4）必要时亲手操作试验。

为了获取有效的客观证据，需要充分注意以下几点：

第一，目标导向。无论选择哪一种获取客观证据的方式，在实施前都应紧扣目标，有充分的动机。也就是说，必须要明确这么做是想获取一个什么问题的答案，以及这个问题的答案可以证明符合或不符合哪一个标准要求？审核员不是摄影机，将映入眼帘的所有证据都收集起来，既不可行也没有意义。审核过程一定是要在内心里策划出问题，然后带着问题选择合适的方式去获取相关证据，最后收集到的证据要能反过来回答预先设定的问题。有些初学审核的人员，在生产车间里忙了一整天，问他看到了什么，回答说机器轰鸣、人员忙碌，其他就没有什么了。这样的审核自然是没有意义的。

第二，客观证据的真实性。客观证据不真实，也就没有什么证实的价值，更会导致在其基础上做出的审核结论根基不稳。要保证客观证据的真实性，首先应确保证据是审核员主动索取的，而不是受审核方主动提供的。其次是要考虑获取证据的可信程度。通常来说，通过询问交谈获取的信息，其可行程度是不足的，对于从此途径获取的信息，应考虑通过多点交叉验证，或通过其他方式进行侧面验证，以确保证据的真实性。

第三，客观证据的相关性。应充分考虑证据本身，以及证据来源与拟证实问题之间是否具有相关性。如交谈询问，要考虑交谈对象是否与问题所涉及的工作密切相关，无关人员、向导、外部咨询人员的回答，不能作为客观证据采用，但可以作为进一步审核的线索使用。如查阅文件记录，与所审核的活动的发生时间节点相应的有效的文件、记录可以作为客观证据，而当时尚未发布的或已经失效的文件，不能作为客观证据。

第四，客观证据的客观性。应充分考虑并尊重证据的客观性，这是证据证实价值的基础。审核过程被采信的证据应是客观存在或合理推断的，而不是基于受审核方、审核员的主观臆测、不严谨的推断、道听途说。一旦获取客观来源的证据，应予以尊重，不应基于审核员的喜好、认知去加以过滤。对证据进行调查研究时，可加以合理怀疑并予以求证，但不应无端怀疑。在求证得出结论后应相信证据。

第五，抽样的控制。审核是基于抽样的过程，抽样的科学性、代表性将直接影响客观证据的有效性。需要抽样时，首先需要确定抽样所对应的总体。在面临复杂问题时，往往需要采用层别法，抽丝剥茧，先把复杂问题分解为一个个简单的问题，然后才能确定总体。其次，抽样时应注意样本的代表性，要适当照顾总体所包含的各种情形。比如抽取一段时间内过程检验的记录，就要考虑既要包含白班，也要包含夜班，还要考虑包含周末、节假日等。再次，要尽量随机抽样，不要连续抽样，也不要有意识地挑选抽样。从次，应由审核员抽样（拿到总体之后亲自抽样，或指定样本让受审核方提供），而不能是任由受审核方提供样本。最后，应保证一定的样本数量，审核过程做不到统计抽样，应根据总体的数量，自行评估建立信心的样本数量。根据某认证机构早年的研究及逐渐形成的习惯，审核活动抽样的样本数以 3~12 个为宜。另外，要相信抽样，达到预设的抽样量后如已形成判断，应相信这种判断，而不应持续增大样本数量。

第六，获取客观证据的效率。审核时间通常都非常有限，因此要特别注意获取客观证据的效率，尽量选择能快速获取客观证据的方法。审核是一个审核员建立信心的过程，在审核中针对某个设问，如所获取的证据已经为审核员建立了充分的信心，就应该及时停止收集这个问题的证据，把主要的审核时间放到新的设问上。

第七，询问交谈的特别注意事项。对于询问交谈方式，应特别予以注意。不恰当的询问交谈，往往耗时巨大，而收效甚微。首先，要注意紧扣主题，避免无聊闲谈，当访谈对象偏题时，应给与适当话题引导及时拉回。其次，要认真策划组织问题，正确、准确地提出问题，避免问题发生歧义，或者访谈对象不能正确地理解而发生答非所问的情况。最后，应善于选择适当的问题类型发问。表 2-4 是三种问题类型的比较。

表 2-4　三种问题类型的比较

问题类型	类型解释	举例	优点	缺点/不足	通常使用目的	通常使用场合
开放式问题	提出一个答案范围相对较大的问题,回答者在范围内有较大的自由发挥的空间	请描述一下你们针对冲压加工过程确定了哪些质量控制手段	获取信息量较大	耗时较久,回答者容易偏题	获取信息,寻找审核切入口和进一步审核线索	审核要点切入初期
封闭式问题	提出一个较为明确限制了回答范围的问题,回答者基本没有自由发挥的空间	请问你们冲压车间有哪些生产设备?分别有多少台	耗时少,可短时间获取确定的信息	获取信息量少,过多使用容易引入偏见的误区	快速获取确切的客观证据	审核要点中期
阐明式问题	提问者内心已经形成答案,需要回答者再予以证实的问题	这么说,你们冲压加工过程,没有进行定期的过程检验是吧	耗时极少,可对已经形成的答案进行再次证实	获取信息量极少,过多使用容易引入偏见的误区	对所获得的客观证据或主观评价进行再确认	审核要点快完成期

(3) 审核过程的控制、审核组内协调沟通和审核组会议　整个现场审核过程,均是在审核组长的统筹和控制下进行的。审核组长的控制主要体现在以下方面:

1) 控制审核进度。在整个审核过程中,审核组长应随时了解和掌握组内各审核员审核任务的进度,并及时予以提醒和监督。对于因合理原因导致的进度滞后,可通过调整组员之间的任务等方式,及时加以解决,以确保审核活动按计划完成。

2) 控制审核氛围。一个良好的、和谐的审核氛围,对于审核活动的顺利完成、审核结论的客观性和充分性至关重要。审核组长应通过各种方式努力营造这种氛围。对于个别组员出现武断、偏激、过度评判、强加个人喜好/经验/看法、与受审核方出现冲突前兆等行为,应及时提醒、化解。必要时,审核组长有权调整、终止组员的审核任务,或临时更换审核员。

3) 控制审核客观性。审核的价值在于其客观性,除了审核氛围可能会带来客观性的影响之外,审核员的审核方法、对待客观证据的态度、审核过程的认真仔细程度等,均会带来客观性的影响。审核组长应及时发现和解决可能对客观性造成影响的问题。

4) 控制审核纪律。有效的审核需要有明确的纪律约束,诸如不准时、脱岗、敷衍、散漫等行为,均是对审核纪律的严重挑战。审核组长应该在审核组内建立清晰的审核纪律要求,对审核过程发生的违纪行为,及时加以制止和处理,以避免对审核有效性产生影响。

5) 控制审核结论。审核组长对整个审核负总责,因此审核结论也是由审核组长来负责的。通常来说，审核组长将会根据组内各成员的审核正负面发现，经过集体评议后，确定审核结论。对于不符合项的出具，审核组长通常会尊重审核员的意见。但各审核员之间有类似不符合项时，审核组长可能会进行统筹合并处理。当审核员出具的不符合项存在证据不充分、存在偏见或主观臆断等情况时，审核组长可要求审核员撤销不符合项。

审核过程中，各审核组成员之间，组员与组长之间，需要持续地沟通与审核相关的信息，以便交流审核进度、审核证据等信息，提供审核线索、请求协助侧面验证等。比如说，在现场审核的审核员发现某操作员工有技能不熟练的情形，可提醒审核人力资源和培训部门的审核员注意审核该员工的上岗培训过程的证据。

审核组内部的协调沟通，通常采用非正式的形式进行。在必要的情况下，可安排定期、正式的审核组内部会议。这种会议通常在每天审核结束后进行，作为当天的审核工作总结，并对第二天的审核工作进行安排和调整。这类定期的、正式的审核组内部会议，通常应在《审核计划》中事先做出安排。

（4）审核组集中评价 按照《审核计划》安排所有审核组成员均完成了审核任务之后，审核组长可组织审核组会议进行集中评价，审核组所有成员均需参加。

审核组集中评价的内容包括：

1）各审核区域管理体系建立实施情况总结，正负面审核发现，包括对受审核方的改进建议。

2）各受审核区域的管理体系符合性、有效性评价。

3）确定书面的不符合项和观察建议项。

4）组织的整体管理体系符合性、有效性评价。

5）对应审核目的的总体审核结论。

无论是对具体的审核区域，还是对整个管理体系，有效性的评价基本从以下几个角度考虑：

1）过程是否已经充分识别和确定。

2）用于控制过程的运行准则是否已经建立并有效实施。

3）用于过程运行的职责、资源、监视和测量是否已经得到策划和实施。

4）审核结果是否有效。

审核组会议集中评价应秉持民主集中制原则，审核组长应充分听取审核组成员的意见。但是，在最终意见上，审核组长具有决定权。

（5）末次会议 完成了审核组会议集中评价，形成了书面的不符合项报告和观察建议报告，形成了一致的管理体系符合性、有效性评价意见，形成了总体的审核结论之后，审核组可按照《审核计划》的安排，召开末次会议。

在召开末次会议之前，如果有需要，审核组可以安排与组织的管理层、体系管理部门的负责人，先召开一个小范围的沟通会议，事先通报一下审核组集中评价的结果，获得他们的理解和肯定，及时消除分歧。同时，征求他们对审核结果的意见和看法，明确末次会议的基调。尤其是在外部审核时，做好沟通是很有必要的。

末次会议仍由审核组长主持，全体审核组成员均应参加，并可根据需要适当扩大范围，特别是那些管理体系运行存在欠缺的审核区域人员。

末次会议的主要内容，通常包含以下方面：

1）重申审核的基本信息，如审核目的、范围和依据等。

2）说明和解释审核过程中对审核计划的变更（如果有）。

3）审核过程简要描述，说明和解释审核过程中所受到的限制条件及其对审核结论的影响（如果有）。

4）重申审核的局限性，如抽样的风险和局限性、有限的审核时间对审核结论的影响等。

5）审核组各成员分别对所承担的审核区域管理体系的建立和实施情况的总结，特别是对负面审核发现的说明。

6）宣布书面不符合项报告及观察项报告。

7）宣布审核组对管理体系的总体评价。

8）宣布审核结论。

9）审核后活动的实施，如不符合项报告、审核报告的发出时间和方式。

10）对不符合项纠正/纠正措施的要求，以及效果验证的安排。

末次会议结束，标志着现场审核工作的结束。

2.5.3 现场审核后活动的实施

现场审核的结束，并不意味着整个审核活动的结束。实际上，一次审核活动的相当一部分工作是在现场审核后阶段完成的，并延续相当长一段时间。通常而言，现场审核后活动的工作量应至少占一次审核的总的工作量的 20%~30%。由此可见审核后活动的重要性。

按照时间的先后，现场审核后活动通常包含下面几项内容。

1. 不符合项报告和观察建议项报告的发出

所谓不符合项，是指不符合审核准则要求的情形或状态，也可以称之为不合格项。所谓观察建议项，是指虽然当前符合审核准则的要求，但存在不足或改进空间，或具有走向不符合的趋势的情形或状态，具有向受审核方提出并引起重视的价值。上述两者本质上都属于负面审核发现。不符合项报告和观察建议项报告则是指记载了不符合项或观察建议项，用以向受审核方传递的正式书面文件。

不符合项报告和观察建议项报告在格式上并无明显的区别，其核心内容都是审核发现的表述，以及支持审核发现的客观证据。报告中往往都预留原因分析、纠正措施计划、实施效果验证等栏目，以要求受审核方采取行动。

在撰写不符合项报告或观察建议项报告时，应注意以下事项：

1）分清审核发现和客观证据的区别，并尽量在报告中分别描述。

2）客观证据应描述详细，可追溯（如发生时间/地点、当事者、设备编号、产品工单号）。

3）文字尽量简单明了、便于理解，直指问题本质。

所谓审核发现，是指对应审核准则的某一具体要求的违反，以评价性的语言进行概括性描述，目的在于一针见血地揭示出不符合项。而所谓客观证据，则是指审核过程中获取的客观存在的证据。

表 2-5 是一个不符合项报告的例子，观察建议项报告与之类似。

表 2-5 不符合项报告（部分）

SECTION 1:不符合信息（此部分由审核员填写）			
受审核过程		审核区域	
审核发现：			
客观证据描述：			
不符合标准条款号：ISO9001:2015 标准第＿＿＿条			
不符合严重程度判定：□ 严重不符合 ☒ 轻微不符合			
不符合形成类型判定：□ 策划性不符合 ☒ 实施性不符合 □ 效果性不符合			
审核员		受审核方代表确认	

为给审核组体系评价提供参考依据，以及帮助受审核方认识到不符合项对管理体系整体有效性的影响程度，习惯上会在不符合项报告上标识不符合项的严重程度，通常分为两类：

① 严重不符合（Major）：是指那些会造成管理体系系统性或区域性失效的，对管理体系实现其预期结果的能力构成实质性影响的不符合。

② 轻微不符合（Minor）：是指那些虽然存在，但对管理体系实现其预期结果不会构成实质性影响的不符合，习惯上也称为一般不符合。

什么叫"实质性影响"呢？管理体系好比一张渔网，渔网要实现的预期结果自然是网鱼。假如这个渔网上有零星几个小洞，一网下去，虽然这些小洞可能会跑掉几条鱼，但大多数鱼还是可以被网上来的。这就可以说，这个渔网实现其预期结果的能力从总体上来讲还是具备的。但是假如这张渔网破了一个大洞，一网下去，绝大多数的鱼都跑掉了，只捞上来几条鱼，这就可以说，这个大洞对渔网实现其预期结果的能力产生了实质性影响。当然实际情况可能要复杂一些，影响渔网网鱼能力的，不仅跟洞的大小有关系，还跟洞的数量、洞所处的位置有关系。一张渔网大洞没有、小洞无数，千疮百孔，那也是网不到鱼的。一个小洞，恰好在网底，或者在渔网的某个关键节点上，也有可能会产生实质性的影响。

理论上虽然如此，但要明确地为严重不符合和轻微不符合画一条清晰的界限，是很困难的。每一个审核员在其内心里都有自己的"实质性门槛"的尺度。跑了多大的鱼算是产生了实质性影响呢？对此没有统一要求，管理也无法做到这样精确量化。何为"实质"，只能由审核员自行把握。另外，不符合项到底会产生多大的后果，也是审核员主观判断的，就像破一个洞到底会跑掉多少鱼无法精确测量一样。所以，"严重"和"轻微"只能是一个大致的区分，很难做到客观评判。对于第三方审核机构，由于会对审核员进行反复的"校准"培训，其审核员之间基本上能实现较好的尺度一致性。而对于组织内部的审核员，是很难做到这一点的。而且，由于组织内部审核的审核结论没有商务、法律上的影响，同时无论是严重不符合项还是一般不符合项，都需要认真对待加以改善，因此近年来，不少组织的内部审核已经不再刻意去区分不符合项是"严重"还是"轻微"了。

对于组织内部审核，提倡按照不符合的形成原因来分类，通常分为以下三类：

1）策划性不符合：对于管理体系标准或其他审核准则的要求，没有进行策划，或策划不充分、不合理，或策划的结果与其相违背。

2）实施性不符合：过程运行未按照策划的结果实施，未执行文件，或执行不到位。

3）效果性不符合：虽然过程运行按照策划的结果进行，但最终结果反映缺乏有效性。

按照不符合的形成原因对不符合项进行分类，可以有效地帮助受审核方认识不符合的产生的机理，给受审核方提供改善的思路。同时也能给体系总体评价提供有用信息，通过对各类不符合项数量的统计分析，可以有效地识别出管理体系的薄弱环节是在策划环节、实施环节，还是有效性环节。

不少实施内部审核的组织，经常纠结于对不符合项"判标"的准确性，其实大可不必。管理体系是一个整体，同一个不符合项，可能既违反了这个条款，也违反了那个条款。另外，审核员语言描述的侧重点不同，也可能将一个不符合项，引申到其他条款去。所以，没有必要追求"判标"的绝对唯一标准答案，只要能自圆其说即可。当然，对于外部审核，如第二方审核、第三方审核，还是需要注意尽量严谨，否则会影响受审核方对审核员的信心，以及对审核结果的信任。

观察建议项由于不属于"不符合"事项，因此观察建议项报告通常不会标识严重程度和类型。

不符合项报告和观察建议项报告准备好之后，即可分发给受审核方。可以由审核组分发，也可以由审核管理部门分发。分发前应建立好一览表，以便后续跟进其改善进度和更新完成状态。

2. 审核报告的编撰与发出

不符合项报告和观察建议项报告发出后，审核组即可开始准备审核报告。

审核报告的发出时机由组织在内部审核程序中确定，可选择在现场审核结束后发出，或在纠正措施计划确定后发出，或在纠正措施计划完成及验证后、不符合项关闭后发出。在什么时机发出，报告中就应覆盖相应阶段的活动描述与总结。

审核报告通常由审核组共同讨论决定，由审核组长执笔撰写。必要时，审核组长也可分派审核组成员分别承担特定内容的编写，但审核组长对最终审核报告负责。

审核报告的内容通常包括：

1）审核基本信息。
2）各过程/职能的符合性、有效实施的分别评价。
3）各过程/职能的优缺点、管理体系的薄弱环节。
4）改进点或改进方向的建议。
5）不合格项。
6）管理体系运行有效性的综合评价结论性意见。
7）审核结论。
8）审核后活动的安排。

适用时，可能还包括：

1）不符合项原因分析、纠正/纠正措施计划的制定情况。
2）纠正措施计划实施、验证情况，不符合项关闭情况。
3）由审核结论所引起的其他事项的说明。

内部审核报告的格式没有固定的范式，采用表格、文字甚至 PPT 格式均可，只要包含了适当充分的内容即可。表 2-6 是一个内部审核报告的例子，可帮助大家理解。

表 2-6 内部审核报告

SECTION 1:审核基本信息	
审核类型	☒例行年度审核 ☐特别追加审核
所审核的管理体系	☒质量管理体系 ☐有害物质过程管理体系 ☐环境管理体系 ☐职业健康安全管理体系
审核依据标准	
审核目的	
审核范围	
审核依据	
审核起止日期	

（续）

SECTION 2：审核组成员

审核组别	组长/资深审核员	正式审核员	实习审核员
组长			
A 组			
B 组			
……			

SECTION 3：审核过程综述

SECTION 4：各个过程审核情况综述及过程运行符合性有效性评价（本部分可以根据审核计划增加重复过程）：

过程 1 名称：

涉及部门： 涉及标准条款：

受审核人员：

审核情况综述及过程运行符合性、有效性评价：

发出的不符合项：

观察建议事项：

SECTION 5：体系有效性综合评价

SECTION 6：审核结论

SECTION 7：报告附件

. 现场审核计划
. 首次会议签到表
. 末次会议签到表
. 审核检查表和审核笔记

SECTION 8：报告审批

报告编制人/日期：	报告审批人/日期：

内部审核报告的分发对象往往包括审核委托方（即组织管理层，或由组织体系管理部门代行职责）、受审核部门/过程，当外部相关方，如客户、政府或行业主管部门，以及认证机构有要求时，也可提供。

在组织实施管理评审时，内部审核报告是一项重要的输入，需要提交，以供评审。

（1）审核方案的修订与更新　审核报告发出后，审核组长需要结合本次审核的情况，对审核方案进行评审和更新，并提交给体系管理部门存档，以便有效指导下一次审核活动。

（2）内部审核员能力的评价和提升　为了有效提升组织内部审核人员的能力，尤其是实习审核员的能力，应充分重视和珍惜，并有效利用每一次内部审核的实操锻炼机会。

审核过程中，审核组长和资深审核员应对同组审核员（尤其是实习审核员）进行实时指导，并分派部分审核任务让其实际实施审核，获得体验和历练。为了确保审核的有效性，此类分派给实习审核员的审核任务应在资深审核员的见证和指导下进行，并由资深审核员对审核过程和审核结果负责。

审核结束后，宜召开专门的"审核员表现讲评会"，由审核组长或资深审核员对其他审核员（包括实习审核员）的审核表现加以讲评和分析，并提出努力方向的建议。必要的情况下，可组织指导者和被指导者之间一对一地进行讲评和指导，或出具书面的审核人员审核表现评价表。

（3）纠正/纠正措施计划的制定与实施、效果验证和不符合项关闭　从不符合项报告发出之日起，即进入纠正/纠正措施相关阶段。这个阶段往往持续时间较长，从1~2个月到1~2年都有可能。有些不符合项的纠正措施计划时限可能跨越了多个内部审核周期。

观察建议项报告往往只起提醒作用，通常不强制要求受审核方采取行动，或虽要求采取行动，但不在审核组/体系管理部门的监控之下。

第3章 全过程质量管理

3.1 需求质量管理

3.1.1 定义客户需求

了解客户及其需求

在消费服务及工业产品领域,存在多样化的客户类别,不同的组织会根据需要识别各自的客户种类,如强调初始价格或价格优先于质量的经济适用型;同时关注价格和质量的价值导向型;要求质量最好的质量优先型。在市场环境里,每种类型都要达到客户满意,并且客户在不同的时期会发生改变,如年轻人会随着成长阶段的不同从经济适用型转向价值导向型。表3-1列出不同客户类型质量关注对比。

表3-1 不同客户类型质量关注对比

客户类型	关注特性	质量缺陷接受程度
经济适用型	首选自己动手的特性,随后增加其他选项;默许较短的产品寿命	容忍在交付及使用过程中的部分产品缺陷或服务不足
价值导向型	权衡质量与价格的性价比,要求合理的性能与价格一致性利益	看重服务提供及产品质量的保证,关注使用及维修维护成本
质量优先型	渴求高性能及便利性,强调尊贵豪华、美观艺术、品牌形象	讨厌任何产品或服务缺陷与使用不便,要求完整及时地快速响应并解决问题

质量不仅仅意味着满足相应的规格和标准,更重要的是要满足客户的需要。真正的质量是立足于用户需要,追求不断提高用户满意程度而形成的。当开发一个新产品、新服务或迭代更新当前产品及服务时,通常按立项、定义客户或用户群、挖掘客户需求、开发产品或服务、设计制造或服务过程、创建过程控制计划,以及转化实施落实等步骤展开行动。在当前竞争激烈的市场环境下,所有组织都渴望追求特殊性与唯一性的竞争优势,卓越的质量管理方法将有助于在价格、产品特性、服务能力等方面全面满足客户需求,从而形成区别于其他组织所提供产品或服务的竞争力。

首先，从客户的定义开始，即识别谁是我们的客户。现代质量管理要求我们用360°客户思维来策划，明确规定把影响产品或过程的任何人或组织都作为客户来对待，即"每个人把任何人当成自己的客户来对待"。通常有四种类型的客户：

1）购买产品者或服务对象为外部客户，当前已有业务及未来可能会发生业务关系的潜在外部客户与用户，这是我们的直接经济来源。

2）作为产品使用者及服务体验者的用户（消费者）。

3）组织内部所有业务流程关联的各部门与各级同事为内部客户，包括提交交付件给下一步骤的操作使用者，以及上一步活动提供者。

4）为组织提供原材料或增值服务链条的内外部供应商，现代供应链管理的出发点是"帮助供应商达成并提升绩效"。

在实际工作中，组织应该定义识别关键客户，如占有80%营业额的20%的客户，识别关键客户的质量工具常用各类流程图，如业务泳道图、功能流程图、价值流程图等。任何单独的部门或人员都不能执行整个业务流程，运用跨职能流程图就能很好地、清晰地定义客户等级与层级关系，以便快速准确地定义关键客户的关键需求。

3.1.2 客户需求转换

1. 需求转换方法

如前所述，正确地收集、分析、分解客户需求是开发出优秀产品和服务的第一步。所谓客户需求是指客户对于生存、健康、生理和心理方面的基本要求和期望。A. H. 马斯洛基于动机和人格提出了著名的5层次需求，即生理、安全、社会、尊重和自我实现。除此之外还需要对表达的需求和真实的需求加以区分。例如，满足"保持发型"这一基本需求的发胶取代了发卡便是这方面典型的例子。客户需要发卡的原因只是为了固定发型，而具体表现形式可以多样化，发胶的出现既可满足头发定型的需求，同时也更加经济和方便，提升了客户满意度。有些需求甚至客户在购买时都未意识到，这样的需求常常导致客户以一种并非产品功能预期的方式来使用。例如，吹风机被用于潮湿的环境下吹干衣物，设计者将这些产品使用视为误用，但不失为产品的新用途。

由于客户需求的多样性、复杂性和动态变化等特点，而且作为衡量设计质量的客户满意度是一个相对概念，因此客户需求驱动设计的方法论应运而生，质量功能展开（以下简称QFD）是目前较为典型的客户需求分析与转化工具。

QFD能有效地将客户的需求进行多层次的演绎分析，转化为产品的技术设计要求、零部件特性、工艺要求、生产要求的质量工程工具，用来实现产品的稳健设计和质量保证。QFD也是开展六西格玛设计最常应用的方法之一。为了保证设计目标和客户的要求完全一致，使得质量特性的规格限满足客户的需求，在六西格玛设计的第一阶段即识别阶段就需要采用QFD的方法分析和确定客户需求（设计目标值),并初步确定质量特性的规格限。

QFD 的基本原理就是应用"质量屋"的形式,量化分析客户需求与工程措施之间的关系,经数据处理后找出满足客户需求最大的关键质量特性,使产品设计人员抓住主要矛盾,开展稳定优化设计(可结合田口设计方法),开发出满足客户需求的产品。

2. 需求调查

要识别上述所说的各项需求,通常从研究客户及消费者行为习惯、分析人们生活需要与工作期望、收集市场信息、研究来自于各类客户的不同声音等方面开展。客户行为分析需要明确分辨出客户需求、客户期望、客户满意及客户感受的定义,客户需求是最基本的生理与心理需要,如物理特征、安全、社交、意识、自我成就等;客户期望是对产品或服务特性和性能的预期需要,客户期望具有必须满足的属性要求,发现并了解客户需求和期望是市场调研和产品开发过程中定义产品规格属性的基本活动;客户满意是客户期望的符合程度表现。

针对成熟产品(见表 3-2)和全新产品(见表 3-3)不同特性开展抽样调查,并据此统计产品特性的重要度排序,在产品设计中作优先级考虑。

表 3-2　成熟产品问卷调查法

评分基准 特性/需求	调查人数	完全不重要 1	不重要 2	不关心 3	重要 4	非常重要 5	优先级 分数*
A	20			10	8	2	72
B	20		10	5	5		55
C	20	5	5	10			45

注:*优先级评价分数为"调查人数*各项分数"求各和。

表 3-3　全新产品层次分析法

需求特性	A	B	C	D	E	几何平均	权重	优先级
A	1	5	3	7	9	3.94	0.49	5
B	0.20	1	5	7	5	2.04	0.26	3
C	0.33	0.20	1	9	7	1.33	0.17	2
D	0.14	0.14	0.11	1	9	0.46	0.06	1
E	0.11	0.20	0.14	0.11	1	0.20	0.03	0

3. 需求分类

收集到各类客户需求声音后,可运用卡诺模型来分类,以此作为设计输入的重要依据。把质量依照客户的感受及满足客户需求的程度分成三种质量,即理所当然质量、基本期望质量和体验魅力质量。图 3-1 所示卡诺模型在了解客户需求方面主要起到以下 3 点作用:

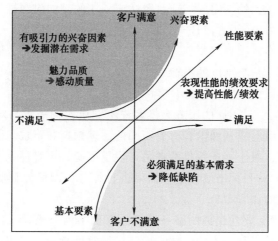

图 3-1 卡诺模型

1）识别并管理客户需求层次。
2）细分客户及市场。
3）作为产品规划的参考依据。

卡诺模型定义了三个层次的客户需求：基本型需求、期望型需求和兴奋型需求。这三种需求根据绩效指标分类就是基本因素、绩效因素和激励因素。

1）**基本型需求**（理所应当需求）：是客户认为产品"必须有"的属性或功能。当其特性不充足（不能满足客户需求）时，客户很不满意；当其特性充足（满足客户需求）时，无所谓满意不满意，客户充其量是满意。产品的基本需求往往属于此类。对于这类需求，企业的做法应该是注重不要在这方面失分。

2）**期望型需求**（一元特性）：要求提供优质的产品或服务，但并不是"必须"的产品属性或服务行为，有些期望型需求连客户都不太清楚，但是希望得到的。在市场调查中，客户谈论的通常是期望型需求，期望型需求在产品中实现得越多，客户就越满意；当没有满足这些需求时，客户就不满意。对于这类需求，企业的做法应该是注重提高这方面的质量，力争超过竞争对手。

3）**兴奋型需求**（魅力特性）：要求提供给客户一些完全出乎意料的产品属性或服务行为，使客户产生惊喜。当其特性不充足，并且是无关紧要的特性时，则客户无所谓。当产品提供了这类需求中的服务时，客户就会对产品非常满意，从而提高客户的忠诚度。

卡诺模型三种质量特性的划分，为质量改进提供了方向。如果是基本型需求质量，就要保证基本质量特性符合规格标准，实现满足客户的基本要求，项目团队应集中在怎样降低故障出现率上；如果是期望型需求质量，项目团队关心的就不是符合与不符合规格标准问题，而是怎样提高规格标准本身，不断提高质量特性，促进客户满意度的提升；如果是兴奋型需求质量，则需要通过满足客户潜在需求，使产品或服务达到意想不到的新需求。项目团队应关注的是如何在维持前面两个质量的基础上,探究客户需求,创造新产品和增加意想不到的新质量。

因此,客户的有效服务需要满足不同客户群的不同需求,并同时使客户感到满意,由此可以剥离出三个维度的指标来建立有效服务的评价体系。这三个维度的指标即为:需求层次识别、客户细分、客户满意度。

1)需求层次识别:不同的服务满足客户不同层次的需求,对于客户不同层次上的需求,客户对服务质量和内容有着不同的心理预期和要求。因此,服务在客户需求层次上的划分,对于服务效果的评估来说更准确,更容易完善和改进。

2)客户细分:将目标市场按企业需要进行细分,即可保证服务的效果评价是针对不同目标群体的。

3)客户满意度:要使最终的服务效果的评价指标可比较、可衡量,需要用一个可以量化的指标来进行最终的评估,而客户满意度指标可以很好地反映企业服务的实施效果。

3.1.3 客户需求测量

1. 客户满意度与质量

在"质量"这个词的诸多含义中,有两方面对质量管理来说是最重要的"质量",一方面"质量"意味着能够满足客户的需求从而使客户满意的产品特征。按照这种理解,质量的这一含义是收益导向的。这种高质量的目的是实现更高的客户满意,人们期望以此来实现收益的增加。可是,提供更多或更好的质量特征常常要求增加投资,从而导致成本增加。另一方面,好的"质量"又意味着生产或制造更少的不良品,例如没有需要返工、返修、报废所导致的失效、客诉等差错,从这个角度所理解的质量含义是以成本为导向的,高的质量则代表"花费更少的损失成本"(见表3-4)。

表3-4 客户满意度与质量关系对比

满足客户需要的产品特征		免于不良产品的特征	
较高的质量使组织能够	增加客户满意	较高的质量使组织能够	降低差错率
	使产品容易销售		降低返工和浪费费用
	应对竞争要求		减少现场失效和保修费用
	增加市场份额		减少客户不满
	提高销售收入		减少检验、试验
	卖出较高价格		缩短新产品面市时间
			提高产量和产能
			改进交货绩效
主要的影响在于销售额,通常,质量高花费也高		主要的影响在于成本,通常,质量高花费更少	

2. 客户需要和符合规格

对大多数的质量部门而言，长期以来质量的定义就是"符合规格"。一般认为，符合规格的产品也会满足客户的需要。这种认识是合乎逻辑的，因为这些部门很少直接与客户接触。然而，在实际应用中，这种认识常常会导致错误。客户需要中包含很多产品规格中找不到的东西，例如简洁的服务说明、保密性、避免烦琐的文书工作、"一站式服务"等。

新近的对于客户的重视，促使质量部门去重新思考和定义"质量"，如前所述，将魅力质量那些未定义，且难以量化在产品规格中的客户需要反映在其中。

3. 衡量客户满意度

在衡量客户满意度时，像客户满意度和质量这样的数据都过于模糊。必须识别出综合定义满意度的产品属性。应当对一个客户样本询问他们认为哪些属性构成了高质量，来自公司管理者、专业刊物，以及其他来源的输入也应当被包含在内。有了这些输入，属性列表能够最终确定下来，并用于更大的客户样本研究中。

客户满意度的数据可以通过多种方式进行收集，包括市场调研、交易后访谈、焦点小组、员工报告、处理投诉和其他意见的客服中心、客户咨询会，以及客户细分调查。通过在线客户调查，网络也可以用来收集客户满意度数据。从事电子调查的专业机构召集好了随时待命的回答人员小组。在线调查比电话或邮件调查都要快速，并且有着更高的响应率。客户满意的程度取决于客户的价值观和期望值与其所接受的产品或服务状况的比较。客户的价值观决定了客户的期望值，而组织提供的产品或服务形成客户感知的效果，两者的符合程度决定了客户是否满意。

客户满意是客户将一个产品或一项服务的感知的效果与其他期望值比较后所形成的感觉状态，因此，满意度水平是感知的效果和期望值之间差异的函数。客户可以经历三种不同感觉状态的一种。如果感知的效果低于期望值，期望得不到满足，则客户不满意；如果感知的效果与期望值相匹配，期望得到满足，客户就会满意；如果感知的效果超过期望值，客户就会十分惊喜，直至产生一定的忠诚度。

3.1.4 客户需求实现

客户需求即指客户的目标、需要、愿望及期望。根据马斯洛的需求层次理论，人类的需求层次由低到高依次为生理、安全、社交、自尊和自我实现。较低层次需求的满足是实现较高层次需求的基础。前述已经提及应用质量功能展开（QFD），对客户的产品需求进行多层次的演绎分析，利用量化评估方法识别关键客户需求，并逐层地转化为产品的设计要求、零部件特性、工艺要求、生产要求，以指导产品的设计和保证产品的质量。要获得质量，最好从建立组织的愿景以及方针和目标开始，目标向成果的转化（使质量得以实现）是通过管理过程来实现的。朱兰认为，质量管理活动中频繁应用的三个过程是：质量计划、质量控制和质量改进，即著名的朱兰质量管理三部曲。

1. 质量计划

质量计划在这里意指开发产品或服务的一个结构化的过程，目的在于确保最终结果满足客户需要。质量计划的执行方法是与开发和提供特定产品的技术工具结合在一起进行的。常分为六个步骤开展执行。

第一步：项目的设立。

质量计划项目是组织为了能够提供一种新的或改进的产品所必须进行的有组织的工作。项目工作遵循着与质量计划有关的步骤。一般来说，质量计划项目创造全新或更新的产品，旨在实现特定的战略目标，迎合新的或变化了的客户需要，完成法律或客户的要求，或利用新的或正在形成的技术。最高管理层必须在识别及支持关键的质量计划项目方面起到领导作用。以质量委员会或类似机构的形式，管理层需要承担以下关键角色。

① 设定质量目标：最高管理层把握改进质量的机会和必要性，并为组织设定战略目标。

② 推荐和选择项目：质量委员会选出那些对于实现战略性的质量目标至关重要的主要的质量计划项目。

③ 选择团队：一旦确定了项目，质量委员会就会任命团队负责完成质量计划过程剩余的步骤。

④ 支持项目团队：为了实现质量目标，一般需要新的技术和过程。保证每个质量计划团队的准备和装备足以完成其任务，便成为质量委员会的责任。

⑤ 检测进展情况：为改善整个过程的有效性，质量委员会通常有责任确保质量计划过程的正常运行、评价进展状况并进行中途的修正，一旦质量委员会对于潜在的项目来源进行评价，它就会选择一个或数个即刻给予注意。接下来，就必须为该项目制定出使命陈述书。

⑥ 制订使命陈述书：一旦质量委员会明确了某个项目的必要性，它就应当准备一份体现该项目特定目标的使命陈述书。一般来说，需要按照SMART原则完成项目陈述书，一般包括项目背景、项目现状与目标、项目范围、团队成员及项目预期时间及收益等。

⑦ 设定质量目标的基础：除了项目的范围之外，使命陈述书中还必须包括项目的目标。设定质量目标时的一个重要考虑是要选择目标所立足的基础。一般来说，所设定基础的依据可以考虑以下几个方面：以技术作为基础，目标都是以规格和程序的形式进行发布；以市场为基础，影响产品销售能力的质量目标应该基本上立足在符合或超过市场质量水准之上；以标杆分析为基础，标杆分析主要是根据对他人已经达到的水平的了解来设定目标；以历史水准作为基础，也就是根据过去的绩效来设定目标。

⑧ 建立团队：对于质量计划而言，跨职能团队的方式是有效的。这是因为团队参与的方式促进了思想与经验的贡献，团队成员的多样性为将要计划的产品和过

程带来了更完全的工作知识。来自各不同部门或职能机构的代表促使整个组织接受和实施新的计划。

第二步：识别客户。

识别客户在很多组织看起来似乎没有必要。计划者和设计者当然知道他们的客户是谁，但这些并非全部的客户，甚至不一定就是最重要的客户。客户由一整套角色构成，必须加以充分的了解。一般来说，有两类基本的客户群，即外部客户与内部客户。所谓外部客户，即那些在生产组织之外的客户，例如，买家、最终用户/终极客户、加工者、供应商、原始设备制造商、潜在客户都可以成为外部客户。而内部客户则指的是在生产组织之内的客户。组织中的每一个人都扮演着三个角色：供应商、加工者和客户，每个人都会从某人处接收某物，对之做某些加工，然后传递给第三个人。内部客户的识别需要一些分析，因为此处的许多关系常常是非正式的，从而模糊了对于谁是客户及其如何受到影响的察觉。例如，某公司决定在某一个工厂引入准时制生产系统，这将会对采购、运输、销售、运作等产生重要的影响。

第三步：揭示客户的需要。

质量计划的第三步是揭示产品的内、外部客户的需要。经验表明，人类的需要既变化多端，又非常复杂。这对于质量计划团队来说格外具有挑战性，因为客户的行为不会总与他们所说的期望值保持一致。从客户所表达的或所有需要中识别出最重要的需要，这是对质量计划的挑战，只有如此，产品才能取悦客户。当一个产品的特征满足了客户的需要时，它就会给客户一种满意的感觉。如果它未能无缺陷地提供所标称的特征，客户就会感到不满。客户总是从自己的视角并用自己的语言来表达自己的需要，但是，他们真正需要的是他们将获得的益处。

第四步：产品的开发。

一旦充分地了解了客户的真实需要，便可以设计能够最好地满足这些需要的产品。产品开发对于企业而言并非是一个新的职能。传统的产品设计者都是工程师、系统工程师、营运经理等专业人士。产品设计包括产品详细的设计方案、图样、模型、程序、规格等。为了保证整体设计在满足客户需要方面保持完整、一致和有效，这些大型、分散的项目就要求通过完善的流程链接起来，并展开评审，确保设计的一致性。

初步设计一旦完成，必须加以优化。通过对设计加以调整，以便以最低的综合成本满足客户和供应商双方的需要，并赶上或超过竞争对手。在理想情况下，优化的实现应该通过供应商和客户双方的参与。有若干有助于实现优化的技术可供利用。要实现对产品特征与目标的优化，可以从设计评审、组织协商、创新选择、竞争分析、销售及价值分析等方面进行研讨，最终以团队协商一致的形式输出方案。

设计方案经过优化和测试后，选定最终设计方案的产品特征和目标，通过各种形式的文件将产品开发结果传递给其他职能部门。除了产品特征与产品特征目标外，还应包括那些与最终产品设计相关的程序、规格、流程图以及各种展开表。

第五步：过程的开发。

一旦产品开发完毕，就需要确定通过何种方式在一个连续的基础上创造并提供产品，即"过程"。具体来说，过程必须是系统化的，即活动和作业的序列得到充分和明确的定义；过程必须具有相应的能力，即能够在运行条件下满足产品的质量目标。

第六步：开发过程控制方式并向运作转移。

在这一步骤中，计划人员要为过程开发控制方式，安排整个产品计划向运作部门的转移，并确认转移的实施。一旦计划过程结束，计划方案就要交到运作部门手中，保证产品的生产并提供服务，确保准确无误地满足质量目标成为运作人员的责任。此过程是通过一个有计划的质量控制体系。控制旨在持续地满足目标要求，并防止因不良改变的发生而影响产品质量。

2. 质量控制

（1）质量控制的概念与目的 质量控制强调的是事物运行的稳定性，即防止负面改变并"维持现状"。为维持稳定性，质量控制过程对实际绩效加以评估，将之与目标值进行对照，并采取措施消除两者之间存在的差异。质量控制的基本目的在于维持性控制，绩效评价是在运作过程中进行的，绩效所对照的也是运作过程中的目标，所产生的信息也为运作部门的人员所接受和利用。

图 3-2 给出了质量控制过程中输入—输出的途径。

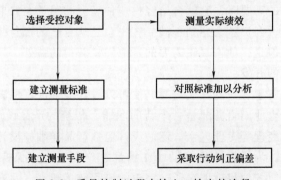

图 3-2　质量控制过程中输入—输出的途径

（2）对质量控制的计划 对控制的计划活动也就是构造由概念、方法和工具所构成的体系活动。借助这一体系，能够使过程保持稳定，从而生产出满足客户需要的产品。

质量控制的方法论建立在许多不同概念的基础之上，如反馈回路、工序能力、自我控制等。在对质量控制进行计划时，通常第一步是绘制出运作过程的流程图，这样就有利于理解整个运作过程和辨识受控对象。有了流程图之后就能识别和发现关键卡控点，这是实施适量控制的一个重要区域，目的就是提供评价和早期预警。

（3）过程控制的阶段　控制图不仅揭示了运作过程中时间的进程，从中也可以看出哪些阶段应该成为控制活动的中心。一般来说，过程控制应该考虑以下几个阶段：

1）开始控制。这种形式的控制所产生的最终结果就是决定是否开启对过程的控制。

2）运行控制。目的就是在运行过程中决定是继续产品的生产，还是停下来。

3）产品控制。一般发生在一定量的产品已经被生产出来之后，目的是判断产品是否符合质量目标。

4）设备控制。大多数运作过程都是用有形的设备，即仪器和工具。产品质量越来越依赖设备的维护。

除此之外，还需要对产品的特征进行严重度级别分类，目的是实现分级管控。比如，通过潜在失效模式分析手册识别出过程的关键管控点，列入控制计划中，这种分类对于计划人员在资源配置、优先次序的指定、设备选择和检验频次、频率等方面具有指导作用。

控制计划中列明了过程的控制点和运作人员实施控制所必需的其他特征，比如测量单位、测量手段的类型、质量目标、测量的频率、样本容量、决策准则和决策责任等。除此之外，控制计划中必须有明确的职责分工和问题逐级上报机制，明确在何种情况和条件下由什么级别的人做出判断和决策。

3. 质量改进

所谓改进是指"有组织地取得的良性改变，前所未有的绩效水平的实现"。其一，产品特性的改变。它可以增进客户的满意度，增加企业的营收。其二，降低缺陷。可以降低客户的不满，同时降低企业成本。持续不断的改进对于上述两类质量都是必需的，因为两者都受到了竞争对手的压力。但是，这两类质量改进的进展程度却大不相同，主要原因在于，绝大多数的高层管理者，对增加销售而不是降低成本给予更大的重视，反映在组织结构上则是产品开发活动往往具有完备的组织，而质量改进的结构化组织较少甚至没有。所以，质量改进不应只靠自发性的努力，必须将之融入组织的整个系统中去。

3.2　设计与开发质量管理

3.2.1　设计与开发策划

1. 设计输入与输出

（1）产品设计输入　它是产品设计的前提，要充分理解设计输入，才能设计出客户满意的产品。产品设计输入主要包含以下几个方面：

1）客户要求的产品功能、性能方面的需求。此类需求是客户要求的，一般是客户的基本需求和期望需求。

2）适用的法律、法规要求。这是设计输入的必要条件。

3）类似产品的知识库/经验库。通过对类似产品经验库/知识库的了解，可以在产品开发阶段起到早期风险识别的作用，提前做好预警来预防问题的发生。

4）用户魅力需求。此类需求可能不是客户提出来的，但此类潜在需求一旦得到满足，会极大提高客户的满意度。

5）可行性研究。主要是对产品的市场、技术、财务、质量、工程、经济等方面进行研究，确认产品设计是否可行。

产品设计输入要进行充分的评审，包括输入的充分性、合理性和适用性，要清楚、明确，切忌信息模糊、不完整、矛盾。

（2）产品设计输出　它是产品设计的设计结果，是对输入的转化，主要包含以下几个方面：

1）产品规格，主要指产品能够通过验收的标准。

2）产品图样，描述产品的造型及结构，用于指导产品的生产。

3）产品物料清单信息，是产品的结构树，包含所有产品、半成品、在制品、原材料、配套件、协作件、易耗件等与产品生产有关的物料。

4）特殊特性清单，指可能影响产品的安全性或法规符合性、配合、功能、性能，或其后续过程的产品特性及制造过程参数。

5）特性矩阵，表示过程参数（经过特殊加工的参数）和制造工位之间的关系。

产品设计输出同样要经过全面、严格的评审，确认是否满足设计与开发输入的要求。

2. 设计质量目标管理

产品立项后，项目团队成员和设计质量工程师需要建立产品的设计质量目标，根据设计质量目标制定监督监控计划，确保质量目标的达成。在建立质量目标的过程中，要考虑以下内容：质量目标最好可以量化，用数据表示；区分不同的使用场景；产品成功的定义。设计质量目标包含但不限于以下内容。

1）可靠性通过节点，指某可靠性项目通过验证的时间节点，在一定的时间范围内，所有可靠性验证必须全部通过。

2）各阶段设计成熟度目标值，指各阶段设计成熟度要达成的最高数值。

3）各阶段可靠性验证重复次数，指相同的可靠性试验项目在某一阶段因试验失效重复验证的次数。

4）各阶段设计变更次数，指除了客户要求之外，因设计等原因导致的设计变更的次数。

5）量产第一个月产线的直通率目标。

6）首单客户端反馈的不良率。

设计质量目标不是质量部门自己制定的,要与其他部门,尤其是研发部门进行确认,确保团队达成一致。

3. 设计质量验证计划

产品的设计质量目标确认以后,要建立设计质量验证计划,验证计划包含可靠性验证计划、产品测试计划以及可靠性测试计划等。验证计划要从以下几个方面加以考虑。

1)验证项目,指验证的项目类型。可靠性验证一般包括机械类、环境类、寿命类使用;产品测试一般是对整机产品进行测试确保其满足客户需求;产品可靠性测试一般指产品量产后定期进行可靠性验证,确保产品过程波动满足客户需求。

2)验证内容,指验证的具体内容,例如机械类实验,包括定向跌落、滚筒跌落、振动或者其他。

3)如何验证,指验证的方法,以及验证结果出现问题是否要转换方法。例如,寿命类实验,验证是否需要加严,加严条件是什么,如果出现问题如何降低标准验证等。

4)完成时间,指验证项目通过的时间节点。

5)责任人,负责验证计划能顺利完成,一般设计/研发质量工程师作为主责任人,出现问题的时候负责主导问题的解决,其他部门尤其是设计/研发部门需要全力配合。

6)验证地点,进行验证的地方。

7)验证费用,指完成验证需要花费的金额。

设计质量验证可以提前发现产品设计问题,是做好风险管控的重要步骤。

3.2.2 设计与开发过程管理

1. 先期质量策划(APQP)

产品先期质量策划(APQP)是一种结构化的方法,用来确定和制定确保某一产品使客户满意所需要的步骤。其目标是促进与所涉及每一个人的联系,以确保所要求的步骤按时完成。有效的产品质量策划是确保产品达到客户满意的重要步骤之一。

产品先期质量策划(APQP)包含五个过程。

第一阶段 计划和定义

1)明确小组成员组成,小组成员一般包括研发、工艺、制造、供应商质量工程师、采购、研发质量工程师、制程质量工程师、采购质量工程师、销售、供方和项目经理,甚至包括客户代表。

2)明确小组成员职责,确认客户(包含内、外部客户)以及客户的需求和期望,明确设计输入与输出。

3）确定成本、进度和限制条件以及是否需要客户的参与，如果需要客户参与且牵扯到某些保密问题，内部团队要先确认客户的参与度。

4）制订计划，确定需要形成的文件及其内容和格式，同时还要明确小组的联络方式、会议频次等信息。会议组织者要严格按照计划组织小组会议。

第二阶段　产品的设计与开发

1）小组要考虑所有的设计要素。理解客户或产品对设计要素的要求，充分评估产品设计对工艺的要求。如果在设计的过程中存在疑问，一定要及时与客户沟通讨论。

2）在产品的设计和开发过程中，根据产品设计的输入和输出要求，输出图样、规格、原材料清单等一系列信息，也要用到一系列的质量工具进行分析，充分发挥其预防、预测的功能。常用到的工具有质量功能展开（QFD）、公差分析等。

3）产品的设计与开发过程要充分考虑到产品的验证，做好验证计划，包括样件的标准及验证。

4）可行的设计既要求产品设计、生产能等满足要求，也要求产品质量、可靠性、成本、重量、时间等能满足要求。

5）要按照计划进行评审，确保产品满足技术、法律法规等方面的要求。

第三阶段　过程设计和开发

1）在过程设计和开发过程中，要及时做好工艺规划、工业工程（IE）布局，保证过程设计满足客户的需要。

2）在过程设计和开发过程中，要运用好潜在过程失效模式分析（PFMEA）、统计过程控制（SPC）等工具，做好过程设计的预防和预测。

3）在产品设计和过程设计过程中，要做好关键工序和关键特性的推导工作，明确关键质量控制特性（CTQ）及关键过程控制参数（CTP），做好过程控制。

第四阶段　产品和过程的确认

1）产品和过程的确认明确审核时间节点，一般要根据计划严格执行。

2）产品和过程的确认要明确产品合格的评价规则，根据评价规则进行验证。

3）产品和过程的确认还要验证产品的生产过程是否遵循控制计划和过程流程图，在此过程中要对生产线体进行详细审核。

4）在产品和过程的确认过程中，特别要注意问题的闭环解决，在正式量产前尽量将所有问题予以解决。

第五阶段　反馈、评定和纠正措施

1）质量策划不因过程确认就绪而停止。在制造阶段，所有变差的特殊原因和普通原因都会表现出来，因此要对输出进行评价，这也是对质量策划工作有效性进行评价的时机。

2）在此阶段，生产控制计划是用来评价产品和服务的基础，要在满足生产计划的前提下达到质量要求。

3）应对计量型和计数型数据进行评估，明确用哪种控制方式，以及在哪种情况下要采取哪种措施。

具体关于产品先期质量策划（APQP）如何有效开展及过程管理，可参考产品先期质量策划（APQP）手册中的详细规定。

2. 整合项目开发流程

产品的设计开发就是一个流程，是一个跨职能的流程，该流程包括设计研发部门和其他内部部门。质量部门在产品开发过程中要确保各阶段所有的活动标准均已得到满足，才可以进入下一阶段，因此研发质量的流程是不能独立于产品/项目的开发流程的，在整个项目开发过程中要注意以下几点：

1）要明确产品的开发模式，如独立开发（ODM）、客户开发（OEM）还是联合开发（JDM），因为不一样的产品开发过程是不一样的。

2）要明确产品的整个开发过程，包含阶段及阶段内容。

3）要明确在产品开发过程中，各阶段各部门的主要工作职责。研发质量在确保各阶段所有活动标准均已得到满足的同时，还要对预防性工作做好辅导，并对项目的经验做好总结，形成经验库/知识库，为类似项目做好经验储备。

表3-5为某产品的项目开发流程以及研发质量在各阶段的主要活动。

表3-5 某产品的项目开发流程以及研发质量在各阶段的主要活动

概念	评估立项	产品开发	工程验证（EVT）	设计验证（DVT）	过程验证（PVT）	试产（PP）
客户需求转换	设计质量风险管理	失效风险识别	失效风险评审	失效风险评审	失效风险控制	控制计划
	质量需求评审	质量需求实现	质量需求验证	合规性评审	一致性评审	关键控制要素
	项目质量策划	可靠性特性识别	可靠性验证计划	可靠性验证测试	可靠性评审	可靠性总结
	产品测试标准	技术评审	变更管理基准	变更评审	变更验证	变更管理
	产品测试计划	测试用例	阶段总结（节点评审）	阶段总结（节点评审）	阶段总结（节点评审）	测试总结
	技术可行性评审	技术实现	问题识别	问题管理	问题解决	问题闭环

3. 阶段评审与核查

对研发过程的阶段评审与审核是根据产品先期质量策划（APQP）的要求，在项目各阶段进行的一项活动，目的是确保项目阶段性满足客户要求，可以顺利进入下一阶段。

阶段评审是确保产品可以按照计划完成并发布的重要过程，要有相关责任部门的人员参加，一般阶段评审包括项目计划评审、商务预测评审、销售预测评审、线体规划评审、预算评审、质量达成评审、研发结构评审、制程工艺评审、测试方案评审、物料保证评审和变更评审等。项目每个阶段的评审结果要形成阶段评审表，评审表的内容要包括是否通过或者发起临时决策评审点（DCP），本阶段需要落实的事项、责任人、时间节点等内容，见表3-6。

表 3-6 阶段评审

决策点描述	××项目阶段评审
决策结论	1. 通过　□ 直接通过　　　　　　　　　□ 条件通过 2. 不通过□重新审视阶段情况,重新组织评审 3. 发起临时决策评审 □ 增加子阶段　　□ 终止项目　　　□ 返回到＊＊＊阶段
需落实事项	责任人　　　　　　　　　　　要求落实时间

4. 设计批准与认可发布

为了确保设计和开发输出满足输入要求，当整个设计已经完成时，根据设计和开发策划时做出的计划，对设计和开发进行验证，确认产品设计已被认可，可以向客户提交或向市场发布。

在设计批准与认可发布之前，先对阶段评审中需要落实的项目进行复查，确认是否已经完成。如果未完成，先评估未完成项目的影响程度，如果属于一般风险项，且该项目有具体的落实计划、责任人及完成时间，可以根据风险进行设计批准验证；如果属于高风险项，则要根据情况推迟设计批准时间直至项目风险降低或项目完成；如果已完成，则进行设计批准阶段的验证，从产品试投信息、过程评审、测试结果、关键尺寸/质量点的过程能力、可靠性、设计余量、生产效率、职业健康和化学品安全风险评估等方面进行评审，评审结果通过后进行设计批准与认可发布。

3.2.3 设计与开发过程控制要点

1. 产品规格与物料选型开发

物料选型方案开发就是通过对客户需求、产品需求、通用标准/认证标准、产品规格书与面向产品全生命周期各/某环节的设计（DFX）需求、物料规格书、项目需求的评估，最终得到合适的物料以及适合的供应商的过程。

系统的可靠性依赖部件可靠性，而经由部件的可靠性可以推导物料/零件的特性。在得到零件特性的过程中，最重要的是关键物料的选型。通过产品的设计规格，从产品研发设计以及客户需求的角度推导出系统的关键特殊特性，再进一步推导出子系统的关键特殊特性，通过子系统的特殊特性进一步可以推导出关键物料及其特殊特性。

得到关键物料及其特殊特性后，要对产品以及关键物料特殊特性进行验证，验证产品的设计能力，同时确认两者之间的关联。当关联确认以后，提升物料的过程能力也就是提升产品的设计能力。

在设计开发过程中，关键物料清单应当尽早准备。每一个物料的关键特性要明确，同时要有关键物料的可靠性计划。

2. 制造工艺参数设计

工艺参数设计是过程设计的一部分，工艺参数是指在完成某项工作的工艺的一系列基础数据或者指标。也就是说，这些基础参数构成了工艺操作或者设计的内容。生产工艺参数设计是工艺设计的重要组成部分，是产品顺利完成的有效保证。

（1）工艺参数设计的目的

1）识别可能影响产品关键质量特性的工艺参数，识别关键和潜在关键工艺参数。

2）确定预期会在生产和工艺控制中用到的每一个关键工艺参数的参数范围。

3）工艺参数确认是工艺验证的一个很重要的部分。

（2）工艺参数设计的原则

1）工艺参数设计要以产品设计为输入，明确产品的特性，尤其是产品的特殊特性。

2）根据产品特性进行的工艺参数设计要确保可实现性和可量产性。

3）要针对故障模式，做好失效模式和效果分析（FMEA）。

4）要对工艺做好区分。如果是新工艺，要先进行验证，确认其可行性。

3. 可靠性设计

可靠性设计是指在产品设计过程中，为识别并消除产品潜在缺陷，降低市场发生故障率或防止市场故障发生，确保产品满足规定的可靠性要求所采取的技术活动，一般分为机械类可靠性、环境类可靠性和寿命类可靠性。可靠性的度量指标一般有可靠度、无故障率和失效率。

可靠性设计是可靠性工程的重要组成部分，是实现产品固有可靠性要求的最关键的环节，是在可靠性分析的基础上通过制定和贯彻可靠性设计准则来实现的。

在产品研制过程中，常用的可靠性设计原则和方法有：元器件选择和控制、热设计、简化设计、降额设计、冗余和容错设计、环境防护设计、健壮设计和人为因素设计等。除了元器件选择和控制、热设计主要用于电子产品的可靠性设计外，其余的设计原则及方法均适用于电子产品和机械产品的可靠性设计。

（1）可靠性设计过程中要遵循的原则

1）首先要明确可靠性通过的指标以及可靠性评估方案。指标和评估方案是前提，没有指标和评估方案，可靠性设计无法有效进行。

2）可靠性设计要围绕产品的所有功能进行，同时还要考虑到用户的实际使用情景，要尽可能全面。尤其是非直接面对用户的企业，更要从用户的角度思考问题。

3）充分利用故障树、失效模式和效果分析，针对潜在故障模式进行分析并做出设计改善，全面降低故障出现的可能性，以保证产品的使用寿命。

4）在设计过程中，既要充分利用已有的知识库/经验库，充分利用现有资源，也应该用开放的胸怀拥抱先进的设计原理和可靠性设计技术，新的原理和技术可能会起到事半功倍的效果。但在采用新技术、新原理之前，必须经过验证和系统的评估，否则不建议使用。

5）不是所有的可靠性设计都一定要达到最优，在进行产品可靠性设计时，应对产品的性能、可靠性、费用、时间、问题的严重度、影响度等各方面因素进行权衡，做到综合最优。

（2）可靠性设计的主要内容

1）建立可靠性模型，进行可靠性指标的预计和分配。要进行可靠性预计和分配，首先应建立产品的可靠性模型。而为了选择方案、预测产品的可靠性水平、找出薄弱环节，以及逐步合理地将可靠性指标分配到产品的各个层面上去，就应在产品的设计阶段，反复多次地进行可靠性指标的预计和分配。随着技术设计的不断深入和成熟，建模和可靠性指标分配、预计也应不断修改和完善。

2）进行各种可靠性分析。诸如故障模式影响和危机度分析、故障树分析、热分析、容差分析等，以发现和确定薄弱环节，通过改进设计，消除隐患和薄弱环节。

3）采取各种有效的可靠性设计方法。如制定和贯彻可靠性设计准则、降额设计、冗余设计、简单设计、热设计、耐环境设计等，并把这些可靠性设计方法和产品的性能设计工作结合起来，减少产品故障的发生，最终满足可靠性的要求。

在做可靠性设计的过程中，要注意运用（失效模式和效果分析）和故障树分析。它们是可靠性分析的重要手段。前者是从零部故障模式入手分析，评定它对整机或系统发生故障的影响程度，以此确定关键的零件和故障模式。后者则是从整机或系统故障开始，逐步分析到基本零件的失效原因。这两种方法在国外被看作与设计图样一样重要，作为设计的技术标准资料，它收集总结了该种产品所有可能预料到的故障模式和原因。设计者可以较直观地看到设计中存在的问题。

电子产品可靠性设计技术包括许多内容，主要有可靠性分配、可靠性预测、可靠性分析等。

1）可靠性分配是根据用户对系统或设备提出的可靠性指标，对分系统、整机等组成部分提出相应的可靠性指标，逐级向下，直到元件、器件、工艺、材料等的可靠性指标。可靠性分配是系统或设备的总体部门的一项可靠性设计任务。

2）可靠性预测主要是根据电子元器件的故障和产品设计时所用的元件、器件数和使用条件，对产品的可靠性进行估计。

3）可靠性分析主要是利用冗余技术、漂移设计、故障树分析等方法对可靠性风险点进行分析的过程。

① 冗余设计：是指在系统或设备完成任务起关键作用的地方，增加一套以上完成相同功能的功能通道、工作元件或部件，以保证当该部分出现故障时，系统或设备仍能正常工作，减少系统或者设备的故障概率，提高系统可靠性。冗余设计的投入及维护成本较高，除非对系统可靠性有比较苛刻的要求，否则不建议使用。

② 漂移设计：是指只要元件/部件的尺寸不超过公差的上、下限，生产出来的就是合格的产品。从理论上来讲，元件、部件有一些最差的组合，这些组合会导致产品的性能参数产生最大的偏离。如果这些产生最大偏离的产品都是合格的，那就满足漂移设计。但在实际生产过程中，这样的设计会造成较高的成本，一般会通过了解元器件性能参数的概率分布，推导出产品的性能概率分布，放宽对元器件的要求，争取用最低的成本生产优良率最高的成品。

③ 故障树分析：是指在系统设计过程中，通过对可能造成系统失败的各种因素（包括硬件、软件、环境、人为因素）进行分析，画出逻辑框图（即故障树），从而确定系统失效原因的各种可能组合方式或其发生概率，以计算系统失效概率，采取相应措施，以提高系统可靠性的一种设计分析方法。

图 3-3 所示为某产品关键可靠性活动流程。

4. 设计与开发风险管理

设计与开发风险管理主要规定产品设计开发的风险管理方法、风险可接受的准则，以及风险管理过程的要求，规范公司风险管理活动，确保可以生产合格的产品。由于新产品开发活动综合性强，因此创新决策不是孤立进行的，而应当结合企业资源与能力特点以及总体经营战略，并对技术发展趋势、市场情况以及面临的竞争形势进行深入调查、分析和研究，还要对新产品开发具体方案进行深入全面的评估，从而做出综合决策。

1）要明确设计/研发、品质、工程技术、生产、采购、财务等部门合作配合方式以及各环节风险责任。

2）要严格执行新产品开发流程，在开发过程中做好计划和评价标准，并按照标准进行监控和评审，确认风险的管控。

3）各部门在配合的过程中要做好沟通和交流，确保所发现问题和风险能在第一时间得到解决。

在风险管理的过程中，最重要的是风险的识别，所以对工具的使用及经验运用能力的要求极高。

5. 稳健设计

稳健设计也叫作健壮设计，是在日本学者田口玄一提出的三次设计法（系统设计、参数设计、容差设计）上发展起来的设计方法，主要目的是降低成本，提高产品稳定性。

稳健设计的方法大体上可分为两类：一类是以经验或半经验设计为基础的传统的稳健设计方法，主要有田口稳健设计法、响应曲面法、双响应曲面法、广义线性

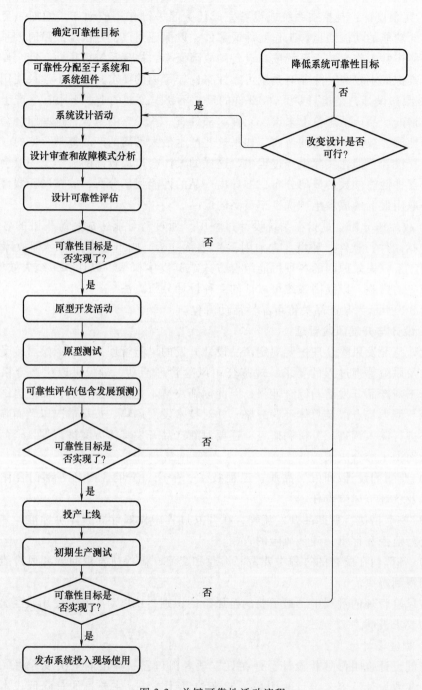

图 3-3 关键可靠性活动流程

模型法等。另一类是以机械工程模型为基础与优化技术相结合的机械稳健优化设计方法，主要有容差多面体法、灵敏度法、变差传递法和随机模型法等。

稳健设计的目的就是要让产品质量稳定、波动小，面对生产过程中各种噪声因子干扰也能保持合格。利用稳健设计，帮助设计人员找到产品最佳的工艺参数范围，确保产品的成本最低，工艺要求最低，但产品的性能却最稳定。

6. 卓越设计

卓越设计是对研发设计的一种更高质量的追求，是超出优秀设计的一种设计理念。卓越设计要从用户的理念出发，主要针对用户的魅力需求。在设计的过程中考虑到用户的潜在要求，为用户提供一些完全出乎意料的产品属性，使用户产生惊喜。有了惊喜会大大提高用户的满意度和忠诚度。例如，华为手机的指关节快速截屏和无线充电等技术，都是创新性的研发，带给客户全新体验的同时也极大提高了用户的忠诚度。要做好卓越设计，主要做好以下几步：

1）要做好产品定位。比如，是成本优势还是技术创新，是想要发展年轻群体还是高端商务人群等。只有明确了产品的定位，才能明确产品的消费人群，从而进行下一步的动作。

2）进行问卷设计。根据产品的定位，确定创新的点，有针对性地做好调查问卷设计，并针对产品定位所需要的人群进行问卷调查。

3）对调查问题的结果进行分析，做好需求评估，了解每个质量特性在不同需求类型中出现的频率。

4）根据分析的结果，确定关键因素。将此作为卓越设计的依据进行设计。

7. 并行设计

并行设计是一种对产品及其相关过程（包括制造过程和支持过程）进行并行和集成设计的系统化工作模式，是充分利用现代计算机技术、现代通信技术和现代管理技术来辅助产品设计的一种现代产品开发模式。它站在产品设计、制造全过程的高度，打破传统的部门分割、封闭的组织模式，强调多功能团队的协同工作，重视产品开发过程的重组和优化。其核心是在产品设计的初始阶段就考虑到产品生命周期中的各种因素，包括设计、分析、制造、装配、检验、维护、质量、成本、进度与用户需求等，强调多学科小组、各部门协同工作，强调对产品设计及其相关过程并行地、集成地、一体化地进行设计，使产品开发一次成功，缩短产品开发周期，提高产品质量。

并行设计的关键技术主要包括以下几点：

（1）并行设计过程建模　并行设计的实施是在产品数据集成的基础上实现过程的集成。并行设计的过程建模是描述产品开发的各个过程，以及相关信息的一种系统化的方法，是产品开发过程的抽象，是进行并行设计理论研究的第一步。

（2）协同工作　机械产品的并行设计需要由分布在不同部门或不同场所的、具有不同领域知识的专家群组协同合作完成。在计算机网络环境下，模拟人类专家群组合作工作的自然属性，开发具有网络协同作业功能的 CAD 系统，是实施并行设计的一项重要技术。

（3）集成化产品模型　产品结构是产品数据的核心部分，传统的静态产品结构定义方式无法满足新产品开发过程中对产品结构的动态修改的要求，也不适合并行设计中数据交换的需求，为此需要建立集成化的产品模型。集成产品模型就是为了满足产品设计制造过程中所需的各种信息的抽象、组织形式，产品的设计制造必须满足用户对产品的要求。用户对产品的性能要求越来越高，因此，在产品的设计制造过程中必须考虑产品性能方面的要求，集成产品模型的建立必须考虑产品的性能信息模型。

3.2.4　设计评审与质量成熟度评价

1. 设计评审

设计评审是一项正式的、文档化的、综合的，以及系统性的针对产品的检查，以评估设计要求和设计满足这些要求的能力以及识别问题，提出解决问题的方案。

设计评审应该是一项正式的评估，除了可以评审出产品本身的性能/质量问题以外，还可以识别产品的可靠性、可维护性、安全性、可生产性，以及其他重要的产品参数。

在进行设计评审的时候，要注意以下几点：

1）设计评审是必需的且严肃的，不管客户是否有要求都应进行。设计评审的组织者为项目经理或者研发质量工程师，组织者根据项目进度安排设计正式的评审，包含评审时间、评审地点、评审人员和评审内容等。

2）设计评审是团队共同完成的，包含研发、工艺、质量、生产等部门。参与评审的人员必须有一定的经验，能够客观地发现问题。评审团队中允许有新人，但是新人只能以学习者的身份参与，不能代表相关领域做出决定。

3）设计评审在设计开发过程中以开发流程为主线，分阶段进行评审，例如立项评审、设计开发评审、工程验证测试评审、设计验证测试评审、小批量制程验证测试评审和首单生产评审等。评审的内容既包含产品性能及质量参数，也包含其他参数，例如可维修性、安全性、可生产性、包装、成本和重量等。

4）设计评审过程一定要以产品输入为依据，确保产品满足输入要求，即使是设计/研发人员也必须要服从输入要求。如果牵扯到结构完整性和其他设计创新方面的内容，设计/研发人员仍可以一个人做出决定。产品标准的控制和发布属于设计者。

在进行设计评审的过程中，设计/研发部门可能会进行阻碍。因为设计评审可能会对产品的设计进行挑战，而且某些挑战可能只是理论上的，目前并没有出现这种情况。如果出现这种情况，一般用以下几种方式说服设计/研发人员。

① 用结构仿真、热仿真等仿真技术进行模拟，提前识别潜在问题点。

② 用竞争对手公司的产品技术作为标杆。

③ 寻求经验库/知识库资源，明确该设计在历史上确实出现过问题，有必要进

行改进。

2. 设计验证与产品测试

在集成产品开发（IPD）流程中，测试活动属于开发活动的一部分，是基于开发团队的需求分析结果和设计规格进行的产品设计过程的质量保障措施。设计验证的重点是针对产品进行验证，产品的工程样机在功能、性能满足设计要求的前提下，对其开展针对产品包需求的检查，确保产品满足要求。测试是设计规格、其他的参考标准；验证是以产品包需求或用户原始需求作为活动依据。

举例说明设计验证与产品测试在 IPD 流程中可以用 V 模型来表达，如图 3-4 所示。

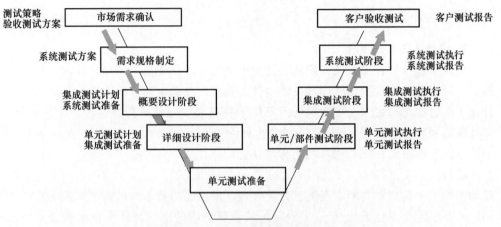

图 3-4　设计验证与产品测试在 IPD 流程中的 V 模型

3. 产品设计成熟度评估

产品设计成熟度评估是指在研发阶段识别问题点的严重程度及关闭情况。在质量策划阶段中，做好每个阶段产品成熟度评价标准，阶段评审的过程中严格按照标准进行评价。有致命问题不允许进入下一阶段。

评价标准：产品设计成熟度实际值。

公式＝3×严重问题数量＋1×一般问题数量＋0.1×提示问题数量

问题的严重程度基本按照失效模式和效果分析的问题严重度规制进行分类，如下：

（1）致命问题　指的是潜在失效后果不符合当地政府或行业、市场法律法规，无论失效时是否有预警的问题；或者潜在失效后果会影响安全，如操作、燃烧、漏电。

（2）严重问题　指的是造成产品基本功能损失或降级的问题（产品不能操作，或可操作但降低了功能等级）；或者舒适功能损失或降低的问题（产品可操作，但舒适/便利功能损失或降级）；或者外观不良或听见噪声等，产品可操作，不符合项被大部分或很多用户能察觉到的问题；或者存在可靠性失效，功能/性能指标不符合产品规格或者相关标准要求的问题。

（3）一般问题 指的是外观不良或听见噪声等，产品可操作，不符合项被大部分或很多用户难以察觉到的问题；或者产品与标准、协议、规格存在较小差距，且普通用户能够接受的问题。

（4）提示问题 指的是可正常使用，但可能会影响用户喜好度，如外观颜色、界面风格等问题；或者产品与标准、协议、规格存在细微差距且普通用户无法察觉到的问题。

统计范围包含从来料到出货所有问题点，如物料问题、制程问题、可靠性问题和客户投诉问题等。

3.2.5 设计变更管理

1. 设计变更管理要素

设计变更主要包含两类：产品设计变更和工艺设计变更。指在产品设计基本定型后，依据客户需求变化或内部设计调整，确保产品满足要求的前提下，对产品设计或工艺过程进行更改，更改包含但不限于物料清单更改、图样更改、物料变更、文件变更和软件变更等，变更后的物料（不包含原材料、生产工艺变更，但料号不发生改变的情况）需要遵循物料样品认证流程。

在设计开发过程中，要做好设计变更的控制和管理。首先要明确不同变更对产品的影响度，其次要对影响度进行分类管理，最后要明确不同的影响度评审规则。

产品设计变更，设计/研发工程师组织变更影响的部门评审变更实施方案，识别变更的风险影响和影响变更需要评估的项目，确定变更的可行性，并做好变更管理的记录。工艺设计的变更，由工程技术人员组织变更影响的部门评审变更实施方案，识别变更的风险影响和影响变更需要评估的项目，确定变更的可行性，并做好变更管理的记录。

2. 回溯与复盘

回溯与复盘是设计变更管理中重要的一个环节，是把做过的事情，重新掰开，思考过程中的每一个点，哪里做得有问题，如何去处理做得不好的问题，以免下次再犯，达到学习的目的。在设计变更过程中，要对设计变更的内容及验证结果做好记录，每个阶段结束之前由项目经理组织项目回溯与复盘，讨论本阶段设计变更问题点，验证的结果，是否可以在下一阶段避免，形成经验库/知识库，为项目下一阶段或类似项目提供依据。

3. 产品开发效率与设计改进

产品设计和工艺设计的时间周期影响着产品开发和改进的效率。为了提升产品的开发效率，及时做好设计改进，就要做好质量流程的三部曲，即质量策划流程、质量控制流程、质量改进流程。

（1）质量策划流程 这一流程提供了有效开发新产品的流程步骤：要求首先

建立一个计划，接着识别客户并探索客户需求，接下来开发产品和流程，并建立流程控制，转换为具体操作。

（2）质量控制流程　这一流程测量了产品开发职能的绩效。要求首先选择控制的目标，然后建立测量内容及标准，接下来进行测量并对比标准找差异，最后就差异点采取行动进行解决。

（3）质量改进流程　这一流程识别并解决了产品开发中长期存在的问题。要求首先建立验证需求，识别计划并管理计划团队，然后确定计划的任务及要求，同时诊断问题的原因并提供补救方法。在此过程中还要处理改变的阻力，维护改善的效果。

3.2.6　设计标准化管理

1. 产品标准化

产品标准化对产品的类型、性能、规格、所用原材料、工艺、工装和检验方法等进行统一规定，并按规定实施。

实行标准化能简化产品品种，加快产品设计和生产准备过程，保证和提高产品和工程质量；扩大产品零件、部件的互换性，降低产品和工程成本；促进科研成果和新技术、新工艺的推广；合理利用能源和资源；便于国际技术交流等。

产品的标准化是指不管产品是销往哪里的，产品都基本不做修改。

产品标准化的优点：

1）用较少的品种满足大部分的市场需求。在同样的市场需求下，品种少意味着每种产品的产量高，产线更加稳定，品质更有保障，同时也有助于降低生产成本。

2）通常在这种情况下，产品更新迭代的速度变慢，大大减少研发设计人员的工作，降低风险。

3）新产品也是在老产品的基础上演变而来，在设计过程中既不用进行全盘设计，又有经验可依，同时也可以缩短研发周期，而且大大降低新产品评估带来的风险。

2. 物料标准化

物料标准化是为了提高物料的通用化程度和减少物料的品种数量，从而提高管理效率，降低产品风险及管理风险，并降低制造成本。例如，对螺栓、螺母、螺钉等零件，分别给予一定的符号或代号，加以统一规定，形成统一的标准。

（1）物料标准化管理的形式　开展物料标准化管理的主要形式有：简化、统一化、系统化、通用化和组合化。

1）简化：是在一定范围内对物料的名称和各项属性进行简单、简捷、全面和规范的表述规定的标准化形式。

2）统一化：是把同一种物料两种以上的表述形式归并为一种或限定在一定规

范的表述形式的标准化措施,使物料在设计、采购、检验、保管、使用和核算等环节表述一致。

3)系列化:是对同一类物料或使用于同一类产品的物料,把它们的相关属性进行标准化归类的一种形式,是使构成产品所需物料结构形式简捷而优化的物料体系,同类物料对采购供应、专业协作、分区保管和存储领用带来方便,更有利于在产品开发过程或生产制造过程中组织进行高效的设计制造和管理。

4)通用化:是指在相互独立的产品系统中,选择和确定具有功能互换性或尺寸互换性的物料或由多个物料组成通用功能原因模块,以实现较少物料满足更多产品品质组合的标准化形式。

5)组合化:是按照标准化原则,设计并制作出若干组通用性较强的物料组合模块,根据需要快速拼合设计成不同功能用途的产品的标准化形式。

(2)物料标准化的优点

1)产品有较高的结构相似性和零部件的通用性,因而可以减少工装的数量和种类,有助于缩短产品的研制周期,降低生产成本。

2)物料的种类少,更方便管理。

3)物料标准化后,降低了产品的设计风险。

3. 经验总结与应用

经验总结是对设计开发过程中所出现的问题、原因进行深入、系统的归纳、综合、分析、提炼,寻找出问题出现的规律,找到解决的方法,并指导今后的产品研发工作,用以预防风险的发生,预测问题的出现。经验总结是产品设计开发的重要过程;经验应用是产品设计开发的捷径之一,可以指导产品的设计开发;有效的经验更是提升员工能力的重要手段。所以在产品的开发过程中,既要做好开发经验的总结,也要善于把已有的经验应用到现有产品的开发设计过程,经验总结与应用做好了,可以起到事半功倍的效果。

3.2.7 软件质量管理

1. 软件质量概要

伴随着产品电子化程度越来越普及、绝对多数产品都内嵌软件。而软件类产品与其他产品相比,其质量有明显的差异,主要表现如下:

1)很难制定具体的、数量化的产品质量标准,所以没有相应的国际标准、国家标准或行业标准。即对软件产品而言,无法制定诸如"合格率""一次直通率"等质量目标,而且软件的可维护性、可靠性和可扩充性也很难量化。

2)软件产品质量没有绝对的合格/不合格界限,软件的测试也不可能穷尽所有情况,不完善的软件可以通过维护和升级来解决。

3)软件产品之间的横向质量对比比较难。一般说,能满足用户需求的软件质量就是好的软件质量。

4）软件质量的衡量根据软件类型的不同，侧重点也不同。有些软件可能衡量的首要要素是效率，而有的软件衡量的首要要素可能是可用性。

综上，软件质量的管理应该贯穿软件开发的全过程，而不仅仅是软件本身。由于软件的复杂性和专业性，质量管理可以实行"检、监、控"三分离的职责设置：首先系统测试部门进行功能、性能的测试，其次研发质量要监控软件开发体系的运行并检查开发结果是否符合客户要求。

2. 软件测试管理

软件测试是指在规定的条件下对程序进行操作，以发现程序错误，衡量软件质量，并对其是否能满足设计要求进行评估的过程。

软件测试是伴随着软件的产生而产生的。软件测试不单纯是一个发现错误的过程，而是将测试作为软件质量保证的主要职能（包含软件质量评价的内容），软件测试是以评价一个程序或者系统属性为目标的任何一种活动。测试是对软件质量的度量。

软件测试已有了行业标准（IEEE/ANSI），1983年IEEE提出的软件工程术语中给软件测试下的定义是："使用人工或自动的手段来运行或测定某个软件系统的过程，其目的在于检验它是否满足规定的需求或弄清预期结果与实际结果之间的差别。"这个定义明确指出：软件测试的目的是检验软件系统是否满足需求。它再也不是一个一次性的，而且只是开发后期的活动，而是与整个开发流程融合成一体。软件测试已成为一个专业，需要运用专门的方法和手段，需要专门人才和专家来承担。对计算机软件进行测试前，首先需遵循软件测试原则，即不完全原则的遵守。不完全原则即为若测试不完全、测试过程中涉及免疫性原则的部分较多，可对软件测试起到一定帮助。因软件测试因素具有一定程度的免疫性，测试人员能够完成的测试内容与其免疫性成正比，若想使软件测试更为流畅、测试效果更为有效，首先需遵循不完全原则，并将这一原则贯穿整个开发流程，不断进行测试，而并非一次性全程测试。

软件测试方法分为以下几种：

（1）静态测试　是指软件代码的静态分析测验，此类过程中应用数据较少，主要过程为通过软件的静态测试，即人工推断或计算机辅助测试、测试程序中运算方式、算法的正确性，进而完成测试过程。此类测试的优点在于能够消耗较短时间、较少资源完成对软件、软件代码的测试，能够较为明显地发现此类代码中出现的错误。静态测试方法适用范围较大，尤其适用于较大型软件的测试。

（2）动态测试　计算机动态测试的主要目的是检测软件运行中出现的问题，较静态测试方式相比，其被称为动态的原因即为其测试方式主要依赖程序的运用，主要为检测软件中动态行为是否缺失、软件运行效果是否良好。其最为明显的特征是，进行动态测试时软件为运转状态，只有如此才能于使用过程中发现软件缺陷，进而对此类缺陷进行修复。动态测试过程中可包括两类因素，即被测试软件与测试中所需数据，两类因素决定动态测试正确展开和有效展开。

（3）黑盒测试　黑盒，顾名思义，即为将软件测试环境模拟为不可见的"黑盒"。通过数据输入观察数据输出，检查软件内部功能是否正常。测试展开时，数据输入软件中，等待数据输出。数据输出时若与预计数据一致，则证明该软件通过测试，若数据与预计数据有出入，即便出入较小，亦证明软件程序内部出现问题，需尽快解决。

（4）白盒测试　白盒测试相对于黑盒测试而言具有一定透明性，原理为根据软件内部应用、源代码等对产品内部工作过程进行调试。测试过程中常将其与软件内部结构协同展开分析，最大优点即为其能够有效解决软件内部应用程序出现的问题，测试过程中常将其与黑盒测试方式结合，当测试软件功能较多时，白盒测试法也可对此类情况展开有效调试。其中，判定测试作为白盒测试法中最为主要的测试程序结构之一。此类程序结构作为对程序逻辑结构的整体实现，对于程序测试而言具有较为重要的作用。此类测试方法针对程序中各类型的代码进行覆盖式检测，覆盖范围较广，适用于多类型程序。实际检测中，白盒测试法常与黑盒检测法并用，以动态检测方式中测试出的未知错误为例，首先使用黑盒检测法，若程序输入数据与输出数据相同，则证明内部数据未出现问题，应从代码方面进行分析，若出现问题则使用白盒测试法，针对软件内部结构进行分析，直至检测出问题所在，及时加以修改。

3. 软件质量成熟度评估

软件成熟度模型 SW-CMM（Capability Maturity Model For Software，CMM），是 1987 年由美国卡内基梅隆大学软件工程研究所（CMU SEI）研究出的一种用于评价软件承包商能力并帮助改善软件质量的方法，其目的是帮助软件企业对软件工程过程进行管理和改进，增强开发与改进能力，从而能按时地、不超预算地开发出高质量的软件。

其所依据的理论是：只要集中精力持续努力去建立有效的软件工程过程的基础结构，不断进行管理的实践和过程的改进，就可以克服软件生产中的困难。CMM是目前国际上最流行、最实用的一种软件生产过程标准，已经得到了众多国家以及国际软件产业界的认可，成为当今企业从事规模软件生产不可缺少的一项内容。

CMM 为软件企业的过程能力提供了一个阶梯式的改进框架，它基于过去所有软件工程过程改进的成果，吸取了以往软件工程的经验教训，提供了一个基于过程改进的框架；它指明了一个软件组织在软件开发方面需要管理哪些主要工作、这些工作之间的关系，以及以怎样的先后次序，一步一步地做好这些工作，从而使软件组织走向成熟。

软件管理工程和其他工程管理相比有其特殊性。首先，软件是知识产品，进度和质量都难以度量，生产效率也难以保证。其次，软件系统复杂程度也是超乎想象的。因为软件复杂和难以度量，软件管理工程的发展还很不成熟。

CMM 框架用 5 个不断进化的层次来评定软件生产的历史与现状：其中初始层是混沌的过程，可重复层是经过训练的软件过程，定义层是标准一致的软件过程，管理层是可预测的软件过程，优化层是能持续改善的软件过程。任何单位所实施的软件过程，都可能在某一方面比较成熟，在另一方面不够成熟，但总体上必然属于这 5 个层次中的某一个层次。而在某个层次内部，也有成熟程度的区别。在 CMM 框架的不同层次中，需要解决带有不同层次特征的软件过程问题。因此，一个软件开发单位首先需要了解自己正处于哪一个层次，然后才能够对症下药地针对该层次的特殊要求解决相关问题，这样才能收到事半功倍的软件过程改善效果。任何软件开发单位在致力于软件过程改善时，只能由所处的层次向紧邻的上一层次进化。而且在由某一成熟层次向上一更成熟层次进化时，在原有层次中的那些已经具备的能力还必须得到保持与发扬。

上面提到了 CMM 把软件开发组织的能力成熟度分为 5 个的等级。除了第 1 级外，其他每一级由几个关键过程组成。每一个关键过程都由上述 5 种公共特性予以表征。CMM 给每个关键过程一些具体目标。每个公共特性归类的关键惯例是按该关键过程的具体目标选择和确定的。如果恰当地处理了某个关键过程涉及的全部关键惯例，这个关键过程的各项目标就达到了，也就表明该关键过程实现了。这种成熟度分级的优点在于，这些级别明确而清楚地反映了过程改进活动的轻重缓急和先后顺序。

3.3 供应商质量管理

在组织运营管理中，组织与其生存的环境之间存在着相互影响和相互作用。因此组织不仅要依据自身的业务流程特色策划质量管理体系，并确保其有效运行，还要关注组织的内外部风险、组织的输入和输出，即组织的供应商和顾客。这里阐述的就是组织的供应商质量管理问题，重点介绍组织选择供应商的方法，对供应商的质量控制、风险管理，通过引入供应商动态质量管理，指导从供应商质量管理步入供应链质量管理。

3.3.1 供应商管理概述

1. 供应商管理的价值

产品和服务的实现过程在全球化的背景下进入了新世纪，在现有的产业链体系中，专业的分工协作已成为主流，绝大多数组织在其产品及服务的全生命周期中，由于多种因素很难确保所有的原材料、零部件或加工工序都在自己的组织内实施，因此需要委托给专业的供应商来实施，在整个供应商实施的过程中，对其进行科学的管理。而实施供应商管理的价值在于通过与供应商的合作并对其合作过程进行合理有效地监控，有效利用供应商的资源（如资金、设备、设施、技术及劳动力）

为组织创造更大的价值。组织与供应商的关系也由初期单纯的买卖关系向互利共赢的合作关系演变，对供应商的管理也越发成为组织取得成功的过程中的重要一环而得到更多的重视。供应商质量管理作为组织质量管理中的重要一环而独立存在。

2. 供应商管理的作用

组织依据自身发展需求及相关产业工艺流程的成熟度与不同类型的供应商建立相对应的合作关系，组织选择到合格的供应商就等于解决了大部分产品和服务的供应问题，将供应商的产能合理地转化为自身的发展的助力。因此，对供应商进行管理，注意供应商与组织之间的配合是组织的重要工作内容之一，可起到的作用有：

（1）确保潜在供应商能够得到持续的开发　通过建立一整套完整的供应商开发、选择与认证、动态评价体系，并依据供应商开发计划进行供应商的开发与管理，能够确保潜在供应商的质量和数量。

（2）降低成本，提高组织盈利能力　原材料、零部件或服务的价格最终会对产品的成本及组织的竞争力产生影响，出于对利润的考量，进行产品和服务的成本分析，加强与供应商的价格协商，协助做好供应成本的控制工作，可有效降低生产成本，提高组织盈利能力。

（3）确保供应商交货品质，保证组织产品质量　对供应商产品和服务的质量控制已成为组织质量控制的关键环节，强化对供应商的质量控制，就是为了与供应商通力合作，从而确保供应过程的质量，从源头上保证产品的质量。

（4）确保供应商准时交货　供应商交货期的延误，无疑会妨碍组织正常生产活动的顺利进行，给组织带来各种负面影响。通过强化供应商的交期控制来提高供应商的准时交付能力，是供应商管理的核心作用之一。

（5）优化供应链管理，提高企业快速响应能力　引入信息技术来辅助供应商管理，实现供应商管理的信息化，有利于转变组织生产、经营方式、业务流程，重新整合组织内外部资源，以提高组织的快速响应能力。

（6）监督并辅导供应商持续改进，以达到双赢效果　汇合供应商测评信息和定期考核意见，及时沟通并公布，可以促进供应商及时改进自身管理和服务水平，提高自身的竞争力。

（7）发展和维持组织与供应商的良好合作关系　依据采购物资的类别、重要程度、合作关系的紧密程度，将所有供应商进行分类（包括战略供应商、重要供应商、普通供应商和备选供应商等），再进行差异化关系管理和控制，可以使双方保持最适宜的合作关系。

3. 供应商管理的原则

《工业企业供应商管理评价准则》（GB/T 33456—2016）对供应商管理的原则进行了概括总结，成功的供应商管理建立在以下原则基础上：

（1）战略视野　供应商管理是组织战略性、高增值并能造就竞争优势的关键过程，需要在管理层的领导和推动下，确定与组织使命、愿景、价值观和战略协调一致的供应商管理理念和战略,并配置资源,促进关键供应商关系由传统的买卖关系向互利合作的伙伴关系转化。

(2) 诚信、沟通和尊重　组织与供应商应基于诚信等道德原则,相互沟通、理解和尊重,这是构筑合作伙伴关系的基础。

(3) 责任共担和互利共赢　组织与供应商要在人和风险共担的机制基础上形成互利合作关系,致力于达成最终顾客满意。

(4) 关注寿命周期成本　组织应从供应的产品和服务的购前、购中、购后直至最终处置的全生命周期出发,促使采购产品或服务的总成本最小化,而非仅仅关注价格。

(5) 供应链优化和持续改进　组织应基于完整的供应链系统,联合供应商、企业和顾客的各相关部门,基于数据和事实,在实物质量、服务质量、周期时间和寿命周期成本等方面进行改进和创新,创建更优、更快、更精益、更友好的供应链。

(6) 跨职能的系统管理　供应商管理涉及企业内多职能相互协调的工作,必须理清所有过程,建立工作体系,以跨职能的方式进行系统管理。

供应商管理原则体现在供应商全生命周期管理过程中,体现在每个管理要素的实际运行中,是组织建设供应商管理的基础。

4. 供应商质量管理的内容

既然供应商质量管理对组织的发展如此重要,那么供应商质量管理到底管什么,管到怎样的程度,这是需要先行确定的。供应商质量管理是指从供应商的产品质量和服务质量两方面入手,通过一系列活动,应包含但不限于供应商的选择与认证,生产零件批准、供应价格、周期与供应成本的管理和产品供应的质量控制等管理手段,对供应商提供的产品和服务进行全生命周期的监控,掌控供应的过程风险,以达到组织运营优质高效的目的。在现实过程中的供应商质量管理至少包括如下内容:

(1) 供应商的选择与认证　选择供应商时应考虑的因素包括质量、价格、交货能力、服务水平、柔性、生产地址、存货政策及信誉与财务状况稳定性等。此外,细致地考察供应商的能力,对供应商的资质进行严格地评审和认证,对供应商提供的产品和服务的质量进行确认和验证。

(2) 供应价格和成本的管理　任何一项原材料或零部件或外部工序服务的价格都会影响到组织最终成品和服务的成本,最终对产品和服务价格及其竞争力产生影响。从组织的利润角度来看,进行产品和服务的供应价格与成本分析,加强与供应商的价格协商,做好供应商的成本控制工作就显得至关重要。

(3) 对产品和服务供应的质量控制　外部供应的产品及服务的质量好坏直接关系到组织生产、经营过程、服务过程所产生结果的好坏。外部提供的产品和服务的质量如果控制不当,会直接影响产品及服务的生产和交付的质量。因此,为了防止不合格外部提供的产品和服务流入组织内部下道工序,保证产品生产质量和安全,就必须从源头做好产品和服务的质量认证和质量控制。

(4) 对产品和服务供应的交期控制 外部产品及服务的供应时间不能太早或太迟。若供应太早造成物品堆积占用仓储空间、服务的过度等待,增加存货成本,造成过程浪费。若供应过迟会导致生产停工待料、工序无法流转,给生产和销售带来重大损失。组织应推行零库存制度,坚持适时供应、及时交付的管理原则,力求过程浪费控制在最低水平。

(5) 对供应商的绩效考核及动态管理 对供应商进行绩效考核,一方面是对现有的供应商进行比较,以便继续同绩效优秀的供应商合作,淘汰绩效差的供应商;另一方面充分了解供应环境中存在的不足之处,并及时反馈给供应商,以促进供应商自我改善,促进正向循环,为后续更好地完成供应活动打下良好基础。

(6) 对供应商的关系管理 组织与供应商之间只有建立了相互信赖合作的伙伴关系,并保持长期的双赢合作关系,才能达到低成本、高柔性的目标。这就要求组织加强与供应商的关系管理,通过建立长期紧密的业务关系,整合双方的资源和竞争优势,来共同开拓市场,扩大市场需求和份额,降低产品前期的高额成本,实现供需双方的双赢。

(7) 供应商管理的风险控制 在组织的供应链中,可能会出现独家供应商或者关键工艺、工序或原材料受制于供应商的情况。当面临这些情况时,组织需要考虑供应商的风险管理。供应的风险管理与控制应全面,其中包括物流、信息流、供应流、现金流等方面,避免组织在单一供应商或者关键供应商上出现阻碍自身发展的情况。

(8) 组织与供应商的信息交流和管理信息化 组织之间的竞争已经逐步演变为各自供应链之间的竞争,这就要求供应商与组织协同作战,实现信息充分共享,才有可能获得竞争优势。通过供应商管理的信息化,可实现组织与供应链上下游的供应商之间的无缝合作,达成组织与供应商在信息流、物流、现金流上的资源最优配置。

5. 供应商产品质量对组织的影响

在经济全球化不断深化的今天,组织越来越注重与培养和发挥自身的核心能力,对于非核心业务大多采用外部供应商合作的方式,由供应商完成核心业务以外的作业。各行业零部件外购及服务的比例呈逐年上升的趋势,特别是近20年来世界工业巨头基本上剥离了其大部分次要零部件的生产,服务工序基本由外部供应商完成。由此可见,供应商所提供的产品与服务,在很大程度上直接决定着组织产品和服务的质量和成本,影响着顾客对组织的满意程度,供应商提供的产品和服务对于组织的发展起着十分重要的作用。有研究表明,不少组织的产品质量问题有85%是由供应商提供的产品和服务引起的,可见对供应商产品和服务的质量控制的重要性。加强对供应商的质量控制已经成为企业提高产品质量水平的重要途径。

6. 供应商管理的战略

组织的供应商管理战略是组织发展战略的重要组成部分，是基于组织的供应商管理理念和组织的战略，进行组织内外部环境分析，依据组织产品的实现方式和全生命周期中的服务，而制定供应商管理战略和供应商管理战略目标，就目标的细化、调整机制、绩效考核方式、采购标和合同等与供应商进行充分的沟通，在供应商管理战略制定中，应按采购的产品与服务的属性划分品类，并基于品类分析以及组织的核心竞争力，制定各品类供应源策略以及实施路线图；依据采购产品和服务的重要性、采购额等进行供应商分类和供应商关系策划，具体体现在供应商管理的运作过程中。同时，这也体现了供应商管理战略的落地策划与实施的过程，将供应商管理战略、战略目标转化为实施计划、关键绩效指标，并在组织内部分解，同时展开为对供应商的要求和关键绩效指标。

供应商的战略管理还包含与供应商建立战略伙伴关系，这已成为许多组织采取的一种有效策略。建立战略伙伴关系，对于组织及供应商都有很大的益处。

相对于供应商，有利于增强共同责任感；增加对未来需求的可预见性和可控性；增强供应计划的稳定性；增强供应商的竞争力。

相对于组织自身，有利于增强采购业务的控制能力；从长期的、有信任保证的订货合同，保证满足采购需求；减少和消除不必要的对购进产品的检查活动。

对于双方而言，建立战略伙伴关系将有利于改善相互之间的信息交流；实现共同的期望和目标；共担风险和共享利益；共同参与产品和工艺开发，实现相互之间的工艺、技术和物理集成；减少管理成本；减少外在因素影响及造成的风险；降低投机事件的发生概率；增强矛盾冲突解决能力；订单、生产、运输上实现规模效益，以降低成本；提高资产利用率；增强双方的信任，强化互相帮助，实现双赢。

3.3.2 供应商资源的开发管理

1. 供应商资源开发

开发新供应商是供应商管理起始的一项重要工作。好的供应商合作方，不仅能提供优质的产品、合理的价格、优良的服务，还能降低商业运营事故的风险，缩短产品开发周期，获得更多的市场竞争机会。新供应商的开发在产品和服务的设计阶段显得尤为重要，如果供应商的开发和选择不当，无论后续的监控方法有多么先进、改进过程如何努力，都不能起到应有的效果。

供应商的寻源应先从组织的产品研发、工艺研发和产品服务的输出结果开始，界定所采购产品与服务的要求。基于要求，组织内部的供应源策略，对外部各细分品类的供应市场进行分析，评估现有的供应商资源，确认未来的供应商资源开发需求，最后才是寻找潜在的供应商并进行初步的筛选，这是一个跨职能团队才能完成的过程。一般采用如下开发步骤：

（1）界定供应商资源开发需求　供应商资源开发的第一步，是要确认组织在某种物料或者服务上有需要供应商的需求。在一般情况下，组织内或委外的研发团队会提供初步的产品原料、部件、工艺等技术方面的要求，需要组织跨职能团队对这些技术及服务方面的需求进行分析，结合组织现有的供应商体系和供应商资源开发策略，界定供应源开发需求。供应商资源需求的界定和产品的研发应同步进行，在研发阶段有些需求也许并不详细，或者是一些草案、设计概念，但并不影响供应商资源的需求及界定。

（2）确认供应商资源开发要求　在产品设计开发阶段汇总的初步的信息和要求应进行分类汇总，这些要求包括产品设计和详细的产品基本构成、设计要求、功能、适用范围、用途、项目周期、数量和大概的研发周期、关键质量特性要求、主要负责的技术管理人员等，只有了解了自身产品的信息，才有可能找到优质匹配的供应商。同时，这些要求也需要由价值链上的外部客户和内部客户确定，根据物料的类别不同有不同要求，除了通用的要求类别可能是供应商的成本、质量、交期表现等外，特殊的类别也不应被遗忘。

（3）决定供应商资源策略　供应商资源策略是供应商战略的延续，关系到单一供应商还是双供应商或多供应商，是本地化还是全球化等问题。

戴明的14条中提到"要立足于长期的忠诚和信任，最终做到一种物品，只同一个供应商打交道"。尽管多供应商的竞争可导致高质量、低成本、更好的服务和更低的由于突发事件带来供应中断的风险，但单一供应商具有规模采购的价格优势，有利于建立紧密的合作伙伴关系，更好地控制和改进质量。在推行供应链管理的过程中，许多公司将物料或服务的供应商数量控制在两三个，具体操作要根据物料、供应商等方面的实际情况决定。

本地化有着降低物流成本和缩短交货周期的优势，便于沟通，有利于建立紧密的合作伙伴关系。而全球化的供应网络则有着更宽广的视野，能够在技术、质量、价格诸方面有更大的供应资源开发和筛选机会。这需要根据物料、供应商等方面的实际情况决定。

（4）搜索潜在的供应源　通过各种各样的信息来源收集潜在供应源的信息。典型的信息来源有以下几个：

1）互联网。

2）贸易展览会。

3）专业协会或行业协会。

4）组织内工程师和技术人员。

5）通过反向营销寻找供应商营销。

关于新供应商的开发，可能还会有其他的众多的渠道，可以各自选择和采用自己最熟悉最可靠的渠道，快捷迅速地找到合适的供应商。

（5）供应商初筛　针对收集到的供应商进行初筛，由于供应商的能力参差不齐，对于组织来说，利用有限的资源对所有的供应商进行深入的评估，这是不现实的。因此，在正式进行评估之前，通常需要去掉一些明显不合适的，或者做一个初筛，选出一个潜在供应商的名单。

如果被调查对象是企业的老供应商，现在要扩展新供货品种，则可查询企业对该供应商的评估资料以及以往供货的绩效记录。如果被调查对象是准备合作的新供应商，应当使用调查表进行调查，内容可包括：企业概况、企业文化、组织结构、主要客户、产品类别，以及产能和供货周期、设计能力及参与开发意愿、主要生产和检测设备、质量检测能力、过程稳定性和过程能力指数、供应商及库存管理、体系认证情况、财务状况、电子商务能力及遵守环保、安全等法规的情况，以及长期合作、持续改进方面的意愿和计划等。对新供应商要做一个粗略的财务评估，财务状况不好的公司可能会有潜在风险。这个阶段的财务分析要比正式评估阶段简单得多。可以对供应商的财务状况做一个大体的了解，可以从外部和侧面了解一些信息。

完成初筛后，供应源开发基本完成，下一步将进行供应商选择和评估。

2. 潜在供应商的选择

对初筛后的供应商进行选择，是供应商管理中烦琐而关键的一环，在前期完成初筛的基础上，依据组织的供应商策略，完成最终的供应商选择。组织需要依据所需采购的产品或服务的类别、供应商类别，分类进行供应商选择。供应商选择的步骤大致包含，确定供应商选择原则、评估和选择的方法，建立供应商及其产品和服务的准入准则和许可，创建合格供应商名单。

（1）确定供应商选择原则　在供应商选择的阶段容易出现选择困难的现象，每家供应商都有自己的长处，都想要，但又都不满意，这就是缺少先行确定供应商选择的原则所导致的。供应商选择原则，即立足于当前情况下的组织情况，选择对于自己发展最需要的或者补足组织短板的那个供应商。这个原则不是一成不变的，是动态的，是随组织发展的阶段变化而变化的。确定供应商的选择原则，才能不在选择的过程中迷失方向。

典型的供应商选择原则有但不限于以下几种。

1）地域优先原则：即在供应商选择的过程中，考虑到供应链的时效性，以距离组织的远近为取舍的一种优先条件方式。

2）价格优先原则：即在供应商选择的过程中，以供应商的综合供货成本价为优先的选择供应商的方式。

3）技术优先原则：即在供应商选择的过程中，以供应商的技术优势为前提的选择方式，这种技术优势可以是研发，可以是工艺，或者是某一道工序。

4）质量优先原则：即在供应商选择的过程中，以供应商提供的产品或服务的质量为优先的选择方式。

供应商选择原则在确定时可以是单个原则，也可以是多个原则的自由组合，由组织依据实际的需求确定。例如以技术和质量结合的方式，以技术优先做选择，再以质量优先做二次选择。

（2）确定供应商评估和选择的方法　初步筛选淘汰一些不合适的供应商之后，下一步要决定怎么去正式评估、筛选出合格的供应商。这就要求针对不同类型的供应商制定详细的评估方法，在建立不同的评估方法时，对各类或同一层次的供应商的评估方法应相对一致，兼顾公平。

对于较成熟、标准化程度较高的外购产品，进行询价和成本分析，实施样品检测确认，首先考虑其产品和技术能力、技术参数和标准是否满足技术部门提出的要求，而后根据其保证产品质量的能力、产品价格和其他供货条款的竞争性来进行评估、选择。

对于非标的外部协作产品及服务，由采购（供应）、质量、技术等部门对供应商进行现场考察评价或审核，根据其生产设备能力及关键工艺、产品及服务质量保证、产品及服务报价的竞争力及环境、安全影响等因素初步选择，并在对样品、小批式生产产品进行检测认可后，选择确定。其中，现场评估的广度和深度以及参与的部门，依据所采购产品和服务的关键或风险程度而定，对于关键产品和服务的供应商可按照相关质量体系标准，或者企业基于上述标准增加或删减的审核标准进行第二方审核。生产件批准程序是用于供应商的评估和选择方法之一，适用于非标件的采购，更适用于培养选择战略供应商。

对于非生产物品和相关服务，则由负责部门对质量、价格等进行综合评估后选择确定。选择供应商的决策方法可以是协商谈判选择法、招标法或者基于价格和质量的优选法。

对于组织服务相关的供应商选择，可以从人力资源的配置，人力资源的专业化程度，现场实施人员操作的抽样考核等方法实施。

（3）供应商准入和许可　完成了供应商评估和选择方法的确定，并不意味着与供应商的合作可以全面推进。在选择供应商阶段对供应商有一些初步的了解，有些证明性的文件或材料已经在前一阶段进行了保留，但并不意味着供应商的产品质量、工艺水平和组织的节拍等都已经满足要求，这还需要进行供应商审核、认证和准入等一套机制来完成，确保供应商不仅在产品质量上，更在流程等服务节拍上与组织协调一致，因此这阶段实施供应商审核和认证尤为重要。在这个过程中制定的审核标准就是典型的准入准则，通过了准入准则及评审评价，便获得了准入许可。

供应商准入是指组织依据供应商审核及认证的结果和准入准则，做出的是否让其准入的决定。只有供应商在规定的期限内提交了审核及认可过程中发现问题的纠正措施并验证改进有效后，才会做出准入的决定。供应商准入的决定是动态的，会伴随着供应商动态绩效考核的结果而调整。

（4）创建或更新供应商目录　供应商开发的最后一个步骤就是与选定的供应商签订协议并同步更新组织的供应商目录。这个活动会依据所采购的物品或服务的不同而有所不同。例如，常规物品的采购，只需要通知供应商并发一个采购订单就可以了；主要物料的采购，流程就要复杂很多，双方需要进行详细的谈判，才能够就各个细节问题达成一致。对于服务的采购，很多为服务的内容，在服务的形式、服务的交付和现场服务的时间性等方面要达成共识。典型的协议或合同有商务协议、技术协议、服务协议、质量保证协议、供货合同和订单等，协议应明确供应商在技术、服务、质量保证、数量、交期、物流、价格和社会方面的要求，以及相关潜在的风险与影响等。

组织的供应商目录也可称为组织的供应商地图，这是后续供应商管理动作的基础信息，包括供应商分类分级、供应商绩效考核排名等。

3. 供应商审核与认证

供应商的审核与认证是供应商选择准入过程中的重要工具，由于资源的有限性，供应商审核和评审主要针对经过初筛的关键供应商开展。

（1）供应商审核和评审　对供应商的第二方审核应包括体系审核、过程审核和产品审核三大类。组织应当建立第二方审核方案，可结合新供应商的开发进度一并制定对年度内需要的审核进行统筹和整合安排。

1）体系审核。体系审核主要是质量管理体系审核，审核标准可以是 ISO 9001 或行业质量管理体系标准（如汽车行业采用 TS 16949；医疗器械行业采用 ISO 13485；检测校准实验室采用 ISO/IEC 17025 等），或企业自行制定的第二方审核标准（这类标准常基于 ISO 9001 进行修改，聚焦于供应商过程控制和质量检测，在辨识不合格项的同时对所审核要素进行定量评分），对于环境因素显著、安全风险较高的供应商，还需要实施环境和安全管理体系审核；为提高效率，也可实施质量、环境和安全管理体系联合审核。

2）过程审核。过程审核针对产品实现或服务过程中的关键特殊过程进行。过程审核视组织产品的实际情况而定，不是每一种采购产品和服务都需要进行过程审核。一般来说，当供应商提供的产品和服务对生产工艺有很强的依赖性时，特别是其关键、特殊过程，或者供应商的过程能力指标不能满足要求时，才有必要进行过程审核。有时候，供应商会主动邀请企业对自身的过程能力进行"会诊"，也可以看作是一种过程审核。

3）产品审核。产品审核针对关键重要事件进行。主要确认供应商的产品质量，必要时还可以要求供应商改进产品质量以符合企业的要求。产品审核的主要内容包括：产品的功能性审核、产品的外观审核和产品的包装审核等。产品审核可以结合生产件批准过程同步进行。

过程审核和产品审核两者可单独进行，也可结合进行，或可结合体系审核进行。

为了评估供应商的经营管理成熟度，促进和帮助供应商提高整体管理素质和水平，增进供应商伙伴关系，企业可以优选部分关键供应商进行以卓越绩效评价准则或 ISO 9004 中"自我评定指南"等展开诊断评审和改进。

（2）供应商认证　供应商认证是对供应商能力、水平、服务与组织的配合度和绩效的正式确认，供应商认证及准入的认定有分级和不分级两种，分级认定一般包含合格、良好、优秀，不分级认定仅做出合格评价。

供应商认证的类型可包括：
1) 选择合格供应商。
2) 评估供应商绩效。
3) 针对某一物料的免检确认。
4) 供应商审核。
5) 供应商成熟度认证。

供应商成熟度认证一般是对于建立或已建立长期伙伴关系或战略联盟的关键供应商进行的。内容可参考卓越绩效准则或 ISO 9004 附录 A。

供应商认证可以由顾客进行，也可以委托第三方进行。认证过程涉及以下几个步骤：
1) 确定认证标准及实施过程。
2) 选定需要认证的供应商。
3) 依据规定的标准评估所选定的供应商。
4) 依据报告评估的结果，授予相应的认证证书。
5) 持续监督供应商的表现，按规定的周期进行监督审核和复评。

3.3.3 供应过程的质量管理

供应商是伴随着组织的产品或服务的生命周期而存在的，基于对潜在供应商的认证与批准。双方将开展紧密且长期的业务合作。在合作过程中，对关键的过程节点做好供应商的质量控制，将对组织的产品或服务的整体质量起到至关重要的作用。典型的质量控制点包括对产品设计开发过程、样品试制和试生产过程及批量生产过程进行有效的管理。

1. 设计开发过程的质量管理

产品的设计开发过程决定了质量固有特性，其重要程度不言而喻。因产品设计开发过程涉及很多领域的专业知识与技术。作为产品组织方在某些细分的专业领域，可能供应商所提供的产品或（和）服务比组织方更专业，因此组织可根据需要，邀请供应商参与到产品设计开发活动中来，让供应商负责某一外包加工部件或零件的设计，或对产品设计进行工艺性评审，并鼓励供应商提出降低成本、提高质量和可靠性、改善可加工性的建议。同时，对供应商进行培训，使之明确具体的质量要求目标，在质量控制和检验等方面达成一致。组织应要求供应商按照统一要求的方法，如质量功能展开（QFD）、失效模式与效果分析（FMEA）及汽车工业产品质量先期策划（APQP）和控制计划（CP）做好产品设计开发以及设计验证、评审和确认等工作，确保设计质量。

2. 样品与试生产过程的质量管理

经过严格的设计与开发过程的管理，对输出的成果开展设计评审、设计验证和设计确认活动。其中对输出成果需要开展相关的样品试制和试生产质量控制活动，通过该类活动以确认输出成果能满足设计输入的要求。

试制通常可分两类：一类是产品设计阶段的样品试制，旨在设计验证，应进行全部的、全尺寸的测量和功能试验；另一类是在产品试批量生产和批量生产阶段，在选择供应商时要求提交样件、样批或试生产批，旨在验证产品质量和批量生产能力，并对样件进行全尺寸测量和功能性试验，对样批应测评其过程稳定性和能力。通过这一类的质量控制来确定是否具备按规定生产节拍批量生产满足客户要求产品的潜在能力。同时在试制阶段需要关注关键过程与特性识别，检验与生产工装夹具、设备能力、技术状态管理及二级分供方的管理等。

3. 生产件批准程序（PPAP）

经过完整的试制过程的验证，设计输出已满足输入的各项指标要求。供应商需要提交正式的生产件批准程序（Production Part Approval Process，PPAP），其规定了包括生产件和散装材料在内的生产件批准的一般要求。PPAP 的目的是确定供应商是否已经正确理解了组织工程设计记录和规范的所有要求，以及其生产过程是否具有潜在能力，在实际生产过程中按既定的生产节拍始终满足顾客要求的产品。

PPAP 适用于生产零件、服务件、生产材料或散装材料的内部及外部组织现场。有两类特殊情况可以不要求做 PPAP。对于散装材料，可以不做要求，除非授权的顾客代表另有规定。在有些情况下，提供标准目录类生产件或服务件的组织必须符合 PPAP 的要求，除非顾客正式放弃此项要求。PPAP 首先在汽车行业得到广泛的应用，现在作为研发过程中的供应商同步开发的工具已经在各行业得到了推广。

在下列情况中，作为供应商管理的一环，供应商必须提交 PPAP，并必须获得组织的批准：

1）一种新的零件或产品。
2）对以前提供零件的不符之处进行纠正。
3）由于设计记录、规范或材料的工程更改而引发的产品更改。
4）顾客通知和提出要求的任何一种情况。

4. PPAP 的过程要求

（1）有效的生产运行　PPAP 是具有意义的生产运行，一定是在生产现场使用生产工装、生产量具、生产过程、生产材料，以及生产人员按照生产节拍来完成。对于来自每一个独立生产过程的零件，都必须进行测量，并抽取代表性的零件进行试验。而对于散装材料，并没有具体的数量要求，但是提交的样品必须确保能够代表"状态稳定"的加工过程。对于不在生产运行过程中使用的零部件，实施 PPAP

的意义就不大。

（2）PPAP 的要求　要实施 PPAP，供应商就必须满足组织制定 PPAP 的所有要求，其包含了生产零件必须满足所有组织的工程设计记录和规范的要求；满足散装材料要求检查清单的要求。当存在任何的零件规范无法满足，供应商则必须记录其问题解决措施，并与组织取得联系，以便共同确立适当的纠正措施，并得到组织的批准。在满足上述 PPAP 要求的同时，还必须满足所有组织有关 PPAP 的特殊要求。

典型的、完整的 PPAP 的过程应包含如下内容：

1）设计记录。

2）授权工程更改文件。

3）要求的工程批准。

4）设计失效模式及效果分析（DFMEA）。

5）过程流程图。

6）过程失效模式及效果分析（PFMEA）。

7）控制计划。

8）测量系统分析研究。

9）尺寸检验结果。

10）材料/性能试验结果记录。

① 材料试验结果。

② 性能试验结果。

11）初始过程研究。

12）合格的实验室文件。

13）外观批准报告（AAR）。

14）生产件样品。

15）标准样品。

16）检查辅具。

17）组织的特殊要求。

18）零件提交保证书（PSW）。

5. PPAP 的状态

组织必须通知供应商关于提交的审批结果。获得生产件批准后，供应商必须保证将来的生产继续满足顾客的要求。组织 PPAP 的状态包含完全批准、临时批准及拒收。

（1）完全批准　是指零件满足顾客的所有技术规范和要求。因此，供应商要根据顾客计划部门订货计划按量发运零件。

（2）临时批准　允许按限定时间或零件数量运送生产需要的材料。供应商只有在下列情况，才给予临时批准：

① 已明确了影响生产批准不合格的根本原因。

② 已准备了一份顾客同意的临时批准措施计划，为获得"完全批准"需再次提交。

获得临时批准的材料，若到使用截止期或授权发货数量已满时，仍未满足既定改进措施计划，则拒收。如果没有同意延长临时批准，则不允许再次发运。

对于散装零件，供应商必须使用"散装材料临时批准"表格。

（3）拒收　是指从生产批次中选取用于提交的样品和文件不符合顾客要求。必须提交更改的产品和文件，并获得批准后，才能批量发运。

6. 批量制造过程的质量管理

基于 PPAP 活动被组织方批准与认可，供应商正式进入产品量产状态管理。而批量制造过程的质量管理也是维持产品质量一致性的重要阶段。供应商需严格按照 PPAP 过程输出的各类文件规定，严格执行过程的质量管理。组织方可对供应商在产品标识与可追溯，关键岗位的管理、变更管理及定期与不定期的稽核上开展预防性的质量管理。同时对供应商可开展进料检验、驻厂检验，开展对关键工序的统计过程控制及过程能力评价，基于检验与预防的结果，对供应商实施动态的质量监控管理。

7. 供应商的变更控制

现有的商业环境中，变是永恒的，不变是暂时的。在供应链管理中时刻存在着变更，组织忽视变更管理将面对供应链中断的风险。从源头抓起，就要从供应商的变更控制抓起，影响组织产品与成本的典型变更有产品设计、关键工艺、原材料、指定供应源的变更，必要时包括关键的人员、设备、环境、场地等生产要素以及供应商关键信息的变更。关于产品设计、关键工艺、原材料、指定供应源的变更可以通过不定期或随机的现场审核，产品检验或实施生产见批准管理而被发现，可以确保变更前得到组织的评估和认可。关键的人员、设备、环境、场地等生产要素以及供应商关键信息的变更一般不易被察觉，供应商也不会主动申报，这需要组织与供应商保持良好的管理、不定期的审核，在签订供应合同时明确关键变更项及这些变更项发生后的供应商权利与义务，确保变更发生前得到组织的评估和认可。如果上述变更没有在发生前得到组织的评估和认可，则组织应及时进行变更管理，确认、评估其影响，必要时保留对供应商索赔的权利，在纳入供应商绩效考核的同时，组织应实施供应商的风险管理，确保供应链不会中断。

3.3.4　供应商绩效评价与持续改进

1. 供应商评价基本原则

对供应商的评价分别位于供应商选择阶段和供应商的绩效考核阶段。

在供应商选择阶段，应了解供应商的基本情况，进行供应商审核，其目的是对供应商进行全面的评定，从中选择合适的供应商。为了确保供应商的选择质量，组织应依据一定的原则，按照一定的程序，通过合理、合适的方法来评定潜在供应商。评价潜在供应商的基本原则如下：

（1）全面兼顾与重点突出原则　评价供应商的指标体系，必须全面反映供应商目前的综合水平，避免只顾一点不计其他的做法，比如比价采购，但对于重点指标要给予优先考虑。

（2）科学性原则　评价供应商的指标体系的大小必须适宜，即指标体系的设置应有一定的科学性，如果指标体系过大、指标层次过多、指标过细，势必将评价者的注意力吸引到细小的问题上，而且容易把评价工作烦琐化。而指标体系过小、指标层次过少、指标过粗，又不能充分反映供应商的水平。

（3）可操作性原则　评价供应商的指标体系应具有足够的灵活性和可操作性，使评价工作易于进行。供应商提供服务后的评价有单次评价和多次评价、年度考核等。

2. 供应商绩效考核

供应商的绩效考核，主要用于持续监测和及时评价供应商的实际绩效，并促进其改进。

（1）供应商绩效目标的制订　供应商绩效目标应支持组织的供应商管理战略的目标，在供应商分级管理的基础上，有区别分类型地制订绩效目标的类别、权重及目标值。目标体系反映了组织对供应商管理的聚焦点和水平。绩效评价的指标类别及指标通常包括：

1）质量。进货批次合格率、缺陷率、顾客及最终顾客投诉指标、过程能力指数 C_{pk}、过程性能指数 P_{pk}、免检产品件数或批数、质量审核和评审得分、产品满意度、服务满意度以及通过质量管理体系认证等。

2）价格。降价百分比、价格指数、付款条件、不良质量成本等。

3）交付。交付准时率、交付周期、缺货率、返工返修及时率等。

4）服务。合作态度指数、投诉解决及时率或周期时间、改进措施及时率、服务满意度等。

5）社会责任。环境、安全及劳动法遵守率、对公益支持指标，以及通过环境安全管理体系和社会责任认证等。

（2）供应商绩效的测量反馈考核及奖惩　一般而言，组织方定期（如一个季度、半年）组织相关职能部门（如质量、计划、采购、工程或技术等），分别从不同的维度、对可持续供应的厂家开展绩效评价。根据各职能部门的评分，进行总分的汇总、统计与分析，向供应商反馈考评结果，并征得供应商的认可。基于供应商考评分值，按照对应的等级，划分成 ABCD 等级类供应商，以促进并要求供应商改进。

供应商绩效的结果需要及时反馈，并根据绩效评价结果，实施供应商绩效考核和奖惩，必要时实施淘汰。

3. 供应商的激励

基于定期绩效考核的结果，对供应商开展奖惩激励。其目的在于，充分发挥供应商的积极性和主动性，做好物料供应工作、服务交付工作，确保组织的生产活动正常进行。对供应商实施有效的奖惩激励，有利于增强供应商之间的适度竞争，保持对供应商之间的动态管理，提高供应商的服务水平，从而降低组织的风险。

（1）奖励供应商的措施　根据供应商绩效考核结果，向供应商提供奖励性激励，使供应商受到激励后能够更上一层楼。供应商的激励措施及适用对象有如下几类：

1）延长合作期限。延长与供应商的合作期限，可以增加供应商业务的稳定性，降低其经营风险。适用于合作时间较短的供应商。

2）增加合作份额。增加订单数量或批次，可以提高供应商的营业额，提高其获利的能力。适用于产能巨大，对于营业额有扩大意愿的供应商。

3）增加合作范围。增加合作范围、产品类别或物料种类，可以降低供应商一次性送货的成本。适用于品种齐全、产能可控、增加品类有助于降低其成本的供应商。

4）供应商级别提升。提升供应商的级别，增加供应商的美誉度和市场影响力，增加其市场竞争力。适用于尚未达到战略合作伙伴级别，想要提升自己的供应商。

5）增加联合开发范围，提供知识分享和管理支持。将好的供应商在产品研发阶段引入，邀请参加共同开始，特别是原料、部件和工艺的开发，增加供应商的技术能力和美誉度。适用于有一定技术底蕴、愿意学习、共同发展的供应商。

6）书面表扬，颁发证书或锦旗。增加供应商的美誉度和市场影响力。适用于对美誉度较为看重的供应商。

7）优惠的付款条件和财务支持。提升供应商现金流和财务运营能力，共享发展的红利。适用于性价比高，现金流有一定往来，从原料到成品流转迅速的供应商。

8）现金或实物奖励。向供应商颁奖，这种奖励更能起激励作用。适用于对企业做出重大贡献或特殊贡献的供应商。

（2）惩罚供应商的措施　惩罚供应商属于负激励，一般用于业绩不佳的供应商。其目的在于提高供应商的积极性，改进合作效果，维护组织利益不受损失。一般而言，有以下几种惩罚措施可供参考。

1）供应商品质不良或交期延误所致损失，由供应商承担赔偿责任。

2）供应商的考核成绩，连续多个月评定为一定级别以下，接受订单减量、各种稽查及改善辅导措施。

3）考核成绩连续多个月评定为最差的等级或末级，而且未在期限内改善，停止合作。

4) 对擅自更改原材料和工艺以及违反保密协议、知识产权协议等，一经查实，剔除出供应商队伍。

奖罚激励由组织的供应商管理部门根据绩效考核结果提出，由部门经理审核，报决策层或供应商管理委员会批准后实施。实施对供应商的奖惩激励，要高度关注其行为，尤其是受到惩罚前后的变化，作为评价和改进供应商奖励方案的依据，以防出现对组织不利的问题。

4. 供应商的改进

供应商绩效考核的目的是促进供应商改进，这部分是供应商管理中最具挑战性的部分。持续改进是组织永恒的目标，也是供应商管理永恒的主题。唯有不断促进、推动和帮助供应商坚持不懈地改进，才能从本质上提高供应商整体素质和能力。

顾客关心供应商的健康成长，因为需要他们稳定地提供优质的产品和满意的服务，以走向共同的成功。当供应商的产品和服务存在问题或质量水平不高、过程不稳定、能力不足、管理体系不健全时，就应当反馈、会诊，要求其改进并跟踪验证。表 3-7 显示了供应商改进的对象和途径。

表 3-7 供应商改进的对象和途径

改进的对象	改进的途径
产品和服务	问题解决快速反应，定期纠正并查明原因，采取纠正措施，防止问题再次发生；同时举一反三，预防类似问题发生，提升通过识别评审和确定客户需求，并与以往水平竞争对手和标杆比较，确定改进重点组织技术攻关和管理改进，提高产品性能、可靠性和服务水平
过程	开展质量改善小组六西格玛管理流程优化标杆对比、精益生产等改进活动实施员工培训生产和检测设备改进，工艺改进的措施持续提高过程能力，改进质量、效率、环境和安全，降低不良质量成本
体系	建立和完善质量环境安全等管理体系，推行全面质量管理模式，导入卓越绩效模式，全面提高经营管理水平，共同走向长期成功

5. 供应商的劣汰机制

在供应商的全生命周期管理中，从开发、选择、评估到开始合作，然后进行绩效评价，并依据绩效做出相应的改善。有些供应商由于自身的原因慢慢掉队，有些供应商发展的速度跟不上企业发展的节奏。一方面应不断吸引新的供应商与公司建立合作关系，另一方面要通过对供应商的改善、指导和帮扶，来促使他们提高质量和水平，使之能够与组织相匹配。然而，总有那么一些供应商会在竞争中被淘汰出局。

在实际的合作中，一些有很强技术实力或经验丰富的供应商，会提出很多建设性的意见，如材料替换、工艺技术的变更、制造工序的变更等，所以提倡供应商早期介入研发过程，获得透明的信息，从而在开发阶段避免不符合标准的情况，并降低成本。所以,好的供应商不需要管理,他们的管理可能更先进,提供稳定的高质量产品是他们自身追求的目标,建立良好的沟通就是最好的解决争议的方法。

组织明确、择优管理、合作共赢、共同发展,是供应商管理的总体方针。组织要不断优化供应链,减少浪费,提高效率,帮助供应商降低成本,从而降低组织采购成本,赢得市场。通过供应商的绩效评价机制,对不符合要求的供应商,给出一定的期限,提出改善要求。但如果在期限之内仍远远不能满足组织的要求,就必须要坚决淘汰,不要为其所累,影响产品质量可交付的绩效,特别是对于低层次、质量问题频发,而且各种问题都有的供应商要坚决淘汰。

那些不愿意提高质量和水平的供应商,有些是因为认知的差别,有的实在是有心无力。对于这些供应商,在实际中也很难去改变他们,他们只会应付一下,有的连应付都不愿意,这种供应商其到最后会被自然淘汰。

那些现场混乱、过程合格率很差、员工松散、管理水平不高的供应商之所以还能生存,可能是因为行业竞争不充分,利润偏高,或是有其他的核心竞争力。要让供应商管理系统充分发挥作用,不为成本以及其他人为的因素干扰,才能充分保证供应商的质量,这样流程才能起到纠偏的作用。

3.3.5 供应商风险管理

1. 供应商风险管理的目的

供应商风险管理,是基于组织的供应商运作要素,从中识别、评估和控制风险,并针对所识别的风险选择合适的方法来管控流程。它是一套系统性的方法,通过评估供应商的风险、零部件的重要程度、服务的流程是否是关键流程等来评估与管理整个供应链的风险,确保正常的生产和业务的进行。

供应商风险管理需要跨部门团队识别、分析、计划、跟踪、控制和有效沟通,并采取措施控制风险的过程。同时,风险管理也是一个持续改善的过程,以确保采取的行动能达成预定的目标。在整个供应链体系中,供应商与其顾客承担着供应链中环环相扣的责任,链条的断裂将严重制约组织的发展。在以信用体系为基础的商业模式下,供应链的中断将导致组织信用污点的发生,给组织带来不可预估的损失。因此,对供应商风险进行科学地、系统地评估,通过管理降低或消除风险,是维持组织正常运营的必要条件。

实施供应商风险管理主要有以下目的:

(1) 提升供应商的质量管理水平 风险管理绝不意味着放弃风险供应商,也不意味着回避风险。相反,许多风险管理措施,如供应商管理质量工程师(SQE)要通过质量控制、精益六西格玛等质量管理工具,协助供应商查找质量问题,与供应商一起分析并解决质量问题,帮助供应商建立有效的质量管理体系,最终提升供应商的质量管理水平。

(2) 提升物料或服务保障率 一方面,风险管理通过识别供应商质量风险并要求其改善，提高一次交货合格率，从而保障了物料的合格交付；另一方面，识别出那些交付及时率低的关键供应商，通过配备安全库存，提高计划下达的合理性，要求供应商扩充产能、改善交付或服务的绩效及提升供应商响应速度等方法，提升供应链的保障率。

（3）发现供应商合作过程中潜在的问题　在与供应商的合作过程中，难免出现各种各样的问题，有些问题如果长期积压得不到及时解决，成为双方合作当中的隐患，威胁供应链运行。风险管理致力于挖掘出合作中潜在的问题，通过约谈供应商或供应商走访等方式维护合作关系，解决双方矛盾，从而确保供应链的通畅运行。

（4）实现对风险的事先预警及防控　风险管理看似主要针对风险出现后的管控，但实际更强调风险预警及防控。事后风险管理只是亡羊补牢的手段，并非真正意义上的风险管理，真正的风险管理必须具有一定的前瞻性，通过大数据挖掘等方法预测可能出现的风险，提前采取措施，将风险扼杀在萌芽中，避免被动应对风险给组织带来的损失。

2. 常见的供应商风险类型

供应商风险主要是发生在供应商日常运营和产品及服务交付过程中的风险，造成供应中断，常见的风险类型基本上有6个类别，深入了解这6个供应风险类型，有助于做好供应商的风险评估。

（1）交货风险　交货风险主要包括供应商的产能、物料供应、安全库存、运输等问题，一般与供应商的合约中有针对交货的条款，约定对延迟交货的供应商的处罚措施。这里特别需要注意的是国外供应商的交货风险，需要考虑是用海运还是空运、报关清关上的时间是否存在一定的风险，需要注意汇率对供应链的影响。

（2）质量风险　质量的风险主要还是从人、机、料、法、环、测6个方面进行管控，其中最主要的是人、机、料这3个因素，时常去供应商的现场，充分了解这几个方面的情况。有些供应商由于人员流动大，临时换人操作，以及更换了材料供应商却不通知客户，通常情况下会在合同当中特别标注，没有得到组织的同意，不得随意更换原料供应商。组织还需要了解供应商的设备、人员能力、关键材料的状况，要了解他们是否得到及时的检修和保养，或人员能力得到维持，有没有潜在的隐患会导致故障或者停机。

（3）地缘风险　供应商所处的地理位置以及政治环境也是供应商的风险因素，有些地方经常发生自然灾害或者经常发生战争，这些都是高风险地区，因此这里的供应商风险也是很高的。组织的采购活动在低成本区域运作时，必须要考虑在当地商业环境中，当地的文化对业务运作的影响。

（4）环境、健康、安全的风险　组织在采购过程中，需要评估供应商运营过程的环境、健康、安全的风险。环境风险是指对于排放任何形式的废弃物造成水、空气、土壤的污染而被终止生产的风险。例如，环保要求不达标的企业则被勒令限期整改或者停产整顿，从而对组织的供应链造成冲击。健康及安全风险是指对于危险施工作业没有配置安全防护用具或容易造成人员健康和安全类事故，而被中止生产的风险。

（5）财务风险　供应商财务情况也是决定供应商风险的重要纬度，资产、负债、盈利、现金流这些财务指标都是反映财务风险的重要指标。特别是现金流，如果供应商的现金流不好，导致其供应商断供，更有甚者，工资发不出，员工离职，就会让组织陷入被动。

（6）依赖性风险　依赖性风险是指组织产品的某个部件或某道工序只有一家供应商可以完成，对其越依赖，风险也就越大。例如，组织采购额超过供应商销售额的五成，那么其他组织某种物料有一半的需求量都是从另一个供应商处采购，风险也很高。因此，需要特别注意这种情况，要时刻关注该供应商的动向，特别是经营主体的情况，例如该供应商经营者的身体情况是否良好，是否有协助其他组织担保贷款，或者经营者是否有移民倾向等。有些看似个人的问题，但一旦发生，该供应商很可能突然之间垮掉或者被迫转让。经营者无心经营，也会让组织面对供应中断的风险。

3. 供应商风险管理的过程

供应商风险管理的过程和其他风险管理的过程类似，包含识别、评估和归类、制订应对计划、执行应对计划四大步骤。

（1）识别风险　风险的识别主要有以下内容：

1）对与商业过程或者项目相关的所有可能的风险进行头脑风暴。

2）分析每项风险的属性、谁会受到影响、这项风险产生的原因是什么等细节。

3）对每项风险及其属性作风险标记，特别注重对概率等级和严重程度的标注。

（2）对风险进行评估和归类　对风险进行评估和归类的过程包括两个步骤：第一步，进行定性的风险评估，主要包括与相关专家和人员进行讨论；第二步，进行定量的风险评估，对重大的风险进行进一步的分析。

（3）制订风险应对计划　制订风险应对计划包括以下5个步骤：

1）根据企业对风险的态度，选择每项风险最适合的响应类型。

2）制定风险响应预案，明确需要做什么、什么时候做、哪些事件可以触发行动。

3）对每项风险明确指定一个负责人。

4）风险预案得到批准和预算。

5）在风险登记表中添加风险预案和风险应对责任人。

（4）执行风险应对计划　执行风险应对计划包括以下4个步骤：

1）执行计划的风险应对方案，针对具体不同风险，区分有计划预案和应急预案。

2）评估风险响应措施是否有效，识别是否有新的风险。

3）分析风险预算，评估剩余的预算是否足以支持现有的和计划中的风险应对措施的实施。

4）定期讨论以下典型风险问题：

① 是否增加了新的风险，重新评估现有风险。

② 确定风险响应的结果。

③ 制定新的风险响应方案。

④ 解除已经不再相关的风险。

3.4 过程质量管理

所有产品和服务都是过程输出的结果，只有稳定的过程才能输出稳定的产品和服务。ISO 9000：2015 标准中关于"过程"的定义是："利用输入实现预期结果的相互关联或相互作用的一组活动。"为了保证获得预期的输出结果，就必须对过程质量进行控制。

3.4.1 过程的定义与识别

1. 过程的定义

（1）过程（Process） 利用输入实现预期结果的相互关联或相互作用的一组活动。过程的预期结果是指产品或服务。一个过程的输入通常是其他过程的输出，而一个过程的输出又通常是另一个过程的输入。过程大小的区分需视实际情况来定，两个或两个以上相互关联和相互作用的连续过程也可作为一个过程。

（2）关键过程 对产品质量或安全有重大影响、工艺参数对最终产品性质或质量有重大影响、控制难度较大，或者容易发生偏离的过程是关键过程。

（3）特殊过程 不易或不能经济地确认其输出是否合格的过程称为"特殊过程"。

2. 过程的识别

过程质量控制的前提是对过程进行有效的识别。通常，过程可以区分为基本过程、特殊过程和关键过程。必须根据产品或服务的客户需求、质量特性以及其特性对过程加以区分，从而有效地实施过程质量控制。

（1）基本过程的识别 ISO 9000：2015 的过程模式，明确给出了构成质量管理体系的基本过程：领导、策划、支持与运行、绩效评价和改进。组织的质量管理活动，就是对构成组织的质量管理体系过程进行分析、策划、控制及改进的全部活动。当然，对于实际的产品过程质量管理，仅仅识别出基本过程是远远不够的，还应该根据实际需求，正确地识别出与客户需求、产品特性等有关的关键过程、特殊过程。

（2）关键过程的识别　关键过程通常是由客户指定或在设计开发时，依据不同过程对产品质量特性的影响程度加以确定。

（3）特殊过程的识别　特殊过程是指不易或不能经济地确认其输出是否合格的过程，通常由过程自身的特性所决定，例如焊接、热处理、电镀、铸造、锻造、黏结等过程。

3.4.2　过程控制的主要方法

识别过程以后，应对过程进行分析以确定影响过程输出质量的关键要素。可以借助于人、机、料、法、环（4M1E）和变量流程图（IPO）等工具对过程的输入及变量进行分析。通过试验、仿真等方式明确过程输入变量的最佳水平，制定作业指导书或工作指引实施过程标准化操作。据此，可以明确过程的范围、影响因素、风险等级、关键节点、控制方式等，最终形成质量控制计划并加以实施。

1. 过程控制的目的

过程控制的目的是通过对过程分析、优化、标准化等方法来对过程输入及过程变量施加影响进行管理，以期获得过程的稳定输出。对产品和服务来说，是获得一致稳定的、符合客户需求的输出。

2. 过程控制的方法

过程控制是对产品实现的各要素的控制，即人（Man）、机（Machine）、料（Material）、法（Method）、环（Environment），也就是4M1E；任何行之有效的对过程加以影响的方法都属于其范畴。过程的控制方法有很多，常见的方法有制定控制计划、标准化、检验、防呆、统计过程控制等。控制计划是把对过程的监视和控制计划形成文件并进行沟通；标准化可以有作业指导书、工作指引、文件流程标准化等；防呆是一种预防矫正的行为约束手段，运用避免产生错误的限制方法；检验可以大致分为进货检验、首件检验、过程检验、出货检验等；统计过程控制是应用统计分析技术对生产过程进行实时监控和管理的过程控制方法。

3. 控制计划

控制计划是对控制产品所要求的系统及过程的形成文件的描述；它是一份动态文件，当过程发生任何变化时，都应及时地对变化加以识别并评估是否需要修订。控制计划制定的前提基础是产品图样、技术条件、规范、过程流程图、设计FMEA、过程FMEA、产品以及过程特殊特性清单，甚至类似零件的经验教训等。控制计划的制定是一个团队工作，通常由质量部牵头，设计研发部门、技术部、质保部、生产部、销售部、采购部等多个部门共同参与完成。一个完整的控制计划应当包含的内容见表3-8。

表 3-8 一个完整的控制计划

控制计划编号:	□样件	□试生产	□生产		主要联系人/电话				日期(编制)	(修订)
零件号/最新更改水平:					核心小组				顾客工程批准/日期(如需要)	
零件名称/描述:					组织/工厂批准/日期				顾客质量批准/日期(如需要)	
组织/工厂:			组织代号		其他批准/日期(如需要)				其他批准/日期(如需要)	

零件/过程编号	过程名称/操作描述	机器设备、装置、夹具、工装或工具	特性			特殊特性分类	方法				反应计划
			编号	产品	过程		产品/过程规范/公差	评价/测量技术	样本		控制方法
									容量	频率	

4. 作业指导书

作业指导书是向直接负责过程操作的人员提供详细指导。作业指导书必须形成文件并在现场张贴或使用其他方式确保现场容易获得。比如装配用作业指导书需要按照顺序列出每项要执行的任务；调试用的作业指导书需要列出所有的设备调试相关任务和环境条件。此外，作业指导书还需要包括任务所需的测试或检验。作业指导书必须清晰和易于理解。建议多使用各种图表、照片和其他可视化的表现方法。

3.4.3 统计过程控制（SPC）

统计过程控制（Statistical Process Control，SPC）是对过程数据进行收集，利用统计图形、统计工具加以分析，从分析中发现影响过程的变异，通过问题分析找出异常原因，立即采取改善措施，使过程恢复正常，并借助过程能力分析与标准化，不断提升过程能力。SPC从内容上来说主要包含两部分，一部分是控制图，另一部分是过程能力；两者相辅相成，缺一不可。控制图可以用来分析过程是否稳定，对过程中存在的异常因素进行预警；过程能力可以用来评价过程状态是否能够满足客户需求。

1. 统计过程控制概述

统计过程控制诞生于20世纪20年代美国贝尔电话实验室。当时贝尔电话实验室成立了两个课题组：一个为过程控制，另一个为产品控制。过程控制组负责人为休哈特博士，他于1924年5月16日发明了第一张P控制图，1931年出版一本划时代的质量著作《工业产品质量的经济控制》，这本书的面世标志着统计质量控制时代的开端。休哈特博士也因此被称为统计质量控制的奠基人，冠之于"SPC之父"的美誉。

统计过程控制是质量史上的一大进步，标志着质量控制由之前的事后检验，发展为过程控制。其中控制图应用最为广泛，下文将就控制图的原理以及常用控制图应用等加以阐述。

2. 控制图的原理

控制图（Control Chart）是统计过程控制的重要组成之一。它是一种特殊的时间序列图，为了评价趋势是否正常，在其基础上增加了中心线、控制限等。控制图又叫作管制图，是对过程质量特性进行测定、记录、评估，从而检查过程是否处于控制状态的一种用统计方法设计的图。控制图通常总是成对出现，一张图控制过程的变异大小，一张图控制过程的位置偏倚。

（1）控制图的结构　休哈特博士在研究产品质量特性的次数分布时发现，正常的过程所生产出来产品的质量特性，其分布大都成正态分布，会超出三倍标准差（$\pm 3\sigma$）的产品只有0.27%。于是将正态分布旋转90°以后，过程特性值分布在Y轴上，再用时间作为X轴，将不同时间的过程特性在X轴上体现，再将均值和控制限加上，有必要时可以将规格中心线和规格上下限也加上，这样就构成了一张单值移动极差控制图（见图 3-5）。

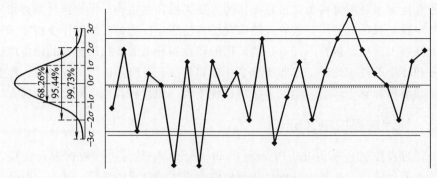

图 3-5　单值移动极差控制图

由于过去计算机技术不发达，难以实时地计算得到控制限；在控制图的发展史上有一种控制图叫作彩虹图，是用规格上下限代替控制限。它简单地将规格上下限均分为 4 等分，由规格名义值向外分别用绿色、黄色区域；两侧规格线为红色；整图看起来就像一道彩虹，故得名彩虹图（见图 3-6）。准确地说，彩虹图是针对不合格的控制，而不是过程的控制；是基于公差带宽，而不是实际过程变异等控制。

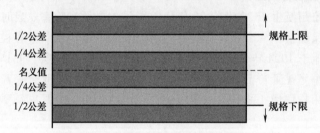

图 3-6　彩虹图

现代常用的控制图是基于过程变量自身的位置及变异计算而得出一种图形（见图 3-7）。有三条平行于横轴的直线：控制中心线（CL, Central Line）、控制上限（UCL, Upper Control Limit）和控制下限（LCL, Lower Control Limit），并有按时间顺序抽取的样本统计量数值的描点序列。UCL、CL、LCL 统称为控制限（Control Limit），通常控制界限设定在 ±3 倍标准差的位置。

控制中心线是所控制的统计量的均值，上下控制界限与中心线相距数倍标准差。按照正态分布的累计概率密度分布，坐落于正负 1 倍标准差（1 Sigma）之内的概率是 68.26%，正负 2 倍标准差之内的概率是 95.44%；正负 3 倍标准差之内的概率是 99.73%。若控制图中的描点落在 UCL 与 LCL 之外，或描点在 UCL 和 LCL 之间的排列不随机，则表明过程出现小概率事件，说明过程异常，需要分析原因和采取改善措施。

（2）过程变异理论　变异无处不在！正如世界上没有任何两片完全相同的树

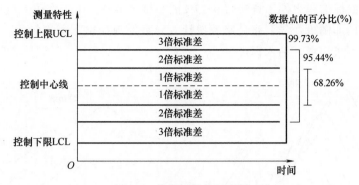

图 3-7 控制图结构示意图

叶,世界上也不存在任何两个完全相同的产品。产品客观上存在变异,变异按照其来源通常包括人、机、料、法、环等方面;按照其产生的原因又可以分为随机变异和非随机变异。

1)随机变异,又称为偶然变异、普通变异等,是由一般原因(或称为随机原因)所造成的变异。在现实工作当中,常见的一般原因有原材料的微小变化、机床的微小振动、环境的轻微变化等。一般原因通常由大量微小的原因组成,具有次数多、影响小的显著特点。在统计过程理论中,由随机变异导致的过程变异通常只有 20%。实际上要想从根本上去除随机变异相当困难,甚至花费大量的人力、物力也不可能实现,通常需要采用新的管理方法才能得以改善。一般原因所造成的随机变异,其分布与时间的关系是稳定而可重复、可预测的。如果过程中的变异仅由一般原因所造成,则称此过程处于统计控制状态中,其产品的特性有固定的、稳定的分布;此时其过程的输出结果是可预测的(见图 3-8)。

2)非随机变异,又称为异常变异、特殊变异等,是由特殊原因(或称为非随机原因)所造成的变异。特殊原因通常由一个或少数重大原因组成,具有次数少、影响大的显著特点。在现实工作当中,特殊原因一般有原材料的不良、机床未复原、新手作业等。在统计过程理论中,由非随机变异导致的过程变异占到 80%,统计过程控制的目的在于识别并确认变异,并对之加以控制改善。相对于一般原因,特殊原因极易被识别出,所以在我国国家标准中又称之为可查明原因。特殊原因所导致的非随机变异,其分布与时间的关系不稳定且无法预期,故称此过程不是处在统计的控制状态下,因其产品特性没有固定的分布,故无法预料其发生方式和时间周期(见图 3-9)。

休哈特控制图的本质就是利用控制界限将变异区分为随机变异和非随机变异的一种统计方法,从而为后面采取何种策略去进行过程质量控制或改善奠定基础。

(3)小概率事件原理 顾名思义,小概率事件就是小概率发生的事件。

控制图就是小概率事件原理的一种实际应用。假设在正态分布的情况下,均值正负 3 倍的标准差涵括 99.73% 的概率密度分布(见图 3-10)。如果当运行点出现在正负 3 倍的标准差之外，意味着 0.27% 的小概率事件发生，有很大概率是出现特殊原因导致的非随机变异。张公绪教授针对异常处理提出"查出异因，采取措施，加以消除，不再出现，纳入标准"。

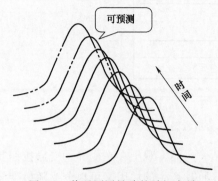

图 3-8　普通原因导致的随机变异

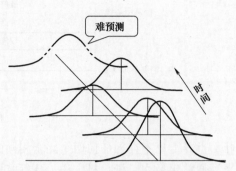

图 3-9　特殊原因导致的非随机变异

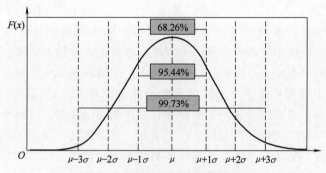

图 3-10　普通原因导致的随机变异

（4）统计受控状态　当一个过程中不存在特殊原因导致的非随机变异，也就是过程中没有小概率事件发生。这意味着控制图没有异常点出界，过程往往是处于一种相对稳定的状态，这种状态被称为处于统计受控状态（State in Statistical Control），简称"稳态"。但是，一个过程处于统计受控状态并不意味着该过程有足够能力生产出合格的产品，还需要结合过程能力分析评价、改善过程直至合乎需求。所以一个过程处于统计受控状态，且其过程能力合乎需求，这两者是控制图实施的前提。此时，该过程将具备如下特征：

1）过程的质量变异是稳定的。过程处于现有的现场管理条件下的正常工作状态。

2）对产品的质量有完全的把握。通常，控制图的控制限都在规格界限之内，故至少有 99.73% 的产品是合格的。

3）生产也是最经济的。一般原因和特殊原因都可能造成不合格品，但由一般原因造成的不合格品要少，不合格品主要是由特殊原因造成的。故在稳态下生产是最经济的。

（5）控制图的两类错误　控制图的决策是基于小概率事件原理，也就是默认小概率事件不发生，一旦有小概率事件发生即判定异常发生。但现实情况是，小概率事件并不意味着其不会发生；所以控制图的决策必然存在着风险，可能出现决策错误。控制图常见的两类错误分别是第一类错误、第二类错误，如图3-11所示。

1）第一类错误（error of the first type）：又称为弃真错误、虚发警报（false alarm）。过程正常时，其控制图仍有可能出现运行点出现在控制限之外；做出决策，点出界即判定为异常，这时发生的就是第一类错误。通常发生第一类错误的的概率记为 α，因此第一类错误导致的风险被称为 α 风险。这类错误将导致生产者浪费时间、人力、成本去寻找根本不存在的特殊原因，所以此类风险又被称为生产者风险。

2）第二类错误（error of the second type）：又称为取伪错误、漏发警报（alarm missing）。过程异常时，仍可能会有部分产品的质量特性数值大小在控制界限内。如果取样到这样的产品，控制图运行正常；这时发生的就是第二类错误。通常发生第二类错误的概率记为 β，因此第二类错误导致的风险被称为 β 风险。这类错误将导致生产异常的产品可能流动到消费者手中，所以此类风险又被称为消费者风险。

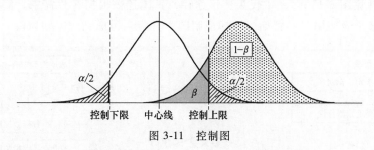

图 3-11　控制图

（6）平衡两类错误导致的风险　不管依据哪种标准做出决策，α 风险和 β 风险总是同时存在，不能完全避免。可以通过调整控制限的间隔距离来调整两类风险大小；间隔距离增加，则 α 风险减小，β 风险增加；反之亦然。

那么，如何减少两类错误导致的风险呢？这需要平衡控制控制限间隔距离的设置。经验证明，休哈特博士提出的均值正负3倍的标准差作为控制限，在绝大部分情况下都接近最优间隔距离。在这种情况下，可以近似于处于总质量成本最低的经济平衡点（见图3-12）。

3. 常规控制图及其应用

（1）常规控制图的类型　控制图的分类方法有很多。根据使

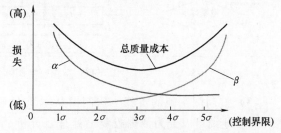

图 3-12　总质量成本最低经济平衡点

注：以经济平衡点（Break Even Point，BEP）方法求得。

用的目的不同，控制图可分为分析用控制图和控制用控制图。根据控制对象的不同，常用的控制图可分为单值—移动极差控制图、中位数—极差控制图、均值—极差控制图、均值—标准差控制图、不合格品率控制图、不合格数控制图等，见表 3-9。

表 3-9　常规控制图类型

分布	控制图代号	控制图名称
正态分布 （计量值）	$\overline{X}$-R	均值—极差控制图
	$\overline{X}$-s	均值—标准差控制图
	M_e-R	中位数—极差控制图
	X-R_s	单值—移动极差控制图
二项分布 （计件值）	p	不合格品率控制图
	np	不合格品数控制图
泊松分布 （计数值）	u	单位不合格数控制图
	c	不合格数控制图

（2）控制图的正确选用　可以根据控制对象的特性及样本量，选择使用适当的控制图（见图 3-13）。图中仅为建议途径，具体还需根据客户需求、实际过程等具体状况来正确使用。不管如何选择控制图，都应当考虑到成本和风险。

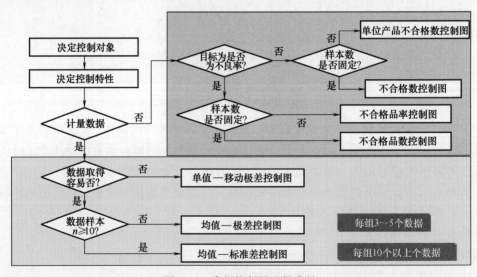

图 3-13　常规控制图选择路径

（3）控制图实施的步骤　控制图从本质上来说是统计技术在过程控制中的应用。简单地说可以分为数据收集、处理、分析、解释四个过程。根据其过程特性，可以细化为下面的几个步骤。

1）识别关键过程。一个产品质量的形成需要许多过程（工序），其中有一些过程对产品质量好坏起到至关重要的作用，这样的过程称为关键过程，SPC 控制图应首先用于关键过程，而不是所有的工序。因此，实施 SPC，首先是识别出关键过程。然后，对关键过程进行分析研究，识别出过程的输入、输出、资源和活动等。

2）确定过程关键特性。对关键过程进行分析（可采用因果图、排列图等），找出对产品质量影响最大的变量（特性）。

3）制定过程控制计划和规格标准。这一步往往是最困难和费时的，可采用一些实验方法参考有关标准。制定控制计划时需要充分考虑到各组大小；休哈特博士指出，"组内差异只由一般原因造成，组间差异主要由特殊原因导致"。同时，还应当考虑取样频率可以根据情况适当调整；随着过程趋于稳定，取样频率可适当减缓。

4）过程数据的收集、整理。根据计划抽取样品，进行测量并得到相应结果。这里需要保证测量系统符合需求。

5）过程受控状态初始分析。采用分析用控制图分析过程是否受控和稳定，如果发现不受控或有变差的特殊原因，应采取措施。此时过程的分布中心（X）和标准差 σ、控制图界限可能都未知。

6）过程能力分析。只有过程是受控、稳定的，才有必要分析过程能力，当发现过程能力不足时，应采取必要措施。

7）控制图监控。只有过程处于受控、稳定的状态，过程能力足够，才能采用监控用控制图，进入统计过程控制实施阶段。

8）监控、诊断、改进。在监控过程中，当发现有异常时，应及时分析原因，采取措施，使过程恢复正常。对于受控和稳定的过程，也要不断改进，减小变差的普通原因，提高质量，降低成本。

9）控制图的评价。不管控制图如何评价，做出决策，都存在两类错误风险。为了减小两者风险带来的不必要损失，在实际控制图评价时可以从判稳和判异两个方面进行评价。

① 判稳准则：

如果控制图采用均值正负 3 倍的标准差作为控制限，则通常在实际评价决策时存在的 α 风险为 0.27%。也就是说，如果控制图运行时间足够长，运行点数量足够多，小概率事件总会出现。这时运行点将出界，其过程仍是实际上稳定的，不能仓促做出结论过程出现异常，而去调整过程参数。判稳准则的思路是：如果有足够多连续的运行点在控制限内，即使有极个别运行点跑出控制界限，只要它出现的概率比 α 风险小，甚至在差不多的情况下，依然可以认为过程仍处于稳定状态。在运行点随机排列的情况下，只要符合下列各准则之一即可判稳：

判稳准则（1）连续 25 个运行点，界外点数 $d=0$。

判稳准则（2）连续 35 个运行点，界外点数 $d \leq 1$。

判稳准则（3）连续 100 个运行点，界外点数 $d \leq 2$。

② 判异准则：

判异，顾名思义就是判别出异常。很多初学者会误会异常为异常坏，实际上异常好也是异常。当出现异常坏的情况毫无疑问可以按照异常处理；但当出现异常好的情况，或许需要重新估价过程能力是否过剩，可以适当放宽控制。根据常规控制图国家标准 GB/T 4091—2001 要求，常见的判异准则可以分为"点出界判异"和"界内点排列不随机"两类；再细分可以分为以下 8 条。

判异准则（1）单独一点落于控制界限之外

如图 3-14 所示判异准则是最经典，也是最常用的准则。其 α 风险为 0.27%，适用于所有常规控制图。由休哈特博士在 1931 年亲自提出，沿用至今。可能导致出现该异常的原因有：人员操作异常、机台参数设定错误、设备故障和测量错误等。

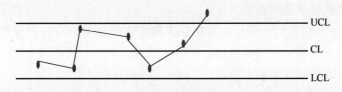

图 3-14　判异准则（1）

判异准则（2）连续 9 点落在中心线同一侧

如图 3-15 所示，判异准则通常是为补充准则（1）而设计。其 α 风险为 0.38%，适用于所有常规控制图。可能导致出现该异常的原因有：新工人、新材料、新机器、新工艺、过程平均水准偏移和机台维护保养后作业等。

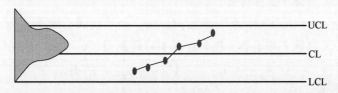

图 3-15　判异准则（2）

判异准则（3）连续 6 点持续上升（或下降）

如图 3-16 所示，判异准则的 α 风险为 0.273%，适用于所有常规控制图。可能导致出现该异常的原因有：工夹具磨损、人员疲劳和过程开始劣化等。

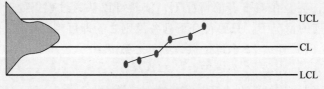

图 3-16　判异准则（3）

判异准则（4）连续 14 点在中心线上下交互变动

如图 3-17 所示，判异准则的 α 风险为 0.4%，适用于所有常规控制图。可能导致出现该异常的原因是数据分层不够，例如两种材料、两台设备、操作者过度控制和测量系统周期性变化等。

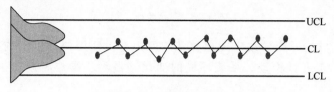

图 3-17　判异准则（4）

判异准则（5）连续 3 点中有两点落在 2 倍标准差之外

如图 3-18 所示，判异准则的 α 风险为 0.268%，适用于单值、均值控制图。可能导致出现该异常的原因有设备机台经重新调整、夹具位置不当、不同批原料混用等。

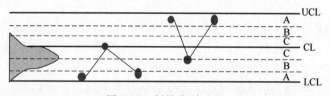

图 3-18　判异准则（5）

判异准则（6）连续 5 点有 4 点超出 1 倍标准差之外

如图 3-19 所示，判异准则的 α 风险为 0.21%，适用于单值、均值控制图。可能导致出现该异常的原因类似于准则（5）。

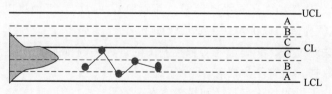

图 3-19　判异准则（6）

判异准则（7）连续 15 点出现在 1 倍标准差内

如图 3-20 所示，判异准则的 α 风险为 0.326%，适用于单值、均值控制图。可能导致出现该异常的原因有：量测数据小数点错误，虚假数据，两个机台、两种材料交替使用，控制界限计算错误或需重新计算等。

判异准则（8）连续 8 点出现在中心线两侧，且超出一倍标准差之外

如图 3-21 所示，判异准则的 α 风险为 0.02%，适用于单值、均值控制图。鉴于其 α 风险太小，张公绪教授建议连续 8 点改为连续 6 点，此时 α 风险为 0.19%，

图 3-20　判异准则（7）

更为接近 0.27%。可能导致出现该异常的原因有：使用两种以上的机台或材料，设备零部件、工夹具松动，系统环境的变化（温度、操作者疲劳、设备参数波动）等。

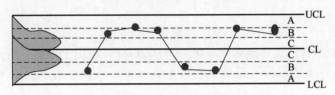

图 3-21　判异准则（8）

通常判异准则（1）、（2）、（3）最为常用，建议为必选项；准则（2）、（6）对探测微小的过程变化较为敏感；准则（3）用来探测过程的漂移；准则（4）、（8）最能探测均值的变化及分层情况；准则（7）可以解释过程标准差的改进。在控制图的实际应用中，应当根据实际过程特性及需求加以灵活、正确应用。

4. 计量型控制图

常用计量型控制图有均值—极差控制图、均值—标准差控制图、中位数—极差控制图、单值—移动极差控制图 4 种。

随着计算机技术和统计软件的发展，现在可以直接利用统计软件进行控制图的绘制。但不管是软件绘图还是手动绘图，其原理是一致的。下面将以均值—极差控制图的绘制步骤为例加以讲解，主要步骤如下：

1）识别关键过程，并确定要实施控制图的过程关键特性。

2）收集数据，通常至少要有 25 个子组。

3）计算各子组的均值（$\bar{x}_i$）和极差（R_i）。

4）计算总平均值（$\bar{\bar{x}}$）和平均极差（$\bar{R}$）。

5）计算极差（R）控制限，并绘制极差（R）控制图。

6）评价极差（R）是否都在控制界限内。若有异常，查明原因后可删除异常点数据，重新计算控制限。若稳定，则进行下一步。

7）计算均值（$\bar{x}$）控制限，并绘制均值（$\bar{x}$）控制图。若有异常，查明原因后可删除异常点数据，重新计算控制限。若稳定，则进行下一步。

8）计算过程能力是否满足技术需求；若不满足，改善过程直至满足需求。若满足，则进行下一步。

9）控制界限延续使用。

下面将通过实际案例予以讲解。

（1）均值—极差控制图（$\bar{x}\text{-}R$ Chart） 均值—极差控制图（$\bar{x}\text{-}R$ Chart）是最经典也是最常用的控制图之一。当子组样本大小 n 为 2～9 时，可以使用。

【例 3-1】 根据客户要求采用 SPC 控制图控制槽宽。考虑到实际情况，经与客户协商后，决定采用均值—极差控制图控制该关键质量特性。收集到的数据及计算见表 3-10。表 3-11 为计量控制图计算控制界限系数表。

表 3-10 例 3-1 收集到的数据及计算

运行号	列(1)	列(2)	列(3)	列(4)	列(5)	列(6)	列(7)
	观测值					均值	极差
	1	2	3	4	5		
1	1.82	1.76	1.75	1.73	1.76	1.76	0.09
2	1.87	1.93	1.79	1.63	1.75	1.79	0.30
3	1.64	1.72	1.66	1.84	1.83	1.74	0.20
4	1.78	1.74	1.76	1.77	1.71	1.75	0.07
5	1.83	1.82	1.86	1.74	1.78	1.81	0.12
6	1.75	1.83	1.68	1.67	1.72	1.73	0.16
7	1.65	1.77	1.79	1.69	1.78	1.74	0.14
8	1.82	1.69	1.81	1.73	1.76	1.76	0.13
9	1.80	1.70	1.77	1.77	1.73	1.75	0.10
10	1.76	1.77	1.75	1.63	1.80	1.74	0.17
11	1.81	1.81	1.74	1.72	1.70	1.76	0.11
12	1.73	1.76	1.71	1.82	1.71	1.75	0.11
13	1.91	1.76	1.80	1.86	1.69	1.80	0.22
14	1.77	1.83	1.76	1.73	1.73	1.76	0.10
15	1.67	1.73	1.84	1.72	1.69	1.73	0.17
16	1.79	1.77	1.82	1.76	1.67	1.76	0.15
17	1.70	1.64	1.82	1.62	1.70	1.70	0.20
18	1.85	1.82	1.77	1.79	1.71	1.79	0.14
19	1.71	1.73	1.74	1.67	1.80	1.73	0.13
20	1.76	1.71	1.79	1.75	1.75	1.75	0.08
21	1.66	1.80	1.78	1.69	1.77	1.74	0.14
22	1.68	1.77	1.71	1.75	1.82	1.75	0.14
23	1.73	1.65	1.73	1.74	1.80	1.73	0.15
24	1.82	1.71	1.85	1.69	1.71	1.76	0.16

运行号	列(1)	列(2)	列(3)	列(4)	列(5)	列(6)	列(7)
	观测值					均值	极差
	1	2	3	4	5		
25	1.77	1.79	1.78	1.75	1.76	1.77	0.04
26	1.65	1.74	1.70	1.83	1.78	1.74	0.18
27	1.80	1.67	1.75	1.73	1.75	1.74	0.13
28	1.73	1.82	1.81	1.73	1.71	1.76	0.11
29	1.63	1.79	1.77	1.76	1.80	1.75	0.17
30	1.83	1.71	1.81	1.75	1.73	1.77	0.12
31	1.79	1.65	1.69	1.81	1.78	1.74	0.16
32	1.67	1.77	1.71	1.81	1.74	1.74	0.14

解：

1) 计算各子组的均值（$\bar{x}_i$）及极差（R_i）。计算结果参考表3-10中的列（6）和列（7）。

2) 计算总平均值（$\bar{\bar{x}}$）及平均极差（$\bar{R}$），即

总平均值（$\bar{\bar{x}}$）为列（6）的均值，即总平均值（$\bar{\bar{x}}$）= 1.73

平均极差（$\bar{R}$）为列（7）的均值，即平均极差（$\bar{R}$）= 0.14

3) 计算极差（R）控制限，并绘制极差（R）控制图。

极差控制限计算公式为

$$UCL_R = D_4 \times \bar{R} \quad CL = \bar{R} \quad LCL_R = D_3 \times \bar{R}$$

当子组样本大小 $n = 5$ 时查控制界限系数表（见表3-11），可知参数 $D_4 = 2.114$，$D_3 = 0$，可得：

$$UCL_R = D_4 \times \bar{R} = 2.114 \times 0.142 = 0.300$$

$$CL = \bar{R} = 0.142$$

$$LCL_R = D_3 \times \bar{R} = 0 \times 0.142 = 0$$

可绘制相应的极差控制图，如图3-22所示。

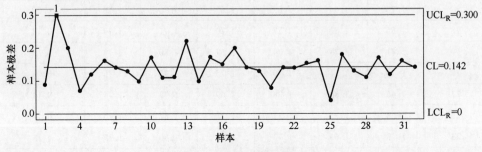

图3-22 案例极差控制图（1）

表 3-11 计量控制图计算控制界限系数表

子组样本 n	均值控制图 控制界限系数			标准差控制图 中心线系数		标准差控制图 控制界限系数				极差控制图 中心线系数			极差控制图 控制界限系数			
	A_1	A_2	A_3	C_4	$1/C_4$	B_3	B_4	B_5	B_6	d_2	$1/d_2$	d_3	D_1	D_2	D_3	D_4
2	2.121	1.880	2.659	0.7979	1.2533	0	3.267	0	2.606	1.128	0.8865	0.8525	0	3.686	0	3.267
3	1.732	1.023	1.954	0.8862	1.1284	0	2.568	0	2.276	1.693	0.5907	0.8884	0	4.358	0	2.574
4	1.500	0.729	1.628	0.9213	1.0854	0	2.266	0	2.088	2.059	0.4857	0.8794	0	4.698	0	2.282
5	1.342	0.577	1.427	0.9400	1.0638	0	2.089	0	1.964	2.326	0.4299	0.8641	0	4.918	0	2.114
6	1.225	0.483	1.387	0.9515	1.0510	0.030	1.970	0.029	1.874	2.534	0.3946	0.8480	0	5.3078	0	2.004
7	1.134	0.419	1.182	0.9594	1.0423	0.118	1.882	0.113	1.806	2.704	0.3698	0.8332	0.204	5.204	0.076	1.924
8	1.061	0.373	1.099	0.9650	1.0363	0.185	1.815	0.179	1.751	2.847	0.3512	0.8198	0.388	5.306	0.136	1.864
9	1.000	0.337	1.032	0.9693	1.0317	0.239	1.761	0.232	1.707	2.970	0.3367	0.8078	0.547	5.393	0.184	1.816
10	0.949	0.308	0.975	0.9727	1.0281	0.284	1.716	0.276	1.669	3.078	0.3249	0.7971	0.687	5.469	0.223	1.777
11	0.905	0.285	0.927	0.9754	1.0252	0.321	1.679	0.313	1.637	3.173	0.3152	0.7873	0.811	5.535	0.256	1.744
12	0.866	0.266	0.886	0.9776	1.0229	0.354	1.646	0.346	1.610	3.258	0.3069	0.7785	0.922	5.594	0.283	1.717
13	0.832	0.249	0.850	0.9794	1.0210	0.382	1.618	0.374	1.585	3.336	0.2998	0.7704	1.025	5.647	0.307	1.693
14	0.802	0.235	0.817	0.9810	1.0194	0.406	1.594	0.399	1.563	3.407	0.2935	0.7630	0.118	5.696	0.328	1.672
15	0.775	0.223	0.789	0.9823	1.0180	0.428	1.572	0.421	1.544	3.472	0.2880	0.7562	1.203	5.741	0.347	1.653
16	0.750	0.212	0.763	0.9835	1.0168	0.448	1.552	0.440	1.526	3.532	0.2831	0.7499	1.282	5.782	0.363	1.637
17	0.728	0.203	0.739	0.9845	1.0157	0.466	1.534	0.458	1.511	3.588	0.2787	0.7441	1.356	5.820	0.378	1.622
18	0.707	0.194	0.718	0.9854	1.0148	0.482	1.518	0.475	1.496	3.640	0.2747	0.7386	1.424	5.856	0.39	1.608
19	0.688	0.187	0.698	0.9862	1.0140	0.497	1.503	0.490	1.483	3.689	0.2711	0.7335	1.487	5.891	0.403	1.597
20	0.671	0.180	0.680	0.9869	1.0133	0.510	1.490	0.504	1.470	3.735	0.2677	0.7287	1.549	5.921	0.415	1.585
21	0.655	0.173	0.663	0.9876	1.0216	0.523	1.477	0.516	1.459	3.778	0.2647	0.7242	1.605	5.951	0.425	1.575
22	0.640	0.167	0.647	0.9882	1.0119	0.534	1.466	0.528	1.448	3.819	0.2618	0.7199	1.659	5.979	0.434	1.566
23	0.626	0.162	0.633	0.9887	1.0114	0.545	1.455	0.539	1.438	3.858	0.2592	0.7159	1.710	6.006	0.443	1.557
24	0.612	0.157	0.619	0.9892	1.0109	0.555	1.445	0.549	1.429	3.895	0.2567	0.7121	1.759	6.031	0.451	1.548
25	0.600	0.153	0.606	0.9896	1.0105	0.565	1.435	0.559	1.420	3.931	0.2544	0.7084	1.806	6.056	0.459	1.541

注：当 $n>25$ 时，$A_1=3/\sqrt{n}$，$A_3=3/(C_4\sqrt{n})$，$C_4=4(n-1)/(4n-3)$；$B_3=1-3/[C_4\sqrt{2(n-1)}]$，$B_4=1+3/[C_4\sqrt{2(n-1)}]$；$B_5=C_4-3\times\sqrt{1-C_4^2}$，$B_6=C_4+3\times\sqrt{1-C_4^2}$。

4）评价极差（R）是否都在控制界限内；可发现运行点 2 出界。经调查，确认为测量异常，删除该点后；重新计算控制限并构建极差控制图。如原因不明或涉及过程改进，需重新调查直至找出原因，重新收集数据并进行计算。由最终的计算可知，删除异常后平均极差（$\bar{R}$）= 0.136。

删除异常后极差控制限及控制图（见图 3-23），没有异常点；可判稳，进

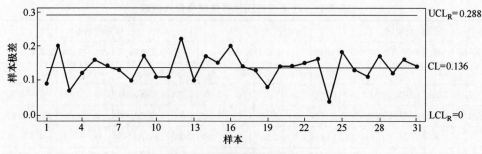

图 3-23 案例极差控制图（2）

行下一步。

$$UCL_R = D_4 \times \bar{R} = 2.114 \times 0.136 = 0.288$$

$$CL = \bar{R} = 0.136$$

$$LCL_R = D_3 \times \bar{R} = 0 \times 0.136 = 0$$

5）用删除异常后数据重新计算平均值（$\bar{\bar{x}}$）及均值（$\bar{x}$）控制限，并绘制均值（$\bar{x}$）控制图，即

$$\text{平均值}(\bar{\bar{x}}) = 1.751$$

$$UCL_{\bar{x}} = (\bar{\bar{x}}) + A_2 \times \bar{R}$$

$$CL_{\bar{x}} = \bar{\bar{x}}$$

$$LCL_{\bar{x}} = \bar{\bar{x}} - A_2 \times \bar{R}$$

子组样本大小 $n = 5$；查控制界限系数表（见表 3-10），可知参数 $A_2 = 0.577$。计算可得：

$$UCL_{\bar{x}} = (\bar{\bar{x}}) + A_2 \times \bar{R} = 1.751 + 0.577 \times 0.136 = 1.829$$

$$CL_{\bar{x}} = \bar{\bar{x}} = 1.751$$

$$LCL_{\bar{x}} = \bar{\bar{x}} - A_2 \times \bar{R} = 0 \times 0.136 = 0$$

可绘制极差控制图（见图 3-24），判定无异常。

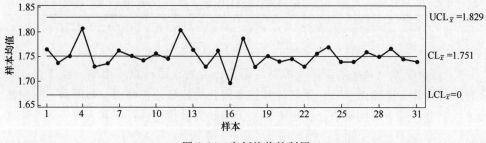

图 3-24 案例均值控制图

6) 计算过程能力是否满足技术需求；满足需求。过程能力详细计算过程参考下一节。

7) 控制界限延续使用。

（2）均值标准差控制图（$\bar{x}\text{-}s$ Chart） 当子组样本大小 $n \geq 10$ 时，可以采用均值—标准差控制图（$\bar{x}\text{-}s$ Chart）。其控制界限计算方法与均值—极差控制图（$\bar{x}\text{-}R$ Chart）并无太大差别；只是用标准差（s）控制图替代了极差（R）控制图。

标准差（s）控制限的计算有两种方式：

总体标准差 σ 已知：

中心线 $CL_{\bar{s}} = C_4 \times \sigma$

控制上限 $UCL_{\bar{s}} = B_6 \times \sigma$

控制下限 $LCL_{\bar{s}} = B_5 \times \sigma$

总体标准差 σ 未知：

中心线 $CL_{\bar{s}} = \bar{s}$

控制上限 $UCL_{\bar{s}} = B_4 \times \bar{s}$

控制下限 $LCL_{\bar{s}} = B_3 \times \bar{s}$

均值（$\bar{x}$）控制限计算：

$CL_{\bar{x}} = \bar{x}$

$UCL_{\bar{x}} = \bar{x} + A_3 \times \bar{s}$

$LCL_{\bar{x}} = \bar{x} - A_3 \times \bar{s}$

根据子组样本大小 n；查控制界限系数表（见表3-11）可以得到上述常数 C_4、B_3、B_4、B_5、B_6、A_3。均值—标准差控制图的制作步骤同均值—极差控制图。下面通过案例介绍控制图中心线及控制限的计算。

【例3-2】 根据客户要求，某公司采用均值—标准差控制图控制垫片厚度。收集到的数据及计算见表3-12。

表3-12 例3-2收集到的数据及计算

运行号	列(1)	列(2)	列(3)	列(4)	列(5)	列(6)	列(7)	列(8)	列(9)	列(10)	列(11)	列(12)
	观测值										均值	标准差
	1	2	3	4	5	6	7	8	9	10		
1	2.6	2.5	2.5	2.7	2.4	2.3	2.4	2.5	2.7	2.5	2.48	0.13
2	2.6	2.2	2.4	2.5	2.4	2.4	2.5	2.4	2.4	2.5	2.44	0.11
3	2.5	2.7	2.3	2.5	2.7	2.7	2.5	2.6	2.5	2.4	2.54	0.13
4	2.5	2.5	2.2	2.7	2.3	2.5	2.4	2.4	2.5	2.4	2.44	0.15
5	2.8	2.4	2.5	2.7	2.5	2.4	2.4	2.4	2.4	2.8	2.48	0.17
6	2.5	2.4	2.5	2.6	2.5	2.6	2.5	2.7	2.5	2.8	2.58	0.13
7	2.6	2.8	2.5	2.6	2.6	2.6	2.3	2.6	2.6	2.5	2.52	0.13
8	2.4	2.5	2.6	2.6	2.3	2.5	2.4	2.6	2.6	2.6	2.52	0.12
9	2.6	2.4	2.4	2.6	2.5	2.3	2.4	2.5	2.3	2.4	2.38	0.11

（续）

运行号	列(1)	列(2)	列(3)	列(4)	列(5)	列(6)	列(7)	列(8)	列(9)	列(10)	列(11)	列(12)
	\multicolumn{10}{c	}{观测值}	均值	标准差
	1	2	3	4	5	6	7	8	9	10		
10	2.4	2.6	2.3	2.3	2.6	2.3	2.5	2.5	2.5	2.5	2.46	0.12
11	2.5	2.5	2.5	2.4	2.4	2.5	2.5	2.4	2.5	2.5	2.48	0.05
12	2.4	2.4	2.4	2.3	2.3	2.4	2.4	2.4	2.4	2.7	2.46	0.11
13	2.6	2.4	2.3	2.7	2.4	2.5	2.4	2.8	2.8	2.4	2.58	0.18
14	2.6	2.5	2.5	2.7	2.6	2.7	2.4	2.5	2.5	2.3	2.48	0.13
15	2.5	2.5	2.5	2.5	2.5	2.6	2.4	2.7	2.4	2.5	2.52	0.10
16	2.5	2.6	2.6	2.6	2.4	2.5	2.7	2.8	2.3	2.7	2.60	0.15
17	2.2	2.7	2.5	2.3	2.4	2.7	2.5	2.4	2.7	2.7	2.58	0.18
18	2.5	2.4	2.5	2.4	2.3	2.6	2.6	2.4	2.6	2.4	2.52	0.11
19	2.4	2.7	2.5	2.4	2.5	2.5	2.7	2.5	2.5	2.4	2.62	0.14
20	2.3	2.7	2.7	2.4	2.4	2.6	2.5	2.5	2.5	2.3	2.48	0.14
21	2.6	2.6	2.5	2.5	2.8	2.5	2.5	2.6	2.3	2.5	2.48	0.13
22	2.3	2.5	2.4	2.4	2.6	2.2	2.3	2.4	2.3	2.4	2.32	0.11
23	2.6	2.7	2.5	2.4	2.6	2.4	2.4	2.5	2.6	2.4	2.46	0.11
24	2.6	2.5	2.4	2.7	2.4	2.4	2.6	2.5	2.4	2.6	2.50	0.11
25	2.4	2.5	2.4	2.6	2.5	2.4	2.2	2.7	2.2	2.4	2.38	0.16
26	2.5	2.5	2.4	2.4	2.4	2.5	2.5	2.5	2.5	2.4	2.46	0.07
27	2.4	2.5	2.7	2.7	2.6	2.7	2.4	2.5	2.6	2.6	2.56	0.12
28	2.5	2.6	2.6	2.5	2.8	2.5	2.4	2.4	2.4	2.3	2.40	0.14
29	2.5	2.5	2.6	2.6	2.7	2.5	2.6	2.9	2.6	2.5	2.62	0.12
30	2.6	2.5	2.6	2.6	2.5	2.6	2.5	2.7	2.7	2.7	2.62	0.10
31	2.5	2.4	2.3	2.5	2.6	2.4	2.4	2.6	2.5	2.2	2.40	0.13
32	2.6	2.4	2.5	2.5	2.5	2.5	2.6	2.3	2.4	2.4	2.44	0.09

解：

该案例总体标准差 σ 未知，用总体标准差未知方式计算标准差控制限。计算如下：

1) 计算子组均值及标准差：计算结果常见表 3-12 中的列（11）及列（12）。

2) 计算总均值 $\bar{\bar{x}}$ 以及标准差均值 $\bar{s}$：计算结果见列（11）及列（12）。

$$\bar{\bar{x}} = 2.500, \bar{s} = 0.124$$

3) 计算各自控制限：

子组样本大小 $n = 10$；查表 3-11 可得知：$B_3 = 0.284$、$B_4 = 1.716$、$A_3 = 0.975$。

标准差控制限：

中心线 $CL = \bar{s} = 0.124$

控制上限 $UCL = B_4 \times \bar{s} = 1.716 \times 0.124 = 0.213$

控制下限 $LCL = B_3 \times \bar{s} = 0.284 \times 0.124 = 0.035$

均值控制限：

$CL_{\bar{x}} = \bar{\bar{x}} = 2.500$

$UCL_{\bar{x}} = \bar{\bar{x}} + A_3 \times \bar{s} = 2.500 + 0.975 \times 0.124 = 2.621$

$LCL_{\bar{x}} = \bar{\bar{x}} - A_3 \times \bar{s} = 2.500 - 0.975 \times 0.124 = 2.379$

4）最终绘制成控制图，如图3-25所示。

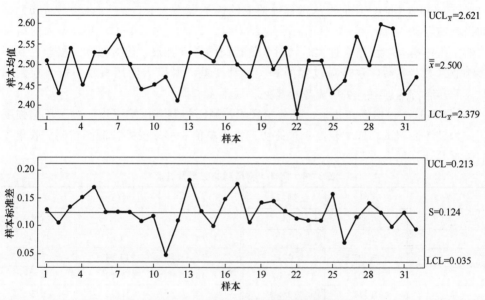

图3-25 例3-2 均值—标准差控制图

（3）中位数—极差控制图（M_e-R Chart） 在计算机技术不够发达、统计软件不够先进的情况下，人们通过简单计算可以快速得出中位数和极差，最后绘制成中位数—极差控制图（M_e-R Chart 或 $\tilde{x}$-R Chart）。由于中位数的局限性，现在基本上已经被淘汰，被均值—极差控制图以及均值—标准差控制图所替代。中位数—极差控制图的中心线及控制限和均值—极差控制图一致，这里只简单介绍中位数—控制图中心线及控制限的计算，不予过多展开。

中位数控制图中心线及控制限的计算如下：

中心线 $CL_{\tilde{x}} = \bar{\bar{x}}$

控制上限 $UCL_{\tilde{x}} = \bar{\bar{x}} + \tilde{A}_2 \times \bar{R}$

控制下限 $LCL_{\tilde{x}} = \bar{\tilde{x}} - \tilde{A}_2 \times \bar{R}$

注：中位数控制限系数表见表 3-13。

表 3-13 中位数控制限系数表

n	2	3	4	5	6	7	8	9	10
$\tilde{A}_2$	1.88	1.19	0.80	0.69	0.55	0.51	0.43	0.41	0.36

（4）单值—移动极差控制图（$X\text{-}R_S$ Chart） 单值—移动极差控制图是在取样不方便或成本很高的情况下，一次只能取一个样本的时候使用。由于其子组样本大小 $n=1$，没有办法计算其组内的极差或标准差。所以必须通过估算其相邻两个或多个样本之间的极差来代替其组内极差。故称之为单值—移动极差控制图（$X\text{-}R_S$ Chart 或 $I\text{-}MR$ Chart）。假设从过程中抽取的样本集为 X_i，$i=1,2,3,\cdots,n$，移动极差的定义为：$R_{si} = |X_i - X_{i+(n-1)}|$，$I = i = 1,2,3,\cdots,n-(k-1)$；$k$ 为向后移动的子组样本大小。当 k 过大时，对单值控制图影响有限，但对移动—极差控制图影响非常大，容易导致掩盖过程的真实移动变差。所以当使用移动—极差控制图时，除非有特殊理由，否则 k 越小越好，通常 $k=2$。

【例 3-3】 根据客户要求，某公司采用控制图控制其压缩强度。由于压缩强度测试为破坏性测试，成本较高；最终协调采用单值—移动极差控制图控制。收集到的数据及计算见表 3-14。

表 3-14 例 3-3 收集到的数据及计算

运行号	列（1） $\bar{x}$	列（2） R_s	运行号	列（1） $\bar{x}$	列（2） R_s
1	18.36	—	14	18.01	0.07
2	17.93	0.43	15	17.94	0.07
3	18.07	0.14	16	17.62	0.32
4	18.18	0.11	17	18.12	0.5
5	17.99	0.19	18	18.41	0.29
6	17.99	0	19	18.10	0.31
7	17.91	0.08	20	18.28	0.18
8	17.99	0.08	21	17.79	0.49
9	17.71	0.28	22	18.46	0.67
10	18.04	0.33	23	18.23	0.23
11	18.02	0.02	24	18.34	0.11
12	17.81	0.21	25	18.30	0.04
13	17.94	0.13	均值	18.062	0.220

解：

单值及移动极差控制图中心线及控制限的计算，假设 $n=2$，则有：

1) 计算均值及平均移动极差：直接计算列（1）和列（2）的均值。计算结果常见表 3-14 中的均值，$\bar{x} = 18.062$，$\overline{R}_s = 0.220$。

2）计算各自控制限：

移动子组样本大小 $k = 2$；查表 3-15 可得知：$D_3 = 0$、$D_4 = 3.3$、$E_2 = 2.7$。

移动极差控制限：

中心线 $\mathrm{CL}_{R_s} = \overline{R}_s = 0.220$

控制上限 $\mathrm{UCL}_{R_s} = D_4 \overline{R}_s = 3.3 \times 0.220 = 0.726$

控制下限 $\mathrm{LCL}_{RS} = D_3 \overline{R}_s = 0$

单值控制限：

中心线 $\mathrm{CL}_x = \bar{x} = 18.062$

控制上限 $\mathrm{UCL}_x = \bar{x} + E_2 \overline{R}_s = 18.062 + 2.7 \times 0.220 = 18.656$

控制下限 $\mathrm{LCL}_x = \bar{x} - E_2 \overline{R}_s = 18.062 - 2.7 \times 0.220 = 17.468$

表 3-15　单值移动极差控制限系数表

k	2	3	4	5	6	7	8	9	10
E_2	2.7	1.77	1.46	1.29	1.18	1.11	1.05	1.01	0.98
D_3	*	*	*	*	*	0.08	0.14	0.18	0.22
D_4	3.3	2.57	2.28	2.11	2.00	1.92	1.86	1.82	1.78

3）最终绘制成的控制图如图 3-26 所示。

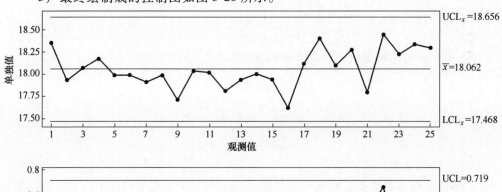

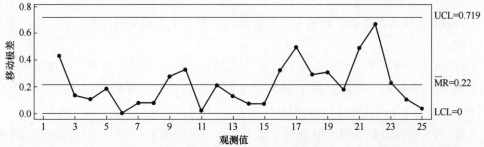

图 3-26　例 3-3 均值标准差控制图

5. 计数型控制图

常用计数型控制图有不合格品率控制图（p 图）、不合格品数控制图（np 图）、不合格数控制图（c 图）和单位不合格数控制图（u 图）。其中 p 图和 np 图用来控制不合格品的数量及比例，只是子组样本一个固定和一个不固定。c 图和 u 图分别用来控制不合格数量及单位产品不合格数量。

（1）不合格品率控制图（p 图）　p 图的控制状态是指过程的不合格品率一般为常数，且每个产品的生产时独立的。它的统计基础是基于二项分布，假设样本不合格率为 p，则可得知：

$$\mu_p = p$$
$$\sigma_p = \sqrt{p(1-p)/n}$$

1）按照休哈特控制理论，可以得知 p 图控制限为

$$CL_p = \mu_p = p$$
$$UCL_p = \mu_p + 3\sigma_p = p + 3 \times \sqrt{p(1-p)/n}$$
$$LCL_p = \mu_p - 3\sigma_p = p - 3 \times \sqrt{p(1-p)/n}$$

若过程参数 P 未知，则需对其进行估计。参数 P 的估计值为

$$\overline{P} = \sum_{i=1}^{n} D_i \Big/ \sum_{i=1}^{n} D_i$$

2）若子组样本量 n 是变动的，则不能按照下式简单地求均值的方法来估计 $\bar{p}$，即

$$\bar{p} \neq \frac{1}{m} \sum_{i=1}^{m} n_i$$

公式中 m 为样本组数；可得 p 图的控制限为

$$CL_p = \bar{p}$$
$$UCL_p = \bar{p} + 3 \times \sqrt{\bar{p}(1-\bar{p})/n}$$
$$LCL_p = \bar{p} - 3 \times \sqrt{\bar{p}(1-\bar{p})/n}$$

3）p 图的绘制步骤：

p 图的绘制步骤类似于均值—极差控制图。但由于数据类型的不一致，需注意以下几点：

① 从基本统计量中可以得知，计量型数据和计数型数据的区别。从统计学的观点来看，样本量 n 要取到 $25/p$ 的数量才能认为二项分布是接近于正态分布的。但考虑到成本，休哈特控制图的国际标准要求：$1/p < n < 5/p$ 或者 $1/\bar{p} < n < 5/\bar{p}$。

② 当 p 图的控制下限为负值时，基于常识可知正常的过程是不可能出现这种情况的，可以默认其控制下限为 0。否则必须增加成本，扩大取样至 $n > 9/p$。

③ 当子组样本 n 大小有变化时，UCL、LCL 成锯齿状。作图不变，也无法准

确判稳及判异。还有一种处理方式就是当$\overline{n}(1-20\%)<n<\overline{n}(1+20\%)$时，默认用$\overline{n}$代替$n_i$。无论如何，应当尽量避免类似情况，通常需要在前期$p$图策划时，尽量保持$n$一致。

（2）不合格品数控制图（np图）　np图用于控制对象为不合格品数的场合。设n为样本量，p为不合格品率，则np为不合格品数。故取np作为不合格品数控制图的简称符号，这里要求n不变。

（3）不合格数控制图（c图）　c图用于控制一定单位中所出现的不合格数量，比如铸件上的沙眼数、机器设备的不合格数或故障次数、电子设备的焊接不良数等。

（4）单位不合格数控制图（u图）　u图的控制状态是指过程中单位产品的不合格数为常数，且每个产品的生产时独立的。它的统计基础是基于泊松分布，假设样本不合格率为u，则可得知：

中心线 $CL=u$

控制上限 $UCL=u+3\times\sqrt{u/n}$

控制下限 $LCL=u-3\times\sqrt{u/n}$

当其子组样本大小n不一致时，同p图处理，这里不再予以详细展开。

3.4.4 过程能力和过程绩效评价

过程能力和过程绩效评价是评价过程满足预期要求的能力及其表现的方法。在统计过程控制中绘制控制图时，需要评价过程能力来确定其是否具有足够的过程能力。评价过程能力和过程绩效的方法有很多。对于计量型数据的过程评价指标，常用的有：过程能力指数（C_p、C_{pk}）、过程绩效指数（P_p、P_{pk}）等指标；对于计数型数据的过程评价指标，常用的有单位缺陷数（DPU）、机会缺陷率（PMO），以及百万机会缺陷数（DPMO）等指标。无论如何，任何过程评价指标都应该和"客户的要求"相关联，作为评价的标准如图3-27所示。

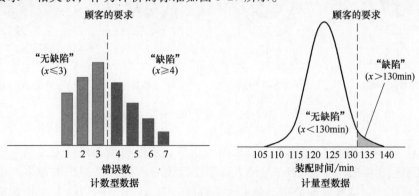

图3-27　过程评价类型示意图

1. 过程能力指数

（1）过程能力　是指当一个过程处于统计受控状态时，其产品质量正常波动的经济幅度。过程能力取决于影响过程自身波动水平的人、机、料、法、环等因素，而与公差无关。通常用其质量特性值分布的 6 倍标准偏差（控制限宽度）来表示，记为 6σ。但在实际工作当中，通常用客户需求或反映客户需求的公差规格来作为评价基准，用来评价过程能力的好坏，能否满足客户需求，如图 3-28 所示。

过程能力评价公式为

$$过程能力评价 = 客户需求 / 过程能力$$

$$过程能力评价 = 公差规格 / 过程能力$$

过程能力是基于控制图的统计受控状态，而控制图的应用是基于正态分布。正态分布同时存在两个变量，一个是精确度，反应变异程度，另一个是准确度，反应中心集中趋势，以及四种可能，如图 3-29 所示。过程能力评价也应当从这两方面着手加以评价。对于实际过程来说，正态分布只是其中较为常见的一种，还同时存在很多其他情形，例如形

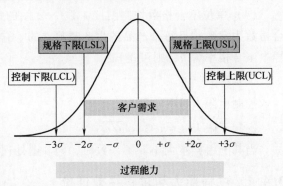

图 3-28　过程评价示意图

位公差为单边分布、寿命为韦布尔分布等。在实际应用过程能力评价时，一定要从实际过程的机理出发，加以正确的应用。限于篇幅，这里只介绍双边公差、单边公差以及有位置偏离情况的过程能力评价。

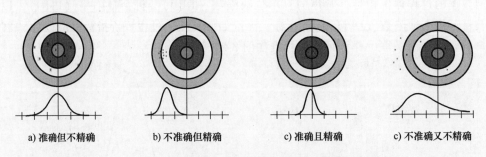

a) 准确但不精确　　b) 不准确但精确　　c) 准确且精确　　c) 不准确又不精确

图 3-29　精确度和准确度

（2）过程精确度 C_p　也称为过程能力指数，用来衡量规格公差范围与过程变异宽度相差程度的一个指数。C_p 越大，公差范围包含的标准差个数越多，说明过程能力越好。根据其实际应用，依据大小可以分为 A、B、C、D、E 五个区间，可以结合客户需求分别采取不同的措施，如图 3-30 所示。

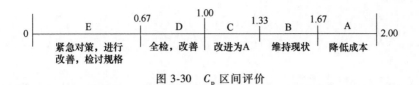

图 3-30　C_p 区间评价

计算公式如下：

双边公差时：$C_p = 公差规格/(6\sigma) = (T_U - T_L)/(6\sigma)$

单边规格时：$C_{pu} = (T_U - \overline{\overline{X}})/(3\sigma)$ 或 $C_{PL} = (\overline{\overline{X}} - T_L)/(3\sigma)$

由于总体标准差 σ 通常不可知，在实际计算过程中可以用 $\hat{\sigma}$ 替代 σ 来计算。

1）极差控制图时：$\hat{\sigma} = \overline{R}/d_2$。

2）标准差控制图时：$\hat{\sigma} = \overline{s}/C_4$。

注意：d_2、C_4 为无偏修正系数，可以通过子组样本大小 n，查询表 3-11 得知；均值控制图计算时可知 $\overline{\overline{x}}$、$\overline{R}$；T_U 为上公差，T_L 为下公差。

（3）过程准确度 C_a　衡量过程时均值与规格中心值一致性的一个指数。C_a 越小，说明位置没有偏离规格中心值，过程准确度越好。根据其实际应用，依据大小可以分为 A、B、C、D 四个区间，可以结合客户需求分别采取不同的措施，如图 3-31 所示。

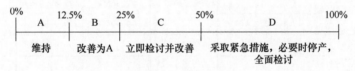

图 3-31　C_a 区间评价

计算公式如下：

1）双边公差时：$C_a = \dfrac{(\overline{\overline{x}} - \mu)}{(T_u - T_L)/2}$。

2）单边公差时：不存在中心位置偏倚，计算该项没有意义。

注意：均值控制图计算时可知 $\overline{\overline{x}}$；T_U、T_L 为上下公差，μ 为规格中心值。

（4）过程能力指数 C_{pk}　一个过程生产实际是否达到规格的要求，是要求 C_a 及 C_p 都要很好。有时 C_a 虽然很好，但 C_p 不好，结果实际也有很多会落在规格外；或是 C_p 很好，C_a 很差也会有很高不良率（见图 3-32）。鉴于 C_p 和 C_a 各自的缺点，都不能完整地反映过程的综合能力；C_{pk} 就是用 C_a 及 C_p 对整个过程品质作综合评价。

计算公式如下：

双边公差时：$C_{pk} = (1 - |C_a|) * C_p$ 或 $C_{pk} = \text{Min}(C_{pu}, C_{pl})$

单边公差时：$C_{pk} = C_{pu}$ 或 C_{pl}

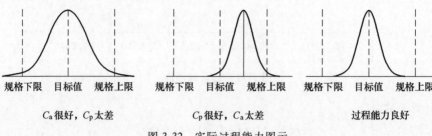

图 3-32 实际过程能力图示

（5）过程能力指数与不合格率　基于正态分布原理，可以计算得出 C_p、C_{pk} 与不合格率的关联表（见表 3-16）。所以很多公司用 C_p、C_{pk} 来评价自身的过程以及供应商的质量水准。通常要求 C_p、C_{pk} 大于 1.33。但随着生产力的进步，制造水平越来越高；很多行业、客户要求也越来越高。这里给出的是通常情况，具体情况需要根据客户实际需求，以及行业特性来做决定。

表 3-16　C_p、C_{pk} 与不合格率的关联表

C_{pk} \ C_p	0.33	0.67	1.00	1.33	1.67	2.00
0.33	66.368%	84.000%	84.134%	84.134%	84.13447%	84.13447%
0.67		95.450%	97.722%	97.725%	97.72499%	97.72499%
1.00			99.730%	99.865%	99.86501%	99.86501%
1.33				99.994%	99.99683%	99.99683%
1.67					99.99994%	99.99997%
2.00						99.9999998%

（6）短期能力与长期能力：过程短期能力是指过程仅受随机因素的影响时，过程输出波动的大小，它是过程的固有能力。过程长期能力是指在较长的时期内所表现出的过程输出波动的大小，不仅受到随机因素的影响，还受到其他因素的影响。由于短期能力仅受到随机因素的影响，所以短期标准差较小，而长期能力不仅受随机因素的影响，还可能受到异常移速的影响，所以长期标准差较大。

2. 过程绩效指数

过程绩效指数是从过程总波动的角度考察过程输出满足客户要求的能力，有时也称为长期过程能力指数。在过程输出的总波动中，既包含过程固有波动，也包含过程受到其他因素影响而产生的波动。

过程能力通常是伴随着控制图的实施，在处于统计受控状态（稳态）下，只有普通原因导致的随机变异情况下才能评价。但对于实际工作来说，还存在很多其他的与之不一样的状态，同时存在无法准确分辨的随机变异和特殊变异。比如：

1）在新产品开发及试制阶段就想知道该产品的过程质量水准。

2）在来料检验时想用过程能力评价的方式来评价抽检来料的质量水准。

3）长时间内运行后，随着变量因素的影响，控制图很有可能出现异常点。

以上情况，如果用过程能力来评价很有可能会出现评价不准确，甚至没有办法评价的问题。这时可以引入另外一种方式来评价过程的好坏——过程绩效。过程绩效相当对过程能力，两者最本质的差别在于：

① 研究的变异不一样（见图3-33）。

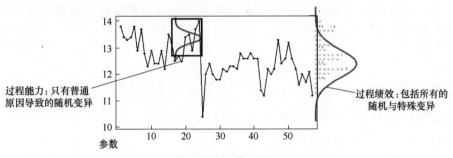

图 3-33 过程能力与过程绩效的变异差别

② 变异不一样导致计算标准差的方法也不一样（见表3-17）。

表 3-17 过程能力与过程绩效的标准差计算差别

Chart	总变异	估计误差		
		XZbar-S	Xbar-R	X-MR
标准差	$\sigma = \sqrt{\dfrac{\sum_{i=1}^{n}(x_i - \bar{x})^2}{n-1}}$	$\hat{\sigma} = \dfrac{\bar{S}}{C_4}$	$\hat{\sigma} = \dfrac{\bar{R}}{d_2}$	$\hat{\sigma} = \dfrac{\bar{R}}{d_2}$

从计算公式来说，除了标准差不同，P_p、P_{pk} 完全一致。对于同一个过程来说，稳态下的随机变异，肯定比同时包含随机变异和特殊变异状态的总变异小。所以通常情况下，C_{pk} 会大于或等于 P_{pk}。但这并不是绝对的，由于取样的误差，可能会存在 P_{pk} 轻微大于 C_{pk} 的现象。

由于过程绩效的评价条件相对简单，其计算标准差的公式适用于任何分布。所以在其他一些 C_{pk} 没有办法评价的情况下，可以使用 P_{pk}，如：形位公差（单边公差）、非正态分布的过程特性等。

下面用常规控制图中的案例【例3-4】、【例3-5】、【例3-6】来计算计量型数据的过程能力和过程绩效。

【例3-4】 现假设其公差规格为：1.7±0.3。

解：

（1）过程能力计算 从控制限计算可得知剔除异常值后的：总平均值 ($\bar{\bar{x}}$) = 1.751，平均极差 ($\bar{R}$) = 0.136。子组样本大小 $n=5$，查表3-11得知：$d_2 = 2.326$。

1）计算 $\hat{\sigma} = \bar{R}/d_2 = 0.136/2.326 = 0.058$。

2) C_p = 公差规格 $/(6\sigma) \approx 0.6/(6\hat{\sigma}) = 0.6/(6 \times 0.058) = 1.724$。

3) $C_a = \dfrac{(\bar{\bar{x}} - \mu)}{(T_u - T_L)/2} = \dfrac{(1.751 - 1.7)}{0.6/2} = 0.17$。

4) $C_{pk} = (1 - |C_a|) C_p = (1 - 0.17) \times 1.724 = 1.431$。

（2）过程绩效计算

1) 计算均值，这里的均值是指所有样本数据（未剔除异常数据之前）的均值，不是子组样本平均。均值 $(\bar{x}) = 1.753$。

2) 计算 $\sigma = \sqrt{\dfrac{\sum_{i=1}^{n}(x_i - \bar{x})^2}{n-1}}$；手工计算极为烦琐，可以借助统计软件，或 excel 函数 "=stdev（所有样本数据）"，得知 $\sigma = 0.059$。

3) p_p = 公差规格 $/(6\sigma) = 0.6/(6 \times 0.059) = 1.695$。

4) $P_{pk} = \text{Min}(C_{pu}, C_{pl}) = \text{Min}\left\{\dfrac{2.0 - 1.753}{3 \times 0.059}, \dfrac{1.753 - 1.4}{3 \times 0.059}\right\} = 1.395$。

【例 3-5】 现假设其公差规格为：2.5±0.3。

解：

（1）过程能力计算　从控制限计算可得知：总平均值 $(\bar{\bar{x}}) = 2.500$，平均标准差 $(\bar{s}) = 0.124$。子组样本大小 $n = 10$，查表 3-11 得知 $C_4 = 0.9727$。

1) 计算 $\hat{\sigma} = \bar{s}/C_4 = 0.124/0.9727 = 0.127$。

2) C_p = 公差规格 $/(6\sigma) = 0.6/(6\hat{\sigma}) = 0.6/(6 \times 0.127) = 0.787$。

3) $C_a = \dfrac{(\bar{\bar{x}} - \mu)}{(T_u - T_L)/2} = \dfrac{(2.5 - 2.5)}{0.6/2} = 0$。

4) 没有偏倚，$C_{pk} = C_p = 0.787$。

（2）过程绩效计算

1) 计算均值，这里的均值是指所有样本数据的均值，不是子组样本平均。均值 $(\bar{x}) = 2.5$。

2) 计算 $\sigma = \sqrt{\dfrac{\sum_{i=1}^{n}(x_i - \bar{x})^2}{n-1}}$；手工计算极为烦琐，可以借助统计软件，或 excel 函数 "=stdev（所有样本数据）" 得知 $\sigma = 0.132$。

3) p_p = 公差规格 $/(6\sigma) = 0.6/(6 \times 0.132) = 0.758$。

4) 没有偏倚，$p_{pk} = p_p = 0.758$。

【例 3-6】 现假设其公差规格为：18.1±0.5。

解：

（1）过程能力计算　从控制限计算可得知：均值 $(\bar{x}) = 18.062$，平均移动标准差（$\overline{R}_s$）= 0.220。子组样本大小 $n = 2$，$d_2 = 1.128$。

1) 计算 $\hat{\sigma} = \overline{R}_s/d_2 = 0.220/1.128 = 0.195$。
2) C_p 公差规格$/(6\sigma) = 0.6/(6\hat{\sigma}) = 1/(6\times0.195) = 0.855$。
3) $|C_a| = \dfrac{(\overline{x}-\mu)}{(T_u-T_L)/2} = \left|\dfrac{(18.062-18.1)}{1/2}\right| = 0.076$
4) $C_{pk} = (1-|C_a|)*C_p = (1-0.076)\times 0.855 \approx 0.790$。

（2）过程绩效计算

1) 计算均值，这里的均值是指所有样本数据的均值，不是子组样本平均。均值（$\overline{x}$）= 18.062。

2) 计算 $\sigma = \sqrt{\dfrac{\sum_{i=1}^{n}(x_i-\overline{x})^2}{n-1}}$；手工计算极为烦琐，可以借助统计软件，或 excel 函数"=stdev（所有样本数据）"得知 $\sigma = 0.218$。

3) p_p = 公差规格$/(6\sigma) = 1/(6\times0.218) = 0.765$。

4) $P_{pk} = \text{Min}(C_{pu}, C_{pl}) = \text{Min}\left\{\dfrac{18.6-18.062}{3\times 0.218}, \dfrac{18.062-17.6}{3\times 0.218}\right\} = 0.706$。

通过上面三个案例，手动计算示范过程能力和过程绩效指数的统计原理。在实际工作中应用时，应适当借助于统计工具，可以大大减少工作量，提高工作效率。就过程能力和过程绩效指数结果分析，首先应当看两者的差距。如果差距过大，过程肯定存在特殊变异，应当加以解决。

3. 计数型数据过程评价

计数型数据过程评价指标有单位缺陷数、机会缺陷率、百万机会缺陷数等计点值指标，以及过程最终合格率、一次合格率、流通合格率等计件值指标。

（1）单位缺陷数（DPU，Defects Per Unit） 是指每单位产品的平均缺陷个数，即

$$DPU = 样本缺陷总数/样本数量$$

（2）百万不良率（DPPM，Defective Parts Per Million） 是指每百万个产品里面出现的不良品的比率（或概率），即

$$DPPM = (样本不良品总数/样本数量)\times 1000000$$

（3）机会缺陷率（DPO，Defects Per Opportunity） 是指缺陷总数占总机会的比率，即

$$缺陷总机会数 = 样本数量\times每个样本的总缺陷机会数$$
$$DPO = 样本总缺陷数目/(缺陷总机会数)$$

（4）百万机会缺陷率（DPMO，Defects Per Million Opportunity） 是指每百万机会与所产生缺陷率的大小，即

$$DMPO = DPO \times 1000000$$

（5）过程最终合格率（PFY，Process Final Yield） 是指通过检验的最终合格单位数占过程全部投产单位数的比率。

（6）一次合格率（FTY，First Time Yield） 是指没有经过返工、返修便通过检验的过程输出单位数占过程全部投产单位数的比率。

（7）流通合格率（RTY，Rolled Throughput Yield） 是指彼此独立的串行生产过程中，每个子过程 FTY 的乘积，相当于这些子过程串联构成的大过程的一次合格率。

【例3-7】 每个自定义固定订单都可能有 4 个缺陷：即不正确、错别字、被破坏或不完整。因此，每个订单都有 4 个机会。现在随机选择并检查 50 个订单，并且发现了以下缺陷：

1）两个订单不完整。

2）一个订单已被破坏且不正确（2 个缺陷）。

3）三个订单中有错别字。

请分别计算其 DPU、DPPM、DPO 和 DPMO。

解：样本订单数量为 50；样本不良总数 = 2+1+3 = 6；缺陷总机会数 = 50×4 = 200；样本缺陷总数 = 2+2+3 = 7；因此可知：

$$DPU = 样本缺陷总数/样本数量 = 7/50 = 0.14$$

$$DPPM = (样本不良品总数/样本数量) \times 1000000 = 6/50 = 0.12$$

$$DPO = 样本总缺陷数目/(缺陷总机会数) = 7/200 = 0.035$$

$$DPMO = DPO \times 1000000 = 0.035 \times 1000000 = 35000$$

3.5 质量检验技术

3.5.1 质量检验的基本概念

1. 质量检验的定义

所谓检验，是指人员通过对产品的观察和判断，适当时结合测量、试验或估量所进行的符合性评价。ISO 9000：2015 标准的定义：对符合规定要求的确定。

对质量检验，通常会细分以下两个：

1）对产品而言，是指检验人员根据产品标准或检验规程对原材料、过程产品、成品进行观察，适当时进行相关的测量或试验，并把所得到的特性值和规定值进行比较，进而判定单个或整批产品合格与否。

2）通过对产品的一个或多个质量特性进行观察、测量、试验，并将结果和规定的质量要求进行比较，进而判断每项质量特性合格与否。

2. 质量检验的基本要点

1) 客户要求或产品预期的使用要求和国家法律、法规的强制性规定要求。产品的性能、安全性能、互换性能对环境和社会公共安全、人体健康影响等方面的规定要求。产品类型不同，质量特性要求也不同。一个产品的用途不同，其质量特性要求也不同。

2) 产品质量特性要求的转化。根据产品的质量特性要求转化为具体的技术要求在产品技术标准和其他相关的产品设计图样、作业文件或检验指导书（检验规程）中明确规定，作为质量检验依据和检验后比较检验结果的判定标准。经对照比较，确定检验的每项质量特性是否符合标准和规定的要求。

3) 产品质量特性的实现过程是由产品的原材料和构成产品的各个组成部分的质量决定的，它与产品实现过程的专业技术、人员水平、设备能力甚至条件环境密切相关。因此，质量检验不仅要对过程的作业（操作）人员进行技能培训、合格上岗，对设备能力进行核定，对环境进行监控，明确规定作业、过程方法，必要时，还要对作业、过程参数进行监控。同时，也要对产品进行质量检验，以判定产品的质量状态。

4) 对产品的一个或多个质量特性，通过物理的、化学的和其他科学技术手段和方法进行观察、试验、测量，取得证实产品质量的客观证据。通常用到一定的检测手段如计量检测量具、仪器仪表、专业检测设备、试验设备等，进行检测并判定。

5) 对于质量检验的结果，依据产品技术标准和相关的产品图样、过程（工艺）文件或检验规程的规定进行对比，确定每项质量特性是否合格，从而对单件产品或成批产品质量进行判定。

6) 质量检验要为判定产品质量符合性和适用性及决定产品质量重大决策提供正确、可靠的依据，需要保证产品质量检验结果的正确和准确。

3. 质量检验的必要性和基本任务

（1）质量检验的必要性

1) 产品生产者的责任就是向社会、市场提供满足使用要求和符合法律、法规、技术标准等规定的产品。

2) 在产品形成的复杂过程中，由于影响产品质量的各种因素发生变化，必然会造成质量波动。

3) 因为产品质量对人身健康、安全，对环境污染，对企业生存、消费者利益和社会效益关系十分重大，因此，质量检验对于任何产品都是必要的，而对于关系健康、安全、环境的产品就尤为重要。

（2）质量检验的基本任务

1) 按程序和相关文件规定对产品形成的全过程包括原材料进货、作业过程、产品实现的各阶段、各过程的产品质量，依据技术标准、图样、作业文件的技术要求进行质量符合性检验，以确认是否符合规定的质量要求。

2）对检验确认符合规定质量要求的产品给予接受、放行、交付，并出具检验合格凭证。

3）对检验确认不符合规定质量要求的产品按程序实施不合格品控制，剔除、标识、登记并有效隔离不合格品。

4. 质量检验的功能

（1）鉴别功能　依据技术标准、产品图样、作业（工艺）规程或订货合同的规定，采用相应的检测方式观察、试验、测量产品的质量特性，判定产品质量是否符合规定的要求。

（2）把关功能　是质量检验最重要、最基本的功能，对产品过程波动进行监控，剔除不合格品并予以隔离，确保不合格的原材料不投产，不合格的产品不转道和交付（销售、使用），严把质量关。

（3）预防功能　不单纯是事后把关，还可以起到预防作用，通常有以下体现：

1）通过过程（工序）能力的测定和控制图的使用起到预防作用。

2）通过过程（工序）作业的首检与巡检起到预防作用。

广义的预防作用：对原材料和外购件的进货检验，对中间产品转序或入库前的检验，既起到把关作用，又起到预防作用。

（4）报告功能　为了使相关的管理部门及时掌握产品实现过程中的质量状况，评价和分析质量控制的有效性，把检验获取的数据和信息，经汇总、整理、分析后写成报告，为质量控制、质量改进、质量考核以及管理层进行质量决策提供重要的信息和依据。

5. 质量检验的步骤

（1）检验的准备　熟悉检验规定要求，选择检验方法，确定检测设备，制定检验规范。

（2）获取检验的样品　获取相对数量的检验样品，获取途径有采购、研发、操作者或管理者送样品检验，或检验员对仓库成品与半成品、制造过程、出货成品等进行抽样。

（3）样件和试制件的准备　对部分产品或材料的检验，需要在专门测量或试验后才能生产的，需要对样件或试制件进行测量或试验，如汽车的白车身喷涂过程前处理电泳工序，在开始生产前，需要对前处理电泳槽液 pH 值的检测及首件进行测量或试验，合格后才能正式生产。

（4）测量或试验　按检验指导书或检验规程，对产品进行定量或定性的观察、测量、试验，记录测量的量值和结果。

（5）记录和描述　按照检验指导书或检验规程的项目内容，对测量或观察、试验的数据记录在检验记录单上，还需要记录检验日期、班次、检验员姓名等，要求数据真实、描述清楚、字迹清晰。

(6) 检验结果比较和判定 由检验员将检验结果与检验指导书或检验规程进行比较，根据产品的每一项质量特性来判定产品是否合格。

(7) 检验结果确认和产品处置 检验员或质量工程师相关人员对检验记录和判定结果进行签字确认，对产品（单件或批）是否可以接收、放行做出处置，需要依据公司针对不合格品管理程序或相关文件的规定进行处置。

6. 质量检验的形式与分类

(1) 质量检验的形式 为了验证产品合格与否，企业都会采取各种检验方式来对原材料、半成品、成品的质量特性进行检验，通常对质量检验分为三种形式：

1) 查验原始质量检验报告凭证。对大量外购物资不可能、也不必要对实物质量特性进行全部实物检验。在供货方质量稳定、有充分信誉的前提下，质量检验往往采取与产品验证相结合的方式。具体是查验原始质量凭证，如质量证明书、合格证、检验（试验）报告等以认定其质量状况。

2) 实物检验。由专职检验人员或委托外部检验单位按规定的程序和要求进行观察、试验、测量后出具检验记录，作为提供产品合格的证据。

3) 派员进厂（驻厂）检验。采购方派人到供应商单位现场对其产品、产品组成部分（如订购产品，外购产品及外协、委外加工件等）进行现场查验和接收，对产品形成的作业过程（工艺）和质量控制实行监督和成品适量的认定，证实供应商质量受控，其提供的有关检验报告（记录）证实检验结果符合规定要求，放行和交付的原始凭证完整、齐全，产品合格，给予认可或接受。

(2) 质量检验的分类

1) 质量检验按产品形成过程的相应阶段分类：

① 进货检验。进货检验是产品的生产者对采购的原材料、零附件等物资进行入库前检验活动。

② 过程检验或制造过程检验。这一过程是指对产品形成过程中某一或多个过程（工序）所完成的中间产品、成品的检验活动。

③ 最终检验或出货检验。这一过程是对产品形成过程最终加工（工艺）完成的成品，或交付前的检验活动。

2) 质量检验按检验产品数量分类：

① 全检。对研发试制样件、进料、制造过程或出货的产品全数量或整批产品进行的全数检验。

② 抽检。按照制定的抽样方案进行抽取相应的样件数量进行检验并依据标准判定是否合格。

3) 质量检验按检验的执行人员分类：

① 自检。由操作者或生产者根据标准要求自行对生产的产品进行检验。

② 互检。前后（上下）工序的操作者或生产者相互根据质量要求进行检验，形成相互监控。

③ 专检。由质量部门专门设立的专职人员进行检验，如有关关键工序专职检验员、巡检等。

4) 质量检验按对产品损害程度分类：

① 破坏性检验。受检的产品检验完成后只能报废，如强度试验、疲劳试验、寿命试验和盐雾试验等。图 3-34、图 3-35 所示为汽车行业的试验设备。

图 3-34　盐雾试验仓

图 3-35　驱动轴总成疲劳试验

② 非破坏性检验。受检的产品检验完成后还可以继续使用，如尺寸测量、三坐标测漏仪、投影仪、粗糙度检测等。图 3-36、图 3-37 所示为常用的精密尺寸测量设备。

图 3-36　投影仪

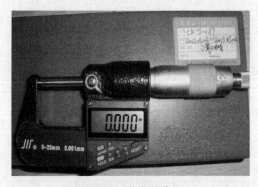

图 3-37　微米千分尺

5) 质量检验按检验技术手段分类：

① 理化检验。通常分为物理检验和化学检验，物理检验为通过力、电、声、光、热等物理学原理和相应的检测仪器对产品进行检测，化学检验为通过化学试剂和试验仪器（设备）来对产品或原材料的化学组成或成分进行检测，如采用光谱仪对材料原始成分进行检测。例如：图 3-38、图 3-39 主要是通过物理及化学检验来检测电子性能及材料成分是否符合产品标准。

② 感官检验：主要是依靠人的感觉器官进行识别，如用人的视觉、嗅觉、触觉、听觉、味觉等来识别产品状态。

图 3-38　BMS-HIL 测试设备

图 3-39　自读光谱仪

③ 生物检验：主要是针对食品安全及人类安全涉及的微生物检验。

④ 在线检测：在生产线上，针对关键控制工序点或关键生产线上通过专用的检测设备实施每个产品与生产节拍同步进行的关键质量特性检测。

3.5.2　质量检验的要求与检验岗位的设置

1. 质量检验的要求

1）企业质量检验部门应由最高管理层直接领导，这样有利于在企业质量检验工作的推动，确保检验部门的独立、公正地行使权力。

2）需要明确质量检验部门的职能和职责，明确检验部门的工作范围。

3）依据企业内部情况结合现代管理水平，科学合理对检验部门进行设置，组织相关质量专业人员梳理并建立完善的质量检验流程体系，针对岗位设置，配备专业的质量人员。

4）结合各类管理体系（如：ISO9001\AITF16949\ISO14001\ISO45001）等来建立和完善质量检验部门的工作流程或工作程序，作为支持企业质量管理体系运营的支持性文件。

5）根据不同类型的产品质量检验，配备能满足所有质量特性检验的计量器具、测试、试验设备及相关的质量检验需要的资源。

2. 质量检验的工作范围、权限及职责

（1）质量检验部门的主要工作范围

1）宣传贯彻产品质量法律、法规。质量检验部门既代表客户又代表国家对产品进行检验及监督。

2）编写和管控企业质量检验程序文件及检验指导书等。

3）准备好质量检验所需要的文件和管理，如国家标准、行业标准、检验指导书和产品图样等。

4）对产品整个过程的质量检验，如进料、过程、出货、样件等检验工作。

5）对公司计量器具、测试、试验设备的配置及计量器具的管理，如质量检验部门的计量器具配置、生产过程的量具配备及量具的基本校准等工作。

6）对质量检验人员、生产人员的质量意识、检验方案等培训。

7）质量检验人员的配置及管理。

（2）质量检验部门的权限与职责　要做好质量检验工作，实现质量检验部门的职能，质量检验部门必须明确以下权限。

1）对企业内认真贯彻产品质量方面的方针、政策，执行检验标准或有关技术标准。

2）按照产品的有关技术标准、检验标准的规定，有权判定产品合格与否。

3）对购入的产品所采用的原材料、外购件、外协件及配套产品，有权按照有关规定进行检验，根据检验结果确定合格与否。

4）有权拒绝接收没有标准或相关技术文件的送件产品。

5）有权参与讨论和会审工艺上原材料的更换或工艺参数的变更。

6）有权对不重视质量，以次充好、弄虚作假等行为，提出限期改正及视其情节建议给予责任者相应处罚。

7）有权追查产品质量事故的产生原因，界定责任并视其情节提出给予处罚的建议。

8）收集各项过程不合格品，如实进行统计与原因分析，针对存在的问题要求有关责任部门提出改进措施。

（3）质量检验部门相关的责任

1）对未按企业产品质量方面的方针、政策、技术标准或检验规定实施导致产品质量问题或质量事故负责。

2）对在产品制造过程中出现错检、漏检或误检而造成的损失和影响负责。

3）质量检验部门管理不善，在制造过程中造成延误检验，对影响生产进度负责。

4）检验人员未做首检和及时巡检，对造成批量质量事故负责。

5）对现场不合格品管理不善，废品未及时隔离存放，给生产造成混乱和影响产品质量负责。

6）对统计上报的质量报表、质量信息的正确性、及时性负责。

7）对过程中存在的质量问题或质量事故，没有上报，同时还参与造假并造成损失和影响负责。

8）对乱开产品检验合格报告负责。

3.5.3　质量检验计划制定

1. 质量检验计划概念、目的及作用

（1）质量检验计划概念　是针对质量检验涉及的活动、过程和资源及相互关系制作出规范化的书面（文件）规定，用以指导质量检验活动正确、有序、协调地进行。它是对整个检验和试验工作进行的系统策划和总体安排的结果，也是指导各检验岗位或工序和检验人员工作的依据,是质量管理体系中质量计划的一个重要组成部分,为质量检验工作的技术管理和作业指导提供重要依据。

(2) 编制质量检验计划的目的

1) 指导检验人员完成检验工作,保证质量检验工作的质量。

2) 保证检验活动和生产作业过程密切协调和紧密连接。

(3) 质量检验计划的作用

1) 根据产品生产流程及物料流动过程,充分利用企业现有资源,统筹安排检验工位、点(组)的设置来降低质量成本中的鉴定费用,降低产品成本,实现利益最大化。

2) 依据产品和制造过程(工艺)要求科学合理地选择检验、试验项目和方式、方法,同时科学合理地配备相应的计量仪器、试验设备等。

3) 明确产品不合格严重性等级,为质量检验提供判断依据。

4) 确保检验和试验工作的规范化、科学化和标准化,让产品质量处于受控状态。

2. 质量检验计划的编制与实施

质量检验部门依据公司产品实现过程中输出的流程文件、控制要点及产品类型不同,负责编写质量检验计划、检验流程图及检验指导书。制定的相关检验文件需经过评审和审核后执行。经过正式发布的相关检验文件,需对检验人员实施必要的培训与考核。

3.5.4 抽样检验的基本概念

1. 抽样检验的定义

抽样检验是利用所抽取的样本对产品或过程进行的检验活动,通过检验所抽取的样本对这批产品的质量进行评估或判定,以便对这批产品做出是否合格、能否接收的决策,如图 3-40 所示。

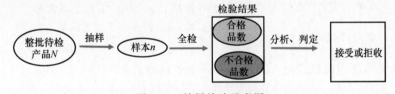

图 3-40 抽样检验示意图

2. 相关术语的定义

(1) 单位产品 是指在实施抽样检验时而划分的基本产品单位,如一件产品、一台检测设备等。

(2) 检验批 是指提交需要进行检验的一批产品或检验对象而收集起来的一批产品,如外购一批零部件、制造过程收集的一批半成品等。

(3) 批量 批中包含的单位产品的个数,常用 N 来表示。

(4) 不合格 在抽样检验中,不合格是指不满足规范的要求,ISO 9000—2015 标准的定义:不符合,未满足要求。

(5) 不合格品 被检验的产品具有一个或一个以上的不合格的单位产品。

【例3-8】 某汽车发动机缸盖生产线上随机抽取 500 个零部件进行检验,发现 10 个产品 A 类不合格,20 个产品有 B 类不合格,5 个产品有 C 类不合格,3 个产品既有 A 类又有 B 类不合格,4 个产品既有 B 类又有 C 类不合格,则该批产品中有各类不合格数和不合格品数见表 3-18。

表 3-18 案例相关数据

不合格数/个	不合格品数/个	不合格数/个	不合格品数/个
A 类不合格:13	A 类不合格品:13	C 类不合格:9	C 类不合格品:5
B 类不合格:27	B 类不合格品:24	合计:49	合计:42

(6) 批质量 是指单个提交检验批次产品的质量,通常用 P 表示。

批不合格品率 P 为

$$P = \frac{\text{不合格品数}(D)}{\text{批量}(N)}$$

批不合格品百分数为

$$100P = \frac{\text{不合格品数}(D)}{\text{批量}(N)} \times 100$$

【例3-9】 某公司进料检验一批零件批量数 N 为 2000 件,经检验发现其中包含不合格品数 D 为 30 件,则:

$$\text{批不合格率 } P = \frac{D}{N} = \frac{30}{2000} = 0.015$$

即批中不合格率为 1.5%,因此该进料批次中每百单位产品不合格品数为 1.5。

【例3-10】 某汽车厂进料检验时,发现一批汽车前保险杠外观质量问题,总数 N 为 1000 件,其中 20 件每件有 3 处不合格,10 件各有 1 处不合格,则:

$$\text{每百单位产品不合格数 } 100P = \frac{\text{批中不合格总数}}{\text{批量}} \times 100 = \frac{20 \times 3 + 10}{1000} \times 100 = 7$$

即该批汽车保险杠产品每百单位产品不合格数为 7。

(7) 过程平均 在规定的时间段或生产量内的平均质量水平。

(8) 接收质量限 在一个连续系列批中被提交检验抽样时,可允许的最差过程平均质量水平。

(9) 极限质量 针对一个孤立批,为了抽样检验,限制低接受概率的质量水平。

3. 抽样方案及对批次可接收性的判断

1) 在制定抽样方案时,需要明确抽样检验的要素,如图 3-41 所示。

2）抽样方案：在进行抽样检验时，首先确定从一批产品中抽取的样本容量 n 和判定接收或拒收该产品的一组规则，通常用（n，Ac）或（N，n，Ac）表示，Ac 为合格判定数（允许的不合格数最大值），则有：

N：批量（检查批中单位产品的数量）

n：随机抽取的 n 件待检样本

Ac：预先规定的合格判定数（允许的不合格数最大值）

d：n 件中发现的不合格产品数

$d \leqslant Ac$：接收（批产品合格）

$d > Ac$：拒收（批产品不合格）

图 3-41　抽样检验六要素

在实际抽样检验中，通常将批质量判断规则转换为一个具体的抽样方案，最简单的是一次抽样方案，如图 3-42 所示。

当实施一次抽样检验后，为了减少因抽样导致的误判而影响生产进度，对其抽样检验结果或需要对该批次产品再次或多次抽样验证是否合格时，通常会实施二次抽样检验来作为最后判定结果的依据。对于二次抽样检验的实施，如图 3-43 所示。

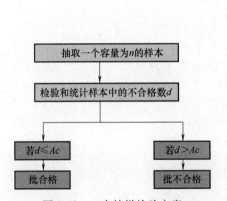

图 3-42　一次抽样检验方案

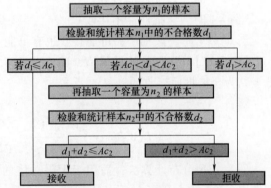

图 3-43　二次抽样检验方案

一次抽样检验、二次抽样检验、三次抽样检验各有优劣势，在实际工作中可以根据实际情况选择抽样方案，具体优劣势见表 3-19。

表 3-19　抽样检验方案优劣势对比

顺序号	内　　容	一次抽样检验	二次抽样检验	三次抽样检验
1	产品质量的保证	几乎相同		
2	供应者心理上的影响	最差	中间	最好
3	检验费用	最多	中间	最少
4	其他费用	最少	中间	最多

（续）

顺序号	内　容	一次抽样检验	二次抽样检验	三次抽样检验
5	检验工作负荷的变异性	不变	变动	变动
6	每批产品品质估计的准确性	最好	中间	最差
7	制造过程平均数估计的决策速度	最快	较慢	最慢
8	检验人员及测量设备的使用率	最佳	较差	较差

4. 抽样方案的特性

（1）接收概率　根据规定的抽样方案（n，c），把具有给定质量水平的交检批判为接收的概率，是用确定的抽样方案来验收该批交验批产品，其结果就是接收的概率。

（2）接收概率的计算方法　在抽样方案不变时，针对不同的质量水平的批接收的概率不同，其计算方法有以下三种：

1）超几何分布计算法：适用于有限总体的计件抽样检验，计算公式为

$$L(p) = \sum_{d=0}^{c} \frac{C_{pN}^{d} C_{N-pN}^{n-d}}{C_{N}^{n}}$$

设 N 为批量产品，抽样检验方案为（n，c），p 为产品不合格率，则有：

当 $p=0$ 时，该批产品接收。

当 $p=1$ 时，该批产品不接收。

当 $0<p<1$ 时，该批产品可能接收也有可能不接收。

【例3-11】　某产品的批量 $N=10$，$p=0.3$，抽检方案为 $n=3$，$Ac=1$，试求该批被判为合格批而接收的概率。

解：

$$L(0.3) = \sum_{d=0}^{1} \frac{C_{7}^{3-d} C_{3}^{d}}{C_{1}^{3}} = \frac{C_{7}^{3} C_{3}^{0}}{C_{1}^{3}} + \frac{C_{7}^{2} C_{3}^{1}}{C_{1}^{3}} = 0.46$$

（2）二项分布计算法：适用于无限总体的计件抽样检验，如当 N 很大时，通常采用二项分布计算，计算公式为

$$L(p) = \sum_{d=0}^{c} c_{n}^{d} p^{d} (1-p)^{n-d}$$

【例3-12】　当批量很大时，如 $N=500$，$n=50$，利用超几何分布很难计算，所以提出二项式分布计算法，假设 $N=300$，抽样方案（$n=20$，$c=1$），$p=1\%$，试求接收概率？

解：$L(p) = \sum_{d=0}^{c} c_{n}^{d} p^{d} (1-p)^{n-d}$

$= C_{20}^{0} (0.01)^{0} (1-0.01)^{20-0} + C_{20}^{1} (0.01)^{1} (1-0.01)^{20-1}$

$= 98\%$

在实际运用中,当 $\frac{n}{N} \leq 0.1$ 时,可以用二项概率去来代替超几何概率,用二项分布计算代替超几何分布计算。同时当 $n \leq 20$,$p<0.5$ 时,可以查《二项分布函数表》,查得接收概率。

3) 泊松分布计算法:使用于计点抽样检验,计算公式为

$$L(p) = \sum_{d=0}^{c} \frac{(np)^d}{d!} e^{-np} \quad (e = 2.71828\cdots)$$

【例 3-13】 $N=1000$,$(n=80, c=1)$,$p=1\%$,求接收概率?

解:$L(p) = \sum_{d=0}^{c} \frac{(np)^d}{d!} e^{-np} = \frac{0.8^0}{0!} e^{-0.8} + \frac{0.8^1}{1!} e^{-0.8} = 1.8 e^{-0.8} = 80.9\%$

(3) 抽样检验特性曲线　根据确定的抽样方案,每个不同的 p 值有一个对应的接收概率,它们之间的变化规律称为抽样特性,表示抽样特性的曲线称为抽检特性曲线(Operation Characteristic Curve),简称 OC 曲线。

【例 3-14】 抽样方案(50,1)。对于不同的 p,采用泊松分布计算接收概率 $L(p)$,结果见表 3-20。

表 3-20　接收概率计算结果

p	0.00	0.01	0.02	0.03	0.04	0.05	0.06	0.07	0.08	0.09	0.10	1.00
$L(p)$	1.00	0.91	0.74	0.56	0.41	0.29	0.20	0.14	0.09	0.06	0.04	0.00

解:

若以不合格品率 p 为横坐标,接收概率 $L(p)$ 为纵坐标,便可做出如图 3-44 所示。

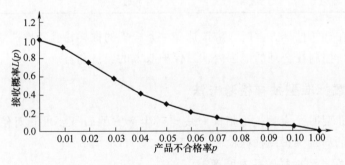

图 3-44　抽样检验特性曲线

每个抽样方案都有特定的抽样检验特性曲线,OC 曲线 $L(p)$ 是随批质量 p 变化的曲线,清晰地描述一个抽样方案对一个产品批质量的判别能力。其中有以下特点:

1) $0 \leq p \leq 1$,$0 \leq L(p) \leq 1$。
2) 曲线总是单调下降,p 越大,$L(p)$ 越小。

3)抽样方案越严格,曲线越往下移。固定 n,c 越小,方案越严格;固定 c,n 越大,方案越严格。

4)抽样方案的两类风险:在抽样检验过程中,通过抽样检验特性曲线可以评价抽样方案的判别能力,但每个方案都存在两类风险,见表3-21。

表3-21 抽样方案的两类风险比较

类别	第Ⅰ类错误	第Ⅱ类错误
概念	把合格错判为不合格而拒收	把不合格错判为合格
后果	给产品生产者带来损失	使产品使用者蒙受损失
表示方法	α 生产者风险率	β 使用者风险率
公式	$\alpha = 1 - L(p_0)$	$\beta = L(p_1)$

当 $\alpha = 0.05$ 时,在供需双方认可下,在100批合格交验产品中,生产者要承担的风险是平均有5批被错判不合格而拒收。

当 $\beta = 0.1$ 时,在供需双方认可下,在100批合格交验产品中,客户要承担的风险是平均有10批被错判合格而接收。

在实际抽样检验中,存在4种可能的判定,见表3-22。

表3-22 抽样检验中的4种可能判定

批的真实质量	抽样数据	判定	评价
$p \leq p_0$	$d \leq Ac$	接收	正确
$p \leq p_0$	$d > Ac$	拒收	犯第Ⅰ类错误
$p > p_0$	$d \leq Ac$	接收	犯第Ⅱ类错误
$p > p_0$	$d > Ac$	拒收	正确

因此,在选择抽样方案时,应该选择一条合理的抽样检验特性曲线,使这两种风险尽可能地控制在合理的范围内,以保护双方的经济利益。

3.5.5 计数标准型抽样检验方法

计数标准型抽样检验就是指同时规定对生产方的质量要求和对使用方(消费者、客户)的质量保护的抽样检验。

1. 计数标准型抽样的基本原理

根据事先确定两个质量水平,p_0 和 p_1,$p_0 < p_1$,设 $\beta = L(p_1)$,$\alpha = 1 - L(p_0)$。当 $p < p_0$ 时,需要高概率地接收检验批,而不接收检验批的概率为 α;当 $p > p_1$ 时,需要高概率地拒收检验批,而误接收检验批的概率为 β。

2. 抽样程序

1)确定质量标准:对于单位产品,需要明确规定区分合格品与不合格品的标准。

2）确定 p_0 和 p_1 值：

p_0 的选取 $\alpha=0.05$，p_0（A 类）<p_0（B 类）<p_0（C 类）

p_1 的选取 $\beta=0.10$

p_0 和 p_1 有一定的距离。若 p_1/p_0 过小，会增加抽检产品的数量，使检验费增加；若 p_1/p_0 过大，会放松对质量的要求，对使用方不利。IEC 推荐 $p_1/p_0=1.5$、2.0 或 3.0。

在实际抽样检验过程中，决定 p_0 和 p_1 时，要综合考虑生产能力、制造成本、产品不合格对客户的损失、质量要求和检验费用等因素。

3）确定批的组成：同一批次内的产品应当是在同一制造条件下生产的。

4）确定检索抽样方案：以 GB/T 13262—2008 为例，根据事先规定的 p_0、p_1 值，在表中先找到 p_0 所在的行和 p_1 所在的列，然后求出它们相交的栏；栏中标点符号"，"左边的数值为 n，右边的数值为 Ac，于是得到抽样方案（n，Ac）。

5）样本的抽取：样本的抽样方法有简单随机抽样、系统抽样、分层抽样和整群抽样等方法。

【例 3-15】 假设有某种成品零件分别装在 30 个零件箱中，每箱各装 60 个，总数为 1800 个，要从中取出 100 个零件组成样本进行测试研究，可运用上述 4 种抽样方法，见表 3-23。

表 3-23

简单随机抽样	系统抽样	分层抽样	整群抽样
将 30 箱零件倒在一起，混合均匀，并将零件从 1~1800 一一编号，然后用查随机数表或抽签的办法从中抽出编号毫无规律的 100 个零件组成样本	将 30 箱零件倒在一起，混合均匀，将零件从 1~1800 逐一编号，然后用查随机数表或抽签的办法先决定起始编号，比如 18 号，那么后面入选样本的零件编号依次为 28,38,48,58,…,908, 918,…,1798。于是就由这样 100 个零件组成样本	对所有 30 箱零件，每箱都随机抽出 5 个零件，共 100 个组成样本	先从 30 箱零件随机抽出 2 箱，然后对这 2 箱零件进行全数检查，即把这 2 箱零件看成是"整群"，由它们组成样本
优点：误差小 缺点：抽样手续烦琐	优点：操作简便 缺点：误差大	优点：误差小 缺点：抽样烦琐	优点：易操作 缺点：误差大

6）样本的检验：检验人员根据规定的质量标准或检验指导书，测量、测试与判断样本中每个产品是否合格，记录下样本中不合格品数 d。

7）批的判定：当 $d \leq Ac$ 时，批合格；当 $d \geq Re=Ac+1$ 时，批不合格。

8）批的处置：

① 判为合格的批即可接收。至于样本中已发现的不合格品是直接接收、退货，还是换成合格品，这要按双方签订的合同来决定。

② 判为不合格的批，全部退货。但是，也可以有条件接收，不过要按照双方签订的合同判定。

3.5.6 计数调整型抽样检验方法

1. 计数调整型抽样检验概述

（1）计数调整型抽样检验定义　根据过去提供产品质量情况调整把关的宽严程度，以促使供应商或过程提供优质批产品的一种抽样检验，由正常、加严、放宽三种宽严程度不同的方案和一套转移规则组成，适用于大量的连续批的检验。

（2）抽样标准简介　使用较早的是美国军用标准 MIL-STD-105D 的调整抽样标准，到后来的国际标准组织（ISO）制定了 ISO 2859：1974，我国以 ISO 2859 为准，加以一些修改，公布了 GB/T 2828.1—2012 版。

2. GB/T 2828.1—2012 的使用程序

计数调整型抽样标准 GB/T 2828.1—2012 是由正文、主表和辅助图表三部分组成的。

正文：主要给出了 GB/T 2828.1—2012 所用到的名词术语和实施检验的规则。

主表：包括样本量字码表，正常、加严和放宽一次、二次和多次抽样表。

辅助图表：主要给出方案的 OC 曲线、平均样本量 ASN 曲线和数值。

（1）确定质量标准和不合格分类　明确并区分质量特性合格标准或判别不合格的标准。根据产品质量特点和实际需要将产品分为 A、B、C 类不合格或不合格品。

（2）抽样方案检索要素的确定

1）过程平均的估计：

① 在规定的时段或生产量内平均的过程水平。

② 在 GB/T 2828.1—2012 中，指过程处于统计控制状态期间的质量水平。

③ 一系列连续交检批的平均不合格品率。

④ 一系列初次提交检验批的平均质量。

2）接收质量限 AQL 的确定：这是对生产方过程平均的要求，在确定 AQL 时应以产品为核心，再考虑所检产品特性的重要程度（及其不合格率对客户带来的损失和对客户满意度的影响），并应根据产品的不合格分类分别规定不同的 AQL 值，对于同一不合格类的多个项目也可规定一个 AQL 值，在规定时注意，项目越多，AQL 值应大一些，通常在确定 AQL 时可以按以下类型进行考虑：

① 产品特性的重要程度：A 类 AQL<B 类 AQL<C 类 AQL。

② 同类受检项目的数量：AQL（数量多）<AQL（数量少）。

③ 产品的用途：AQL（军用）<AQL（民用）。

④ 产品的复杂度、发现缺陷的难易：AQL（复杂、困难）<AQL（简单、容易）。

⑤ 对下道工序的影响：AQL（影响大）<AQL（影响小）。

⑥ 产品的损失：AQL（损失大）<AQL（损失小）。

⑦ 经济型（检验费、时间、破坏性）：在 AQL 越小的情况下，样本量越大，检验越不经济。

⑧ 同行业的水平（使用方不能提出过严的 AQL 水平）。

⑨ 企业其他的与质量相关的要求和指标。

⑩ AQL 一经确定，不能随意改变。

3）批量：指提交检验批中单位产品的数量。

在抽样检验中，大批量的优点是，从大批量中抽取大样本是经济的，并且大样本对批质量有着较高的判断力。

批量的条件应由生产条件和生产时间基本相同的同型号、同等级、同种类（尺寸、特性、成分等）的单位产品数组成。

在 GB/T 2828.1—2012 抽样系统中，规定的是批量范围，由 2~8、9~15、…，150001~500000、≥500001 等 15 档组成，见表 3-24。

表 3-24 样本量字码

批 量	特殊检验水平				一般检验水平		
	S-1	S-2	S-3	S-4	Ⅰ	Ⅱ	Ⅲ
2~8	A	A	A	A	A	A	B
9~15	A	A	A	A	A	B	C
16~25	A	A	B	B	B	C	D
26~50	A	B	B	C	C	D	E
51~90	B	B	C	C	C	E	F
91~150	B	B	C	D	D	F	G
151~280	B	C	D	E	E	G	H
281~500	B	C	D	E	F	H	J
501~1200	C	C	E	F	G	J	K
1201~3200	C	D	E	G	H	K	L
3201~10000	C	D	F	G	J	L	M
10001~35000	C	D	F	H	K	M	N
35001~150000	D	E	G	J	L	N	P
150001~500000	D	E	G	J	M	P	Q
≥500001	D	E	H	K	N	Q	R

4）检验水平（IL）的选择：检验水平是抽样方案的一个事先选定的特性，主要作用在于明确 N 和 n 间的关系。当批量 N 确定时，只要明确检验水平，就可以检索到样本量字码和样本量 n。

批量 N 和样本量 n 间的关系更多地是靠经验确定的，它的确定原则是批量越大，样本量 n 也相对高一些，但是样本量不与批量成比例。

通常说，N 越大，样本量的比值 n/N 越小。也就是说，检验批量越大，单位检验费用越小，所以方案的设计鼓励在过程稳定的情况下组大批交检。

在 GB/T 2828.1—2012 中，检验水平的分类分为一般检验水平和特殊检验水平两种，同类检验水平的判断能力随着箭头的方向由低往高增强，如图3-45所示。

① 不同检验水平具有的特点：

——一般检验水平的判断能力大于特殊检验水平的判断能力。

——无特殊要求时，均采用一般检验水平Ⅱ。

——特殊检验水平，所抽取的样品较小，适用于破坏性检验，检验费用高，检验时间特别长的场合，其特点是样本量较小但误断风险大。

——要注意检验水平 IL 与 AQL 之间的协调。

——检查水平从低向高选取，则抽样比例 n/N 从小到大变化。

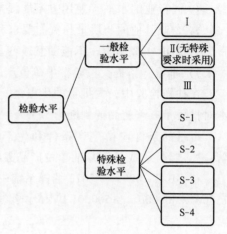

图 3-45 检验水平分类

——在 GB/T 2828.1—2012 中，检验水平Ⅰ、Ⅱ、Ⅲ的样本量比例为 0.4 : 1 : 1.6。

——检验水平变化对 OC 曲线的影响：IL 变化对 β 的影响远比对 α 的影响要大，检验水平的确定，对使用方更重要。

② 在选择检验水平时，需要考虑的因素：

——产品的复杂程度与价格：构造简单、价格低廉的产品检验水平应低些，或检验费用高的产品应选择低检验水平。

——破坏性检验：选择低检验水平，甚至特殊检验水平。

——产品稳定性：稳定性差或新产品选择高检验水平，批与批之间的质量差异性大的产品必须选择高检验水平，批内质量波动幅度小的产品选择低检验水平。

——使用方利益：从保护使用方利益出发，宜选择高检验水平。

5) 检验严格程度的规定：检验严格程度是指交检批所接受抽样检验的宽严程度。

在 GB/T 2828.1—2012 中规定了三种严格程度不同的检验：正常检验、加严检验、放宽检验等，一般在开始检验时，通常采用正常检验，而加严检验和放宽检验应根据已经检验的产品质量信息和转移规则选择使用。

① 正常检验：在过程平均优于 AQL 时使用的抽样方案。此时的抽样方案使过程平均优于 AQL 的产品批可以高概率被接收，从而保护生产方或客户的利益。在 AQL 相同的情况下，当 $p \leqslant$ AQL 时，批量越大，接收概率越高；当 $p >$ AQL 时，批量越大，接收概率越低。

② 加严检验：比正常检验更严厉的一种抽样方案，是为保护使用方的利益而设立的。当各批的 $p >$ AQL 且出现大部分批被拒收时，必须由正常检验进入

加严检验。采取加严检验措施,使加严 n = 正常 n,加严 Ac < 正常 Ac。只有在 Ac = 0 或 Ac = 1 时,才采用 Ac 值不变,使加严 n > 正常 n。通常加严检验是带强制性的。

③ 放宽检验:当批的检验结果表明过程平均远好于可接收质量限时,可使用放宽检验,以节省样本量。放宽检验样本量约为正常检验样本量的40%,通常放宽检验是非强制性的。

6)抽样方案类型的选取:在 GB/T 2828.1—2012 中规定了一次、二次和多次抽样方案类型,对于同一个 AQL 值和同一个样本量字码,采用任何一种抽样方案类型,其 OC 曲线基本是一致的。

选择抽样方案类型的原则,应从产品的检验和抽样的费用、检验时间、知识和复杂性等方面考虑。

7)检验批的组成:在 GB/T 2828.1—2012 中规定,检验批可以是投产批、销售批、运输批,但每个批应该是同型号、同等级、同种类的产品,且由生产条件和生产时间基本相同的单位产品组成。

(3)抽样方案的检索 抽样方案的检索首先根据批量 N 和检验水平从样本字码表中检验出相应的样本量字码,再根据样本量字码和接收质量限 AQL,最后利用抽样表检索抽样方案。

1)一次抽样方案的检索:由样本量字码读出样本量 n,再从样本量字码所在行和规定的接收质量限所在列相交处,读出判定数组(Ac, Re)。如遇到箭头,则由箭头指示的第一个判定数组及同行原则确定抽样方案。

2)二次抽样方案的检索:

【例 3-16】 若 N = 2000,AQL = 1.5(%)不合格品,检验水平为 Ⅱ,试求二次正常抽样方案。

解:使用 GB/T 2828.1—2012 的样本量字码表,由样本量字码 K 可得出:n_1 = n_2 = 80。

在利用 GB/T 2828.1—2012 的二次正常抽样表由样本量字码 K 和 AQL 的值可查得出,如图 3-46 所示,Ac_1 = 2,Re_1 = 5;Ac_2 = 6,Re_2 = 7。

(4)样本的抽取 样本的抽取具有随机性、代表性、独立性,标准规定一般地应按简单随机抽样从批中抽取样本,当使用多次抽样时,第二个样本或多次抽样时,每个后继样本应从同一批的剩余部分中抽取。

(5)抽样方案及对批的可接收性的判断 根据样本中的不合格(品)数及接收准则来判定是否接收本批或不拒收,还是需要抽取下一个样本。对于产品具有多个质量特性且分别需要检验时,当该批产品的所有抽样方案检验结果均为接收时,才能判定该批产品最终接收。

(6)转移规则 从一种检验状态向另一种检验状态转变的规则,如图 3-47 所示。

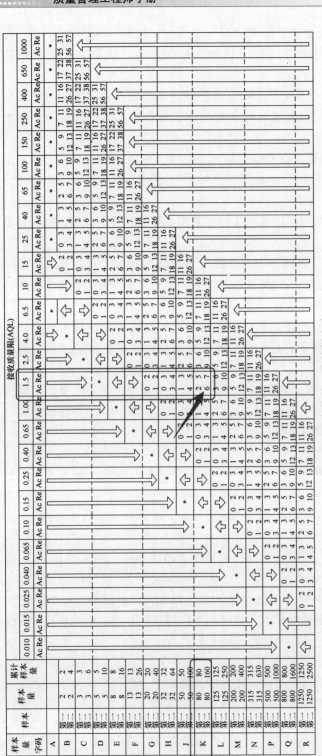

图 3-46 正常检验二次抽样方案

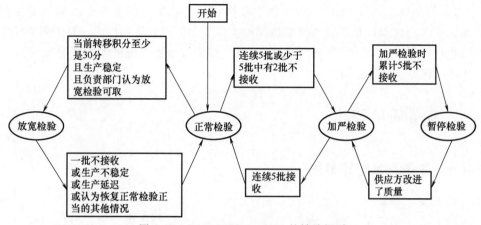

图 3-47 GB/T 2828.1—2012 的转移规则

GB/T 2828.1—2012 中规定，无特殊情况检验一般从正常检验开始，是首次提交检验（不含被判不接收后返工或返修的送检），通常连续 5 批或少于 5 批中有 2 批不接收，就要转入加严检验。

在进行加严检验时，连续 5 批检验接收，生产或进料检验可以从下批起恢复正常检验，加严检验是强制的，是为了保护使用方利益进行的。

在初次加严检验时，一系列批次不接收的累计达到 5 批，质量部门应暂时停止抽样检验，等供应商或现场产品质量改进后，经技术、质量等部门评估或验证同意后，才可以恢复抽样（如确实急需产品上线，必须全检合格方可放行），恢复抽检时，需要从加严检验开始逐步转移到正常检验或放宽检验的过程。

从正常检验转到放宽检验，需要满足以下条件：

1）当前转移积分至少是 30 分。

2）供应商、内部生产线稳定，若自动化程度高，则生产一致性就会好。

3）经过相关部门评估或验证后同意使用放宽检验。

（7）交检批的处理

1）判定为合格就应整批接收。

2）判定为不合格批原则上全部退回，由供需双方协商处理（降级、报废等方法处理）。再检验时应在确保拒收批的所有产品被重新检测或重新试验，确信所有不合格品或不合格项已被校正。

3）再检验应针对产品的所有不合格类型进行。

（8）其他信息

1）抽样特性曲线（OC 曲线）。GB/T 2828.1—2012 中只给出一次正常检验的 OC 曲线，但适用于二次和多次的正常检验和一次、二次、多次的加严检验。

调整型抽样方案组的抽检特性曲线由各个（正常、加严、放宽）单独方案 OC 曲线复合而成，称为复合抽检特性曲线。

2）平均样本量（ASN）。为了做出接收或不接收决定的平均每批抽取的单位产品数，平均样本量是计数调整型抽样检验标准中重要的经济指标。对于同样检验严格程度，一次 ASN<二次 ASN<多次 ASN，ASN 与所提交批的实际质量水平（以 p 表示）有关，是 p 的函数。

3.6 服务质量管理

3.6.1 服务质量管理概述

1. 服务的概述

（1）服务的定义 对"服务"的定义较多，比较有代表性和权威性的有以下两个：

1）《现代汉语词典》对"服务"的解释是："为集体或别人的利益或为某种事业而工作"。这个定义抓住了"服务"的两个关键点：一是服务的对象是集体或别人；二是服务本身是一种工作；而工作就需要有一定专长或技能。

2）ISO 9000：2015 对服务的定义是：在组织和客户之间需要完成至少一项活动的组织输出。这个定义界定服务是由组织提供的。

本书对"服务"的定义是："服务就是为满足组织或他人的期望和需要，在提供方和客户之间至少需要完成一项活动的行动、过程及结果"。这个定义表明服务提供方既可以是组织，也可以是个人。

（2）服务的特征

1）服务具有无形性、差异性、不可分离性、不可转让性、不可储存性、人员的参与性、服务过程的可视性和客户评价的主观性等特征，如图 3-48 所示。

2）"服务"与"微笑"并存，因此服务是：

① 一种态度：热情、积极、真诚。
② 一种行为：语言、动作、肢体。
③ 一种环境：设备、装修、氛围。
④ 一种理念：为他人着想、让他人满意。
⑤ 一种流程：简洁、快速、方便。
⑥ 一种制度：规范、标准、严谨。
⑦ 一种体验：愉悦、安全、舒适。
⑧ 一种享受：尊严、尊重、唯一。

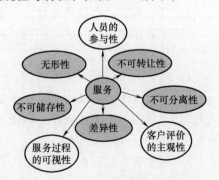

图 3-48 服务的特征

（3）服务的内涵和外延 服务包含客户购买前、购买中和购买后三个阶段；服务既存在于组织内部（如上一工序为下一工序服务，应对结果负责），也存在于组织外部（如客户等相关方，争取超越客户期望）；服务的基础是责任心、用心、细心、贴心和暖心。服务的内涵和外延如图3-49所示。

（4）服务的三个层面　服务的三个层面是指基本面、程序面和个体面。基本面是指服务组织的名称、类型、性质、规模、位置、装修与环境等硬件与企业文化、理念、价值观、品牌和定位等软件；程序面是指提供产品或服务的制度、规范、流程、方法、程序和标准等；而个体面则

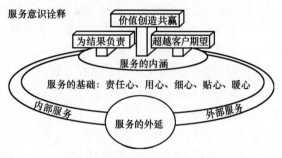

图3-49　服务的内涵和外延

包含服务者个体和接受服务的个体两个方面。服务者个体是指服务人员的性别、年龄、仪容、仪表及意识、心态、态度、行为和技巧等；接受服务的个体是指其性别、年龄、性格、消费层次、消费观念和预期等。

（5）服务的四种类型　根据服务的态度，可将服务归纳为冷淡型、呆板型、友好型和优质型四种类型。四种类型的服务特点、程序面、个体面和给客人的印象见表3-25。

表3-25　服务的四种类型

服务类型	服务特点	程序面	个体面	给客人的印象
冷淡型	程序面和个人面都较弱	慢、不一致、无组织、不方便、混乱	不敏感、冷淡、缺乏感情、疏远、不感兴趣	我不在乎你，我不关心你
呆板型	程序面较强，个人面较弱	及时、有效率、统一	不敏感、缺乏感情、疏远、不感兴趣	你是在求我，等待我的排序
友好型	个人面很强，但程序面较弱	慢、不一致、无组织、不方便、混乱	友好、优雅、机智、有兴趣	我们在努力，但实在不知道该怎么做
优质型	程序面和个人面都很强	规范、及时、统一、高效率	友好、优雅、和谐、有兴趣	我们关心你，并提供及时高质的服务来满足你

（6）服务的目标　服务的目标就是管理好服务的三个层面，为客户提供"优质型服务"，实现从低到高的服务目标顺序：无客户投诉、客户满意、客户惊叹（超越其期望）、客户口碑（免费广告）、客户忠诚（价值共赢）。因此，服务的基本目标是无客户投诉，终极目标是客户忠诚。

2. 服务意识

（1）服务意识的定义　服务意识是指服务者发自内心的、自觉主动地做好服务工作，提供热情、周到服务的观念、欲望和意愿，应该成为服务人员的一种本能和习惯。

服务意识也是以别人为中心的意识，服务意识有强烈与淡漠之分，有主动与被

动之分。

（2）服务意识的来源　服务意识主要来源于以下四个方面：

1）服务意识的萌生，通常最早来自于家庭的教育和潜移默化。

2）服务意识形成源于学校、老师的教育及同学、朋友的影响。

3）服务意识的固化源于对家庭、对社会、对工作的责任和担当。

4）服务意识的强化和提升源于工作单位的严格要求和持续的教育训练。

3. 服务质量

（1）服务质量的概念　服务质量是服务提供方提供的服务特征的总和满足客户规定或潜在要求的程度。服务质量是一个复杂的话题，客户对服务质量的评估是在服务实现和传递过程中进行的，服务质量与环境、可靠性、响应性、保证性、移情性和有形性及服务意识、态度、技能及品牌、价格、预期等多方面的因素有关。正是由于服务具有多元化的特征、丰富的内涵和外延，又涉及基本面、程序面和个体面的千差万别，才使得服务质量难以用客观、公正、统一和公认的评价标准去衡量。所以只能以客户接受的服务（即感知）与其对服务的期望（即预期）相比较来进行评价，叫作可感知的服务质量。可感知的服务质量如图3-50所示。

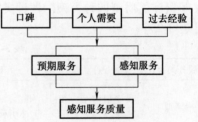

图3-50　可感知的服务质量

（2）服务质量的特征　客户的需求可分为精神需求和物质需求两部分，可以归纳为以下9个方面的服务质量特性。

1）可靠性：反映了一家企业服务表现的一贯性和可信任度，它意味着服务以相同的方式、无差错地准时完成。

2）有形性：指通过有形元素（如服务场景、设施、工具等）向客户展示或提供服务。

3）功能性：是指提供的服务所具备的作用和效能，这是服务质量特性中最基本的一个。

4）经济性：是指被服务者为得到一定的服务所需要的全过程、全部费用是否合理。经济性是相对于所得到的服务质量而言的，是与功能性、安全性、及时性、舒适性等密切相关的。

5）安全性：包括物质和精神两方面，是指企业保证服务过程中客户的生命、健康和精神不受到伤害，货物不受到损失。

6）时间性（又叫作响应性）：是指在时间上能否满足被服务者的需求，时间性包含了及时、准时和省时三个方面。

7）舒适性：在满足了功能性、经济性、安全性和时间性等方面的需求的情况下，被服务者期望服务过程要舒适。

8）文明性：文明性属于服务过程中为满足精神需求的质量特性。被服务者期望得到一个自由、亲切、受尊重、友好、自然和谅解的气氛,在一个和谐、亲切的人际关系的条件下来满足被服务者的物质需求。

9)移情性:即换位思考或"人情味",是指客服人员设身处地为客户着想和对客户给予特别的关注;主要体现在理解客户的心情和个性化要求等。

(3)服务质量感知　靠感知评价服务质量,当感知超出期望时,被认为服务具有特别的质量,客户会表示非常满意;当期望与感知一致时,是满意的质量;当服务没有达到期望值时,是不满意的质量。感知服务质量模型比较多,图3-51所示为格朗鲁斯1984年的三因素模型。

服务的期望值和感知结果的高低,又不同程度受到消费者个体层面(如年龄、性别、性格、学历、素质、经历、心态、心情、口碑、个人需要、个人偏好和过去经历等)的影响。但有时关键技术、关键时刻、关键事件等对感知服务质量起着决定性的作用。

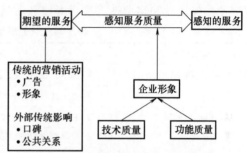

图 3-51　格朗鲁斯的感知服务质量模型

(4)优质服务　所谓的优质服务,就是比预期高的服务,是在规范化、标准化、程序化基础上的个性化、亲情化、周到化的细致、贴心服务,就是让用户感动、难忘、惊喜的服务。优质服务应符合以下6个标准:

1)规范化和技术化:客户相信服务供应方有关的产出标准、资源及必要的知识和技能,规范作业,解决客户疑难问题。

2)态度和行为:客户感到服务人员有过程标准,用友好的方式主动关心照顾他们,并以实际行动为客户排忧解难。

3)可亲近性和灵活性:客户认为服务供应者的地理位置、营业时间、职员和营运系统的设计和操作便于服务,并能灵活地根据客户要求随时加以调整。

4)可靠性和忠诚度:客户确信,无论发生什么情况,他们能够依赖服务供应者的职员和营运系统。服务供应者能够遵守承诺,尽心竭力满足客户的最大利益。

5)自我修复:客户知道,无论何时出现意外,服务供应者将迅速有效地采取行动,控制局势,寻找新的可行的补救措施。

6)名誉和可信性:客户相信,服务供应者经营活动注重质量、品牌和形象,物有所值。相信它的优良业绩和超凡价值,可以与客户共同分享。

4. 服务质量管理

(1)服务质量管理的概念　服务质量管理就是针对服务全过程、全员的管理,重点是用"差距分析法"测量消费者期望服务质量和感知的服务质量,分析造成的结果和产生的原因,并持续改进之。具体包括:

1)洞见消费者:全渠道、多场景了解客户的心声、期望和要求。

2) 强化运营管理：侧重管理好"三个层面"，以卓越过程获得卓越绩效。

3) 产品服务升级：想客户所想，高标准严要求，准确把握客户关注点及情感偏好。

4) 提升客户体验：开展满意度调查，准确把握改善点，持续改善落地。

（2）服务质量的评价维度　客户成了服务质量的唯一评价者，客户的评价具有主观性。那么，客户从哪些维度去评价服务质量的呢？不同的专家学者看法也不同，从两个到十个维度的都有，常见的有服务质量五维度：有形性、服务可靠性、响应性、保证性和移情性。客户对服务质量的评价维度，见表3-26。

表3-26　服务质量的评价维度

学者及年代	服务质量维度构成
朱兰（1974）	五维度：技术方面、心理方面、时间维度、可靠性和道德方面
格朗鲁斯（1982）	二维度：技术质量（服务结果）和功能质量（服务过程）
Lehtinen（1983）	三维度：有形质量（环境、设备等）、企业形象和企业与顾客之间的交互质量
PZB（1985）	十维度：可靠性、响应性、服务能力、便利性、礼貌、沟通、可信性、安全、移情性、有形性
古姆松和格朗鲁斯（1987）	四维度：设计质量、生产传递质量、技术质量、关系质量
PZB（1988）	五维度SERVQUAL模型：有形性、可靠性、响应性、移情性、保证性
Posen（1990）	五维度：人员执行服务的质量、设备执行服务的质量、资料数据的质量、决策质量和服务执行结果的质量
Rust 和 Oilver（1994）	三维度：技术质量、功能质量、环境质量

（3）服务质量的评价方法　根据"服务质量＝预期服务质量－感知服务质量"得知，服务质量的评价重点是测量和计算"感知服务质量"。将服务质量的属性进行重要性评估，如果每个服务质量属性（如安全性、及时性、舒适性等）权重均衡一致，则单个客户的总感知服务质量计算方法如下：

1) 展开问卷调查，由客户打分。

2) 计算单个客户的感知服务量 SQ 分数：

$$SQ = \sum_{i=1}^{22}(P_i - E_i) \quad (i=1,2,3,\cdots,22)$$

将此时的分数 SQ 再除以问题数目 i（此处 $i=22$），则得到每个问题的平均 SQ 分数。

3) 将调查中所有客户的 SQ 分数加总再除以客户数目，就得到了企业想要的平均 SQ 分数。

如果每个服务质量属性（此处的 $j=5$）的权重不一致，然后加权平均就得出了更为合理的 SQ 分数，即

$$SQ = \sum_{j=1}^{5} W_j \sum_{i=1}^{R}(P_i - E_i) \quad (i=1,2,3,\cdots,22, j=1,2,3,4,5)$$

式中，W_j——第 j 个属性的权重。

（4）服务质量管理模型　美国服务营销学者特哈莫尔．毕特纳和柏拉舒拉曼三人在 1985 年提出，建立一个以消除服务质量差距为目标的"服务质量管理模型"（又叫作服务质量五大差距模型），如图 3-52 所示。

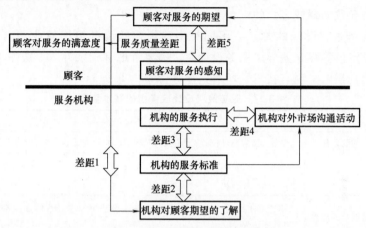

图 3-52　服务质量管理模型

1）服务质量差距 1（期望理解差距）：是指服务机构所了解的客户期望与实际的客户期望之间的差距，它的存在，主要是因为服务机构没有充分了解或低估了客户对服务的期望。

2）服务质量差距 2（标准设计差距）：是指服务机构的服务设计和相关的服务标准与所了解的客户对服务的期望之间的差距。它的存在，主要是因为服务机构在设计服务及相关的服务标准时不能准确地反映所了解的客户期望。

3）服务质量差距 3（服务执行差距）：是指服务机构执行服务时与制定的服务标准之间的差距。

4）服务质量差距 4（承诺兑现差距）：是指服务机构对客户的承诺与服务实绩之间的差距。

5）服务质量差距 5（客户期望与感知差距）：这一差距是由上述四种差距的累积引起的。

因此，服务质量管理就是有效管理客户期望与实际感知的差距。

3.6.2　服务设计与改进

服务设计就是为组织自身设计一个客户服务体系（包括客户服务标准、客户服务流程和客户满意模型三个方面）、为客户设计一个服务（包括用于提供服务的资源、辅助物品、显性服务和隐性服务在内的统一体）。所谓的服务设计就是对服务的内容、过程、结构、结果、影响等进行设计。

1. 服务过程设计

（1）服务过程设计的概念　服务过程（通常又称为流程）设计，是指在充分考虑服务组织内外部资源、结构、优化配置能力等的基础上,为提高服务效率和效益而进行综合策划的活动过程。

服务过程设计,关键在于把握三个要素的有效平衡,即实物设施、过程和方法;规范的着装、语言和行为;员工的职业素养和判断,如果过多或过少强调某个要素,将会导致问题或客户的不满。

(2) 服务过程设计的要素　不同类型和规模的服务组织的业务内容、流程、构成要素及定位等存在差异,服务设计时,需要考虑基础条件、一般需求、组织及其边界、职责权限、现有技术、所需技能等要素,见表3-27。

表3-27　服务流程设计应考虑的基本要素

序号	基本要素	主要内容
1	基础条件	资金实力;地理位置;定位;基础设施能力;行业地位;溢价能力;资源整合能力
2	一般需求	预期目标;基本产出;次级产出;购买力与消费水平;产出率(容量);质量特征;关键成功因素
3	组织及其边界	组织基本结构;组织支持结构;业务流程起点;业务流程终点;不同部门界面接口;外部边界
4	职责权限	决策层;管理层;执行层;基层员工
5	现有技术	行业现有技术水平;本组织掌握的技术水平
6	所需技能	所需知识与技能;人力资源结构;改进创新能力

(3) 服务过程设计的步骤　在服务过程设计时,必须充分考虑以上要素,并参考以下步骤:

1) 明确目标、目的或使命。必须符合自身资源和基础条件,明确服务组织使命、宗旨、战略规划、目标要求和定位等,并根据上述基本要素清晰界定"输入——加工——输出"的基本要素和属性。

2) 确定内部需求和能力要素。服务过程设计内容必须符合服务组织内部需求及其相关能力,以便提高服务质量和效率,这些要素大多涉及有效产出率、时间、成本和质量等。

3) 适宜组织结构与文化环境。组织结构涉及组织规模、定位、技术系统或专用技能(如软件开发、保险精算、数据统计、会计等),还包括一些软件内容(如组织使命、职能特点、团队或小组结构形式等),同时必须兼顾软硬件及其交错性有机整合要求,力求使其形成独特的文化氛围。

4) 分析现有技术或可获得的技术能力。必须分析行业现有技术或可获得的技术与能力。如IT技术应用已使数据输入从手工抄写发展到电子媒介,并使服务作业运营效率大幅度提高。如果相关技术比较缺乏或不足,则必须加大投资力度。

5) 准确定位所有利益相关者。勒特利斯贝格尔认为,现代经济活动产生了许多工作团队,团队之间、个人之间存在某种行为模式,而且每项活动都存在社会价值、利益和等级。因此，进行服务过程设计时，必须准确定位利益相关者及跨边界作业活动流程参与者，力戒利益相关者相互间界面混乱和利益冲突。

2. 服务质量改进

（1）服务质量改进的概念　服务质量改进就是在明确改进的目标和指标的前提下，制定改进计划，通过改进基本面、程序面和个体面等，达到提高服务质量、增强客户满意度的目的。服务质量改进的策略有渐进式和跨越式两类。

（2）服务质量改进的方法　服务质量改进的方法是服务质量差距分析法，这种方法在国外非常流行，就是运用 PDCA 循环法的四个阶段 8 个步骤。

分析差距的方法有两个：建立服务批评建议（投诉）热线、开展满意度问卷调查，以此来收集服务质量差距；分析"服务质量差距模型"的 5 个差距。

找出服务质量差距后，用 5M1E（即人、机、料、法、环、测）、因果图、树图等分析产生差距的主要原因，针对主要原因采取措施，实施改进，进行效果评估，实现标准化。

（3）服务质量改进的技巧

1）最高管理者负责质量。如麦当劳、马利奥特、迪士尼和德尔达等公司最高层都对质量完全负责，这些公司的管理者不仅按月查核财务成绩，而且也查核服务成绩。麦当劳公司的雷伊·克劳克坚持连续评估该公司的每个商店的 QSCV，即质量（Quality）、服务（Service）、清洁（Cleanliness）和价值（Value）方面是否符合要求，淘汰不符合要求的特许经销商。

2）建立更高水平的标准。最佳服务提供者一般都是为其服务质量规定很高的标准。例如，花旗银行规定电话铃响 10s 内必须有人接听、客户来信必须在两天内给出答复。区别一家企业服务质量高低就在于它是提供"最起码"的服务还是"有突破"的服务，即瞄准 100% 的无缺点服务。

3）服务绩效监督（监测）制度。例如：通用电气公司一年给家庭发出 70 万张调查卡，请他们对公司服务人员的绩效进行评比；花旗银行不断进行 ART 检查，即准确性、反应性和时间性，以对其雇员提供的服务进行监督检测。

4）有效处理客户抱怨和投诉。有效处理客户抱怨和投诉问题的原则应该是：对客户投诉做出快速反应；承认错误但不要太多辩解；表明你是从每一个客户的观点出发认识问题的；不要同客户争论；认同客户的感觉；给客户怀疑的权利；阐明解决问题需要的步骤；让客户了解处理进度；考虑给客户补偿；坚持不懈地重获客户的友善。

3.6.3　服务业质量管理

1. 概念体系内涵

（1）服务业的概念和分类　服务业通常又叫作第三产业，据国家有关部门统计公布的信息：我国 2019 年的服务业 GDP 已接近 60%，超过第一产业（广义农业）和第二产业（广义工业）GDP的总和。

服务业一般可分为：为生产服务的生产性服务业、为生活服务的生活性服务业和为社会服务的公共服务业三类。而在这三类传统的服务类型中，某些领域与现代信息技术和知识经济有机结合，用现代化的新技术、新业态和新服务方式改造、升级传统服务业，以创造新概念，引导新需求，刺激新消费，又产生出了"现代服务业"（又称为高技术服务业）的概念，诞生了诸如现代物流业（又称为智慧物流）、现代金融服务业、现代文化创意产业、现代信息服务业和现代咨询服务业等。现代服务业具有知识性、专业性、高技术性和创新性等特点。

（2）生产性服务的概念和分类　生产性服务是生产制造企业本身的行为、动作，它是生产制造企业的一种生产制造方式或模式，它的性质仍然属于制造业，它是通过自己的生产制造行为，为其他生产制造类企业提供生产制造品，通常为他人提供生产性服务的制造企业，通过自己所拥有的生产制造能力为别人制造产品的服务就是生产性服务。

生产性服务不是为企业的生产或制造提供服务，而是生产、制造行为本身就已经演变为一种服务了，OEM（原厂委托制造）或ODM（原厂委托设计）就是生产性服务的典型案例。

生产性服务一般可以分为：硬件产品生产服务和软件产品生产服务两类，或分为传统产品生产服务和高技术产品生产服务两类。

（3）生产性服务业的概念和分类　生产性服务业是属于服务业范畴，它是通过为生产制造企业提供服务的一种产业，它属于服务业的一种，只不过这种服务业的目的是为制造类企业的生产、制造提供配套或支持服务。

生产性服务业的服务内容很广，主要包括：

1）专业服务：法律、财税、管理咨询、认证、教育培训、组装与构造、工程设计、过程测量等。

2）信息和中介服务：电讯、电影、广告与市场研究、信息技术服务、出版业等。

3）金融保险服务：银行、保安、保险、风险投资、债务市场、基金管理等。

4）贸易相关服务：市场研究、会展、进出口贸易、交通运输业、航空运输、海上运输、现代物流业、仲裁与调解等。

生产性服务业的服务方式常见的有：现场技术服务、远程数据维护服务、问题咨询服务和个性化定制服务等。

（4）生活性服务业的概念和分类　生活性服务业是满足居民最终消费需求的服务活动。以《国民经济行业分类》（GB/T 4754—2017）为基础，以《国务院办公厅关于加快发展生活性服务业促进消费结构升级的指导意见》（国办发〔2015〕85号）中生活性服务业重点领域为指导，将生活性服务业分为12个大的领域，每个领域再分中类和小类，这12大领域是：居民和家庭服务、健康服务、养老服务、旅游游览和娱乐服务、体育服务、文化服务、居民零售和互联网销售服务、居民出行服务、住宿餐饮服务、教育培训服务、居民住房服务和其他生活性服务。

(5) 政府公共服务的概念和分类 公共服务是指由政府部门、国有企事业单位和相关中介机构履行法定职责,根据公民、法人或者其他组织的要求,为其提供帮助或者办理有关事务的行为。公共服务事项是由法律、法规、规章或者行政机关的规范性文件设定,是相关部门必须有效履行的义务。

强调政府的服务性和维护人民的权利,提供良好的公共服务(包括加强城乡公共设施建设,发展教育、科技、文化、卫生、体育等公共事业,为公众参与社会经济、政治、文化活动等提供保障),是21世纪公共行政和政府改革的核心理念。

公共服务可以根据其内容和形式分为:公共基础服务、公共经济服务、公共安全服务、社会公共服务四类。

1) 公共基础服务:指那些通过国家权力介入或公共资源投入,为公民及其组织(即企业)提供从事生产、生活、发展和娱乐等活动都需要的基础性服务(如提供水、电、气,交通与通信基础设施,邮电与气象服务、文化影视服务等)。

2) 公共经济服务:指通过国家权力介入或公共资源投入,为公民及其组织从事经济发展活动所提供的各种服务(如科技推广、咨询服务以及政策性信贷等)。

3) 公共安全服务:指通过国家权力介入或公共资源投入,为公民提供的安全方面的服务(如军队、警察和消防等)。

4) 社会公共服务:指通过国家权力介入或公共资源投入,为满足社会发展(包括教育、科学普及、医疗卫生、社会保障以及环境保护等)和公民的生存、生活、发展等社会性直接需求(如公办教育、公办医疗、公办社会福利等)所提供的服务。

2. 概念特征外延

(1) 具有现代服务特征 关于生产性服务的定义很多,但核心思想是一致的,即生产性服务是生产(或服务)过程的中间投入。

生产性服务(又称为"生产者服务"或"生产服务")可描述为:那些作为商品或其他服务生产过程的投入而发挥作用的服务。除了被企业用作生产商品与其他服务的投入这一显著特征外,生产性服务作为现代服务的重要组成部分,也具有现代服务最为典型的特征,即无形性、同时性或不可分割性、客户参与服务过程、异质性和易逝性等。

(2) 具有科学技术特征 在现代经济中,现代科学技术(如5G技术、移动终端、大数据、云计算、区块链、物联网等)与第一、二、三产业的有机结合,对生产、生活、教育、医疗和服务的模式和水平等的提高起着关键作用,并推动生产和服务向规模、质量、品牌、高效和智慧发展。因此,生产性服务和生活性服务被认为是新兴经济的关键服务,它的扩张与生产经营活动越来越紧密相连,并且越来越复杂化、智能化。

3. 服务业质量管理概述

（1）坚持质量管理原则　ISO 9000：2015 的质量管理原则，是任何组织都必须遵循的原则：以客户关注为焦点、领导作用、全员参与、过程方法、询证决策、持续改进和关系管理。

（2）建立服务质量管理体系　无论是生产性服务业、生活性服务业还是政府公共服务业，其服务范围都十分广泛，建议提供服务的组织依据 ISO 9000 或（和）ISO 14000 标准，建立真正适合自己的全面质量管理体系或（和）环境管理体系，从组织的战略、文化到各职能、各环节和各过程，从风险识别、客户了解、市场细分到客户关系管理，不断提高服务水平和客户满意度，同时，处理好生产性、生活性服务的废弃物，节约能源资源，为保护人类的生存环境，不断提高生产水平、生活水平、安全健康水平和人民的获得感、幸福感。

（3）做好服务业的支持性管理　与其他产业的质量管理一样，要很好地达成组织的输出目标，离不开组织的人力资源与行政、品质与品牌、信息与技术、采购与营销、后勤保障等支持部门的管理与协同。

（4）打好质量基础　服务企业应该加强计量、标准化、合格评定、教育训练等质量基础建设，对标国际国内先进水平。

（5）做好持续改进工作　定期不定期开展客户满意度调查，并通过统计分析找到改进机会，分析原因实施改进，并进行总结、分享和成果标准化。

4. 服务质量满意度测评

（1）满意度调查概要　客户满意度是衡量组织管理水准和业务绩效的晴雨表。测量客户的满意度是改进组织的业绩和运作、实现客户满意、提高客户忠诚度和竞争力的重要手段。

加强客户满意度的测量和科学分析，关键是要找到客户哪些地方不满意，分析其原因，采取相应的改进措施，并把测量发现运用到组织发展战略、质量品牌定位、新产品开发、过程设计控制与改进、产品和服务交付及交付后活动中去。

（2）开展客户满意度调查的步骤

1）明确调查的目的和内容。开展客户满意度调查研究，必须首先明确开展客户满意度调查的目的和内容，目的不同内容也有差异。其次是行业及行业细分不同，调查内容或侧重点也不同。最后是识别客户的需求结构，不同的企业、产品或服务拥有不同的客户，不同群体的客户，其需求结构的侧重点不尽相同，如有的侧重于产品的性能和功能，有的侧重于价格，有的侧重于服务等。

调查的主要内容应包括售前、售中和售后三个阶段，调查内容或项目（包括但不限于）：有形性（如设备实施、房屋装修、工具器具）、环境（如清洁卫生、绿化美观）、响应性、安全性、舒适性、服务态度、业务流程、服务技能、移情性、沟通协调和主动服务意识等。

2）量化和权重客户满意度指标。客户满意度调查了解的是客户对企业、产品、服务的态度及其满足状态等级，是一个定量分析的过程，需要对调查项目设置权重，对指标进行量化赋值。客户满意度调查项目、权重、等级和相应赋值，见表 3-28。

表 3-28 客户满意度调查项目、权重、等级和相应赋值

调查项目及权重 满意等级与赋值	很满意 6	满意 5	较满意 4	一般 3	不太满意 2	不满意 1	很不满意 0
有形性 15%							
环境 15%							
响应性 15%							
服务态度 15%							
服务技能 10%							
移情性 10%							
舒适性 10%							
价格 10%							

注：这是一个七级量化赋值（0~6）表，也有五级量化赋值（1~5）表。

3）明确调查的方法。客户满意度调查常用的调查方法有：问卷调查法、面谈调查法、电话调查法三种，另外网络调查法、邮寄调查法、留置调查表法、秘密客户调查法也有使用。往往完成一次调查需要结合使用几种方法，需要根据行业特性、调查目的灵活选用不同的组合方法。例如，公交公司和宾馆等通常用留置调查表法和秘密客户调查法，而汽车 4S 店常用电话调查法。面谈调查法因为受到时空的限制、效率不高，相对使用不多。问卷调查法由于网络和移动终端的发达，使用更方便、更快捷和更广泛，同时统计分析也变得更加方便和容易。

4）设计调查表。调查表是指为了实现调查目的，便于调查和统计用的一种表格，是客户满意测量中最常用的一种测量工具。调查表通常由开头、正文和结尾三部分组成。

① 开头部分：即调查表简明扼要的说明，包括调查员的自我介绍，说明调查的主办单位和个人身份，调查的内容、目的、填写方法和所需的时间等，并说明希望被调查者给予合作、支持、帮助和致谢。

② 正文部分：是测量客户满意程度的大量问题，或用于了解可以为质量改进提供参考信息的问题。正文中的问题大部分是封闭性的、选择性的问题，既便于被调查者快速作答，也便于以后的数据汇总和分析。当然结尾也可以设置少量开放式的问题，给被调查者一个自由发表意见的机会，从而能够更详细地掌握被调查者的想法。

③ 结尾部分：通常是被调查人员的基本情况（如性别、年龄、文化、职业、家庭情况、经济状况、消费爱好等），用于了解客户的某些有价值的特征，主要用

于客户满意度调查后的数据分析与使用;也有将这部分放置在正文部分前面并以开放问题结尾的。

5) 选择调查的对象。一些企业为了某些目的,在确定调查对象时,往往只找那些自己较熟悉的、关系较好的或相对忠诚的老客户,排斥那些可能对自己不(太)满意的客户。有时候,一些企业只是在召开新产品发布会、产(展)销会、订货会时进行客户满意度调查,来者往往有求于企业而多说好话、少说坏话。同时,由于这样的座谈会往往局限于经销商,而参加产销会、订货会的往往又只是经销商的负责人或采购人员,他们不是产品的最终使用者,甚至没有直接接触过产品的购买者或最终使用者。

如果组织的客户数量较少,应该进行全数调查。但对于大多数企业来说,要进行客户的全部调查是非常困难的,也是不必要的,应该进行科学的随机抽样调查。在抽样方法的选择上,为保证样本具有一定的代表性,可以按照客户的种类(如新老、大小、组织与个人客户等)、各级经销商和最终使用者、客户的区域范围(如东、西、南、北、中)、客户的时态(过去、现在、未来)、客户的年龄段(如老中青)等分层分类进行随机抽样。在样本的大小确定上,为获得较完整的信息,必须要保证样本足够大,但也应同时兼顾到调查的费用和时间的限制。

6) 客户满意度数据的统计分析。客户满意度调查结束后应立即进行调查数据的收集和科学的统计分析,如是网上客户满意度调查,则比书面或口头的问卷、电话或面对面的访谈方便进行统计分析。封闭性问题比较好统计,而开放性问题或陈述,则需要做语义分析,才能全部、准确掌握客户满意水平、意见和建议等有价值信息。

7) 改进计划和执行。在对收集的客户满意度信息进行科学的分析后,发现客户不满意的问题,作为改进点,分析原因,制定企业的改进方案,并组织企业相关部门员工切实执行。如此循环,以不断增进客户的满意度。

3.6.4 商品售后服务

1. 售后服务的概念

广义的售后服务,是指在商品出售以后所提供的各种服务活动的总称。狭义的售后服务仅是指"三包"(即包修、包换、包退)服务。

从营销角度看,售后服务本身同时也是促销手段之一。随着消费者维权意识的提高和消费观念的变化,在激烈的市场竞争和产品同质化情况下,优质的售后服务,能够使客户摆脱疑虑、摇摆不定的心态,下定决心购买商品,从而扩大产品的市场占有率,提高推销工作的效率及收益。

优质的售后服务是品牌经济的产物,名牌产品的售后服务往往优于杂牌产品。但名牌产品的价格普遍高于杂牌,一方面是基于质量和产品成本,同时也因为名牌产品的销售策略中已经考虑到了优质售后服务的成本。

2. 售后服务的内容

根据产品大小、复杂程度和技术含量等的不同，售后服务的内容是多样化的，常见的有：为消费者提供安装、调试、技术指导，零配件的供应，维修服务，定期维护与保养，定期电话或上门回访，对产品实行"三包"，及时处理消费者来信来访以及电话投诉意见，解答消费者的咨询，用各种方式征集消费者对产品和服务质量的意见，并根据情况及时改进等。

3. 售后服务的体系

产品的售后服务，既有生产厂商直接提供的，也有经销商提供的，但更多的是以厂家与商家合作的方式展现给消费者的。无论是厂家、商家还是消费者，都应该要遵守规则、程序和诚信，厂家或商家应依据《商品售后服务评价体系》标准，建立售后服务管理体系，使售后服务标准化、程序化、专业化、规范化，并建议获得商品售后服务认证。

建议运用线上售后服务工具（即售后服务软件系统），使售后服务清晰化、智能化，并使用服务水平管理和服务水平协议，让任何客户提交的售后服务请求都转变成服务工单进行处理和归档和处理，便于日后的查询、追踪和跟进，避免任何一个售后服务因为人员或者空间的疏忽而造成服务不当和遗漏，提升服务质量管理水平。

售后服务线上工具有强大的客户满意度评价和统计分析功能，很好地记录客户在对于每一次的售后服务的评分和评价，便于企业记录每一次的售后服务的效果，并有效地记录服务人员、服务时间、内容和流程，掌握客户服务人员的绩效和客户满意度评价走势，便于企业针对售后服务有效进行反应和有针对地改进和完善服务质量。

注意：对于没有服务水平协议的企业，建议实施服务水平定义、服务水平审核及测量标准制定。

4. 售后服务的服务要点

售后服务是各企业和商家争夺消费者心智的重要领地，需要企业持之以恒的耕耘，也是企业生存和发展享用不尽的数据库，更是品牌长盛不衰的活力源泉，是提升客户满意度和忠诚度的主要阵地，良好的售后服务是下一次销售前最好的促销，是树立企业口碑和传播企业形象的重要途径。

（1）建立广泛的客户沟通渠道　搭建24h服务平台，如官方的网站、微信、邮箱、电话、服务热线等，所有用户有任何需要和不满都可以投诉。

（2）配备足够的资源　凡是产品覆盖之地就有售后服务中心或人员，并配备相应的资源（如充足的零配件、必要的工具和熟练的专业技术人员等），随时听候指令待命或出征。

（3）耐心聆听，确认真意　对客户所说的话要从头到尾耐心倾听，尤其是听到表达可能不是特别好或反复重复的话语时，不要打断客户，更不可与客户争辩，而应该尊重客户，多和客户商讨，倾听客户的声音，听出客户真正的用意和需要、不满或者抱怨的情形。让客户说出不便说或不敢说的真话才是重要的，并确认其真实的意图。

（4）引导客户出对策　如果问题实在没有办法解决，也可以让客户帮你想出对策。当你用心为客户服务，用心去关心客户，客户就会感谢你，还会做出更大、更好地回馈，为你想出最好的解决对策。

（5）确认结果　在与客户确认问题和对策，并实施后，需要完成客户要求或问题是否得到圆满解决，解决结果是否满意的书面确认。

5. 售后服务的危机应对

无论客户通过哪种渠道抱怨对产品或服务的不满或投诉、发脾气时，切记不要争辩，而是要耐心地倾听，学会控制情绪，做一个高情商的销售和售后服务人员。把客户的问题点梳理出来，然后在适当时机表达你的观点。尊重客户是一个称职的销售人员必须具备的素质，即使你知道这个客户的误会，你仍然要静静倾听客户的心声，有时在你耐心地倾听之中，客户的怒气就消了，客户的不满也就不知不觉解决了。如果你找借口应付他或一再辩解，客户就会产生。客户的不满一旦严重表现出来，就会带走更多的客户。

6. 报废处置与再生利用

不同产品的报废处置方式方法不尽相同，有的需要拆卸、分类处置，有的可以再生利用，形成循环经济。有的产品报废时如果任意丢弃，就会对土壤、水源或空气造成污染，此类产品报废需要交专门的有资质的机构处理。建立组织的产品报废（回收）流程，把报废处置方式或可能带来的后果明白地告诉消费者是企业、商家应尽的社会责任。

3.6.5　服务认证

1. 服务认证简介

根据《中华人民共和国认证认可条例》的规定：我国的认证分"产品、服务和管理体系"三类。其中如"3C""绿色食品"等，属于产品认证类别；"ISO9001 质量管理体系""ISO14001 环境管理体系"等，属于管理体系认证类别；商品售后服务认证、物业服务认证等，属于服务认证类别。

商品售后服务认证是运用《商品售后服务评价体系》标准，物业服务认证是运用《社区服务指南第 9 部分：物业服务》标准，对企业的服务能力进行审核，对服务水平做出评价的过程。

商品售后服务的范围，不仅包括商品运送、安装调试、维修保养、提供零配件、业务咨询、人员培训以及调换货、退赔等内容，还包括建立客户资料库、加强客户接触、对客户满意度进行调查、信息反馈等，对现有客户的关系营销。

服务认证的标准，规定了构成服务评价体系的基本要素，包括原则、指标和方法等方面的内容，适用于组织内部和外部（包括第三方机构）对服务水平进行评价，以及为企业建立服务体系提供参考。

2. 申请服务认证所需资料

申请商品售后服务认证的组织，应向认证机构提供以下资料：

1）组织的认证申请书（包括申请组织的服务提供活动等情况的说明）。

2）法律地位的证明文件（包括企业营业执照、事业单位法人证书、社会团体登记证书、非企业法人登记证书、党政机关设立文件等）的复印件。

3）若服务活动有多个场所，适用时应附每个场所的法律地位证明文件的复印件。

4）组织机构代码证书（三证合一则不需要）的复印件。

5）服务活动所涉及法律法规要求的行政许可证明、资质证书、强制性认证证书等的复印件。

6）有关申请方服务及其活动的一般信息，多场所活动及活动分包情况。

7）服务手册及必要的程序文件（已有效运行一定期限的说明）。

8）申请认证的范围，对拟认证的服务所适用的标准或其他引用文件的说明。

9）申请方同意遵守服务认证要求，提供审查所需要的信息的承诺。

10）申请方的组织性质、名称、地址、法律地位以及有关的人力和技术资源。

11）其他与认证审查有关的必要文件。

3. 申请服务认证的流程

申请服务认证的流程如图 3-53 所示。

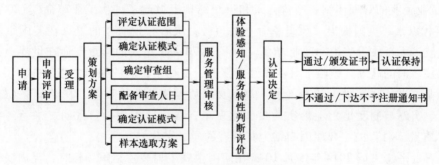

图 3-53　申请服务认证的流程

第4章　优秀质量模式

质量变革是一场从理念、目标、制度到具体领域的全方位、系统性变革，包括系统质量观、管理变革、理论功底、心理学等四个方面应从战略、价值和制度三个层面入手，不断提高产品质量，弘扬劳模精神和工匠精神，进而提高制造业的质量效益，增加有效和中高端供给。

4.1　质量革命呼唤优秀质量模式

世界各国的质量革命为中国的质量变革提供了宝贵的经验。美国的费根堡姆指出："在今天的国际市场上，质量革命正在进行"。朱兰指出21世纪人类将迎来"质量世纪"，明确断言："质量革命，势在必行"。日本运用质量管理这个武器，"在工业企业的管理体制、经营方式和组织结构上掀起了一次工业革命"。20世纪80年代以来，美国提出"质量革命"的口号，决心"使日本的复兴在美国重演"，设立波多里奇质量奖推动产业复兴。20世纪70~80年代的质量革命在世界上掀起一浪接一浪的高潮，拯救了日本的经济复苏，支撑了德国的强国之路，推动了美国的产业复兴；摩托罗拉CEO鲍勃·高尔文以质量文化改进质量，在"4I"（鼓舞、信息、实施、制度化）上落实质量文化变革，取得巨大成功。戴明、朱兰等将日本"质量革命"的主要原因归结为其特有的质量文化。

习近平总书记2014年5月10日在河南中铁工程装备集团考察时，提出我国经济要实现从"中国速度到中国质量的转变"；时任总理李克强在2014年9月15日的中国质量大会上，提出要"把经济社会发展推向质量时代"。这是新一代中央领导集体对我国经济增长方式的新思考、新定位、新判断。中国的质量变革由此开启新的一页。目前，我国经济已由高速增长阶段转向高质量发展阶段，要推动经济发展质量变革、效率变革、动力变革，不断增强我国经济创新力和竞争力。经济学家刘世锦指出，质量变革是主体，效率变革是主线，动力变革是基础，三者组合起来，成为增强经济质量优势不可或缺的手段。工业和信息化部将中小企业质量提升作为推动转型升级增强动力的主要任务。国家质检总局将中小企业质量作为工作攻关要点，实施中小企业质量援助，落实中小企业质量主体责任，增强中小企业发展内生动力。据相关调查显示，87.5%的企业希望获得质量技术服务。推动中小企业质量变革，增加内生动力既是中共中央经济转型升级的宏观要求，也是企业获得持续发展动力的内在需求。由此，中小企业质量变革路径创新研究成为质量提升行动中的关键问题。

简而言之，以质量变革为国家经济振兴手段，在国际上取得了巨大成功；从国际经验来看，质量文化是质量变革成功的重要原因。"质量变革"就是指涉及国家、企业、社会等多主体共同治理，从质量伦理、技术创新、政府规制等三方面共同着手，进而发起的颠覆性、革命性的企业发展模式。该模式可以推动企业产生根本性的脱胎换骨和转型升级，从而显著提升质量管理水平和经营绩效。

4.2 相关政府质量奖

4.2.1 日本戴明奖

1. 起源及发展

世界范围内影响较大的质量奖中，日本戴明奖是创立最早的一个。它始创于1951年，是为了纪念已故的威廉·爱德华·戴明博士，他为日本战后统计质量控制的发展做出了巨大贡献。日本业界认为，他的教诲帮助日本建立了这样一个基础，正是在这个基础之上，日本的产品质量才达到了今天这样被世界广泛承认的水平。自从1951年创办以来，已经有超过210家日本企业获得戴明奖，这些获奖者的产品和服务质量均获得了大幅度提高。戴明奖虽然诞生于日本，但现在已经成为享誉世界的质量奖项。

2. 代表性获奖企业

戴明奖的奖项共分为三类：

（1）戴明奖　颁发给在以下三个领域做出贡献的个人或组织：

1）对全面质量管理的研究取得杰出成绩。

2）对用于全面质量管理的统计方法的研究取得杰出成绩。

3）对传播全面质量管理做出杰出贡献。

（2）戴明应用奖　颁发给组织或者领导一个独立运作的机构的个人。获奖条件是，在规定的年限内通过运用全面质量管理使组织获得与众不同的改进。

（3）质量控制奖　颁发给组织中的一个部门，这个部门通过使用全面质量管理中的质量控制和质量管理方法，在规定的年限内获得了与众不同的改进效果。

从1951—2019年的69年时间里，共有252家企业组织获得了戴明奖。其中典型的获奖组织有：1951年的昭和电工、田道制药、富士制造、八幡制造，2019年的丰田汽车九州公司、JSW钢铁公司塞勒姆工厂、日本银木工业、印度埃尔吉设备公司、西门子歌美飒能源制造部门、印度拿丁集团电力与自动化公司、永田靖氏。此外，有五家中国企业获得了戴明奖，它们是：台湾 Philips 公司（1991年）、而至齿科（苏州）有限公司（2010年）、欣兴电子股份有限公司（中国台湾，2011年）、小松山推工程机械有限公司（山东济宁，2013年）、海洋王照明科技股份公司（2018年）。获得戴明奖的公司不乏像川崎制造、信越化学、住友金属、东京芝浦电气、东洋纺织、日本电气、武田药品、富士写真、日立制造、三菱电机、日产自动车、小松制作所等世界著名公司。

3. 奖项评审关注点

戴明奖的评审标准，70多年来不断地改进和完善。1992年之前为7个类目；1994年增加为10个类目。10个类目为：公司的方针计划；组织及其运营；教育及普及；信息的收集、传递和运用；分析；标准化；管理；质量保证；效果；将来的计划。图 4-1 所示为日本戴明质量奖框架。

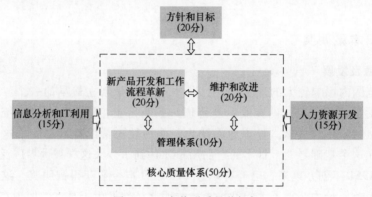

图 4-1　日本戴明质量奖框架

戴明奖最新评价标准整体条款非常精炼，体现了一贯崇尚简洁、注重实效的传统，但没有明确给出构成标准的核心理念，却给出了全面质量管理（TQM）的定义：组织采取一系列的系统活动，以有效率和高效地实现组织目标，在适当的时间以合适的价格提供满足顾客要求的高品质的产品和服务。评价标准强调对三个要点的关注：

1）组织在领导者的卓越领导下，已经建立了具有挑战性的、顾客驱动的目标和战略，这些目标和战略反映了组织的原则、所处行业、经营和环境状况。

2）TQM 被正确地实施以实现上面提到的经营目标和战略。

3）TQM 的实施已经取得突出的结果，实现了组织的经营目标和战略。

归纳上述 TQM 定义和评价标准的关注点，可以看出戴明奖评审关注的焦点主要包括最高领导者的作用、顾客驱动、系统性、TQM 实践和关注结果等。

具体的评分要求分为以下四个方面：

（1）"基本要求"的评价　从四个方面加以考虑：有效性、一致性、连续性和全面性。6个大"类"中的9个"项"根据以上四个要素的实现程度进行评分，总分为100分。

（2）"卓越的TQM活动"的评价 以业绩为关注点，从有效性、可重复性和创新性三个方面进行评分，总分为5分。

（3）"高层领导的作用"的评价 主要评价高层管理者在推进TQM方面所起的重要作用。主要通过会议调查、从"基本要求""卓越的TQM活动"评价中发现问题等，并按百分制进行评分，总分为100分。

（4）综合评价 "基本要求""卓越的TQM活动"和"高层领导的作用"三个方面必须全部达到或超过规定分数线才能获奖，其获奖分数线标准为达到或超过总分的70%。

4. 影响及价值

日本戴明质量奖的普及和推广，对于日本质量管理的提升和日本产业竞争力的提高起到了重要作用。获得戴明质量奖是一种荣誉，更代表一流的竞争力，它是日本企业竞相追逐的目标。戴明奖给日本企业的全面质量管理带来了深远影响。日本企业以申请戴明奖作为动力和桥梁，积极运用和推广全面质量管理活动，经过几十年的努力，逐渐形成了日本企业的竞争力，取得了令世人瞩目的经济奇迹。戴明奖评价标准从1951年戴明奖设立以来，一直在变化和完善，推动了戴明奖的不断发展。获得戴明奖的企业，都积极按照评审标准和要求，根据企业的特点、环境，持续完善和改进企业的质量控制和质量管理方法，其产品质量和服务得到有效提高，从而刺激更多其他企业积极开展全面质量管理活动，以提升企业竞争力。因此，戴明奖评价标准也被视为是企业持续改进、创新发展和变革的工具。

4.2.2 美国波多里奇质量奖

1. 起源及发展

20世纪80年代，小到电子表、大到汽车的日本产品纷纷涌进美国，美国国内工业面临强烈冲击。面对这种情况，美国前商务部长马可姆·波多里奇召集了几十位经济学家、管理学家和企业家进行研究，寻找出路。在充分研究的基础上，他们向美国国会提出了设立"美国国家质量奖"的建议。它每年只授予两三家具有卓越成就、不同凡响的企业。

1980年，日本在美国NBC电视台播放纪录片，介绍日本通过全面质量控制（TQC）活动，创造出优异产品的情况，同时，第一次向美国介绍日本的爱德华·戴明质量奖及其在创造经济奇迹中发挥的作用。美国有4000万人观看了这部纪录片，纪录片录像带的发行量创美国历史最高纪录。这种现象反映了当时美国市场被日本占领、美国企业岌岌可危、美国民众的焦虑和希望美国经济复兴的愿望。TQC起源于美国，却在日本开花结果，20世纪80年代TQC为美国工业和经济复兴做出了巨大贡献。由于日本企业与产品在全球大获成功，TQM迅速向世界各国普及推广，并且在实践中产生出新的质量管理论和方法。美国 Motorola 公司在总结日本 TQM 的基础上，提出了 6σ 管理和顾客全面满意的概念，获得巨大成功。

1982年10月，美国总统里根签署的一份生产力文件认为，美国的生产力在下降，其结果是美国的产品在国际市场上，价格昂贵，缺乏竞争力。美国企业界和政府领导人认识到，面对更广阔、更苛刻、更激烈的全球一体化市场竞争，美国企业不了解TQM，不知道如何提升产品质量，质量在美国企业中的重要性已迫在眉睫。1983年9月，白宫生产力会议召开，会议呼吁在全国公立和私营部门开展质量意识运动。在这一背景下，美国政府部门和企业界对于TQM活动呈现出与日俱增的兴趣。许多政府和企业界人士建议，设立类似日本戴明质量奖那样的美国国家质量奖，帮助美国企业开展TQM，提高产品质量、劳动生产率和市场竞争力。

美国前商务部长马可姆·波多里奇自1081年至1987年坚持认为，TQM是美国国家繁荣和长期强大的关键因素，这导致了美国众议院科学技术委员会的一系列听证会。他个人对这部后来以他的名字命名的质量改进法案具有浓厚兴趣，并帮助起草了这部法案最初的草稿。为了表彰他的贡献，美国国会以他的名字命名了国家质量奖法案。为表彰他的贡献，1987年8月20日，美国总统里根签署了国会通过的以他名字命名的公共法案"马可姆·波多里奇国家质量改进法"。依据该法案，波多里奇质量奖创立，用以表彰美国企业在TQM和提高竞争力方面做出的杰出贡献。从1988年开始，波多里奇国家质量奖基金为此项奖励提供支持。

2. 代表性获奖企业

1988—2003年的16年时间里，共有58家企业组织获得了波多里奇质量奖。2018年共有5家组织获得波多里奇国家质量奖，分别是来自美国德克萨斯州的阿拉莫地区学院（教育类）；来自科罗拉多州的捐献者联盟（非营利类）；来自伊利诺伊州的整合项目管理公司（小企业类）；来自印第安纳州的纪念医院和医疗保健中心（医疗类）；以及来自俄克拉荷马州的三郡技术学院（教育类）。多年来，获得波多里奇质量奖的公司涉及联邦快递、防务系统级电气公司、德州仪器、3M、长滩制造、波音公司和汉密尔顿医疗公司等著名公司。

3. 奖项评审关注点

波多里奇奖由美国商务部国家标准技术局（NIST）负责管理。根据来自美国企业、大学、政府部门、咨询机构和其他组织的反馈信息，每年波多里奇奖的评价标准、申请指南和评审过程都会有所修改。这种持续的改进是波多里奇奖的最大优点。

波多里奇奖评价标准的设立遵循以下原则：
1）质量奖是一套全国性的质量评价体系。
2）为质量奖的评审和信息交流提供基础。
3）为跨组织的合作提供一个平台。
4）提供一套动态的国家奖励评价制度。

波多里奇奖评价标准有助于提高美国产品和服务质量的绩效标准和期望水平。在对企业关键的质量要求和运作业绩有着共同了解的基础上，波多里奇奖的评价标准能够促进企业之间以及企业内部的交流与共享，还可作为企业计划、评估、培训及其他用途的工具。

波多里奇质量奖主要关注点涉及 7 个类目，细分为 19 个评分条款，33 个评价点。其中 7 个方面的类目分别是：领导；战略策划；聚焦顾客与市场；测量、分析和知识管理；以人为本；过程管理；经营结果。图 4-2 所示为美国波多里奇质量奖框架。

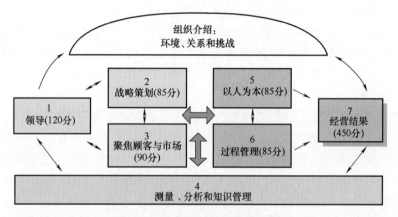

图 4-2　美国波多里奇质量奖框架

波多里奇奖评价的核心价值观包括：有远见的、着眼于未来的领导人，顾客驱动的卓越绩效模式、全面的视野与管理创新、企业和员工的学习、注重雇员和合作伙伴、注重成果和创造价值、对市场的敏捷反应和社会责任。波多里奇奖评价要素和所占比例为：领导作用 12.5%，战略计划 8.5%，以顾客和市场为中心 8.5%，信息、分析与知识 8.5%，人力资源开发 8.5%，过程管理 8.5% 和经营结果 45%。

4. 影响及价值

波多里奇奖的核心是定点超越，分两步进行：第一步，分析本企业与历史同期相比取得了多少进步，它能够激励本企业继续前进；第二步，企业要想获得巨大的进步，就要不断地把本企业的业绩与同行业最佳企业的业绩比较，找出差距，迎头赶上，这就是定点超越。

波多里奇奖是一个杠杆，沙里淘金，每年只有 3~5 个企业获奖。波多里奇奖引导企业通过连续的质量改进和设定业绩的卓越标准而获得顾客满意。"质量"在波多里奇奖中有了更广泛的含义，由于波多里奇奖是针对"管理质量"和"经营质量"而被称为"卓越绩效模式"。波多里奇奖卓越绩效模式有着坚实的客观基础，它是 TQM 的一种实施细则，是以往美国企业 TQM 多年实践的具体化和标准化。它为企业或其他组织提供了一个沟通、诊断和评价的平台，使得企业或其他组织能够用一种语言来讨论和沟通企业的经营管理。它能够帮助企业驾驭管理复杂的系统，为企业管理提供一个系统工程管理的思路。波多里奇奖卓越绩效模式标准有助于企业管理实现重点突出与全面兼容的结合，有利于企业正确评价、引导和规范所属各部门和员工的行为，使得企业管理层的努力能够保持在企业成功和实现企业愿景的正确方向上来，从而帮助企业获得世界级质量。它主要通过把企业的改进传递给顾客和进行全面的企业变革，来提升企业的竞争力。

1995年，国家标准与技术研究所（NIST）曾公布一份报告，对获得波多里奇奖的公司与一般公司在股票市场上的业绩进行比较。获得波多里奇奖的公司作为一个群体，其业绩超过标准普尔500指数，收益比约为2.5∶1。获得波多里奇质量奖的公司实现了362%的增长率。1998年12月30日，美国总统克林顿签署了100-107号公共法案的修正案，从1999年开始，波多里奇奖的授奖范围和对象被正式扩大到教育和医疗卫生领域。2001年4月，美国总统布什出席了波多里奇奖标准修订研讨会。

波多里奇奖有着强大的鼓舞作用，它激励美国企业为荣誉和成就而战，同时给予付出非凡努力的企业以应有的回报。波多里奇质量奖由美国总统颁发给获奖企业，获奖企业在美国非常引人注目，已经成为美国质量的倡导者，它们在企业和组织中传达着这样的信息——采用波多里奇奖卓越绩效模式所获得的利润和收益远远超过他们最初的预期。到目前为止，获奖企业就此发表的演讲已超过3万次。

在政府和私人企业的共同努力下，这一奖项已获得巨大成功。目前，政府每年投入该奖项的奖金500万美元，私人企业和民间组织投入的资金超过1亿美元。其中，私人企业赞助的捐款超过1000万美元。每年都有来自美国企业、公司、大学、政府部门、咨询机构和非营利机构的专家，作为志愿者从事质量奖的评审工作，NIST至今已就TQM、过程改进及波多里奇奖的有关事项进行了上千次演讲。每年，全美有数千个企业和组织用波多里奇国家质量奖的原则和评价标准进行自我评估、培训和改进。对许多企业来说，采用波多里奇国家质量奖卓越绩效模式，提高了生产率、市场占有率和顾客满意度，改善了企业和员工的关系，最终提高了企业利润。

4.2.3 欧洲质量奖

1. 起源及发展

欧洲质量奖（European Quality Award，EQA），现已更名为欧洲质量管理基金会卓越奖（European Excellent Award，EEA）。

1990年，在欧洲质量组织和欧盟委员会的支持下，欧洲质量管理基金会（EFQM）开始筹划欧洲质量奖。1991年10月，在法国巴黎召开的欧洲质量管理基金年度论坛上，欧盟委员会副主席马丁·本格曼正式提出设立欧洲质量奖。1992年10月，在西班牙马德里欧洲质量基金会论坛上，由西班牙国王朱安·卡洛斯首次向获奖者颁发了欧洲质量奖。从1992年至今，欧洲大陆很多国家和地区的质量奖纷纷设立。几乎所有这些国家和地区质量奖的评奖方法和过程都遵循欧洲质量奖的方式，绝大多数欧洲国家都已设立他们自己的国家质量奖。由于很多人认为质量奖只适用于大公司的申请。因此，在1994年欧盟委员会请欧洲质量管理基金会和欧洲质量组织联合开创了两个新的质量奖类别：公共事业单位质量奖和中小企业质量奖。

设立欧洲质量奖的目的与美国波多里奇奖和日本戴明质量奖相同，都是为了推动质量改进运动、提高对质量改进重要性和质量管理技术方法的意识，对展示出卓越质量承诺的企业进行认可，以提高欧洲企业在世界一体化市场上的竞争力。欧洲质量奖授予欧洲全面质量管理最杰出和有良好业绩的企业，只有营利性企业才能申请，非营利性企业被排除在外，它对企业所有权的类别和企业所有者的国籍并无要求，但申请企业的质量管理活动必须在欧洲发生。欧洲质量奖评价领域广泛，注重企业的经营结果、顾客满意和服务、人力资源开发，强调分享产品和技术信息的重要性。

2. 代表性获奖企业

2018年欧洲质量奖颁奖大会在奥地利维也纳霍夫堡宫殿举行，中国长飞光纤光缆股份有限公司荣获由欧洲质量管理基金会颁发的"2018EFQM全球卓越奖"。长飞公司是欧洲质量奖设立以来首个获得该奖项的中国企业。2019年度欧洲质量奖评选结果揭晓，山东临工荣登榜单，为中国制造赢得了世界赞誉。其余代表性获奖组织有：英飞凌科技股份公司（2018年）、萨卡里亚大学（2018年）、西班牙蒙克洛亚大学医院（2018年）。

3. 奖项评审关注点

欧洲质量奖对欧洲每一个表现卓越的企业开放，它着重于评价企业的卓越性。欧洲质量奖的奖项分为质量奖、单项奖、入围奖和提名奖。欧洲质量奖的奖励范围，1996年扩大到公共领域的组织，1997年奖励范围又扩大到250名员工以下的中小企业以及销售、市场部门和研究机构等。奖项分为质量奖、单项奖、入围奖、提名奖4类。

（1）质量奖　质量奖授予被认定是最好的企业。获奖企业的质量各类方法和经营结果是欧洲或世界的楷模。获奖企业可以在信签、名片、广告等上面使用欧洲质量奖获奖者标识。

（2）单项奖　单项奖授予在卓越化模式的一些基本要素中表现优秀的企业。2003年，欧洲质量奖在领导作用、顾客对产品评价、社会效益评价、人力资源效果评价和员工投入、经营结果领域内颁发了这一奖项。单项奖确认并表彰企业在某一方面的模范表现，也使得一般的管理者和媒体更容易理解。

（3）入围奖　入围奖意味着企业在持续改进其质量管理的基本原则方面，获得了较高的水准。获入围奖的企业将在每年一度的欧洲质量奖论坛上得到认可。这一论坛每年在欧洲不同的城市举行，来自欧洲不同国家和地区的 700 多名企业管理者会出席这一会议。

（4）提名奖　即它们已经达到欧洲质量奖卓越化模式的中等水平。获欧洲质量奖的提名奖将有助于鼓励企业更好地进行质量管理，并激励他们进一步去努力。

在欧洲质量管理基金会模式的 9 个要素中，每个要素在评奖过程中所占的比重是不同的：领导力（10%，100 分）；人员素质（9%，90 分）；方针和战略（8%，80 分）；合作伙伴和资源（9%，90 分）；过程（14%，140 分）；人力资源开发结果（9%，90 分）；顾客结果（20%，200 分）；社会效益结果（6%，60 分）；最终绩效表现 15%（150 分）。满分 1000 分。图 4-3 所示为欧洲卓越质量奖框架。

申请者首先根据模式开展自我评估，将结果提交给欧洲质量管理基金会，一组有经验的评审员再对申请组织评分。质量奖评判委员会由欧洲各行业领导者，包括以前获奖者的代表和欧盟委员会、欧洲质量管理基金会，以及欧洲质量管理组织的代表组成。他们首先确定评审小组将对哪家申请者进行现场考察。现场考察之后，基于评审小组的最终

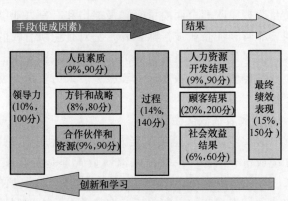

图 4-3　欧洲卓越质量奖框架

报告，评判委员会选择确定提名奖获得者、质量奖获得者和质量最佳奖获得者。获奖者都将参加声望很高的欧洲质量论坛。媒体将对其进行广泛报道，获奖企业将成为其他组织的典范。质量论坛会后的一年中，将进行一系列的会议，邀请获奖者与其他组织分享经验及达到优秀的历程。

4. 影响及价值

欧洲质量奖是欧洲最负声望的组织奖，是欧洲质量基金组织卓越水平中的最高水平，自 1992 年起，每年颁发一次，由欧洲委员会副主席马丁·本格曼先生倡议，由欧洲委员会、欧洲质量组织和欧洲质量基金组织共同发起。欧洲质量奖对欧洲每一个表现卓越的组织开放，着重于组织的卓越性。通过申请质量奖，组织可以得到很大的益处，即每一个申请人都可以得到来自企业之外的专业评审人员根据欧洲质量管理基金会模式对组织提供的有针对性的、具体的、独立的反馈，以帮助它们继续走向卓越。

2000 年，欧洲质量管理基金会再次重申了他们对授予欧洲质量奖的立场和观点。现在，他们把目标集中于"建立一个欧洲企业在其中表现优秀的世界"，并加大力量推进欧洲企业的卓越化进程和可持续性发展。由于欧洲质量组织的帮助和其他成员的榜样，欧洲企业已经逐渐接受了"全面质量管理"这种管理理念，并认

为它是一种有效的成功的管理模式，能够在全球市场竞争中获得优势，因此，全面推行欧洲质量奖能够增强企业质量保证体系的有效性，降低产品成本，提高顾客满意度，长期满足顾客、员工等的需要，能够使企业获得显著的经济效益和社会效益，最终会导致企业获得更好的经营成果。

4.2.4 中国质量奖

1. 起源及发展

中国质量奖于2012年开始起草，成为我国质量领域的最高荣誉。该奖项从2013年开始正式评审，分为中国质量奖和中国质量奖提名奖两个奖项，每两年评审一次。与中国质量协会评审的"全国质量奖"相比，主要区别在于：颁奖者的区别，前者为国家质量监督检验检疫总局，后者为中国质量协会；就层次而言，中国质量奖更具权威性。从2013年开始，中国质量方面奖励的最高荣誉就非"中国质量奖"莫属了。从评奖机制来说，中国质量奖主要是根据《质量发展纲要（2011—2020年）》的思路来进行考核，并以其作为主要依据，同时包括对候选组织的基本情况评审、关键指标评审和否决事项评审三个部分；侧重于企业质量管理成果的考评，申请门槛较高，如果只是一般性的经营业绩良好，但不是行业领导企业，获奖难度较大。

截至2021年年底，中国质量奖已经评审四届：首届（2013—2014年度）、第二届（2015—2016年度）、第三届（2017—2018年度）和第四届（2019—2020年度）。

2. 代表性获奖企业

自设立中国质量奖以来，共有24家企业组织获奖，4个一线班组获奖、4名个人获奖，1个教育机构获奖。具体名单如下：中国航天科技集团、海尔集团（以上为首届获奖组织）；华为投资控股有限公司、株洲中车时代电气股份有限公司、上海振华重工集团股份公司、中国北京同仁堂集团公司、中国建筑一局集团、厦门航空有限公司、国网上海市电力公司浦东供电公司、中航科工防御技术研究院（以上为第二届获奖组织）；潍柴动力股份有限公司、珠海格力电气股份有限公司、江苏阳光集团有限公司、敦煌研究院、中铁大桥局集团有限公司、中航工业成都飞机设计研究所（以上为第三届获奖组织）；中海油田钻井事业部海洋石油981平台（第二届一线班组）、首都医科大学宣武医院神经内科（第三届一线班组）、中国商飞上海飞机设计研究院总体气动部总体布置班组（第三届一线班组）、重庆市九龙坡区谢家湾小学（第三届教育机构）、刘源张（个人，首届）、高凤林（个人，第二届）、潘玉华（个人，第三届）。第四届获奖名单为：京东方科技集团股份有限公司、中铁工程装备集团有限公司、美的集团股份有限公司等制造业；宁波舟山港集团有限公司、银行间市场清算所股份有限公司等服务业；中国核电工程有限公司、"华龙一号"研发设计创新团队等一线班组；北京空间飞行器总体设计部；获奖个人为中国交通建设股份有限公司总工程师林鸣。

3. 奖项评审关注点

中国质量奖（组织）评审内容以国务院《质量发展纲要（2011—2020年）》为主要依据，包括对候选组织的基本情况评审、关键指标评审和否决事项评审三个部分。

（1）基本情况评审　中国质量奖（组织）基本评审内容包括质量、技术、品牌和效益4部分，由三级评审项目组成，形成依次展开的关系，各级评审指标及其分值分布见表4-1。

表 4-1　中国质量奖（组织）材料初评内容框架

一级评审指标	二级评审指标	三级评审指标
（一）质量 （450分）	质量发展 （100分）	质量战略（20分）
		质量文化（20分）
		基础能力（40分）
		质量教育培训（20分）
	质量安全 （100分）	质量责任（40分）
		质量诚信（30分）
		风险管理（30分）
	质量创新 （100分）	理论模式（40分）
		技术方法（30分）
		改进攻关（30分）
	质量水平 （150分）	关键指标（80分）
		顾客满意度（70分）
（二）技术 （150分）	技术创新 （100分）	技术先进性（60分）
		创新能力（40分）
	技术价值 （50分）	经济价值（25分）
		社会价值（25分）
（三）品牌 （150分）	品牌建设 （50分）	品牌规划（10分）
		品牌推广（20分）
		品牌维护（20分）
	品牌成果 （100分）	品牌价值与效应（50分）
		品牌国际化（50分）
（四）效益 （250分）	经济效益 （130分）	财务绩效（70分）
		税收贡献（60分）
	社会效益 （120分）	社会责任（80分）
		社会影响（40分）

(2) 关键指标评审

1) 质量：

① 制造业企业近三年内产品质量合格率均处于行业领先水平，未出现产品质量国家监督抽查不合格现象。

② 服务业企业近三年内顾客满意度均处于行业领先水平。其中，生产性服务业企业的顾客满意度达到80%以上，生活性服务业企业顾客满意度达到75%以上。

2) 技术：

① 企业核心技术获得国家科学技术奖励数量和等级。

② 企业通过自主创新获得技术专利的数量与水平，参与国际技术标准制修订数量处于行业领先。

3) 品牌：

① 主导品牌产品和服务国内市场占有率行业领先。

② 品牌国际化程度行业领先，主导品牌产品或服务的国际市场占有率、出口国家数量、年出口创汇数额均处于行业领先。

4) 效益：

① 近三年主营业务收入、投资收益、利润总额、销售额等关键财务指标水平及其趋势处于行业领先。

② 近三年全员劳动生产率、万元总产值综合能耗水平及其趋势处于行业领先。

③ 近三年对国家和地方依法纳税总额处于行业领先。

5) 否决事项：

① 近三年内出现过严重违法违纪行为。

② 近三年内发生过重大质量安全事故。

③ 近三年内出现过国家监督抽查不合格。

④ 近三年内在质量安全、节能环保、市场秩序、知识产权等方面受到相关主管部门行政处罚的。

⑤ 未达到国务院《质量发展纲要（2011—2020年）》规定的相关要求。

4. 影响及价值

中国质量奖为政府奖励，是我国在质量领域的最高荣誉，评选表彰工作由国家质检总局（现国家市场监督管理总局）负责组织实施，是国家质检总局（现国家市场监督管理总局）颁布的奖项，是由我国政府部门组织评选的最高质量类奖项，具有权威性和公正性，由国家质检总局提出、国务院批准设立，经自愿申报、形式审查、材料评审、专家审议、陈述答辩、现场评审、评选表彰委员会全体会议投票、总局局长办公会审核等环节产生。该奖设中国质量奖和中国质量奖提名奖，每两年评选一次，旨在表彰在质量管理模式、管理方法和管理制度领域取得重大创新成就的组织和个人，对我国各行业的质量管理具有标杆作用。

4.3 优秀质量模式的启示

4.3.1 各国政府质量奖的启示

政府设立质量奖对在质量管理和质量技术及方法应用领域表现突出的公司进行激励，由政府最高管理者授奖并给予一定的物质和精神奖励，已经成为较为普遍且较具影响力的有效做法。

相对而言，日本戴明质量奖、美国波多里奇质量奖、欧洲质量奖，在关于对企业绩效的研究方面，较我国的研究和应用程度更为超前。从学者研究角度，欧美国家的学者们主要聚焦于全面质量管理对企业财务绩效的影响作用，以及研究政府质量奖对于企业经营绩效的影响作用，这些研究能够较好地促进质量奖的广泛应用，以进一步提升企业追求质量的动力。而且，政府质量奖旨在引导企业成为行业领导者，并分享自己的特色优势质量管理机制、技术和方法方面，起到了较为显著的作用。也就是说，在促进先进（质量）管理经验的分享以推动产业繁荣方面，政府质量奖的确起到了不可替代的作用。

尽管学术界在研究层面上，对于政府质量奖评价准则的各个要素对企业绩效的影响机理尚需进行深入的研究，但是在企业实践意义上，的的确确为企业运营、为地方经济营造社会共治的质量局面，提供了一个难得的抓手，这一点在学术界和企业界是有目共睹的。

我国政府质量奖在先进质量管理经验分享机制方面，相对落后于西方发达国家。

4.3.2 我国质量强国战略的实施

西安科技大学王新平教授曾于 2012 年发表文章讨论食品质量安全问题，提出这样的观点：民以食为天，食以安为先；安以德为基，德以法为本。按照这样的基本思路，我国实施质量战略的框架应该包括的基本要素有：核心技术研发、质量教育、质量伦理、质量法制、质量文化、国家质量战略目标，基本框架图示如图 4-4 所示。

如图 4-4 所示，把中国经济看作一辆行驶的汽车，质量战略目标则为其提供了前进的动力，质量教育在人才意义上提供支持，形成了推动力；而基于核心技术研发的"中国创造"则产生了汽车前进的加速度。同时，质量伦理、质量法制分别作为"软""硬"两方面的支持措施，构成了支撑这辆汽车滚滚向前的两大车轮；质量文化的本质是构建全社会重视质量、关注质量的氛围，因此良性健康的质量文化事实上就是为国家质量战略的顺利推进和实施铺就了一条平坦光明的质量"高速公路"；而不重视质量、人人自危的全社会质量文化则无形中就是一条泥泞、坎坷的质量"山间小路"。显然，中国经济要的不是在质量"山间小路"上的亦步亦趋，而是在质量"高速公路"上的稳步前行。以上这些要素共同作用，形成合力，最终反映的是国家层面的质量战略思考，共同支撑国家质量战略的实施，实现中国国家质量战略目标和追求。如图4-4所示相关要素，进一步具体说明如下：

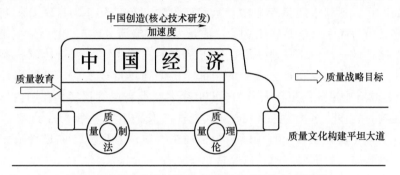

图4-4 我国实施质量战略的技术路径框架示意图

1. 核心技术与研发水平

核心技术和高水平的研发能够为质量提供最重要的"硬"基础；而中国企业在核心技术与研发水平方面存在的硬伤显而易见。据美国加州大学伯克利分校、加州大学尔湾分校、雪城大学共同发表的论文《苹果iPhone和iPad全球利润分配现状》报道数据，2010年在iPhone的售价中，苹果通过产品设计、软件开发费用等共占58.5%。居第二位的是各种零配件投入费用，占21.9%。其次为韩国企业的利润（4.7%）、除中国以外的劳动力投入费用（3.5%）、苹果以外的美国企业的利润（2.4%）、中国劳动力投入费用（1.8%）等。从iPad的售价分配构成情况来看，三星电子和LG Display是苹果最大的存储器和显示屏供应商。韩国企业的利润为7%。中国虽然设有大规模的iPhone和iPad组装工厂，但中国企业获取的利润却只有微乎其微的1.8%！

这些数据告诉我们一个结论：核心技术是新的竞争时代以及未来世界的竞争利器，不掌握核心技术，就没有谈质量的前提。因此我们必须要重视民族工业的创新能力，重视知识产权，提升民族工业的技术水平，特别是创新能力，迈出"中国创造"的坚实一步，推动中国企业走上"中国智造"的发展之路，为中国质量的进一步提升打下坚实基础。

2. 质量教育

近年来，我国产品质量的落后引起了国家领导人和一些实业界人士的高度重视。中国质量协会、上海质量协会、上海质量科学研究院、南京质量科学研究院、陕西省质量协会等机构纷纷成立，上海、北京、陕西、福建、江苏、浙江等地都陆续开展了省/市质量奖的申报评选工作，通过质量奖的评选并推举参选国家质量奖，引导企业逐步重返重视质量的经营道路，近年来取得了较好的效果。但是总体来看，我国质量教育事业仍然比较落后，从 2000 年至今，国内高校设置质量管理专业的大专院校大致有：清华大学、北京航空航天大学、西安交通大学、浙江大学、西安科技大学、同济大学、中国计量学院等，但是各校的师资力量和培养规模非常不均衡，也很不稳定；往往就是依靠极个别质量专家开设该专业，梯队培养工作不尽如人意，不利于质量专业的长远稳定发展。2007 年 12 月 29 日，湖北省质量技术监督局与武汉大学共建成立了"质量发展战略研究院"，主要聚焦宏观质量领域，按照"政—产—学—研—用"紧密结合的发展思路，创新体制机制，实现了科学研究、人才培养和社会服务的全面、协调和可持续发展，已经累计培训了 20000 余名政府质量部门工作人员和 30000 余名企业高层管理者，在国内形成了比较大的影响力。1985 年，西安科技大学挂靠"采矿工程"硕士点招收"质量管理"方向的硕士研究生，一直延续至今；现在"质量管理"方向已经成为该校硕士研究生培养的一个重要方向及研究特色。

2003 年中国计量学院通过国家质检总局向教育部申报获批了"产品质量工程"本科专业，是我国第一个真正意义上的质量本科专业，此举也被管理学界称为申报质量管理专业的"破冰"。但是，总体而言，在质量专业设置及学科教育方面，没有真正形成规模和较大的社会影响力，还需要国家、地方政府、各大专院校给予足够重视，为我国培养更多、更有质量战略观、掌握质量理念和工具及方法的质量管理人才。

3. 质量伦理

目前，"质量伦理"仍然是一个较新的提法，尚未见到对该术语的规范界定。就其基本意义而言，这里把"质量伦理"定义为个人或组织在产品研发、生产、服务、质量管理、检验、售后处置、质量监督等环节中，都能够将人之道德、责任、义务作为出发点和评判准则。在"质量伦理"概念中，质量是伦理的基因，质量与伦理之间必然具有生态关系，它们的生态价值、生态结构、生态关系等是需要"文化理解"的，这种理解就是质量伦理建构的生态理念。质量的"伦"是天然形成的、先天的关系模式，是客观的；质量的"理"是在质量"伦"的基础上进行的理论化高度概括和提升，是主观的，于是，质量伦理是主、客观的统一。质量"理"的高度概括和提升使之抽象化，它通过"道"回归于具体，成为具体规范，然后由个体的认同，发展为集体和社会认同，由认同导致行为使然，从而使质量伦理道德具有了现实性。质量伦理是理论与实践的统一，是潜在与现实的统一，是有形与无形的统一，是质量文化的核心和灵魂，建构一个社会的质量伦理是根本意义上的质量建设行为和追求。

国内近年来陆续发生的严重食品质量安全事件、产品质量事件告诉人们，质量伦理已经到了非强调不可的地步。无论是"大头婴儿""三鹿奶粉""齐二药亮菌甲素"事件，还是"毒胶囊""双汇瘦肉精""上海地铁相撞"事件，涉事企业几乎整齐划一地缺失了最为基本、最为关键的质量伦理。归根到底，企业诚信和质量伦理的缺失是导致这些质量事件最终得以肆虐的根本。时任国务院总理温家宝指出：我国改革开放30多年来，当前文化建设特别是道德文化建设，同经济发展相比仍然是一条短腿。近年来相继发生"毒奶粉""瘦肉精""地沟油""彩色馒头"等恶性食品安全事件足以表明，诚信的缺失、质量道德的滑坡已经到了何等严重的地步。一个国家，如果没有国民素质的提高和道德的力量，绝不可能成为一个真正强大的国家、一个受人尊敬的国家。

4. 质量法制

质量法制本应该是质量的最后一道守护大堤，然而质量法制建设的缺位却使得这样的守护大堤千疮百孔，形同虚设。我国近年来恶性质量安全事件频发，深入思考发现，这里实际上并不仅仅是质量问题，而与质量伦理缺失和国家法律监管机制缺位有关。也就是说，质量法制仍然很不健全。不仅如此，其中还存在诸多环节的执法不严之虞。我国2009年颁布的《中华人民共和国食品安全法》相关条款规定，对违反《食品安全法》的经营者，处以"二千元以上五万元以下"或"二千元以上十万元以下"的罚款。这样的处罚力度根本谈不上震慑作用；在某种意义上，甚至有鼓励经营者违反《食品安全法》的嫌疑。目前的罚则规定，应该大幅度加严，同时强化有法必依、执法必严的监督力度。

2014年12月25日，《食品安全法》修订二审稿提请全国人大常委会审议，本次修订增加了关于食品贮存和运输、食用农产品市场流通、转基因食品标识等方面的内容，重点关注了转基因食品标注问题，并将"重典治乱"的监管思路写入新法，除"没收违法所得、违法生产经营的食品、食品添加剂和用于违法生产经营的工具、设备、原料等物品"之外，对于相关食品违法行为，对于货值金额一万元以上的，并处货值金额5倍以上10倍以下罚款。这让中国民众和食品生产加工企业都明显感受到了我国政府监管部门情系民生、完善法制、强化震慑的监管决心。

5. 质量文化

落后、过时甚至"经济效益第一位"的所谓质量文化在我国企业中并不鲜见。质量文化居于中国经济前进之平坦大道的位置，是为了强调"质量文化"在六大要素中的核心地位。文化是指导个人或组织的行为准则。一个个人或组织行为的能力是一回事，而真正能做出什么样的产品质量则是另外一回事，质量显然不仅仅和能力有关，更和主体的行为准则密切相关，这种行为准则实际上最终受文化支配。现实生活中的大量的质量问题、质量事故，无不证实了这一点。因此，促使整个社会形成良性的质量文化至关重要。在正确的质量文化指导下，再辅以核心技术研发、质量教育、质量伦理、质量法制，就必然会有高质量。

6. 国家质量战略目标

质量发展是兴国之道、强国之策。质量问题是经济社会发展的战略问题。"质量发展纲要"是国家层面的战略思考。在这里，提升"中国质量"、借力"中国创造"、打造"中国品牌"是中国国家战略目标的当然之选。

国务院于1996年12月24日发布《质量振兴纲要（1996—2010年）》（简称"振兴纲要"），是新中国第一部国家层面的质量战略纲要文件。纲要实施以来，我国产品质量整体水平稳步提升，全社会重视质量的氛围初步形成，质量振兴工作基本扭转了我国相对落后的质量状况。但同时，在质量振兴取得明显效果的同时，也必须清醒地认识到，我国质量发展的基础还很薄弱，质量水平的提高仍然滞后于经济发展，片面追求发展速度和数量，忽视发展质量和效益的现象依然大量存在。我国在国际质量竞争力方面、在产品附加值方面、在质量安全形势方面等仍然不容乐观。

2012年国务院颁布《质量发展纲要（2011—2020年）》（简称"发展纲要"）。这是一个国家层面的具有执行力的关于质量工作及其发展的战略性规划。"发展纲要"进一步强化了质量工作在我国经济社会发展中的重要作用和突出地位，明确提出了新时期建设质量强国的宏伟目标和质量发展的具体措施。"发展纲要"中指出：到"十四五"乃至更长远的未来，中国要形成一批拥有国际知名品牌和核心竞争力的优势企业，形成一批品牌形象突出、服务平台完备、质量水平一流的现代企业和产业集群，基本建成食品质量安全和重点产品质量检测体系，为全面建设小康社会和基本实现社会主义现代化奠定坚实的质量基础，并分别从产品质量、工程质量、服务质量三大方面提出了更为具体的质量发展指标。

"发展纲要"的贯彻实施，对于实现经济社会科学发展、实现中华民族伟大复兴具有重大而深远的意义。"发展纲要"是继"振兴纲要"之后，我国第二个中长期质量工作专项规划，是国家指导今后十年质量工作的纲领性文件。"发展纲要"将质量问题提升到关系经济社会发展的战略高度，首次提出建设质量强国，树立了我国质量事业发展的新的里程碑。

第5章 质量文化

5.1 质量意识与质量道德

5.1.1 员工的质量意识

1. 质量意识是决定产品质量的根本要素

产品质量的形成需要决策、设计、制造、检验,这些过程都要有员工(包括最高管理者)参与。人是人(Man)、机(Machine)、料(Material)、法(Method)、环(Environments)(4M1E)五大要素中的第一要素,而人的言行是受人的意识支配的。质量意识是左右员工质量行为的指导思想,是决定员工愿不愿意做好工作、愿不愿意把产品质量做合格的一种心理因素。员工工作中对质量的控制行为,受质量意识的左右。质量意识强,员工的行为就会按规定去做,以保证工作质量符合要求,从而保证产品质量合格。相反,质量意识不强,员工就不会把质量放在心上,产品质量也就没有保障。

朱兰博士把工作差错分为有意差错、无意差错和技术性差错。除了员工不能完全把握的由设备、工艺(方法)、原材料引起的技术性差错之外,几乎所有的工作差错都与质量意识有关。质量意识差,工作就会马虎,就会违反工艺纪律,该检查的不检查,该做的不做,甚至故意做错。无意差错看起来与质量意识无关,但粗心大意也好,情绪波动也好,都与员工的自我控制有关。质量意识强,员工会在生理心理条件不好的情况下增大控制力度,例如采取多检查的方法,以减轻生理心理波动对工作质量的影响,从而保证产品质量不出问题。没有绷紧质量这根弦,不把质量放在心上,无意差错就会更多、更严重。经常出技术性差错,说明质量能力不够。如果质量意识很强,知道自己质量能力不够,就会加强学习练习,提高技能。明知质量能力不够却不愿意学习练习,技术性差错长期存在,只能说明质量意识欠缺。要消除或减少工作差错,就要提高员工的质量意识。质量意识提高了,即使对老板、对管理人员发泄不满,员工也会尽量避免对产品质量造成严重危害。

质量意识包括对质量的认知、对质量的信念和相关的质量知识，其中最重要的是对质量的信念。工作开始前，质量信念可以使自己确定质量目标；工作进行中，可以使自己发挥自己对质量认知的作用，随时调整操作，从而保证符合质量要求；工作结束后，可以使自己通过检查和测量，对工作及工作结果的质量进行评估，以确定是否达到规定要求。质量没有达到规定要求，质量信念可以使自己去进行必要的返修或改进，并且可以使自己总结经验教训，防止下次出现不合格。最重要的是，当质量与其他目标发生矛盾和冲突时，在质量遇到冲击、出现波动的情况下，例如管理人员为了赶进度要员工放弃质量，质量信念可以起到协调、控制和改变行为方式的作用，使矛盾和冲突得以合理解决。质量信念很坚定，员工就可能抵制放弃质量的指令，不会因为干扰而动摇或改变员工既定的质量行为。

员工的质量意识通过员工的行为作用于相应的过程，或者说员工的质量意识通过员工的工作质量，促成了产品质量的形成（见图5-1）。

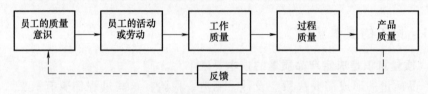

图 5-1 质量意识与产品质量的关系

2. 增强员工的质量意识

现代心理学认为，人的意识有三个层次，即无意识层、前意识层和意识层。人的自我是由三个力学关系的相互作用构成的（见图5-2）：一是无意识，又称为伊特，是欲望、冲动和能源的储存库；二是超我，是道德、良心和理想的自己对自我的控制；三是外界的影响，包括社会的道德、义务、纪律、教育、舆论和法律对自我的影响。一个人如果能够取得这三种力学关系的平衡，个体心理就能够提高其活动性的功能和创造性的效果，自己也能够体验到愉悦和幸福。人的一生就是一个不断打破旧的平衡、求得新的平衡的过程。

根据这个模式，质量意识就是外界对人的自我的作用力的产物。外界通过各种渠道，首先是教育的渠道，不断对自我施加压力。当这种压力和作用时间达到一定的阈值后，经过自我的调节，例如选择、扬弃和吸收，质量意识才能产生。当外界对自我的作用力很小，或作用的时间很短，就会在自我中转瞬即逝，质量意识也就不可能产生。外界对自我作用的力转化为质量意识后，就进入超我意识的范围内，从而又从另一个方面对自我产生影响。可以说，质量意识是一种超我意识。

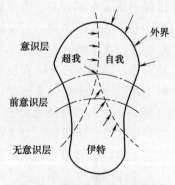

图 5-2 精神分析的自我机制

质量意识的形成如此，增强和提高也如此。外界的力，首先表现为质量教育。因此，员工进入企业，企业都要对员工进行质量教育。质量教育当然需要必要的上课培训，但不仅仅只是上课培训，不仅需要多种形式，而且需要有实际的内容，特别是要有与员工切身权益相关的事实上的教育，最好能够有正反两方面的内容。

例如某公司对新员工的培训就别开生面。新员工进厂后，要在专门的培训室里按实际工作中的工序进行培训。例如装配，分成若干工序后，每个工序都相对简单，或者是上几颗螺钉，或者是贴商标，或者是装一个小部件，完成一个工序也就是10秒或20秒时间，可以说一看就知、一学就会。但是，新员工必须通过不停的练习，直到满足了该工序规定的质量和时间要求。一个工序达标了，再进行另一个工序。如果不能达标，就继续练习。练习得好的，通过考核，很快就能上岗操作；练习得不好的，可能要成倍延长培训时间。员工上岗后，如果操作不能满足流水线的要求，或者产品质量出了问题，就要下岗，就要像新员工一样再次进行这样的培训，直到达标并经过考核后才能重新上岗。这样的培训不仅是技能的，更重要的是质量意识的教育。一般来说，新员工进厂后，企业给他们讲质量的重要性，脱离具体的工作和具体的产品，不管你怎样讲，员工都会觉得那些道理是空泛的、干巴的，要他们记牢并付诸行动往往很难。而这样的技能培训，不仅提高了新员工的技能，更重要的是提高了他们的质量意识。看似一个简单的操作，往往要花几个小时才能熟练掌握。出了一点问题，例如螺钉口扭毛了一点点，或商标贴歪了一点点，就不能达标，就要重来。让员工对自己的操作质量和产品质量有了真切的认识，也让员工对企业一丝不苟的质量方针有了切身的感受。特别是上岗后，一旦出现质量问题，哪怕是老员工，也要下岗重新接受培训，让员工在质量上更不敢掉以轻心。这样的效果，往往是单纯的讲课、考试、考核难以达到的。

全面质量管理始于教育，终于教育，教育的主要目的是提高员工的质量意识，而教育的形式不仅仅是上课讲道理。要增强和提高员工的质量意识，更重要的是质量实践。企业是否真正把质量放在第一位，在日常工作中如何对待质量问题，特别是如何处理涉及员工自身的质量问题，对员工质量意识的作用更大。只有企业对质量一丝不苟，员工才可能对质量一丝不苟。企业在质量上放松一寸，车间就会放松一尺，员工就会放松一丈。企业在质量问题上一旦出现重大错误决策，很可能给员工造成难忘的印象。质量放松一点可能关系不大，但却可能使员工的质量意识大步倒退。因此，增强和提升员工质量意识的关键，在于企业紧抓质量不放松，始终把质量放在第一位。

5.1.2 员工的质量道德

1. 质量道德控制质量行为

在日常生活中，员工的质量意识成为评价、调整涉及质量的各种言论和行为的规范，使符合规范的言论和行为能够很自然地得到认同、赞赏和实施，使不符合规范的言论和行为得到反对、鄙视和制止或中止。这种规范就是员工遵循的质量道德。

质量道德是调节人们质量行为的准则，是一般道德在质量领域的表现。一般道德观念强的员工，往往会增大质量意识对质量道德的作用；而一般道德观念弱的员工，往往会减弱质量意识对质量道德的作用。质量道德是质量意识的核心，质量意识只有通过质量道德的控制机制，才能真正起到作用。

质量道德对质量行为的控制都表现为两种形式：

一是正常情况下的控制。所谓正常情况就是内外环境没有出现异常，员工的心理状况也没有出现异常，工作在顺利进行之中。这时候，质量道德的控制作用呈现出隐蔽的形态，员工似乎没有意识到质量问题。但是，质量道德又像暗中守卫的哨兵，监视着员工的质量行为。如果员工的质量行为出现越轨迹象，质量道德就会立即发挥提醒、警觉的作用，使员工迅速纠正越轨行为。

二是非正常情况下的控制。所谓非正常情况就是内外环境有了变化，或者是员工心理状况出现波动或异常，从而影响了工作的顺利进行，例如发现质量问题、某种事件冲击了质量、员工情绪发生大的波动等。这时候，员工很容易产生冲击质量的动机，甚至把动机变为具体行为。质量道德为了防止这种破坏质量的行为，就会迅速出来加以制止。于是，员工就可能发生质量道德与冲击质量动机的争执（思想斗争），消除或减弱冲击质量的动机。这种思想斗争可能是隐蔽的，也可能是公开的；可能很微弱，也可能相当激烈。不过，一般来说，公开的、激烈的思想斗争出现的情况不多，质量道德在大多数情况下只起着隐蔽的、警觉的作用。虽然作用是隐蔽的、警觉的，但对质量行为的控制却相当有效，甚至可以说须臾也不能离开。

在相当多的情况下，员工都可以通过弄虚作假、偷工减料来蒙混过关（检验）。出了质量问题也可以找"窍门"、拆烂污，混过检验。在这种情况下，质量道德就可以起到"慎独"的作用。不仅员工自己要通过能否"慎独"来把握自己的质量道德，管理者或群体的其他人也可以通过某人是否"慎独"来把握其质量道德。

在遇到有人影响或破坏质量的时候，质量道德还可以起到抵制、反对、揭露、纠正等作用。在某些企业，几乎每天都会遇到或多或少否定质量要求、影响或破坏质量的现象，从而与一些员工的质量道德发生冲突。具有较高较强质量道德的员工，往往就会予以抵制、反对、揭露、纠正。这样的员工越多，企业里有关质量的负面言行就会越少，企业就会形成良好的质量风气，产品质量也就越容易得到保证。

道德不是抽象的，而是具体的，是可以通过分析自己处理相关事务的行为过程及结果来把握的。人们也可以通过对他人行为的分析去把握其道德水平。比起一般道德来，质量道德可能更容易被自己或他人把握。特别是在面临思想斗争时，质量道德的高低强弱往往就突出地表现出来了。

2. 质量教育与质量道德建设

质量道德是质量之本，是产品质量的根本保障。没有高尚的质量道德品质，是生产不出优质产品的,企业也不会有什么大的前途。要提高员工的质量道德水平,当然需要提高员工的一般道德水平。但是,企业不是家族,不是学校,更不是军队,不可能要求员工都成为雷锋。要提高员工的质量道德,只有从增强和提高员工的质量意识入手,把质量教育落实到质量道德建设上来。

(1) 把质量教育与质量道德建设结合起来　道德首先是一个评价系统。面对纷纭的社会现象,哪些是好的,哪些是坏的,哪些可以做,哪些不可以做,不同的人可能有不同的评价。这样的评价可能出自不同的身份、立场、观念,但最基本的还是道德。无故打人,在任何时代任何社会都要遭到谴责,就因为这不符合人类最基本的道德。质量教育应当给员工提供有关质量的是非标准,让他们知道哪些质量言论和质量行为是不对的,应当进行批评和抵制。目前,质量教育在这方面还做得很不够,企业的质量底线往往不清晰。在员工看来,既然企业都可以随意超越底线,自己又为何不能超越呢?

(2) 把质量道德建设融入企业文化之中　质量道德是职业道德的核心内容,在相当大的程度上甚至可以等同于职业道德。不管选用什么词汇和语句来规范员工的职业道德,都应当充分考虑质量道德建设的需要。例如企业把"仁"作为企业文化的核心,就要告诉员工,从"仁"出发,对同事、对顾客都要有同情心,要将心比心,尽可能为同事、为顾客减少因质量问题造成的麻烦,更不能将不合格品随意推给同事或顾客,随意损害同事或顾客的利益。如果那样做,就是"不仁"。这样,质量道德也可以以"仁"为核心。

(3) 树立质量道德标兵　企业赞赏和表彰什么,员工就会朝什么去努力。企业评劳模树标兵往往从加班加点完成任务上去考虑,一些劳模或标兵在工作中往往只求快,而放松了质量。这种倾向应当改变。企业应当有针对性地进行质量道德教育,为员工树立质量道德的榜样。特别是对那些能够"慎独",能够勇敢揭发质量问题,能够消除质量隐患的员工,应当大力宣传表彰。对那些违反规章制度、弄虚作假的员工,包括管理人员和技术人员,应当严肃处理。口头教育固然重要,更重要的是事实教育。如果企业在任何条件下都能够坚持质量第一的原则,即使牺牲重大的经济利益也不放弃质量,就给员工做出了榜样。相反,在经济利益驱使下,企业如果背离诚信的根本,把不合格产品推给顾客,甚至制假贩假,却要员工有质量道德,岂非笑话。要让员工守住质量道德的底线,企业就必须守住企业的质量道德底线,用事实和行动向员工展示企业的质量道德。

5.1.3　企业的质量责任制

1. 质量行为的控制机制

员工的质量行为就是员工的工作,当然要受到员工的质量意识和质量道德的影响和制约,这种影响和制约是来自员工本身的,是一种心理内部的约束。这种约束十分重要,但是只有来自心理内部的约束,还是很不全面和很不够的。不能设想员工都是道德君子，都有很强的质量道德，也不能设想质量道德不会发生变化。在强调提升员工质量道德的同时，依然要加强对员工质量行为的外部控制，也就是要落实质量责任。

从管理角度看，质量责任既是员工在工作中所承担的质量职能（包括对工作质量的要求），又是对没有履行好质量职能或工作质量达不到要求应当接受的处罚。把这样的职能和要求明确和固定下来，就是质量责任制。企业应当给每个部门每个员工规定相应的质量责任，并且认真贯彻和考核。制定质量责任制的关键在于明确责任。许多质量问题的产生，往往不是因为技术问题，而是由于质量责任不清产生的。质量责任制应当落实到每个员工，落实到每道工序，其内容应切实可行，而不在于制订了多少条款。管理者（特别是最高管理者）对产品质量起着决定性作用，更应当给他们规定质量责任，并采取措施进行严格考核。

在所有的质量制度中，最重要的是质量责任制。不管是什么样的质量制度，如果不与质量责任制挂钩，往往难以真正落实。质量责任制可以对工作质量和产品质量直接起到作用。质量意识能够使员工从内在的角度对自己的质量行为进行控制，以质量责任制为核心的质量制度则是从外部的角度对员工的质量行为进行控制（见图5-3）。二者形成合力，才能确保员工的质量行为符合要求，从而有效地阻止或防止员工有损质量的行为及其后果。

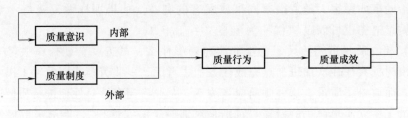

图 5-3　质量行为控制机制示意图

2. 责、权、利应统一

质量责任制的实质是责、权、利三者的统一。只有责而没有权和利的责任制往往起不到作用，起码来说起不到激励员工质量动机的心理作用，甚至还可能相反，造成员工心理上的反感，引发有意差错。

所谓责，就是负责，而要负责，就必须要有相应的权力。以班组长为例，如果没有管理班组的权力，说话没人听，有人违反工艺纪律连制止权也没有，他又怎么能对班组里出现的质量问题负责呢？员工要承担自己加工的产品的质量责任，他就应当有权拒绝加工不合格的材料，有权拒绝装配不合格的零部件。每个单位每个员工的责和权应当是相互依存的，有责就必须有权，缺一不可。而且应当是有多大的责就有多大的权，有多少项责就有多少项权，二者相辅相成。

质量责任制还要包括利的内容。所谓利，就是和员工的利益挂钩，对质量好的要奖，反之要罚。否则，质量责任制也会失去对质量行为的约束力，同样起不到作用。反过来说，质量奖罚的作用就是保证质量责任制的贯彻执行。质量奖罚不能仅仅看作是钱的问题，其他项目的奖励（例如精神奖励）和惩罚（例如行政处分）也很重要。

员工的质量行为，首先要受质量责任的约束，这是行为进行之前的约束。其次，质量行为在进行之中要受行为者权力的影响，什么可以做，什么不可以做，什么先做，什么后做，可以交给员工自己去把握。当然这必须有一定的限度，也就引出权限的概念。必要的操作规程、工艺纪律和规章制度必须建立，并且要求每个员工严格遵守。但是，在制定操作规程、工艺纪律和规章制度时，又要考虑员工的质量权限，尽量多给员工一些自主权。例如装配中先装什么，后装什么，除特殊要求外，就不应该限得过死。界限在什么地方，需要根据产品质量要求，在实际工作中研究和试行。如果对自己的行为和动作没有一定的自主权，哪怕是极简单的劳动也无法进行。按心理学家的观点，员工对自己质量行为的自主权越多（当然也有界限），他对自己质量行为的控制越有效。最后，质量行为还要受行为结果的影响，这就要求质量责任制与质量奖罚挂钩。质量奖励作为一种诱因，可以把员工的质量行为同要达到的一个特定目标更好地联系在一起，使员工进一步明确努力目标，从而更好地控制自己的行为。质量惩罚作为一种控制手段，可以使那些不利于产品质量的行为受到压抑、中断或使其受阻，最后迫使其放弃。因此，企业在建立质量责任制时，要处理好责、权、利的关系，三者要相辅相成、互为补充（见图5-4）。

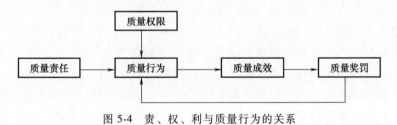

图 5-4 责、权、利与质量行为的关系

5.2 企业的质量文化建设

5.2.1 质量文化的基本作用

1. 质量文化与产品质量形成

个人也好，企业也好，都生活在一定的时空环境之中。"环"就是环绕，"境"就是状况。一是诸如空气、光线、地形、地貌、气温、气压之类的自然状况环绕着我们，二是诸如政治、经济、文化、历史、传统、风俗之类的人文状况环绕着我们，任何时候都不可能脱离。对大工业生产的绝大多数产品及其质量来说，自然环境条件的作用已经可以忽略不计，所依赖的主要是人文环境条件。质量形成所依赖的人文环境就是质量文化,或者说质量文化的作用就是为质量的形成提供相应的人文环境条件。没有这样的人文环境条件,企业就不可能进行生产;如果人文环境条件不利于产品质量的形成,企业就不可能生产出高质量的产品。所谓质量文化,就是企业及其全体成员所认同的关于质量的理念与价值观、习惯与行为模式、基本原则与制度及其物质表现的总和。

企业生产什么(内容),怎样生产(形式),包括由谁来生产、用什么进行生产、怎样组织生产、按什么标准生产、生产出了问题怎么解决,等等,往往会形成一套较为固定的模式,这样的模式就成为企业文化。质量文化是企业文化的组成部分,而且是其核心部分。任何企业都有自己的企业文化,也都有自己的质量文化。质量的形成、交换和消费过程,以及这些过程的质量状况如何,反映了企业生产经营中有关的质量行为。企业的生产经营行为必然受到企业对质量的认知、情感和意志的制约,在企业提供的制度的和物质的条件下进行。对质量的认知、情感和意志,以及与质量相关的制度和物质条件,构成了企业质量文化的内容。企业只要在进行生产,只要向社会提供产品,就会面临相应的质量问题。如何定义质量问题,特别是如何对待质量问题,企业都会有相应的认识、态度和处理方法。不论其自觉或不自觉,这些认识、态度和处理方法就体现了该企业的质量文化。一家企业的质量文化可能是明确的,也可能是不太明确的,但都是客观存在的,可以通过其生产经营活动去感受、去理解、去把握。

任何企业都有自己的质量文化,不同的企业有不同的质量文化。小批量、多品种的制造企业往往重设计轻工艺,员工个人技术水平高,但工艺纪律往往不严,经常进行突击性生产,在设计评审、文件控制(特别是更改控制)、工序控制、工艺纪律检查、产品标识和可追溯性、不合格品控制、安装和售后服务、质量记录控制以及设备管理等方面,往往需要采取特别的措施,更需要对员工进行技能培训和质量教育,特别要把提高员工的质量意识放在十分重要的地位。大批量、少品种的制造企业只要抓住产品开发、供应商管理、工艺设计和关键工序,往往就能保证产品质量不出大的问题。对在流水线上作业的员工的协作精神、纪律作风的要求,肯定比对进行单独操作的员工更高。脱离本企业具体情况,简单照搬先进企业的模式,难以真正发挥质量文化的功能和作用。

2. 企业应主动进行质量文化建设

很多企业的质量文化都是自然形成的。管理者并没有明确的质量文化意识,更没有质量文化建设的规划和计划,对质量文化的形成和建设是不自觉的。虽然企业管理者不自觉,但企业一旦开始生产经营,其质量文化就会自然地成为客观现象,企业员工和外来人员可以通过调查、接触、体验等方式来感受,并通过感受的情况来进行判断。这样的质量文化可能是原始的、初级的,企业可能没有认识到,但其存在却是客观的。

企业应该主动进行质量文化建设。这种建设,往往是在自然形成的质量文化基础上进行改进、改造、提升、完善,将其改变为自识、自觉、自主、自立的状态,最终目标是进入自由或自在的状态。进入自由或自在的状态后,企业也许不再强调质量文化建设了,但质量文化已经融入企业及其员工的日常工作之中。表面上看,主动建立的质量文化可能与自然形成的质量文化有所相似,但却提升了等级或层次。一段时间后,如果发现这样的质量文化不再适应企业新的质量战略需要,可能又需要在这样的质量文化基础上,再次进行改进、改造、提升、完善,来提升其等级或层次。企业质量文化建设就是这样一个既连续不断又有一定阶段性的过程。

ISO 9000:2015 在阐述质量概念时指出:"一个关注质量的组织倡导通过满足顾客和其他有关的相关方的需求和期望来实现其价值的文化,这种文化将反映在其行为、态度、活动和过程中。"显然,推行 ISO 9000,其本质或根本要求,就是进行质量文化建设。如果仅仅只是比照着那些条款去生搬硬套,功夫做在表面上,效能也只能出在表面上。

不同的质量文化没有好坏之分,只要能够满足企业生产经营的质量要求,能够为企业的生产经营提供相应的支撑,其质量文化就是适宜的。不过,质量文化却有先进落后之别。自然形成的质量文化,往往没有坚实的理论基础,没有依法(规章制度)办事的理念,没有明确的质量文化建设的目标,因此往往是脆弱的、易变的,很容易受到干扰和冲击。

质量文化为企业的生产和产品(服务)质量的形成提供的条件越优越、越充分,产品质量就越能得到保证、越有可能提升。不同的质量管理模式,既需要不同的质量文化来支撑,又催生了不同的质量文化形态。向企业介绍先进的质量文化,给企业提供质量文化建设的咨询、方案和帮助,也是必要的。

3. 哪些企业需进行质量文化建设

与推行 ISO 9000 不同,不管是顾客还是政府,也不管是认证机构还是其他第三方,都没有权力也没有义务要求企业进行质量文化建设。企业进行质量文化建设的动力只能来自于企业自己,来自于企业"寻求持续成功"或"寻求优势"的战略决策。只有企业真正认识到质量文化对企业经营发展战略的意义,企业才能真正自觉、主动地进行质量文化建设。一般来说,以下几类企业应当认真考虑质量文化建设的问题。

(1)大型企业,特别是特大型企业 企业规模越大,上下层级越多,相互沟通往往越困难,越需要形成统一的质量意识,越需要运转正常的质量体制和相应的规章制度来规范各级组织和全体员工的行为,越需要通过企业文化(特别是质量文化)来统一认识、统一步伐,以弥补组织结构复杂带来的缺陷。

(2)企业面临重大转折或陷入质量困境 遇到资产重组、市场调整、产品转向等情况,或者遭遇质量危机或困境,如果能够在质量文化建设上下功夫,用新的质量文化来应对,往往会成为一项最佳选择。当年,张瑞敏举起铁锤砸向不合格冰箱,正是海尔重建企业质量文化的起点。

（3）推行 ISO 9000 遇到阻力的企业　推行过程中遭遇企业内部各种各样的抵制，这反映了既有的质量文化与新的质量文化之间的矛盾与冲突。企业要真正落实 ISO 9000 的各项要求，不改变或提升既有的质量文化，往往是不行的。

（4）质量管理水平已经取得显著成效的企业　为了巩固成效，企业应当通过质量文化建设把质量管理体系的"表"，变为质量文化的"里"。这样，可以消除质量管理体系与质量文化之间可能存在的矛盾与差异，使质量管理体系的运行和维持具有更加坚实的基础。

（5）内外环境（特别是有关质量的环境）发生变化的企业　企业换了领导、开发了新产品等，是内环境的变化；扩展了市场、政府对企业有了新要求等，是外环境的变化。为了应对这些内外环境的变化，企业应当进行质量文化建设。例如，市场对质量的要求提高了，顾客或上级主管部门要求企业提升质量管理水平，都可能引发企业质量文化建设的热情。

（6）生产经营模式发生重大变化的企业　企业一旦转产转向，很可能引起生产经营模式发生变化。如果企业既有的质量文化不能适应这样的变化，就应当对既有的质量文化进行必要的改进或改造。

（7）企业制定了新的经营发展战略　如果原有的质量文化不能适应企业新的经营发展战略需要，需要把质量文化引向更高的层次，就应当考虑质量文化建设的问题。例如，并购企业如果没有比被并购企业更优越的质量文化，或者没有将自己的质量文化有效推广到被并购企业，并购失败往往难免。

5.2.2　质量文化的构成要素

从构成的层次来看，质量文化包括精神、制度、行为和物质四个不同的层次。不同层次的质量文化要素在产品质量形成过程中所起的作用虽然有所不同，但又不可能截然分开。不同层次的质量文化要素汇集并综合在一起，共同制约着产品质量的形成。

1. 精神层次

质量文化首先是精神方面的，其核心是质量意识。企业的质量意识不仅表现在员工层面，也表现在企业层面。企业的质量意识既体现在企业的质量方针、质量目标和相关的规章制度之中，更体现在企业处理与质量有关的事项（特别是质量问题）的实际行为之中，二者往往存在着或大或小的差异。现实中，不少企业的书面质量方针冠冕堂皇，实际执行的却阴暗得没有底线。

质量方针是"关于质量的宗旨和方向"，应当如实反映企业对质量的认识、质量在企业生产经营中的地位、企业追求的质量目标，也就是应当如实反映企业的质量意识。但是，企业往往存在着两种质量方针，一个是"正式发布"的，其主要作用是对外，让别人看的，并不一定实施；另一个是隐藏着的、潜规则的，甚至是难以用语言来直接表达的，表现为企业在生产经营中对质量问题所采取的态度，可能说不清道不明,却可以感受到。与正式发布的质量方针相比,实际的质量方针往往决定了企业的产品质量与质量管理水平。因此,企业制定质量方针,不仅要使用一些"高、大、上"的语言来表示"有关质量的方向",更要有表示"有关质量的宗旨"的语句,老老实实地阐述企业的质量底线,作为处理质量问题的准则,给企业和员工划一条不可随意逾越的红线。这样,质量方针就可以从正反两个方面来规范、约束企业和员工的质量行为,其作用才是完善的。

所谓质量底线,也就是企业的质量道德底线。没有这样的底线,企业的质量文化建设就没有根底,就可能归于失败。

2. 制度层次

质量制度是企业在质量管理方面形成的整个体系,包括质量管理体制和相关的规章制度,还包括不成文的非正式的制度。质量由谁管,怎么管,谁有最后决定权,质量问题怎样沟通、怎样处理,等等,这些问题涉及企业的质量管理体制,往往需要正式的规章制度来规定。实际运行中,企业还存在着一些习惯或传统的做法,虽然没有明文规定,依然可以将其看作企业的一种制度。这些不成文的非正式的制度,有的是成文的正式的制度的扩展、补充或细化,其存在有合理性。但更多的是与成文的正式的规章制度不一致,甚至完全相背离,可以称其为潜规则。在具体工作中,潜规则往往比明规则更有用。二者一旦发生矛盾或冲突,明规则往往只有让位。这样,就会出现规章制度的"虚化"现象。在很多企业里,对产品质量和质量管理真正起作用的,往往是潜规则。

成文的正式的规章制度实际上就是企业内部的"法"。企业如果没有相应的法治精神和法治环境作保证,规章制度的贯彻执行就可能遇到阻力,甚至使一部分规章制度名存实亡。法治与人治相对立,法治精神不允许任何人凭自己的偏好随意改变规章制度的规定。管理者如果没有法治精神,就不可能看重规章制度建设;员工缺乏法治精神,也难以自觉、主动地执行规章制度。企业及其员工没有法治精神,也就不可能有什么法治环境。提升企业管理者特别是最高管理者的法治精神,营造浓郁的法治环境,对于企业质量文化建设具有重要意义。

3. 行为层次

企业不是清谈场所,企业的生产经营总要通过具体的活动和行为来进行。与质量有关的活动和行为,称为质量行为。企业及其员工的质量行为,一是受到质量意识的限制或制约,二是受到质量制度的限制或制约,不可能随心所欲,更不可能为所欲为。员工的质量行为一旦脱离了质量意识和质量制度所能容忍的范围,就可能受到批评、抵制和制裁。质量行为可见可感,往往直接作用于产品质量,直接影响产品质量的形成,因而是质量文化最主要的功能。

任何行为都具有文化性,都是某种文化的外在表现。长期经常重复某种行为,就会形成相应的作风和习惯。这样的作风和习惯一旦传承下去,就会形成相应的传统。对企业来说,与质量行为有关的作风、习惯和传统,就成为一种行为模式。企业的质量作风、质量习惯和质量传统以及由此生成的质量行为模式，通过潜移默化、耳濡目染的形式，强制或非强制地影响着员工的质量行为，使其按这样的模式来行事。通过质量行为模式，能够直接把握企业质量文化的性质。进行质量文化建设，要采取切实的措施去改变不良的质量作风、质量习惯和质量传统，必要时还要通过监视、批评、考核、处罚来遏制和消除不良的质量行为。

4. 物质层次

物质方面的质量文化包括三个方面的要素：一是企业的物质条件，包括生产设施、设备、原料、材料。不能设想，在一个垃圾成堆、污水横流的窝棚里，能够生产出符合要求的医药或食品；也不能想象，一个缺乏必要检测设备的企业能够稳定地生产高质量的产品。二是企业生产的产品。质量文化建设最终要落实到产品质量上来。产品质量不好，怎能说质量文化是先进的。产品质量经常出问题或者出大问题，员工的质量意识就可能发生动摇，就可能改变对质量制度的态度。三是企业开展的各种内容、各种形式的质量活动，例如质量宣传、质量教育、质量评议、质量管理小组、质量控制点、质量改进、质量分析会、质量访问、质量先进评选，等等，可以形成强烈的质量文化氛围，从而成为质量文化的重要构成要素。这样的氛围，是产品质量形成最重要的人文环境，随时随地影响着员工的心理和行为，使他们能够经常接触到与质量相关的事情，促使他们提高自己的质量意识，规范自己的质量行为，从而保证自己的工作质量达到规定的要求。

质量文化四个方面的内容虽然各有侧重，但却是一个统一的整体。没有相应的质量意识，就不可能有相应的质量制度。即使制定了一大堆质量制度，也只能束之高阁，并不一定执行。执行的往往是不成文的非正式的制度（包括潜规则）。同样，质量意识不强，质量行为就会偏离，生产设施、设备、原料、材料之类很可能得过且过，更不可能认真开展质量活动，产品质量也就好不到哪儿去。但是，质量意识不是凭空就能提高的，需要通过相应的质量制度去促进。严格的质量责任制，对改变员工（特别是新员工和质量意识差的员工）的质量意识，往往具有决定性的作用，对规范他们的质量行为更是不可或缺的。在一个有着浓厚质量氛围的企业，面对经常开展的质量活动，面对具有良好声誉的产品，任何人都会感到一股无形的压力，都会自觉规范自己的质量行为，要降低他的质量意识往往也会成为难事。质量意识、质量制度、质量行为、质量活动与产品质量之间，是相互依赖、相互作用和相互促进的。它们共同组成了企业的质量文化，构成了企业产品质量形成的人文环境条件，并形成一股合力，对企业产品质量和质量管理起着保证和促进作用。

5.2.3 质量文化建设的策划和实施

1. 从战略角度进行顶层设计

质量文化建设一般是在企业经营发展战略出现某种转折的时候提出来的，具有战略的性质。企业要进行质量文化建设,首先就要做好质量文化的顶层设计,给质量文化的改变和发展提供一个明晰的方向或明确的目标。这样,一可以引导质量文化的改变和发展;二可以减少改变和发展中可能遇到的抵制、挫折和失败;三可以防止朝着错误的方向去改变和发展;四可以降低质量文化建设的成本从而获得更大的效益;五可以让质量文化更加适应企业经营发展战略的需要。

要按照战略发展的需要来设计质量文化,一要重新审视企业的质量战略。通过重新审视,对质量战略有了深刻的理解,才能在质量战略的指导下来设计质量文化,才能让质量文化建设有方向、有针对性,并且与质量战略紧密结合,而不是"各吹各的号"。在审视中,如果发现质量战略存在问题,还需要进行必要的修订。二要按照经营发展战略和质量战略所确定的目标来选择质量文化模式。随便引入一种质量文化模式,很可能"文不对题",或者"水土不服"。大批量、单品种的生产企业,绝大多数员工都在流水线上作业,动作简单,质量文化建设中如果强调所谓的"工匠精神",要求他们精益求精,就文不对题了。要做世界一流企业,不仅要借鉴别人的经验,更要努力去创造符合自身条件和自身战略要求的新的质量文化模式。而为其他企业配套的企业,最好能够选择与主机厂质量文化相同或相似的模式。三要和经营发展战略和质量战略的实施同步,按照经营发展战略和质量战略实施的需要和要求,去开展质量文化建设。

2. 必须从实际情况出发

企业的实际情况,最根本的或最重要的是企业的生产经营模式。在进行质量文化顶层设计时,要对企业生产经营模式的各个方面进行必要的调查,把握其特点。

(1) 性质 不同性质的企业,其生产、经营和管理往往不同,质量文化的核心理念就可能不同。军工企业与一般企业虽然都要面对顾客,但顾客的性质却不相同,顾客对质量的要求也不相同,其质量文化的核心理念就不能仅仅只是"以顾客为关注焦点",而应当上升到国家的尊严和安全上来。

(2) 产品 企业的产品不同,面对的顾客或市场不同,生产经营模式也就可能不同。不能要求钢铁厂与仪表厂一样,把一丝不苟和精益求精纳入到质量方针中来,作为其质量文化的核心理念;也不能要求为主机厂配套的企业像直接面对消费者的企业那样,去建立售后服务网络,等等。

(3) 传统 所谓传统就是企业本身具有的质量文化。完全脱离传统去建设质量文化,阻力就会增大,措施往往难以落实,即使表面上取得一定的成效,也可能在实际中被扭曲或歪曲。

(4) 组织构架 企业规模小,上下左右沟通容易,质量文化的制度建设就可以相对简单。相反,企业规模大,组织构架复杂,质量体制很容易影响质量管理绩效,更需要成文的正式的制度来规范。

(5) 员工构成 员工文化程度越高,对企业的愿景、理念、精神之类的也就越容易理解,一旦接受,就会自觉奉行。同时,他们的自我意识也更强,更具有批判能力。如果他们不认可企业的质量文化，很可能与企业的要求背道而驰，阳奉阴违，更容易用潜规则来代替规章制度。员工文化程度普遍较高的企业，更要在精神文化方面下功夫，更要强调质量文化的正义性、合法性。纯粹的加工企业，员工往往只是流水线上的"齿轮和螺丝钉"，产品质量并不主要依靠他们的技能，需要企业更多地去缓解员工的压力，质量文化建设应当偏重于开展诸如工序控制点、QC小组、质量表彰之类的群众性质量活动。

（6）企业所处的环境　经过40多年改革开放，社会对质量的需求越来越高，对质量问题越来越关注，质量法制越来越健全，逼迫企业把质量问题放到经营发展战略的核心地位上，从而影响企业的质量文化建设。地区环境、社区环境对企业的质量文化建设也有影响。周边企业都在搞质量文化建设，你能持续抗拒下去吗？

（7）同行业的情况　同行业的质量文化通过诸如竞争、交流、逼迫（例如主机厂对配套厂要求）、学习、借鉴等多种形式，对本企业的质量文化也会产生影响。善于吸收同行业的先进经验或先进模式，可以使本企业的质量文化建设少走弯路，甚至事半功倍。

3. 质量文化建设的成本和效益

进行质量文化建设，需要付出相应的成本，例如质量教育费用、质量管理体系转型费用、质量形象提升费用，等等。这些费用大多可以纳入质量成本的预防费用和鉴定费用中。通过质量文化建设，提升了产品质量和企业形象，降低了质量损失，增强了企业后劲，企业也可以获得相应的效益。只要认真进行质量文化建设，获得的效益将会成倍甚至十几倍于所付出的成本。企业质量文化建设是一种很划算的投入。

但是，千万不能有"立竿见影"的想法。质量文化建设的成本与效益不是对称的。付出的成本是可见的，是直接的、可以量化的，而且是现时的，但获得的效益往往是难以计算的，是间接的、不可量化的，而且还是将来的。以质量教育为例，产生的费用需要真金白银来支付，而其效益往往看不见，对企业的作用也是隐藏的或潜在的，很难通过会计来加以计算，甚至不可能通过会计来核算。企业进行质量文化建设后，即使产品质量提高了，价格可能并不能同步提高，企业也可能见不到效益。有时有了效益，是不是通过质量获得的，是不是通过质量文化建设获得的，更是一个大有争议的问题。质量文化建设不可能今天投入了，明天就能见效。质量文化建设的见效是一个缓慢的、逐渐的，甚至是一个不知不觉的过程，只有多年之后才可能发现这样的建设对企业生存和发展的意义。如果没有相比较的对象，甚至可能还发现不了。因此，质量文化建设的成效往往被忽略，很可能被认为是没有效益的。

企业质量文化建设是一个系统工程，是一个战略过程。如果没有一个战略性的规划，如果不能长期坚持，只是偶尔开展几项活动，虽然花了不少钱，可能什么成效也没有，钱也就可能白花了。同时，质量文化建设还必须与其他质量管理活动相结合，才能见到成效。应是就质量文化说质量文化，脱离质量管理体系说质量文化，或者脱离企业经营发展战略说质量文化，质量文化建设就可能成为无源之水、无本之木。因此，企业在策划开展质量文化建设时，必须具有相应的战略性眼光，长期坚持，持之以恒，才能真正见到成效、获得效益。

4. 开展战役性的质量活动

质量文化建设与企业日常质量管理工作往往是结合在一起的，对企业来说并不是什么大的负担。但是，质量文化建设与日常的质量管理工作毕竟不是一回事，二者的目的、目标、要求和做法都有很多不相同的地方。日常质量管理工作的直接目的是解决具体的质量问题，不需要过多考虑可能产生的"后遗症"；质量文化建设往往着眼于长远的战略性改进，特别要防止对员工质量意识和成文的正式的质量制度可能产生的负面影响。因此，在开展日常的质量管理工作时，应当尽可能从质量文化建设的高度来认识这样的工作，在解决现时的质量问题时，还要兼顾具有战略性的质量文化建设问题。

虽然质量文化建设应当与日常的质量管理工作结合来进行，但其自身也有一些特殊的事情需要去做，例如探索新的质量理念、提升质量意识、营造质量氛围、改进质量习惯、塑造质量形象等，必要时也需要与日常的质量管理工作脱钩，单独策划、单独进行。虽然质量文化建设不能搞运动，但也需要适当开展一些集中性的活动，例如抓住企业转型、产品换代升级之类的机会，适时开展质量整顿、质量巡查、质量审核之类的集中性的活动。这种质量文化建设的战役性活动，可以推进质量文化的改进和提升。

如何将质量文化建设规划、战役性的活动与日常质量管理工作结合起来，是质量文化建设的关键环节。只有战略规划，没有集中性的战役，规划很可能只是纸上谈兵，没有实际意义。只开展集中性的战役，不和日常质量管理工作相结合，质量文化建设很可能成为无源之水、无本之木，难以取到成效。质量文化建设既要有战略性的目标，又要与日常的质量管理工作相结合，还要有一些战役性的集中活动。这样，才能让质量文化建设既有一定的声势，又能扎实而有成效；既能引导日常的质量管理工作，又能让日常质量管理工作的要求和做法逐渐积累，沉淀为质量文化；既可以应对企业短期的或临时的质量任务，又能为今后的质量管理打下坚实的基础。

5.3 质量信誉与质量形象建设

5.3.1 企业的质量信誉

1. 质量信誉是企业的命脉

企业要成功，往往不在于一次买卖的成功，而在于长期的买卖成功。而要实现长期的买卖成功，最重要的是信誉。企业信誉涉及的面可能较广，但最重要和最根本的是质量信誉。所谓质量信誉，就是企业对产品质量的担保，以及顾客对这种担保的认可。没有基本的质量信誉，产品卖不出去，企业就不可能继续存在。可以说，质量信誉是企业的命脉。

信誉就是信用、信任的名誉。首先是企业要讲信用，能够履行与顾客约定的事情，特别是与顾客约定的产品质量水平，保证自己的产品是合格的。其次是顾客对企业的信任，也就是顾客相信企业，敢于把自己的利益（例如因购买支付的金钱、因使用而可能存在的风险等）托付给企业。企业不讲信用，顾客就没有信任，信誉无从谈起。一般来说，信用主要是企业的行为，或者说是企业用行为来证实的；信任则主要是顾客的心理倾向，是顾客用以往的经验或他人的经验来决定的。以往的经验或他人的经验，都是感受企业行为的结果。没有反复的经验，或者其经验没有留下深刻的印象，信任往往难以产生。

顾客不是产品专家，缺乏检测手段，对产品质量很难把握，某些质量特性甚至到产品使用完毕也难以判断。顾客认知和判断产品质量，往往只能从企业的质量信誉去考察。大企业、大商场往往给人以"跑得了和尚跑不了庙"的形象，其获得的信任度就大一些。某种产品一旦被揭露有质量问题，销量立即就会大降。这说明，质量信誉对顾客购买决策起着决定性作用。

据调查，1个满意的顾客可能将其满意的信息转告另外8个人，1个不满意的顾客可能把不满意的信息转告另外22个人。这种被转告的信息，几乎都与质量有关，转告的信息实际上就是企业的质量信誉。这种信息对被转告人的购买决策起到很大影响，有时甚至是决定性影响。一个不满意的信息，很可能抵消多个满意的信息。如果有人在旁边说："这个品牌的产品不好，我上星期买回去就出了问题。"正准备购买的消费者肯定就会犹豫，甚至立即放弃购买或选择别的品牌。这说明，质量信誉在扩大销售中也起着重要的作用。

质量信誉是产品质量的"名声"或"名誉"。这种"名声"或"名誉"需要企业自己来"说"，有赖于宣传，包括广告。但光靠自己"说"是没有多少人相信的，或者相信的程度不可能很高。产品质量不过硬，只靠宣传，质量信誉是建立不起来的，即使建立起来也会很快丧失。权威机构的证明，企业的质量承诺，离开了产品质量本身，都只能是一张空头支票。企业刚进入市场，或者一种新产品刚刚投入市场，产品质量可能是不稳定的，质量问题往往难以避免。这时，最重要的是加强售后服务工作，为顾客提供保障，尽可能减轻、消除和弥补质量问题给顾客造成的损失，尽可能消除质量问题给企业质量信誉造成的负面影响。如果这时不兑现质量承诺，或者在兑现过程中拖延、推诿、扯皮，顾客损失的是利益，企业损失的是质量信誉。这样，企业质量信誉可能永远也建立不起来。顾客对产品质量的感受，顾客之间对产品质量的评价，才是企业质量信誉的根本，正所谓"金杯银杯不如顾客的口碑"。

2. 质量信誉与企业的品牌

市场上功能相同的产品往往不止一种，同一种产品往往也有不同的品牌，顾客可以进行选择。顾客因为缺乏产品知识和检测手段，首先认可的是品牌，其次是外观，还有使用状况、售后服务等。品牌实际上是某种产品质量状况的代号，是企业质量信誉的表现。有的企业只有一种产品，产品的品牌就是企业的品牌；有的企业有多种产品，不同的产品有不同的品牌，这些品牌都归在企业的品牌之下，顾客能记住的往往只是企业的品牌。

著名的品牌就是名牌。名牌需要有相应的知名度、较高的美誉度和一定的顾客忠诚度。真正的名牌不是宣传出来的，更不是自封的，也不是评选出来的，而是通过顾客的购买行为体现出来的。虽然政府或某些组织可以授予你一块金字匾牌，上面也写上名牌字样，却不是实际意义的名牌。这样的"名牌"灰飞烟灭的太多。名牌的认定权属于广大顾客，顾客往往采取用"脚"投票的方式而不是用"嘴"的方式来认定名牌。名牌产品之所以走俏，就在于其质量状况长期稳定，取得了顾客的信赖。在同类产品中，名牌具有质量信誉的绝对优势，或者说名牌是质量信誉的最高形式。

人的记忆能力毕竟有限，在成千上万的品牌中，顾客能够真正记住的毕竟不多。因此，名牌也是一种资源，而且是极其稀缺的资源。企业创造名牌，就是和别的企业争夺这种资源。为此，首先要在产品质量和质量管理上下功夫，真正提高自己的质量竞争力。名牌不是一蹴而就的，更不是一夜暴发的。没有雄厚的经济基础，没有长期的艰苦奋斗，没有异于竞争对手的特殊手段，不可能成为名牌。依靠广告，依靠网红，虽然也可能一夜成名，但并不牢靠，很可能红极一时后就成了明日黄花。对企业来说，如果在经营理念、发展战略、质量意识、企业文化等诸方面没有充分准备，最好还是低调一点。

名牌只是极少数，不是名牌的产品依然可以存在，不是所有的企业都要创名牌。纯粹为别人配套的企业，配套关系固定，是不是名牌又有什么关系。企业规模不大，又没有实力进一步发展，也不可能创出什么名牌。那些因产品限制只能服务当地市场的企业，也不需要创什么全国名牌、世界名牌。三流企业做产品，二流企业做品牌，一流企业做标准。如果企业本来就是三流的，又没有能力上升为二流、一流，却硬要去做品牌、做标准，没有不失败的。从一定程度上说，品牌是企业素质的表现。企业素质没有上升到一定的程度，如果要做品牌（表现为创名牌），也就站错了队。

不管是产品还是企业，要想成为名牌，当然需要宣传。现代社会，同一种产品往往有很多企业在生产。你不宣传，顾客不认识你、不了解你，当然就不会购买你的产品。"好酒不怕巷子深"在现代市场条件下已经行不通了。事实上，几乎所有的产品宣传，包括广告，都离不开宣传质量。但质量不是宣传出来的，宣传只能扩大影响，却不能直接提高质量。质量，包括产品质量和管理质量都只能靠企业下功夫去提升。质量竞争力不行，名牌是创不出来的。把握自己的实力，找准自己的位置，是企业制定名（品）牌战略的第一步。只有走好了这一步，企业的名（品）牌战略才能顺利实施，也才能取得成功。

3. 顾客满意与质量战略

顾客满意是"顾客对其期望已被满足程度的感受"。ISO 9000 给出的质量管理原则，第一条就是"以顾客为关注焦点"。ISO 9001：2015 开宗明义："本标准倡导在建立、实施质量管理体系以及提高其有效性时采用过程方法，通过满足顾客要求增强顾客满意。"

满意是一个心理学术语，是指人的一种肯定性的心理状态。顾客通过购买和使用产品，需求和期望得到一定程度的满足。所谓一定程度，一是说需求和期望得到满足的程度往往难以达到 100%，即使产品质量完全符合要求，也可能没有完全满足顾客的需求和期望；二是说顾客对任何产品都可能有多方面的需求和期望，大部分满足了，可能有小部分没有得到满足；三是说需求和期望往往是变化发展的，现在满足了，也难以保证今后同样得到满足。随着科学技术和社会的发展，顾客的需求和期望也在不断发展。企业如果故步自封，产品一成不变，就不可能让顾客持续得到满足，就可能被顾客所抛弃。

需求和期望的满足状况，直接决定了顾客的满意状况。满足程度高，满意程度就高；满足程度低，满意程度就低。满意程度是一个综合评价后的满足程度，不是指某一项或某几项需求和期望的满足程度。决定顾客满意状况的，不仅包括产品质量特性满足顾客需求和期望的状况，而且也包括产品其他特性，例如品牌、文化内涵、销售方式、价格、售后服务等满足顾客需求和期望的状况。质量特性之外的产品特性，对顾客的满意状况所起的作用有时甚至更大。

离开了顾客，任何企业都难以存在。谁赢得了顾客的倾心和回报，谁就能生存和发展；反之则只有衰败和死亡。顾客的倾心如何、回报如何，又取决于企业使他们的满意程度如何。企业的质量战略应当瞄准顾客满意的制高点，对自己的经营理念、发展战略、管理体系、产品质量、生产过程等进行必要的变革，通过体制创新、技术创新、产品创新和管理创新，去与竞争对手争夺，使自己居于制高点上。如果说质量是企业经营战略的"纲"，那么顾客满意就是企业质量战略的"纲"。

企业要实施以顾客满意为"纲"的质量战略，一要以顾客满意为中心，调整企业经营战略，制定能吸引更多顾客和不断提高顾客满意的质量方针，用顾客满意的目标去统领其他目标。二要以顾客满意为宗旨，全面、深入和准确地掌握顾客各方面的需求和期望（包括潜在的需求和期望），为产品的市场定位、开发设计、改进和创新提供相应的依据，促进产品质量和质量管理的创新。三要以顾客满意为准则，在系统掌握顾客结构、需求层次、购买特点、消费心理和市场竞争等信息的基础上，调整营销策略，创新企业的营销管理。四要以顾客满意为导向，加强产品生产前和销售后的顾客信息以及与市场有关信息的管理，建立起系统化的信息收集、分析、储存、处理等规范，创新企业的信息管理。五要以顾客满意为主线，合理调整各部门的管理职能，实施企业的组织结构重组，优化信息双向传递速率、信息流转损耗率、管理效率，以实现管理的科学化和高效化。

5.3.2 企业的质量形象

1. 顾客感知的企业质量形象

企业的质量文化，是通过企业的质量形象来展现的。质量形象是质量文化的物质层面或外显层面，是顾客、相关方和社会以及企业员工通过接触、调查、体验能够感受到的企业质量文化。企业的质量形象包括了企业的产品质量水平、服务水平、质量标志、品牌形象、质量设施、质量氛围、质量行为和社会形象等，是质量文化的外在体现。

企业的质量形象包括两个方面，一是对外的，一是对内的。对内的质量形象，形成一种质量氛围，可以让员工感受到企业的质量文化，并且受到感染，去维护这样的形象。对外的企业质量形象，是企业给顾客、相关方和社会留下的印象。对外的企业质量形象是通过企业的产品质量和其他质量行为塑造的，影响着顾客、相关方和社会对企业的评价。

企业质量形象的感受者主要是顾客。从文化角度来说，顾客不仅是指直接购买和使用企业产品的组织和个人，而且包括了潜在顾客和间接顾客。按最广泛的意义来说，顾客就是整个社会。对顾客来说，企业质量形象的核心就是企业的质量信誉。企业与顾客进行质量交换，本质是一种价值交换，也就是企业向顾客提供质量保证，拿企业的质量形象作为"抵押"，从顾客那儿"贷"来了"购买"行为，或者说"贷"来了资金（顾客用于购买的钱）。随着市场竞争日益加剧，企业之间在价格和质量领域的竞争进行到一定程度或处于相持状态时，形象竞争往往成为竞争的主要内容，甚至成为竞争的焦点。

企业的质量形象受产品和服务的质量形象、质量信誉、品牌形象、企业实力、企业领导人形象等方面的综合影响，并通过这些方面对外展示企业的外部质量形象。一般情况下，顾客通过获得的各种相关信息，形成了对企业质量形象的总体认识，很难要求顾客对企业"一分为二"，辩证地看待企业，辩证地分析企业的优点和缺点、长处和短处。不过，顾客对企业质量形象形成相对稳定的观点的过程却是一个综合的过程。也就是说，顾客往往并不是根据有关企业的某一条信息，特别不是根据某一条企业的正面信息形成印象的。顾客往往是根据自己获得的，包括有意搜集获得的和无意获得的各种各样的有关信息，经过筛选、分析、综合，才形成相应的总体认识，头脑中才形成了企业的质量形象。也就是说，企业的质量形象是在顾客的主观感受或主观体验的基础上形成的，是顾客对企业质量表现的一种主观反映。

2. 企业质量形象的建设

良好的质量形象是企业无形的财富。随着市场竞争的加剧，形象竞争正逐步成为市场竞争的主要形式。如何更好地塑造质量形象，是企业需要认真考虑的重要课题。企业应当对质量形象建设进行管理，管理内容主要包括以下几个方面。

（1）战略管理　与产品价格、产品质量不同的是，质量形象一旦形成将在较长的时间内保持稳定，企业应当把质量形象建设纳入战略管理中来，对质量形象建设进行长期的策划并确定相应的策略，包括确立质量形象方针、质量形象目标和建立相应的机构、落实相应的职责、健全相应的制度等，并且要解决诸如塑造一个什么样的企业质量形象、怎样去塑造这样的质量形象、企业各部门和相关人员如何协调塑造和维护企业质量形象之类的问题。质量形象战略是企业质量战略的一部分，与市场开发战略、产品开发战略等密切相关，但又有自己独特的要求。

（2）策略管理　企业在塑造质量形象过程中的具体行动方针和方法，应当根据环境和形势变化来确定。质量形象的形成虽然是一个长期过程，但在这个长期过程中又需要有间断性的高潮。例如，在某段时间集中宣传自己的某个方面，给顾客造成相对强烈的质量形象冲击，以加深顾客印象。质量形象宣传需要进行事前的策划，需要有独特的形式和方法，需要开展相应的活动，还需要事后对宣传效果进行调查和测量。所有这些都可以纳入质量形象的策略管理范围。

（3）监视和测量　质量形象如何，是由顾客来决定和评判的，企业只有通过相应的监视和测量才能得知。企业对质量形象的管理，很重要的一个方面就是对自己的形象进行监视和测量。ISO 9001 要求企业对顾客满意进行的监视和测量，可以成为质量形象监视和测量的组成部分。质量形象往往涉及整个社会，监视和测量包括的面也就更加广泛，至少应包括潜在顾客。不要忽略负面的、否定的评价，不要对正面的、肯定的评价进行强化加工，从而使监视和测量产生偏差，甚至严重失真。负面的、否定的评价正是质量改进的问题点，对企业来说更有意义也更重要。

3. 质量形象危机的处理

所谓质量形象危机，是指因种种原因，特别是突发质量问题，使质量形象受到极大损害，甚至面临崩溃的情形。近年来，诸如苏丹红、三聚氰胺、瘦肉精、染色馒头、地沟油之类的事件，一次又一次冲击着社会，不少企业在这样的危机中应对失措，甚至破产倒闭。在相当多的情况下，质量形象危机的根本原因很可能是企业质量方针出了问题。但是，产品质量涉及的因素太多，质量问题可能只是个别现象。例如，受科学技术限制，出问题的质量特性尚未纳入人们的视野，或者对产品的副作用缺乏认识，或者是某种疏忽造成了质量问题。因此，质量形象危机对任何企业来说都可能存在。如何处理质量形象危机，使受到严重损害的质量形象得到恢复甚至提升是非常重要的。没有相应的危机管理机制，当危机来临时手足无措，很可能导致企业形象崩溃，甚至因此破产倒闭。

企业的质量形象往往是很脆弱的，经不起打击。有时，这样的打击只要有一次，就可能给企业质量形象造成致命损害，企业很可能因此走向衰退甚至破产。如何面对突发的危机事件，是企业管理质量形象最重要的工作。一定要制定相应的预案，以防万一。预案里一定要规定，怎样对质量形象进行监视和测量，怎样去发现问题，发现问题后怎样处理，怎样与相关媒体沟通，怎样控制危机扩展。特别是要规定第一时间由谁对外发言，使用什么样的语言发言，一定要避免发言不当引起舆论反弹。一旦遭遇质量形象危机，一方面，认真分析质量问题产生的原因，进行质量改进，通过加强控制，防止或杜绝类似质量问题重复发生；另一方面，主动回收同批次产品，向社会公布自己的质量改进计划，宣传自己对顾客负责的决心和举措。这样，企业的质量信誉和质量形象就可能得到一个意想不到的提升，对企业今后的发展也将产生深远影响。

第6章 质量领导力

6.1 质量领导力概述

6.1.1 质量领导力的定义

1. 国外对领导力概念的理解

领导力这个概念对于中国而言是舶来品,它首先来自于 Leadership 一词,其本义是勇于向前、突破瓶颈、创造蜕变。即突破、提升和蜕变。这个定义源于西方文化,强调人生要靠自己的自我人生观、致力于成就自我的人生潜力观,以及达成光辉人生的自我领导力观。西方不同的专家、学者和名人对领导力有不同的定义:

现代管理学之父德鲁克将领导力定义为目标和业绩:"领导力能将一个人的愿景提升到更高的目标,将一个人的业绩提高到更高的标准,使一个人能超越自我界限获得更大的成就。"

世界级领导力名家 John Maxwell(约翰·麦克斯威尔)将领导力定义为方向:"领导者是知道方向、指明方向,并沿着这个方向前进的人。"

世界著名的领导力专家 Warren Bennis(沃伦·本尼斯)将领导力定义为打造:"最具危险的观点就是把领导力看成是天生的,是遗传的。这是胡说!事实正好相反,领导者不是天生的,而是塑造出来的。"

世界著名的领导力专家 Ralph Heifetz 将领导力定义为行动、应变与发展:"领导力就是能激发社会或组织中的人们去解决难题、适应社会并促进社会发展的能力。"

世界著名的心理学专家 Robert Kegan(罗伯特·凯根)将领导力定义为走向成熟:"当人充分释放自我潜力,达到人生更高的心智模式的时候,他的领导力是最优秀和最完美的。"

前 GE 董事长兼总裁杰克·韦尔奇将领导力定义为帮助他人成长:"当你不是

一个个领导者时，成功是让自我成长；当你成为一个领导者后，成功是帮助他人成长。"

美国前总统杜鲁门将领导力定义为创造未来："人创造历史，而不是历史创造人。在人类历史中，当缺乏领导力时，社会就停滞不前。当勇敢的、有能力的领导者抓住机会改变社会、创造未来的时候，社会就开始进步。"

美国前总统约翰·肯尼迪将领导力定义为学习："对领导者最大的挑战是学习的能力。"

美国前国务卿基辛格博士说："领导就是要带领他的人们，从他们现在的地方，去他们还没有去过的地方。"这里就凸显出一个概念，即领导更多人的概念。前方是一个未知的领域、一个更大的目标，而我们领导人要做的就是带领他们，进入一个新的领域，去实现一个新的、更大的目标。

从以上西方不同专家、学者和名人的不同定义可以看出，每个人都是从不同的角度去定义领导力的，每个人都有自己的道理，每条定义都有一定的合理性。

2. 国内对领导力概念的理解

中国传统文化中关于领导的学问很多，儒家思想中领导的定义的本体是"领"与"导"，强调好的领导者首先是"君、亲、师"，提出了基于统治观、圣人观、服从观的权力领导力概念，这明显区别于西方的"非权力领导力"概念（即个人的影响力、魅力）。我国对儒学思想和智慧有深入研究的部分专家学者提出了"儒学领导力"学说，关注的焦点就是中庸思想。中庸精神随着时间的推移，其价值和重要性必将日益显现出来，这一点已经有所表现。当代发展儒学思想主要用于企业的管理，应用儒学思想延伸出的领导力智慧是当代企业领导者的必修课，并已经成了当代管理者的核心理念。

我国著名的领导力专家唐荣明博士结合中国传统文化和领导力实践的研究，从系统框架的管理原理给出领导力的定义：通过自我的不断修炼和不断提升，实现对他人的影响力，促使他人不断努力和成长，最终实现具有价值的结果。它从领导力所涉及的范畴阐述了：单就领导者而言，每个人都可以成为领导者，都具有影响力，领导者不是少数人的权利；就领导而言，它是一个过程，要用各种手段去激发被领导者，使他们成功；就被领导者而言，它可以是一个小群体（小到一个人），也可以是一个大群体（可以大到一个公司、社会、国家甚至全球）；就领导成果而言，它包括成功和失败。

结合中国社会的现实情况和教育环境，国内研究者将领导力分为两种：一种是权力领导力，是指由岗位带来的一系列对人及事务的权力所产生的领导力，如对人有晋升或开除的权力，对事有某些决定财务支出的决策权力，这种领导力是刚性的，是跟着岗位走的；一种是非权力领导力，是由自身的人格魅力所产生的影响力，它来自于自身的修炼和成长，来自大家发自内心的尊敬和信服，是柔性的，与岗位无关。根据领导力的定义，我们会看到，它存在于我们周围，在管理层，在课堂，在球场，在政府，在军队，在上市公司，在小公司，甚至在一个家庭，我们可以在各个层次、各个领域看到领导力，它是我们做好每一件事的核心。

3. 质量领导力的产生

质量专业领域的领导力要求首先来自于 ISO 9001：2015《质量管理体系 要求》第 5.1.1 条，明确提出了领导力（领导作用），要求最高管理者发挥领导作用并提出和践行管理承诺。质量领导力是指某个人指引和影响其他个人或群体，在完成组织任务时，实现质量目标的活动过程。站在企业质量经营角度来看，质量领导力和质量管理是相互补充、不可或缺的。质量管理决定了企业质量管理体系的实施和运行，而质量领导力则决定了企业质量文化的形成和发展，并形成质量工程师统一的思维习惯和工作风格。领导力本质上是一种影响他人的能力。成功的质量工程师，都要有领导力，无论是做下属时，影响领导和同事，还是做领导时影响下属和供应商，都需要自己展示出领导力。质量领导力与其他领导力不一样，质量领导力更在于通过自身对质量文化精髓的认知和理解，准确把握所在组织的质量发展方向、战略和目标，指导并引导团队持续稳定地提升产品和服务质量、过程质量和经营质量。当质量工程师不依赖于上级的命令或质量工作性质所赋予的"权力"或本岗位授予的权力，而是努力发挥自己的沟通力、影响力和号召力，这样的才能称得上是"质量领导力"。质量领导力通常具有以下特征：

（1）公开一致的管理承诺　公开的管理承诺被认为是质量领导力的一个重要特征。通过管理层的领导和行动，引入先进的质量理念，并将其牢牢地根植于企业文化中，从公司一把手到各个层次的员工都有必须公开的并且诚恳一致的对质量管理工作的承诺。

（2）建立合理的质量方针　企业必须将质量方针表述成文字，一个有效的质量方针应该是简洁、易懂和人人都接受的。公司应该制定符合自身产品和服务质量特性及其管理特点的质量方针，并进行深入广泛的宣传，将其贯彻到各业务条线、职能部门和每一位员工。

（3）确立可测量的质量目标和指标　质量目标和指标必须与质量战略保持一致，并按照 SMART 原则确保可测量。质量目标指标不仅仅是合格率，更应该包括为实现产品和服务质量持续稳定可靠而实施的风险控制措施、持续改进活动和质量创新行动。

（4）建立"谁主管谁负责"的质量主体责任制　质量是全员的职责，必须像管理其他任何业务一样确保满足要求，持续推进落实"谁主管谁负责"的主体责任。强调质量是做出来的和设计出来的，而不是检验出来的，这是质量管理的基础。

（5）组建精干、具胜任力的质量管理专业队伍　质量部门不应对其他业务管理职责范围内发生的事情承担直接管理责任。质量部门的职责是通过组织各业务部门开展质量风险评估，并指导各业务部门建立质量管理流程和制度，开展产品和服务质量检验、试验和检测，提供质量技术支持，协助开展质量教育培训，进行质量信息收集、分析、处理和沟通反馈等。质量部门应该是领导层的"眼睛、耳朵和助手"，帮助执行和协调质量程序。质量部门具有建议、协调和监测的重要作用。为了有效地实施这些职责，质量部门必须具备足够的专业知识和提供内部顾问的能力，并且能够随时为公司各个层面提供质量技术支持和协助。同时，他们也应该协助对质量管理体系的有效性进行内审和管理评审，并且提出相应的改进建议。

（6）建立明确的质量控制标准　缺乏质量控制标准或标准自相矛盾、不适当都会直接影响企业的质量绩效。提高质量标准的首要步骤是经理与员工共同努力确保所有层面的工作质量标准都是内容正确的、已经得到高层批准的、成文的、简明扼要和易于理解的、随时可以查询的。

（7）融合过程方法、PDCA 和风险思维　质量部门应充分发挥专家和内部顾问的功能，推进过程方法、PDCA 和风险思维融入组织的业务流程，并应用于日常的经营管理活动；指导各业务线推进跨职能的流程管理，确保每个业务流程和管理流程实现 PDCA 闭环运行；使围绕流程运行的每个环节体现风险思维，确保各类流程级风险可防可控；结合现场改善活动，推进从订单到交付的端到端全价值流持续改进，确保质量管理体系要求与业务相融合。

（8）重视质量培训　一个好的质量培训程序是通向成功质量管理的基础。质量培训的关键是改变人们对质量的认识和态度，持续提升质量意识，满足并争取超越顾客期望。

（9）开展质量统计分析，预防重大质量问题　坚持问题导向，积极主动收集顾客的意见、建议和投诉，以及各类质量检验试验数据。开展质量统计分析的主要目的是确定系统性的原因，避免今后再次发生同类质量问题。了解"质量问题的根本原因是什么"和"谁负责任"这两个问题有利于持续改进工作。

（10）开展全员提案和制定激励措施　为了实现质量绩效的持续改进，鼓励员工积极参与和提出合理化建议、采取改进措施非常重要。缺乏激励机制将可能在很大程度上妨碍质量管理。企业应该建立系统的激励机制，激发全员关心质量，树立良好的质量意识和改善习惯。

6.1.2　质量领导力框架

中国科学院的苗建明和霍国庆等研究人员经过课题攻关，于 2006 年基于领导过程构建了领导力五力模型，如图 6-1 所示。

结合质量专业领域对领导力的特殊要求，我们提出了质量领导力发展的六要素框架模型，如图 6-2 所示。

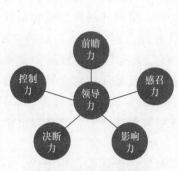 

图 6-1　领导力五力模型　　　　图 6-2　质量领导力发展的六要素框架模型

6.1.3　质量领导力认知

1. 认知的概念

认知是指人们获得知识或应用知识的过程，或者信息加工的过程，是人的最基本的心理过程。它包括感觉、知觉、记忆、思维、想象和语言等。人脑接受外界输入的信息，经过头脑的加工处理，转换成内在的心理活动，进而支配人的行为。这个过程就是信息加工的过程，也就是认知过程。

2. 认知的重要性

一个人必须拥有的最重要的能力是认知能力，如果没有它，便会影响人生的方方面面。认知能力是一切其他能力的前提，它可以决定一个人的下限和上限。一个人的认知通常有四种状态，即不知道自己不知道、知道自己不知道、知道自己知道、不知道自己知道。处于最低级的第一状态的人数，也就是"自以为是"状态的人，达95%，而处于其他三种认知状态的人数，分别占4%、0.9%和0.1%。为什么平庸的人那么多，而真正的成功者少之又少？这正是认知的差别导致的。大多数人太过于自信，总认为自己对事物的认识是正确的，他们做的事是正确的，所以他们即使奋力拼搏，最后的结果却总是以平凡告终。而能够意识到自己的不足，保持空杯心态、危机意识，勇于坚持学习提升的人，往往会以默默无闻的方式，获得巨大的成功。你是哪种认知的人，决定了你能达到怎么样的高度。质量工程师只有保持空杯心态的认知，才不会自满自大，才能通过不懈的努力，持续寻找解决质量问题的思路，才能够保持"不达目标誓不罢休"的决心，最终达到一个新的高度。一个质量工程师，即使认为某件事很重要，但没有把它转化为真正的行动，那么也就不是真正的认知。认知的升级，说到底就是捅破那层窗户纸，让你向上的决心更大、进步的动力更强、改变的行为更足。

3. 质量工程师如何加强对质量领导力的认知

（1）质量领导者未必就有领导力　在岗位上的领导者有权力，但不一定有影响力。他们在这个位置的时候有这个权力，能够指挥和发话，但如果不在这个位置，可能不具备任何领导力。在质量专业领域，各级主管都需要这种人格魅力，需要影响力，而不是在权势下的领导力，尤其是现今以80后、90后为主要员工群体的团队中，社会文化从过去的"服从性文化"发展到今天的"自主性文化"，人们有强烈的自我意识，社会上充满着各种诱惑和选择，过去以权力领导力为主的领导模式基本失效，而非权力领导力为主的人格魅力和影响力是质量工程师急需提升的。

（2）质量人都应该是领导者　基于中国传统文化教育下的每个自然人个体自然而然地将自己放到被领导者地位上，他们习惯了听之任之，习惯了被领导。但是经过40多年的改革开放，社会已经发生了史无前例的大变迁，人们有了不同的自我角色定位，有了强烈的自我意识，不再默默地屈服于那些莫名其妙的权势。如果质量工程师不把自己定位在领导者角色上，就基本不会发展自我影响力，也不会成为领导者。如果将自己定位在领导者角色上，就能有更丰富的人生并能够更好地实现自我潜力和价值。

（3）质量人被别人领导也应该具有领导力　我们过去的信念是"不在其位，不谋其政"，而今天的世界是，虽然你不在其位，没有职权，但你是质量管理人员，有影响力，可以充分利用自己的影响力，主动行动，使大家更有凝聚力，产生更好的行动和质量绩效。当质量工程师有这些正向的影响力时，也就具备了当好质量控制、质量保证、质量技术或质量管理岗位领导者的基本条件。很多公司都需要这种具有影响力的质量工程师。

（4）基于人性的质量领导力要更重视人的价值　人是组成企业的基本元素，是质量工作的主体，也是确保产品和服务质量最重要、最关键的因素。管理好一个企业也就是管理好企业中的每一个人。有人认为，在市场经济条件下，只要建立各种规章制度，单纯依靠经济处罚手段，就可以搞好生产。其实这种看法是片面的。不可否认，必要的行政处罚也是一种有效的管理手段，必要的规章制度是产品和服务质量的基本保证。但是，单纯依靠规章制度严管严罚，罚不出员工的"主人翁"质量意识，也罚不出员工自觉遵守质量管理制度的觉悟。因为人是有思想、有情感、有价值追求的，不是"机器"。因此，质量工作要重视人的主观作用，通过关心人、信任人、尊重人和教育人来提高人的素质，增强人的自尊，并通过人的自身内在因素，理性地控制自己的行为，使企业的各项制度成为员工的自身需求，同时要求员工对企业质量文化建设广泛参与、整体互动，培育浓厚的质量氛围。

（5）质量领导力需要各级质量主管以身作则　一个企业质量文化和质量氛围的形成与企业领导者的行为和领导力息息相关，只有领导者具备并发挥领导力，才能有效引导和激励员工，增强企业的凝聚力，提升组织的核心能力。而发挥领导力的最有效途径，就是领导者以身作则。"身教"往往比"言传"更为有效。企业各级领导通过以身作则的良好个人质量行为示范，使员工真正感受到领导做好质量工作的示范性，感知到自身做好质量工作的必要性。通常情况下，有质量感召力的领导会要求员工"看到、听到、体验到"自己对质量的承诺，具体包括承诺与保障、带头与示范、影响与感染等方面。通过领导的言行，使下属听到领导讲质量，看到领导实实在在做质量、管质量，感觉到领导真真正正重视质量，他的核心作用在于示范性和引导作用。如果一个企业的各级领导都以身作则、率先垂范，坚持质量从小事做起、从细节做起，切实通过可视、可感、可悟的个人质量行为来引领企业全体员工做好质量工作。这将会形成一个良好的企业质量文化和质量氛围，企业的质量管理工作也将会走上一个更高的台阶。

（6）质量领导力需要持续的修身正己和魅力养成　质量人，首先自己要有质量（素质），正人先正己，监督检查别人、培养员工和下属之前，质量人必须提升自身素养，必须遵循和坚持"由内而内"的修炼方式，真正从内心去反省，建立扎实坚定的立场，然后才可能"由内而外"传播质量信念和质量管理原则，引导和促进身边人的质量改进工作。其次，约束自己的言行，从自身做起，从身边小事做起，培养良好的工作作风和行为习惯。作为一名质量工程师，对任何一件事情，要积极主动参与并争取做好，做到极致，发扬敬业和工匠精神。牢固树立服务观念，设身处地为现场着想，为生产一线员工和业务条线员工着想，尽力解决实际问题，能够使质量工作从被动变成主动，从而提高企业的质量领导力。

6.2　质量领导力要素与质量领导力建设

6.2.1　质量领导力要素

领导力是指在管辖的范围内充分地利用人力和客观条件，以最小的成本办成所需做的事，进而提高整个团体的办事效率的能力。领导力与组织发展密不可分，因此常常将领导力和组织发展放在一起，如常见的咨询培训类课程"领导力与组织发展"。质量领导力则是研究符合质量工作者人性规律的、有普适性的领导力发展之道和实现永续质量经营的重要路径。个人领导力的构建要考虑前瞻力、感召力、影响力、决断力和控制力，而要打造好质量领导力，要考虑以下6大要素：组织理解与构建能力、时间管理能力、表达与呈现能力、沟通管理能力、冲突管理能力、变革管理能力。

1. 组织理解与构建能力

组织结构的概念有广义和狭义之分。狭义的组织结构，是指为了实现组织的目标，在组织理论指导下，经过组织设计形成的内部各个部门之间固定的排列组成方式，即组织内部的构成方式。广义的组织结构，除了包含狭义的组织结构内容外，还包括组织之间的相互关系类型，如专业化协作、经济联合体、企业集团等。组织结构（组织架构）是一个组织实现内部高效运转的构成形式，是能够取得良好绩效的先决条件。

组织构建能力强,可确保在一定资源投入的情况下,有更高效和更高质量的产出。质量领导力的建设必须理解并有能力规划和构建质量组织结构,以便能快速、有效、稳定地匹配企业目标和战略,打造核心竞争力,实现企业的目标。

2. 时间管理能力

时间管理是指通过事先规划和运用一定的方法、技巧和工具实现对时间的灵活及有效运用,从而实现个人或组织的既定目标的过程。

时间管理的研究已有相当历史,其管理理论也可分为四代,见表6-1。

表 6-1 时间管理理论的演进

时间管理理论	主要表现
第一代	利用便条与备忘录,在忙碌中调配时间与精力
第二代	强调行事历与日程表,反映出时间管理已注意到规划未来的重要
第三代	讲求优先顺序的观念,也就是依据轻重缓急设定短、中、长期目标,再逐日订定实现目标的计划,将有限的时间、精力加以分配,争取达到最高的效率
第四代	并非管理时间,而是管理个人

发展到第三代时间管理的做法有它可取的地方,但是过分强调效率,反而会产生反效果,使人失去增进感情、满足个人需要以及享受意外之喜的机会。于是许多人放弃这种过于死板拘束的时间管理法,回到前两代的做法,以维护生活的品质。第四代的时间管理理论与以往截然不同,它从根本上否定"时间管理"这个名词,主张的关键发生了改变,已经不是时间管理,而是个人管理。

第四代时间管理理论产生了明显的变化,由具体的事务管理转向对人的管理研究。质量管理工作者在日常工作中对于时间观念的理解非常深刻,故做好个人管理就能更好地把控好时间,由人及事提高效率,方能达到预期的结果。

3. 表达与呈现能力

在日常的工作中无时无刻不充斥着信息交流与传递,信息传递的方式均通过表达与呈现来完成。表达是将思维所得的成果用语言、语音、语调、表情、动作等方式反映出来的一种行为。表达以交际、传播为目的,以物、事、情、理为内容,以语言为工具,以听者、读者为接收对象。呈现是指清晰地显现,展示出需要向对方传递的信息。

质量工作者在工作中,不管是语言还是文字信息的传递都存在于各种场景中,如会议、洽谈、沟通、演讲等场景。这些均需要有良好的表达与呈现能力来完成,表达与呈现也成为塑造质量领导力的重要因素。

4. 沟通管理能力

著名组织管理学家巴纳德认为:"沟通是把一个组织中的成员联系在一起,以实现共同目标的手段。"没有沟通,就没有管理。沟通问题几乎是每个企业都存在的问题，企业的机构越是复杂，其沟通越是困难。往往基层的许多建设性意见未及时反馈至高层决策者，便已被扼杀，而高层决策往往也无法以原貌展现至基层人员面前。

沟通管理是质量组织的重要生命线。沟通管理能力是质量管理的一项核心内容。质量管理的过程，也是一个反复和持续沟通的过程。通过了解客户的需求，整合各种资源，打造出好的产品和服务来满足客户，从而为企业和社会创造价值和财富。企业是一个有生命的有机体，而沟通则是机体内的神经网络，通过信息流动来给组织系统传达信息，实现机体的良性循环。

5. 冲突管理能力

冲突管理是指采用一定的干预手段改变冲突的水平和形式，以最大限度地发挥其益处而抑制其害处。在组织情境中，通常从确定适当的冲突管理风格、选择合适的冲突管理策略、采取必要的冲突管理措施三个方面开展或加强冲突管理。

美国行为学家庞迪（Pondy）在对冲突形成的原因和呈现出来的特点进行了总结分析后，提出了三种类型的冲突分析模型，见表6-2。

表6-2 冲突分析模型

类型	表征	示例
讨价还价模式	竞争稀缺资源	企业内劳资双方的集体薪酬谈判；质量罚款的谈判
官僚模式	上级对下级行使职权，支使控制下属（纵向冲突）	经理要求秘书为办公室人员煮咖啡
系统模式	各单位或部门之间缺乏合作（横向冲突）	质量部门提出的质量指标，生产部门不易执行

质量工作者的日常工作大多处在沟通环境中，出现冲突管理的概率相对较大，讨价还价模式、官僚模式和系统模式在质量的工作场景中都比较常见。质量工作者如何管理冲突、解决矛盾，使之达成一致意见，是质量领导力建设非常重要的能力。

6. 变革管理能力

变革管理是指当组织成长迟缓、内部不良问题产生或愈益无法因应经营环境的变化时，企业必须做出组织变革策略，将内部层级、工作流程等进行必要的调整与改善管理。

变革管理的模式是动态的，不管是美国麻省理工学院教授迈克尔·汉默提出的BPR（业务流程再造）模式，还是价值链模式，均符合质量管理的通用原理——戴明环逻辑，即计划（Plan）、执行（Do）、检查（Check）、行动（Action）。首先，确定工作目标和行动计划；其次，按照计划去工作。完成计划之后，检查计划完成的结果，包括工作质量。再次，处理检查的结果，总结成功的经验和失败的教训，以及需要解决的问题。最后，根据这一轮的经验、教训和发现的问题，重新制订计划，并启动下一轮的变革循环。

质量工作者在日常工作中是不断地浸润在变革的环境中的，不管是作为参与者，还是作为变革督导师，都必须理解和构建变革管理能力。

6.2.2 质量领导力建设的原则

质量领导力的重点在于"力"而非"领导"，力学概念中，单个物体是谈不上力的，两个相互作用的物体才有力的产生，力不能脱离物体而单独存在。有领导者和追随者才有领导力，才能形成影响力。质量领导力的建设应遵循如下五大原则：

1. 系统性思维原则

质量领导力的建设是一项系统工程，包含组织理解能力、表达能力、时间管理能力、沟通管理能力、冲突管理能力等，任何一项的缺失均会成为领导力建设的短板，影响领导力的建设与发展。

2. 前瞻力思维原则

前瞻力本质上是一种着眼于未来，预测未来和把握未来的能力。领导力的建设要符合企业和质量工作未来的发展环境。适当抬头看路的作用远大于一直埋头苦干。

3. 大局观思维原则

质量领导力的建设要着眼大局，在企业中要提高到经营思维层面去审视问题。有助于企业发展的质量建设更受欢迎，因此建设的质量领导力的效能也更大。

4. 以人为本原则

质量领导力的建设要以人为本，领导力不等同于个人魅力，不等同于领导艺术，要以人为本建设正确的价值观，引导企业的正确发展。

5. 文化认同原则

不同的企业类型充斥着不同的企业文化，在质量领导力建设过程中要识别文化差异，打造文化生态融合，使质量领导力建设更加包容，也更加健康。

6.2.3 质量领导力建设的内容

1. 组织结构建设的形式与特点

在组织结构建设中，我们必须了解组织结构的形式与特点，在工作中定位自身角色，明确在组织中的位置，便于未来或者下一步工作中确定目标和方向。在组织结构维度上的清晰定位是搭建质量领导力的基石。

（1）直线制组织 直线制组织形式是一种产生最早也最简单的组织形式，如图 6-3 所示。它的特点是企业各级部门从上到下实行垂直领导，下属部门只接收一个上级的指令，各级主管负责人对所属单位的一切问题负责。

此组织形式下的质量从业人员只需向上级主管负

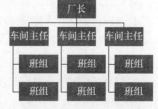

图 6-3 直线制组织形式

责人负责。

（2）职能制组织　职能制组织形式图6-4所示，各级部门除主管负责人外，还相应地设立了一些职能部门。企业管理权力高度集中。由于各个职能部门及其人员都只负责某一个方面的职能工作，只有最高领导层才能纵观企业全局，所以，企业生产经营的决策权必然集中于最高领导层（即总经理）身上。在此组织形式下的质量组织较难开展工作，局限性较大。

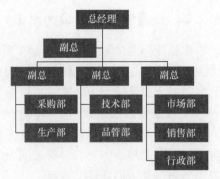

图6-4　职能制组织形式

（3）直线-职能制组织　直线-职能制（见图6-5）也叫生产区域制或直线参谋制。它是在直线制和职能制的基础上，取长补短，吸取这两种形式的优点而建立起来的。在此组织形式下，能够更快速、灵活地开展工作，但横向联系依然较差，容易脱节。

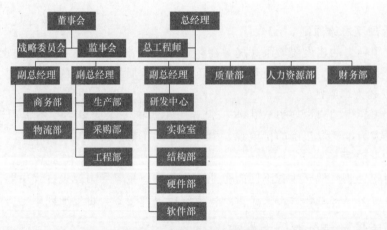

图6-5　直线-职能制组织形式

（4）矩阵制组织　在组织结构上，把既有按职能划分的垂直领导系统，又有按产品（项目）划分的横向领导关系的组织形式，称为矩阵制组织形式，如图6-6所示。

在此组织形式下，较容易高效和快速地开展工作，也较容易构建质量领导力。

2. 如何做好个人时间管理

做好个人时间管理是事半功倍的方式，可以提高效率完成事务。如何做好时间管理是非常值得探讨和研究的一门学问。

帕累托原则是由19世纪意大利经济学家帕累托提出的，其核心内容是生活中60%的结果几乎源于20%的活动。例如，是那20%的客户给你带来了60%的业绩，可能创造了60%的利润；世界上60%的财富被20%的人掌握着，世界上60%的人

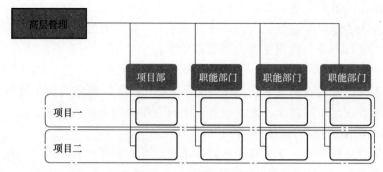

图 6-6　矩阵制组织形式

只分享了 20% 的财富。因此，要把注意力放在 20% 的关键事情上。

根据这一原则，我们应当对要做的事情分清轻重缓急（见图 6-7），进行如下的排序：

1）重要且紧急（例如抢险、救火、出警等）：必须马上执行。

2）紧急但不重要（例如分发文件到相关部门，可授权解决等）：只有在优先考虑了重要的事情后，再来考虑这类事。人们常犯的毛病是

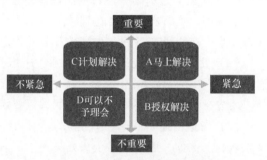

图 6-7　帕累托时间管理象限图

把"紧急"当成优先原则。其实，许多看似很紧急的事，拖一拖，甚至不办，也无关大局。

3）重要但不紧急（例如学习规划、做资金计划等）：这一类事情需要制定计划解决，但是没有前一类事情的压力，应该当成紧急的事情去做，而非拖延。

4）既不紧急也不重要（例如娱乐、消遣等）：有闲工夫再说。

3. 如何做好表达与呈现

要做好表达与呈现，首先要确定表达与呈现的目的，通常依据以下三个方面确定呈现的目的：第一，来自听众的需求排序；第二，来自自己的优劣势分析；第三，基于呈现的基本目的，用优势匹配优先需求。

其次，要罗列和筛选呈现的要点：第一，罗列试图要呈现的所有要点；第二，探索要点之间的关系，试图搭建呈现结构；第三，验证结构的逻辑，增减要点。

在所有呈现中要符合"信""达""雅"的原则。"信""达""雅"是由我国清末启蒙思想家严复提出的，他在《天演论》中的"译例言"讲道："译事三难：信、达、雅。求其信已大难矣，顾信矣不达，虽译犹不译也，则达尚焉。"我们工作中的日常表达与呈现包括了口头和书面两种类型，在实际的操作中也需遵循"信""达""雅"的理念。"信"是指意义不悖要传达的原文原意，信息传达要准

确，不偏离、不遗漏，也不要随意增减意思；即表述要准；"达"是指不拘泥于刻板的形式，表达逻辑要通顺明白，即表述要通；"雅"则是指表达时选用的词语要得体，追求文章本身的简明优雅，即表述要雅。

"信""达""雅"的表达与5W2H和SMART原则的区别：5W2H和SMART更多应用于问题的客观陈述，而遵循"信""达""雅"原则的表达与呈现是有温度的表达与表现，可增添个人魅力，有助于构建和提高领导力水平。

4. 高效沟通的技巧

在沟通管理过程中一定要善于运用非语言信号为语言的效果进行铺垫，真诚的微笑、热烈的握手、专注的神态和尊敬的寒暄都能给对方带来好感，活跃沟通气氛，加重后面语言的分量。在工作过程中可用如下增进沟通效果的技巧：

(1) 构建沟通基础——目的明确　自己要对沟通的事情有明确的目标和足够清晰的理解，如每次沟通要达到什么目的或解决什么问题，底线和原则是什么，这些都要事先在心里准备好，为高效和有效沟通做好铺垫。

(2) 设立沟通环境——赞美对方　这几乎是一个屡试不爽的特效沟通润滑剂。这个世界上的人，没有不接受表扬的，学会表扬与赞美，将在任何沟通中事半功倍。要先扬后抑，不要怕人说拍马屁，只要表扬的内容属实就没问题。

(3) 营造沟通氛围——移情入境　设计一个对现实有借鉴意义的场景，进行情景教育。例如，燕昭王千金买死马，为了表达一个信息：死马尚值千金，况活马乎。在培训中设计很多课堂游戏，用意都在于用一个显而易见的事实或者情景去启发人的思路，创造情景式的沟通氛围。

(4) 控制沟通情绪——幽默轻松　幽默既是通向和谐对话的台阶和跳板，又是化解冲突、窘境、恶意挑衅的灵丹妙药。一个全班最丑的女孩走上竞选班花的讲台，对台下的女同学们说："请把这一票投给我吧，数年以后你们就可以指着我对你们的男朋友说，瞧，我比班花还漂亮。"于是，她以全票当选。幽默可以创造奇迹，使不可能的事情成为可能。

在沟通过程中务必先管理好自己的情绪，避免自身的情绪影响沟通质量，控制情绪有助于建立良好的沟通氛围和环境，建立信任，正确地传递沟通信息。

(5) 铺垫沟通平台——坦诚胸襟　坦诚胸襟又被称为不设防战术，意在向人们明确表示放弃一切防备，胸襟坦荡，诚恳待人。人类的许多非语言信号都是出于此用意，例如敬礼、握手、作揖都是为了向沟通对方表明手中没有武器。人类通行规则的起源是左侧通行，原始部落的两队人在一个峡谷相会，一般会习惯用抓着武器的右手向着对方。古时候人们习惯于从左侧上马，从而演变为今天从左侧上自行车和摩托车，因此左侧通行更方便安全，也更科学。可是为什么世界上大多数国家最终都把左侧通行的习惯改为右侧通行了呢？就是要故意把较弱的左侧让给对方，借此表达和平的善意。显然，这不是为了方便交通，而是为了方便沟通。

(6) 达成沟通信任——求同存异　求同存异又被称为最大公约数战术。人们只有找到共同之处，才能解决冲突。两个员工争执不休，最后以"都是为了工作"握手言和；两口子吵架，最后以"为了孩子"相拥和解。无论人们的想法差距多么遥远，都能够找到共性，有了共性，就有了建立沟通桥梁的支点。

（7）表述鞭辟入里——"信""达""雅"的运用　这是提高沟通效率的捷径。能够用很通俗易懂的语言阐明一个很复杂深奥的道理是一种本事，是真正的高手。

（8）平等相容原则与换位思考　平等是建立沟通的一个基本前提，还要多站在对方的角度审视沟通的问题。

有效地运用沟通技巧可以事半功倍，持续达成良好的沟通效果对质量领导力的建设也有显著提升作用。

5. 如何做好冲突管理

按照罗宾斯的理论，冲突过程可分为5个阶段，即潜在对立和不相容、认知和个人化、行为意向、行为、结果，如图6-8所示。

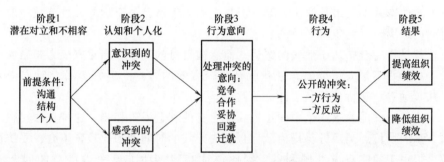

图6-8　罗宾斯对冲突过程的模型分析

根据组织成员处理冲突的意向，研究者提出了5种冲突管理风格。例如美国的行为科学家托马斯（K.thomas）提出了解决冲突二维模式（见图6-9），以沟通者潜在意向为基础，认为冲突发生后，参与者有两种可能的策略可供选择——关心自己和关心他人。其中，"关心自己"表示在追求个人利益过程中的武断程度，为纵

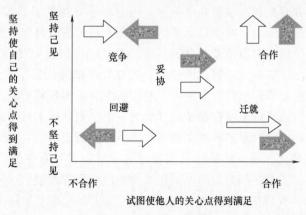

图6-9　托马斯二维模式

坐标；"关心他人"表示在追求个人利益过程中与他人合作的程度，为横坐标。以二者定义冲突行为的二维空间，于是就出现了 5 种不同的冲突处理策略，即竞争、合作、妥协、迁就和回避。

合作是指双方通过积极地解决问题来寻求互惠和共赢。其特征是双方乐于分享信息，并善于在此基础上发现共同点，找到最佳解决方法。一般来说，合作是首选的冲突管理方式。但只有在双方没有完全对立的利益，且彼此有足够的信任和开放程度来分享信息时，合作才会非常有效地发挥作用。

回避是指试图通过逃避问题的方式来平息冲突。这种比较消极的冲突管理方式在应对不太紧要的问题时比较有效。此外，当问题需要冷处理时亦可采用回避作为权宜之计，以防止冲突进一步激化。但是，回避无法从根本上解决问题，且容易导致自己和对方产生挫败感。

竞争是指以他人的利益为代价，试图在冲突中占上风。这种极端不合作的冲突管理方式通常并不是最佳解决方案。但是，当确信自己是正确的，且分歧需要在较短时间内解决时，竞争是必要的。

迁就是指完全屈从于他人的愿望，而忽视自身的利益。当对方权力相当大或问题对于自身并不是太重要时，迁就就是比较有效的方式。但它容易令对方得寸进尺，从长远看，迁就并不利于冲突的解决。

妥协是指试图寻求一个中间位置，使自身的利益得失相当。这种方法比较适合难以共赢的情境。当双方势均力敌，且解决分歧的时间期限比较紧迫时，妥协比较有效。但由于忽略双方共同利益，因此往往难以产生非常令人满意的问题解决办法。

总的来说，没有一种风格适用于所有情境。因此，冲突管理的精髓在于针对不同情况采取不同的冲突管理风格。

在管理过程中改善冲突管理的技巧主要表现在如下方面：

（1）强调高级目标　高级目标是指超越冲突双方各自具体目标的更高一级的目标，是冲突双方服务和追求的共同目标。通过多种方法突出高级目标的重要性，有利于增强组织的凝聚力，减少社会情绪性冲突。在解决由目标不兼容和差异化造成的冲突时，此种策略的作用尤为显著。通过提高成员对组织共同目标的忠诚度，可有效解决由部门目标不一致造成的分歧；若成员理解并认同了组织的共同目标，则能够有效地避免差异带来的潜在冲突，使团队成员能够各施所能，全力为组织的共同目标服务。但由于该策略仅仅是通过引入一个参照目标来抵制差异化，因此它无法从根本上消除组织内部各种潜在的多样性及其负面影响。

（2）减少差异化　减少差异化是指通过改变或消除导致差异的各种条件，直接抵制分化。它包括消除形式上的差别和培养共同经历等方法。

（3）增进沟通和理解　有效的沟通对冲突管理是至关重要的，它能够消除刻板印象带来的偏见和负面情绪，增进彼此的理性认识。

(4) 降低任务依赖性 降低任务依赖性可以有效减少冲突发生的概率。对于共用型任务依赖，可采用分利共用资源方法；对于顺序型和交互型任务依赖，则可采用合并任务的方式来降低任务依赖性。此外，还可通过建立缓冲带的方法（如建立专门的调解委员会）来协调不同部门的工作。

(5) 增加资源 解决由资源匮乏导致的冲突时，增加资源无疑是最直接、最有效的方法。当然，管理者需权衡增加资源的成本及冲突带来的损失。

(6) 明确规则与程序 明确规则与程序能够有效解决由模糊性带来的冲突，尤其是当资源匮乏时，如何分配和利用资源需要做出明确的规定。这有利于消除误解，建立公平、公正的工作环境，增强组织的凝聚力。

在质量管理中，冲突管理表现出色的管理者一般会有更高的影响力，质量领导力水平相对较高。

6. 变革管理的角色及技术

(1) 变革管理者的角色

质量管理者在很多场景和工作环境中都是一个变革者，一个变革管理者是组织者、协调者；该角色所必备的条件包括：

对变革过程的管理：计划和组织，调整以及控制项目的流程；

对变革团队的管理：领导、激励和主持；

对客户关系的管理：注意变革过程对内部和外部的客户的影响和相应的对策调整；

对利益相关的群体的管理：把变革过程中涉及或者卷入的，并因此能够在项目范围内产生影响的内部和外部的利益群体纳入考虑范围。

(2) 变革管理的主要方法

变革管理的主要方法是采用 ADKAR 模型，它主要包括以下 5 个要素：

Awareness（认知）：行为者是否知道计划进行的变革，以及变革的必要性和重要性。变革在认知维度要达成共识，以便于后面的工作开展。

Desire（渴望）：行为者是否有变革的意愿，对变革有什么期待，是支持还是反对，要设立什么样的目标。

Knowledge（知识）：行为者是否掌握了开展此项变革所必需的知识。这些知识储备也包含了质量工具的相关知识，如 6D、QC 七大手法、质量回溯、统计技术等。

Ability（能力）：行为者是否有足够的能力领导、实施并完成此次变革，并且在此过程中要能够获取到支持的内外部资源。

Reinforcement（巩固）：行为者是否有措施来固化变革后形成的状态、习惯和成果。

在变革项目阶段，利用 ADKAR 模型方法（见图 6-10）可增加项目成功度。

质量管理从业者面临变革时，可有多种方法操作，ADKAR 是其中一种系统的

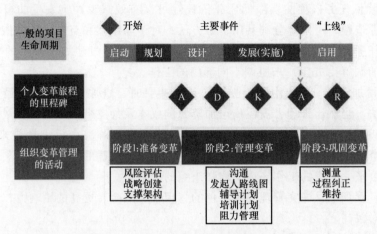

图 6-10 ADKAR 在变革项目管理中的运用

方式方法，在此过程中穿插利用相关的质量管理工具完成变革项目的规划、执行、检查和再改进，在变革管理维度对质量领导力的建设大有裨益。

6.3 质量领导力应用与评价

6.3.1 质量领导力应用

前面章节论述了领导力的五力素质——前瞻力、感召力、影响力、决断力和控制力，以及质量领导力发展的六力要素——组织理解与构建能力、变革管理能力、时间管理能力、表达与呈现能力、沟通管理能力和冲突管理能力。加起来总共十一力，此十一力是绝大多数职业的通用领导力模型，也适用于质量领导力。不管质量人是在个人质量工作中，还是在团队质量工作中，个人所负责的质量工作主要靠个人的能力和综合素质展现领导力，在个人质量领导力基础上，才可能在团队质量工作中承担和展现领导力。

1. 在个人质量工作中的体现和应用

一般而言，质量经理、质量总监甚至质量副总裁等中高级质量管理人员都是从基层质量工程师甚至质检员通过实力和业绩逐步提升上去的，只有少数质量负责人是从其他管理岗位转岗或者轮岗到质量管理岗位来的。因此，任何质量工程师都首先要做好当下的工作，展现在个人质量工作中的领导力。

质量工程师最需要五力要素当中的影响力、决断力和控制力，对于前瞻力和感召力这两个力，重要性相对来说是"最好有"，但不是必须有的，类似于 KANO 模型的"兴奋型领导力"。

对于质量工程师而言，如何在个人质量工作中产生领导力呢？一般而言，质量工程师的日常工作包括编写检验大纲、执行质量试验、编写质量报告等工作,对领导力的要求很低。当遇到较为棘手的质量问题,需要推动问题的根因分析和解决,以及后续的持续改进,这就非常考验质量领导力,也需要责任心。因为解决和改进质量问题都是"脏活儿""累活儿"。质量问题的解决和改进有点类似于吃完饭后洗碗刷盘子打扫战场,又脏又烦,从人性来说都不愿意干。相反,大家更喜欢买菜做饭的过程。企业经营也类似,大家更愿意干产品销售、产品开发和采购、制造等这些"价值创造"的过程,不喜欢"收拾残余",不喜欢问题,更不喜欢擦问题的"烂屁股"。而这个时候,质量部门必须得站出来,挽起袖子,振臂高呼,推进质量问题的解决和改进工作。试想,质量人不去推动解决质量问题,难道质量人去设计产品吗。解决质量问题不仅能够为公司带来产品上改进得到的收益,而且在推进质量改进过程中可以锻炼影响力和领导力,也是综合能力的体现。但要把问题解决好,并不容易,一般的研发工程师、制造工程师或者采购工程师还不一定能够比较全面地解决问题,这也是质量工程师展示质量领导力的时候。要解决好质量问题,需要掌握相应的质量方法和工具,最重要的是"不找到原因不放弃、不落实解决措施不放弃"的责任心和韧劲。

质量工程师至少可以从三个方面推动质量问题的解决和改进:

一是当遇到质量问题的时候,质量工程师不仅要把火扑灭掉,还要追根究底,即使花费巨大精力和心力,也要找到问题的根源对症下药。而要对问题的根本原因进行深挖,吃准、吃透,就非常考验质量人员的质量管理方法,以及质量人员的团队协作和沟通能力。

二是主动解决没有人愿意负责的质量问题。一般来说,即使责任明确,也很少有人会主动去解决某些很难解决的质量问题。这个时候,质量工程师需要主动承担责任去解决问题,或者带领团队去解决问题。否则,问题不仅得不到解决,甚至导致相互抱怨。这个时候,不管是不是分内的事,质量工程师都要主动地把责任承担起来。

三是面对质量问题,大家都在抱怨的时候,质量工程师应该冷静,而不应该跟着抱怨。抱怨无济于事,重要的是想办法解决问题,因为"办法总比问题多"。

从以上三个方面推进质量问题的解决和改进,非常考验质量人的责任心,因为这是一个考验体力、精力和心力的工作,没有责任心的质量人很容易放弃。在英文中有一个词 Responsibility,就是责任的意思,把这个词分拆一下,就得到两个词:一个是 Response,是反应的意思;另一个是 Ability,是能力的意思。这就是说,当一个人肩负责任的时候,反应和能力会同时体现出来。所以,一个具有强烈责任感的质量工程师也具有更多的能力。

决断力和控制力是质量人领导力的另外两个基本要素。这两个力虽然不像影响力那么有难度,但是也考验质量管理基本功。因为,质量管理的日常工作之一就是判断产品质量合格还是不合格,而这个判断有时会涉及"质与量的战争"。产品质量判断不仅涉及相关技术标准的判断问题，也涉及研发与质量、生产与质量、采购与质量、销售与质量等各业务代表与质量代表的观点和利益分歧、冲突甚至矛盾，因此需要质量人有较强的决断力和控制力。而决断力和控制力不是凭空得来的，需要质量人对质量标准能够准确把握，对质量风险能够做出全面分析和控制，能够与各方讲清楚质量标准、质量风险和关于决策的原因、利弊等，这样才能够让人信服，也更容易达成共识，减少甚至避免不必要的分歧、争端和矛盾。在此基础上，推进其他质量管理工作（包括质量改进）才容易获得支持。

2. 在团队质量工作中的体现和应用

开展质量工作不只是依靠个人质量领导力那么简单，因为在实际应用时会发现，很多质量工作都需要与人沟通，只有沟通到位了，工作才能够开展。沟通就是与人交流，对于质量工作而言，工作交流不仅仅是激发不同的观点和想法，更是为了达成共识，并推动问题解决。因此，团队质量工作涉及团队沟通、决策和团队行动，需要较强的表达与呈现能力，当遇到分歧甚至冲突时，还需要掌握冲突管理的技巧。

表达与呈现是团队质量工作的一座桥梁，包括书面表达和口头表达。无论什么表达与呈现，都与沟通技巧等有关，与心理学有关，与同理心有关，与表达的出发点有关。表达和呈现的内容是基础，为确保内容精彩，需要应用恰当的分析方法和工具抓住问题的本质或者根本原因，这样才能够解决问题。不管是沟通技巧也好，表达和呈现的内容也罢，作为质量人员，在推动团队质量工作中，要保持，初心站对立场。

因此，个人在团队质量工作中推动或者带领团队成员开展工作，就不应仅考虑质量管理方面的专业分析，也要学会表达技巧，并站在对方的角度思考，站在对方的角度感同身受，这样更容易让对方接受我方观点。这里还用前述关于外壳扣孔问题举例。假设质量工程师有强烈解决问题和改进问题的责任心，且非常想知道导致设计缺陷的根本原因是什么，但在与团队沟通过程中方式方法不对，沟通技巧不对，没有考虑到负责设计绝缘纸的设计工程师的感受，那么有可能会导致吃力不讨好的现象。假设一个场景，当质量工程师询问这个造成绝缘纸设计缺陷的设计工程师的时候，他没有任何恶意，而只是想知道原因并从根本上解决问题，于是询问到："你为什么会设计出有缺陷的绝缘纸呢？"虽然这个质量工程师认为这样询问很正常，但设计工程师可能会想他是在找我茬呢。如果公司没有一种开明的文化，也没有全员培训过5Why的方法，这个看起来很普通的正常的询问却可能导致诸多误会和冲突。如果考虑周全后用另一种方式来沟通，比如说："请问这个绝缘纸设计有什么大家考虑不周的地方导致你设计受到限制？需要大家从哪些方面寻找问题的真正原因，以便于采取更系统的措施来解决问题，并预防类似设计不再出现问题呢？"如果用类似的沟通方式和设计工程师沟通，我想团队沟通会顺畅很多，工作的开展和推进也会容易很多。

因此，个人再厉害，想法再多，但如果不能把个人的"厉害"转变成团队的厉害，就像"茶壶里煮饺子"，个人都没法展现领导力，更不用说在团队工作中展现领导力了。从职业发展来说，单打独斗很厉害，但沟通能力及同理心等方面不足的人，可能并不适合做质量工作，而更适合做研发人员。虽然任何职业都需要具备沟通能力和同理心，但对质量人员来说，这两项能力尤为重要。

要把质量工作想清楚、弄明白，使之不出错很容易，难的是公司其他部门及跨部门工作不出错。因此，质量人很容易抱怨其他部门，抱怨研发部门在设计时考虑不周，抱怨采购部门喜欢选便宜的供应商，抱怨生产部门的员工老是犯低级错误，抱怨客户没有认真读产品手册，或者埋怨甚至指责大家没有质量意识、不重视质量、执行力不行、不遵照流程做事、遇到问题推卸责任等。质量人抱怨问题会降低个人发挥潜能的机会，影响个人领导力，以及在团队协作中的领导力，因此，抱怨是一个"坏因子"。

质量人遇到问题时应该像孔子那样，"听讼，吾犹人也，必也使无讼乎"。在这样的使命驱使下，质量人应该既当裁判，又当教练；既当观察员（在游泳池旁边负责观察是否有人落水），又当救生员（救援落水者）；既当质量的培训员，又当质量的宣传员。总之，质量人既要善于发现问题，又要善于解决问题，还要善于与团队一起解决问题，并且最好能够在解决问题时充当一个称职的质量教练员，在团队质量工作中展示领导力。

6.3.2 质量领导力评价

质量人员在个人工作中要展现应有的能力、自信及影响力，这是个人质量工作领导力；在个人质量领导力基础上，用以人为本的沟通技巧和团队管理方法协助甚至带领团队解决质量问题，并推动流程优化甚至质量意识和能力提升，从而展现团队质量领导力。不论是个人质量领导力还是团队质量领导力，更主要的都是依托于质量工作者个人的综合素质和能力，这两方面的质量领导力都比较容易评价，自己也比较容易把控。但是要在公司推动质量领导力，需要从组织层面全方位地系统策划和推动，这是质量人和质量部门的最终目标。因此，这里主要介绍公司层面的质量领导力评价。

1. 质量领导力评价的目的

质量领导力评价主要是为质量人以及质量部门明确工作的努力方向，同时逐步在组织推动全面质量管理和推广全员质量文化，并在公司内部达成质量管理方向和方法的共识。另外，评价也是为了在不同时期比较质量管理所取得的进步，推动公司质量管理水平的持续提升。

质量领导力评价不仅评价质量管理的果（即产品质量水平），也评价质量管理的因（即质量管理过程），以及质量管理所表现出的方式、方法，推动质量管理领导能力提升。组织总体的质量领导力评价不仅为质量人和质量部门提供参考，也为组织最高管理层提供关于质量提升的参考建议。如果组织的管理层不了解这个方法，质量负责人可以在年度的质量管理评审中把质量领导力的评价结果和分析作为一个输入，让整个管理层了解质量管理的状况，以及质量管理的科学方法，并支持提升质量领导力的举措。

2. 质量领导力评价的方法

组织的质量领导力其实是个人质量领导力和团队质量领导力的扩大版，其实质是全员的、全公司范围的质量领导力，是全面质量管理的领导力，其难度、高度和广度都比个人质量和团队质量领导力高出许多。

领导力是一个通用的框架模型和通用的素质能力，是质量领导力的基础。因此，结合质量管理的领域，需要把通用的领导力框架模型和素质能力应用在质量管理专业范围。质量管理的专业范围归纳起来就是 3P 质量，即 People（人员）质量、Process（过程）质量和 Product（产品）质量。如果公司的质量管理仅仅围绕产品和服务质量开展，但其产品和服务质量问题不断，且产品和服务质量停滞不前，那么此类公司的整体质量领导力及其质量部门或者质量人员的质量领导力表现都非常令人担忧。因此，公司层面的质量领导力必须在 3P 质量方面全面推进。3P 质量分别对应于 PPT 管理体系，即 People（质量文化和能力）对应人员（People）质量，Process（体系和流程）对应过程（Process）质量，Tool（方法和工具）对应产品（Product）质量。

当然，PPT 这三者不是独立的要素，而是相互作用的元素，其相互作用如图 6-11 所示。

因此，评价公司整体的质量领导力从 PPT 三个方面进行展开，而 PPT 体系所包含的内容只有靠公司管理层和质量人员的领导力一起推动才能够达到较高水平。否则，即使应用 PPT 管理方法，也只能处于较低水平。PPT 是质量管理的一个通用框架，公司可以参考表 6-3 的内容进行评价，也可以在表 6-3 的基础上适当修改，变成自己公司定制的领导力评价内容。

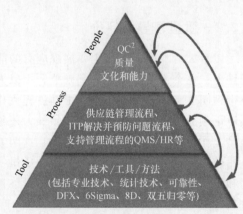

图 6-11 PPT 框架

按 1~5 分进行评价，1 分为原始级，5 分为领先级。评分如果想采用 100 分制，可以为不同的项目分配权重，最后各项分别乘以权重，然后相加，总分数为 100 分。也可以不用分配权重，直接针对每个项目评分，最后将差距最大的、改善提升最容易的、容易取得改善效果的项目按优先级排序，实施改进计划。评价是一个过程，评价的目的是推动改进。

第6章 质量领导力

表6-3 质量管理领导力自我评价

	People（质量文化和能力）	原始级 1	入门级 2	应用级 3	优秀级 4	领先级 5	具体评价	表现评分	重要度评分
1	产品质量考核指标中无质量考核要求；管理层设有质量考核指标和压力；公司管理会议中没有关于质量管理的内容	质量水平低，且经营指标 KPI，管理中无质量考核要求；管理层无质量考核，管理层会议中无质量话题	质量水平较低，有质量考核指标，但考核压力不大；管理层基于客户压力或者问题关注质量	质量水平一般，有恰当的质量考核压力，管理层基于客户压力在会议例行讨论质量管理，持续改进质量	质量水平较高，有恰当的质量考核压力，管理层参与和支持质量管理，例行讨论质量管理，持续改进质量	质量水平领先，管理层积极参与和支持质量管理，带头创建优秀质量文化			
2	公司的工作质量和产品质量受困于两个先生："差不多先生"标准宽松，工作粗枝大叶，以数量为标准；"好好先生"对自己和他人违规违纪等视而不见	大部分员工工作马马虎虎、粗糙，错误率较高；大家对低质量工作或者违规现象的态度是"事不关己"	部分员工工作马虎虎、粗糙，部分员工能够及时指正各种问题	大部分员工工作较为认真，但细节不够，错误率较低；多数员工能够及时指正各种问题	大部分员工工作严谨认真、注重细节，错误率低；大多数员工能够及时指正各种问题	大家工作严谨认真、精益求精，错误率极低；大家愿意及时地指正各种问题并协助改正			
3	公司对优秀员工缺乏足够的吸引力，优秀员工容易离职，员工的整体教育背景、职业素质和专业能力较低	公司整体员工素质和能力处于行业较低水平	公司整体员工素质和能力处于行业中下水平	公司整体员工素质和能力处于行业一般水平，优秀人才较少	公司整体员工素质和能力处于行业中上水平，优秀人才较多	公司整体员工素质和能力处于行业领先水平，优秀人才充足			
4	研发部、生产部、采购部、市场部等相关部门在工作会议中不谈产品质量及工作质量	公司认为质量问题主要由质量部牵头，是质量部的责任	产品相关部门认为质量问题是其他部门造成的，基于质量事件会让部门相关部门内知晓	产品相关部门认为质量与己有关，基于质量事件组织部门内分享讨论	产品相关部门把质量作为一项职责，并列为部门一项主要的会议主题	产品相关部门把质量作为一项主要职责，并列为部门一项主要的会议主题			
5	公司主要以职能式的部门实施管理，很少以跨部门的矩阵式管理项目或者解决问题	"项目经理"给某部门安排任务主要通过某部门经理，员工在团队协作中主要从部门利益出发	"项目经理"可以给某部门员工安排任务，但沟通常需要经过某部门经理，甚至单独沟通；多数员工是部门利益主义	"项目经理"可以给某部门员工安排任务，必要时知会或者沟通到某部门经理；多数员工兼顾部门及全局利益	"项目经理"可以根据项目要求给某部门员工安排任务，并能够考虑全局利益	"项目经理"可以根据项目要求和流程要求顺畅地给某部门员工安排任务，员工在工作中主要以全局利益为重			

	Process（体系和流程）	原始级 1	入门级 2	应用级 3	优秀级 4	领先级 5	具体评价	表现评分	重要度评分
1	公司的业务流程主要以各种ISO体系及管控类规章管理方法为主，缺乏专业流程管理方法，流程编写以部门或者职能为导向	公司的ISO认证文件主要是老板花钱请人写的，目的是一纸证书	公司的ISO管理文件及制度文件由各部门主导编写，无跨部门讨论会签；体系大部分是两张皮	公司及制度文件由各部门主导编写，有跨部门讨论会签，但合理性一般；存在部分两张皮现象	核心流程（比如研发）有专业方法，ISO体系运行效果良好，业务融合较好；核心流程及ISO体系在持续监控和优化	有专业业务流程管理（BPM）方法，各部门积极参与流程体系建设；流程体系解决跨部门协作效率与合作质量，并持续监控和优化体系			
2	质量管理体系与业务是两张皮，员工不了解、不关心、不遵守体系文件，出了问题怪罪体系流程不好，管理不善怪流程体系不顺畅	员工认为质量体系不合理，基本不按照体系做事	有的员工在某些业务按体系工作，大多数情况是出于审核要求补文件或者补记录	大部分员工认为质量体系有一定作用，但部分文件不合理却更新慢，执行时打折扣	大部分员工认为质量体系有作用，体系文件比较合理、实用，大部分能够参照体系文件	员工积极对照体系文件工作，并经常结合经验教训对其优化，文件持续指导性强			
3	产品研发活动主要靠规定的设计和开发款规定的经验，研发文档基本是为应付审核	部分研发活动按照体制文件开展，但对研发活动开发及跨部门协同工作较少	研发体系文件对产品开发活动有一定指导作用，但市场、生产、采购等部门协同指引少	产品开发活动有指导作用，并协同市场、生产、采购等研发；但跨部门高效协同的研发体系或模型未形成	有一整套先进实用的产品开发体系，包含需求开发、产品开发及产品实现等流程；大家对其挑战并持续对其进行优化			
4	没有形成类似6D等解决问题的方法和程序，出现问题主要归因于某个特殊原因，或者认为某个人和部门做得不好，并主要从现象和技术层面解决问题	有解决问题的程序（比如6D等方法），但几乎是形式化报告。解决问题主要靠集中于某一点的技术表征，会根据情况更新作业指导书	有解决问题的程序（比如6D等方法），一般靠质量最解决执行比较彻底；有时候会充分析和改进相应的管理流程	有解决问题的程序（比如6D等方法），大家多数情况下自觉执行，问题分析比较透彻，在解决问题有很好基础上常常会分析并改进相应管理流程	有严谨的解决问题的程序（比如6D等方法）并执行，问题分析和解决一步，并进一步分析和/或改进管理流程，以及组织意识和能力			

第6章 质量领导力

(续)

		原始级 1	入门级 2	应用级 3	优秀级 4	领先级 5	具体评价	表现评分	重要度评分
5	Process（体系和流程）体系认证审核、客户审核、管理评审及内部审核等要求、管理评审评审形式都不高，审核或者评审变成形式，无法促成体系的有效性改进	各种审核或者审评基本上是一种形式，未促成体系的有效性改进	每年按程序做各种审核和评审，质量部和各部门主持，其他部门被动参与甚至应付，发现的改善项目层次较浅，意义较小	每年按程序做各种审核和评审，管理层和各部门都支持，并根据发现的问题修订相应体系文件，对业务有一定促进作用	由内部高水平审核团队或者外部专家客户/顾问同做审核，定期为公司做管理体系诊断/审核，推动改进体系的效果和效率	有一套完善的内部监督审核管理体系，并定期由高水平审核团队进行审核，推动改进流程与体系的效果和效率			
1	Tool（方法和工具）有质量工具应用，诸如 ISO、卓越绩效模式、六西格玛、6D 等，但用得都不好，有时变成负担	出于市场或者客户要求引进各类管理方法，吸收转换不好，员工几乎在应付，变成负担	各种管理方法总体上对业务有帮助，但有部分管理方法对质量管理有帮助，实际工作中有部分运用	各种管理方法对业务有一定帮助，基本上在应用，消化不良或者有的盲目引进但不合适	各种管理方法对业务有较大的帮助，大家比较认可和接受，基本上在应用，且持续改进应用方法和成效	对引进且认同的质量管理方法严谨，认真且灵活地执行，持续改进成效，并变成自己的体系，真正融入业务			
2	Tool（方法和工具）有质量工具，诸如 QC 七大工具，5Why，FMEA 等，但应用的形似多于神似，分析不透彻，甚至变成负担	出于认证或客户要求引进相关质量工具，转换不好，员工几乎在应付，变成工作负担	各种质量工具对业务有一定帮助，基本上在应用，消化不良或者有的盲目应付	各种质量工具对业务有一定帮助，但有的盲目引进或者应用不合适	各种质量工具对业务有较大的帮助，大家比较认可和接受，基本上在应用，且持续改进应用方法和成效	对引进且认同的质量工具都严谨，认真且灵活地应用，持续改进成效，并变成自己的体系，真正融入业务			

（续）

	Tool（方法和工具）	原始级1	入门级2	应用级3	优秀级4	领先级5	具体评价	表现评分	重要度评分
3	工作主要凭经验,对常规的数据分析和质量工具应用较少,对高级的质量工具(如DFX、DOE、防呆法等)几乎没有了解或者应用	公司基本没有系列化的质量数据收集、整理和分析,整理和分析基本凭经验,靠脑袋;基本没有应用质量工具做质量分析和改进	公司有一定的质量数据收集、整理和分析,偶尔用质量工具分析有抓住重点问题及本质问题	公司有一定的质量数据收集、整理和常规质量工具分析和解决问题;常用质量工具有QC七大工具、EXCEL图表及分析,四则运算方法	公司有完整的质量数据收集、整理、应用并基本能够正确应用质量工具进行分析和质量改进;定期针对相关质量工具培训,并完成应用,基本会应用	公司有完整的质量数据收集、整理并正确应用质量工具进行分析和改进;定期对适用的质量工具(包括必要的高级质量工具)做培训,大家熟练应用于工作中			
4	对质量方法和工具的培训较少,培训效果不好,应用效果不好	出于认证或客户要求对相关质量方法和工具进行培训,但培训效果不好,应用效果不好	公司对质量部门及少量质量工程人员有少量质量管理方法和工具培训,且培训过于不熟练,注重形式而无思想	公司对质量工程方法和质量管理方法,质量部员工应用较好,其他部门比较陌生	内部师资和外部师资结合开发教材,定期对相关员工组织质量管理方法和工具培训,培训后基本能够应用于解决问题中	公司内部有师资力量开发的培训教材和工具方法并定期结合实际业务开展培训,指导学员实践应用并解决问题,提升技能			
5	质量管理中对工作模板、记录表等不重视,没有对关键业务节点上的常用模板和检查表进行持续实应用	公司对工作模板、记录模板、报告模板、检查表等不重视,很少有类似模板,也未起作用	公司有意识应用一部分工作模板、记录板、检查模板、报告模板、检查表等,并对工作有一定帮助	主要是质量部门在应用工作模板、记录模板、报告模板、检查模板、检查表等,对各业务管理标准化和提高效率有一定作用	各部门都在用工作模板、记录板、报告模板、检查表等,对各业务管理标准化和提高效率有一定作用	公司有完善的工作模板、记录模板、检查报告模板、检查表等,应用较好并持续优化,对标准化和提高效率的作用较大			

3. 质量领导力评价的输出

质量领导力评价的输出为报告形式，主要包括三个部分：一是整体的评分报告，可以用雷达图形象化展示分值，并指出质量领导力的优势和劣势；二是关于质量领导力差距方面的说明和原因分析；三是关于质量领导力的提升建议。

质量领导力评价报告应该作为公司管理评审或者年度经营管理会议上的一个重要报告，以此获得最高管理层及相关经理们的支持，并推出切实的质量改进计划，落实相关负责人，持续提升公司的质量管理水平。如果公司在管理层方面还未有关于质量领导力的认识，不具备在公司层面推行全面质量领导力的条件，那么往小的方面说，质量领导力评价报告可以为质量人和质量部门的工作改进指引努力方向。

6.3.3 质量领导力提升

1. 质量领导力提升的作用

质量管理的原则之一是持续改进，质量领导力也需要持续改进。每个质量人都是从零开始的，因此刚开始的质量领导力都不够，都是在工作中实践、摔跤，然后总结和提高，不断提升个人的质量领导力，并逐步获得认可和提升，最后成长为质量经理、质量总监甚至质量副总（裁），在全公司推进质量领导力。即使成为公司质量负责人之后，也需要不断提升全公司范围的质量领导力。

提升质量领导力的过程，是提升质量人工作方法、工作成效以及影响力的过程，是提升自身综合能力的过程，是提升个人职位和待遇的过程，是为公司创造更多价值的过程。

2. 质量领导力提升的手段与方法

对于个人质量工作和团队质量工作的领导力，质量人可以在工作中通过自身努力不断提升质量领导力。但在公司层面提升质量领导力，需要"领导作用"，这个领导作用是指来自于最高层的理解和支持。如果最高层不支持质量领导力，就得先加强和提高质量人和质量部门的领导力，先做出业绩，做出影响力，最终获得"领导作用"的有力支撑，从而推动全公司范围的质量领导力提升。

世上没有包治百病的药方，质量领导力的提升也需要对症下药。每个人的情况不一样，每个质量部门的情况不一样，每个公司的情况也不一样，因此提升的手段与方法也不一样。但是质量领导力的提升需遵循"征询决策"的原则，类似于产品质量提升，得先做现状调查，然后做根因分析，再根据原因制定改进措施。在质量领导力的提升过程中，如果关键要素找准了，方法也对路了，那么质量领导力的提升之路可能就比较平坦。但也有可能在提升过程中会遇到挫折，对付挫折也应该遵循"征询决策"的原则，对挫折进行原因分析，再进行 PDCA 循环改进。

那么如何做质量领导力的现状分析呢？质量人和质量部门可以根据前面论述的质量领导力框架模型、领导力的要素和质量管理 PPT 三个方面的实际应用情况，再结合公司的产品质量现状，分析差距，找出质量领导方面存在的关键薄弱环节。然后制定针对性改进措施，在改进过程中对改进手段与方法做适当的调整，通过质量工作的效果以及同事们的反馈，验证质量领导力提升的效果。对于公司的质量领导力，则最好由质量负责人与公司最高层以及相应的经理人员共同评估，然后分析和策划质量领导力提升计划。公司层级的质量领导力提升，需要做短则一年、长则三至五年的质量战略规划。

下篇 质量工程篇

第7章 概率论与数理统计

7.1 概率论基础

7.1.1 事件与概率

1. 随机现象

随机现象是概率论与数理统计的研究对象。

在一定条件下,并不总是出现相同结果的现象称为随机现象。从这个定义中可看出,随机现象有两个特点:

1) 随机现象的结果至少有两个。
2) 至于哪一个出现,人们事先并不知道。

抛硬币、掷骰子是两个最简单的随机现象。抛一枚硬币,可能出现正面,也可能出现反面,至于哪一面出现,事先并不知道。又如掷一颗骰子,会出现1点到6点中的某一个,至于哪一个会出现,事先也并不知道。

随机现象在质量管理中到处可见。

【例7-1】 随机现象的例子。

1) 一天内进入某超市的顾客数。
2) 一顾客在超市中购买的商品数。
3) 一顾客在超市排队等候付款的时间。
4) 一棵麦穗上长着的麦粒个数。
5) 检查一件商品是否是合格品。

要认识一个随机现象,首要的是能罗列出它的一切可能发生的基本结果。这里的基本结果是指今后的抽样单元,故又称为样本点。随机现象一切可能样本点的全体称为这个随机现象的样本空间,常记为 Ω。

"抛一枚硬币"的样本空间 $\Omega=\{$正面,反面$\}$。

"掷一颗骰子"的样本空间 $\Omega=\{1, 2, 3, 4, 5, 6\}$。

"检查 10 件产品,不合格品件数"的样本空间 $\Omega=\{0,1,2,\cdots,10\}$。

"一顾客在超市中购买商品的件数"的样本空间 $\Omega=\{0,1,2,\cdots\}$。

"一台电视机的寿命"的样本空间 $\Omega=\{t:t\geq 0\}$。

"测量某物理量的误差"的样本空间 $\Omega=-\infty<x<\infty$。

2. 随机事件

随机现象的某些样本点组成的集合称为随机事件,简称事件,常用大写字母 A、B、C 等表示。例如在掷一颗骰子时,"出现奇数点"是一个事件,它由 1 点、3 点、5 点共三个样本点组成,若记这个事件为 A,则有 $A=\{1,3,5\}$。

(1)随机事件的特征 从随机事件的定义可见,随机事件有如下几个特征:

1)任一事件 A 是相应样本空间 Ω 中的一个子集。在概率论中常用一个长方形示意样本空间 Ω,用其中一个圆(或其他几个图形)示意事件 A,如图 7-1 所示。这类图形称为维恩(Venn)图。

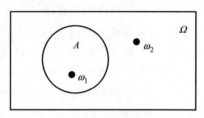

图 7-1 维恩图

2)当且仅当 A 中某一样本点发生,事件 A 才发生。若记 ω_1、ω_2 是 Ω 中的两个样本点,如图 7-1 所示。当 ω_1 发生,且 $\omega_1\in A$(表示 ω_1 在 A 中),则说事件 A 发生;当 ω_2 发生,且 $\omega_2\notin A$(表示 ω_2 不在 A 中),则说事件 A 不发生。

3)事件 A 的表示可用集合,也可用语言,但所用语言要明白无误,要使人们脑子里产生的集合是相同的。

4)任一样本空间 Ω 都有一个最大子集,这个最大子集就是 Ω,它对应的事件称为必然事件,仍用 Ω 表示。例如掷一颗骰子,"出现点数不超过 6"就是一个必然事件,因为它含有的样本点与样本空间 $\Omega=\{1,2,3,4,5,6\}$ 中的样本点完全一样。

5)任一样本空间 Ω 都有一个最小子集,这个最小子集就是空集,它对应的事件称为不可能事件,记为 ϕ。例如投掷一颗骰子,"出现 7 点"就是一个不可能事件,因它不含样本空间 Ω 中任一个样本点,即它对 Ω 而言是空集。不可能事件 ϕ 是肯定不会发生的事件。

【例 7-2】 若产品只区分合格与不合格,并记合格品为"0",不合格品为"1",则检查两件产品的样本空间 Ω 由 4 个样本点组成。

$$\Omega=\{(0,0),(0,1),(1,0),(1,1)\}$$

其中,样本点(0,1)表示第一件产品为合格品,第二件产品为不合格品。其他样本点可作类似解释。下面几个事件可用集合表示,也可用语言表示。

$A=$"至少有一件合格品"$=\{(0,0),(0,1),(1,0)\}$

$B=$"至少有一件不合格品"$=\{(0,1),(1,0),(1,1)\}$

$C=$"恰好有一件合格品"$=\{(0,1),(1,0)\}$

Ω = "至多有二件合格品" = {(0,0),(0,1),(1,0),(1,1)}

$\emptyset$ = "有三件不合格品" = 空集

现在我们转入考察"检查三件产品"这个随机现象,其样本空间 Ω 含有 $2^3 = 8$ 个样本点。

Ω = {(0,0,0),(0,0,1),(0,1,0),(1,0,0),(0,1,1),(1,0,1),(1,1,0),(1,1,1)}

下面几个事件可用集合表示,也可用语言表达。

A = "至少有一件合格品" = {Ω 中剔去(1,1,1)后的其余7个样本点}

B = "至少有一件不合格品" = {Ω 中剔去(0,0,0)后的其余7个样本点}

C_1 = "恰有一件不合格品" = {(0,0,1),(0,1,0),(1,0,0)}

C_2 = "恰有两件不合格品" = {(0,1,1),(1,0,1),(1,1,0)}

C_3 = "全是不合格品" = {(1,1,1)}

C_0 = "没有一件是不合格品" = {(0,0,0)}

(2) 随机事件的关系　实际中,在一个随机现象中常会遇到许多事件,它们之间有下列三种关系:

1) 包含。在一个随机现象中有两个事件 A 与 B,若事件 A 中任一个样本点必在 B 中,则称 A 被包含在 B 中,或 B 包含 A,记为 $A \subset B$,或 $B \supset A$。这时事件 A 的发生必导致事件 B 发生,如图7-2所示。如掷一颗骰子,事件 A = "出现4点"必导致事件 B = "出现偶数点"的发生,故 $A \subset B$。显然,对任一事件 A,有 $\Omega \supset A \supset \emptyset$。

2) 互不相容。在一个随机现象中有两个事件 A 与 B,若事件 A 与 B 没有相同的样本点,则称事件 A 与 B 互不相容,或称互斥。这时事件 A 与 B 不可能同时发生,如图7-3所示。

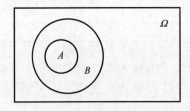

图7-2　$B \supset A$

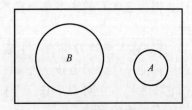

图7-3　A 与 B 互不相容

例如在电视机寿命试验里,"电视机寿命小于1万小时"与"电视机寿命超过4万小时"是两个互不相容的事件,因为它们无相同的样本点,或者说,它们不可能同时发生。

两个事件间的互不相容性可推广到三个或更多个事件间的互不相容。在例7-2中,C_1 = "恰有一件不合格品",C_2 = "恰有两件不合格品",C_3 = "全是合格品",C_0 = "没有不合格品"是4个互不相容的事件。

3)相等。在一个随机现象中有两个事件 A 与 B,若事件 A 与 B 含有相同的样本点,则称事件 A 与 B 相等,记为 $A=B$。如在掷两颗骰子的随机现象中,其样本点记为 (x,y),其中 x 与 y 分别为第一与第二颗骰子出现的点数,定义如下两个事件:

$$A=\{(x,y):x+y=奇数\}$$
$$B=\{(x,y):x 与 y 的奇偶性不同\}$$

罗列这两个事件所含的样本点就可以发现 A 与 B 相等,即

$$A=B=\{(1,2),(1,4),(1,6),(2,1),(2,3),(2,5)$$
$$(3,2),(3,4),(3,6),(4,1),(4,3),(4,5)$$
$$(5,2),(5,4),(5,6),(6,1),(6,3),(6,5)\}$$

3. 事件的运算

事件的运算有下列 4 种:

(1)**对立事件** 在一个随机现象中,Ω 是样本空间,A 为事件,则由在 Ω 中而不在 A 中的样本点组成的事件称为 A 的对立事件,记为 $\overline{A}$。图 7-4 中所示的阴影部分就表示 A 的对立事件 $\overline{A}$。可见,$\overline{A}$ 就是"A 不发生"这样一个特定事件。例如在检查一匹布时,事件"至少有一个疵点"的对立事件就是"没有疵点"。对立事件是相互的,A 的对立事件是 $\overline{A}$,$\overline{A}$ 的对立事件必是 A,即 $\overline{\overline{A}}=A$。必然事件 Ω 与不可能事件 $\emptyset$ 互为对立事件,即 $\overline{\Omega}=\emptyset$,$\overline{\emptyset}=\Omega$。

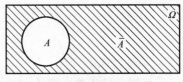

图 7-4 A 的对立事件 $\overline{A}$

(2)**事件 A 与 B 的并** 由事件 A 与 B 中所有的样本点(相同的只计入一次)组成的新事件称为 A 与 B 的并,记为 $A\cup B$。如图 7-5 所示,并事件 $A\cup B$ 发生意味着"事件 A 与 B 中至少有一个事件发生"。

(3)**事件 A 与 B 的交** 由事件 A 与 B 中公共的样本点组成的新事件称为事件 A 与 B 的交,记为 $A\cap B$ 或 AB。如图 7-6 所示,交事件 AB 发生意味着"事件 A 与 B 必同时发生"。

事件的并和交可推广到更多个事件上去,如图 7-7 所示。

(4)**事件 A 对 B 的差** 如图 7-8 所示,由在事件 A 中而不在 B 中的样本点组成的新事件称为 A 对 B 的差,记为 $A-B$。

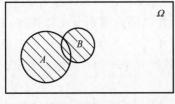

图 7-5 A 与 B 的并

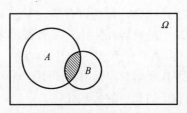

图 7-6 A 与 B 的交

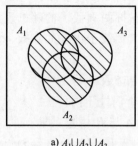
a) $A_1 \cup A_2 \cup A_3$

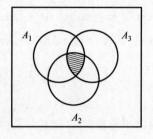
b) $A_1 A_2 A_3$

图 7-7 三事件的并和交

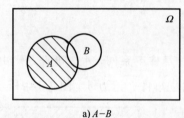
a) $A-B$

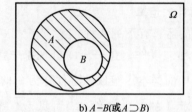
b) $A-B$(或$A \supset B$)

图 7-8 A 对 B 的差

4. 事件的概率

随机事件的发生是带有偶然性的，但随机事件发生的可能性还是有大小之别的，是可以设法度量的。在生活、生产和经济活动中，人们很关心一个随机事件发生的可能性大小，譬如：

1) 抛一枚硬币，出现正面与出现反面的可能性是相同的，各为 1/2。足球裁判就是用抛硬币的方法让双方队长选择场地，以示机会均等。

2) 某厂试制成功一种新止痛片，在未来市场的占有率是多少呢？市场占有率高，就应多生产，获得更多利润；市场占有率低，就不能多生产，否则会造成积压，不仅影响资金周转，而且还要花钱去贮存与保管。市场占有率对企业组织生产太重要了。

3) 购买彩券的中奖机会有多少呢？如 1993 年 7 月发行的青岛啤酒股票的认购券，共出售 287347740 张，其中 180000 张认购券会中签，中签率是万分之 6.264（见 1993 年 7 月 30 日《上海证券报》）。

上述机会、市场占有率、中签率以及常见的废品率、命中率等都用来度量随机事件发生的可能性大小。尽管用的术语不同，但其共同点是用 0 到 1 间的一个数（也称为比率）来表示一个随机事件发生的可能性大小。为了使这种比率成为概率，并在今后概率运算中不引起麻烦，还需要对这种比率增加可加性的要求，最后形成如下的概率的公理化定义。

概率的公理化定义：在一个随机现象中，用来表示任一随机事件 A 发生可能性大小的实数称为该事件的概率,记为 $P(A)$,并要求满足以下公理。

1)非负性公理: $P(A) \geq 0$。

2)正则性公理: $P(\Omega) = 1$。

3)可加性公理:若 A_1, A_2, $\cdots$, A_n 是 n 个互不相容的事件,则有

$$P(A_1 \cup A_2 \cup \cdots \cup A_n) = P(A_1) + P(A_2) + \cdots + P(A_n)$$

概率的公理化定义是苏联数学家柯尔莫哥洛夫于 1933 年提出的,它为概率论发展打下了坚实的基础。

【例 7-3】 一个试验仅有 4 个互不相容的结果——A、B、C、D。请检查下面各组概率是否满足概率的公理化定义。

1) $P(A) = 0.38$, $P(B) = 0.16$, $P(C) = 0.11$, $P(D) = 0.35$。

2) $P(A) = 0.31$, $P(B) = 0.27$, $P(C) = 0.28$, $P(D) = 0.16$。

3) $P(A) = 0.32$, $P(B) = 0.27$, $P(C) = -0.06$, $P(D) = 0.47$。

4) $P(A) = 1/2$, $P(B) = 1/4$, $P(C) = 1/8$, $P(D) = 1/16$。

5) $P(A) = 5/18$, $P(B) = 1/6$, $P(C) = 1/3$, $P(D) = 2/9$。

解:一眼看上去,发现有一个概率为负,即 $P(C) = -0.06$。这与非负性公理矛盾,故 3)组的 4 个数不能认为是概率。

另外几组需要验证的是正则性公理。根据题意,该实验的 4 个互不相容的可能结果应组成一个必然事件,即

$$A \cup B \cup C \cup D = \Omega$$

因此,根据可加性公理和正则性公理应有

$$P(A) + P(B) + P(C) + P(D) = P(\Omega) = 1$$

接下来就是要对其他四组概率验证这个等式是否成立。

对 1)验证 $0.38 + 0.16 + 0.11 + 0.35 = 1.00$

对 2)验证 $0.31 + 0.27 + 0.28 + 0.16 = 1.02$

对 4)验证 $\dfrac{1}{2} + \dfrac{1}{4} + \dfrac{1}{8} + \dfrac{1}{16} = \dfrac{15}{16}$

对 5)验证 $\dfrac{5}{18} + \dfrac{1}{6} + \dfrac{1}{3} + \dfrac{2}{9} = 1$

可见 1)和 5)两组满足概率的公理化定义,2)与 4)两组不能认为是概率。

【例 7-4】 一个试验的结果是 5 种结果之一,这 5 种结果是分别记为 a、b、c、d、e,它们发生的概率见表 7-1。

表 7-1 结果-概率表

结果	a	b	c	d	e
概率	0.1	0.2	0.1	0.4	0.2

1)这个试验的样本空间为 $\Omega = \{a, b, c, d, e\}$,所以有

$$P(\Omega) = P(a) + P(b) + P(c) + P(d) + P(e) = 1$$

这也说明了必然事件的概率为 1。

2) 定义事件 $A = \{b,d,e\}$，它的概率为
$$P(A) = P(b) + P(d) + P(e) = 0.8$$

3) 定义事件 $B = \{a,d,e\}$，它的概率为
$$P(B) = P(a) + P(d) + P(e) = 0.7$$

4) 并事件 $A \cup B = \{a,b,d,e\}$，它的概率为
$$P(A \cup B) = P(a) + P(b) + P(d) + P(e) = 0.9$$

5) 交事件 $AB = \{d,e\}$，它的概率为
$$P(AB) = P(d) + P(e) = 0.6$$

6) A 对 B 的差事件 $A - B = \{b\}$，它的概率为
$$P(A - B) = P(b) = 0.2$$

7.1.2 概率的确定方法

概率的公理化定义告诉了人们如何去识别概率，但没有告诉人们如何去确定概率。在概率论发展史上已有多种确定概率的方法，这里将给出两种最常用的确定概率的方法。

1. 古典方法

确定概率的古典方法的要点如下：

1) 所涉及的随机现象只有有限个样本点，譬如 n 个样本点。
2) 每个样本点出现的可能性是相同的（等可能性）。
3) 假如被考察的事件 A 含有 k 个样本点，则事件 A 的概率定义为

$$P(A) = \frac{k}{n} = \frac{A \text{ 中含样本点的个数}}{\Omega \text{ 中样本点的总数}} \tag{7-1}$$

【例 7-5】 掷两颗骰子，其样本点可用数对 (x, y) 表示，其中 x 与 y 分别表示第一与第二颗骰子出现的点数（见图 7-9）。这一随机现象的样本空间为

$$\Omega = \{(x,y) : x, y = 1, 2, 3, 4, 5, 6\}$$

它共含 36 个样本点，并且每个样本点出现的可能性相同。

1) 定义事件 A = "点数之和为 2" = $\{(1,1)\}$，它只含有一个样本点，故 $P(A) = 1/36$。

2) 定义事件 B = "点数之和为 5" = $\{(1,4),(2,3),(3,2),(4,1)\}$，它含有 4 个样本点，$P(B) = 4/36 = 1/9$。

3) 定义事件 C = "点数之和超过 9" = $\{(4,6),(5,5),(6,4),(5,6),(6,5),(6,6)\}$，它含

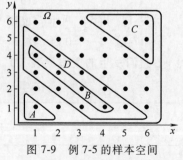

图 7-9 例 7-5 的样本空间 Ω 及有关事件

有 6 个样本点，故 $P(C) = 6/36 = 1/6$。

4）定义事件 D = "点数之和大于 3，而小于 7" = $\{(1,3),(2,2),(3,1),(1,4),(2,3),(3,2),(4,1),(1,5),(2,4),(3,3),(4,2),(5,1)\}$，它含有 12 个样本点，故它的概率 $P(D) = 12/36 = 1/3$。

2. 统计方法

确定概率的统计方法的要点如下：

1）与考察事件 A 有关的随机现象是允许大量重复试验的。

2）若在 n 次重复试验中，事件 A 发生 k_n 次，则事件 A 发生的频率为

$$P_n^*(A) = \frac{k_n}{n} = \frac{事件 A 发生的次数}{重复试验次数} \quad (7-2)$$

频率 $P_n^*(A)$ 确能反映事件 A 发生可能性的大小。

3）频率 $P_n^*(A)$ 将会随着重复试验次数不断增加而趋于稳定，这个频率的稳定值就是事件 A 的概率。在实际中人们无法把一个试验无限次地重复下去，只能用重复试验次数 n 较大时的频率去近似概率。

【例 7-6】 说明频率稳定的例子。

在足球比赛中，罚点球是一个扣人心弦的场景，若记事件 A = "罚点球射中球门"，A 的概率 $P(A)$ 是多少呢？这可以通过重复试验所得数据资料计算其频率，从而得到概率的近似值。曾经有人对 1930 年至 1988 年世界各地 53274 场重大足球比赛作了统计，在判罚的 15382 个点球中，有 11172 个射中球门，故事件 A 发生的频率为

$$P_n^*(A) = \frac{11172}{15382} = 0.726$$

这个频率可当作罚点球命中的概率 $P(A)$ 的近似值。

7.1.3 概率的性质

由概率的三条公理可以导出概率的其他性质，下面列出一些主要性质，其中 A 与 B 都是事件，不再每次说明。

性质 1 $P(\bar{A}) = 1 - P(A)$

这可从 $P(A) + P(\bar{A}) = P(\Omega) = 1$ 导出。

性质 2 $P(\emptyset) = 0$

这可从必然事件 Ω 与不可能事件 $\emptyset$ 互为对立事件导出。

性质 3 若 $A \supset B$，则

$$P(A-B) = P(A) - P(B)$$

这可从图 7-8b 看出。

性质 4 $P(A \cup B) = P(A) + P(B) - P(AB)$

这可从图 7-5 看出。特别是当 A 与 B 互不相容时，$P(AB) = P(\emptyset) = 0$，性质 4 退化为可加性公理。

下面的例子可帮助我们理解这些性质。

【例 7-7】 抛三枚硬币，至少一个正面出现（记为事件 A_3）的概率是多少？

解：在抛三枚硬币的随机试验中，诸如（正，反，正）这样的样本点共有 8 个。A_3 中所含这样的样本点较多，但其对立事件 $\overline{A}_3$ = "抛三枚硬币，全是反面" = {(反，反，反)}，只含一个样本点，从等可能性可知 $P(\overline{A}_3) = 1/8$。再由性质 1，立即可得

$$P(A_3) = 1 - P(\overline{A}_3) = 1 - \frac{1}{8} = \frac{7}{8} = 0.875$$

【例 7-8】 一批产品共 100 件，其中有 5 件不合格品，现从中随机抽取 10 件，其中最多有 2 件不合格品的概率是多少？

解：设 A_i 表示事件"抽出 10 件中恰好有 i 件不合格品"，所求事件 A = "最多有 2 件不合格品"，可表示为

$$A = A_0 \cup A_1 \cup A_2$$

并且 A_0、A_1、A_2 为三个互不相容事件，由可加性公理可得 $P(A) = P(A_0) + P(A_1) + P(A_2)$。余下的就是用古典方法算得诸 A_i 的概率。根据 A_0 的定义，从 100 件产品随机抽出 10 件的所有样本点共有 $\binom{100}{10}$ 个。要使抽出的 10 件产品中有 0 件不合格品，即全是合格品，则 10 件必须从 95 件合格品中抽取，所以

$$P(A_0) = \frac{\binom{95}{10}}{\binom{100}{10}} = \frac{95!}{10! \ 85!} \times \frac{10! \ 90!}{100!} = \frac{90 \times 89 \times 88 \times 87 \times 86}{100 \times 99 \times 98 \times 97 \times 96} = 0.5834$$

类似地可算得

$$P(A_1) = \frac{\binom{5}{1}\binom{95}{9}}{\binom{100}{10}} = 0.3394$$

$$P(A_2) = \frac{\binom{5}{2}\binom{95}{8}}{\binom{100}{10}} = 0.0702$$

于是所求的概率是

$$P(A) = 0.5834 + 0.3394 + 0.0702 = 0.994$$

可见，事件 A 发生的概率很接近于 1，即事件 A 发生的可能性很大。而它的对

立事件 $\bar{A}$ = "抽 10 件产品中至少 3 件不合格品"的概率 $P(\bar{A}) = 1 - P(A) = 1 - 0.9933 = 0.0067$。故 $\bar{A}$ 发生的可能性很小。

7.1.4 条件概率

条件概率要涉及两个事件 A 与 B，在事件 B 已发生的条件下，事件 A 再发生的概率称为条件概率，记为 $P(A|B)$。经研究，条件概率有如下计算公式：

$$P(A|B) = \frac{P(AB)}{P(B)}, \ (P(B) > 0) \tag{7-3}$$

这表明，条件概率可用两个特定的（无条件）概率之商来计算。在举例说明之前，下面先导出一般的乘法公式。

性质 5（乘法公式） 对于任意两个事件 A 与 B，有

$$P(AB) = P(A|B)P(B) = P(B|A)P(A) \tag{7-4}$$

其中，第一个等式成立要求 $P(B) > 0$，第二个等式成立要求 $P(A) > 0$。（这可从条件概率计算公式移项获得。）

【例 7-9】 某温泉开发商通过网状管道向 25 个温泉浴场供应矿泉水，每个浴场要安装一个阀门，这 25 个阀门购自两个生产厂家，其中一部分是有缺陷的，具体见表 7-2。

表 7-2 二维列联表

项目	B(有缺陷)	$\bar{B}$(无缺陷)	合计
A(甲厂)	5	10	15
$\bar{A}$(乙厂)	2	8	10
甲乙两厂合计	7	18	25

为作试验，随机从 25 个阀门中选出一个，考察如下两个事件：
A = "选出的阀门来自甲厂"
B = "选出的阀门有缺陷"

在等可能假设下，利用上述二维列联表提供的信息，容易算得事件 A、B 及 AB 的概率。

$P(A) = 15/25$，$P(B) = 7/25$，$P(AB) = 5/25$

其中，AB 表示事件"选出的阀门来自甲厂，并有缺陷"。现要求条件概率 $P(A|B)$，即在选出的阀门有缺陷（事件 B 发生）的条件下，该阀门来自甲厂（事件 A）的概率。

由于 $P(B) = 7/25 > 0$，所以按公式求得

$$P(A|B) = \frac{P(AB)}{P(B)} = \frac{\frac{5}{25}}{\frac{7}{25}} = \frac{5}{7}$$

现在来说明上述计算的合理性。我们把 25 个阀门简化成 25 个点，组成的样本空间 Ω 如图 7-10 所示。甲厂生产的 15 个阀门组成的事件 A 用大椭圆表示，此椭圆外面的点表示乙厂生产的阀门。另外，有缺陷的 7 个阀门组成的事件 B 用小椭圆表示，小椭圆外的点表示无缺陷的阀门。

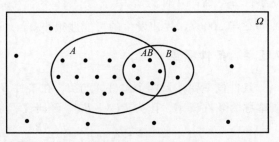

图 7-10　例 7-9 的维恩图（每个点表示一个阀门）

如今事件 B 发生了，这意味着其对立事件 $\overline{B}$ = "选出的阀门是无缺陷的"是不能发生的，即 $\overline{B}$ 中的 18 个样本点可不予考虑，可能情况仅是 B 中的 7 个样本点之一。可见，事件 B 的发生把原来的样本空间 Ω 缩减为新的样本空间 $\Omega_B = B$。这时事件 B 所含的样本点也在 A 中的比率为 5/7，这与公式计算结果一致。这不是偶然，而是任一条件概率都可以这样解释。

【例 7-10】　给出乌龟的寿命表（见表 7-3），记事件 A_X = "乌龟活到 X 岁"，从表中可以读出 $P(A_{20}) = 0.92$，$P(A_{80}) = 0.87$ 等。那么 20 岁的乌龟能活到 80 岁的概率是多少？

表 7-3　乌龟的寿命表

年龄/岁	存活概率	年龄/岁	存活概率
0	1.00	140	0.70
20	0.92	160	0.61
40	0.90	180	0.51
60	0.89	200	0.39
80	0.87	220	0.08
100	0.83	240	0.004
120	0.78	260	0.0003

要求的概率是条件概率 $P(A_{80} | A_{20})$，按公式应为

$$P(A_{80} | A_{20}) = \frac{P(A_{20} A_{80})}{P(A_{20})}$$

由于活到 80 岁的乌龟一定要先活到 20 岁，这意味着 $A_{80} \subset A_{20}$，则交事件 $A_{80} A_{20} = A_{80}$，故上述条件概率为

$$P(A_{80} | A_{20}) = \frac{P(A_{80})}{P(A_{20})} = \frac{0.87}{0.92} = 0.95$$

即 100 只能活到 20 岁的乌龟中大约有 95 只能活到 80 岁。

120岁的乌龟能活到200岁的概率是多少？

类似有

$$P(A_{200}|A_{120}) = \frac{P(A_{120}A_{200})}{P(A_{120})} = \frac{P(A_{200})}{P(A_{120})} = \frac{0.39}{0.78} = 0.50$$

即活到120岁的乌龟中大约有一半能活到200岁。

这里谈论的是乌龟的寿命，假如我们能够获得弹药的储存寿命表，那么就可计算出存放10年的弹药再放5年仍完好的概率是多少。假如有一个国家或地区的人的寿命表，就可算得30岁的人能活到60岁的概率是多少。保险公司正是利用这个条件概率对30岁的投保人计算人身保险费的。

7.1.5 独立性和独立事件的概率

假设有两个事件A与B，假如其中一个事件的发生不依赖另一个事件发生与否，则称事件A与B相互独立。

性质6 假如两个事件A与B相互独立，则A与B同时发生的概率为

$$P(AB) = P(A)P(B) \tag{7-5}$$

性质7 假如两个事件A与B相互独立，则在事件B发生的条件下，事件A的条件概率$P(A|B)$等于事件A的（无条件）概率$P(A)$。

性质7的推导如下：

$$P(A|B) = \frac{P(AB)}{P(B)} = \frac{P(A)P(B)}{P(B)} = P(A) \tag{7-6}$$

两个事件的相互独立性可以推广到三个或更多个事件的相互独立性，这时性质6可以推广到更多个事件上去。譬如：若A_1、A_2、A_3、A_4为相互独立的4个事件，则有

$$P(A_1A_2A_3A_4) = P(A_1)P(A_2)P(A_3)P(A_4)$$

【例7-11】 设实验室标本沾有污染的概率为0.15，如今有三个标本独立在实验室制作，则三个标本都被污染的概率是多少？

解：设A_i="第i个实验室标本被污染"，$i=1, 2, 3$。要求的概率为$P(A_1A_2A_3)$，由于三个标本相互独立，所以

$$P(A_1A_2A_3) = P(A_1)P(A_2)P(A_3) = (0.15)^3 = 0.003375$$

这个概率是比较小的。

【例7-12】 用晶体管装配某仪表要用到128只，改用集成电路元件后，只要用12只就够了。每个晶体管或集成电路元件能用2000小时以上的概率是0.996。这些元器件的工作是相互独立的，仪表中每个元器件都正常工作时，仪表才能正常工作。试分别求出上述两种场合下仪表能正常工作2000小时的概率。

解：设事件A="仪表正常工作2000小时"，事件A_i="第i个元器件能正常工作2000小时"。

1) 使用晶体管装配仪表时,应有 $A=A_1A_2\cdots A_{128}$。考虑到诸器件工作状态的独立性,有

$$P(A)=P(A_1)P(A_2)\cdots P(A_{128})=0.996^{128}=0.599$$

2) 使用集成电路元件装配仪表时,应有 $A=A_1A_2\cdots A_{12}$,考虑到其独立性,有

$$P(A)=P(A_1)P(A_2)\cdots P(A_{12})=0.996^{12}=0.953$$

比较上面两个结果可以看出,改进设计、减少元器件数能提高仪表正常工作的概率。

【例 7-13】 某彩票每周开奖一次,每次提供十万分之一的中奖机会,若你每周买一张彩票,尽管你坚持 10 年(每年 52 周)之久,你从未中过一次奖的概率是多少?

解:按假设,每次中奖的概率是 10^{-5},于是每次未中奖的概率是 $1-10^{-5}$。另外,10 年中你共购买彩票 520 次,每次开奖都是相互独立的,故 10 年中你从未中过奖(每次都未中奖)的概率是

$$(1-10^{-5})^{520}=0.9948$$

这是个很大的概率,表明 10 年中你从未中过一次奖是很正常的事。

7.2 随机变量及其分布

7.2.1 随机变量

用来表示随机现象结果的变量称为随机变量,常用大写字母 X、Y、Z 等表示随机变量,随机变量的取值常用小写字母 x、y、z 等表示。

如图 7-11 所示,例如一个随机变量仅取数轴上有限个点或可列个点,则称此随机变量为离散随机变量。

如图 7-12 所示,假如一个随机变量的所有可能取值充满数轴上一个区间 (a, b),则称此随机变量为连续变量。其中,a 可以是 $-\infty$,b 可以是 $+\infty$。

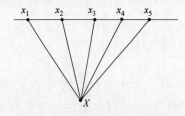

图 7-11 离散随机变量的可能取值

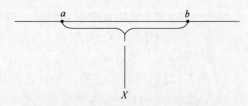

图 7-12 连续随机变量的可能取值

【例 7-14】 产品的质量特性是表征产品性能的指标,产品的性能是随机现象,所以其质量特性就是随机变量。譬如:

1) 设 X 是一只铸件上的缺陷数,则 X 是一个离散随机变量,它可以取 0,1,

2，…等值，并可用随机变量 X 的取值来表示事件。"$X=0$"表示事件"铸件上无缺陷"，"$X=2$"表示事件"铸件上有两个缺陷"，"$X>2$"表示事件"铸件上的缺陷超过两个"。这些事件有可能发生，也可能不发生，因为 X 取 0，1，2，…等值是随机的。类似的，一平方米玻璃上的气泡数、一匹布上的疵点数、一台车床在一天内发生的故障数都是取非负整数 $\{0,1,2,3,\cdots\}$ 的离散随机变量。

2）一台电视机的寿命 X（单位：小时）是在（0，$+\infty$）上取值的连续随机变量。"$X=0$"表示事件"电视机在开箱时就发生故障"，"$X\leqslant 10000$"表示事件"电视机的寿命不超过 10000 小时"，"$X>40000$"表示事件"电视机的寿命超过 40000 小时"。类似的，用测厚仪测得的涂层厚度、某超市一天内售出的鸡蛋重量等都是在（0，$+\infty$）上取值的连续随机变量。

3）检查一个产品，可能是合格品，也可能是不合格品。设 X 表示检查一个产品时的不合格品数，则 X 是只能取 0 或 1 的随机变量。"$X=0$"表示合格品，"$X=1$"表示不合格品。类似的，检查 10 个产品，其中不合格品数 X 是仅可能取 0，1，…，10 等 11 个值的离散随机变量。在 n 个产品中的不合格品数 X 是可能取 0，1，2，…，n 等 $n+1$ 个值的离散随机变量。

在质量管理中到处都有随机变量存在，可以举出很多随机变量的例子。

7.2.2 随机变量的分布

随机变量的取值是随机的，但在其背后还是有统计规律性可言的，这个统计规律性就是分布。认识一个随机变量 X 的关键就是要知道它的分布。分布包含如下两方面内容：

1）X 可能取哪些值，或在哪个区间上取值。

2）X 取这些值的概率各是多少，或 X 在任一小区间上取值的概率是多少。

下面分别用离散随机变量和连续随机变量来叙述它们的分布，因为这两类随机变量的分布形式是有差别的。

1. 离散随机变量的分布

离散随机变量的分布可用分布列表示。譬如，随机变量 X 仅取 n 个值，即 x_1，x_2，…，x_n，并且知道，X 取 x_1 的概率为 p_1，取 x_2 的概率为 p_2……取 x_n 的概率为 p_n。这些可列在一张表（见表 7-4）上，清楚地表示出来。

表 7-4 X-p 表

X	x_1	x_2	…	x_n
p	p_1	p_2	…	p_n

或用一个简明的数学式子表示出来：

$$P(X=x_i)=p_i, \ i=1,2,\cdots,n$$

要使它们成为一个分布，还要求 $p_i \geqslant 0$，$p_1+p_2+\cdots+p_n=1$。这两点要求都是概

率的公理化定义的要求。这样的分布又称为离散分布。离散分布中的诸概率 p_i 可以用古典方法或统计方法逐一确定。

【例 7-15】 在掷一颗骰子的随机现象中,设 X 是出现的点数,则 X 是仅取 1, 2, …, 6 的离散随机变量,它的分布见表 7-5。

表 7-5 X-p 表

X	1	2	3	4	5	6
p	1/6	1/6	1/6	1/6	1/6	1/6

其中,概率是根据"骰子点数是均匀的"这一假设用古典方法确定的。

【例 7-16】 消费者协会收到大量顾客的来信,申诉他们购买空调器中的质量问题,消费者协会对此作了整理和分析后,提出了空调器含重要缺陷数 X 的分布,见表 7-6。

表 7-6 X-p 表

X	0	1	2	3	4	5	6	7	8	9	10
p	0.041	0.130	0.209	0.223	0.178	0.114	0.061	0.028	0.011	0.004	0.001

这些概率都是用统计方法确定的,其和为 1。从分布中可以看出,多数空调器的重要缺陷数在 1~5 个之间,而重要缺陷数超过 5 个的空调器是较少的。这两个事件的概率可以用上述分布求得:

$$P(1 \leqslant X \leqslant 5) = P(X=1) + P(X=2) + P(X=3) + P(X=4) + P(X=5)$$
$$= 0.130 + 0.209 + 0.223 + 0.178 + 0.114$$
$$= 0.854$$
$$P(X \geqslant 6) = 1 - P(0 \leqslant x \leqslant 5)$$
$$= 1 - (0.041 + 0.130 + 0.209 + 0.223 + 0.178 + 0.114)$$
$$= 0.105$$

2. 连续随机变量的分布

连续随机变量 X 的分布要用概率密度函数 $p(x)$ 表示。下面以产品的质量特性 X(如加工机械轴的直径)来说明 $p(x)$ 的由来。

我们一个接一个地测量产品的质量特性 X,把测量得到的 x 值一个接一个地放在数轴上,差异就此显现出来,如图 7-13 所示。

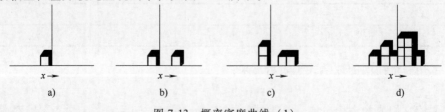

图 7-13 概率密度曲线 (1)

当累积到很多 x 值时，就会形成一定的图形。为了使这个图形得以稳定，把纵轴改为单位长度上的频率，由于频率的稳定性，随着被测质量特性 x 的增多，这个图形越发稳定，其外形显现为一条光滑曲线（见图 7-14）。它被称为概率密度曲线，相应的函数表达式 $p(x)$ 称为概率密度函数，它就是隐藏在质量特性 X 随机取值后面的统计规律性。

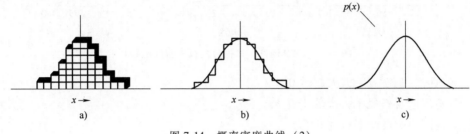

图 7-14　概率密度曲线（2）

概率密度函数 $p(x)$（又简称为分布）有多种形式，有的位置不同，有的散布不同，有的形状不同，如图 7-15 所示。这些不同的分布形式反映了质量特性总体上的差别，这种差别正是管理层特别关注之处。

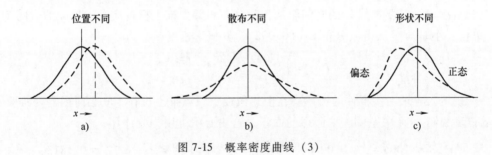

图 7-15　概率密度曲线（3）

这里应强调的是：图中的纵轴原是"单位长度上的频率"，由于频率的稳定性，可用概率代替频率，从而纵轴就成为"单位长度上的概率"。这是概率密度的概念，故最后形成的曲线称为概率密度曲线，它一定位于 x 轴上方（即 $p(x) \geq 0$），并且与 x 轴所夹面积恰好为 1。而 X 在区间 (a, b) 上取值的概率 $P(a<X<b)$ 为区间 (a, b) 上的面积，如图 7-16 所示。

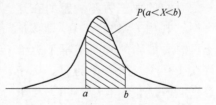

图 7-16　$P(a<X<b)$＝阴影区域面积

【例 7-17】　考试得分是一个随机变量，下面是三个不同地区同一课程考试得分的概率密度函数（见图 7-17）。得分的范围是 0~100 分，及格线是 50 分，对每一地区，及格概率大约是 0.5 呢，还是大大超过 0.5 呢，又或者是大大低于 0.5 呢？

解：在图 7-17 所示的 50 分处引一条垂线，则及格概率是
$P(X \geqslant 50) = 50 \sim 100$ 的面积
从图 7-17 可以看出：

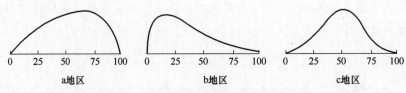

图 7-17　三个地区考试得分的概率密度函数

a 地区的及格概率大大超过 0.5。
b 地区的及格概率大大低于 0.5。
c 地区的及格概率约为 0.5。

【例 7-18】　用指数函数

$$P(x) = \begin{cases} \lambda e^{-\lambda x}, & x \geqslant 0 \\ 0, & x < 0 \end{cases}$$

表示的概率密度函数称为指数分布，记为 $\mathrm{Exp}(\lambda)$，其中 $\lambda > 0$。实际中不少产品首次发生故障（需要维修）的时间服从指数分布，譬如推土机首次发生故障的时间 T（单位：小时）服从指数分布 $\mathrm{Exp}(0.002)$，其概率密度函数为

$$P(t) = \begin{cases} 0.002 e^{-0.002t}, & t \geqslant 0 \\ 0, & t < 0 \end{cases}$$

现转入寻求一些事件的概率。在上述假设下，该推土机在 100 小时内需要维修的概率为图 7-18 中左侧一块阴影的面积，这块面积可用积分计算：

$$P(T \leqslant 100) = \int_0^{100} 0.002 e^{-0.002t} \mathrm{d}t = -e^{-0.002t} \Big|_0^{100} = 1 - e^{-0.2} = 0.1813$$

顺便指出，在计算面积时，一条直线的面积为零。譬如在这个例子中 $P(T=100) = 0$，即该推土机需要维修的时间不早不迟恰好在 100 小时的概率为零。由于这个原因，事件 "$T \leqslant 100$" 与事件 "$T < 100$" 的概率是相等的，即 $P(T \leqslant 100) = P(T < 100)$。连续随机变量的这一性质普遍成立，它给计算带来方便。类似的，该推土机在 300~500 小时内需要维修的概率为

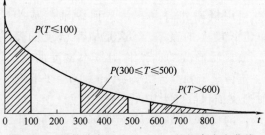

图 7-18　指数分布 $\mathrm{Exp}(0.002)$ 的概率密度曲线

$$P(300 \leqslant T \leqslant 500) = \int_{300}^{500} 0.002 e^{-0.002t} \mathrm{d}t = -e^{-0.002t} \Big|_{300}^{500} = e^{-0.6} - e^{-1} = 0.1809$$

该推土机在 600 小时后需要维修的概率为

$$P(T > 600) = \int_{600}^{\infty} 0.002e^{-0.002t} dt = -e^{-0.002t} \Big|_{600}^{\infty} = e^{-1.2} = 0.3012$$

7.2.3 均值、方差与标准差

随机变量 X 的分布（分布列或密度函数）有几个重要的特征数，用来表示分布的中心位置和散布大小。

均值用来表示分布的中心位置，用数学期望 $E(X)$ 表示。譬如 $E(X)=5$，则意味着随机变量 X 在 5 的左右取值。它的计算公式是

$$E(X) = \begin{cases} \sum_i x_i p_i, & X \text{ 是离散分布} \\ \int_a^b x p(x) dx, & X \text{ 是连续分布} \end{cases} \tag{7-7}$$

其中的 x_i、p_i 和 $p(x)$ 与 7.2.2 小节中的含义相同，这里不再赘述。

方差用来表示分布的散布大小，用 $\mathrm{Var}(X)$ 表示。方差大意味着分布的散布较宽较分散，方差小意味着分布的散布较窄较集中。方差的计算公式为

$$\mathrm{Var}(X) = \begin{cases} \sum_i [x_i - E(X)]^2 p_i, & X \text{ 是离散分布} \\ \int_a^b [x - E(x)]^2 p(x) dx, & X \text{ 是连续分布} \end{cases} \tag{7-8}$$

方差的单位是 X 的单位的二次方，为使表示分布散布大小的量与 X 的单位相同，常对方差开方，并记为 σ，即

$$\sigma = \sigma(X) = \sqrt{\mathrm{Var}(X)} \tag{7-9}$$

方差的开方称为标准差，由于 σ 与 x 的单位相同，在实际中更常使用标准差 σ 来表示分布的散布大小，但它的计算还是要通过先计算方差来获得。

【例 7-19】 现在我们来计算例 7-15 和例 7-18 中两个分布的均值、方差和标准差。

在例 7-15 中叙述了掷一颗骰子所得点数 X 的分布，它的均值（单位：点）为

$$E(X) = 1 \times \frac{1}{6} + 2 \times \frac{1}{6} + 3 \times \frac{1}{6} + 4 \times \frac{1}{6} + 5 \times \frac{1}{6} + 6 \times \frac{1}{6}$$
$$= (1+2+3+4+5+6)/6 = 3.5$$

它表示一颗骰子掷一次，平均可得 3.5 点，若掷 10 次或 10 颗骰子各掷一次，平均可得 3.5 点×10=35 点。X 的方差（单位：点^2）和标准差（单位：点）分别为

$$\mathrm{Var}(X) = (1-3.5)^2 \times \frac{1}{6} + (2-3.5)^2 \times \frac{1}{6} + \cdots + (6-3.5)^2 \times \frac{1}{6}$$
$$= (2.5^2 + 1.5^2 + 0.5^2 + 0.5^2 + 1.5^2 + 2.5^2)/6 = 2.92$$
$$\sigma(X) = \sqrt{\mathrm{Var}(X)} = \sqrt{2.92} = 1.71$$

在例 7-19 中叙述了推土机首次需要维修的时间 T 服从指数分布 $\mathrm{Exp}(0.002)$，它的均值（单位：小时）为

$$E(T) = \int_0^\infty tp(t)\mathrm{d}t = \int_0^\infty 0.002te^{-0.002t}\mathrm{d}t = 0.002^{-1} = 500$$

它表明推土机首次需要维修的平均时间是 500 小时。还可证明，在指数分布场合，均值与标准差相等，所以 T 的标准差 $\sigma = 500$ 小时。

【例 7-20】 看图识方差（与标准差）。图 7-19 中画出了 4 个分布列的线条图，其中垂线高度就是相应的概率。这 4 个分布列中哪个方差大，哪个方差小？

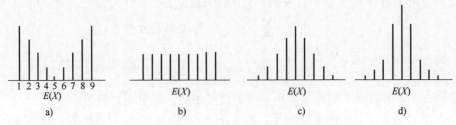

图 7-19　4 个密度函数的线条图

由方差的定义知

$$\mathrm{Var}(X) = \sum_{i=1}^{9} [x_i - E(x)]^2 p_i$$

其中 $x_i = i$。若要方差小，则和式中每一项都要小，这就要求：

1）偏差 $x_i - E(X)$ 小，相应概率 p_i 可以大一些。

2）偏差 $x_i - E(X)$ 大，相应概率 p_i 必定小。

这意味着离均值 $E(X)$ 近的值 x_i 发生的可能性大，远离均值 $E(X)$ 的值 x_i 发生的可能性小，如图 7-19d 所示。

反之，若要方差大，则和式中必定有某些乘积项较大。也就是说，若干个大的偏差 $x_i - E(X)$ 发生的概率大，或者说，远离均值 $E(X)$ 的值 x_i 发生的可能性大，如图 7-19a 所示。

从上述说明可以很快看出，图 7-20 所示 4 个分布列的方差（或标准差）的大小是逐渐减小的。

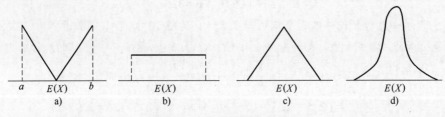

图 7-20　4 个密度函数的方差

7.2.4 常用分布

1. 常用的离散分布

这里将给出三个常用的离散分布,它们是二项分布、泊松分布与超几何分布。

(1) 二项分布　我们来考察由 n 个随机试验组成的随机现象,它满足如下条件:

1) 重复进行 n 次随机试验。譬如,把一枚硬币连抛 n 次,检查 n 个产品的质量,对一个目标连续射击 n 次等。

2) n 次试验间相互独立,即一次试验结果不对其他次试验结果产生影响。

3) 每次试验仅有两个可能结果。譬如正面与反面、合格品与不合格品、命中与不命中、具有某特性与不具有某特性,以下统称为成功与失败。

4) 每次试验中成功的概率均为 p,失败的概率均为 $1-p$。

在上述 4 个条件下,设 X 表示 n 次独立重复试验中成功出现的次数,显然 X 是可以取 $0, 1, \cdots, n$ 等 $n+1$ 个值的离散随机变量,且它的离散分布为

$$P(X=x) = \binom{n}{x} p^x (1-p)^{n-x}, x = 0, 1, \cdots, n \tag{7-10}$$

这个分布称为二项分布,记为 $b(n, p)$。其中 $\binom{n}{x}$ 是从 n 个不同元素中取出 x 个的组合数,它的计算公式为

$$\binom{n}{x} = \frac{n!}{x!(n-x)!}$$

【例 7-21】 在一个制造过程中,不合格品率为 0.05,如今从成品中随机取出 10 个,记 X 为 10 个成品中的不合格品数,则 X 服从二项分布,现研究如下几个问题:

1) 恰有 1 个不合格品的概率是多少?这里令抽到不合格品为"成功",如今 $n=10, p=0.05, X=1$,则所求概率为

$$P(X=1) = \binom{10}{1} p (1-p)^{10-1}$$
$$= 10 \times 0.05 \times (1-0.05)^9 = 0.3151$$

这表明,10 个成品中恰有 1 个不合格品的概率为 0.3151。

2) 少于 2 个不合格品的概率为

$$P(X<2) = P(X=0) + P(X=1) = \binom{10}{0} p^0 (1-p)^{10} + \binom{10}{1} p (1-p)^{(10-1)}$$
$$= (1-0.05)^{10} + 10(0.05)(1-0.05)^9 = 0.5987 + 0.3151 = 0.9138$$

这表明,10 个成品中有少于 2 个不合格品的概率为 0.9138。

二项分布 $b(n, p)$ 的均值、方差与标准差分别为

$$E(X)=np, \operatorname{Var}(X)=np(1-p), \sigma=\sqrt{np(1-p)} \qquad (7\text{-}11)$$

在例 7-21 中，二项分布 b (10, 0.05) 的均值、方差与标准差分别为

$$E(X) = 10\times 0.05 = 0.5$$

$$\operatorname{Var}(X) = 10\times 0.05\times(1-0.05) = 0.475$$

$$\sigma = \sqrt{0.475} = 0.689$$

(2) 泊松分布　泊松分布可用来描述不少随机变量的分布，譬如：

1) 在一定时间内，电话总站接错电话的次数。
2) 在一定时间内，某操作系统发生的故障数。
3) 一个铸件上的缺陷数。
4) 一平方米玻璃上气泡的个数。
5) 一件产品被擦伤留下的痕迹个数。
6) 一页书上的错字个数。

从这些例子可以看出，泊松分布总与计点过程相关联，并且计点是以在一定时间内、一定区域内或某特定单位内为前提进行的。若 λ 表示某特定单位内的平均点数（$\lambda>0$），又令 X 表示该特定单位内出现的点数，则 X 取 x 值的概率为

$$P(X=x) = \frac{\lambda^x}{x!}\mathrm{e}^{-\lambda}, x = 0, 1, 2, \cdots \qquad (7\text{-}12)$$

这个分布就称为泊松分布，记 $P(\lambda)$。其中 $\mathrm{e} = 2.71828$。

泊松分布的均值与方差相等，且均为 λ，于是有

$$E(X) = \lambda, \operatorname{Var}(X) = \lambda, \sigma = \sqrt{\lambda} \qquad (7\text{-}13)$$

【例 7-22】 某大公司一个月内发生重大事故数 X 是服从泊松分布的随机变量，根据过去事故的记录，该大公司在一个月内平均发生 3 起重大事故，这表明 X 服从 $\lambda=3$ 的泊松分布，现考察如下事件的概率。

1) 在 4 月份发生 1 起重大事故的概率为

$$P(X=1) = \frac{3}{1!}\mathrm{e}^{-3} = 3\mathrm{e}^{-3} = 0.149$$

这表明，该公司在 4 月份发生 1 起重大事故的概率近似为 0.15。

2) 在 4 月份发生重大事故不超过 3 起的概率为

$$P(X\leq 3) = P(X=0)+P(X=1)+P(X=2)+P(X=3)$$
$$= \mathrm{e}^{-3}+3\mathrm{e}^{-3}+4.5\mathrm{e}^{-3}+4.5\mathrm{e}^{-3}$$
$$= 13\mathrm{e}^{-3} = 0.647$$

这表明，该公司在 4 月份发生重大事故不超过 3 起的概率近似为 0.65。

(3) 超几何分布　从一个有限总体中进行不放回抽样常会遇到超几何分布。设有 N 个产品组成的总体，其中含有 M 个不合格品。若从中随机不放回地抽取 n 个产品，则其中不合格品的个数 X 是一个离散随机变量。假如 $n\leq M$，则 X 可

能取 0, 1, ⋯, n; 若 n>M, 则 X 可能取 0, 1, ⋯, M。由古典方法可以求得 X=x 的概率是

$$P(X=x) = \frac{\binom{M}{x}\binom{N-M}{n-x}}{\binom{N}{n}}, x = 1, 2, \cdots, r \tag{7-14}$$

式中，$r = \min(n, M)$。这个分布称为超几何分布，记为 $H(n, N, M)$。

超几何分布 $H(n, N, M)$ 的均值、方差分别为

$$E(X) = \frac{nM}{N}, \text{Var}(x) = \frac{n(N-n)}{N-1} \cdot \frac{M}{N}\left(1 - \frac{M}{N}\right) \tag{7-15}$$

【例 7-23】 一货船的甲板上放着 20 个装有化学原料的圆桶，现发现有 5 桶被海水污染了，若从中随机抽出 8 桶，并记 X 为其中被污染的桶数，现要求这个分布。

解：按题意知，X 服从超几何分布 $H(n, N, M)$，其中 $N = 20$，$M = 5$，$n = 8$，$r = \min(n, M) = 5$，所求的分布为

$$P(X=x) = \frac{\binom{5}{x}\binom{15}{8-x}}{\binom{20}{8}}, x = 0, 1, 2, 3, 4, 5$$

当 X = 0 时，可算得

$$P(X=0) = \binom{5}{0}\binom{15}{8} \bigg/ \binom{20}{8} = \frac{6435}{125970} = 0.0511$$

当 X = 1 时，可算得

$$P(X=1) = \binom{5}{1}\binom{15}{7} \bigg/ \binom{20}{8} = \frac{32175}{125970} = 0.2554$$

类似可算得 X = 2、3、4、5 时的概率，计算结果见表 7-7。

表 7-7 X-p 表

X	0	1	2	3	4	5
p	0.0511	0.2554	0.3973	0.2384	0.0542	0.0036

这就是 X 的分布，由此可算得各种事件的概率。譬如，取出的 8 桶中有不多于 3 桶被污染的概率为

$$P(X \leq 3) = P(X=0) + P(X=1) + P(X=2) + P(X=3)$$
$$= 0.0511 + 0.2554 + 0.3973 + 0.2384 = 0.9422$$

2. 常用的连续分布

正态分布是在质量管理中使用最为频繁的分布，它能描述很多质量特性 X 随

机取值的统计规律性。

（1）正态分布的概率密度函数　正态分布的概率密度函数有如下形式：

$$P(x) = \frac{1}{\sqrt{2\pi}\sigma} e^{-\frac{(x-\mu)^2}{2\sigma^2}}, -\infty < x < \infty \tag{7-16}$$

它的图形是对称的钟形曲线，常称为正态曲线，如图 7-21 所示。

正态分布含有两个参数 μ 与 σ，常记为 $N(\mu, \sigma^2)$。其中 μ 为正态分布的均值，也是正态分布的中心。质量特性 X 在 μ 附近取值的机会最大，σ^2 是正态分布的方差，$\sigma>0$ 是正态分布的标准差。

固定标准差 σ，不同的均值（如 $\mu_1<\mu_2$）对应的正态曲线的形状完全相同，仅位置不同，如图 7-22a 所示。

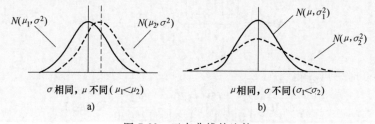

图 7-21　正态曲线

注：μ 为正态分布的中心，$\mu\pm\sigma$ 为拐点，$P(x)$ 的二阶导数在 $\mu\pm\sigma$ 处变号。

固定均值 μ，不同的标准差（如 $\sigma_1<\sigma_2$）对应的正态曲线的位置相同，但形状（高低与胖瘦）不同，如图 7-22b 所示。

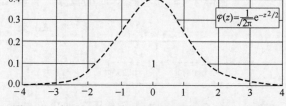

σ 相同，μ 不同（$\mu_1<\mu_2$）
a)

μ 相同，σ 不同（$\sigma_1<\sigma_2$）
b)

图 7-22　正态曲线的比较

（2）标准正态分布　$\mu=0$ 且 $\sigma=1$ 的正态分布称为标准正态分布，记为 $N(0, 1)$。它是特殊的正态分布，服从标准正态分布的随机变量记为 Z，它的概率密度函数记为 $\varphi(z)$，它的图形如图 7-23 所示。

实际中很少有一个质量特性（随机变量）的均值恰好为 0，方差与标准差恰好为 1。标准正态分布 $N(0, 1)$ 存在的意义在于：一些质量特性的不合格品率均要通过标准正态分布才能求得，这一点将在下一小节叙述。这里将先介绍标准正态分布表及其应用，分以下几点进行叙述。

1）标准正态分布表可用来计算形如"$Z \leq z_0$"的随机事件发生的概率，即其概率根据 z_0 的值可在标准正态分布表上查得。譬如事件"$Z \leq 1.52$"的概率，可查

图 7-23　标准正态分布的概率密度函数 $\varphi(z)$ 的图形

$\varphi(z) = \frac{1}{\sqrt{2\pi}} e^{-z^2/2}$

表得

$$P(Z \leqslant 1.52) = \Phi(1.52) = 0.9357$$

它表示随机变量 Z 取值不超过 1.52 的机会,在数量上恰好为 1.52 左侧的一块阴影面积(见图 7-24)。

由于直线是没有面积的,即直线的面积为零,故 $P(Z \leqslant 1.52) = P(Z < 1.52) = \Phi(1.52) = 0.9357$。

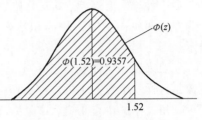

图 7-24　$P(Z \leqslant 1.52) = 0.9357$

综合上述,可得如下计算公式:

$$P(Z \leqslant a) = P(Z < a) = \Phi(a)。$$

类似的计算公式还有一些,现罗列如下,图形可帮助我们理解它们。

2) $P(Z \geqslant a) = 1 - \Phi(a)$ (见图 7-25)。

3) $\Phi(-a) = 1 - \Phi(a)$ (见图 7-26)。

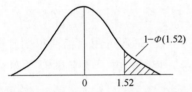
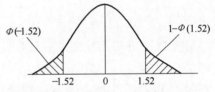

图 7-25　$P(Z \geqslant 1.52) = 1 - \Phi(1.52) = 0.0643$　　图 7-26　$\Phi(-1.52) = 1 - \Phi(1.52)$

4) $P(a \leqslant Z \leqslant b) = \Phi(b) - \Phi(a)$ (见图 7-27)。

5) $P(|Z| \leqslant a) = 2\Phi(a) - 1$ (见图 7-28)。

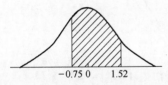
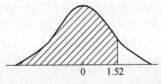
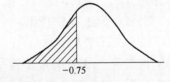

图 7-27　$P(-0.75 \leqslant Z \leqslant 1.52) = P(Z \leqslant 1.52) - P(Z \leqslant -0.75) = \Phi(1.52) - \Phi(-0.75)$

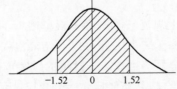

图 7-28　$P(|Z| \leqslant 1.52) = P(-1.52 \leqslant Z \leqslant 1.52) = \Phi(1.52) - \Phi(-1.52) = 2\Phi(1.52) - 1$

(3) 标准正态分布 $N(0, 1)$ 的分位数　分位数是一个基本概念,这里结合标准正态分布 $N(0, 1)$ 来叙述分位数的概念。对于概率等式 $P(Z \leqslant 1.282) = 0.9$,有两种不同的说法:

1) 0.9 是随机变量 Z 不超过 1.282 的概率。

2) 1.282 是标准正态分布 $N(0,1)$ 的 0.9 分位数，记为 $z_{0.9}$。

后一种说法有新意，0.9 分位数 $z_{0.9}$ 把标准正态分布密度函数 $\varphi(x)$ 下的面积分为左右两块，左侧一块面积恰好为 0.9，右侧一块面积恰好为 0.1，如图 7-29 所示。

一般来说，对任意介于 0 与 1 之间的实数 α，标准正态分布 $N(0,1)$ 的 α 分位数是这样一个数，它的左侧面积恰好为 α，它的右侧面积恰好为 $1-\alpha$，如图 7-30 所示。用概率的语言来说，α 分位数 z_α 是满足下列等式的实数：

$$P(Z \leq z_\alpha) = \alpha$$

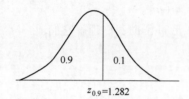

图 7-29　$N(0,1)$ 的 0.9 分位数 $z_{0.9}$

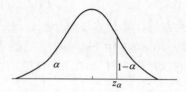

图 7-30　$N(0,1)$ 的 α 分位数 z_α

分位数 z_α 亦可用标准正态分布表从里向外查得，尾数可用内插法得到。譬如 0.95 的分位数 $z_{0.95}$ 可先查得 $z_{0.9495} = 1.64$，$z_{0.9505} = 1.65$，由于概率 0.95 恰好介于 0.9495 与 0.9505 中间，故 $z_{0.95} = 1.645$。

0.5 分位数称为中位数，在标准正态分布 $N(0,1)$ 场合，永远有 $z_{0.5} = 0$。

当 $\alpha < 0.5$ 时，譬如 $\alpha = 0.25$，则由对称性可知 $z_{0.25} = -z_{0.75}$，$z_{0.75} = 0.675$，对它加上负号即得 $z_{0.25} = -0.675$。类似的有 $z_{0.1} = -z_{0.9} = -1.282$，如图 7-31 所示。

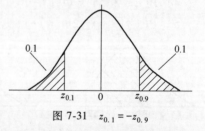

图 7-31　$z_{0.1} = -z_{0.9}$

（4）不合格品率与 ppm　不合格品率一般被定义为产品的质量特性 X 超出规范限的概率，因此计算不合格品率要知道下列两件事：

1) 在过程受控情况下，产品的质量特性 X 的分布为正态分布 $N(\mu, \sigma^2)$，这是过程现状的概括。

2) 产品的规范限包括上规范限 USL 和下规范限 LSL，它们是用文件形式对产品所作的要求或规定的界限（这类文件可以是与顾客签订的合同、公认的标准、企业下达的生产任务等），是顾客的要求。这里的顾客包括下道工序的执行者。

从上述两个要求看，不合格品率能反映一个受控过程满足顾客要求的能力。不合格品率越小，过程满足顾客要求的能力就越大。在双规范限场合，不合格品率有两种（见图 7-32）：

1) X 超出上规范限的概率，记为 $p_U = P(X > USL)$。

2) X 低于下规范限的概率，记为 $p_L = P(X < LSL)$。

X 的不合格品率 $p=p_L+p_U$。

在一般正态分布场合，不能直接用 USL 和 LSL 去查标准正态分布表，而应对它们分别作 Z 变换后再查标准正态分布表才能获得 p_U 与 p_L。

对于 USL，其 Z 变换为

$$z_U = \frac{USL-\mu}{\sigma} \quad (7\text{-}17)$$

图 7-32　不合格品率 $p=p_L+p_U$

对于 LSL，其 Z 变换为

$$z_U = \frac{LSL-\mu}{\sigma} \quad (7\text{-}18)$$

在上述 Z 变换下，两个不合格品率 p_U 与 p_L 分别为

$$p_U = P(X>USL) = 1-\Phi(z_U)$$
$$p_L = P(X<LSL) = \Phi(z_L)$$

其中 $\Phi(x)$ 可在标准正态分布表查得，最后 $p=p_L+p_U$ 就是总不合格品率。

【例 7-24】 某厂生产的电阻器的规范限为 LSL=77.9kΩ，USL=84.1kΩ。现得知该厂的电阻器的阻值 X 为正态分布，其均值 $\mu=81.62$kΩ，标准差 $\sigma=1.12$kΩ，即 X 的分布为正态分布 $N(81.62, 1.12^2)$，要求该种电阻器的不合格品率，即要求低于下规范限 LSL=77.9 的概率 p_L 和超过上规范限 USL=84.1 的概率 p_U 之和。因为

$$p_L = P(X<77.9) = \Phi\left(\frac{77.9-81.62}{1.12}\right)$$
$$= \Phi(-3.32) = 1-\Phi(3.32) = 1-0.9995 = 0.0005$$

$$p_U = P(X>84.1) = 1-\Phi\left(\frac{84.1-81.62}{1.12}\right) = 1-\Phi(2.21) = 1-0.9864 = 0.0136$$

故该电阻器的不合格品率为

$$p = p_L + p_U = 0.0005 + 0.0136 = 0.0141$$

不合格品率常用百分点（%）、千分点（‰）表示，但对于高质量产品，用% 和‰还嫌过大，因此常使用百万分点（10^{-6}），记为 ppm。譬如：

$$1\text{ppm} = \frac{1}{1000000} = 1\times 10^{-6} = 每一百万个产品中有一个不合格品$$

$$3.4\text{ppm} = \frac{3.4}{1000000} = 3.4\times 10^{-6} = 每一百万个产品中有 3.4 个不合格品$$

$$0.27\% = \frac{2.7}{1000} = \frac{2700}{1000000} = 2700\text{ppm}$$

$$十亿分之二 = 2\times 10^{-9} = 0.002\text{ppm}$$

图 7-33 所示为在正态分布中心（又称过程中心）与规范中心 [$M = ($LSL$+ USL)/2$] 重合时，产品的质量特性 X 超出规范限 $\mu \pm 3\sigma$ 和 $\mu \pm 6\sigma$ 的不合格品率。譬如在规范限为 $\mu \pm 3\sigma$ 时，上、下规范限的 Z 变换为

$$\frac{(\mu \pm 3\sigma) - \mu}{\sigma} = \pm 3$$

故有

$$p_L = P[X < (\mu - 3\sigma)] = \Phi(-3) = 1 - \Phi(3) = 1 - 0.99865$$
$$= 0.00135 = 1350 \text{ppm}$$

$$p_U = P[X > (\mu + 3\sigma)] = 1 - \Phi(3) = 0.00135 = 1350 \text{ppm}$$

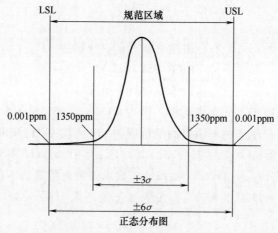

图 7-33　在正态分布中心与规范中心重合时，X 超出规范限 $\mu \pm 3\sigma$ 和 $\mu \pm 6\sigma$ 的不合格品率

图 7-34 所示把图 7-33 所示更细致地表现了出来，不过只显示了总的不合格品率，把它除以 2 后就可得到两侧的不合格品率，这是由正态分布的对称性决定的。

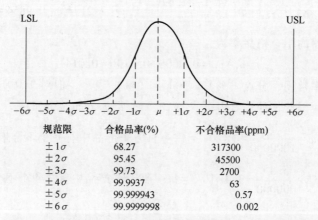

规范限	合格品率(%)	不合格品率(ppm)
$\pm 1\sigma$	68.27	317300
$\pm 2\sigma$	95.45	45500
$\pm 3\sigma$	99.73	2700
$\pm 4\sigma$	99.9937	63
$\pm 5\sigma$	99.999943	0.57
$\pm 6\sigma$	99.9999998	0.002

图 7-34　在正态分布中心与规范中心重合时，X 超出规范限 $\mu \pm k\sigma$ ($k = 1, 2, \cdots, 6$) 的不合格品率

譬如产品质量特性 X 超出 $\mu \pm 4\sigma$ 的总不合格品率为 63ppm，把它除以 2 后可得两侧不合格品率是 $p_L = p_U = 31.5$ppm，它表示每百万个产品中平均有 31.5 个产品超过上规范限（或低于下规范限）。

7.2.5 中心极限定理

中心极限定理叙述在统计中常用到一个结论：多个互相独立的随机变量的平均值（仍然是一个随机变量）将服从或近似服从正态分布。为叙述这个定理先要作一项准备。

1. 随机变量的独立性

两个随机变量 X_1 与 X_2 相互独立是指其中一个取什么值不影响另一个的取值，或者说两个随机变量独立取值，你不影响我，我也不影响你。譬如，抛两颗骰子出现的点数记为 X_1 与 X_2，则 X_1 与 X_2 是相互独立的随机变量。又如从生产线随机取两个产品，其质量特性分别记为 X_1 与 X_2，则此 X_1 与 X_2 是相互独立的随机变量。

随机变量的相互独立性可以推广到 3 个或更多个随机变量上去。

下面要用到一个假设：$X_1, X_2, \cdots, X_n$ 是 n 个相互独立同分布的随机变量。这个假设有两个含义：

1) $X_1, X_2, \cdots, X_n$ 是 n 个相互独立的随机变量。如在生产线上随机取 n 个产品，它们的质量特性用 $X_1, X_2, \cdots, X_n$ 表示，那么可认为 $X_1, X_2, \cdots, X_n$ 是 n 个相互独立的随机变量。

2) $X_1, X_2, \cdots, X_n$ 有相同的分布，且分布中所含有的参数也都相同。譬如都为正态分布，且都有相同均值 μ 和相同方差 σ^2。又如都为指数分布，那么其中的一个参数 λ 也都相同。

今后，把 n 个相互独立同分布的随机变量 $X_1, X_2, \cdots, X_n$ 的均值称为样本均值，并记为 $\overline{X}$，即

$$\overline{X} = \frac{X_1 + X_2 + \cdots + X_n}{n} = \frac{1}{n}\sum_{i=1}^{n} X_i$$

2. 正态样本均值的分布

定理 1：设 $X_1, X_2, \cdots, X_n$ 是 n 个相互独立同分布的随机变量，假如其共同分布为正态分布 $N(\mu, \sigma^2)$，则样本均值 $\overline{X}$ 仍为正态分布，其均值不变，仍为 μ，而其方差缩小为 σ^2/n。若把 $\overline{X}$ 的方差记为 $\sigma_{\overline{x}}^2$，则有 $\sigma_{\overline{x}}^2 = \sigma^2/n$。

【例 7-25】 设 $X_1, X_2, \cdots, X_9$ 是相互独立同分布的随机变量，并且共同分布为正态分布 $N(10, 25)$，则其样本均值 $\overline{X} = \dfrac{X_1 + X_2 + \cdots + X_9}{9}$ 服从 $N\left(10, \dfrac{25}{9}\right)$。

这表明，$\overline{X}$ 的均值仍为 10，$\overline{X}$ 的方差为 $25/9 = 2.78$，则 $\overline{X}$ 的标准差为

$$\sigma_{\bar{x}} = \sqrt{25/9} = 5/3 = 1.67$$

3. 非正态样本均值的分布

定理2（中心极限定理）：设 X_1，X_2，…，X_n 为 n 个相互独立同分布的随机变量，其共同分布未知，但其均值 μ 和方差 σ^2 都存在，则在 n 较大时，其样本均值 $\bar{X}$ 近似服从正态分布 $N\left(\mu, \dfrac{\sigma^2}{n}\right)$。

这个定理表明：无论共同的分布是什么（离散分布或连续分布，正态分布或非正态分布），当独立同分布随机变量的个数 n 较大时，$\bar{X}$ 的分布总是正态分布。这一结论是深刻的，也是重要的，这说明平均值运算常可从非正态分布获得正态分布。

如图 7-35 所示，这里选了三个不同的共同分布：Ⅰ 为均匀分布（无峰），Ⅱ 为双峰分布，Ⅲ 为指数分布（高度偏斜）。假如 $n = 2$，那么 2 个均匀分布的变量的均值 $\bar{X}$ 的分布呈三角形；在 Ⅱ 的场合，$\bar{X}$ 的分布出现中间高；在 Ⅲ 的场合，$\bar{X}$ 的分布的峰开始偏离原点。在 $n = 5$ 时，三种场合都呈现单峰状，并且前两个还有很好的对称性。在 $n = 30$ 时，三种场合下 $\bar{X}$ 的分布几乎完全相同，只在位置上有些差别，这个差别是由原始共同分布的均值不同引起的。

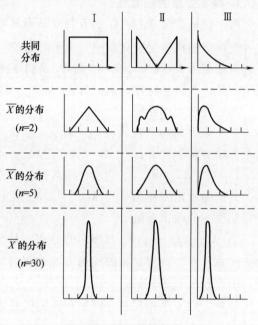

图 7-35　样本均值的分布

另外，此时正态分布的峰很高，这是因为平均后的标准差为

$$\sigma_{\bar{x}} = \frac{\sigma}{\sqrt{n}} = \frac{\sigma}{\sqrt{30}} = \frac{\sigma}{5.48}$$

它缩小至之前标准差的 1/5.48。

在统计中把样本均值 $\bar{X}$ 的标准差称为均值的标准误差，记为 $\sigma_{\bar{x}}$ 或 SEM（Standard Error of the Mean）。无论在正态样本均值还是非正态样本均值都有

$$\sigma_{\bar{x}} = \frac{\sigma}{\sqrt{n}}$$

即 SEM 随着 n 的增加而减少。图 7-36 中表明了这种关系：在 $n < 10$ 时，$\sigma_{\bar{x}}$ 下降较快；在 $n > 10$ 时，$\sigma_{\bar{x}}$ 下降已很慢了。

【**例 7-26**】 我们常常对一个零件的质量特性只测一次读数,并用这个读数去估计过程输出的质量特性。一个很容易减少测量系统误差的方式是:对同一零件的质量特性作两次或更多次重复测量,并用其均值去估计过程输出的质量特性,这就可以减少标准差,测量系统的

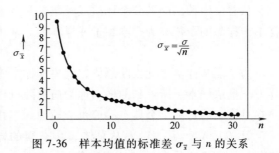

图 7-36 样本均值的标准差 $\sigma_{\bar{x}}$ 与 n 的关系

精度就自动增加了。但这不是回避使用更精密量具的理由,而是提高现有量具精度的简易方法。多次测量的平均值要比单次测量值更具有稳定性。

7.3 数理统计基础

7.3.1 总体与样本

1. 总体与个体的概述

在一个统计问题中,我们把研究对象的全体称为总体,构成总体的每个成员称为个体。若关心的是研究对象的某个数量指标,那么将每个个体具有的数量指标 x 称为个体,指标的全体看作一个总体 X,$X = \{x\}$。

【**例 7-27**】 总体和个体举例。

1) 参加质量工程师考试人员成绩的全体组成一个总体,每个考试人员的考试成绩便是一个个体。

2) 同一型号的电视机的寿命全体组成一个总体,每一台电视机的寿命便是一个个体。

3) 对一个产品仅考虑其合格与不合格,将合格记为 0,不合格记为 1,那么该产品的全体组成的总体可以表示为 $\{0, 0, 0, 1, 1, \cdots, 1, \cdots, 1, \cdots\}$,其中 1 所占的比例便是该批产品的不合格品率。

总体可以用随机变量 X 表示,随机变量 X 的分布就是总体的分布,因此也可以用分布表示总体。譬如,总体的分布为正态分布时,称该总体为正态总体。

2. 样本的概述

由于总体可以用随机变量 X 来描述,因此研究总体就要研究 X 的分布或分布的某些特征量。如果可以对总体中每一个个体进行观察,当然可以了解该总体,但是在许多情况下不可能这样做(譬如了解产品的寿命必须进行破坏性试验)或没有必要(如了解自动机床切割的产品的长度,由于量很大,如果要对每一个产品进行测量将花费大量的人力),因此常常从总体中抽出若干个个体,仅对这些个体进行观察,利用这些观察结果对总体进行推断。

从总体中抽出的部分个体组成的集合称为样本,样本中所含的个体称为样品,样本中样品的个数称为样本容量或样本量,常用 n 表示。容量为 n 的样本可以记为 $X_1, X_2, \cdots, X_n$。

为了能从样本正确推断总体,就要求样本能够代表总体,为此常用简单随机抽样方法抽取样本,所得到的样本称为简单随机样本,简称样本。所谓简单随机抽样是指总体中的每一个个体有同等机会被抽到,并且每次抽样是相互独立的。

若 $X_1, X_2, \cdots, X_n$ 是从总体 X 中获得的样本,那么 $X_1, X_2, \cdots, X_n$ 是独立同分布的随机变量。样本的观察值用 $x_1, x_2, \cdots, x_n$ 表示,这也是我们常说的数据。有时为方便起见,不分大写与小写,样本及其观察值都用 $x_1, x_2, \cdots, x_n$ 表示,本书也将采用这一方法来表示。

7.3.2 频数及直方图

1. 频数与频数分布

频数(Frequency)也称为次数,是指落在各类别中的数据个数。把各个类别及其相应的频数全部列出来就是频数分布(Frequency Distribution),也称为次数分布。将频数分布用表格的形式表现出来就是频数分布表。频数分布的表示方式有两种:频数分布表和频数分布图。一张好的统计图表,往往胜过冗长的文字表述。

【例 7-28】 为研究广告市场的状况,一家广告公司在某城市随机抽取 200 人就广告问题做了邮寄问卷调查,其中一个问题是:"您比较关注下列哪一类广告?"其下列了商品广告、服务广告、金融广告、房地产广告、招生招聘广告和其他广告 6 项。

这里的变量就是广告类型,不同类型的广告就是变量值。调查数据经整理分类后形成频数分布表,见表 7-8。

表 7-8 某城市居民关注的广告类型的频数分布表

广告类型	人数/人	比例	频率(%)
商品广告	112	0.560	56.0
服务广告	51	0.255	25.5
金融广告	9	0.045	4.5
房地产广告	16	0.080	8.0
招生招聘广告	10	0.050	5.0
其他广告	2	0.010	1.0
合计	200	1.000	100.0

很显然,如果不做分类整理,观察 200 个人对不同广告的关注情况,既不便于理解,也不便于分析。经分类整理后,可以大大简化数据,可以很容易看出,关注商品广告的人数最多,而关注其他广告的人数最少。

2. 直方图

直方图是用矩形的宽度和高度来表示频数分布的图形。在平面直角坐标系中，横轴表示数据分组，纵轴表示频数或频率，这样，各组与相应的频数就形成了一个矩形，即直方图。

【例 7-29】 某生产车间 50 名工人日加工零件数（单位：个）如下：

117 122 124 129 139 107 117 130 122 125
108 131 125 117 122 133 126 122 118 108
110 118 123 126 133 134 127 123 118 112
112 134 127 123 119 113 120 123 127 135
137 114 120 128 124 115 139 128 124 121

对本例中的数据编制频数分布表，见表 7-9。

表 7-9　某车间 50 名工人日加工零件数的频数分布表

零件数/个	频数/人	频率(%)
105～109	3	6
110～114	5	10
115～119	8	16
120～124	14	28
125～129	10	20
130～134	6	12
135～139	4	8
合计	50	100

根据表 7-9 中的频数分布表绘制的直方图如图 7-37 所示。

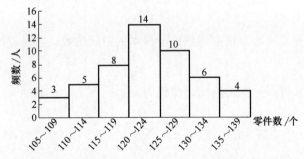

图 7-37　某车间 50 名工人日加工零件数的直方图

从直方图可以直观地看出工人日加工零件数及人数的分布状况。

对于等距分组的数据，可用矩形的高度直接表示频数的分布。如果是不等距分组的数据，用矩形的高度来表示各组频数的分布就不再适用。这时，可以用矩形的面积来表示各组的频数分布或根据频率密度来绘制直方图，从而准确地表示各组数据分布的特征。实际上,无论是等距分组数据还是不等距分组数据,用矩形的面积或频数密度来表示各组的频数分布都更为合适,因为这样可使直方图的总面积等于1。

7.3.3 基本统计量

常采用统计量来描述样本的特征,有的用来描述样本数据的中心位置,有的用来描述样本数据的分散程度。为此先介绍次序统计量的概念,再引入几个常用的统计量。

1. 有序样本

设 $x_1, x_2, \cdots, x_n$ 是从总体 X 中获得的容量为 n 的样本,将它们按从小到大排列为 $x_{(1)} \leq x_{(2)} \leq \cdots \leq x_{(n)}$,这便是有序样本。

【例 7-30】 从某种合金强度总体中抽取容量为 5 的样本,可以记为 x_1、x_2、x_3、x_4、x_5,样本的观察值为 140、150、155、130、145,那么将它们按从小到大排序后有 130<140<145<150<155,这便是一个有序样本,譬如最小的观察值为 $x_{(1)} = 130$,最大的观察值为 $x_{(5)} = 155$。

当样本改变时,样本的观察值将会发生改变,那么最小、最大观察值也将随之改变。

2. 描述样本中心位置的统计量

总体中每一个个体的取值尽管是有差异的,但是总有一个中心位置,如均值、中位数等。描述样本中心位置的统计量反映了总体的中心位置,常用的有下列几种:

(1) 样本均值

$$\bar{x} = \frac{1}{n} \sum_{i=1}^{n} x_i \tag{7-19}$$

样本观察值有大有小,样本均值处于样本的中间位置,它可以反映总体的分布的均值。

对分组数据来讲,样本均值的近似值为 $\bar{x} = \frac{1}{n} \sum_{i=1}^{k} f_i x_i$,其中 k 是分组数,x_i 是第 i 组的组中值,f_i 是第 i 组的频数,$n = \sum_{i=1}^{k} f_i$。

【例 7-31】 表 7-10 是经过整理的分组数据表,给出了 110 个电子元件的失效时间。

表 7-10 x_i-f_i 表

组中值 x_i	200	600	1000	1400	1800	2200	2600	3000
频数 f_i	6	28	37	23	9	5	1	1

那么平均失效时间近似为

$$\bar{x} = \frac{1}{n}\sum_{i=1}^{k} f_i x_i = \frac{1}{110} \times (200 \times 6 + 600 \times 28 + \cdots + 3000 \times 1) = 1090.9$$

（2）样本中位数

$$\tilde{x} = \begin{cases} x_{\frac{n+1}{2}}, & n \text{ 为奇数} \\ \frac{1}{2}\left[x_{\frac{n}{2}} + x_{\left(\frac{n}{2}+1\right)}\right], & n \text{ 为偶数} \end{cases} \quad (7\text{-}20)$$

【例 7-32】 现有一个数据集合（已经排序）为 2，3，4，4，5，5，5，5，6，6，7，7，8，共有 13 个数据，处于中间位置的是第 7 个数据，则样本中位数为 $\tilde{x} = x_{(7)} = 5$。

尽管样本均值是总体均值的一个很好的代表，但是当总体分布不对称时，或者收集的数据有误时，样本均值会受到较大的影响。譬如数据集 {1，5，4，6，9}，其平均值是 5，如果不小心将 9 误记为 19，那么平均值就变成了 7，实际上数据集中仅有一个值比 7 大，大部分数据都比平均值小。此时，为了更好地反映数据的中心，可以采用样本中位数。样本中位数表示有一半数据比它大，一半数据比它小。

（3）众数　众数是指数据中最常出现的值，记为 Mod。

【例 7-33】 现有一个数据集合为 2，3，3，3，3，4，4，5，6，6，6，6，6，7，7，8，那么其中每一个值的出现次数见表 7-11。

表 7-11　数值-次数表

数值	2	3	4	5	6	7	8
出现次数	1	4	2	1	5	2	1

那么众数为 6。

样本的众数是样本中出现可能性最大的值，不过它不一定唯一。

3. 描述样本中心分散的统计量

总体中各个个体的取值总是有差别的，因此样本的观察值也是有差异的，这种差异有大有小，反映样本数据的分散程度的统计量实际上反映了总体取值的分散程度，常用的有如下几种：

（1）样本极差

$$R = x_{(\max)} - x_{(\min)} \quad (7\text{-}21)$$

在例 7-30 中，合金强度数据观察值的最小值为 130，最大值为 155，因此极差 $R = 155 - 130 = 25$。

（2）样本（无偏）方差

$$s^2 = \frac{1}{n-1}\sum_{i=1}^{n}(x_i - \bar{x})^2$$

同样，对分组数据来说，样本方差的近似值为 $s^2 = \frac{1}{n-1}\sum_{i=1}^{k}(x_i - \bar{x})^2 f_i$。

在例 7-30 中，$s^2 = [(140-144)^2 + (150-144)^2 + (155-144)^2 + (130-144)^2 + (145-144)^2]/4 = 92.5$

在例 7-31 中，$s^2 = \dfrac{1}{110-1} \times [(200-1090.9)^2 \times 6 + (600-1090.9)^2 \times 28 + \cdots + (3000-1090.9)^2 \times 1]$

$= 280834.0357$

有一个简化的计算公式，即

$$s^2 = \frac{1}{n-1}\Big(\sum_{i=1}^{n} x_i^2 - n\bar{x}^2\Big)$$

样本极差的计算尽管十分简便，但对信息的利用也较少。而样本方差就能充分利用样本所提供的信息，因此在实际中用得很广。

（3）样本标准差

$$s = \sqrt{s^2} \qquad (7\text{-}22)$$

在例 7-30 中 $s = \sqrt{92.5} = 9.62$。

样本方差尽管对数据的利用是充分的，但是方差的量纲（即数据的单位）是原始量纲的平方，譬如样本观察值是长度，单位是毫米，而方差的单位是平方毫米，这就不一致了，而采用样本标准差就消除了单位的差异。

（4）变异系数

$$C_v = s/\bar{x} \qquad (7\text{-}23)$$

在例 7-30 中 $C_v = 0.0668 = 6.68\%$。

变异系数常用于不同数据集的分散程度的比较。譬如测得上海到北京的平均距离为 1463 公里，测量误差的标准差为 1 公里，而测得一张桌子的平均长度为 1 米，测量误差的标准差为 0.01 米。表面来看，桌子测量的误差小，但是当长度长时误差稍大是可以理解的，为此比较两者的变异系数，它们分别是 $0.00068 = 0.068\%$ 与 $0.01 = 1\%$，所以比较起来还是前者的测量精度要高。

将上述常用的两类描述数据特征的统计量进行总结，见表 7-12。

表 7-12 常用统计量

类型	名称	符号	公式
位置特征量	样本均值	$\bar{x}$	$\bar{x} = \dfrac{1}{n}\sum_{i=1}^{n} x_i$
	样本中位数	$\tilde{x}$	$\tilde{x} = \begin{cases} x_{\left(\frac{n+1}{2}\right)}, & n \text{ 为奇数} \\ \dfrac{1}{2}\left[x_{\left(\frac{n}{2}\right)} + x_{\left(\frac{n}{2}+1\right)}\right], & n \text{ 为偶数} \end{cases}$
	众数	Mod	
	极差	R	$R = x_{(n)} - x_{(1)}$

(续)

类型	名称	符号	公式
差异特征量	样本方差	s^2	$s^2 = \dfrac{1}{n-1} \sum\limits_{i=1}^{n}(x_i - \bar{x})^2$
	样本标准差	s	$s = \sqrt{s^2}$
	变异系数	C_v	$C_v = s/\bar{x}$

(5) 样本分位数 样本的 p 分位数 m_p 用来表示容量为 n 的数据中有 n_p 个小于它，它表示的位置信息，用得较多的是第一四分位数 Q_1 与第三四分位数 Q_3，表示有 25% 的数据小于 Q_1，有 25% 的数据大于 Q_3，有一半数据位于 Q_1 与 Q_3 之间。它们的一种求法是：$Q_1 = x_{(k_1)}$，其中 $k_1 = [(n+1)/4]$；$Q_3 = x_{(k_3)}$，其中 $k_3 = (n+1) - [(n+1)/4]$。这里 $[x]$ 为取整符号，表示不大于 x 的最大整数。

在例 7-32 中，$n = 13$，$k_1 = [(13+1)/4] = 3$，$k_3 = (13+1) - [(13+1)/4] = 11$，从而 $Q_1 = x_{(3)} = 4$，$Q_3 = x_{(11)} = 7$。

7.3.4 抽样分布

在重复选取容量为 n 的样本时，由该统计量的所有可能取值形成的相对频数分布称为抽样分布。常用的三大抽样分布为 χ^2 分布、t 分布、F 分布。

(1) χ^2 分布 设 $X_i \sim N(0,1)$，$i = 1, 2, \cdots, n$，且 $X_1, X_2, \cdots, X_n$ 相互独立，则称统计量

$$\chi^2 = X_1^2 + X_2^2 + \cdots + X_n^2 \qquad (7\text{-}24)$$

服从自由度为 n 的 χ^2 分布记作 $\chi^2 \sim \chi^2_{(n)}$。自由度是指公式右端包含的独立变量的个数。

$\chi^2_{(n)}$ 分布的概率密度为

$$f(x) = \begin{cases} \dfrac{1}{2^{\frac{n}{2}} \Gamma\left(\dfrac{n}{2}\right)} x^{\frac{n}{2}-1} e^{-\frac{x}{2}}, & x > 0 \\ 0, & x \leqslant 0 \end{cases} \qquad (7\text{-}25)$$

其中 $\Gamma(t) = \int_0^{+\infty} x^{t-1} e^{-x} dx \, (t > 0)$ 为 Γ 函数。

χ^2 分布的可加性：设 $\chi_1^2 \sim \chi_{n_1}^2$，$\chi_2^2 \sim \chi_{n_2}^2$，且 χ_1^2 和 χ_2^2 相互独立，则有

$$\chi_1^2 + \chi_2^2 \sim \chi_{(n_1+n_2)}^2 \qquad (7\text{-}26)$$

χ^2 分布的数学期望与方差：若 $\chi^2 \sim \chi_{(n)}^2$，则有

$$E(\chi^2) = n, \quad \mathrm{Var}(\chi^2) = 2n \qquad (7\text{-}27)$$

(2) t 分布 设 $X \sim N(0,1)$，$Y \sim \chi_{(n)}^2$，且 X 和 Y 相互独立，则称统计量

$$t = \dfrac{X}{\sqrt{Y/n}} \qquad (7\text{-}28)$$

服从自由度为 n 的 t 分布记作 $t \sim t(n)$。

t 分布的概率密度函数为

$$f(t) = \frac{\Gamma\left(\frac{n+1}{2}\right)}{\sqrt{\pi n}\,\Gamma\left(\frac{n}{2}\right)}\left(1+\frac{t^2}{n}\right)^{-(n+1)/2}, -\infty < t < +\infty \tag{7-29}$$

1) t 分布的性质：t 分布是类似正态分布的一种对称分布，$f(t)$ 关于 $t=0$ 对称，但它通常比正态分布平坦和分散。自由度为 1 的分布称为柯西分布。随着自由度增大，t 分布越来越接近 $N(0,1)$。实际应用中，当 $n \geq 30$ 时，t 分布与 $N(0,1)$ 就非常接近了。

2) t 分布的上分位点：对于给定的 $\alpha(0<\alpha<1)$，称满足条件 $P\{t>t_\alpha(n)\}=\alpha$ 的点 $t_\alpha(n)$ 为 $t(n)$ 分布的上 α 分位点，如图 7-38 所示。由 t 分布上 α 分位点的定义及 $f(t)$ 图形的对称性可知

$$t_{1-\alpha}(n) = -t_\alpha(n)$$

(3) F 分布 设 $X \sim \chi^2_{(n_1)}$，$Y \sim \chi^2_{(n_2)}$，且 X 与 Y 相互独立，则称随机变量 $F = \dfrac{X/n_1}{Y/n_2}$ 服从第一自由度为 n_1、第二自由度为 n_2 的 F 分布，记为 $F \sim F(n_1, n_2)$

F 分布的分位点：对于给定的 $\alpha(0<\alpha<1)$，称满足条件 $P\{F>F_\alpha(n_1,n_2)\}=\alpha$ 的点 $F_\alpha(n_1,n_2)$ 为 $F(n_1,n_2)$ 分布的上 α 分位点，如图 7-39 所示。

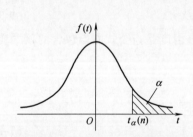

图 7-38 t 分布的上 α 分位点

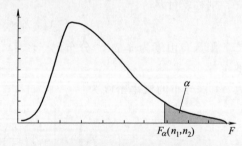

图 7-39 F 分布的上 α 分位点

F 分布的上 α 分位点有如下的重要性质：

$$F_{1-\alpha}(n_1, n_2) = \frac{1}{F_\alpha(n_2, n_1)} \tag{7-30}$$

7.4 参数估计

7.4.1 点估计概述

1. 点估计的概念

设 θ 是一个未知参数，从总体中获得容量为 n 的样本是 $x_1, x_2, \cdots, x_n$，那么

用来估计未知参数 θ 的统计量 $\hat{\theta}=\hat{\theta}(x_1, x_2, \cdots, x_n)$ 称为 θ 的估计量，或称为 θ 的估计。这里所讲的参数，可以是总体 X 的分布中的参数，也可以是均值 $E(X)$，也可以是某个概率。譬如 $P(X>a)$，这里 a 可以是已知常数。

2. 两种常用的估计方法

参数估计方法有多种，常用的有两种：矩法估计和极大似然估计。

（1）矩法估计 这种估计方法是用样本矩估计总体相应的矩，用样本矩的函数估计总体相应矩的函数。譬如用样本均值估计总体均值，用样本方差估计总体方差，用样本标准差 s 估计总体标准差等。

【例 7-34】 从某厂生产的一批铆钉中随机抽取 12 个，测得其头部直径分别为

13.30 13.38 13.40 13.43 13.32 13.48 13.51 13.31 13.34 13.47 13.44 13.50

试求铆钉头部直径这一总体的均值 μ 与标准差 σ 的估计。

解： 用矩法估计可得

$$\hat{\mu}=\bar{x}=\frac{1}{12}\times(13.30+13.38+\cdots+13.50)=\frac{160.88}{12}=13.41$$

$$\hat{\sigma}^2=s^2=\frac{1}{12-1}\times[(13.30-13.41)^2+\cdots+(13.50-13.41)^2]$$

$$=\frac{1}{11}\times\left(13.30^2+\cdots+13.50^2-\frac{160.88^2}{12}\right)=0.0058$$

$$\hat{\sigma}=s=\sqrt{s^2}=\sqrt{0.0058}=0.0762$$

对分布中未知参数的矩法估计步骤如下面例子所述。

【例 7-35】 设样本 $x_1, x_2, \cdots, x_n$ 来自参数为 λ 的指数分布，求 λ 的矩法估计。

解： 由于在指数分布中 $E(X)=1/\lambda$，所以可得 $\lambda=1/E(X)$，用样本均值 $\bar{x}$ 代替 $E(X)$，则得 λ 的矩法估计为 $\hat{\lambda}=1/\hat{x}$。

矩法估计的优点是不要求知道总体的分布，缺点是估计不唯一。

【例 7-36】 设样本 $x_1, x_2, \cdots, x_n$ 来自参数为 λ 的泊松分布，由于 $E(X)=\lambda$，$\text{Var}(X)=\lambda$，因此 $\bar{x}$ 与 s^2 都可以作为 λ 的矩法估计，所以估计不唯一。

（2）极大似然估计 设总体 X 的分布已知，含未知参数 θ。对连续总体，假定其密度函数为 $p(x;\theta)$，对离散总体，假定其分布列为 $P(X=x_i)=p(x_i;\theta)$，$i=1, 2, \cdots$，为估计未知参数，从总体中获得样本 $x_1, x_2, \cdots, x_n$，将样本的联合密度（概率）函数替换成未知参数的函数（即似然函数），则可写出似然函数为

$$L(\theta)=\prod_{i=1}^{n}p(x;\theta) \tag{7-31}$$

如果 $\hat{\theta}$ 满足 $L(\hat{\theta})=\max_{\theta\in\Theta}L(\theta)$，则 $\hat{\theta}$ 是 θ 的极大似然估计。

当 $L(\theta)$ 对 θ 的导数存在时，可用求导的方法获得 θ 的极大似然估计。首先求似然函数的对数，得到对数似然函数 $l(\theta) = \ln L(\theta)$，假定 θ 有 k 个分量，则将对数似然函数对 θ 的每一个分量求导并令其为 0，得到似然方程组 $\frac{\partial l(\theta)}{\partial \theta_i} = 0$，$i = 1$，2，$\cdots$，$k$，解该似然方程组得到其解，并经过验证，可以获得 θ 的极大似然估计。

极大似然估计的不变原则：如果 $\hat{\theta}$ 是 θ 的极大似然估计，$g(\theta)$ 是 θ 的连续函数，则 $g(\hat{\theta})$ 是 $g(\theta)$ 的极大似然估计。

【例 7-37】 一批产品的不合格品率为 p，现从中随机抽取 100 个产品，得 8 个不合格品。试用极大似然估计方法估计不合格品率。

解：用 X 表示抽取的产品中的不合格品数，则 $X \sim b(1, p)$，即 $P(X=1) = p$，$P(X=0) = 1-p$，或写成

$$P(X=x) = p^x (1-p)^{1-x}, \quad x = 0, 1$$

现在从中获得了一个容量为 $n = 100$ 的样本，则似然函数为

$$L(p) = \prod_{i=1}^{n} P(X_i = x_i) = p^{\sum_{i=1}^{n} x_i} (1-p)^{n - \sum_{i=1}^{n} x_i} = p^{n\bar{x}} (1-p)^{n - n\bar{x}}$$

取对数：

$$l(p) = \ln[L(p)] = n\bar{x} \ln p + (n - n\bar{x}) \ln(1-p)$$

将 $l(p)$ 对 p 求导，得到似然方程为

$$\frac{n\bar{x}}{p} - \frac{n - n\bar{x}}{1-p} = 0$$

解方程得到 $\hat{p} = \bar{x}$，经过验证，它使似然函数达到最大，所以 p 的极大似然估计为样本均值。

再将样本观察值代入求值：100 个产品中有 8 个不合格品，即在 x_1，x_2，$\cdots$，x_n 中 8 个取 1，其余取 0，故 $\bar{x} = 8/100 = 0.08$，所以 p 的极大似然估计值 $\hat{p} = \bar{x} = 0.08$。

【例 7-38】 设总体 X 服从 $N(\mu, \sigma^2)$，从中获得容量为 n 的样本 x_1，x_2，$\cdots$，x_{100}，试求 μ 与 σ^2 的极大似然估计。

解：似然函数为

$$L(\mu, \sigma^2) = \prod_{i=1}^{n} \frac{1}{\sigma \sqrt{2\pi}} \exp\left\{ -\frac{(x_i - \mu)^2}{2\sigma^2} \right\} = \left(\frac{1}{\sigma \sqrt{2\pi}} \right)^n \exp\left\{ -\frac{\sum_{i=1}^{n} (x_i - \mu)^2}{2\sigma^2} \right\}$$

对数似然函数为

$$l(\mu, \sigma^2) = -\frac{n}{2} \ln(2\pi) - \frac{n}{2} \ln(\sigma^2) - \frac{\sum_{i=1}^{n} (x_i - \mu)^2}{2\sigma^2}$$

似然方程组为

$$\begin{cases} \dfrac{\partial l}{\partial \mu} = \dfrac{1}{\sigma^2} \sum_{i=1}^{n} (x_i - \mu) \\ \dfrac{\partial l}{\partial \sigma^2} = -\dfrac{n}{2\sigma^2} + \dfrac{1}{2\sigma^4} \sum_{i=1}^{n} (x_i - \mu)^2 \end{cases}$$

解方程组得到

$$\hat{\mu} = \bar{x}, \hat{\sigma}^2 = \frac{1}{n} \sum_{i=1}^{n} (x_i - \bar{x})^2$$

经过验证，它使似然函数达到最大，故它们是极大似然估计。

由此，还可以得到 σ 的极大似然估计，因为 $\sigma = \sqrt{\sigma^2}$，因此有 $\hat{\sigma} = \sqrt{\dfrac{1}{n} \sum_{i=1}^{n} (x_i - \bar{x})^2}$。

7.4.2 区间估计概述

1. 区间估计的概念

参数估计有两种形式，当获得一个具体的样本后，上面叙述的点估计仅仅给出参数一个具体的估计值，但是没有给出估计的精度，为此又提出了区间估计的概念。

设 θ 是总体的一个待估参数，其一切可能取值组成的参数空间为 Θ，从总体中获得容量为 n 的样本是 $x_1, x_2, \cdots, x_n$，对于给定的 $\alpha(0<\alpha<1)$，确定两个统计量：

$$\theta_L = \theta_L(x_1, x_2, \cdots, x_n), \theta_U = \theta_U(x_1, x_2, \cdots, x_n)$$

若对任意 $\theta \in \Theta$ 有 $P(\theta_L \leq \theta \leq \theta_U) \geq 1-\alpha$，则称随机区间 $[\theta_L, \theta_U]$ 是 θ 的置信水平为 $1-\alpha$ 的置信区间，也简称 $[\theta_L, \theta_U]$ 是 θ 的 $1-\alpha$ 置信区间，θ_L 与 θ_U 分别称为 $1-\alpha$ 的置信下限与置信上限。

$1-\alpha$ 置信区间的含义是：所构造的一个随机区间 $[\theta_L, \theta_U]$ 能盖住未知参数 θ 的概率为 $1-\alpha$。由于这个随机区间会随样本观察值的不同而不同，它有时盖住了参数 θ，有时没有盖住 θ，但是用这种方法作区间估计时，100 次中大约有 100（1-α）个区间能盖住未知参数 θ。图 4-40 中，每一条竖线表示由容量为 4 的样本按给定的 $\theta_L = \theta_L(x_1, x_2, \cdots, x_n)$ 与 $\theta_U = \theta_U(x_1, x_2, \cdots, x_n)$ 求得的一个区间。重复抽取 100 个样本，就得到 100 个这样的区间。如图 7-40a 所示，100 个区间有 51 个包含真实参数 $\theta = 50000$，这对 50% 的置信区间来说是一个合理的偏离。如图 7-40b 所示，100 个区间有 90 个包含真实参数 $\theta = 50000$，这与 90% 的置信区间一致。

如果 $P(\theta<\theta_L) = P(\theta>\theta_U) = \alpha/2$，则称这种置信区间为等尾置信区间。

下面我们讨论正态总体参数的置信区间及比例 p 的置信区间。

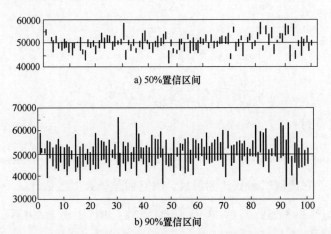

图 7-40　从 $N(50000, 5000^2)$ 总体中随机取出的 100 个容量为 4 的样本求得的置信区间

2. 正态总体参数的置信区间

1) 设总体分布为 $N(\mu, \sigma^2)$，从总体中抽取的样本为 $x_1, x_2, \cdots, x_n$，样本均值为 $\bar{x}$，样本方差为 s^2，样本标准差为 s。

① 总体均值 μ 的置信区间的求法：μ 的估计一般用样本均值 $\bar{x}$ 从 $\bar{x}$ 的分布来构造置信区间。

当总体标准差 σ 已知时，利用正态分布可得 μ 的 $1-\alpha$ 置信区间为

$$\bar{x} - z_{1-\alpha/2}\sigma/\sqrt{n} \leqslant \mu \leqslant \bar{x} + z_{1-\alpha/2}\sigma/\sqrt{n} \tag{7-32}$$

今后记为 $\bar{x} \pm z_{1-\alpha/2}\dfrac{\sigma}{\sqrt{n}}$，其中 $z_{1-\alpha/2}$ 是标准正态分布的 $1-\alpha/2$ 分位数。

当总体标准差 σ 未知时，σ 用其估计 s 代替，用 t 分布可以得到 μ 的 $1-\alpha$ 置信区间为 $\bar{x} \pm t_{\alpha/2}(n-1)\dfrac{s}{\sqrt{n}}$。

② 总体方差 σ^2 与标准差 σ 的置信区间的求法：σ^2 的估计常用样本方差 s^2，因此从 s^2 的分布来构造置信区间。利用 $\chi^2(n-1)$ 分布可以得到 σ^2 的 $1-\alpha$ 置信区间为

$$\left[\frac{(n-1)s^2}{\chi^2_{\alpha/2}(n-1)}, \frac{(n-1)s^2}{\chi^2_{1-\alpha/2}(n-1)}\right] \tag{7-33}$$

两边开方，可得 σ 的 $1-\alpha$ 置信区间为

$$\left[\frac{s\sqrt{n-1}}{\sqrt{\chi^2_{\alpha/2}(n-1)}}, \frac{s\sqrt{n-1}}{\sqrt{\chi^2_{1-\alpha/2}(n-1)}}\right] \tag{7-34}$$

以上讨论的总结见表 7-13。

表 7-13　一个正态总体均值、方差、标准差的 $1-\alpha$ 置信区间

参数	条件	$1-\alpha$ 置信区间
μ	σ 已知	$\bar{x} \pm z_{1-\alpha/2} \dfrac{\sigma}{\sqrt{n}}$
μ	σ 未知	$\bar{x} \pm t_{\alpha/2}(n-1) \dfrac{s}{\sqrt{n}}$
σ^2	μ 未知	$\left[\dfrac{(n-1)s^2}{\chi^2_{\alpha/2}(n-1)}, \dfrac{(n-1)s^2}{\chi^2_{1-\alpha/2}(n-1)} \right]$
σ	μ 未知	$\left[\dfrac{s\sqrt{n-1}}{\sqrt{\chi^2_{\alpha/2}(n-1)}}, \dfrac{s\sqrt{n-1}}{\sqrt{\chi^2_{1-\alpha/2}(n-1)}} \right]$

【例 7-39】 某溶液中的甲醛浓度服从正态分布，从中抽取了容量为 4 的样本，求得 $\bar{x} = 8.34$（%），样本标准差为 $s = 0.03$（%），分别求正态均值 μ 及标准差 σ 的 95% 的置信区间。

解：先求正态均值 μ 的置信区间，由于 σ 未知，故采用 t 分布来求。

$\bar{x} = 8.34$（%），$s = 0.03$（%），又 $n = 4$，$\alpha = 0.05$，查表得 $t_{\alpha/2}(n-1) = t_{0.025}(3) = 3.1824$，从而正态均值 μ 的 95% 置信区间为

$$\bar{x} \pm t_{\alpha/2}(n-1) \frac{s}{\sqrt{n}} = 8.34 \pm 3.1824 \times \frac{0.03}{\sqrt{4}} = 8.34 \pm 0.048 = [8.292, 8.388]$$

再求 σ 的置信区间。由 $n = 4$，$\alpha = 0.05$，查表得 $\chi^2_{0.975}(3) = 0.216$，$\chi^2_{0.025}(3) = 9.348$，则正态标准差 σ 的 95% 置信区间为

$$\left[\frac{s\sqrt{n-1}}{\sqrt{\chi^2_{\alpha/2}(n-1)}}, \frac{s\sqrt{n-1}}{\sqrt{\chi^2_{1-\alpha/2}(n-1)}} \right] = \left[\frac{0.03\sqrt{4-1}}{\sqrt{9.348}}, \frac{0.03\sqrt{4-1}}{\sqrt{0.216}} \right] = [0.017, 0.112]$$

【例 7-40】 设一个物体的重量 μ 未知，为估计其重量，可以用天平去称，所得称重（测量值）与实际重量间是有误差的，因此所得的称重是一个随机变量，通常服从正态分布。如果已知称重的误差的标准差为 0.1 克（这是根据天平的精度给出的），为使 μ 的 95% 置信区间的长度不超过 0.1，那么至少应该称多少次？

解：这是求样本容量的问题。在 σ 已知时，μ 的 95% 置信区间为

$$\bar{x} \pm z_{1-\alpha/2} \frac{\sigma}{\sqrt{n}}$$

其中 $z_{1-\alpha/2} = z_{0.975} = 1.96$ 置信区间的长度是

$$2 z_{\alpha/2} \frac{\sigma}{\sqrt{n}} = 2 \times 1.96 \times 0.1 / \sqrt{n} = 0.392 / \sqrt{n}$$

为使它不超过 0.1，可解不等式 $0.392/\sqrt{n} \leq 0.1$ 得 $n \geq 15.3664$，即至少应称 16 次。

2) 设有两个独立总体，$X \sim N(\mu_1, \sigma_1^2)$，$Y \sim N(\mu_2, \sigma_2^2)$，从总体 X 中抽取的样本为 $x_1, x_2, \cdots, x_n$，样本均值为 $\bar{x}$，样本方差为 s_x^2，样本标准差为 s_x，从总体 Y 中抽取的样本为 $y_1, y_2, \cdots, y_m$，样本均值为 $\bar{y}$，样本方差为 s_y^2，样本标准差为 s_y。

① 两个总体均值差 $\mu_1 - \mu_2$ 的置信区间的求法：$\mu_1 - \mu_2$ 的估计常用 $\bar{x} - \bar{y}$，因此从 $\bar{x} - \bar{y}$ 去构造置信区间。当 σ_1 和 σ_2 已知时，利用正态分布可得 $\mu_1 - \mu_2$ 的 $1-\alpha$ 置信区间为

$$\bar{x} - \bar{y} \pm z_{1-\alpha/2} \sqrt{\frac{\sigma_1^2}{n} + \frac{\sigma_2^2}{m}} \tag{7-35}$$

当 σ_1 和 σ_2 未知，但 $\sigma_1 = \sigma_2$ 时，利用 t 分布得到 $\mu_1 - \mu_2$ 的 $1-\alpha$ 置信区间为

$$\bar{x} - \bar{y} \pm t_{\alpha/2}(n+m-2) s_w \sqrt{\frac{1}{n} + \frac{1}{m}} \tag{7-36}$$

其中 $s_w^2 = \dfrac{(n-1)s_x^2 + (m-1)s_y^2}{n+m-2}$。

当 σ_1 和 σ_2 未知，且 n 和 m 充分大，那么利用近似正态分布，得到 $\mu_1 - \mu_2$ 的 $1-\alpha$ 置信区间为

$$\bar{x} - \bar{y} \pm z_{1-\alpha/2} \sqrt{\frac{s_x^2}{n} + \frac{s_y^2}{m}} \tag{7-37}$$

② 两个总体方差比 σ_1^2/σ_2^2 的置信区间的求法：σ_1^2/σ_2^2 的估计通常用 s_x^2/s_y^2，由此来获得置信区间。利用 F 分布可得 σ_1^2/σ_2^2 的 $1-\alpha$ 置信区间为

$$\left[\frac{s_X^2}{s_Y^2} \cdot \frac{1}{F_{\alpha/2}(n-1, m-1)}, \frac{s_X^2}{s_Y^2} \cdot \frac{1}{F_{1-\alpha/2}(n-1, m-1)} \right] \tag{7-38}$$

$F_\alpha(f_1, f_2) = \dfrac{1}{F_{1-\alpha}(f_2, f_1)}$，两边开方，可得 σ_1/σ_2 的 $1-\alpha$ 置信区间为

$$\left[\frac{s_X}{s_Y} \cdot \frac{1}{\sqrt{F_{\alpha/2}(n-1, m-1)}}, \frac{s_X}{s_Y} \cdot \frac{1}{\sqrt{F_{1-\alpha/2}(n-1, m-1)}} \right] \tag{7-39}$$

以上讨论的总结见表 7-14。

表 7-14 两个正态分布均值差、方差比、标准差比的 $1-\alpha$ 置信区间

参数	条件	$1-\alpha$ 置信区间
$\mu_1 - \mu_2$	σ_1 和 σ_2 已知	$\bar{x} - \bar{y} \pm z_{1-\alpha/2} \sqrt{\dfrac{\sigma_1^2}{n} + \dfrac{\sigma_2^2}{m}}$
$\mu_1 - \mu_2$	$\sigma_1 = \sigma_2$ 未知	$\bar{x} - \bar{y} \pm t_{1-\alpha/2}(n+m-2) s_w \sqrt{\dfrac{1}{n} + \dfrac{1}{m}}$

（续）

参数	条件	$1-\alpha$ 置信区间
$\mu_1-\mu_2$	σ_1 和 σ_2 未知;n 和 m 充分大	$\bar{x}-\bar{y}\pm z_{1-\alpha/2}\sqrt{\dfrac{s_x^2}{n}+\dfrac{s_y^2}{m}}$
$\dfrac{\sigma_1^2}{\sigma_2^2}$	μ_1 和 μ_2 未知	$\left[\dfrac{s_X^2}{s_Y^2}\cdot\dfrac{1}{F_{\alpha/2}(n-1,m-1)},\dfrac{s_X^2}{s_Y^2}\cdot\dfrac{1}{F_{1-\alpha/2}(n-1,m-1)}\right]$
$\dfrac{\sigma_1}{\sigma_2}$	μ_1 和 μ_2 未知	$\left[\dfrac{s_X}{s_Y}\cdot\dfrac{1}{\sqrt{F_{\alpha/2}(n-1,m-1)}},\dfrac{s_X}{s_Y}\cdot\dfrac{1}{\sqrt{F_{1-\alpha/2}(n-1,m-1)}}\right]$

【例 7-41】 某厂有两条流水线生产番茄酱小包装，甲流水线上所装番茄酱的重量服从 $N(\mu_X,\sigma_X^2)$，乙流水线上所装番茄酱的重量服从 $N(\mu_Y,\sigma_Y^2)$。现从两条流水线上分别抽取了一个样本，并求得：

甲：$n=6$，$\bar{x}=10.6$，$s_x^2=0.0125$。

乙：$m=7$，$\bar{y}=10.1$，$s_y^2=0.01$。

其中 $s_w^2=\dfrac{(n-1)s_x^2+(m-1)s_y^2}{n+m-2}$。

先求 σ_X/σ_Y 的 90% 置信区间。若该区间包含 1，则可以认为两个总体的方差相等，在此条件下再求 $\mu_X-\mu_Y$ 的 90% 置信区间。

解： 由查表知 $F_{0.05}(5,6)=4.39$，$F_{0.95}(5,6)=1/F_{0.05}(6,5)=1/4.95$，则由样本得

$$\left[\frac{s_X}{s_Y}\cdot\frac{1}{\sqrt{F_{\alpha/2}(n-1,m-1)}},\frac{s_X}{s_Y}\cdot\frac{1}{\sqrt{F_{1-\alpha/2}(n-1,m-1)}}\right]$$

$$=\left[\frac{\sqrt{0.0125}}{\sqrt{0.01}}\cdot\frac{1}{\sqrt{4.39}},\frac{\sqrt{0.0125}}{\sqrt{0.01}}\cdot\frac{1}{\sqrt{1/4.95}}\right]$$

$$=[0.5336,2.4875]$$

因此得到的 90% 置信区间为 [0.5336，2.4875]。

由于上述区间包含 1，所以可以认为 $\sigma_X=\sigma_Y$，在假定两个正态总体方差相等的条件下，求 $\mu_X-\mu_Y$ 的 90% 置信区间。用 t 分布查表有 $t_{0.05}(6+7-2)=t_{0.05}(11)=1.7959$，根据样本观察值有

$$\bar{x}-\bar{y}=0.5$$

$$s_w^2=\frac{5\times0.0125+6\times0.01}{11}=0.01114,s_w=0.1055$$

再由

$$\bar{x}-\bar{y}\pm t_{\alpha/2}(n+m-2)s_w\sqrt{\frac{1}{n}+\frac{1}{m}}$$

$$=0.5\pm 1.7959\times 0.1055\times\sqrt{1/6+1/7}$$

$$=0.5\pm 0.1054$$

可得 $\mu_X-\mu_Y$ 的 90% 置信区间为 [0.3946, 0.6054]。

3. 比例 p 的置信区间

仅给出大样本场合的结果。

设总体 $X\sim b(1,p)$，样本为 $x_1, x_2, \cdots, x_n$，样本之和为 k，样本均值为 $\bar{x}=k/n$，这便是 p 的点估计。在样本容量 n 较大时，由于 $\bar{x}$ 的近似分布为 $N(p, p(1-p)/n)$，因此 p 的 $1-\alpha$ 置信区间为

$$\bar{x}\pm z_{1-\alpha/2}\sqrt{\bar{x}(1-\bar{x})/n} \tag{7-40}$$

其中 $z_{1-\alpha/2}$ 是标准正态分布的 $1-\alpha/2$ 分位数。

【例 7-42】 在某电视节目的收视率调查中，调查了 400 人，其中 100 人收看了该节目，试对该节目收视率 p 作置信水平为 0.95 的区间估计。

解： $n=400$，$\bar{x}=100/400=0.25$，在 $\alpha=0.05$ 时，$z_{0.975}=1.96$，由此得 p 的置信水平 0.95 的置信区间为 $\bar{x}\pm z_{0.975}\sqrt{\bar{x}(1-\bar{x})/n}=0.25\pm 1.96\times\sqrt{0.25\times(1-0.25)/400}=0.25\pm 0.0424$，即 [0.2076, 0.2924]。

7.5 假设检验

7.5.1 假设检验的基本概念

假设检验是统计推断的另一个重要方面。为了说明其基本想法先看一个例子。

【例 7-43】 某厂生产的化纤纤度服从正态分布 $N(\mu, 0.04^2)$，从某天生产的化纤中随机抽取 25 根，测得纤度的平均值是 $\bar{x}=1.38$，这与原设计的均值 1.40 有无显著差异？

对这一问题，我们可以建立两个命题：若与原设计值一致，那么 $\mu=1.40$；若不一致，那么 $\mu\neq 1.40$。在假设检验中称它们为假设，前一个为原假设，记为 H_0，后一个称为备择假设，记为 H_1，即

$$H_0: \mu=1.40, \quad H_1: \mu\neq 1.40$$

我们的问题就是要根据样本的观察值去判断 H_0 是否为真。

由于通常用 $\bar{x}$ 估计 μ，因此当原假设为真时，$\bar{x}$ 与 1.40 不应该相差过大，而当备择假设为真时，两者相差应该比较大。所以可以给出一个临界值 c，当 $|\bar{x}-1.40|>c$ 时认为原假设不真，称为拒绝原假设，并称满足 $|\bar{x}-1.40|>c$ 的样本点组成的空间为拒绝域。

那么临界值 c 如何决定呢？由于样本的随机性，即使原假设为真，但是样本仍然可能落在拒绝域中，这时便犯了错误，通常我们控制犯这类错误的概率不超过 α，称 α 为显著性水平。现在要求在 $\mu=1.40$ 时，使 $P(|\bar{x}-1.40|>c)\leqslant\alpha$，在连续分布场合，通常取 $\alpha=0.05$。由于在 $\mu=1.40$ 时，$\bar{x}\sim N(1.40,\ 0.04^2/n)$，因此

$$P(|\bar{x}-1.40|>c)=P(\bar{x}-1.40<-c)+P(\bar{x}-1.40>c)$$

$$=\Phi\left(\frac{-c}{0.04/\sqrt{n}}\right)+1-\Phi\left(\frac{c}{0.04/\sqrt{n}}\right)$$

$$=2\left[1-\Phi\left(\frac{c}{0.04/\sqrt{n}}\right)\right]=\alpha$$

从而 $\Phi\left(\dfrac{c}{0.04/\sqrt{n}}\right)=1-\alpha/2$，若记 $z_{1-\alpha/2}$ 为 $N(0,\ 1)$ 分布的 $1-\alpha/2$ 分位数，那么 $\dfrac{c}{0.04/\sqrt{n}}=z_{1-\alpha/2}$，即 $c=z_{1-\alpha/2}\times 0.04/\sqrt{n}$。

若记 $z=\dfrac{\bar{x}-\mu_0}{\sigma/\sqrt{n}}$（在本例中 $\mu_0=1.40$，$\sigma=0.04$），那么也可以把拒绝域表示为满足 $|z|>z_{1-\alpha/2}$ 的全部样本点，记为 $\{|z|\geqslant z_{1-\alpha/2}\}$。

在本例中，若取 $\alpha=0.05$，那么 $z_{1-\alpha/2}=1.96$，则拒绝域为 $\{|z|\geqslant 1.96\}$。现在 $n=25$，$\bar{x}=1.38$，所以求得 $z=\dfrac{1.38-1.40}{0.04/\sqrt{25}}=-2.50$。由于 $|z|>1.96$，故样本落在拒绝域中，所以拒绝原假设，认为在显著性水平 0.05 上与原设计的均值 1.40 有显著差异。这里看来 1.38 与 1.40 相差无几，但是由于分布的标准差很小，所以结论是有明显的差异。

7.5.2 假设检验的基本步骤

例 7-43 是进行假设检验的一个全过程。综上可以把假设检验的步骤归纳为以下 5 点。

1. 建立假设

假设检验的第一步便是建立假设，通常需要建立两个假设：原假设 H_0 和备择假设 H_1。

在对总体均值进行检验时，有三类假设：

1) $H_0: \mu=\mu_0$（或 $\mu\leqslant\mu_0$），$H_1: \mu>\mu_0$。
2) $H_0: \mu=\mu_0$（或 $\mu\geqslant\mu_0$），$H_1: \mu<\mu_0$。
3) $H_0: \mu=\mu_0$，$H_1: \mu\neq\mu_0$。

称前两个为单边假设检验，第三个为双边假设检验。

譬如在例 7-43 中用的是双边检验 $H_0: \mu=1.40$，$H_1: \mu\neq 1.40$。如果一个钢厂

为提高钢的强度进行工艺改革，原来钢材的强度均值为 μ_0，那么改革后的强度是否比原来有所提高？这时要用单边检验，则假设可以这样来建立：$H_0: \mu = \mu_0$，$H_1: \mu > \mu_0$。

假设检验的任务便是根据样本 $x_1, x_2, \cdots, x_n$ 来判断原假设是否为真。

2. 寻找检验统计量 T，确定拒绝域的形式

若对总体的均值进行检验，那么我们将从样本均值 $\bar{x}$ 引出检验统计量；若对正态总体的方差进行检验，我们将从样本方差 s^2 引出检验统计量。

根据统计量的值把整个样本空间分成两个部分：拒绝域 W 与接受域 A。当样本落在拒绝域中就拒绝原假设，否则就保留原假设。所以在假设检验中我们必须找出拒绝域。

根据备择假设的不同，拒绝域可以是双边的也可以是单边的。如例 7-43 中选择的检验统计量是 $z = \dfrac{\bar{x} - \mu_0}{\sigma/\sqrt{n}}$，由于备择假设是 $\mu \neq \mu_0$，从而当 $|z|$ 较大时拒绝原假设，因此拒绝域是双边的，即 $\{|z| \geq z_{1-\alpha/2}\}$。如果备择假设为 $\mu > \mu_0$，那么根据直观的想法，当 $\bar{x}$ 比 μ_0 大得多时拒绝原假设，因此取拒绝域为 $z > c$ 是合适的，当然临界值 c 应根据允许犯错误的概率来确定。

3. 给出显著性水平 α

在对原假设的真伪进行判断时，由于样本的随机性可能产生两类错误。第一类错误是原假设为真，由于样本的随机性，使样本观察值落在拒绝域 W 中，从而作出拒绝原假设的决定，这类错误称为第一类错误，其发生的概率称为犯第一类错误的概率，也称为拒真概率，记为 α，即 $P_{H_0}(W) = \alpha$。第二类错误是原假设为假，由于样本的随机性，使样本观察值落在接受域 A 中，从而作出保留原假设的决定，这类错误称为第二类错误，其发生的概率称为犯第二类错误的概率，也称为取伪概率，记为 β，即 $P_{H_1}(A) = \beta$。

若要求犯第一类错误的概率不超过 α，由此给出的检验称为水平为 α 的检验，称 α 为显著性水平。为使犯第二类错误的概率不过大，常取 α 为 0.05、0.10 等。

4. 给出临界值，确定拒绝域

有了显著性水平 α 后，可以根据给定的检验统计量的分布，查表得到临界值，从而确定具体的拒绝域。在例 7-43 中给定 $\alpha = 0.05$，从而得到拒绝域为 $\{|z| \geq 1.96\}$。

5. 根据样本观察值计算检验统计量的观察值，根据观察值是否落在拒绝域中作出判断

当它落在拒绝域中就作出拒绝原假设的结论，否则就作出保留原假设的结论。在例 7-43 中，根据样本的观察值求得 $z = -2.50$，样本落在拒绝域中，所以在显著性水平 0.05 上认为与原设计的均值 1.40 有显著差异。

7.5.3 有关正态总体参数的假设检验

下面主要在正态分布场合来讨论参数的检验问题。

1) 设分布总体为 $N(\mu, \sigma^2)$，从总体中抽取的样本为 $x_1, x_2, \cdots, x_n$，样本均值为 $\bar{x}$，样本的方差为 s^2，样本的标准差为 s。

① 关于 μ 的显著性水平为 α 的检验。

当 σ 已知时，可以采用 $z = \dfrac{\bar{x} - \mu_0}{\sigma/\sqrt{n}}$ 作为检验统计量，在不同的检验问题中拒绝域按如下方法确定：

若原假设和备择假设为 $H_0: \mu \leq \mu_0$（或 $\mu = \mu_0$），$H_1: \mu > \mu_0$，那么拒绝域为 $\{z > z_{1-\alpha}\}$。

若原假设和备择假设为 $H_0: \mu \geq \mu_0$（或 $\mu = \mu_0$），$H_1: \mu < \mu_0$，那么拒绝域为 $\{z \leq z_\alpha\}$。

若原假设和备择假设为 $H_0: \mu = \mu_0$，$H_1: \mu \neq \mu_0$，那么拒绝域为 $\{z \geq z_{1-\alpha/2}\}$。上面的例 7-43 便是这种情况。

各个检验问题的拒绝域如图 7-41 所示。

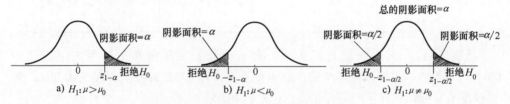

图 7-41　备择假设、拒绝域和显著性水平

注：图中曲线为 $N(0, 1)$ 的密度函数曲线。

当 σ 未知时，可以用 σ 的估计代替，采用检验统计量 $t = \dfrac{\bar{x} - \mu_0}{s/\sqrt{n}}$，相应于上述三个检验问题的拒绝域改用 t 分布获得，分别为

$$\{t \geq t_\alpha(n-1)\}, \quad \{t \leq t_{1-\alpha}(n-1)\}, \quad \{|t| \geq t_{\alpha/2}(n-1)\}$$

② 关于 σ^2 的显著性水平为 α 的检验。

可以采用检验统计量 $\chi^2 = \dfrac{(n-1)s^2}{\sigma_0^2}$，在不同的检验问题中拒绝域按如下方法确定：

若原假设和备择假设为 $H_0: \sigma^2 \leq \sigma_0^2$（或 $\sigma^2 = \sigma_0^2$），$H_1: \sigma^2 > \sigma_0^2$，那么拒绝域为 $\{\chi^2 \geq \chi_\alpha^2(n-1)\}$。

若原假设和备择假设为 $H_0: \sigma^2 \geq \sigma_0^2$（或 $\sigma^2 = \sigma_0^2$），$H_1: \sigma^2 < \sigma_0^2$，那么拒绝域

为 $\{\chi^2 \leq \chi^2_{1-\alpha}(n-1)\}$。

若原假设和备择假设为 $H_0: \sigma^2 = \sigma_0^2$, $H_1: \sigma^2 \neq \sigma_0^2$, 那么拒绝域为 $\{\chi^2 \leq \chi^2_{1-\alpha/2}(n-1)$ 或 $\chi^2 \geq \chi^2_{\alpha/2}(n-1)\}$。

将上述结果列入表 7-15 中以便查用。通常将用 $u(t, \chi^2)$ 作检验统计量的检验称为 $u(t, \chi^2)$ 检验。

表 7-15 一个正态总体均值、方差的显著性水平为 α 的检验

检验法	条件	H_0	H_1	检验统计量	拒绝域
z 检验	σ 已知	$\mu \leq \mu_0$	$\mu > \mu_0$	$z = \dfrac{\bar{x} - \mu_0}{\sigma/\sqrt{n}}$	$\{z \geq z_{1-\alpha}\}$
		$\mu \geq \mu_0$	$\mu < \mu_0$		$\{z \leq z_\alpha\}$
		$\mu = \mu_0$	$\mu \neq \mu_0$		$\{|z| \geq z_{1-\alpha/2}\}$
t 检验	σ 未知	$\mu \leq \mu_0$	$\mu > \mu_0$	$t = \dfrac{\bar{x} - \mu_0}{s/\sqrt{n}}$	$\{t \geq t_\alpha(n-1)\}$
		$\mu \geq \mu_0$	$\mu < \mu_0$		$\{t \leq t_{1-\alpha}(n-1)\}$
		$\mu = \mu_0$	$\mu \neq \mu_0$		$\{|t| \geq t_{\alpha/2}(n-1)\}$
χ^2 检验	μ 未知	$\sigma^2 \leq \sigma_0^2$	$\sigma^2 > \sigma_0^2$	$\chi^2 = \dfrac{(n-1)s^2}{\sigma_0^2}$	$\{\chi^2 \geq \chi^2_\alpha(n-1)\}$
		$\sigma^2 \geq \sigma_0^2$	$\sigma^2 < \sigma_0^2$		$\{\chi^2 \leq \chi^2_{1-\alpha}(n-1)\}$
		$\sigma^2 = \sigma_0^2$	$\sigma^2 \neq \sigma_0^2$		$\{\chi^2 \leq \chi^2_{1-\alpha/2}(n-1)$ 或 $\chi^2 \geq \chi^2_{\alpha/2}(n-1)\}$

【例 7-44】 某电工器材厂生产一种云母带,其厚度在正常生产下服从 $N(0.13, 0.015^2)$。某日在生产的产品中抽查了 10 次,发现平均厚度为 0.136,如果标准差不变,试问生产是否正常?(取 $\alpha = 0.05$)

解: 1)建立假设:$H_0: \mu = 0.13$, $H_1: \mu \neq 0.13$。

2)由于 σ 已知,故选用 z 检验。

3)根据显著性水平 $\alpha = 0.05$ 及备择假设知拒绝域为 $\{|z| \geq z_{1-\alpha/2}\} = \{|z| \geq 1.96\}$。

4)由样本观察值求得

$$z = \frac{\bar{x} - 0.13}{0.015/\sqrt{10}} = \frac{0.136 - 0.13}{0.015/\sqrt{10}} = 1.26$$

由于样本观察值未落在拒绝域中,所以不能拒绝原假设,可以认为该天生产正常。

【例 7-45】 根据某地环境保护法规规定,倾入河流的废水中一种有毒化学物质的含量不得超过 3ppm。已知废水中该有毒化学物质的含量 X 服从正态分布。该地区环保组织对沿河的一个工厂进行检查,测定每日倾入河流的废水中该物质的含量,15 天的记录为

3.1 3.2 3.3 2.9 3.5 3.4 2.5 4.3 2.9 3.6 3.2 3.0 2.7 3.5 2.9

试在 $\alpha=0.05$ 水平上判断该厂是否符合环保规定。

解：1）如果符合环保规定，那么 μ 应该不超过 3ppm，不符合的话应该大于 3ppm，所以建立如下假设：$H_0:\mu\leq 3$，$H_1:\mu>3$。

2）由于 σ 未知，故选用 t 检验。

3）根据显著性水平 $\alpha=0.05$ 及备择假设知拒绝域为 $\{t\geq t_\alpha(n-1)\}=\{t\geq 1.7613\}$，这里 $n=15$。

4）根据样本观察值求得 $\bar{x}=3.2$，$s=0.436$，因而有 $t=\dfrac{3.2-3}{0.436/\sqrt{15}}=1.7766$。由于它大于 1.7613，所以样本观察值落在拒绝域中，因此在 $\alpha=0.05$ 水平上拒绝原假设，认为该厂不符合环保规定，应该采取措施来降低废水中该种有毒化学物质的含量。

【例 7-46】 某种导线的电阻服从 $N(\mu,\sigma^2)$，μ 未知，其中一个质量指标为电阻标准差不得超过 0.005Ω。现从一批导线中随机抽取了 9 根，测得样本的标准差为 $s=0.0066$，试问在 $\alpha=0.05$ 水平上能否认为该批导线电阻波动合格？

解：1）建立假设：$H_0:\sigma\leq 0.005$，$H_1:\sigma>0.005$。

2）由于 μ 未知，故选用 χ^2 检验。

3）根据显著性水平 $\alpha=0.05$ 及备择假设知拒绝域为
$$\{\chi^2\geq\chi^2_\alpha(n-1)\}=\{\chi^2\geq 15.507\}$$

4）由样本观察值求得
$$\chi^2=\dfrac{8\times 0.0066^2}{0.005^2}=13.94$$

由于样本观察值未落在拒绝域中，所以不能拒绝原假设，可以认为该批导线电阻波动合格。

2）设有两个独立总体，$X\sim N(\mu_1,\sigma_1^2)$，$Y\sim N(\mu_2,\sigma_2^2)$，从总体 X 中抽取的样本为 $x_1,x_1,\cdots,x_n$，样本均值为 $\bar{x}$，样本方差为 s_x^2，样本标准差为 s_x，从总体 Y 中抽取的样本为 $y_1,y_1,\cdots,y_m$，样本的均值为 $\bar{y}$，样本方差为 s_y^2，样本标准差为 s_y。

① 关于两个正态总体均值的显著性水平为 α 的检验。

当 σ_1 和 σ_2 已知时，可以采用检验统计量 $z=\dfrac{\bar{x}-\bar{y}}{\sqrt{\dfrac{\sigma_1^2}{n}+\dfrac{\sigma_2^2}{m}}}$。

对于检验问题 $H_0:\mu_1\leq\mu_2$（或 $\mu_1=\mu_2$），$H_1:\mu_1>\mu_2$，拒绝域为 $\{z\geq z_{1-\alpha}\}$。

对于检验问题 $H_0:\mu_1\geq\mu_2$（或 $\mu_1=\mu_2$），$H_1:\mu_1<\mu_2$，拒绝域为 $\{z\leq z_\alpha\}$。

对于检验问题 $H_0:\mu_1=\mu_2$，$H_1:\mu_1\neq\mu_2$，拒绝域为 $\{|z|\geq z_{1-\alpha/2}\}$。

当 σ_1 和 σ_2 未知，但 $\sigma_1=\sigma_2$ 时，可以采用检验统计量 $t=\dfrac{\bar{x}-\bar{y}}{s_w\sqrt{\dfrac{1}{n}+\dfrac{1}{m}}}$，上述三

个检验问题的拒绝域分别是 $\{t \geqslant t_{\alpha/2}(n+m-2)\}$，$\{t \leqslant t_{1-\alpha}(n+m-2)\}$，$\{|t| \geqslant t_{\alpha/2}(n+m-2)\}$。

当 σ_1 和 σ_2 未知，但 n 和 m 都比较大时，可以采用检验统计量 $z = \dfrac{\overline{x}-\overline{y}}{\sqrt{\dfrac{s_x^2}{n}+\dfrac{s_y^2}{m}}}$，对上述三个检验问题的拒绝域仍可以用 $N(0,1)$ 分布的分位数获得，它们分别是 $\{z \geqslant z_{1-\alpha}\}$，$\{z \leqslant z_\alpha\}$，$\{|z| \geqslant z_{1-\alpha/2}\}$。

② 关于两个正态总体方差的显著性水平为 α 的检验。

对于检验问题 $H_0: \sigma_1^2 = \sigma_2^2$，$H_1: \sigma_1^2 \neq \sigma_2^2$，可以采用检验统计量 $F = \dfrac{s_x^2}{s_y^2}$，拒绝域为

$$\{F \leqslant F_{1-\alpha/2}(n-1, m-1) \text{ 或 } F \geqslant F_{\alpha/2}(n-1, m-1)\}$$

对于检验问题 $H_0: \sigma_1^2 \leqslant \sigma_2^2$（或 $\sigma_1^2 = \sigma_2^2$），$H_1: \sigma_1^2 > \sigma_2^2$，拒绝域为 $\{F \geqslant F_\alpha(n-1, m-1)\}$。

对于检验问题 $H_0: \sigma_1^2 \geqslant \sigma_2^2$（或 $\sigma_1^2 = \sigma_2^2$），$H_1: \sigma_1^2 < \sigma_2^2$，拒绝域为 $\{F \leqslant F_{1-\alpha}(n-1, m-1)\}$。

将上述关于两个总体方差、均值的显著性水平为 α 的检验列入表 7-16。同样的，用检验统计量 $z(t、F)$ 的检验分别称为 z 检验、t 检验和 F 检验。

表 7-16　两个总体方差、均值的显著性水平为 α 的检验

检验法	条件	H_0	H_1	检验统计量	拒绝域
z 检验	σ_1 和 σ_2 已知	$\mu_1 \leqslant \mu_2$	$\mu_1 > \mu_2$	$z = \dfrac{\overline{x}-\overline{y}}{\sqrt{\dfrac{\sigma_1^2}{n}+\dfrac{\sigma_2^2}{m}}}$	$\{z \geqslant z_{1-\alpha}\}$
		$\mu_1 \geqslant \mu_2$	$\mu_1 < \mu_2$		$\{z \leqslant z_\alpha\}$
		$\mu_1 = \mu_2$	$\mu_1 \neq \mu_2$		$\{|z| \geqslant z_{1-\alpha/2}\}$
t 检验	$\sigma_1 = \sigma_2$ 未知	$\mu_1 \leqslant \mu_2$	$\mu_1 > \mu_2$	$t = \dfrac{\overline{x}-\overline{y}}{s_w\sqrt{\dfrac{1}{n}+\dfrac{1}{m}}}$	$\{t \geqslant t_\alpha(n+m-2)\}$
		$\mu_1 \geqslant \mu_2$	$\mu_1 < \mu_2$		$\{t \leqslant t_{1-\alpha}(n+m-2)\}$
		$\mu_1 = \mu_2$	$\mu_1 \neq \mu_2$		$\{|t| \geqslant t_{\alpha/2}(n+m-2)\}$
近似 z 检验	σ_1 和 σ_2 未知，n 和 m 都比较大	$\mu_1 \leqslant \mu_2$	$\mu_1 > \mu_2$	$z = \dfrac{\overline{x}-\overline{y}}{\sqrt{\dfrac{s_x^2}{n}+\dfrac{s_y^2}{m}}}$	$\{z \geqslant z_{1-\alpha}\}$
		$\mu_1 \geqslant \mu_2$	$\mu_1 < \mu_2$		$\{z \leqslant z_\alpha\}$
		$\mu_1 = \mu_2$	$\mu_1 \neq \mu_2$		$\{|z| \geqslant z_{1-\alpha/2}\}$
F 检验	μ_1 和 μ_2 未知	$\sigma_1^2 \leqslant \sigma_2^2$	$\sigma_1^2 > \sigma_2^2$	$F = \dfrac{s_x^2}{s_y^2}$	$\{F \geqslant F_\alpha(n-1, m-1)\}$
		$\sigma_1^2 \geqslant \sigma_2^2$	$\sigma_1^2 < \sigma_2^2$		$\{F \leqslant F_{1-\alpha}(n-1, m-1)\}$
		$\sigma_1^2 = \sigma_2^2$	$\sigma_1^2 \neq \sigma_2^2$		$\left\{\begin{array}{l} F \leqslant F_{1-\alpha/2}(n-1, m-1) \text{ 或} \\ F \geqslant F_{\alpha/2}(n-1, m-1) \end{array}\right\}$

【例 7-47】　某种羊毛在处理前的含脂率 $X \sim N(\mu_1, \sigma_1^2)$，处理后的含脂率 $Y \sim N$

(μ_2, σ_2^2)。从处理前后的羊毛中随机抽取 $n=10$、$m=11$ 根,测得其含脂率的均值和方差分别为

$$\bar{x}=0.273,\ s_x^2=0.0281$$
$$\bar{y}=0.133,\ s_y^2=0.00642$$

其中

$$s_w=\sqrt{\frac{(n-1)s_x^2+(m-1)s_y^2}{n+m-2}}$$

首先在 $\alpha=0.01$ 水平上检验处理前后的方差是否相等,若可以认为相等的话,再在 $\alpha=0.05$ 的水平上进一步检验处理前后的均值是否相等。

解:首先检验方差是否一致。
1) 建立假设:$H_0:\sigma_1^2=\sigma_2^2$,$H_1:\sigma_1^2\neq\sigma_2^2$。
2) 选用 F 检验。
3) 根据显著性水平 $\alpha=0.01$ 及备择假设知拒绝域为
$\{F\geq F_{\alpha/2}(n-1,m-1)$ 或 $F\leq F_{1-\alpha/2}(n-1,m-1)\}=\{F\leq 1/6.42$ 或 $F\geq 5.97\}$
4) 由样本观察值求得

$$F=\frac{s_x^2}{s_y^2}=\frac{0.0281}{0.00642}=4.38$$

由于样本观察值未落在拒绝域中,所以不能拒绝原假设,可以认为处理前后的方差相等。

再检验均值是否一致。
1) 建立假设:$H_0:\mu_1=\mu_2$,$H_1:\mu_1\neq\mu_2$。
2) 由于两总体方差相等但未知,故选用 t 检验。
3) 根据显著性水平 $\alpha=0.05$ 及备择假设知拒绝域为
$\{|t|\geq t_{\alpha/2}(n+m-2)\}=\{|t|\geq 2.09\}$
4) 由样本观察值知

$$\bar{x}-\bar{y}=0.273-0.133=0.140$$

$$s_w=\sqrt{\frac{(n-1)s_x^2+(m-1)s_y^2}{n+m-2}}=\sqrt{\frac{9\times 0.0281+10\times 0.00642}{10+11-2}}=0.1292$$

则 $t=\dfrac{\bar{x}-\bar{y}}{s_w\sqrt{\frac{1}{n}+\frac{1}{m}}}=\dfrac{0.140}{0.1292\times\sqrt{1/10+1/11}}=2.48$。由于观察值落在拒绝域中,可认为处理前后的均值不相等,处理后的含脂率比处理前要低。

3) 成对试验。在对两个总体做对比试验时,数据往往是成对出现的,这时的检验方法通过一个例子来说明。

【例 7-48】 工厂的两个实验室，每天同时从工厂的冷却水中取样，测量水中的含氯量（10^{-6}）一次，$n=11$ 天的记录见表 7-17。

表 7-17 某工厂冷水含氮量测量数据

序号 i	x_i(实验室 A)	y_i(实验室 B)	$d_i = x_i - y_i$
1	1.03	1.00	0.03
2	1.85	1.89	−0.04
3	0.74	0.90	−0.16
4	1.82	1.81	0.01
5	1.14	1.20	−0.06
6	1.65	1.70	−0.05
7	1.92	1.94	−0.02
8	1.01	1.11	−0.1
9	1.12	1.23	−0.11
10	0.90	0.97	−0.07
11	1.40	1.52	−0.12

问这两个实验室测定的结果是否存在显著性差异？

解：设 A 和 B 实验室的测量误差分别为 ξ、η，并设 ξ、η 的分布函数分别为 $F(x)$、$G(x)$。由于 $x_i = \mu_i + \xi_i$，$y_i = \mu_i + \eta_i$，选取统计量 $z_i = x_i - y_i = \mu_i + \xi_i - \mu_i - \eta_i = \xi_i - \eta_i$。

原假设与备择假设为

$$H_0: F(x) = G(x), \quad H_1: F(x) \neq G(x)$$

若 H_0 为真，则在 Z 的分布关于原点对称：

$$u_i = \begin{cases} 1, & z_i > 0 \\ 0, & \text{其他} \end{cases}$$

选取统计量 $S^+ = \sum_{i=1}^{11} u_i$，也即 S^+ 表示 $z_1, z_2, \cdots, z_{11}$ 中正数的个数。

检验值 $S^+ = 2$，检验的 p 值为

$$p = 2\min\{P(S^+ \leq 2), P(S^+ \geq 2)\} = 2\sum_{i=0}^{2}\binom{11}{i} \times 0.5^{11} = 0.0654 > 0.05$$

在显著性水平为 $\alpha = 0.05$ 时，检测值未落入拒绝域，故接受原假设，认为两个实验室的检测结果无显著性差异。

7.5.4 有关比例 p 的假设检验

1）设样本 $X_1, X_2, \cdots, X_n$ 来自二项分布总体 X，$X \sim b(1, p)$，在大样本场

合可以用近似的 z 检验。关于参数 p 的检验统计量 $z=\dfrac{\bar{x}-p_0}{\sqrt{p_0(1-p_0)/n}}$，显著性水平为 α 的拒绝域见表 7-18。

表 7-18 p 的显著性水平为 α 的检验

检验法	H_0	H_1	检验统计量	拒绝域
u 检验	$p \leqslant p_0$	$p > p_0$	$z=\dfrac{\bar{x}-p_0}{\sqrt{p_0(1-p_0)/n}}$	$\{z \geqslant z_{1-\alpha}\}$
	$p \geqslant p_0$	$p < p_0$		$\{z \leqslant z_\alpha\}$
	$p = p_0$	$p \neq p_0$		$\{|z| \geqslant z_{1-\alpha/2}\}$

【例 7-49】 某厂规定产品必须检验合格后才能出厂，其不合格品率 p_0 不得超过 5%。现从一批产品中随机抽取 50 个进行检验，发现有 4 个不合格品，问该批产品能否出厂？（取 $\alpha=0.05$）

解：① 建立假设：$H_0: p \leqslant 0.05$，$H_1: p > 0.05$。

② 因为样本容量 $n=50$，故选用近似 z 检验。

③ 根据显著性水平 $\alpha=0.05$ 及备择假设知拒绝域为 $\{z \geqslant z_{1-\alpha}\} = \{z \geqslant 1.645\}$。

④ 由样本观察值求得 $z=\dfrac{4/50-0.05}{\sqrt{0.05 \times 0.95/50}}=0.97$。

由于样本观察值未落在拒绝域中，所以不能拒绝原假设，应允许这批产品出厂。

2）设样本 $x_1, x_2, \cdots, x_n$ 来自二项分布总体 X，$X \sim b(1, p_1)$，设样本 $y_1, y_2, \cdots, y_n$ 来自二项分布总体 Y，$Y \sim b(1, p_2)$，两样本独立，要对参数 p_1 与 p_2 进行比较，记 $\hat{p}_1 = \bar{x}$，$\hat{p}_2 = \bar{y}$，$\hat{p} = \dfrac{n\hat{p}_1 + m\hat{p}_2}{n+m}$，则在大样本情况下检验的统计量为

$$z = \dfrac{\hat{p}_1 - \hat{p}_2}{\sqrt{\left(\dfrac{1}{n}+\dfrac{1}{m}\right)\hat{p}(1-\hat{p})}}$$

在不同的假设下，显著性水平为 α 的拒绝域见表 7-19。

表 7-19 两个参数的显著性水平为 α 的检验

检验法	H_0	H_1	检验统计量	拒绝域
z 检验	$p_1 \leqslant p_2$	$p_1 > p_2$	$z=\dfrac{\hat{p}_1 - \hat{p}_2}{\sqrt{\left(\dfrac{1}{n}+\dfrac{1}{m}\right)\hat{p}(1-\hat{p})}}$	$\{z \geqslant z_{1-\alpha}\}$
	$p_1 \geqslant p_2$	$p_1 < p_2$		$\{z \leqslant z_\alpha\}$
	$p_1 = p_2$	$p_1 \neq p_2$		$\{|z| \geqslant z_{1-\alpha/2}\}$

【例 7-50】 用铸造和锻造两种不同方法制造某零件，从各自制造的零件中分别随机抽取 100 个，其中铸造的有 10 个废品，锻造的有 3 个废品。在 $\alpha=0.05$ 水

平上，能否认为废品率与制造方法有关？

解：设铸造的废品率为 p_1，锻造的废品率为 p_2，此时要检验的假设为

$$H_0: p_1 = p_2, \quad H_1: p_1 \neq p_2$$

由所给出的备择假设，利用大样本的正态近似得 $\alpha = 0.05$ 水平上的拒绝域为 $\{|z| \geq 1.96\}$。

由样本数据知 $n=100$，$m=100$，$\hat{p}_1 = \frac{10}{100} = 0.10$，$\hat{p}_2 = \frac{3}{100} = 0.03$，$\hat{p} = \frac{10+3}{100+100} = 0.065$，则得 $z = \dfrac{\hat{p}_1 - \hat{p}_2}{\sqrt{\left(\dfrac{1}{n} + \dfrac{1}{m}\right)\hat{p}(1-\hat{p})}} = \dfrac{0.10 - 0.03}{\sqrt{(1/100 + 1/100) \times 0.065 \times (1-0.065)}} = 2.0078 >$

1.96，落在拒绝域中，所以在 $\alpha = 0.05$ 水平上认为废品率与制造方法有关。

7.6 回归分析

在质量管理中经常需要研究一个指标与几个变量之间的相关关系。

【例 7-51】 由专业知识知道，合金的强度 $y(\times 10^7 \text{Pa})$ 与合金中碳的含量 x（%）有关。为了生产出强度满足用户需要的合金，在冶炼时应该如何控制碳的含量？如果在冶炼过程中通过化验得知了碳的含量，能否预测这炉合金的强度？

为了解决这类问题就需要研究两个变量之间的关系。首先要收集数据，现在从生产中收集到表 7-20 所列的数据。一般情况下，我们把收集到的数据记为 (x_i, y_i)，$i = 1, 2, \cdots, n$，在本例中 $n = 12$。下面来叙述分析数据的方法。

表 7-20　数据表

序号	$x(\%)$	$y/10^7 \text{Pa}$
1	0.10	42.0
2	0.11	43.5
3	0.12	45.0
4	0.13	45.5
5	0.14	45.0
6	0.15	47.5
7	0.16	49.0
8	0.17	53.0
9	0.18	50.0
10	0.20	55.0
11	0.21	55.0
12	0.23	60.0

7.6.1 散点图的概念

为了研究两者之间存在的关系，可以画一张图，把每一对 (x,y) 看成直角坐标系中的一个点，在图中标出 n 个点，并称这张图为散点图。例 7-51 的散点图如图 7-42 所示。

如图 7-42 所示，两个变量之间确实有关，当碳的含量增加时，合金的强度也呈上升趋势。

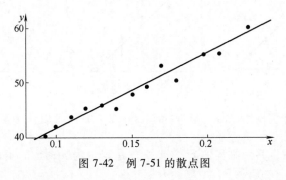

图 7-42　例 7-51 的散点图

7.6.2 相关系数的概念

如果散点图呈现如图 7-42 所示的形状，即 n 个点基本在一条直线附近，但又不完全在一条直线上，那么我们希望用一个统计量来表示它们关系的密切程度，这个量称为相关系数，记为 r，它被定义为

$$r=\frac{\sum(x_i-\bar{x})(y_i-\bar{y})}{\sqrt{\sum(x_i-\bar{x})^2 \sum(y_i-\bar{y})^2}}=\frac{L_{xy}}{\sqrt{L_{xx}L_{yy}}} \tag{7-41}$$

其中

$$\begin{aligned} L_{xy} &= \sum(x_i-\bar{x})(y_i-\bar{y}) \\ L_{xx} &= \sum(x_i-\bar{x})^2 \\ L_{yy} &= \sum(y_i-\bar{y})^2 \end{aligned} \tag{7-42}$$

可以证明 $|r| \leqslant 1$，图 7-43 便是在不同的 r 值下点的散布的示意图。

当 $r=\pm 1$ 时，n 个点在一条直线上，这时两个变量间完全线性相关。

当 $r=0$ 时，称两个变量不相关，这时散点图上 n 个点可能毫无规律，也可能两个变量间有某种曲线的趋势。

当 $r>0$ 时，称两个变量间具有正相关，这时当 x 的值增加时，y 的值也有增大的趋势。

当 $r<0$ 时，称两个变量间具有负相关，这时当 x 的值增加时，y 的值有减少的趋势。

因此可以根据 r 的绝对值的大小去判断两个变量间线性相关的程度。

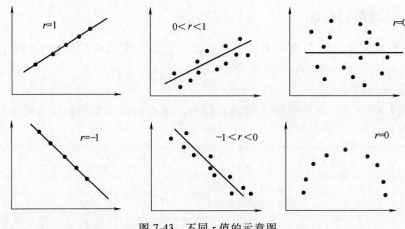

图 7-43 不同 r 值的示意图

对于给定的显著性水平 α，当 $|r| < r_{1-\frac{\alpha}{2}}(n-2)$ 时，可以认为两个变量间存在一定的线性相关关系，其中临界值 $r_{1-\frac{\alpha}{2}}(n-2)$ 是容量为 n 时 r 的 $1-\frac{\alpha}{2}$ 分位数，可以从统计表格中检索查出。

【例 7-52】 求例 7-51 的相关系数。

为了计算 r 的值，首先要计算 L_{xy}、L_{xx} 和 L_{yy}，通过代数运算，它们的值也可以用下面的公式计算：

$$L_{xy} = \sum (x_i - \bar{x})(y_i - \bar{y}) = \sum x_i y_i - T_x T_y / n$$
$$L_{xx} = \sum (x_i - \bar{x})^2 = \sum x_i^2 - T_x^2 / n$$
$$L_{yy} = \sum (y_i - \bar{y})^2 = \sum y_i^2 - T_y^2 / n \tag{7-43}$$

其中，$T_x = \sum x_i$，$T_y = \sum y_i$。因此计算步骤如下：

1) 计算变量 x、y 的数据和 T_x、T_y。

在例 7-51 中，$T_x = 1.90$，$T_y = 590.5$。

2) 计算各个变量数据的平方和及其乘积和。

在例 7-51 中，$\sum x_i^2 = 0.3194$，$\sum y_i^2 = 29392.75$，$\sum x_i y_i = 95.9250$。

3) 按式 (7-43) 计算 L_{xy}、L_{xx} 和 L_{yy}。

在例 7-52 中，$L_{xy} = 95.9250 - 1.90 \times 590.5 / 12 = 2.4292$，$L_{xx} = 0.3194 - 1.90^2 / 12 = 0.0186$，$L_{yy} = 29392.75 - 590.5^2 / 12 = 335.2292$。

4) 按式 (7-41) 计算 r 的值。

在例 7-51 中，$r = 2.4292 / \sqrt{0.0186 \times 335.2292} = 0.9728$。

从例 7-51 的数据求出的相关系数为 0.9728，这里 $n = 12$，可以查表得知，在 $\alpha = 0.05$ 时，$r_{1-\frac{\alpha}{2}}(10) = 0.576$，由于 $r > 0.576$，因此说明两个变量间具有线性相关关系。

7.6.3 一元线性回归方程

当两个变量间存在线性相关关系时，我们常常希望建立两者间的定量关系表达式，这便是两个变量间的一元线性回归方程。如图 7-42 所示，n 个点在一条直线附近波动，一元线性回归方程便是对这条直线的一种估计。

下面假定变量 x 是一般变量（称为自变量），y 是随机变量（称为因变量），对于给定的 x 的值，y 的值可能不同；变量 y 的均值是 x 的线性函数，并且波动是一致的。此外，总假定 n 组数据的收集是独立进行的，在以下的检验及计算概率时还假定 y 服从正态分布（其实在查相关系数的临界值时也需要正态的假定）。

1. 一元线性回归方程的求法

设一元线性回归方程的表达式为

$$\hat{y}=a+bx \tag{7-44}$$

现在给出了 n 对数据 (x_i, y_i)，$i=1, 2, \cdots, n$，要我们根据这些数据去估计 a 与 b。如果 a 与 b 已经估计出来，那么在给定的 x_i 值上，回归直线上对应的点的纵坐标为 $\hat{y}_i=a+bx_i$，称 $\hat{y}_i$ 为回归值。实际的观察值 $\hat{y}$ 与 $\hat{y}_i$ 之间存在偏差，我们希望求得的直线（即确定 a 与 b）使这种偏差的平方和达到最小，即要求 $\sum(\hat{y}-\hat{y}_i)^2$ 达到最小。根据微分学的原理，可以证明式 (7-44) 中的 a 与 b 可以用下式求出：

$$b=L_{xy}/L_{xx}, \quad a=\bar{y}-b\bar{x} \tag{7-45}$$

这一组解称为最小二乘估计。其中 L_{xy} 和 L_{xx} 的计算参见式 (7-43)。

综上，求一元线性回归方程的步骤如下：

1) 计算变量 x、y 的数据和 T_x、T_y。
2) 计算各个变量数据的平方和及其乘积和。
3) 按式 (7-43) 计算 L_{xy} 和 L_{xx}。
4) 按式 (7-45) 求出 b 与 a。

对于例 7-51，根据前文求出的数据，可以得到

$$b=2.4292/0.0186=130.6022$$

$$a=590.5/12-130.6022\times 1.90/12=28.5297$$

5) 写出回归方程 $\hat{y}=a+bx$。

对于例 7-51，求得的回归方程为 $\hat{y}=28.5297+130.6022x$。

由回归方程式 (7-48) 画出的回归直线通过 $(0, a)$ 与 $(\bar{x}, \bar{y})$ 两点。

2. 回归方程的显著性检验

建立回归方程的目的是表达两个具有线性相关的变量间的定量关系，因此，只有当两个变量具有线性相关关系时，所建立的回归方程才是有意义的。检验两个变量间是否存在线性相关关系的问题便是对回归方程的显著性检验问题。通常有两种检验方法。

方法之一便是前文所叙述的求两个变量间的相关系数。对于给定的显著性水平

a，当相关系数 r 的绝对值大于临界值 $r_{1-\frac{a}{2}}(n-2)$ 时，便认为两个变量间存在线性相关关系，所求得的回归方程是有意义的。

方法之二是用方差分析的方法。对给出的 n 个 y 的观察值求出其总的波动，如同方差分析中一样，用 S_T 表示总偏差平方和：$S_T = \sum (y_i - \hat{y})^2$。

造成这种波动的原因有两个：一是由于自变量 x 的取值不同，当变量 y 与 x 线性相关时，x 的变化会引起 y 的变化；另一个原因是除了自变量 x 以外的一切因素，统统归结为随机误差。可以用回归平方和 S_R 与残差平方和 S_E 分别表示由这两个原因引起的数据波动：

$$S_R = \sum (y_i - \hat{y})^2$$
$$S_E = \sum (y_i - \hat{y})^2$$

同样可以证明有平方和分解式 $S_T = S_R + S_E$。

它们的自由度也有分解式 $f_T = f_R + f_E$，其中 $f_T = n-1$，$f_R = 1$（即自变量的个数），$f_E = f_T - f_R$。

如同方差分析中一样，计算 F 比：$F = (S_R/f_R)/(S_E/f_E)$。

对于给定的显著性水平 α，当 $F > F_a(f_R, f_E)$ 时，认为回归方程是有意义的。

【例 7-53】 下面我们对例 7-51 用方差分析的方法作回归方程的显著性检验。

1）计算各类偏差平方和。通过代数运算可知

$$S_T = L_{yy}, \quad S_R = bL_{xy}, \quad S_E = S_T - S_R \tag{7-46}$$

对例 7-51 来说，由前面的计算知

$$S_T = 335.2292, \quad f_T = 11$$
$$S_R = 130.6022 \times 2.4292 = 317.2589, \quad f_R = 1$$
$$S_E = 335.2292 - 317.2589 = 17.9703, \quad f_E = 10$$

2）列方差分析表（见表 7-21）。

表 7-21 例 7-51 的方差分析表

来源	偏差平方和	自由度	均方和	F 比
回归	$S_R = 317.2589$	$f_R = 1$	317.2589	176.55
残差	$S_E = 17.9703$	$f_E = 10$	1.7970	
T	$S_T = 335.2292$	$f_T = 11$		

在 $\alpha = 0.05$ 时，$F_a(1, 10) = 4.96$，现在 $F > 4.96$，这表明在 $\alpha = 0.05$ 水平上回归方程是有意义的。

3. 利用回归方程进行预测

当求得一个有意义的回归方程后，可以将回归方程用于预测，即在给定了自变量 x 的值后可对因变量 y 的值作出断言。由于 y 是随机变量，因此无法给出每次试验中的实际取值，只能对其均值作出估计，这便称为 y 的预测值。如果给定 x 的值

为 x_0，那么 y 的预测值为
$$\hat{y}_0 = a + bx_0$$

另外，我们还可以给出 y 的预测区间。所谓概率为 $1-\alpha$ 的 y 的预测区间是指如下的区间：
$$(\hat{y}_0 - \delta, \hat{y}_0 + \delta)$$

其中 δ 满足 $P\{|y-\hat{y}_0|<\delta\}=1-\alpha$。当数据给定后，$\delta$ 的值与 x_0 的值有关，可以证明精确的 δ 的表达式为
$$\delta = \hat{\sigma} t_{\frac{\alpha}{2}}(n-2)\sqrt{1+1/n+(x_0-\bar{x})^2/L_{xx}} \tag{7-47}$$

$\hat{\sigma}=\sqrt{S_E/f_E}$。预测区间的示意图如图 7-44 所示。若 n 较大（如 $n>30$），这时 t 分布近似为正态分布。如果 x_0 与 $\bar{x}$ 相差不大，δ 可以近似取为
$$\delta \approx \hat{\sigma} z_{1-\frac{\alpha}{2}} \tag{7-48}$$

其中，$z_{1-\frac{\alpha}{2}}$ 是标准正态分布的 $1-\frac{\alpha}{2}$ 分位数。利用回归方程进行预测的步骤如下：

1) 将给定的 x_0 的值代入所求得的回归方程，得到预测值为 $\hat{y}_0$。

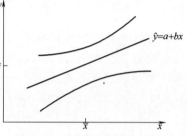

图 7-44 预测区间的示意图

在例 7-53 中，如果取 $x_0 = 0.16$，则得预测值为 $\hat{y}_0 = 28.5297 + 130.6022 \times 0.16 = 49.43$。

2) 求概率为 $1-\alpha$ 的预测区间。

① 先求 σ 的估计 $\hat{\sigma}=\sqrt{S_E/f_E}$。

在例 7-51 中，$\hat{\sigma}=\sqrt{17.9703/10}=1.34$。

② 由给定的 α，查 t 分布表得 $t_{\frac{\alpha}{2}}(n-2)$ 的值。

在例 7-53 中，如要求概率为 0.95 的预测区间，则由 $n=12$，$\alpha=0.05$ 查得 $t_{0.025}(10)=2.228$。

③ 按公式计算 δ 的值。

在例 7-51 中，$\bar{x}=1.90/12=0.1583$，$L_{xx}=0.0186$，故有
$$\delta = 1.34 \times 2.228 \times \sqrt{1+\frac{1}{12}+\frac{(0.16-0.1583)^2}{0.0186}} = 3.11$$

④ 写出预测区间 $(\hat{y}-\delta, \hat{y}+\delta)$。

在例 7-51 中，所求得的概率为 0.95 的精确的预测区间为
$$(49.43-3.11, 49.43+3.11) = (46.32, 52.54)$$

如果求概率为 0.95 的近似的预测区间，则可按公式计算，由于 $z_{0.975}=1.96$，故有

$$\delta \approx 1.96 \times 1.34 = 2.63$$

则所求区间为

$$(49.43-2.63, 49.43+2.63) = (46.80, 52.06)$$

现在两个区间相差较大,这是因为 n 较小所致。

4. 利用回归方程进行控制

控制可以看成是预测的反问题。假定某种标准规定指标在 (y_L, y_U) 间为合格,现在要决定自变量 x 在什么范围内,才能以 $1-\alpha$ 的概率保证指标合格。这里只给出一种近似的解法。

利用近似的预测区间,可要求自变量 x 满足如下不等式组:

$$\begin{cases} a+bx-z_{1-\frac{\alpha}{2}}\hat{\sigma} > y_L \\ a+bx+z_{1-\frac{\alpha}{2}}\hat{\sigma} < y_U \end{cases} \quad (7\text{-}49)$$

解这一不等式组便可获得自变量 x 的范围。

譬如在例 7-52 中,要求以 0.95 的概率保证强度在 (44, 54) 内,由于 $z_{0.975}=1.96$,则可解如下不等式组:

$$\begin{cases} 28.5297+130.6022x-1.96 \times 1.34 > 44 \\ 28.5297+130.6022x+1.96 \times 1.34 < 54 \end{cases}$$

解得 x 应该控制在 (0.1386, 0.1749) 范围之内。

7.7 方差分析

有时我们会遇到需要比较多个总体均值的问题,下面便是一个例子。

【例 7-54】 现有甲、乙、丙三个工厂生产同一种零件,为了了解不同工厂的零件的强度有无明显的差异,现分别从每一个工厂随机抽取 4 个零件测定其强度,数据见表 7-22。试问三个工厂的零件强度是否相同?

表 7-22 三个工厂的零件强度

工厂	零件强度			
甲	115	116	98	83
乙	103	107	118	116
丙	73	89	85	97

在这一问题中,我们遇到需要比较三个总体均值的问题。如果每一个总体的分布都是正态分布,并且各个总体的方差相等,那么比较各个总体均值是否一致的问题可以用方差分析方法来解决。

7.7.1 方差分析的概念

为了方便起见,我们称所要比较的工厂等对象为因子,它们常用大写字母 A、

B、C 等表示。在例 7-54 中，记因子 A 为工厂。

因子所处的状态称为因子的水平，用表示因子的字母加下标来表示，譬如因子 A 的水平用 A_1、A_2 等表示。在本例中因子 A 有三个水平，可以记为 A_1、A_2、A_3。试验中所考察的指标用 y 表示，它是一个随机变量。

如果一个试验中所考察的因子只有一个，那么这是单因子试验问题。假定因子 A 有 r 个水平，在 A_i 水平下指标服从正态分布，其均值为 μ_i，方差为 σ^2，$i = 1$，2，$\cdots$，r。每一水平下的指标全体便构成一个总体，共有 r 个总体，这时比较各个总体的问题就变成比较各个总体的均值是否相同的问题了，即要检验如下假设是否为真：$H_0: \mu_1 = \mu_2 = \cdots = \mu_r$。

当 H_0 不真时，表示不同水平下的指标的均值有显著差异，此时称因子 A 是显著的，否则称因子 A 不显著。检验这一假设的统计方法便是方差分析。

如果在一个试验中所要考察的影响指标的因子有两个，那么就是两因子试验的问题，数据分析可以采用两因子方差分析方法。

如果在一个试验中所要考察的影响指标的因子更多，那么试验往往要事先进行设计，以便用尽可能少的试验去获得数据，再对数据进行分析。

7.7.2 单因子方差分析

设在一个试验中只考察一个因子 A，它有 r 个水平，在每一水平下进行 m 次重复试验，其结果用 y_{i1}，y_{i2}，$\cdots$，y_{im} 表示，$i = 1$，2，$\cdots$，r。常常把数据列成表 7-23 的表格形式

表 7-23 单因子试验数据表

水平	试验数据	和	均值
A_1	$y_{11}, y_{12}, \cdots, y_{1m}$	T_1	$\bar{y}_1$
A_2	$y_{21}, y_{22}, \cdots, y_{2m}$	T_2	$\bar{y}_2$
$\cdots$	$\cdots$	$\cdots$	$\cdots$
A_r	$y_{r1}, y_{r2}, \cdots, y_{rm}$	T_r	$\bar{y}_r$

记第 i 水平下的数据均值为 $\bar{y}_i$，总的均值为 $\bar{y}$。此时共有 $n = rm$ 个数据，这 n 个数据不全相同，它们的波动可以用总的偏差平方和 S_T 去表示：

$$S_T = \sum_{i=1}^{r} \sum_{j=1}^{m} (y_{ij} - \bar{y})^2$$

引起数据波动的原因不外如下两个：

一是由于因子 A 的水平不同。当假设 H_0 不真时，各个水平下指标的均值不同，这必然会使试验结果不同，我们可以用组间偏差平方和来表示，也称因子 A 的偏差平方和：

$$S_A = \sum_{i=1}^{r} m(\bar{y}_i - \bar{y})^2$$

这里乘以 m 是因为每一水平下进行了 m 次试验。

二是由于存在随机误差。即使在同一水平下获得的数据之间也有差异,这是除了因子 A 的水平外的一切原因引起的,我们将它们归结为随机误差,可以用组内偏差平方和表示:

$$\hat{S}_e = \sum_{i=1}^{r} \sum_{j=1}^{m} (y_{ij} - \bar{y})^2$$

可以证明有如下平方和分解式:

$$S_T = S_A + S_e$$

可以设想:当 H_0 不真时,因子 A 引起的波动相对于误差来讲是比较大的;而当假设 H_0 为真时,两者都可以看成是由随机波动引起的,它们都可以作为误差方差的某种估计,但是由于两者所包含的误差的量有差别,所以为了进行比较,还需要引入自由度的概念,这里只给出自由度的计算公式。S_T、S_A、S_e 的自由度分别用 f_T、f_A、f_e 表示,它们的分解式为 $f_T = f_A + f_e$,其中

$$f_T = \text{试验次数} - 1,\ f_A = \text{水平数} - 1,\ f_e = f_T - f_A$$

我们将因子或误差的偏差平方和与相应的自由度之比称为因子或误差的均方和,并分别记为

$$V_A = S_A / f_A,\ V_e = S_e / f_e$$

当 V_A 与 V_e 相差不大时,认为因子 A 不显著,而当 V_A 相对于 V_e 大得多时,认为 A 是显著的。这一比较可以用两者的比表示,记为 $F = V_A / V_e$。当 $F > F_\alpha(f_A, f_e)$ 时认为因子 A 是显著的。

以上求 F 的值的过程往往列成一张方差分析表,见表 7-24。

表 7-24 单因子方差分析表

来源	偏差平方和	自由度	均方和	F 比
因子 A	S_A	$f_A = r-1$	$V_A = S_A / f_A$	$F = V_A / V_e$
误差 e	S_e	$f_e = n-1$	$V_e = S_e / f_e$	
总和 T	S_T	$f_T = n-1$		

在以上计算中,关键是计算各个偏差平方和,通过代数运算有

$$S_T = \sum_{i=1}^{r} \sum_{j=1}^{m} (y_{ij} - \bar{y})^2 = \sum_{i=1}^{r} \sum_{j=1}^{m} y_{ij}^2 - \frac{T^2}{n}$$

$$S_A = \sum_{i=1}^{r} m(\bar{y}_i - \bar{y})^2 = \sum_{i=1}^{r} \frac{T_i^2}{m} - \frac{T^2}{n}$$

$$S_e = S_T - S_A$$

其中,T_i 是第 i 个水平数据的和,T 表示 $n = rm$ 个数据的总和。

综上，进行方差分析的步骤如下：

1）计算因子 A 的每一水平下数据的和 T_1，T_2，…，T_r 及总和 T。

2）计算各类数据的平方和 $\sum\sum y_{ij}^2$、$\sum T_i^2$ 和 T^2。

3）依次计算 S_T、S_A 和 S_e。

4）填写方差分析表。

5）对于给定的显著性水平 α，将求得的 F 值与 F 分布表中的 $F_\alpha(f_A, f_e)$ 比较，当 $F>F_\alpha(f_A, f_e)$ 时认为因子 A 是显著的，否则认为因子 A 是不显著的。

下面对例 7-54 中的数据进行分析。

（1）计算各类和 每一水平下的数据和为 $T_1=412$，$T_2=444$，$T_3=344$，数据的总和为 $T=1200$。

（2）计算各类平方和 原始数据的平方和为 $\sum\sum y_{ij}^2=122496$，每一水平下数据和的平方和为 $\sum T_i^2=485216$。

（3）计算各偏差平方和

$$S_T = 122496-1200^2/12 = 2496, \quad f_T=3\times 4-1=11$$

$$S_A = 485216/4-1200^2/12 = 1304, \quad f_A=3-1=2$$

$$S_e = 2496-1304 = 1192, \quad f_e=11-2=9$$

（4）列方差分析表（见表 7-25）

表 7-25 例 7-54 的方差分析表

来源	偏差平方和	自由度	均方和	F 比
因子 A	$S_A=1304$	$f_A=2$	$V_A=652$	$F=4.92$
误差 e	$S_e=1192$	$f_e=9$	$V_e=132.4$	
总和 T	$S_T=2496$	$f_T=11$		

如果给定 $\alpha=0.05$，从 F 分布表查得 $F_{0.05}(2,9)=4.26$，由于 $F>4.26$，所以在 $\alpha=0.05$ 水平上我们的结论是因子 A 是显著的。这表明不同的工厂生产的零件强度有明显的差异。

当因子 A 是显著时，我们还可以给出每一水平下指标均值的估计，以便找出最好的水平。在单因子试验的场合，第 i 个水平指标均值的估计为 $\hat{\mu}_i=\bar{y}_i$，$i=1$，2，…，r。

在本例中，三个工厂生产的零件的平均强度的估计分别为 $\hat{\mu}_1=103$，$\hat{\mu}_2=111$，$\hat{\mu}_3=86$。

由此可见，乙厂生产的零件的强度的均值最大，如果我们需要强度大的零件，那么购买乙厂的为好，而从工厂来讲，甲厂与丙厂应该设法提高零件的强度。

前面提到，即使是同一个工厂，生产的零件强度也是有波动的，若波动用方差度量，则通过数据分析还可以给出误差方差的估计，这里方差 σ^2 的估计是 V_e。在

本例中 σ^2 的估计是 132.4，σ 的估计是 $\sqrt{132.4} = 11.5$。

若在每一水平下试验次数不同，假定在 A_i 水平下进行了 m_i 次试验，那么进行方差分析的步骤仍然同上，只是在计算中有两个改动：一是此时 $n = \sum m_i$，二是 S_A 的计算公式改为 $S_A = \sum_{i=1}^{r} \dfrac{T_i^2}{m_i} - \dfrac{T^2}{n}$。

【例 7-55】 某型号化油器原中小喉管的结构使油耗较大，为节约能源，设想了两种改进方案以降低油耗。油耗的多少用比油耗进行度量，现在对用各种结构的中小喉管制造的化油器分别测定其比油耗，数据见表 7-26。试问中小喉管的结构（记为因子 A）对平均比油耗的影响是否显著？（这里假定每一种结构下的比油耗服从等方差的正态分布）

表 7-26 例 7-55 的试验结果

水平	试验结果（比油耗-220）							
A_1：原结构	11.0	12.8	7.6	8.3	4.7	5.5	9.3	10.3
A_2：改进方案 1	2.8	4.5	-1.5	0.2				
A_3：改进方案 2	4.3	6.1	1.4	3.6				

现在对这批数据作方差分析（这里一切数据均减去 220 不影响 F 比的计算，因此也不会影响因子的显著性）。

1）各水平下的试验次数及数据和分别为

$$A_1: m_1 = 8, T_1 = 69.5$$
$$A_2: m_2 = 4, T_2 = 6.0$$
$$A_3: m_3 = 4, T_3 = 15.4$$

总的试验次数 $n = 16$，数据的总和为 $T = 90.9$。

2）计算各类平方和：

$$\sum \sum y_{ij}^2 = 757.41, \quad \sum T_i^2/m_i = 672.07, \quad T^2/n = 516.43$$

3）计算各偏差平方和：

$$S_T = 757.41 - 516.43 = 240.98, \quad f_T = 16 - 1 = 15$$
$$S_A = 672.07 - 516.43 = 155.64, \quad f_A = 3 - 1 = 2$$
$$S_e = 240.98 - 155.64 = 85.34, \quad f_e = 15 - 2 = 13$$

4）列方差分析表，见表 7-27。

表 7-27 例 7-55 的方差分析表

来源	偏差平方和	自由度	均方和	F 比
因子 A	$S_A = 155.64$	$f_A = 2$	$V_A = 77.82$	$F = 11.86$
误差 e	$S_e = 85.34$	$f_e = 13$	$V_e = 6.56$	
总和 T	$S_T = 240.98$	$f_T = 15$		

5) 设 $\alpha=0.05$,从 F 分布表查得 $F_{0.05}(2,13)=3.81$,由于求得的 $F>3.81$,所以在 $\alpha=0.05$ 水平上我们的结论是因子 A 是显著的。这表明不同的中小喉管结构生产的化油器的平均比油耗有明显的差异。

我们还可以给出不同结构生产的化油器的平均比油耗的估计:
$$\hat{\mu}_1=8.69+220=228.69, \hat{\mu}_2=1.50+220=221.50, \hat{\mu}_3=3.85+220=223.85$$

这里加上 220 是因为在原数据中减去了 220 的缘故。由此可见,从比油耗的角度看,两种改进结构都比原来的好,特别是改进结构 1。

在本例中误差方差的估计为 6.56,标准差的估计为 2.56。

第8章 质量工程技术

8.1 实验设计

8.1.1 实验设计概述

实验设计是应用广泛的数理统计分析方法,在各行各业都有应用。实验设计是研究如何经济有效地获得数据资料的方法,主要内容包括如何合理地安排实验取得实验数据,然后对数据进行统计分析,获取最优方案并实施,达到改进过程的目的。如果实验安排得好且分析得当,就能以较少的实验次数、较短的实验时间、较低的费用,得到较满意的实验结果;反之,如果实验安排不当,可能会导致实验次数大大增加、实验时间大大延长,浪费大量的人力、物力、财力,还很难达到预期的结果,甚至导致实验失败。所以,对质量工作者来说,掌握实验设计和分析的方法是非常重要的。

实验(Experiment)是指收集样本数据的过程。实验设计(DOE)是收集样本数据的计划。实验设计有两个目的:一是研究如何以最有效的方式安排实验,通过对实验结果的分析获取最大信息;二是通过有目的地改变一个流程(或活动)的输入变量(因子),观察输出变量(响应)的相应变化。其主要目的是分析哪些自变量 x 显著影响着响应 y,这些自变量 x 取什么值将会使 y 达到最佳值。

1. 实验设计的起源与发展

实验设计方法始于 20 世纪 20 年代,至今已有近 100 年的历史,整个发展过程可分为三个阶段。

第一阶段是早期的方差分析法(Analysis of Variance,ANOVA)。这种方法是英国生物统计学家、数学家费希尔(R. A. Fisher)提出来的,开始主要用于农业、生物学、遗传学方面。该方法用于田间实验,可以使农业大幅度增产,费希尔把这种方法命名为实验设计。20 世纪 30—40 年代,逐步推广到工业生产领域,二战期间英美等国在工业生产中采用这种方法取得了显著效果。

第二阶段是传统的正交实验设计法。第二次世界大战后，日本面临着恢复发展国民经济的问题，日本的一些质量管理专家把实验设计方法作为质量管理技术从英美等国家引进，开始了实验设计在日本的应用。以田口玄一为首的一批研究人员对这种方法进行了改进，创造了正交实验设计法，也就是用正交表来安排实验的方法。这种方法在日本得到了广泛的推广应用，成为工程技术人员和质量管理人员必备的技能和工程师们的共同语言，对于日本提高产品质量发挥了重要作用。

第三阶段是稳健设计阶段。一般来说有很多噪声会对产品的性能产生影响，通过消除噪声来提高产品性能的做法往往是不现实的，或者说是不经济的。人们希望通过实验设计找到可控因子的一种组合，使得产品的性能对噪声变化不敏感，这就是稳健性设计的思想。基于这种思想，对产品的性能质量和成本做综合考虑提出的一种既能提高产品质量，又可以降低成本的设计方法就称为稳健设计。

我国的实验设计起步相对较晚，20世纪60年代末期，华罗庚教授在我国倡导与普及"优选法"，如黄金分割法、分数法和斐波那契数列法等。1978年，中国科学院应用数学研究所方开泰教授和王元院士提出了"均匀设计"法，对于实验设计在我国的推广应用发挥了重要作用。近年来，随着我国国民经济的快速发展和经济实力的快速提升，实验设计在各行各业都有了广泛的应用。对于质量工作者来说，掌握实验设计对于做好工作具有非常重要的意义。

2. 实验设计的基本术语

（1）因子　因子包括可控因子与非可控因子。

一般的过程可以用图8-1所示的简化模来表示。我们认为过程是一个黑箱，对其内部的结构和原理通常是不了解的。研究这个过程，需要从输入出发，通过分析输入对输出的影响找到二者之间的关系模型，找到并设置 x 的取值以获取 y 的最优值。图中的 $y_1, y_2, \cdots, y_s$ 是我们关心的输出变量，称为响应变量或指标。一个过程的输出有很多个，通常我们只考虑一个输出。输出的结果是我

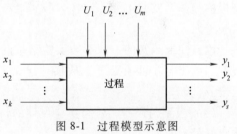

图8-1　过程模型示意图

们关心的，但又无法直接改变，所以我们只能去寻找影响输出的因子。我们将影响响应变量的变量称为实验问题中的因子，也就是过程输入。过程输入有两类。一类是我们可以直接控制的，称为可控因子，如图8-1中的 $x_1, x_2, \cdots, x_k$ 是可以控制的因子。可控因子可以是连续型的，比如温度、压力、时间等，也可以是离散型的，比如两台设备、三种催化剂、四个班组等。

除了可控因子以外，还有一类因子我们可以观察并记录它的取值，但是不能直接控制，这类因子我们称之为噪声因子，图8-1中的 $U_1, U_2, \cdots, U_m$ 就是噪声因子。噪声因子通常包括环境状况、操作员、材料批次、电压波动等，不同行业所面

临的噪声因子可能是不一样的。同样，噪声因子既可以是连续型的，也可以是离散型的。对于这些变量，通常很难将它们控制在某个精确值上，其影响通常作为随机误差来处理。

（2）水平与处理　为了研究因子 x 对响应 y 的影响，在实验设计中需要对每个因子都设定不同的取值。在实验设计中，因子的取值叫作水平，有几个取值就叫有几个水平。比如在一次实验中一个因子有两个取值，我们就把这个因子称为两水平因子。各因子的水平选定以后，我们还要对这些水平进行组合才能进行实验。因子水平的组合称为处理。一个处理的含义是各因子按照设定的水平进行组合，按此组合能够进行一次实验，并获得一次响应变量的观测值。一个处理也可以进行多次实验。下面我们通过一个例子来说明水平和处理的概念。

我们希望提高化工生产中某种产品的良率，分析了影响良率的因子后，确定两个可能的影响因子是温度和压力。温度可以取 200℃ 和 220℃ 两个值，一般称温度这个因子有两个水平。压力也取两个值，分别是 3MPa 和 4MPa。进行实验时，需要选取每个因子的一个水平，对因子水平进行组合后才能开展实验。两个因子总共有 4 种水平组合，分别是温度 200℃、压力 3MPa，温度 220℃、压力 3MPa，温度 200℃、压力 4MPa，温度 220℃、压力 4MPa，这 4 种组合称为 4 个处理。

（3）实验单元与实验环境　实验单元是指对象、材料或制品等载体，处理应用其上的最小单位。例如，钢铁企业用电炉炼钢，电炉的容量是 120t，最少的冶炼重量是 80t，用一座电炉冶炼的一炉钢水就是一个实验单元；钢板希望通过热处理后提高断裂强度，其中一道工序就是在热油槽中进行处理，同一个热油槽中所有的钢板称为一个实验单元。同样，酸奶生产中加入到一个发酵罐中的原料也称为一个实验单元。

以已知或未知的方式影响实验结果的周围条件称为实验环境，通常包括温度、湿度、电压等非可控因子。从某种意义上说，实验环境可以理解为非可控因子的组合。

（4）模型与误差　进行实验设计的目的是建立 y 与 x 之间的模型。考虑到影响响应变量 y 的可控因子是 x_1，x_2，…，x_k，实验设计中建立的数学模型可以用下式表示：

$$y = f(x_1, x_2, \cdots, x_k) + \varepsilon \tag{8-1}$$

式中，y 是响应变数；x_1，x_2，…，x_k 都是可控因子；f 是某个确定的函数关系。式中的误差 ε 除了包含由非可控因子（或噪声）所造成的实验误差外，还可能包含失拟误差（Lack of Fit）。失拟误差从字面意思理解，是指模型拟合不好所导致的误差，其含义是指所采用的模型函数 f 与真实函数间的差异。而实验误差是由于噪声因子或者非可控因子所导致的。实验误差和失拟误差的性质是不同的，分析时也要分别处理。

（5）主效应和交互效应　在实验设计中除了要分析因子的主效应以外，有时还需要分析因子之间的交互效应（或叫交互作用）。

【例 8-1】 在合成氨生产中，考虑两个因子，每个因子取两个水平。A 因子是温度，低水平为 700℃，高水平为 720℃。B 因子是压力，低水平为 1200Pa，高水平为 1260Pa。产量 y 为响应变量（单位：kg）。这个实验设计有 4 个处理，每个处理做一次实验，收集实验数据，结果见表 8-1。

表 8-1　无交互效应数据表

B	A	
	低温	高温
低压	200	220
高压	230	250

记录了实验结果以后，就可以分析因子的主效应和交互效应了。什么叫主效应呢？某个因子的主效应是指在忽略其他因子的影响时，该因子在高、低两水平对 y 的影响。例如，因子 A 在高、低两水平对 y 的影响称为因子 A 的主效应。因子 A 是温度，要计算因子 A 的主效应，就要忽略因子 B 的影响。A 处于低水平时进行了两次实验，产量平均值为（200+230)/2kg=215kg；A 处于高水平时也进行了两次实验，产量平均值为（220+250)/2kg=235kg。因子 A 在高水平时产量的平均值减去因子 A 在低水平时产量的平均值就是因子 A 的主效应。或者说，产量由 215kg 提高到 235kg 完全是因子 A 的作用，称因子 A 的主效应为 235kg-215kg=20kg。对于主效应可以解释为：一般说来，提高温度可以使合成氨的产量平均增加 20kg。

同样，要计算因子 B 的主效应，也要忽略因子 A 的影响。不考虑因子 A，当因子 B（压力）处于高水平时产量的平均值为（250+230)/2kg=240kg，当因子 B（压力）处于低水平时产量的平均值为（200+220)/2kg=210kg，因子 B 的主效应为 240kg-210kg=30kg。因子 B 的主效应可以解释为：一般说来，提高压力可以使合成氨的产量平均增加 30kg。根据表 8-1 的数据画出两个因子的主效应图，如图 8-2 所示。

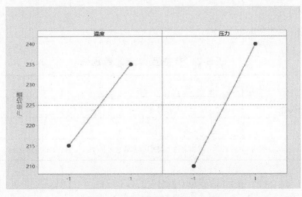

图 8-2　因子的主效应图

从主效应图可以看出，两个因子的主效应斜率都是正的，说明两个因子的主效应都是正的，增加因子的取值可以增加产量。主效应图中斜率越大的因子，其主效应也就越大。所以，主效应图的看点可以用"斜率"概括，一个因子在主效应图中的直线斜率越大，则该因子的主效应也越大。

除了分析主效应以外，我们有时还希望分析两个因子之间是否存在交互效应。从上述分析可以看出，当因子 B（压力）处于高水平时因子 A 的效应为 250kg−230kg＝20kg，当因子 B（压力）处于低水平时因子 A 的效应仍然为 230kg−210kg＝20kg，二者完全相同。同样，当因子 A（温度）处于高水平时因子 B 的效应为 250kg−220kg＝30kg，当因子 A 处于低水平时因子 B 的效应为 230kg−200kg＝30kg，二者也是一样的。这种情况说明因子 A 对因子 B 的效应没有影响，因子 B 对因子 A 的效应也没有影响，称两因子没有交互效应。绘制两因子的交互效应图，则显示两条平行的直线。

根据表 8-1 的数据画出两个因子的交互效应图，如图 8-3 所示。

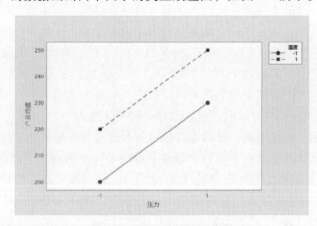

图 8-3　两因子的交互效应图

从图 8-3 可以看出，两个因子的交互作用为 0，则图中两条线是平行的（重合是平行的一种特例）。

换用另外一组数据见表 8-2。

表 8-2　有交互效应的数据表

B	A	
	低温	高温
低压	200	220
高压	230	270

A 处于低水平时的产量均值为（200+230)/2kg＝215kg，A 处于高水平时的产量均值为（220+270)/2kg＝245kg，因子 A 的主效应为 245kg−215kg＝30kg。同样，

可以算出因子 B 的主效应为 $[(230+270)/2-(200+220)/2]\text{kg}=40\text{kg}$。当因子 B 处于高水平时，因子 A 的主效应为 $270\text{kg}-230\text{kg}=40\text{kg}$，当因子 B 处于低水平时，因子 A 的主效应为 $220\text{kg}-200\text{kg}=20\text{kg}$，二者大不相同。

定义两因子间的交互效应：如果因子 A 的效应依赖于因子 B 所处的水平，则称 A 与 B 之间有交互效应。计算公式为

$$AB \text{ 交互效应}=(A \text{ 的效应}|_{B-\text{高}}-A \text{ 的效应}|_{B-\text{低}})/2$$
$$BA \text{ 交互效应}=(B \text{ 的效应}|_{A-\text{高}}-B \text{ 的效应}|_{A-\text{低}})/2$$
$$AB \text{ 交互效应}=BA \text{ 交互效应}=[(A_\text{高} B_\text{高}+A_\text{低} B_\text{低})-(A_\text{低} B_\text{高}+A_\text{高} B_\text{低})]/2$$

代入数据可以得到因子 A 与 B 的交互效应为 $[(270+200)-(230+220)]/2\text{kg}=10\text{kg}$。

以表 8-2 中的数据为例，画出两因子的交互作用图，如图 8-4 所示。

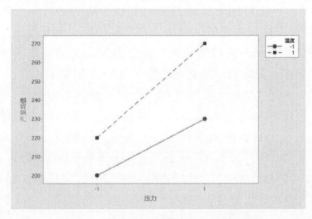

图 8-4　有交互效应的因子交互效应图

从图 8-4 可以看出，两条直线不再平行，而是呈现一定的夹角，说明两个因子之间存在交互效应。所以，交互效应图的看点可以用"夹角"来概括，两条线之间的夹角越大，则两个因子的交互效应也越大。这里尤其需要注意区分交互效应与因子之间线性相关概念的区别。因子之间有交互效应是指两个因子相互叠加对 Y 产生影响，与两个因子之间存在相关关系不是相同的概念。

（6）代码化　所谓代码化，就是将因子所取的低水平设定的代码取值为 -1，高水平设定的代码取值为 $+1$，中心水平定为 0。经过理论上的分析后发现，将自变量代码化后有以下三点好处：

1）代码化后的回归方程中，自变量及交互效应项的各系数可以直接比较，系数绝对值大者之效应比系数绝对值小者之效应更重要、更显著。进行实验设计的目的是建立 y 与 x 之间的模型，或者称为建立 x 与 y 之间的回归方程。如果对自变量的原始数据进行回归分析，回归方程中的回归系数是有量纲的。例如，我们建立了一元线性回归方程 $y=a+bx$，b 的量纲是 $[y]/[x]$，显然，x 更换单位后，其系数

也会更换。如果自变量不止一个，多个自变量间含义不同，量纲也不同，其回归系数之间显然是不可比的。如果对自变量进行了代码化，每个自变量都变为无量纲并且在 $-1 \sim 1$ 的数据，这时，各自变量具有相同的"尺寸"，各自变量的系数之间就可以比较了。

2) 代码化后的回归方程内各项系数的估计量间是不相关的，这是由正交表的性质决定的。在一个实验设计中，两个自变量分别是 x_1 和 x_2，要分析这两个自变量的主效应以及它们之间的交互效应。如果没有对变量进行代码化，很明显主效应 x_1 与交互效应 $x_1 x_2$ 之间存在线性相关关系，它们的回归系数的估计量之间也是相关的。在回归方程中，保留交互效应 $x_1 x_2$ 项和删除此项时，主效应 x_1 的回归系数肯定不同，这就造成了使用中的诸多不便。如果把自变量全部代码化，就没有这个问题了，删除或增加某项对于其他项的回归系数将不会产生任何影响。

3) 在自变量代码化后，回归方程中的常数项就有了具体的物理意义。代码"-1"与"1"的中点恰好为"0"，代入方程得到的响应变量预测值则恰好是截距值。因此，截距值是全部实验结果的平均值，也是全部实验范围中心点上的预测值。或者说，回归方程的常数项就是所有实验结果的平均值。

(7) 正交表 例8-1实际上介绍了两因子四水平的实验设计，因子 A（温度）的两个水平原来用低温和高温表示，因子 B（压力）的两个水平原来用低压和高压表示，现在我们给出具体的温度和压力的数值。温度的低水平取 700℃（记作"-1"），高水平取 720℃（记作"+1"）；压力的低水平取 1200Pa（记作"-1"），高水平取 1260Pa（记作"+1"）。以产量 y 为响应变量（单位：kg），实验结果原来列在表8-2中，现在对数据进行整理，变成表8-3的形式

表8-3 正交实验结果记录表

编号	A（温度）	B（压力）	AB	产量
1	-1(700)	-1(1200)	+1	200
2	+1(720)	-1(1200)	-1	220
3	-1(700)	+1(1260)	-1	230
4	+1(720)	+1(1260)	+1	270
M+	490	500	470	
M-	430	420	450	
m+	245	250	235	
m-	215	210	225	
效应	30	40	10	

表中第2列和第3列是 A、B 两因子的代码值，"+1"对应着因子的高水平，"-1"对应着因子的低水平。第4列是 A、B 两因子代码值的乘积，第5列是响应

变量 y，也就是产量，单位是 kg。

有了这样的正交表后，我们可以很方便地计算两个因子的主效应和两因子的交互效应。把因子 A 代码值取 +1 的两行（第 2 行和第 4 行）的 y 值相加，结果为 490kg，记录在表中的第 5 行 "$M+$" 中，把这个结果除以 2，就是因子 A 在高水平时的 y 的平均值，结果为 245kg，记录在表中第 7 行 "$m+$" 中；然后再把因子 A 代码值取 -1 的两行（第 1 行和第 3 行）的 y 值相加，结果为 430kg，记录在表中第 6 行 "$M-$" 中，把这个结果除以 2，就是因子 A 在低水平时的 y 的平均值，结果为 215，记录在表中第 8 行 "$m-$" 中，用第 7 行 "$m+$" 数值 245 减去第 8 行 "$m-$" 数值 215 就是因子 A 的主效应，结果为 30kg。同样，我们可以计算出因子 B 的主效应是 40kg。

对于 A、B 两因子之间的交互效应计算，我们也可以按照同样的思路进行。表中第 4 列是两因子代码值的乘积，$AB=1$ 的两行（第 1 行和第 4 行）计算平均值，结果为 235kg，$AB=-1$ 的两行（第 2 行和第 3 行）计算平均值，结果为 225kg，二者的差值为 10kg，这就是两因子的交互效应。

从上面的分析可以看出，当我们按正交表的格式安排实验将使实施计划简化，使主效应和交互效应的计算简化。这就是正交设计"均衡分散，整齐可比"的优点。

正交表具有以下两项性质：

1）任意一列中 +1 和 -1 出现的次数相等。表中第 2 列、第 3 列和第 4 列是因子所在列，每一列 +1 和 -1 都出现两次。

2）任两列中，++、+-、-+、-- 4 种搭配出现的次数都是相等的，即两列的乘积和为 0。

以上两点充分体现了正交表的两大优越性，即"均匀分散性"和"整齐可比性"。通俗的说，每个因子的每个水平与另一个因子各水平各碰一次，这就是正交性。

3. 实验设计的必要性

与实验设计相比，另外一种在实际中被广泛应用的因子分析方法是一次一因子（One Factor at a Time）法。这种方法在分析多个影响 y 的因子时，对每个因子选择初始点，保持其他因子在初始水平不变的条件下，让每一个因子在其所允许的范围内连续变动，以此寻找因子的最优设置。下面我们通过一张图（见图 8-5）说明一次一因子法的含义。

如图 8-5 所示，有两个影响响应 y 的因子，分别是因子 A 和因子 B，横轴表示因子 A，纵轴表示因子 B。第一步我们首先设定因子 B 的初始值，初始值的选取需要根据专业知识，结合历史数据确定。首先固定因子 B 的取值，改变因子 A 的取值以寻找因子 A 的最优设置；然后再固定因子 A 的取值，改变因子 B 的取值，寻找因子 B 的最优设置。通过这种方法找到的因子的最佳取值就是图中画圆圈的点，

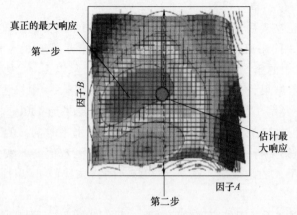

图 8-5　一次一因子法示意图

也就是图中"估计最大响应"（Estimated Maximum Response）所指向的点。一次一因子法虽然可以找因子的最优设置，但这种方法找到的最优值不一定是最优的，虽然这个响应值接近最优值。从图中可以看出，真正的最优值在颜色最深的区域，用一次一因子法找到的最优值与真正的最优值还有一定差距。

从上述分析可以看出，与实验设计相比，一次一因子法至少存在三个问题：一是找到的最优响应不一定是真正的最优值；二是无法分析因子之间的交互效应；三是需要的实验次数多，实验效率很低，得到相同的结果需要更多的实验次数，增加了实验费用，延长了实验时间。所以在分析多个因子的影响时，优先考虑采用实验设计方法。与一次一因子法相比，实验设计是一种非常高效、经济、科学的方法。

8.1.2　实验设计的原则及实施步骤

1. 实验设计的基本原则

实验设计要考虑三个基本原则：重复实验、随机化和区组化。

（1）重复实验（Replication）　重复实验是指一个处理要施加于多个实验单元，有时也被简称为"复制""仿行"等。

进行重复实验的目的是估计实验的随机误差，更准确的说法是估计实验的纯误差。纯误差是随机误差的重要组成部分，除了纯误差以外，实验误差还可能包括失拟和弯曲。我们进行实验设计的目的是希望找到 y 与 x 之间的回归模型，并以此进行寻优或预测工作，前提条件是模型必须是显著的。如果模型不显著，实验设计就是失败的。而检验模型是否显著，都是用模型的效应与实验的随机误差进行比较。实验误差过大，模型不显著，实验设计遭受失败，从模型显著的角度考虑我们希望实验误差小一些。是不是实验误差越小越好呢？不能这么说，准确估计实验误差才是我们希望的。如果实验误差估计不准确，模型不见得有意义，以此模型进行分析得出的结论也就不见得可靠和实用。

一定要进行不同实验单元的完全重复,而不能仅进行同单元的重复取样或重复观测。为了准确估计实验误差,我们需要进行重复实验,也就是在同一组工艺参数条件(同一个处理)下要进行多次实验(施加于多个实验单元),这样估计出的随机误差才是准确的。比如,在炼钢生产中,我们希望分析影响钢水碳含量的因子,需要在整个实验计划实施的开头、中间和结尾处按照相同的工艺参数分别做几次实验,分别冶炼几炉钢水,化验钢水中的碳含量,这样得到的结果才是对实验误差的准确估计。如果只按照确定的工艺参数冶炼一炉钢水,然后从这一炉钢水中重复抽取几个样品检验碳含量,这种做法称为重复观测或重复取样。由于同一炉钢在冶炼过程中受到的噪声因子影响不大,得到的实验误差数值也就很小,但没有太大的实际意义,即使得到的模型效果很好,对于实际生产也不见得有指导意义,因为实际生产过程噪声因子的影响可能需要经过较长的时间才能体现出来。

当然,不一定要对所有的处理都进行重复实验,有一些方法可以节省实验次数。

(2)随机化(Randomization) 随机化是指以完全随机的方式安排各次实验的顺序和/或所用的实验单元。这样做的目的是防止那些实验者未知的但可能会对响应变量产生的某种系统的影响。

仍以例 8-1 说明随机化的必要性。假定实验结果可能会受到电网电压的影响,电压越高,产量也越高,但我们并没有把电网电压作为因子进行控制,其影响只能作为噪声处理。4 次实验中前两次安排在 20:00—22:00 之间进行,后两次实验安排在凌晨 2:00—4:00 进行。20:00—22:00 属于用电高峰期,电网电压偏低,前两次实验因子 B(压力)正好都取低水平-1;凌晨 2:00—4:00 属于用电低谷期,电网电压偏高,后两次实验因子 B 正好都取高水平,电网电压的影响完全与因子 B 的取值规律相同。如果分析后发现因子 B 的效应显著,我们就说不清楚真正是由于因子 B 显著,还是由于叠加了电网电压的影响才产生的这种结果。

如果对实验顺序进行了随机化,在电网电压低的时段和高的时段每个因子既有高水平也有低水平,这样就可以尽可能避免已知的或未知的可能对结果产生影响的噪声因子的影响与因子的高低水平叠加,导致效应分析不准确的问题。

这里需要注意一点,即使进行了随机化,电网电压仍是波动的,对响应 y 的影响仍然是存在的,随机化并没有消除电网电压波动对 y 的影响,只是不让其影响与可控因子的效应叠加而已。也就是说,随机化并没有减少实验误差。

(3)区组化(Blocking) 区组化是指按某种方式把实验单元分成组的实验方法。

区组是实验中我们不得不面对的实验条件。比如在某次试验中,我们要使用两台设备,这两台设备型号不同,想分析一下两台设备之间是否有显著差别。但即使得到了两台设备有显著差别的结论,目前也无法改善,这种情况通常当作区组处理。在进行实验设计时,各实验单元间难免有些差异,如果按某种方式把它们分成组，每组内可以保证差异较小，而允许组间有较大差异，这将使我们可以在很大程度上消除由于较大实验误差所带来的分析上的不利影响。如白班、夜班各自时段内差异不大，而白班、夜班差异较大，就可以把白班、夜班分别作为两个区组处理。如果分区组有效，则这种方法在分析时，可以将区组与区组间的差异分离出来，这样就能大大减少可能存在的未知变量的系统影响，这就是分区组的好处。区组化实际上是把实验中的一部分误差作为信号提取处理，提高了模型的效度（Power）。

当然，在区组内还应该用随机化的方法进行实验顺序及实验单元分配，应该遵循"能分区组者则分区组，不能分区组者则随机化"的原则。

2. 实验设计的分类与步骤

（1）实验设计的分类　根据不同的分类方法，可以把实验设计分成不同的类别。

根据实验中因子个数的多少，可以把实验设计分为单因子、双因子和多因子设计。根据实验的目的不同，可以分为因子筛选设计和回归设计。在不考虑区组的设计中，常用的是完全随机化设计；在考虑区组的设计中，常用的有配对比较设计、随机区组设计、平衡不完全区组设计、部分平衡不完全区组设计等。因子效应可以分为固定效应和随机效应两大类。在固定效应中，又可以分为单向分类、双向分类、多向分类。在随机效应中，主要是应用嵌套设计或称方差分量模型。

根据实验目的而分的主要是两大类：因子筛选设计和回归设计。我们进行实验有两个基本目的：一是明确哪些自变量 x 显著地影响着 y；二是找出 y 与 x 之间的关系式，从而进一步找出自变量 x 取什么值时将会使 y 达到最佳值。第一种实验的目的是确定在相当多的自变量中，哪些自变量 x 对 y 没有显著的影响，这样的因子应该从模型中删除。这种实验设计称为因子筛选设计，也叫析因设计。第二种实验的目的是确定 y 与 x 之间的关系式，找出 y 对于 x 的回归方程。由于这种实验的目的是针对回归关系的，这种实验设计称为回归设计。

当然，这两类设计也有相通之处：一方面，筛选因子的方法其实也是先建立一个 y 与 x 间的简单的线性回归方程，然后根据各项系数的显著性来筛选。这里要注意的是，我们在实验设计中所说的线性，已经与数学概念中的线性有所不同：实验设计中所说的线性指的是在回归方程中除了可以包含各自变量的一次项外，还允许包含有两个或多个自变量的乘积项，例如可以含有 x_1x_2，$x_1x_2x_3$ 等，而通常的数学概念中的线性是不允许包含这些项的。在建立了线性回归方程后，除了可以判断变量是否显著外，对于求最大值或最小值的问题也可以求出最佳值，以及达到此最佳值的自变量的最佳设置，这在实际工作中也常常是有用的。总之，筛选变量也是通过建立回归方程实现的。另一方面，建立了回归方程，仍然可以在方程中判断是否存在效应不显著的因子，可以删除它们，达到筛选因子的目的。因此，因子筛选设计和回归设计确有相通之处，即它们都要建立回归方程。总的说来，筛选实验的要求是较粗糙的，所需的实验次数较少；建立回归曲面方程要求更高，实验次数大大增加。在因子设计中,又可以按因子水平的个数分为2水平因子设计、3水平因子设计和混合水平因子设计。实践证明:在因子设计中,使用2水平正交实验法,再加若干个中心点的设计方法最简单有效。再细分,因子设计又有全因子实验设计和部分因子实验设计两大类。

(2) 实验设计的步骤　我们对某个过程的认识是一个循序渐进的过程,首先根据已有的知识提出某种设想,设计一个实验去验证或否定这种设想,在此基础上再修正原来的设想,提出对于过程新的设想,再设计实验进行验证,这个过程反复进行,直到对过程形成较为准确的认识为止。实验设计的过程也是不断学习的过程,不要设想可以毕其功于一役,设计一个复杂的实验方案,一次就可以把生产过程研究清楚。一般来说,实验设计要根据实际问题和预算情况,科学合理地做好实验设计的策划,分几个阶段完成实验设计。一个成功的实验首先需要弄清重要因子、因子的变化范围、因子合适的水平数等。正式实验前,做少数常识性实验是有帮助的。

实验设计通常有以下几个步骤:

1) 用部分因子设计进行因子的筛选。一开始我们往往对过程情况不太清楚,考虑到影响响应变量的因子个数可能较多,通常超过5个或者更多,这时应首先考虑进行因子筛选,一般采用实验次数较少的部分因子实验设计,这样获得的结果可能较为粗糙,但可以大大节省实验次数,筛选的目的能够完成就行了。如果认为部分实施的因子实验次数仍然太多,实验费用昂贵,则可以使用实验次数更少的Plackett-Burman设计筛选因子。

2) 用全因子实验设计对因子主效应和交互效应进行全面分析。当因子个数少于或等于5个后,可采用全因子设计,分析所有的主效应和所有的交互效应,并在此基础上进一步筛选因子。

3) 用响应曲面确定回归关系并求出最优设置。为了检验模型是否有弯曲,我们还可能进行中心点实验。如果全因子实验设计或部分因子实验设计增加中心点实验后,发现模型有弯曲,此时需要增加轴点,开展响应曲面设计,在包含最优点在内的一个较小区域内,对响应变量拟合一个二次曲面函数,从而可以得到实验区域内的最优点。但这种方法通常只对望大或望小特性的响应变量特别有效,因为对于望目特性的响应变量满足望目条件的解通常有无穷多个,响应曲面分析无法提供进一步的选择。

4) 用稳健参数设计方法(田口设计)寻求望目特性的最优设置。如果实验目的是寻求望目特性响应的最优解,则最好采用稳健参数设计方法。虽然实验次数比响应曲面稍多些,但此种方法很有效。

3. 实验设计的计划与实施

粗略的说,实验设计的计划与实施应该包含计划、实施及分析三个阶段。

(1) 计划阶段　计划阶段是实验设计的第一个阶段。凡事预则立,不预则废。

计划阶段在整个实验设计中占有非常重要的地位，计划阶段做得好，实验设计可以达到事半功倍的效果；计划阶段做得不好，实验设计就有可能事倍功半，甚至有可能失败。也可以说实验设计重在设计，其次才是实验设计的实施与数据分析。

计划阶段可以分为以下几个步骤：

第1步是问题的识别与表述。有人可能认为在实验设计中问题的识别与表述很简单，但在实践中，确认需要通过实验设计解决的问题却并不总是那么简单的，将问题阐述得简明而又可以被普遍接受就更不简单了，需要对实验目的有一个全面的考虑。通常来说，吸收所有有关各方的参与是很重要的，比如工程技术人员、质量部门有关人员、制造部门有关人员、市场营销部门有关人员、顾客以及操作工等。基于这个原因，我们推荐采用团队工作方法进行问题的识别与表述。

确定了团队以后，接下来就要阐述目标，或者称为问题的识别与表述。所有团队成员都要投入讨论，明确目标及要求，如究竟是为了筛选因子还是为了找寻关系式，最终要达到什么要求。

第2步是选择响应变量。在选择响应变量时，应确定变量会对所研究的过程提供有用的信息，能准确、客观地衡量实验的目的。响应变量通常可以取平均值或者标准差，要根据实验的目的来确定。在一个实验中若有多种响应，则要选择起关键作用的响应变量。与离散型数据相比，连续型变量蕴含的信息量要丰富得多，应优先考虑采用连续型指标作为响应变量。这样不仅会减小分析难度，而且可以大大减少实验次数。

第3步是选择因子及水平。用流程图及因果图先列出所有可能对响应变量有影响的因子清单，然后根据数据和各方面的知识进行细致分析作初步筛选，把确定对 y 影响很小的因子筛选出去，不确定的最好先留下，通过实验确定下一步的取舍风险会小一些。

对于水平的选择也要仔细处理。一般来说，各水平的设置应足够分散，这样效应才能检测出来。但也不要太分散，以至于将各种其他的物理因素都包括进来，这会使统计建模和预测变得困难。结合工作实际选择因子及水平才是真正关键的工作。

第4步是选择实验计划。要根据实验目的选择正确的实验设计类型，如选全因子实验还是部分因子实验，是否要加中心点，分不分组，怎么进行随机化，等等。

（2）实施阶段　严格按计划矩阵的安排进行实验。记录响应变量和实验过程中的所有状况，包括环境（气温、室温、湿度、电压等）、材料、操作员等。实验中的任何非正常数据也应予以记录，以便以后分析时使用。

（3）分析阶段　对数据的分析方法应与所应用的设计类型相适应。分析应包括拟合选定模型、残差诊断、评估模型的适用性并设法改进模型等。当模型最终选定后，要对模型所给出的结果作必要的分析、解释及推断，从而获得重要因子的最佳设置及相应变量的预测。当认定结果已经基本达到目标后，给出验证实验的预测值，并做验证实验来验证最佳设置是否真的有效。

4. 全因子实验设计

全因子实验设计的定义是：对所有因子的所有水平的所有组合都至少进行一次实验设计。由于包含了所有的组合，与部分因子实验设计相比，全因子实验设计所需实验总次数较多，但它的优点是可以估计出所有的主效应和所有的交互效应。所以在因子数不太多，而且确实需要考察较多的交互效应时，常选用全因子设计。

当因子水平超过 2 时，由于实验次数随因子个数的增长呈指数速度增长，因而通常只做 2 水平的全因子实验。

（1）全因子实验设计介绍　将 k 个因子的 2 水平的全因子实验记为 $2k$ 实验，这是整个全因子实验的记号，而不仅仅是实验次数。当然，它也恰好是 k 个因子的 2 水平的全因子实验所需要的最少实验次数。

1）实验目的。一般来说，进行任何实验都要进行好几批，先用部分实施的因子设计进行因子的筛选，让因子个数最后不超过 5 个，然后用全因子实验设计进行因子效应和交互效应的全面分析。当因子数不超过 5 个时，全因子实验比较合适。

2）实验的安排、中心点的选取及随机化排序。对于全因子实验设计，在实际使用时要注意贯穿实验设计的三个基本原则：重复实验、随机化和区组化。

如何实现重复实验呢？一种办法是将每一个实验条件都重复进行 2 次或更多次，这样做的好处是对于实验误差估计得更准确了，但代价却是大大增加了实验次数，因而增加了实验成本。另一种更巧妙的办法就是只在"中心点"处安排重复实验，通常是在中心点重复做 3 次或 4 次实验。

中心点在所有因子都是连续型变量时容易找到，就是各因子皆取其高水平与低水平的平均值。仍以例 8-1 为例说明中心点的含义。

例 8-1 中有两个因子，分别是温度和压力，每个因子都取两个水平，因子 A（温度）的低水平是 700℃，对应着代码值-1，高水平是 720℃，对应着代码值+1；因子 B（压力）的低水平是 1200Pa，对应着代码值-1，高水平是 1260Pa，对应着代码值+1。我们还知道这个实验有 4 种组合叫作 4 个处理。把两个因子高低水平都取平均值，因子 A 的平均值是 710℃，对应着代码值 0，因子 B 的平均值是 1230Pa，对应着代码值 0。温度取 710℃、压力取 1230Pa，这种组合对应着的两个因子的代码值都是 0，我们把这样的一种组合称为中心点，中心点的代码值是（0，0）。

确定了中心点以后，我们就可以在中心点进行重复实验，如果实验经费允许，通常在中心点做 3~4 次实验。这种重复实验的方法有两个优点：第一个优点是实验次数很灵活，最少做两次中心点实验就是重复实验，实验经费充足的情况下一般做 3~4 次即可；第二个优点是可以估计模型是否有误差，不做中心点实验就没有办法估计模型是否有误差。

总之，每个因子取 2 水平，再加上 3~4 次中心点实验，就可以构成较好的全因子实验设计方案。

随机化是实验设计的一个重要原则,在安排实验计划时,通常要对实验顺序进行随机化。随机化实验顺序用软件很容易实现。

(2) 全因子实验设计的计划　确定了因子的个数以及各因子的高低水平后,我们就可以着手制订实验设计计划了。下面我们通过一个例题说明如何制订全因子实验设计计划。

【例 8-2】　注塑产品生产工艺研究。某公司生产注塑产品,抗拉强度是公司关注的关键质量特性,要求至少要达到 90MPa,越高越好。某项目团队分析了影响抗拉强度的 3 个可能的因子,分别是注塑压力、注塑距离和注塑角度。希望优化三个因子的取值,使得断裂强度达到要求。根据实际生产中对因子的控制情况,结合实际工艺,确定三个因子都取 2 水平,具体取值为:因子 A 为注塑压力,低水平为 400Pa,高水平为 440Pa;因子 B 为注塑距离,低水平为 30mm,高水平为 36mm;因子 C 为注塑角度,低水平为 10°,高水平为 12°。项目团队根据实验经费及周期,确定采用全因子实验设计并进行 4 次中心点设计,也就是采用 23+4 实验计划,共需要进行 12 次实验,试安排实验计划。

我们以 Minitab 18 为例说明实验计划的创建过程。执行"统计"→"DOE"→"因子"→"创建因子设计"命令,弹出"创建因子设计"对话框,设计类型保留默认的"两水平因子(默认生成元)",因子数改为 3,结果如图 8-6a 所示。单击

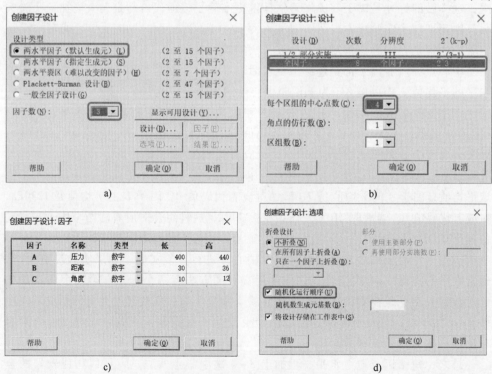

图 8-6　"创建因子设计"对话框

"设计"按钮,在弹出的对话框中选择"全因子","每个区组的中心点数"改为4,如图 8-6b 所示。单击"确定"按钮返回"创建因子设计"对话框,单击"因子"按钮,输入 A、B、C 三个因子的名称和高低水平,如图 8-6c 所示。单击"选项"按钮,保留"随机化运行顺序"复选框选中,如图 8-6d 所示。

单击"确定",可以创建包含 8 次立方体点、4 次中心点的全因子实验设计计划,见表 8-4。

表 8-4　全因子实验设计计划

标准序	运行序	中心点	区组	压力	距离	角度
2	1	1	1	440	30	10
8	2	1	1	440	36	12
3	3	1	1	400	36	10
1	4	1	1	400	30	10
12	5	0	1	420	33	11
4	6	1	1	440	36	10
7	7	1	1	400	36	12
10	8	0	1	420	33	11
6	9	1	1	440	30	12
9	10	0	1	420	33	11
5	11	1	1	400	30	12
11	12	0	1	420	33	11

计划表中共有 7 列 12 行。第 1 列是标准序,第 2 列是运行序,标准序是按照处理的顺序排列的,两列的顺序不一致,说明实验进行了随机化。随机化是实验设计的原则之一,可以防止实验者已知或未知但可能与因子效应相互叠加的噪声因子对因子效应所产生的影响。开展实验时应按照运行序进行。需要说明的是,由于随机化是计算机自动完成的,所以每次进行实验设计,顺序都可能不一样,只要能达到随机化的目的就可以了。表中第 3 列是中心点,数字为 1 的有 8 行,表示有 8 次中心点实验;数字为 0 的有 4 行,表示要进行 4 次中心点实验,对应的标准序为 9~12。这 4 行因子的取值完全一样,都是因子高低水平的平均值,同样的因子设置进行 4 次实验,体现了重复实验原则。

排出实验计划表后,我们需要在表中增加一列用于记录实验结果。把第 8 列的列名改为强度,然后按照运行序开展实验,记录实验结果并注意记录实验过程中的所有状况,包括所用的原料批次、设备、人员、可能的实验环境等。

(3) 全因子实验设计的分析　按表 8-4 所列实验计划进行实验,将结果填入表格的最后一列,结果见表 8-5。

表 8-5 全因子实验结果

标准序	运行序	中心点	区组	压力	距离	角度	强度
2	1	1	1	440	30	10	65.3
8	2	1	1	440	36	12	71.3
3	3	1	1	400	36	10	99.1
1	4	1	1	400	30	10	71.8
12	5	0	1	420	33	11	70.2
4	6	1	1	440	36	10	73.5
7	7	1	1	400	36	12	104.8
10	8	0	1	420	33	11	69.1
6	9	1	1	440	30	12	59.6
9	10	0	1	420	33	11	83.3
5	11	1	1	400	30	12	65.2
11	12	0	1	420	33	11	79.5

全因子实验设计分析方法是一般实验设计分析的典型代表，共五个步骤，具体流程如图8-7所示。

1）选定拟合模型。选定拟合模型的主要任务是根据整个实验的目的选定一个数学模型。通常可以先选定全模型。根据效应稀疏原理，越高阶的交互效应越不可能显著，在一个实验设计中，三阶及三阶以上的交互效应通常都可以忽略，全模型就是在模型中包含全部因子的主效应及全部因子的二阶交互效应。如果这些效应是显著的，就把它保留在模型中；如果效应不显著，就可以把这些效应从模型中删掉。有人可能担心，万一高阶交互项显著怎么办？对于这种情况，我们还是有相应的处理方法的，所以选择到二阶交互项也就够了。

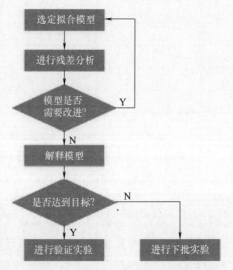

图 8-7 实验设计分析五步流程图

具体的操作步骤如下：执行"统计"→"DOE"→"因子"→"分析因子设计"命令，弹出"分析因子设计"对话框，把第8列"强度"输入到"响应"框中，如图8-8a所示。单击"项"按钮，"模型中包含项的阶数"改为2，取消选中"在模型中包括中心点"复选框，结果如图8-8b所示。在"所选项"列表框中包含了A、B、C三个因子的主效应以及AB、AC、BC三项二阶交互效应。有人可能会问，全因子实验加中心点不是比较好的实验设计方法吗，为什么要取消选中"在模型中包括中心点"呢？这里需要说明的是，做不做中心点实验和在模型中是否包含中心点不是相同的概念。做中心点实验的目的是估计随机误差，而在模型中包含中心点指的是把中心点作为回归方程的一项，这不是我们的目的。从另外一方面说，如果在模型中包含了中心点会有很多副作用，包括无法画等值线图、曲面图，无法对连续因子的取值进行连续调整等。所以一定要取消选中"在模型中包括中心点"复选框。

单击"确定"按钮返回"分析因子设计"对话框，再单击"图形"按钮，效应图选中"Pareto""正态""半正态"复选框，选中"四合一"单选按钮，再选中"残差与变量"复选框，在下面的文本框中输入 C5~C7 列，文本框中显示三列的列名"压力""距离""角度"，如图 8-8c 所示。

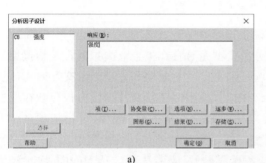
a)
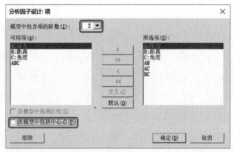
b)

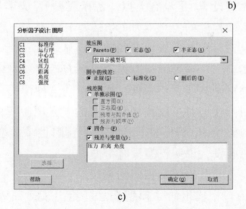
c)

图 8-8 "分析因子设计"对话框

接下来就要对 Minitab 输出结果进行分析和判断。首先要看 Minitab 会话窗口输出的结果。

如图 8-9 所示，分析的第一要点是评估回归的显著性。

Minitab 会话窗口输出了方差分析的结果，其中包括线性项，也就是主效应项及 2 因子交互效应的检验结果，这两部分合起来构成了模型项。这里的原假设 H_0 是模型不显著，备择假设 H_1 是模型显著。模型项检验的 P 值为 0.011，小于 0.05，

方差分析

来源	自由度	Adj SS	Adj MS	F 值	P 值
模型	6	1898.59	316.432	10.06	0.011
线性	3	1585.14	528.380	16.80	0.005
压力	1	633.68	633.680	20.15	0.006
距离	1	941.78	941.780	29.94	0.003
角度	1	9.68	9.680	0.31	0.603
2 因子交互效应	3	313.45	104.485	3.32	0.115
压力*距离	1	276.13	276.125	8.78	0.031
压力*角度	1	6.13	6.125	0.19	0.677
距离*角度	1	31.20	31.205	0.99	0.365
误差	5	157.27	31.455		
弯曲	1	1.71	1.707	0.04	0.844
失拟	1	9.68	9.680	0.20	0.686
纯误差	3	145.89	48.629		
合计	11	2055.87			

图 8-9　Minitab 会话输出结果

拒绝原假设，认为模型是显著的，或者说回归模型是有意义的。

分析了模型的显著性以后，还需要分析模型是否存在失拟。失拟通常是指模型漏掉了重要的项。三个因子做全因子实验，除了三项主效应和三项二阶交互效应以外，还有一项三阶交互项，也就是 ABC，在拟合模型时三阶交互项没有被包含在模型中。如果三阶交互项是显著的，我们又没有把它拟合进模型，此时失拟项的 P 值应该小于 0.05，这时我们需要修改模型，把三阶交互项加入到模型中。

失拟检验的原假设 H_0 是没有失拟，备择假设 H_1 是有失拟。从 Minitab 输出结果可以看出，失拟项检验的 P 值是 0.686，大于 0.05，不能拒绝原假设，说明模型没有失拟，或者说三阶交互项对模型的影响不显著。

增加中心点实验后，还可以检验模型是否有弯曲。对模型有弯曲直观的理解是中心点的实验结果特别高或者特别低，如果出现这种情况，通常要增加轴点做响应曲面设计，拟合回归模型时可以增加自变量的平方项。弯曲检验的原假设 H_0 是模型没有弯曲，备择假设 H_1 是模型有弯曲。本例弯曲项检验的 P 值为 0.686，大于 0.05，不能拒绝原假设，说明模型没有弯曲。

分析的第二要点是分析评估回归的总效果。

Minitab 会话窗口中输出的"模型汇总"给出了回归效果的度量指标。在模型显著的情况下，还要分析模型的效果好不好。衡量模型效果的好坏通常有三项指标，分别是 R^2 及 R^2_{adj} 和 S 值。R^2 又称为确定系数，反映模型可以解释的 y 的总变异百分比。所以通常我们希望模型的 R^2 要高一些。但 R^2 有个问题，只要增加项，不管这一项是否显著，总会使 R^2 提高，所以从 R^2 提高不一定能判断模型是否变好了，我们用另外一个指标来修正它，这个指标就是 R^2_{adj}，称为调整的确定系数。计算 R^2_{adj} 时要扣除回归方程中受到包含项数影响的相关系数，所以这项指标可以更准确地反映模型的好坏。从计算公式分析，R^2_{adj} 总比 R^2 要小一些，但如果小得不多，说明模型效果比较好。在实际应用中，要判断两个模型的优劣可以从二者的接近程度来判断，二者之差越小说明模型越好。本例中 R-Sq（R^2）= 92.35%，R-Sq（调整）= 83.17%（见图 8-10），二者之间还有比较大的差距，说明模型效果一般，模型还有改进余地。

残差标准差 S 是一项更重要的评判模型效果好坏的指标。残差标准差越小，得到的预测区间越窄，预测的精度也就越高。在选择模型时，有时我们会比较两种模型 S 值的大小，哪个模型的 S 值小，哪个模型拟合效果更好。判断 S 的大小需要一定的专业知识。本例中 S = 5.60846，这个数值是大还是小呢？如果对这个行业的背景不太熟悉就不好判断，但是我们可以根据 R^2 来判断 S 值的大小，R^2 数值大，一般来说 S 值就会小。此量暂存作为记录，等修改模型后再来看此数值是否有所减小，以判断模型是否有所改进。

模型汇总

S	R-sq	R-sq（调整）	R-sq（预测）
5.60846	92.35%	83.17%	73.54%

图 8-10 Minitab 评估回归的总体效果分析

分析的第三要点是分析评估各项效应的显著性。

在整个模型显著的情况下，我们还要分析模型中的各项是否显著，整个模型显著并不意味着模型中每一项都是显著的。在方差分析结果中除了给出模型是否显著的检验结果以外，也给出了各项是否显著的检验，包括三项主效应、三项二阶交互效应。如果某一项检验的 P 值小于 0.05，我们就认为这项是显著的，否则就是不显著的。

除了方差分析以外，Minitab 还给出了对各项编码系数的检验结果（见图 8-11）。针对各项检验的原假设 H_0 是该项不显著，备择假设 H_1 是该项显著。要判断三项主效应和三项二阶交互效应中哪些项是显著的，就要看其显著性检验的 P 值。P 值小于 0.05，则该项是显著的。从 Minitab 输出结果可以看出，压力、距离、压力*距离的 P 值小于 0.05，而角度、压力*角度和距离*角度的 P 值大于 0.05，这三项是不显著的，需要在修改模型时从模型中删除。

除了根据各项的 P 值判断该项是否显著以外，Minitab 还输出了三张效应图，

已编码系数

项	效应	系数	系数标准误	T 值	P 值	方差膨胀因子
常量		76.06	1.62	46.98	0.000	
压力	-17.80	-8.90	1.98	-4.49	0.006	1.00
距离	21.70	10.85	1.98	5.47	0.003	1.00
角度	-2.20	-1.10	1.98	-0.55	0.603	1.00
压力*距离	-11.75	-5.87	1.98	-2.96	0.031	1.00
压力*角度	-1.75	-0.88	1.98	-0.44	0.677	1.00
距离*角度	3.95	1.97	1.98	1.00	0.365	1.00

图 8-11 Minitab 输出编码系数的检验结果

辅助我们判断因子是否显著，如图 8-12 所示，包括标准化效应的正态图、标准化效应的半正态图和标准化效应的 Pareto 图。

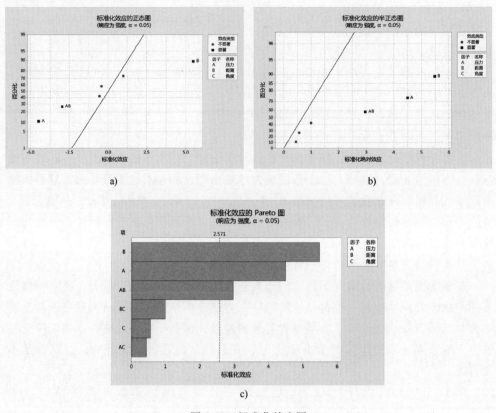

图 8-12　标准化效应图

将各因子的效应按照从小到大（正负号考虑在内）排成序列，将这些效应点标在正态概率图上，这就是标准化效应的正态图。显著的项在图中用方块表示，旁边标准因子的名称，不显著的项用圆点表示。图 8-12b 就是标准化效应的正态图，可以看出，A、B 和 AB 是显著的。

把所有因子的标准化效应取绝对值，得到的是标准化效应的半正态图。半正态图与正态图含义完全相同，表示方法也是一样的，即显著的项用方块表示，旁边标准因子的名称，不显著的项用圆点表示。图 8-12b 就是标准化效应的半正态图，从图中同样可以看出，A、B 和 AB 是显著的。

标准化效应的 Pareto 图是将各效应的 t 统计量的绝对值作为纵坐标从大到小排列，图中的竖断线代表是否显著的临界值，柱子长度超过竖断线者其效应是显著的。图 8-12c 给出了标准化效应的 Pareto 图，从图中同样可以看出，B、A 和 AB 是显著的。

根据上述分析，标准化效应的正态图、标准化效应的半正态图和标准化效应的

Pareto 图作用相同,都是辅助我们判断效应是否显著的图形,这三张图只画一张就够了。需要注意的是,在数据与模型拟合不好的情况下,Pareto 图不一定准确,所以建议优先选用标准化效应的正态图。

2)残差分析。DOE 分析"五步法"中的第二步是进行残差分析(或称为残差诊断)。建立回归模型我们使用的方法是最小二乘法,残差是指观测值与拟合值之差。在用最小二乘法建立回归模型时,有以下几条假定:一是残差具有时间独立性,或者说随着时间变化残差应该是随机波动的;二是残差应该来自于稳定受控总体;三是对输入因子的所有水平残差的方差是相等的;四是残差应该服从均值为 0、方差为 σ^2 的正态分布。为了检验残差是否满足这些条件,我们要进行残差分析,残差分析主要是通过图形进行的,有四种图形可以用于残差分析。

① 与观测值顺序的残差图:图 8-13 中右下角的图形,横轴为观测值顺序,纵轴为残差。观测值是按照时间的先后顺序收集的,希望看到残差在围绕着残差等于 0 的水平线上下无规则波动,重点要观察是否有趋势,也就是越来越高或越来越低的残差形态。如果残差出现了趋势,往往意味着还有潜在关键变量对结果有影响,我们还没有把这个变量找到。

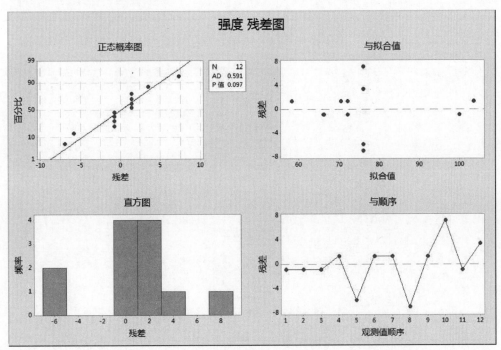

图 8-13 四合一残差图

② 与拟合值的残差图:图 8-13 中右上角的图形,横轴为拟合值,纵轴为残差。这张图形重点观察残差是否围绕残差等于 0 的水平线上下无规则波动,重点观察是否出现了弯曲,也就是中间高两边低或中间低两边高的形态;或者是否有喇叭

口,也就是随着拟合值的增加残差的波动逐渐加大。与拟合值的残差图如果出现了弯曲,说明拟合线性模型是不合理的,通常需要增加 x 的平方项甚至立方项。如果残差出现了喇叭口,也就是随着拟合值的增加,残差的波动逐渐加大,说明残差非齐性,通常需要对 y 进行变换。

③ 残差的正态概率图:图 8-13 中左上角的图形,重点看残差是否服从正态分布。如果图形中输出了针对残差正态性检验的 P 值,就可以根据 P 值判断,P 值大于 0.05 认为残差服从正态分布;如果没有输出正态性检验的 P 值,就看图形中的点是否在直线周围没有明显的弯曲趋势。

④ 各自变量的残差图:如图 8-14 所示,以各自变量为横轴,残差为纵轴。重点看残差是否围绕着残差等于 0 的水平线上下无规则波动,有没有弯曲。如果在各自变量的残差图中出现了弯曲,往往需要在回归模型中增加对应自变量的平方项。

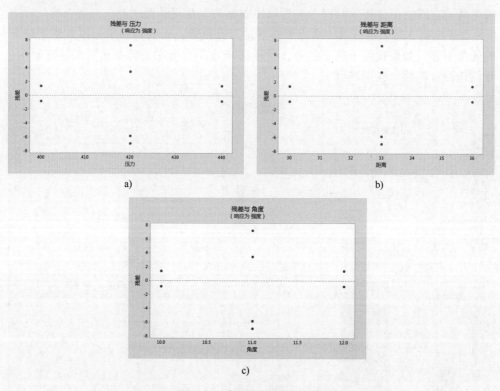

图 8-14 各自变量的残差图

四合一残差图中,左上角的正态概率图显示正态性检验的 P 值大于 0.05,可以认为残差服从正态分布;与拟合值的残差图没有发现弯曲或喇叭口的残差形态;与观测值顺序的残差图看起来是随机的,没有发现明显的趋势。

在图 8-14 所示的各自变量残差图中,三个因子的残差图没有发现弯曲的情况。

总之,本例中所有残差分析均未发现异常。

3）判断模型是否需要改进。DOE 分析"五步法"中的第三步是判断模型是否需要改进。什么情况下需要改进模型呢？通常包含以下情况：

① 残差对拟合预测值的诊断图中，是否有非齐性或弯曲的情形？如果此图有问题，则提示我们要对响应变量 y 作某种变换后才行，将 y 作变换后一切重新开始。

② 残差对自变量的诊断图中，是否有弯曲的情形？如果确实有弯曲，应考虑增加因子的平方项甚至立方项才会使模型拟合得更好。

③ 基于各项效应及回归系数计算的显著性分析中是否有不显著项？如果发现有些主效应项或交互效应项不显著，在修改模型时应将这些项从模型中删除，模型的拟合也要重新进行。

本例分析结果显示进入模型的 6 项中只有 A、B 和 AB 是显著的，需要修改模型，把不显著的 C、AC 和 BC 从模型中删除。

还有一点需要注意，就是模型的层次结构。所谓模型的层次结构是指高阶项如果显著，该高阶项中各低阶项也必须被包含在模型中。例如，在一个实验设计中，如果二阶交互项 AB 显著，A 和 B 的主效应都要包含在模型中，即使主效应不显著。这种限制在 Minitab 16 及以前的版本中必须执行，在 Minitab 18 中可以自己选择，但仍强烈建议保持模型的层次结构，所以我们按照 Minitab 默认的设置操作就可以了。

再次执行"统计"→"DOE"→"因子"→"分析因子设计"命令，单击"项"按钮，"所选项"中只保留 A、B 和 AB；单击"确定"按钮，回到"分析因子设计"对话框，再单击"图形"按钮，效应图选择"正态"，选中"四合一"单选按钮和"残差与变量"复选框，在下面的文本框中输入 C5 和 C6 列，显示因子名称"压力"和"距离"，如图 8-15 所示。

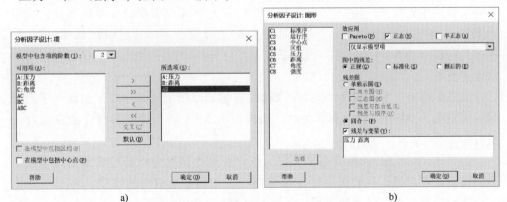

图 8-15 "分析因子设计"对话框

Minitab 会话窗口输出的结果（见图 8-16）中，方差分析给出了整个模型是否显著的检验结果。模型检验的 P 值是 0.000，小于 0.05，说明模型是显著的；弯曲

项检验的 P 值为 0.815，说明模型没有弯曲；失拟项检验的 P 值为 0.868，说明模型没有失拟；进入模型的两项主效应和一项二阶交互效应都是显著的。

方差分析

来源	自由度	Adj SS	Adj MS	F 值	P 值
模型	3	1851.58	617.195	24.17	0.000
线性	2	1575.46	787.730	30.85	0.000
压力	1	633.68	633.680	24.82	0.001
距离	1	941.78	941.780	36.88	0.000
2 因子交互效应	1	276.12	276.125	10.81	0.011
压力*距离	1	276.12	276.125	10.81	0.011
误差	8	204.28	25.536		
弯曲	1	1.71	1.707	0.06	0.815
失拟	4	56.69	14.173	0.29	0.868
纯误差	3	145.89	48.629		
合计	11	2055.87			

图 8-16　方差分析结果展示

接下来要分析修改后的模型效果如何。可以把模型修改前后衡量模型效果的指标进行对比，以判断模型效果，对比结果见表 8-6。

表 8-6　改进前后模型效果对比

模型指标	修改前	修改后	变化
R-Sq	92.35%	90.06%	↓
R-Sq（调整）	83.17%	86.34%	↑
S	5.60846	5.05327	↓

从表 8-6 可以看出，删除不显著项后，模型的 R-Sq 数值从 92.35% 降低到了 90.06%，R-Sq（调整）由 83.17% 提高到了 86.34%。从 R-Sq 的计算公式判断，只要从模型中删除项，R-Sq 就会降低，R-Sq 降低不能作为模型变差的依据，关键看 R-Sq（调整）是否提高，二者之间的差距是否变小了。从表中数据可以看出，修改后的模型的 R-Sq（调整）提高了，并且与 R-Sq 的差距更小了，说明模型修改后效果更好。

残差标准差 S 值是更重要的判断指标，S 值越小模型效果越好。包含 6 项的模型的 S 值是 5.60846，修改后模型的 S 值降低为 5.05327，说明修改后的模型效果更好。

包含 A、B 和 AB 的模型是显著的，各自变量也都显著，模型效果更好，残差分析没有发现问题，我们认为包含 A、B 和 AB 的模型是最终的模型。Minitab 给出了以未编码单位表示的回归方程：强度 = $-1214 + 2.786 \times$ 压力 $+ 44.7 \times$ 距离 $- 0.0979 \times$ 压力 * 距离。

4）寻找因子的最优设置。DOE 分析"五步法"中的第四步是实现最优化。Minitab 提供了专门用于寻找因子最优设计的响应优化器。执行"统计"→

"DOE"→"因子"→"响应优化器"命令,单击"目的"下拉箭头,选择"最大化",如图8-17a所示。在Minitab中常见的优化目标有三种:望大、望小和望目。望大是指希望响应越大越好,本例即为望大型响应。望小是指希望响应越小越好。这两种情况在Minitab 14的响应优化器中不需要进一步设置。望目是指在响应等于某一目标值时最好,此时需要填写"目标值",再单击"设置"按钮填写"下限"和"上限"。本例为望大型响应,不需要进一步设置。单击"确定"按钮,得到响应优化器输出结果,如图8-17所示。

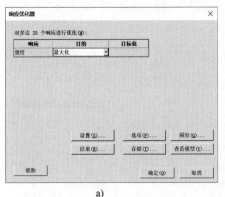
a)

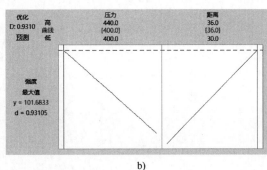
b)

图8-17 响应优化器

从响应优化器输出结果可以看出,当因子A(压力)取400Pa、因子B(距离)取36mm时,可以取得最大强度值101.6833。需要说明的是,如果按照上述因子设置进行多次实验,结果肯定是有波动的,Minitab在会话窗口还给出了95%置信区间和95%预测区间,见表8-7。

表8-7 多响应预测

变量	设置		
压力	400		
距离	36		
响应	拟合值	拟合值标准误	95% 置信区间	95% 预测区间
强度	101.6833	3.42	(93.79, 109.57)	(87.61, 115.76)

置信度为95%的预测区间为(87.61, 115.76),其含义是如果按照压力取400Pa、距离取36mm进行100次实验,平均说来大约有95次实验结果会落在这一区间内。

5)进行验证实验。DOE分析"五步法"中的第五步是进行验证实验。

我们要求强度要达到90MPa以上,通过DOE后得到的结果是满足我们要求的,这时,如果实验经费允许,可以按照因子的最优设置进行一些验证实验。实验结果与95%预测区间进行比较,如果有大约95%的实验结果落在95%预测区间内,说明模型与生产实际是比较符合的,我们就可以按照这组工艺参数控制生产。

Minitab 18 提供了逐步回归分析功能,大大方便了操作。

仍以表8-7为例说明逐步回归步骤。执行"统计"→"DOE"→"因子"→"分析因子设计"命令,"响应"输入C8列,单击"项"按钮,如图8-18a所示;在弹出的对话框中,"模型中包含项的阶数"保留默认的3,取消选中"在模型中包括中心点"复选框,如图8-18b所示;单击"确定"按钮,返回"分析因子设计"对话框,单击"逐步"按钮,单击"方法"右侧下拉箭头,选择"逐步",如图8-18c所示;单击"确定",单击"图形"按钮,选择"正态"效应图和"四合一"残差图,如图8-18d所示。

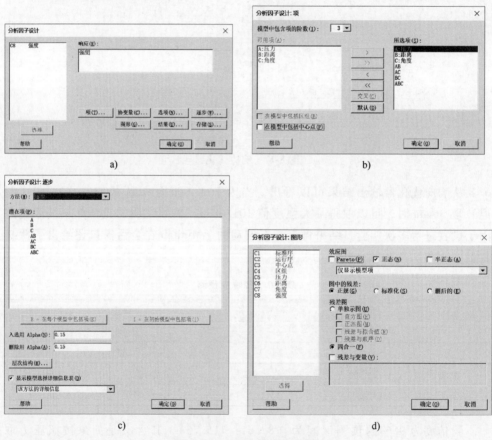

图 8-18 逐步回归设置步骤

Minitab 使用逐步回归功能自动进行因子筛选,模型中保留了 A、B 两项主效应和一项二阶交互效应 AB,如图 8-19 所示。

这与手工筛选修改模型结果相同。其后的模型效果、各自变量是否显著的检验、确定因子的最优设置等操作也是相同的,这里不再赘述。

第8章 质量工程技术

```
因子回归: 强度 与 压力, 距离, 角度

项的逐步选择法

入选用 α = 0.15, 删除用 α = 0.15

方差分析

来源          自由度   Adj SS    Adj MS    F值      P值
模型            3     1851.58   617.195   24.17   0.000
  线性          2     1575.46   787.730   30.85   0.000
    压力        1      633.68   633.680   24.82   0.001
    距离        1      941.78   941.780   36.88   0.000
  2因子交互效应  1      276.12   276.125   10.81   0.011
    压力*距离    1      276.12   276.125   10.81   0.011
误差            8      204.28    25.536
  弯曲          1        1.71     1.707    0.06   0.815
  失拟          4       56.69    14.173    0.29   0.868
  纯误差        3      145.89    48.629
合计           11     2055.87
```

图 8-19　因子回归相关参数

8.2　测量系统分析

8.2.1　测量系统分析概述

1. 测量系统分析的重要性

1963 年，C. Eisenhart 首次提出赋值过程即为测量过程，而赋予的值的定义则为测量值。要获得数据，就必须通过测量。决策是基于测量数据，因此测量值的"质量"决定了后续动作的质量。为了确保测量数据的可靠性、正确性、有效性，必须对测量系统加以适当的分析及评价。

通常一个测量结果可以分为Ⅰ、Ⅱ、Ⅲ三个区间。当测量结果处于区间Ⅰ和区间Ⅲ时，坏者恒坏、好者恒好，不存在任何争议。但是当测量结果处于区间Ⅱ时，很有可能难以判定到底是好还是坏。在测量系统分析中，称该模糊地带为"测量系统的黑匣子"（见图8-20），所有的测量系统分析都是围绕着揭示该黑匣子的大小而展开。

图 8-20　测量系统的黑匣子

1）测量系统变差对过程的影响。
在实际工作当中，只有经过测量才能得到测量值。数据到处都有，但不一定反映事实，因此有必要确认数据的可靠性。尤其是在实施统计过程控制（SPC）、过程能力分析、六西格玛等改进活动时，必须提前对测量系统进行分析，确认测量过程波

动的实际影响。测量值变差要素构成如图 8-21 所示。

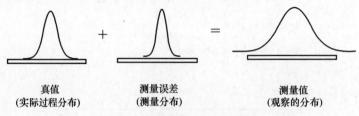

图 8-21 测量值变差要素构成

2) 测量系统变差来源。测量系统是用来对被测特性赋值的操作、程序、量具、设备、软件以及操作人员的集合,也是用来获得测量结果的整个过程。从测量系统的定义不难得知,测量本身和其他过程没有本质区别,也是一个包含人、机、料、法、环的过程!AUKOM 从不同角度对测量系统的变差进行分解,如图 8-22 所示。

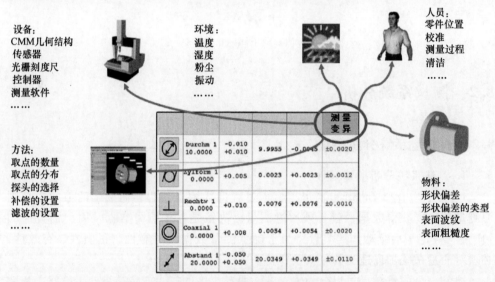

图 8-22 AUKOM 测量系统变差来源

注:CMM 为坐标测量机。

3) 测量系统变差研究。测量系统的变差通常可以从分辨力(Discrimination)、偏倚(Bias)、稳定性(Stability)、线性(Linearity)、重复性(Repeatability)和再现性(Reproducibility)6 个方面进行研究。其中,偏倚是测量系统准确度(Accuracy)的度量,重复性和再现性是精确度(Precision)的度量。对于实际的测量系统分析来说,通常需提前保证其分辨力,在偏倚和线性偏倚符合需求的情况下,才能进行重复性和再现性研究。

2. 测量系统的基本概念

(1) 分辨力 也被称作可读性(Readability)、分辨率(Resolution),是指测量系统识别并显示被测量对象最微小变化的能力（见图8-23）。其通常是量具设计所决定好的固有特性，由量具输出的最小刻度来反映。一个分辨力为0.01mm的游标卡尺，显然无法有效地识别出0.014mm、0.011mm的差别。具有足够的分辨力是一个测量系统合格的首要条件。在实际工作当中对量具分辨力的选择通常由被测量对象的公差规格或其过程变差大小所决定。在MSA手册中，推荐分辨力是公差规格或过程变差较小值的1/10，在VDA标准中直接要求分辨力是公差的1/20。

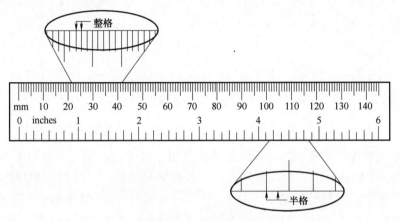

图8-23 分辨力示意图

（2）偏倚 是指观察到的多次测量值的平均值与参考值（Reference Value）之间的差值，由测量系统的系统误差所构成（见图8-24）。偏倚评价的方法通常有两种：一种是假设检验，能从统计上确定是否存在偏倚；另一种是%Bias，由实际偏倚值与被测量的过程特性（公差规格或过程变差较小值）比较得出，可以确定偏倚能否接受。通常%Bias要小于10%才行，实际应用要根据具体需求来定。

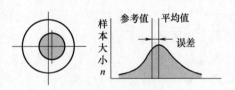

图8-24 偏倚示意图

（3）稳定性 也被称作漂移（Drift），是指随时间变化的偏倚值（见图8-25）。一个稳定的测量过程在位置方面总处于统计受控状态，可以借助控制图原理来实现控制。鉴于控制图在前文有详细讲解，这里不再赘述。

（4）线性 是指在量具正常工作量程（Normal Operating Range）内的偏倚变化量，也指多个独立的偏倚误差在量具工作量程内的关系，由测量系统的测量误差所构成。假设一把卡尺的工作量程为150mm，分辨力为0.01mm。它通常被用来测量125mm±0.05mm左右的长度特性；对于单个测量对象来说，它在工作当中起作用的实际量程也就是该测量特征的容差带宽：124.95～125.05mm。从这点来说，线性研究更多的是基于量具自身性能的研究，更多偏向于计量领域的检定和校准；对于单个测量任务来说，研究线性的意义不是很大。所以，VDA推荐用C_{gk}代替线性研究。如果真的担心测量任务的线性问题，可以在测量任务区间两端、中间多取几个点作 C_{gk}（见图 8-26）。

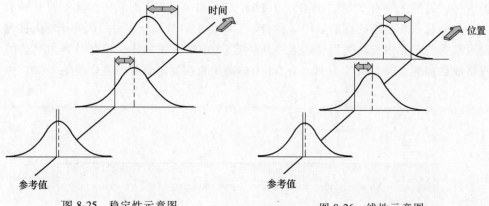

图 8-25　稳定性示意图　　　　　　图 8-26　线性示意图

（5）重复性　是指一个评价者使用一个测量仪器，对同一零件的某一特性进行多次测量下的变差，也指在固定的和一致的测量条件下，连续（短期内）多次测量中的变差。所以重复性通常称为 E.V.——设备变差（Equipment Variation）。它反映测量设备（量具）的能力或潜能，以及系统的内部变差（见图 8-27）。它和偏倚一样，都是对测量结果的评价，但偏倚是和参考值的位置差异，重复性是多次测量的变异波动。

（6）再现性　是指在各种可能变化的条件下，对同一个测量部件的同一特性进行多次测量，所得结果的一致性。通常是指不同评价者使用相同的量具，测量一个零件的一个特性的测量平均值的变差。在对产品和过程进行鉴定时，误差可能来自评价者、环境（时间）或方法。它通常被称为 A.V.——评价者偏差（Appraiser Variation），也称为系统之间（条件）的误差（见图 8-28）。但随着科技发展，越来越多的自动化测量设备得以应用，人与人的不同对测量系统变差的影响此时显得不再重要，再现性可能就变成了机器与机器之间的变差。在 ASTM E456-96 中，再现性包括重复性、实验室、环境以及评价者影响。所以，在再现性分析之前，最好先做测量系统的变异源分析（Analysis of Source of Variation），以确定主要的再现性变异来源，并以此代替人的变异来进行再现性分析。

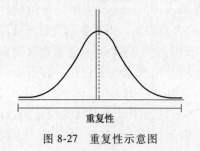
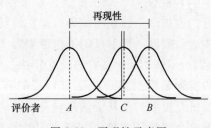

图 8-27　重复性示意图　　　　　　图 8-28　再现性示意图

8.2.2 计量型测量系统分析

1. 线性偏倚分析

1) 针对产品所需使用的范围,利用标准件或产品样本(一般区分为 5 个等份,其范围须包括产品的规格、公差的范围,即选择 $g \geq 5$ 个零件)来做仪器线性偏倚分析。

2) 如果是采用标准件,须有其正确值;如果是使用产品样本,则这些产品样本须先经全尺寸检验,测量每个零件的基准值,以此当作真值或参考值。

3) 由某位现场作业者以常规作业方式对每个样本或标准件量测 10 次($m \geq 10$),计算平均值,此值作为观测平均值。注意:在测量时,需打乱顺序盲测,以提高分析的可信度。

4) 计算每次测量的偏倚,以及每个零件的偏倚平均值。

$$偏倚_{i,j} = X_{i,j} - 参考值_i; \quad \overline{偏倚_i} = \frac{1}{m}\sum_{j=1}^{m} 偏倚_{i,j}$$

式中,i 为零件序号;j 为测量次数序号;$X_{i,j}$ 表示第 i 个零件的第 j 次测量读数。

5) 在线性图上画出相对于参考值的每个偏倚及偏倚平均值。

6) 应用以下公式,计算并画出最适合的拟合直线及该线的置信区间。

最适合的拟合直线为

$$y = aX + b$$

其中

$$斜率\ a = \frac{\sum xy - \left(\frac{1}{gm}\sum x \sum y\right)}{\sum x^2 - \frac{1}{gm}(\sum x)^2}$$

截距 $b = \overline{\overline{Y}} - a\overline{X} = (\sum y - a\sum x)/gm$

对于已知的参考值 x_0,其 α 水平的置信区间为

$$s = \sqrt{\frac{\sum y_i^2 - b\sum y_i - a\sum x_i y_i}{gm - 2}}$$

其中,s 为 Y 估计值的标准误差。

置信区间上限为

$$b + ax_0 + \left[t_{gm-2, 1-\alpha/2}\left(\frac{1}{gm} + \frac{(x_0 - \overline{x})^2}{\sum(x_i - \overline{x})^2}\right)^{1/2} s\right]$$

置信区间下限为

$$b + ax_0 - \left[t_{gm-2, 1-\alpha/2}\left(\frac{1}{gm} + \frac{(x_0 - \overline{x})^2}{\sum(x_i - \overline{x})^2}\right)^{1/2} s\right]$$

7) 确定重复性是否可被接受。重复性差异的标准偏差 $\sigma_{\text{Repeatability}} = s$。

$$\%EV = 100\left(\frac{EV}{TV}\right) = 100\left(\frac{\sigma_{\text{Repeatability}}}{TV}\right)$$

注：对于正常过程来说，TV 将小于公差规格，所以这里直接用 TV。评价线性偏倚必须先评价 $\%EV$。

8) 画出"$Bias = 0$"的线，并对图进行确认，以观察是否有特殊原因存在，以及线性是否可以接受。若"$Bias = 0$"的线都位于置信区间内，该线性可接受。

2. 重复性和再现性研究

在确认量具的偏倚及线性符合需求后，可以进行重复性和再现性研究。偏倚和线性方面的问题相对简单，容易解决。在实际工作中，容易出问题的地方往往在于精度方面，要想评价、改进测量系统的精度往往要复杂得多。测量系统的精度变差由重复性和再现性两部分组成，在研究时总是一起研究，称为 GR&R（R&R）。变差构成公式如下：

$$\sigma^2_{\text{Actual(Part)}} + \sigma^2_{\text{Meas. System}} = \sigma^2_{\text{Observed. (Total)}}$$

（1）GR&R 的评价　通常有两种评价方式，一种是和过程变差比，另一种是和公差规格比。对于正常过程，如果 R&R 取样合理，两者不会有太大差异。通常在评价 R&R 时，要结合分析的目的将两者一起来看待。如果是确认现有测量系统能否满足测试需求，可以侧重看和公差规格的比；如果是看现有测量系统能否满足过程的改进，需侧重于看和过程变差的比。其公式分别如下：

$$\text{和公差规格的比为}\%P/T = \%GR\&R = \frac{6\sigma_{MS}}{\text{Tolerance}} = \frac{6\sqrt{\sigma^2_{\text{Repeatability}} + \sigma^2_{\text{Reproducibility}}}}{USL - LSL}$$

$$\text{和过程变差的比为}\%GR\&R = \frac{6\sigma_{MS}}{\text{Total Variation}} = \frac{6\sqrt{\sigma^2_{\text{Repeatability}} + \sigma^2_{\text{Reproducibility}}}}{6\sigma_{\text{Total}}}$$

（2）GR&R 评价标准　常见的 GR&R 分为三个等级（见表 8-8）：数值 <10%，测量系统可接受；10% <数值 <30%，测量系统可接受或不接受，决定于该测量系统的重要性、修理所需的费用等因素；数值 >30%，测量系统不能接受，须予以改进，必要时更换量具或对量具重新进行调整，并对以前所量测的库存品再抽查检验，如发现库存品已超出规格应立即追踪出货并通知客户，协调处理对策。不管如何，如客户有特殊要求，需和客户沟通达成一致。如测量系统不合要求，可以将测量系统变差分解，根据重复性和再现性在测量变差的比重，来决定测量系统的改进方向。

1) GR&R 的研究方法。常见的 GR&R 研究方法有三种，分别为极差法、平均值极差法以及方差分析法（见图 8-29）。

表 8-8 测量能力评价标准

区分	方差分量贡献率	%研究变差或%公差
理想水准	<1%	<10%
可用的水准	1%~10%	10%~30%
不合适的水准	>10%	>30%

图 8-29 测量系统方差分解示意图

极差法只能计算测量变差近似值，只提供总体情形；平均值极差法把变差分为重复性和再现性；方差分析法把变差分为零件、评价者、零件与评价者的交互作用、量具重复性误差 4 类。由于极差法以及平均值极差法自身的限制，它们只能告知测量系统是行还是不行，不能将测量系统的变差精确分解到对象，无法得知测量系统到底哪里出了问题。但由于它计算简单，可以手动计算，过去用得比较多。但现在随着计算机技术和统计软件的发展，越来越多的公司直接要求供应商及其自身采用方差分析法来研究，极差法和平均值极差法逐渐被用得越来越少。下文重在阐述分析的原理及内在逻辑，以极差法和平均值极差法案例讲解。方差分析法较为复杂，建议借助统计软件进行分析评价。

2) GR&R 分析的一般步骤。

① 一般选出 2~3 名作业者，要以过程内平时做检查工作的作业者为评价对象。如果过程使用若干个作业者，随机选择 2~4 名；如果过程只使用一名作业者，或不使用作业者，进行无作业者影响研究（忽略再现性影响）。如果进行多变量分析，显示作业者的影响不显著，则考虑不同测量设备之间的再现性，以不同的测量设备代替作业者作为研究对象。

② 一般选择 10 个样本为被测对象，所选样本要能很好地代表过程；如果样本不够，至少要保证选择足够多的样本，以使样本数×操作者数>15。

③ 每个作业者通常对每个样本反复测量 2~3 次；作业者在测量过程中不准知道样本属性的信息；打乱样本顺序，实施盲测。

④ 分析并评价结果。视情况决定后续改进措施。当重复性（EV）变异值大于再现性（AV）时，量具的结构需再设计增强，量具的夹紧或零件定位的方式需加以改善，量具应加以保养。当再现性（AV）变异值大于重复性（EV）时，作业员

对量具的操作方法及数据读取方式应加强教育，作业标准应再明确订定或修订，可能需要某些夹具协助操作员，使其更具一致性地使用量具，量具与夹治具校验频率于入厂及送修矫正后须再做量测系统分析，并作记录。

【例8-3】 假设过程变差已知为0.468；2名评价者，5个零件，每人各测每个零件一次，测试结果分别为（X_A，X_B）=（0.85，0.80；0.75，0.70；1.00，0.95；0.45，0.55；0.50，0.60），请用极差法分析。

解：1）计算两名评价者之间的极差，结果为 $X_A - X_B$ = 0.05，0.05，0.05，0.10，0.10。

2）计算极差平均，也就是 $X_A - X_B$ 的平均值，$\overline{R}$ =（0.05+0.05+0.05+0.10+0.10）/5 = 0.070。

3）评价者数量 $m=2$，零件数量 $g=5$，由表8-9可得 $d_2 = 1.19105$。

4）计算重复性和再现性。

$$\sigma_{\text{Measurement}} = 6 \times \frac{\overline{R}}{d_2} = 6 \times \frac{0.070}{1.19105} = 0.353$$

5）$\% GR\&R = \% P/T = \dfrac{\sigma_{\text{Measurement}}}{\sigma_{\text{Process}}} = 0.353/0.468 = 75.4\%$

【例8-4】 假设3名评价者（Appr.）分别为A、B、C，对10个零件（Part）分别测试3次（Trail），测试结果见表8-10。请用平均值极差法分析。

1）计算每个评价者对每个零件的3次重复测试平均值：计算结果参考行（6）、（11）、（16）。

2）计算每个评价者对每个零件的3次重复测试极差：计算结果参考行（7）、（12）、（17）。

3）计算每个零件3个评价者分别测试3次得到的9个测量值的平均值：计算结果参考行（18）。

4）计算每个评价者每次测量10个零件的平均值、平均值的均值 $\overline{\overline{x}}$、极差 $\overline{R}$ 的均值以及零件的平均值极差 R_{P_Ave}：计算结果参考列（14）。

5）计算评价者极差的均值：$\overline{R_{\text{Appr.}}} = (R_A + R_B + R_C)/3 = (0.184 + 0.513 + 0.328)/3 = 0.3417$。

6）计算评价者的平均极差：

$R_{X\_DIFF} = \text{Max}(X_{\text{bar\_A}}, X_{\text{bar\_B}}, X_{\text{bar\_C}}) - \text{Min}(X_{\text{bar\_A}}, X_{\text{bar\_B}}, X_{\text{bar\_C}}) = 0.4447$。

7）计算极差控制上限：U_{CLR} = 评价者极差的均值 × D_4 = 0.3417 × 2.58 = 0.8815。

注：2次试验时 D_4 = 3.27，3次试验时 D_4 = 2.58。U_{CLR} 代表单个 R 的极限。找出那些超出极限的值，查明原因并纠正。同一评价者采用最初的仪器重复这些读数或剔除这些值并由其余观测值再次平均并计算 R 和极限值。

表 8-9 d_2 系数表

项目	2	3	4	5	6	7	8	9	10	11	12	13	14	15	16	17	18	19	20
1	1.0	2.0	2.9	3.8	4.7	5.5	6.3	7.0	7.7	8.3	9.0	9.6	10.2	10.8	11.3	11.9	12.4	12.9	13.4
	1.41421	1.91155	2.23887	2.48124	2.67253	2.82981	2.96288	3.07794	3.17905	3.26909	3.35016	3.42378	3.49116	3.55333	3.61071	3.66422	3.71424	3.76118	3.80537
2	1.9	3.8	5.7	7.5	9.2	10.8	12.3	13.8	15.1	16.5	17.8	19.0	20.2	21.3	22.4	23.5	24.5	25.5	26.5
	1.27931	1.80538	2.15069	2.40484	2.60438	2.76779	2.90562	3.02446	3.12869	3.22134	3.30463	3.38017	3.44922	3.51287	3.57156	3.62625	3.67734	3.72524	3.77032
3	2.8	5.7	8.4	11.1	13.6	16.0	18.3	20.5	22.6	24.6	26.5	28.4	30.1	31.9	33.5	35.1	36.7	38.2	39.7
	1.23105	1.76858	2.12049	2.37883	2.58127	2.74681	2.88628	3.00643	3.11173	3.20526	3.28931	3.36550	3.43512	3.49927	3.55842	3.61351	3.66495	3.71319	3.75857
4	3.7	7.5	11.2	14.7	18.1	21.3	24.4	27.3	30.1	32.7	35.3	37.7	40.1	42.4	44.6	46.7	48.8	50.8	52.8
	1.20621	1.74989	2.10522	2.36571	2.56964	2.73626	2.87656	2.99737	3.10321	3.19720	3.28163	3.35815	3.42805	3.49246	3.55183	3.60712	3.65819	3.70715	3.75268
5	4.6	9.3	13.9	18.4	22.6	26.6	30.4	34.0	37.5	40.8	44.0	47.1	50.1	52.9	55.7	58.4	61.0	63.5	65.9
	1.19105	1.73857	2.09601	2.35781	2.56263	2.72991	2.87071	2.99192	3.09808	3.19235	3.27701	3.35372	3.42381	3.48836	3.54787	3.60328	3.65502	3.70352	3.74914
6	5.5	11.1	16.7	22.0	27.0	31.8	36.4	40.8	45.0	49.0	52.8	56.5	60.1	63.5	66.8	70.0	73.1	76.1	79.1
	1.18083	1.73099	2.08985	2.35253	2.55795	2.72567	2.86680	2.98829	2.99467	3.18911	3.27392	3.35077	3.42097	3.48563	3.54522	3.60072	3.65253	3.70109	3.74678
7	6.4	12.9	19.4	25.6	31.5	37.1	42.5	47.6	52.4	57.1	61.6	65.9	70.0	74.0	77.9	81.6	85.3	88.8	92.2
	1.17348	1.72555	2.08543	2.34875	2.55460	2.72263	2.86401	2.98568	3.09222	3.18679	3.27172	3.34866	3.41894	3.48368	3.54333	3.59888	3.65075	3.69936	3.74509
8	7.2	14.8	22.1	29.2	36.0	42.4	48.5	54.3	59.9	65.2	70.3	75.2	80.0	84.6	89.0	93.3	97.4	101.4	105.3
	1.16794	1.72147	2.08212	2.34591	2.55208	2.72036	2.86192	2.98373	3.09039	3.18506	3.27006	3.34708	3.41742	3.48221	3.54192	3.59751	3.64941	3.69805	3.74382
9	8.1	16.6	24.9	32.9	40.4	47.7	54.5	61.1	67.3	73.3	79.1	84.6	90.0	95.1	100.1	104.9	109.5	114.1	118.5
	1.16361	1.71828	2.07953	2.34370	2.55013	2.71858	2.86028	2.98221	3.08896	3.18370	3.26878	3.34858	3.41624	3.48107	3.54081	3.59644	3.64838	3.69705	3.74284
10	9.0	18.4	27.6	36.5	44.9	52.9	60.6	67.8	74.8	81.5	87.9	94.0	99.9	105.6	111.2	116.5	121.7	126.7	131.6
	1.16014	1.71573	2.07746	2.34192	2.54856	2.71717	2.85898	2.98100	3.08781	3.18262	3.26775	3.34486	3.41529	3.48016	3.53993	3.59559	3.64755	3.69625	3.74205
11	9.9	20.2	30.4	40.1	49.4	58.2	66.6	74.6	82.2	89.6	96.6	103.4	109.9	116.2	122.3	128.1	133.8	139.4	144.7
	1.15729	1.71363	2.07577	2.34048	2.54728	2.71600	2.85791	2.98000	3.08688	3.18174	3.26690	3.34406	3.41452	3.47941	3.53921	3.59489	3.64687	3.69558	3.74141

子组数量 g / 子组大小 m

（续）

项目		2	3	4	5	6	7	8	9	10	11	12	13	14	15	16	17	18	19	20
子组数量 g	12	10.7	22.0	33.1	43.7	53.8	63.5	72.6	81.3	89.7	97.7	105.4	112.7	119.9	126.7	133.3	139.8	146.0	152.0	157.9
		1.15490	1.71189	2.07436	2.33927	2.54621	2.71504	2.85702	2.97917	3.08610	3.18100	3.26620	3.34339	3.41387	3.47879	3.53861	3.59430	3.64630	3.69503	3.74087
	13	11.6	23.8	35.8	47.3	58.3	68.7	78.6	88.1	97.1	105.8	114.1	122.1	129.8	137.3	144.4	151.4	158.1	164.7	171.0
		1.15289	1.71041	2.07316	2.33824	2.54530	2.71422	2.85627	2.97847	3.08544	3.18037	3.26561	3.34282	3.41333	3.47826	3.53810	3.59381	3.64582	3.69457	3.74041
	14	12.5	25.7	38.6	51.0	62.8	74.0	84.7	94.9	104.6	113.9	122.9	131.5	139.8	147.8	155.5	163.0	170.3	177.3	184.2
		1.15115	1.70914	2.07213	2.33737	2.54452	2.71351	2.85562	2.97787	3.08487	3.17984	3.26510	3.34233	3.41286	3.47781	3.53766	3.59339	3.64541	3.69417	3.74002
	15	13.4	27.5	41.3	54.6	67.2	79.3	90.7	101.6	112.1	122.1	131.7	140.9	149.8	158.3	166.6	174.6	182.4	190.0	197.3
		1.14965	1.70804	2.07125	2.33661	2.54385	2.71290	2.85506	2.97735	3.08438	3.17938	3.26465	3.34191	3.41245	3.47742	3.53728	3.59302	3.64505	3.69382	3.73969
子组大小 m	16	14.3	29.3	44.1	58.2	71.7	84.5	96.7	108.4	119.5	130.2	140.4	150.2	159.7	168.9	177.7	186.3	194.6	202.6	210.4
		1.14833	1.70708	2.07047	2.33594	2.54326	2.71237	2.85457	2.97689	3.08395	3.17897	3.26427	3.34154	3.41210	3.47707	3.53695	3.59270	3.64474	3.69351	3.73939
	17	15.1	31.1	46.8	61.8	76.2	89.8	102.8	115.1	127.0	138.3	149.2	159.6	169.7	179.4	188.8	197.9	206.7	215.2	223.6
		1.14717	1.70623	2.06978	2.33535	2.54274	2.71190	2.85413	2.97649	3.08358	3.17861	3.26393	3.34121	3.41178	3.47677	3.53666	3.59242	3.64447	3.69325	3.73913
	18	16.0	32.9	49.5	65.5	80.6	95.1	108.8	121.9	134.4	146.4	157.9	169.0	179.7	190.0	199.9	209.5	218.8	227.9	236.7
		1.14613	1.70547	2.06917	2.33483	2.54228	2.71148	2.85375	2.97613	3.08324	3.17829	3.26362	3.34092	3.41150	3.47650	3.53640	3.59216	3.64422	3.69301	3.73890
	19	16.9	34.7	52.3	69.1	85.1	100.3	114.8	128.7	141.9	154.5	166.7	178.4	189.6	200.5	211.0	221.1	231.0	240.5	249.8
		1.14520	1.70480	2.06862	2.33436	2.54187	2.71111	2.85341	2.97581	3.08294	3.17801	3.26335	3.34066	3.41125	3.47626	3.53617	3.59194	3.64400	3.69280	3.73869
	20	17.8	36.5	55.0	72.7	89.6	105.6	120.9	135.4	149.3	162.7	175.5	187.8	199.6	211.0	222.1	232.8	243.1	253.2	263.0
		1.14437	1.70419	2.06813	2.33394	2.54149	2.71077	2.85310	2.97552	3.08267	3.17775	3.26311	3.34044	3.41104	3.47605	3.53596	3.59174	3.64380	3.69260	3.73850
d_2		1.128	1.692	2.058	2.325	2.534	2.704	2.847	2.970	3.077	3.172	3.258	3.335	3.406	3.471	3.531	3.587	3.640	3.689	3.735
cd		0.876	1.815	2.7378	3.623	4.4658	5.2673	6.0305	6.7582	7.4539	8.1207	8.7602	9.3751	9.9679	10.5396	11.0913	11.6259	12.144	12.6468	13.1362

数据表使用说明：每一栏的第一行是自由度（V），每一栏的第二行是 d_2^*，d_2 是 d_2^* 的无限值；额外的 V 值可以从不同 cd 常数来建立。

第8章 质量工程技术

表 8-10 平均值极差法案例数据

列(1)	列(2)	列(3)	列(4)	列(5)	列(6)	列(7)	列(8)	列(9)	列(10)	列(11)	列(12)	列(13)	列(14)
							Part					Results	Average
Appr. #	Trail#	1	2	3	4	5	6	7	8	9	10		
A	1	0.29	-0.56	1.34	0.47	-0.8	0.02	0.59	-0.31	2.26	-1.36	A_1	0.194
	2	0.41	-0.68	1.17	0.5	-0.92	-0.11	0.75	-0.2	1.99	-1.25	A_2	0.166
	3	0.64	-0.58	1.27	0.64	-0.84	-0.21	0.66	-0.17	2.01	-1.31	A_3	0.211
	Average	0.447	-0.607	1.260	0.537	-0.853	-0.100	0.667	-0.227	2.087	-1.307	X_{bar_A}	0.190
	Range	0.350	0.120	0.170	0.170	0.120	0.230	0.160	0.140	0.270	0.110	R_A	0.184
B	1	0.08	-0.47	1.19	0.01	-0.56	-0.2	0.47	-0.63	1.8	-1.68	B_1	0.001
	2	0.25	-1.22	0.94	1.03	-1.2	0.22	0.55	0.08	2.12	-1.62	B_2	0.115
	3	0.07	-0.68	1.34	0.2	-1.28	0.06	0.83	-0.34	2.19	-1.5	B_3	0.089
	Average	0.133	-0.790	1.157	0.413	-1.013	0.027	0.617	-0.297	2.037	-1.600	X_{bar_B}	0.068
	Range	0.180	0.750	0.400	1.020	0.720	0.420	0.360	0.710	0.390	0.180	R_B	0.513
C	1	0.04	-1.38	0.88	0.14	-1.46	-0.29	0.02	-0.46	1.77	-1.49	C_1	-0.223
	2	-0.11	-1.13	1.09	0.2	-1.07	-0.67	0.01	-0.56	1.45	-1.77	C_2	-0.256
	3	-0.15	-0.96	0.67	0.11	-1.45	-0.49	0.21	-0.49	1.87	-2.16	C_3	-0.284
	Average	-0.073	-1.157	0.880	0.150	-1.327	-0.483	0.080	-0.503	1.697	-1.807	X_{bar_C}	-0.254
	Range	0.190	0.420	0.420	0.090	0.390	0.380	0.200	0.100	0.420	0.670	R_C	0.328
Part Average		0.169	-0.851	1.099	0.367	-1.064	-0.186	0.454	-0.342	1.940	-1.571	R_{P_Ave}	3.511

8）计算重复性（EV）。

$$EV = \overline{R}_{\text{Appr.}} K_1 = 0.3417 \times 0.5908 = 0.2019$$

注：2次试验时 $K_1 = 0.8862$，3次试验时 $K_1 = 0.5908$。

9）计算再现性（AV）。

$$AV = \sqrt{(K_2 R_{\text{X\_DIFF}})^2 - EV^2/nr} = \sqrt{R_{\text{X\_DIFF}}^2 - EV^2/nr}$$

$$= \sqrt{(0.5231 \times 0.4447)^2 - \frac{0.2019^2}{30}} = 0.2297$$

注：2个评价者时 $K_2 = 0.7071$，3个评价者时 $K_2 = 0.5231$；n 为零件数；r 为试验次数。

10）计算重复性和再现性（$R\&R$）。

$$R\&R = \sqrt{EV^2 + AV^2} = \sqrt{0.2019^2 + 0.2297^2} = 0.3058$$

11）计算零件间变差（PV）。

$$PV = R_{\text{P\_Ave}} K_3 = 3.511 \times 0.3146 = 1.105$$

注：K_3 为与零件数 n 相关的系数，查表8-11可得其值。

表8-11 K_3 系数表

零件数	2	3	4	5	6	7	8	9	10
K_3	0.7071	0.5231	0.4467	0.4030	0.3742	0.3534	0.3375	0.3249	0.3146

12）计算总变差（TV）。

$$TV = \sqrt{R\&R^2 + PV^2} = \sqrt{0.3058^2 + 1.105^2} = 1.146$$

13）评价 %EV、%AV、%$R\&R$、%PV 以及 NDC。

$$\%EV = EV/TV \times 100\% = 0.2019/1.146 \times 100\% = 17.61\%$$

$$\%AV = AV/TV \times 100\% = 0.2297/1.146 \times 100\% = 20.04\%$$

$$\%R\&R = R\&R/TV \times 100\% = 0.3058/1.146 \times 100\% = 26.68\%$$

假设知道过程规格公差带宽（$Tolerance$）为5，则

$$\%R\&R = 6R\&R/Tolerance \times 100\% = 6 \times 0.3058/5 \times 100\% = 36.70\%$$

$$\%PV = PV/TV \times 100\% = 1.105/1.146 \times 100\% = 96.38\%$$

$$NDC = 1.41 PV/R\&R = 1.41 \times 1.105/0.3058 = 5 \text{（取整）}$$

14）结果解析：$R\&R$ 和总变差的比值为 26.68%，但和公差带宽的比值为 36.7%，说明该测量系统已经不合格，需改善，改善方向可以从 %EV、%AV 着手。本案例中 %EV 为 17.61%，%AV 为 20.04%，鉴于 %EV 通常需要小于 10%，可以分解到每个评价者的测量变差，继续深挖重复性不好的原因并进行改进。

8.2.3 计数型测量系统分析

计数型测量系统的最大特征是其测量值是不连续、离散的，不容易量化，例如

产品合格与不合格以及不合格的比例、通规和止规的测试结果 GO 和 NGO 等。计数型测量系统的分析方法可以从一致性比率和卡帕值两方面着手评价。但由于计数型数据自身的缺陷，第一优选是将计数型数据的分级细化到 10 级以上（参考利克特量表），此时可以将计数型数据默认近似于连续型数据（1/10 法则）来评价分析。

（1）一致性比率　是评价测量结果一致性最常用的统计量，一致性比率＝一致性的次数/测量总次数。根据侧重点和比较对象的不同，通常可以分为四大类。通常来说，一致性比率至少要大于 80%，最好要达到 90% 以上，否则，应当采取措施，以保证测量结果的可靠性。

1）同一操作员测量同一零件且重复测量时，其自身的一致性类似于连续型测量系统分析的重复性。

2）不同操作员测量同一零件且重复测量时，操作员之间的一致性类似于连续型测量系统分析的再现性。

3）同一操作员测量同一零件且重复测量时，不但需保证其自身的一致性，还需保证和标准值的一致性。

4）不同操作员测量同一零件且重复测量时，不但需保证操作员之间的一致性，还需保证和标准值的一致性。

（2）卡帕值（符号为希腊字母 κ，读音为 Kappa）　是另一个度量计数型测量结果一致程度的统计量，它只能用于两个变量具有相同的非分级数和分级值的情况。其计算公式为

$$\kappa = \frac{P_o - P_e}{1 - P_e}$$

式中，P_o 为实际一致的比率；P_e 为期望一致的比率。

κ 在计算上有两种方法：Cohen 法和 Fleiss 法。两者基本类似，下文以 Cohen 法为例进行讲解。

κ 的取值范围为 -1~1。当 κ 为 1 时，表示两者完全一致；当 κ 为 0 时，其一致程度完全出于偶然；当 κ 为 -1 时，两者完全相反。在实际工作当中，基本不太会出现 κ 为负值的情况。κ 的推荐评价标准见表 8-12，请结合实际参考使用。

表 8-12　κ 的推荐评价标准

κ	大于 0.9	0.7~0.9	小于 0.7
测量系统能力	良好	可接受	不合格

（3）计数型测量系统分析的实施

【例 8-5】　某壁纸制造商为调查顾客对本公司产品色彩的评价是否一致，有意挑选了 10 个比较容易混淆的蓝色和绿色的样品，请两位顾客 A、B 检定其色彩（见表 8-13）。分析其一致性并计算 κ。

表 8-13　一致性分析数据

样品	1	2	3	4	5	6	7	8	9	10
A	蓝	绿	绿	蓝	蓝	蓝	绿	蓝	绿	绿
B	蓝	绿	蓝	绿	绿	蓝	绿	蓝	绿	绿

1）评价其一致性。总检验数为 10，顾客 A、B 检验结果相同的数量为 7。

一致性比率＝一致性的次数/测量总次数＝7/10＝70%。

2）计算 κ。将顾客 A、B 的检定结果转换成列联表，见表 8-14。由表可知，顾客 A、B 都一致认为蓝色、绿色的分别为 3 和 4 个样品。

$$P_o=(3+4)/10=70\%$$

表 8-14　列联表 1

项目		顾客 A		
		蓝	绿	总计
顾客 B	蓝	3	1	4
	绿	2	4	6
	总计	5	5	10

但是这 70% 的一致性并不完全正确，里面有多少是巧合成分还不清楚，需要继续分析。分开看，顾客 A、B 各自选蓝色的机会分别为 50% 和 40%，即使都乱选，顾客 A、B 判断结果一致的可能性都有 50%×40%＝20%。将各自乱选一致的（期望）结果用带括号的数字记入列联表，见表 8-15。

表 8-15　列联表 2

项目		顾客 A		
		蓝	绿	总计
顾客 B	蓝	3(2)	1(2)	4
	绿	2(3)	4(3)	6
	总计	5	5	10

计算得知，两者乱选一致的期望为

$$P_e=\frac{2+3}{10}=50\%$$

$$\kappa=\frac{P_o-P_e}{1-P_e}=\frac{70\%-50\%}{1-50\%}=0.4$$

由此可见，在评价计数型测量系统的一致性时，用 κ 值能够排除两者乱选的一致性，能够更加准确地反映评价结果的一致性。在实际应用中，要分析的往往比该案例复杂得多，可以将顾客 B 变换成"参考标准"来计算测量员与"参考标准"

之间的一致性和 κ 值。

8.2.4 测量结果

1. 测量结果和测量误差

测量结果是按照规定的测量程序测量所得的量值,测量结果可以是观测值本身,也可以是几个观测值计算的结果,例如测量结果可以是一组观测值的平均数或中位数等。测量结果还可以按适当的标准进行修正,例如长度测量结果按照标准温度进行修正。

测量结果是由测量赋予的被测量的值,是客观存在的量的实验表现,是对测量所得被测量之值的近似或估计。它不仅与量本身有关,还与测量程序、测量设备、测量环境、测量对象以及测量人员等有关。

测量误差是测量结果减去被测量的真值所得的差。真值是与给定的特定量的定义完全一致的值,它是通过完美无缺的测量,才能获得的值。真值实际上是无法得到的,所以实际上常用的是约定真值,以测量不确定度来表征其所处的范围。

测量误差与测量结果有关,即不同的测量结果有不同的误差,不同的测量结果并不存在一个共同的误差。一个测量结果的误差,若不是正值就是负值,它取决于这个结果与真值的比较。所以,误差可表示为

测量误差 = 测量结果 − 真值 = (测量结果 − 总体均值) + (总体均值 − 真值)

= 随机误差 + 系统误差

随机误差是测量结果与重复性条件下对同一被测量进行无限多次测量所得结果的平均值之差,称为随机误差。

系统误差是在重复性条件下,对同一被测量进行无限多次测量所得结果的平均值与被测量的真值之差,称为系统误差。它是测量结果中期望不为零的误差分量。由于只能进行有限次数的重复测量,真值也只能用约定真值代替,因此可能确定的系统误差只是其估计值,并具有一定的不确定度。

系统误差大抵来源于影响量,它对测量结果的影响若已识别并可定量表述,则称之为系统效应。该效应的大小若是显著的,则可通过估计的修正值予以补偿。但是,用以估计的修正值均由测量获得,本身就是不确定的。

用代数方法与未修正测量结果相加,以补偿其系统误差的值,称为修正值。含有误差的测量结果,加上修正值后就可能补偿或减少误差的影响。由于系统误差不能完全获知,因此这种补偿并不完全。修正值等于负的系统误差,这就是说加上某个修正值就像扣掉某个系统误差,其效果是一样的,只是人们考虑问题的出发点不同而已,即

真值 = 测量结果 + 修正值 = 测量结果 − 误差

在量值溯源和量值传递中,常常采用这种加修正值的直观的办法。用高一个等级的计量标准来校准或检定测量仪器,其主要内容之一就是要获得准确的修正值。

换言之,系统误差可以用适当的修正值来估计并予以补偿。但应强调指出:这种补偿是不完全的,也即修正值本身就含有不确定度。当测量结果以代数和方式与修正值相加后,其系统误差之模会比修正前的小,但不可能为零,也即修正值只能对系统误差进行有限程度的补偿。

2. 测量不确定度

(1) 测量不确定度简介　测量的目的是获得测量结果。度量测量结果质量最重要的依据是测量结果的可靠性。测量不确定度就是对测量结果质量的定量表征,测量结果的可用性很大程度取决于其不确定度的大小。所以,测量结果表述必须同时包含赋予被测量的值以及与之相关的测量不确定度,这样才是完整并有意义的。

表征合理赋予的被测量的值的分散性,与测量结果相联系的参数称为测量不确定度。测量不确定度表示对测量结果可信性、有效性的不确定或不肯定的程度。实际上,由于测量的不完美和人们认识的不足,所得的被测量值具有分散性,也就是每次测量的结果不是同一值,而是以一定概率分散在某个区域内的多个值。虽然客观存在的系统误差是一个相对确定的值,但由于人们无法完全认知或掌握它,而只能认为它以某种概率分布于某个区域内,且这种概率分布本身也具有分散性。

测量不确定度是说明被测量之值分散性的参数,测量结果的不确定度反映了人们对被测量值准确认识方面的不足,即使经过对已确定的系统误差的修正后,测量结果仍然只能是被测量值的一个估计值,它不能说明测量结果是否接近真值。

测量误差和测量不确定度在实际工作当中经常混淆,实际上它们是两个截然不同的概念。测量不确定度表明赋予被测量的值的分散性,是通过对测量过程的分析和评定得出的一个区间。测量误差则是表明测量结果偏离真值的差值。经过修正的测量结果可能非常接近真值,意味着误差很小,但是由于对测量过程的认识不足,人们赋予它的值却落在一个较大的区间内,也就是说测量不确定度很大。

为了表征这种分散性,测量不确定度通常用标准差表示。在实际使用中,往往希望知道测量结果的置信区间,因此规定测量不确定度也可用标准差的倍数或说明了置信水平的区间的半宽表示。为了区分这两种不同的表示方法,分别称它们为标准不确定度和扩展不确定度。

(2) 标准不确定度　标准不确定度是以标准差来表示的测量不确定度,用符号 u 表示。需要注意,它不是指由测量标准引起的不确定度,而是指以标准差来表示的不确定度,用以表征被测量的值的分散性。

当对同一被测量作 n 次测量,表征测量结果分散性的量 S 按下式算出时,称它为实验标准差:

$$S = \sqrt{\sum_{i=1}^{n}(x_i - \bar{x})^2/(n-1)}$$

式中,x_i 为第 i 次测量的结果;$\bar{x}$ 为所考虑的 n 次测量结果的算术平均值。

由于引起测量结果的不确定度的原因有许多,对于每个不确定度来源分别评定其标准差，称为标准不确定度分量。标准不确定度分量的评定方法包括 A 类评定和 B 类评定两种。

用对观测列进行统计分析的方法来评定标准不确定度，称为不确定度的 A 类评定，有时也称为 A 类不确定度评定。所得到的相应标准不确定度称为 A 类不确定度分量，用符号 u_A 表示。

用不同于对观测列进行统计分析的方法来评定标准不确定度，称为不确定度的 B 类评定，也称为 B 类不确定度评定。所得到的相应的标准不确定度称为 B 类标准不确定度分量，用符号 u_B 表示。

在测量结果是由若干个其他量求得的情形下，测量结果的标准不确定度等于这些其他量的方差和协方差加权和的正平方根，它被称为合成标准不确定度。合成标准不确定度是测量结果标准差的估计值，用符号 u_C 表示。合成标准不确定度是测量结果标准差的估计值，用以表征测量结果的分散性。

（3）扩展不确定度　用标准差的倍数或说明了置信水平的区间的半宽表示的测量不确定度，称为扩展不确定度，通常用符号 U 表示。它是将合成标准不确定度扩展了 k 倍得到的，即 $U=ku_C$，这里 k 值一般为 2，有时为 3，取决于被测量的重要性、效益和风险。

扩展不确定度是测量结果的取值区间的半宽，可期望该区间包含了被测量的值分布的大部分。而测量结果的取值区间在被测量值概率分布中所包含的百分数，称为该区间的置信概率、置信水准或置信水平，用符号 p 表示。这时扩展不确定度用符号 U_p 表示，它给出的区间能包含被测量可能值的大部分（比如 95% 或 99% 等）。

按照测量不确定度的定义，合理赋予的被测量的值的分散区间理应包含全部的测得值，即 100% 包含于区间内，此区间的半宽通常用符号 a 表示。若要求其中包含 95% 的被测量的值，则此区间称为概率为 $p=95\%$ 的置信区间，其半宽就是扩展不确定度 U_{95}；类似的，若要求 99% 的概率，则半宽为 U_{99}。这个与置信概率区间或统计包含区间有关的概率，即为上述的置信概率。显然，在上面列举的三个半宽之间存在着 $U_{95}<U_{99}<a$ 的关系，至于具体小多少或大多少，还与赋予被测量的值的分布情况有关。

归纳上述内容，可得到测量不确定度的分类图示，如图 8-30 所示。

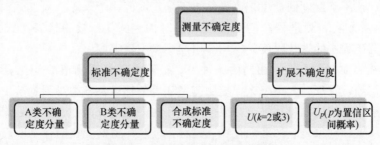

图 8-30　测量不确定度的分类图示

(4) 测量不确定度的来源　测量过程中有许多引起测量不确定度的来源，它们可能来自以下 10 个方面：

1) 对被测量的定义不完整或不完善。例如：定义被测量是标称值为 1m 的钢棒的长度，如果要求测量精度到微米级，则被测量的定义就不够完善，此时受温度的影响已经非常明显，完整的定义应该是标称值为 1m 的钢棒在 20℃ 时的长度，如果在定义要求的温度下进行测量，则可以避免由于温度引起的不确定度。

2) 实现被测量定义的方法不理想。在上个例子中，虽然明确定义温度为 20℃，但是在测量过程中，实际温度达不到定义的要求，使测量结果引入了不确定度。

3) 取样的代表性不够，即被测量的样本不能代表所定义的被测量。例如：测量一个工件的表面粗糙度时，通常只能取工件表面的一部分进行测量，如果该部分不能完全代表工件的整个表面，则取样将引入不确定度。

4) 对被测量过程受环境影响的认识不周全，或对环境条件的测量或控制不完善。同样以上述钢棒测量为例，不是只有温度影响测量结果，湿度和钢棒的支撑方式都有明显的影响，但是由于认识不足，没有采取相应的措施，则会引起相应的不确定度。

5) 对模拟式仪器的读数存在人为的偏差。模拟式仪器在进行估读时，由于观测者的位置和观测者个人习惯的不同等原因，可能对统一状态下的显示值产生不同的估读值，这种差异将产生不确定度。

6) 测量仪器的分辨力或鉴别力不够。数字式测量仪器的指示装置分辨力不够时，无法分辨出输入信号的变化，导致看起来重复性很好，比如指示结果理想重复，但这种重复性所贡献的测量不确定度仍然不为零。

7) 赋予测量标准或标准物质的值不准。通常很多的测量是通过被测量与测量标准的给定值进行比较来实现的，因此，测量标准的不确定度将直接引入测量结果。

8) 用于数据计算的常量或其他参量不准。同样以上述钢棒测量为例，在使用温度进行长度补偿时，需要用到钢的膨胀系数，通过有关手册可以查询该系数及其不确定度，该不确定度同样也是测量结果不确定度的一个来源。

9) 测量方法和测量程序的近似性和假定性。例如：被测量表达式的近似程度、自动测试程序的迭代程度等，均会引起测量不确定度。

10) 在表面上看来完全相同的条件下，被测量重复观测值的变化。在实际工作中，我们经常发现，无论怎么样控制测量环境条件以及各类对测量结果可能产生影响的因素，最终的测量结果总会或多或少存在一定的分散性，也就是测量结果不完全相同。这种现象是一种客观存在，这种重复观测值的变化同样是不确定度的来源之一。

8.3 质量功能展开

质量功能展开（Quality Function Deployment，QFD）是 1972 年日本三菱重工在神户造船厂最早使用的。质量功能展开是一种利用矩阵将各项经济技术指标对产品质量的影响进行量化分析，从而将市场对产品的质量需求转化为相关技术要求和管理要求的方法。

8.3.1 质量功能展开概述

1. 质量功能展开的概念

本质上，质量功能展开是一种立足于在产品开发过程中最大限度地满足顾客需求的系统化的、用户驱动式的质量保证方法。公司在引进一项对公司生存和发展至关紧要的新产品或新服务时，将会面临战略选择问题。如果设想有这样一种方法，在尝试之前就能够识别该项目的潜在功能，能够帮助公司降低从开发、设计到商业化生产的 30% 时间，而且能够提高产品质量和降低项目投入成本，对于从源头提高产品质量、提升顾客满意度，进而提升企业经营绩效，意义重大。这种方法就叫作 Quality（质量）、Function（功能）与 Deployment（展开），简称 QFD。

传统的生产质量控制是通过对生产过程的物质性检查（用观察与测试的手段）来取得的，这种措施通常被归于质量检验。众所周知，设计质量是工程质量的基石（甚至包含工程制造和服务提供）。QFD 帮助公司从检验产品转向检查产品设计的内在质量，QFD 早在产品或服务设计成为蓝图之前就已经引进了许多无形的要素，使质量融入生产和服务及其工程制造系统的设计之中。简单来说，QFD 就是把客户要求转换成相应的技术要求，帮助企业的研发小组系统化地达成共识，如做什么、什么样的方法最好，怎样用最好的指令去完成工作，对员工与资源有什么要求，等等。QFD 将有利于系统化地推进从市场调研直至售后服务全过程质量水平的提升。

2. 质量功能展开的作用

1) 有助于企业正确把握顾客的需求。QFD 是一种简单但合乎逻辑的方法，它包含一套矩阵，这些矩阵有助于确定顾客的需求特征，以便于更好地满足和开拓市场，也有助于决定公司是否有力量成功地开拓这些市场，什么是最低的标准，等等。

2) 有助于优选方案。在实施 QFD 的整个阶段，人人都能按照顾客的要求评价方案。即使在产品生产制造阶段（包括生产设备的选用），所有的决定都是以最大限度地满足顾客要求为基础的。当作出一个决定后，该决定必须是有利于顾客的，而不是有利于工程技术部门或生产部门的，顾客的需求一定被置于各部门的偏好之上。QFD 是建立在产品和服务应该按照顾客要求进行设计的观念基础之上，所以顾客是整个过程中最重要的环节。

3）有利于打破组织机构中部门间的功能障碍。QFD 主要是由不同专业、不同观点的人来实施的，所以它是解决复杂的多方面业务问题的最好方法。但是实施 QFD 要求有献身和勤奋精神，要有坚强的领导集体和一心一意的成员。QFD 要求并勉励使用具有多种专业的小组，从而为打破功能障碍、改善相互交流提供了合理的方法。

4）容易激发员工们的工作热情。实施 QFD，打破了不同部门间的隔阂，会使员工感到心满意足，因为他们更愿意在和谐气氛中工作，而不是在矛盾的气氛中工作。另外，当他们看到成功和高质量的产品，他们会感到自豪并愿意献身于大家共同奋斗的事业。

5）更有效地开发产品，更好地满足顾客需求。为了产品开发而采用 QFD 的公司已经尝到了甜头，成本削减了，开发时间缩短了，生产率提高了。

3. 质量功能展开的起源及发展

QFD 于 20 世纪 70 年代初期起源于日本，进入 20 世纪 80 年代以后逐步得到欧美发达国家的重视并得到广泛应用。欧美国家将其称为"质量屋"（The House of Quality），是由于该方法包含一系列的展开，应用时要绘制一系列像房屋一样的展开表；国内也有译作"质量功能配置"。QFD 在形式上以大量的系统展开表和矩阵图为特征，集合价值工程或价值分析（VE 或 VA）、FMEA 的思路，对生产中可能出现的问题尽量提前揭示，以期达到多元设计、多元改善和多元保证的目的。

1978 年 6 月，水野滋和赤尾洋二教授编写了 QFD 专著，该书由日本科技联出版，从全公司质量管理的角度介绍了 QFD。其中，赤尾洋二教授提出的"QFD27 步骤"对企业起到了重要的指导作用，同时也使这一方法得到迅速推广与应用。1988 年，QFD 经过 10 多年推广应用，QFD 从制造业发展到建筑业、医院、软件生产、服务业。在总结各行业企业应用经验的基础上，赤尾洋二教授编写的《灵活应用质量展开的实践》出版发行；1990—1994 年，赤尾洋二教授及大藤正、小野道照等质量管理专家编写的《质量展开入门》《质量展开法——质量表的制作和练习》《质量展开法——包括技术、可靠性、成本的综合展开》陆续出版，从而建立起 QFD 的理论框架和方法论体系。

大多数的美国工商企业是通过《哈佛工商周刊》（Harvard Business Review）的《质量屋》（The House of Quality）一文了解 QFD 的。通用汽车公司的哈罗德·罗斯对 QFD 术语做了通俗易懂的说明。日本丰田车体公司的泽田将质量表比作"质量屋"（HOQ），令罗斯得到启发，将"质量屋"解释为"质量这个家中有着各种各样的房间"（即各种各样的展开）。他和同事比尔·尤列卡将"要求质量项目""质量代用特性"等一系列术语解释为"What"（顾客想要什么）和"How"（如何满足这些要求），为美国企业理解并接受 QFD 做出了贡献。尤列卡后来进入美国供应商协会（ASI），并对 QFD 进行了简化，简化后的 QFD 被称为"ASI 式"。

8.3.2 质量功能展开的基本思路及程序

QFD 是一个跨专业的团队工作过程，用于设计开发新的产品（服务）或改进原有的产品（服务），它首先将目光放在顾客需求上，将"软"而"模糊的"顾客需求转化成可以测量的目标，保证正确的产品（服务）迅速地进入市场。QFD 是一个非常结构化（Structured）的、矩阵驱动（Matrix-driven）的过程，其运行包括 4 个阶段：

1) 将顾客需求（Customer Requirements）转化成设计需求（Design Requirements）。
2) 将设计需求转化成产品/零部件特性（Product/Part Characteristics）。
3) 将产品/零部件特性转化成制造操作步骤（Manufacturing Operations）。
4) 将制造操作步骤转化成具体的操作/控制（Operations/Controls）。

转化过程中 4 个相联系的矩阵，如图 8-31 所示。下面就对这 4 个矩阵作简单论述。由于 QFD 是一个非常复杂的过程，因此为了使大家了解其基本方法，这里我们将以简单的蜡烛产品 QFD 矩阵的建立为例加以论述。

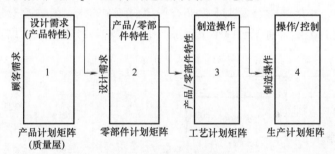

图 8-31 QFD 过程示意图

QFD 过程开始于顾客需求，顾客需求又被称为 VOC（Voice of Customer），它在 QFD 中通常用顾客的原话来表示，目的是保证顾客需求得到客观反映，避免设计人员在理解上产生误差。下面先介绍 3 种用于分析和处理定量数据的结构化工具，它们可用来建立 QFD 中的各种矩阵。

第一种工具称为亲和图（Affinity Diagram）。它可用来大量收集定量数据，并根据数据之间的近似程度进行分组。例如，某 QFD 小组收集了顾客对产品 X 的需求，每个顾客的需求都写在卡片上，所有卡片都杂乱地摆放在桌上。这时，顾客需求是非结构化的，因为这些写在卡片上的顾客需求是随机的。根据直觉和经验，首先可以对这些需求按照其特性的相似性进行分类，然后进行分组，每个组代表一个一般意义上的主题。一般情况下，需求被分为 5~10 个组，每个组包含 1~15 个项目。有时，这 5~10 个组还可以被进一步分组。

这里以蜡烛为例来说明亲和图的做法。根据市场调查、面谈或头脑风暴法，得到每个顾客的需求并将其记录在卡片上。为了简化，本例中的项目数被大幅度地减少到6个（见图8-32），而通常情况下会有20~80个。这些卡片被小组成员重新整理。如图8-33所示，研究小组认为"视觉上有吸引力"和"有香味"应同属于"审美"的范畴。同样，其他的顾客需求也被分组。请注意，小组并没有事先命名组的标题（如"审美"），然后再把顾客需求分配到某个组，而是先对顾客需求进行分组，然后再指定每个组的标题（如"审美""亮度""方便性""效率"等）。

一般而言，蜡烛的顾客需求包括视觉上有吸引力、亮度强、有香味、不滴蜡、方便性、火焰大、无烟、燃烧时间长等。

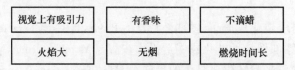

图 8-32　蜡烛的顾客需求

如果将来源于亲和图的顾客需求分组水平排列，我们就开始采用第二种工具——树图（Tree Diagram），如图8-34所示。树图也可用来寻找亲和图中的缺陷和遗漏。例如，小组通常会发现上次调查漏掉的顾客需求，有时也会发现有增加分枝和重新分组的必要。树图允许小组添加、摒弃或解释顾客需求，以获得一个完整的结构。

图 8-33　顾客需求的亲和关系示意图　　　图 8-34　顾客需求和树图

小组也可以用相同的方法来生成产品特性，这些产品特性也被做成树图。将上面两个树图垂直交叉，这样我们就得到了第三种工具——矩阵（Matrix），如图8-35所示。它是由这两个树图中最底层的水平项目交叉形成的，交叉处就是放置矩阵元素的地方，这个元素通常表示两个指标之间的关系。

行列元素之间的关系可以用符号来表示。例如，可以用◎代表强相关关系，分值为9；○代表中等相关关系，分值为3；△代表弱相关关系，分值为1；空格代表无关系，分值为0。这个由两个树图交叉形成的矩阵就是QFD中的第一个矩阵——质量屋的基础部分。之所以称之为质量屋，是因为该矩阵的形状像一间屋子。

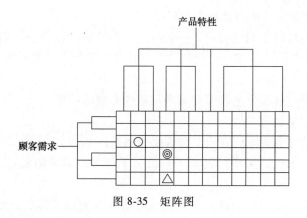

图 8-35 矩阵图

8.3.3 质量屋的结构及应用方法

1. 质量屋的结构

质量屋是驱动整个 QFD 过程的核心，它是一个大型的矩阵，由 7 个不同的部分组成，如图 8-36 所示。

（1）顾客需求 通常它们可用亲和图和树图表示。不同的产品有不同的顾客需求。例如，对于汽车来说，顾客需求可能是车门容易开启；对于银行来说，顾客需求可能是取款不用排队等。QFD 是用来部署（Deploy）顾客需求的，而不是用来收集顾客需求的。收集顾客需求则是另一个相对独立的过程。

（2）产品特性（Product Features） 它们也可以用亲和图和树图

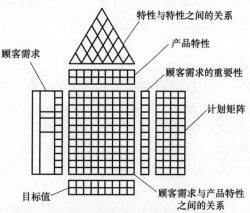

图 8-36 质量屋矩阵

表示。产品特性是用以满足顾客需求的手段，产品特性也因产品不同而有差异。如对于车门，产品特性可能是关门所需的力量；对于割草机，产品特性可能是转动轴所需的推力。产品特性必须使用标准化的表述。QFD 中是利用顾客需求来产生产品特性的。

（3）顾客需求的重要性（Importance of Customer Requirements） 我们不仅需要知道顾客需求些什么，还要知道这些需求对于顾客的重要程度。

（4）计划矩阵（Planning Matrix） 该矩阵包含一个对主要竞争对手产品的竞争性分析。矩阵中包括 3 列，分别代表现有产品所需的改进（改进率）、改进后可能增加的销售量（销售点）以及每个顾客需求的得分。

（5）顾客需求与产品特性之间的关系 这是矩阵的本体（中间部分），表示产品特性对各个顾客需求的贡献和影响程度。

（6）特性与特性之间的关系　一般的，一个特性的改变往往影响另一个特性，通常这种影响是负向的，即一个特性的改进往往导致另一个特性变坏。该特性关系图使我们能辨别这些特性之间的影响，以求得折中方案。

（7）目标值　这是上述各部分对产品特性影响的结果。

2. 质量屋建造过程

建立质量屋的步骤（仍沿用上文蜡烛的例子）如下：

（1）顾客需求　研究小组收集了大量关于顾客对蜡烛的需求数据，并做出亲和图和树图。

（2）顾客需求重要性　研究小组使用尺度 1~5 对顾客需求重要性进行分级，5 表示非常重要，1 表示不重要。当然也可以选用 1~10 的尺度。这里要思考的问题是：某个特性对顾客来说其重要性究竟有多大。在对顾客需求评级的过程中，小组成员之间需要进行大量建设性的讨论，这期间将会有许多新观点提出来。绝大多数 QFD 和质量屋的研究者认为，小组成员最终应该达成一致，这当然是一个理想的状态，但需要花费大量的时间。一个很好的折中办法是采用少数服从多数的原则，而将少数人的意见附在后面。评价重要性时，小组必须清楚这个评价是针对哪部分市场（顾客）而作出的。有时，也可邀请顾客加入到 QFD 小组中，以协助评价顾客需求的重要性。

（3）竞争性分析　产品也需要按每种顾客的需求进行评价，仍可使用 1~5 或 1~10 的尺度。这里要思考的问题是：制造商多大程度上满足了所列的顾客需求，或者说，当前的产品在多大程度上满足了顾客需求。如图 8-37 所示，我们用标有"现在本企业"的列表示对本企业产品的评价。接下来，对竞争对手的产品也进行同样的评价（即"竞争企业 A"列、"竞争企业 B"列）。

（4）未来目标（未来值）　仍使用与上述相同的评价尺度，小组按每个顾客需求对蜡烛的未来进行评价（标有"将来本企业"的列）。这里要思考的问题是：将来我们打算在多大程度上满足顾客需求。对照图 8-37，情况如下：

1）顾客需求"视觉上有吸引力"上"现在本企业"的分数是 9，与"将来本企业"的分数相同，强于竞争对手（竞争企业 A 和竞争企业 B），所以我们在这一顾客需求上没有必要改进未来的产品。

2）对于顾客需求"不滴蜡"，尽管能满足顾客需求（本企业产品现在的评分值为 8），但是弱于竞争企业 B（其评分值为 10），因此我们将该项未来值设定为 9，因为小组认为竞争企业 B 的产品超过了顾客的需求，属于质量过剩。

3）在顾客需求"燃烧时间长"上我们当前的产品没有满足（分数只有 3），我们的蜡烛燃烧得太快，而竞争对手的蜡烛燃烧时间却长得多，我们应该在这个顾客需求上做显著的改进，所以研究小组将未来值设定为 9，这样我们就可以与竞争对手持平了。之所以不超过对手，同样是因为研究小组认为设定未来值为 10 是没

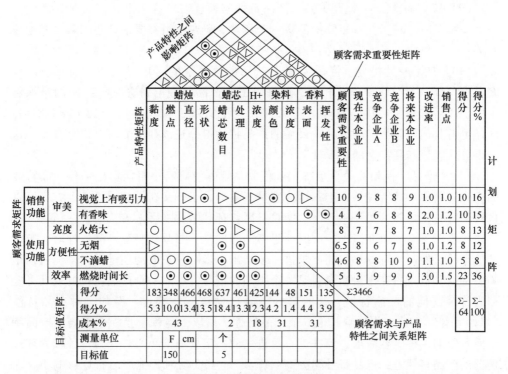

图 8-37 蜡烛产品的质量屋

有必要的。

4) 在顾客需求"有香味"上我们的评分低于竞争对手,所以未来值设定为 8。

(5) 改进率 改进率=未来值/现在值。本例中,顾客需求"有香味"的改进率为 2(8/4),顾客需求"燃烧时间长"的改进率为 3(9/3)。这些都是对现有设计的显著改变。

(6) 销售点 销售点用于评价产品的改进对销售量的影响。销售点的分数 1.5 表示影响显著,1.2 代表中等,1.0 表示无影响。这里要思考的问题是:如果我们改进这一特性(更好地满足这一顾客需求),产品销售量究竟能够提高多少。

(7) 计分 将顾客需求重要性、改进率和销售点 3 个数值相乘即可得每个顾客需求的得分。这个得分提供了一个研究小组评价的顾客需求等级,即为顾客需求排序。为了清楚地反映相对大小,得分以百分比来计("得分%"列)。此时尽管质量屋还没有最终完成,但到目前为止,公司内部的信息交流已经超过了许多公司平常的水平,即使就此停止工作,所花的时间也是值得的。

(8) 产品/工程特性(Product Features/Engineering Characteristics,PFEC) 这里称为产品特性。使用头脑风暴法,我们可以得到一张产品特性表,这个表也可通过亲和图和树图进行整理。进行至此,我们建议为每个产品特性设计一个词汇表,这样将使研究小组成员之间交流更容易一些。有的小组还为顾客需求设计词汇表。

（9）顾客需求-产品特性关系　产品特性与顾客需求这两个树图交叉就产生了一个关系矩阵。对于关系矩阵中的每一个元素，研究小组都要估计各因素之间是否有关系。这里要思考的问题是：该产品特性对满足顾客需求有多大的贡献和影响。

（10）产品特性得分　将顾客需求-产品特性关系值（1、3或9）与对应的顾客需求（即"得分%"列）相乘，即可得出该产品特性的得分。在我们的蜡烛例子中，产品特性"形状"对顾客需求"视觉上有吸引力"的得分为16×9＝144。同样可得其他产品特性的得分。最后的产品特性得分是该列上的所有得分之和，这个得分代表该产品特性的重要性。

（11）产品特性相互关系矩阵　这种关系矩阵使研究小组能量化一种产品特性的变化对其他产品特性的影响。因为它呈三角形，正好又在质量屋的正上方，所以也被称为屋顶矩阵（见图8-37）。我们仍用双环代表强关系，单环代表中等关系，三角代表弱关系。填充屋顶矩阵时要思考的问题是：当改变某个产品特性时会影响其他产品特性吗？有的小组还要求进一步指出，影响是正向的还是反向的。屋顶矩阵中的高分值对研究小组来说将是一个强烈的信号。有时一个产品特性的变动可能损害许多其他的产品特性，这时最好不要变动该产品特性。譬如，对产品特性"蜡烛直径"的改变将影响其他6项产品特性，所以，尽管它是一个重要的产品特性而且影响4种顾客需求，但在进行改进之前一定要加倍小心。作为一种较为理想情况的产品特性是：产品特性得分高（重要），其变动对其他产品特性影响小，而且还能改进多种顾客需求，因此改变起来成本低，几乎没有副作用，等等。在蜡烛的例子中，产品特性"蜡芯处理"的改变除了稍微影响产品特性"蜡芯数目"外，对其他产品特性则基本没有影响。

按照上述11个步骤，我们就可以完成质量屋的建造。但是在具体的实施中，步骤可能有变化，每家公司都可按其具体需要修改质量屋建造过程。例如，在蜡烛的例子中，我们在产品特性"得分"列右侧加了另外的信息：百分比的成本、产品特性的测量单位。

3. 质量屋应用方法

质量屋是一个结构化的交流工具，是面向设计的，也是设计者的宝贵资源。工程师可以将质量屋作为一种整理数据并将数据转化成信息的方法；市场营销人员也可从质量屋获得好处，这是因为质量屋反映了顾客需求；高层管理人员可以利用质量屋来寻找企业的战略机会。使用质量屋可以强化企业中横向和纵向的交流，可以使我们发现一些从前未被发现的问题。通过顾客需求和竞争分析，质量屋能帮助我们发现需要改进的产品特性。通过对矩阵的研究，我们可以找出关键的零部件、制造操作环节、质量控制措施等，使我们可以在一个较短的开发周期里设计制造出既满足顾客需求又满足制造厂本身条件的产品。

除了质量屋之外，QFD中还有其他一些矩阵（类似质量屋矩阵），可以结合质量屋和其他数据，确定合适的产品零部件、制造过程、装配操作以及质量控制技术。最终，所有这些相互联系的矩阵群形成一个可以用来指导产品生产的正确制造计划。如图 8-38 所示，在矩阵 2（零件规划矩阵）里，产品规划矩阵（矩阵 1）的列"产品技术需求"变成了行，"关键零件特性"作为列。注意，矩阵 1 中并非所有的列都转移到了第 2 个矩阵中，只有那些对产品的市场成功起关键作用的产品技术需求才被转移过去。矩阵 2 的作用是：确定关键零件及其特性，选择正确的设计概念。而在矩阵 3（工艺规划矩阵）里，矩阵 2 的列"关键零件特性"变成了第 3 个矩阵的行，矩阵 3 生成的列由影响关键零件特性的关键工艺组成。建立矩阵 3 的目的，就是通过确定关键工艺及其参数，以选择最佳制造工艺。最后，矩阵 4（工艺控制矩阵）是 QFD 的最后一个阶段，矩阵 3 的列"关键工艺"变成矩阵 4 的行，矩阵 4 的列是各种关键操作/控制，如统计过程控制步骤、操作员培训、错误预防、预防性维护过程及教育培训过程等。矩阵 4 的目的是用来确定关键的生产操作/控制、必要的教育培训，以保证主要需求的满足。前 3 个矩阵建得越完善，最后一个矩阵建起来就越容易。

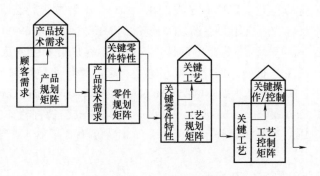

图 8-38　QFD 的 4 大矩阵

可见，QFD 不仅仅是一个质量工具，更是一种使用多种方法建立产品生命周期中各环节相互关系的规划工具，目的是对未来进行决策。它自始至终强调团队精神和强有力的领导行为。由于 QFD 开始于产品生命周期的开端，开发小组有更多的机会及早地进入角色和控制产品成本。QFD 是一个优于纯成本控制和质量管理的过程。QFD 的结果是产生一个对顾客和制造商都有价值的产品。它还可以带来交货期缩短、质量改进、成本降低等多种好处。

8.4　失效模式与影响分析

失效模式与影响分析（FMEA，Failure Mode and Effects Analysis）是一门针对设计质量进行控制的预防性分析方法，它是一套面向团队的系统的、定性分析方法。FMEA 通过评估产品或过程中失效的潜在技术风险，分析失效的起因和影响，记录预防和探测措施，针对高风险项制定优化措施，并使用文件化方式跟踪优化措施的实施及再次进行风险评价,从而降低质量风险,提高产品或过程的可靠性。

FMEA是专业性极强的一种风险分析工具,需严谨的分析过程。其分析结果的有效性和适用性取决于分析输入资料的完整性、分析人员的专业水平和经验、分析的及时性、控制措施的有效性和对措施结果的利用等。

FMEA活动涉及多个学科和职能岗位,FMEA的实施需要制订周密的计划,可影响整个产品实现过程。FMEA方法是产品开发和过程开发活动中的反馈环,可以减少后期修改,控制开发的时间,有效降低不良质量成本,并为试验规范、测试计划和控制计划等文件的制定提供依据。

8.4.1 失效模式与影响分析简介

1. FMEA的发展历史

FMEA起源于19世纪50年代,最初是由美国格鲁曼公司提出FMEA方法论并将FMEA应用于战斗机操纵系统的设计,其后FMEA方法逐步扩展到航天、核电等可靠性要求极高的行业。FMEA方法论在1978年开始被福特公司应用和推广,此后在汽车行业获得普遍应用并逐渐发展成熟。FMEA是IATF16949(原TS16949)五大质量工具之一,FMEA报告是零部件供应商获得客户批量生产认可时必须提交的报告。2000年后工程机械、医疗器械、电子、家电等行业了解到FMEA的价值,也纷纷开始应用。2019年6月,AIAG(Automotive Industry Action Group,美国汽车工业行动集团)和VDA(Verband Der Automobilindustrie,德国汽车工业协会)联合发布了新版FMEA手册,融合了两大组织FMEA的优势,统一了两大组织对供应商的要求。

FMEA发展历程如图8-39所示。

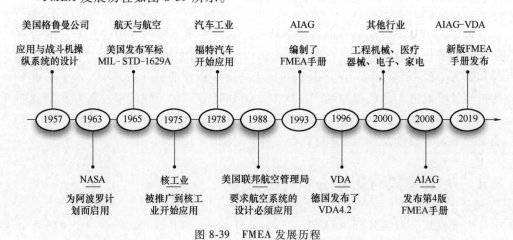

图8-39 FMEA发展历程

2. FMEA的定义

FMEA是在产品设计阶段和过程设计阶段,分别对构成产品的子系统、零件和对构成过程的各个工序逐一进行分析，识别出所有潜在的失效模式，分析其可能的影响，并根据相应的评分规则评价出风险等级，从而预先采取必要的措施，以提高产品的质量和可靠性的一种系统化的活动。

3. FMEA 的分类

（1）按产品实现阶段分类　这是最常用的分类法。工业产品实现阶段一般分为产品设计和产品制造两个大阶段，对应的分别有 DFMEA（Design Failure Mode and Effects Analysis）和 PFMEA（Process Failure Mode and Effects Analysis）。DFMEA 是产品设计团队所采用的一种工具，考虑的是产品设计造成的失效，为产品设计的策划和试验提供支撑；PFMEA 是工艺设计团队所采用的一种工具，考虑的是制造过程中造成的失效，提供制造工艺的控制点、方式和频度。

（2）按分析对象的复杂程度分类　常见的有系统 FMEA 和部件 FMEA。系统 FMEA 是主机厂或系统供应商负责，主要关注系统部件、模块之间的接口关系和相互作用，避免产生系统上的设计缺陷。部件 FMEA 研究的是元件、部件的设计，涉及设计、原材料选择、加工和装配。根据系统复杂程度，也有子系统 FMEA 的说法，介于前两者之间。

（3）按分析对象的管理属性分类　这种分类包含项目 FMEA、基础 FMEA 和家族 FMEA。

项目 FMEA 是针对具体的产品开展的，有明确的客户，一般是结合项目开发活动进行的。我们一般所说的 FMEA 默认是项目 FMEA。

基础 FMEA 是组织根据先前开发过程中积累的知识经验和最佳实践，对需求、功能和措施进行较笼统的描述。适合初次引进 FMEA 的企业，不受项目时间制约，可为新的 FMEA 提供基础。

家族 FMEA 是涵盖同一产品系列下所有产品的 FMEA。它包含有共同或一致产品边界和相关功能（一个产品系列）的产品，或同一过程中生产的多个产品或零件。各团队易于共享经验，避免重复性问题。

有了基础 FMEA，对于正在开发的新产品或过程，团队分析重点在现有的和新的产品、过程或应用之间的差异，可减少新项目工作量，满足项目开发进度需求。

（4）按分析对象的类别分类　FMEA 会被应用在特定的产品领域或管理过程，也衍生定义出各种 FMEA，如设备 FMEA、软件 FMEA、医疗 FMEA 等。这些 FMEA 都是采用 DFMEA 或 PFMEA 的思路对特定对象进行风险分析的，但同时会兼顾这些特定对象的特殊要求，从而形成这些专业领域的 FMEA 方法。

4. FMEA 开展的时机

FMEA 是一个动态的活动，它不是一成不变的，而是适时更新的。

DFMEA/PFMEA 在三种基本情形下使用，每种情形都有不同的范围或重点。

情形 1：新设计、新技术或新过程。这时的 FMEA 是完整的设计、技术或过程。

情形2：现有设计或过程的新应用。这时的 FMEA 的焦点在修改的设计、过程，以及由于修改设计、过程而导致的相互作用。

情形3：对现有设计或过程的工程变更。这时的 FMEA 的范围是新环境、地点对现有的设计、过程的影响。

及时性是成功实施 FMEA 方案的最重要因素之一。产品更改成本在设计、生产、售后各阶段的比例是 1∶10∶100，可见 FMEA 最好在产品开发过程的早期阶段启动，用于评估风险，以便采取措施将风险最小化。FMEA 的开展与设计同步，即在大量资金投入之前，设计 FMEA 在模具投入之前，过程 FMEA 在批量投产之前。下面以汽车工业新产品开发方法 APQP（Advanced Product Quality Planning）为例，来理解 DFMEA 和 PFMEA 在产品开发过程各个阶段的工作内容。APQP 中各阶段的 FMEA 工作内容见表 8-16。

表 8-16 APQP 中各阶段的 FMEA 工作内容

APQP 五阶段	项目策划及定义	产品设计与 开发验证	过程设计与 开发验证	产品与过 程确认	反馈、评估与 纠正措施
DFMEA	在产品开发之前，于概念阶段启动 FMEA 计划；DFMEA 到 PFMEA 的信息流；DFMEA 与 PFMEA 应在同一时间段内进行，以同时优化产品与过程设计	在充分了解设计概念时，启动 DFMEA	在用于报价的设计规范发布之前，完成 DFMEA	在生产模具开始之前，完成 DFMEA 措施	当有设计或过程变更，需更新启动 DFMEA 和 PFMEA 计划
PFMEA		在充分了解生产概念时，启动 PFMEA	在过程最终决策之前，完成 PFMEA	在 PPAP/PPA 之前，完成 PFMEA 措施	

5. FMEA 的收益

FMEA 通过识别产品的功能或过程步骤，以及相关的潜在失效模式、影响和起因，评估计划中的预防和探测措施是否充分，帮助工程师将各种事项按行动优先级排序，把重点放在产品或过程中可能发生风险的预防上。FMEA 工作属于质量预防活动，在 FMEA 工作上的投入属于预防成本，如图 8-40 所示。适当的资源投入在 FMEA 工作上，可以有效地提高产品质量，大幅度降低不良质量损失。

FMEA 及其活动可能产生的收益如下：

产品质量：类似质量问题显著下降，产品合格率明显提升。

研发成本：试制次数显著减少，试验资源合理分配。

人员能力：技术交流规范化、高效化，新员工快速成长。

知识管理：经验教训充分沉淀梳理，建立企业基础知识库和 FMEA 库。

客户满意：客户需求在 FMEA 中被重点分析和关注，高质量的 FMEA 报告将有助于显著提升客户满意度。

8.4.2 DFMEA 的开展流程与案例

设计 FMEA（DFMEA）是一种主要由设计责任工程师/团队使用的分析技术，

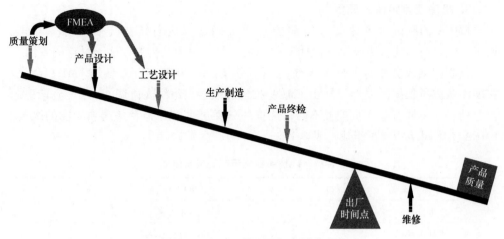

图 8-40　FMEA 投入可归为预防成本

用于确保在零件交付生产之前,尽可能考虑并解决潜在失效模式及其相关失效起因或机理。设计 FMEA 主要分析方块图/边界图、结构树等的所示边界中所定义的系统、子系统或相关组件的功能,其内部要素之间的关系以及与系统边界外要素之间的关系,从而识别出可能存在的设计缺陷(这里切记与产品生产过程中的缺陷予以区分),将潜在的失效风险降到最低。DFMEA 一般按照以下 7 个步骤进行分析。

一、步骤一：策划与准备

这个步骤的目的是明确项目,确定其中包含和不包含的内容(即系统、子系统或组件)。其主要工作目标是：确定项目、创建项目团队、制订任务计划、界定分析边界、应用相关经验教训及基础 FMEA。

1. 定义范围

DFMEA 范围定义的目的是根据正在开发的分析类型来定义 FMEA 中包含和排除的内容(即系统、子系统或组件)。在 FMEA 开始前,必须确定对评估内容有清晰的理解。在分析中需要不包括和包括的内容同样重要,在过程开始时确定范围可以确保方向和重点一致。法律要求、技术要求、内外部顾客需要、类似项目图表(方块图/边界图)、示意图、图纸或 3D 模型、QFD 等可以帮助小组确定 FMEA 的范围。

2. 确定 FMEA 计划

项目计划建议按 5T 开展,即 FMEA 团队、FMEA 时间、FMEA 意图、FMEA 任务、FMEA 工具。FMEA 团队就是谁来做；FMEA 时间就是开始和结束时间,新项目必须遵守项目的节拍才有预防的意义；FMEA 意图是我们为什么在这里,明确了项目的意义,项目团队成员才能更主动积极地投入到开发过程中去；FMEA 任务就是"七步法"描述的内容任务框架和交付成果。DFMEA 工具主要包括结构图、框图、功能网、参数图(P 图)等。

3. 明确项目团队、职责

FMEA 团队由多方论证（跨职能）成员组成，他们具备必要的专业知识。FMEA 的成功实施取决于跨职能团队的积极参与，因为它需要专注于讨论的主题。

核心团队成员准备 FMEA 系统分析（步骤一～步骤三）并参加 FMEA 会议。扩展团队成员根据需要参与（由 FMEA 推进者或会议组织人协调）。这里应该引起注意的是，不同企业人员配置不同，这里的分类更多的是指具备这项功能的人员。FMEA 实施团队的成员组成见表 8-17。

表 8-17　FMEA 实施团队的成员组成

核心团队成员	扩展团队成员
推进者	技术专家
设计工程师	过程/制造工程师
系统工程师	维修工程师
零件工程师	项目经理
测试工程师	功能安全工程师
质量/可靠性工程师	采购
负责产品开发的其他人员	供应商
	顾客代表
	其他具有专业知识的人员，他们能帮助核心团队分析产品的特定问题

设计主管对 FMEA 内容负技术责任，定义要素、功能、要求和接口关系。

FMEA 推进者主要负责 FMEA 工作流程的协调和组织，以及（FMEA）方法能力传递，是能够在团队中工作且调解、说服、组织和表达能力较好的人。若设计主管具备相应能力，可由其兼任。

核心团队成员提供相关产品、FMEA 的相关经验知识和产品的必要信息，参与执行 FMEA 的 7 个步骤。

扩展团队成员/专家提供有关特殊项目的补充资料或 FMEA 关注产品的必要信息。

4. DFMEA 表头

表头包含了一些基本的项目信息，但没有固定的格式要求，其包含的信息见表 8-18。

二、步骤二：结构分析

设计结构分析的目的是识别并将设计分解为系统、子系统以及零部件，表格化三级产品结构，使用结构树图、框图表达系统、子系统以及零部件的关系。它确定相关的系统组件及定义系统结构，分析并定义系统元素之间的关系、接口关系和交互，通过 BOM（物料清单）、结构树、框图等实现可视化。

表 8-18 DFMEA 表头设计示例

公司名称	负责 DFMEA 的公司的名称
工程地点	地理位置
顾客名称	顾客名称或产品名称
年型/项目	顾客应用或公司型号/风格
项目	DFMEA 项目的名称（系统、子系统或组件）
DFMEA 开始日期	开始的日期
DFMEA 修订日期	最新修订日期
跨职能团队	所需的团队成员名单
DFMEA ID 编号	由公司确定
设计责任人	DFMEA 所有者的姓名
保密级别	商业使用、专有、保密

1. FMEA 的顾客

DFMEA 分析中有三种主要顾客需要考虑：

最终用户：最终使用产品的人员或组织。

供应链厂商：生产材料和零件的加工、制作或组装的供应商场所。这包含制造过程（如动力总成、冲压和制造）以及整车/产品总装。处理好产品与其装配过程之间的接口关系对于有效的 FMEA 分析至关重要。这可能是任何后续或下游作业，或是下一级的制造过程。

法律法规：政府机构确定的对产品有影响的安全和环境规范。

了解这些顾客有助于更好地定义功能、要求和规范，并有助于确定相关失效模式的影响。

2. 系统结构可视化

系统结构的可视化有助于 DFMEA 团队进行功能分析。团队可以使用多种工具来实现这一点。方块图/边界图和结构树是常用的两种方法。

（1）方块图/边界图 方块图/边界图是 AIAG 常用的工具，用于描述系统、子系统与零部件间，及其与相邻系统、环境和顾客的接口关系。它表示了设计范围内组件和子系统的交互作用，以及与产品顾客、制造、服务、运输等的接口关系。边界图可以用来识别结构分析和功能分析中需要评估的关注要素，它有利于显示产品组件之间的物理逻辑关系。

方块图/边界图示例如图 8-41 所示。图中粗实线矩形方框内是设计或控制的零件——洗涤器总成。边界图中的方块，如罐体、泵、喷嘴总成等是洗涤器总成包含的零部件，比关注要素洗涤器总成低一层级。

说明：图 8-41 中，浅色虚线表示物理连接，深色虚线表示信号传递，"使用环境"下的浅色虚线表示能量传递，深色实线表示物质交换，箭头表示流动方向。本例中不涉及人机交互。另外，也可用线型等其他方式表达接口关系。

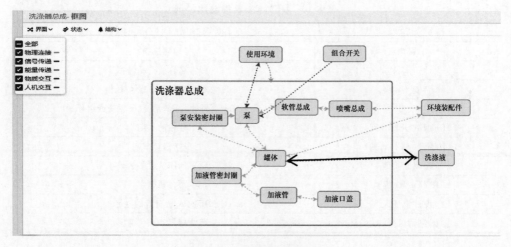

图 8-41　方块图/边界图示例

注：图片由 FMEA Master 提供。

物理连接：支架、螺栓紧固、夹紧及其他各种连接。

信号传递：新版手册中也叫数据交换，如计算机输入或输出、线束、电信号或任何其他类型的信息交换、网络安全项目。

能量传递：热量传递、摩擦或运动传递，如链条或齿轮。

物质交换：气压、液压油或任何其他液体或物料的交换。

人机交互：控制、开关、镜子、显示器、警告、座位、出入口。

（2）结构树　结构树按照层次排列系统要素，并通过结构化连接展示依赖关系。它的优势是整个系统结构清晰明了。但每个结构要素都是独立的，无法体现交互和接口关系，需依靠功能分析对产品建立关联关系。结构树示例如图 8-42 所示。

（3）表格化分析成果　结构的上级、当前和下级产品是后续功能分析和失效分析的基础。当前产品洗涤器总成就是我们要分析的对象。表格化分析成果示例见表 8-19。

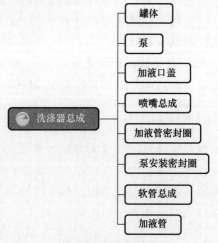

图 8-42　结构树示例

三、步骤三：功能分析

设计功能分析的目的是确保需求/特殊需求功能适当地分配给系统要素，将产品功能与相关系统要素相关联，实现客户（内外部）功能与预期用途相关之间的关联。功能分析的可视化工具有参数图、功能树、功能网、功能界面矩阵等。功能分析将按照创建的结构进行分析。

表 8-19　表格化分析成果示例

结构分析（步骤二）		
1. 上一较高级别	2. 关注要素	3. 下一较低级别
雨刮系统	洗涤器总成	罐体 泵 加液口盖 喷嘴总成 加液管密封圈 泵安装密封圈 软管总成 加液管

1. 功能要求

如图 8-43 所示，功能描述了项目/系统要素的预期用途，以及一个项目/系统要素的输入和输出之间的关系，目的是完成一个任务。一个项目除了其主要功能外，可以评估的其他功能包括接口功能、诊断功能和可服务性功能等辅助功能。

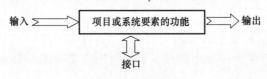

图 8-43　功能描述

一个结构要素也可能有多个功能，功能的描述需清晰准确，且必须是可测量的，建议用动词+名词形式描述，如控制速度、提供照明等。

要求是在一定的条件下、时间内能够达到的功能。所使用的术语应该与顾客要求、使用在其他设计开发文件和分析中的一致。

功能要求的来源：

1）法律法规的要求，例如产品环保设计、适合回收利用。
2）安全性要求，例如制动性能要求、阻燃性要求。
3）行业规范或标准，例如 ISO 26262 功能安全。
4）强制性要求，例如 3C 认证等。
5）顾客要求，例如产品性能要求、装配制造性要求、NVH 要求、运输防护要求等。
6）内部要求，例如材质物性要求、制造加工性要求、兼容性要求等。

要求可按基本功能、安全法规、耐久性、可维修性、期望类等维度分类梳理，避免遗漏，且要求不能太粗略，避免同一功能出现大量失效模式。

2. 功能分析工具

功能分析工具中，参数图用于优化输出所需的设计决策，包括影响输入和输出之间传递功能的因素,仅用于部分关键零件或产品主要功能,细节请参考 FMEA 手册。功能分析常用的工具是功能树/网和功能矩阵,具体如图 8-44 所示。

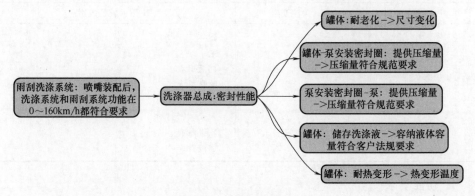

图 8-44 功能网示例

功能树/网或功能矩阵将功能之间的技术依赖关系进行整合,是失效关系可视化的基础。当按层次连接的功能之间存在功能关联时,相关失效之间就会存在潜在关系;否则,如果按层次连接的功能之间不存在功能关系,那么相关失效之间也将不存在潜在关系。

(1)功能网案例展示　功能网中有背景框内洗涤器总成的密封性能是当前分析对象,功能结构自上至下逐渐详细,较低级别功能描述了较高级别功能是如何被满足的。

(2)功能矩阵成果展示　以表格方式完整显示分析对象与上/下级之间的功能技术依赖关系,如图 8-45 所示。

图 8-45 功能矩阵成果展示示例

(3)功能分析成果报告展示　表格中上级、当前、下级产品功能要求与结构部分对应,见表 8-20。

表 8-20 功能分析成果报告展示示例

功能分析（步骤三）		
1. 上一较高级别的功能和要求	2. 关注要素的功能和要求	3. 下一较低级别的功能和要求或特性类
喷嘴装配后,洗涤系统和雨刮系统功能在 0~160km/h 都符合要求	密封性能>气密性	耐老化
		耐热变形
		罐体提供接口压缩量
		泵提供接口压缩量

四、步骤四：失效分析

失效分析的目的是识别失效模式、失效起因和失效影响，并显示它们之间的关系，以进行风险评估。功能分析的 3 个层级各自匹配失效模式，构成失效链（影响、模式、起因），这是 FMEA 的重要逻辑之一。失效影响是评价重要度的信息，构成客户和供应商之间的协作。

1. 相关术语

相关术语有失效、失效模式、故障、缺陷。

IEC 60812 中的术语定义：

失效（Failure）：产品执行规定功能能力的终止。

失效模式（Failure Mode）：产品失效的表现形式。

故障（Fault）：产品不能执行规定功能的状态，预防性维修或其他计划性活动或缺乏外部资源的情况除外。故障通常是产品自身失效后的状态，但也可能在失效前就存在。由于历史原因，本标准中术语"故障"与"失效"可替换使用。

ISO 9000：2015 中的术语定义：

缺陷（Defect）：与预期或规定用途有关的不合格。区分缺陷与不合格的概念是非常重要的，因为其中涉及法律内涵，特别是与产品和服务责任问题有关。

2. 失效

功能的失效由功能推导而来，功能要求的完整清晰对失效分析很重要。

潜在的模式可从以下思路中探求：功能丧失、功能下降、功能过度、非预期有害功能、间断性失效、提前启动、不能停止、不良人机界面。

3. 失效链

FMEA 中对失效的分析包括三个不同方面：失效影响（FE）、失效模式（FM）和失效起因（FC）。

失效起因是失效模式的原因，失效模式导致了失效影响。失效链关系示意图如图 8-46 所示。

（1）失效模式 失效模式是当前关注要素的失效表现方式，失效模式来源于功能的丧失、部分丧失、超出等。

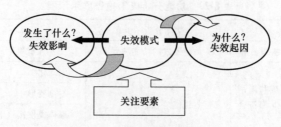

图 8-46　失效链关系示意图

注意事项：

1）失效模式应该用技术术语来描述，而不一定是顾客注意到的现象。

2）尽可能描述到现象，如强度不足的现象（钢板弯曲），应具体到失效部位，如组件下部破裂。

3）原因不同最好也分开描述，如振动泄漏、高温泄漏，虽然表现都是泄漏，原因和探测方式都会不一样。

4）潜在失效模式仅仅在与确定的操作条件和使用条件一致的情况下发生。

（2）失效影响　失效的潜在影响应按顾客所察觉的功能的失效模式的影响进行规定。

顾客有三类：更高一级产品集成、最终用户、适用的政府规章（法规）。

顾客影响应该说明用户可能注意到或体验到的情况，包括那些可能影响安全性的影响。目的是预测与团队知识水平一致的失效影响。一个失效模式可能导致多个与内外部顾客相关的影响。作为设计协作的一部分，主机厂（OEM）可以和一级供应商或次级供应商分享这些影响，即严重度传递。

（3）失效起因　失效起因是指失效模式发生的原因。起因造成的影响是失效模式，应尽可能识别每种失效模式的所有潜在起因。无法稳健应对噪声因素（参数图中）也可能是引起失效的起因。起因应尽可能简明、完整地列出，以便针对具体起因采取适当的补救措施（控制和措施）。失效起因可能源自于下一较低级别的功能失效模式、要求和潜在噪声因素。

4. 失效分析

根据不同的分析关注对象层级，失效可以视为失效影响、失效模式或失效起因。失效模式、失效起因和失效影响应该与 FMEA 表格中的相应列对应（见图 8-47 和表 8-21）。

五、步骤五：风险分析

设计风险分析的目的是通过严重度、频度和探测度评级进行风险评估，并对高风险项目进行优先排序，决定采取措施的顺序。针对每个失效链进行严重度、频度和探测度评级，针对失效起因，制定预防控制措施；针对失效起因或失效模式，匹配探测控制措施。探测措施是探测度评分的依据。

第8章 质量工程技术

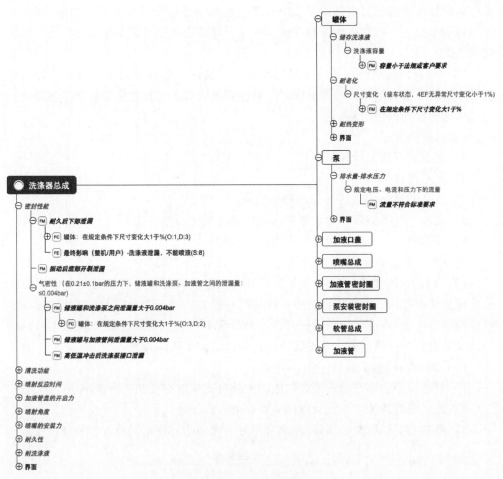

图 8-47　失效分析示例

表 8-21　失效分析结果报告示例

失效分析（步骤四）		
1. 对于上一较高级别要素和/或最终用户的失效影响（FE）	2. 关注要素的失效模式（FM）	3. 下一较低级别要素或特性的失效起因（FC）
雨刮洗涤系统:高速时不能满足法规要求的清洗面积	储液罐和洗涤泵之间泄漏量大于0.004bar	罐体:4次罐装后变形尺寸大于1%
		罐体:85℃ 22 小时尺寸变化大于1%
		罐体-泵安装密封圈:接口尺寸大,不能提供足够压缩量
		泵安装密封圈-泵:进水口尺寸小,不能提供足够压缩量

1. 设计控制

现有的设计控制是针对以前类似的设计建立的,其效果已得到证实。设计控制文件为设计的稳健性提供基础。预防控制提供信息或指导，作为设计的输入使用。探测控制则描述了已建立的验证和确认程序，这些程序已被证明在出现失效时能探测到失效。

（1）当前预防措施（PC）　当前预防措施描述了如何使用现有的和计划中的行动来减轻导致失效模式的潜在起因，确定频度时要考虑预防措施对频度的影响。

常见的设计预防措施：

1）标杆研究。
2）针对方案的设计评审。
3）防错设计。
4）设计和材料标准（内部的和外部的）。
5）文件，如类似设计中最好实践的记录、以往的教训等。
6）模拟研究——确定设计要求的概念分析。
7）CV（概念验证）试验。

（2）当前探测措施（DC）　当前探测措施在项目交付生产前探测失效起因或失效模式是否存在。它是指已被或正在被同样或类似的设计所采用的那些措施，如设计评审、失效与安全设计（减压阀）、数学研究（模拟研究、设计验证）、台架/实验室试验、可行性评审、样件试验、道路试验、车队试验。

（3）现行的控制措施（见图 8-48）

1）对已识别的存在潜在失效起因的失效模式采取必要的探测措施。
2）需对现行预防和探测措施的有效性进行验证确认。
3）借鉴或引用以前的预防/探测措施时，也必须要评估其适宜性和有效性。

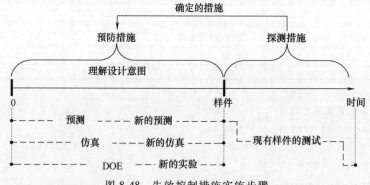

图 8-48　失效控制措施实施步骤

2. S/O/D 评估

团队应评估每一个失效模式、起因和影响，以便对风险进行估计。FMEA 评估风险的 3 个维度如下：

严重度（S）：代表失效影响的严重程度。

频度（O）：代表失效起因的发生频率。

探测度（D）：代表已发生的失效起因或失效模式的可探测程度。

这里要注意，即使是同一个产品，不同团队的评分也可能不一致。FMEA 有主观的一面，会受环境、认知等各方面因素限制，重点是确定降低风险项目的行动措施。

（1）严重度（S） 严重度评级是指被评估功能的既定失效模式的最严重失效影响程度。严重度可使用严重度表中的标准进行估计，也可自定义，但至少团队要对打分标准达成一致。失效模式严重度（S）评估标准见表 8-22。

产品关键特性来源于严重度评级，也是沟通客户和供应商的桥梁。

表 8-22 失效模式严重度（S）评估标准

产品一般评估标准严重度(S)			
根据以下标准对潜在失效影响进行评级			空白,由使用人员填写
S	影响	严重度标准	公司或产品线示例
10	非常高	影响到车辆和/或其他车辆的操作安全,以及驾驶员、乘客、道路使用者或行人的健康状况	
9		不符合法规	
8	高	在预期使用寿命内,失去正常驾驶所必需的车辆主要功能	
7		在预期使用寿命内,降低正常驾驶所必需的车辆主要功能	
6	中	失去车辆次要功能	
5		降低车辆次要功能	
4		外观、声音、振动、粗糙度或触感令人感觉非常不舒服	
3	低	外观、声音、振动、粗糙度或触感令人感觉中度的不舒服	
2		外观、声音、振动、粗糙度或触感令人略微感觉不舒服	
1	非常低	没有可察觉到的影响	

（2）频度（O） 频度评级是对预防控制有效性的衡量。我们可以按频度分析三原则——数据优先、技术成熟度、预防措施有效性，来理解表格的设计思路。具体评估标准参见表 8-23。

当存在可以使用的历史数据时，数据优先；难以获得数据时，根据技术成熟度（如行业上从未使用、本公司从未使用、本公司其他类型产品使用过、一直使用、行业最优）来评价。预防措施有效性可以和前两项叠加考虑。

（3）探测度（D） 探测度评级是对探测控制有效性的估计，用于在项目交付生产前，评价探测失效起因或失效模式的有效性。分值越高代表探测能力越低。探测评级是各种探测控制中的最有效的评分。具体评估标准参见表 8-24。

表 8-23 失效模式潜在频度（O）评估标准

产品的潜在频度(O)			
根据以下标准对潜在的失效起因进行评级。在确定最佳预估频度(定性评级)时考虑产品经验和预防控制			空白,由使用人员填写
O	对失效起因发生的预测	频度标准（DFMEA）	公司或产品线示例
10	极高	在没有操作经验和/或在失效条件不可控制的情况下的任何地方对新技术的首次应用。没有对产品进行验证和/或确认的经验不存在标准,且尚未确定最佳实践。预防控制不能预测现场性能或不存在预防控制	
9	非常高	在公司内首次应用具有技术创新或材料的设计。新应用,或工作周期/操作条件有改变。没有对产品进行验证和/或确认的经验。预防控制不是针对识别特定要求的性能	
8		在新应用内首次应用具有技术创新或材料的设计。新应用,或工作周期/操作条件有改变。没有对产品进行验证和/或确认的经验极少存在现有标准和最佳实践,不能直接用于该设计产品。预防控制不能可靠地反映现场性能	
7	高	根据相似技术和材料的新型设计。新应用,或工作周期/操作条件有改变。没有对产品进行验证和/或确认的经验标准、最佳实践和设计规则适用于基准设计,但不适用于创新产品。预防控制提供了有限的性能指标	
6		应用现有技术和材料,与之前设计相似。类似应用,工作周期或操作条件有改变,之前的测试或使用现场经验存在标准和设计规则,但不足以确保不会出现失效起因。预防控制提供了预防失效起因的部分能力	
5	中	应用成熟技术和材料,与之前设计相比有细节上的变化。类似的应用、工作周期或操作条件。之前的测试或使用现场经验,或为具有与失效相关测试经验的新设计。在之前设计中学到了与解决设计问题相关的教训。在本设计中对最佳实践进行再评估,但尚未经过验证。预防控制能够发现与失效起因相关的产品缺陷,并提供部分性能指标	
4		与短期现场使用暴露几乎相同的设计。类似应用,工作周期或操作条件有细微变化。之前测试或使用现场经验。之前设计和为新设计而进行的改变符合最佳实践、标准和规范要求。预防控制能够发现与失效起因相关的产品缺陷,很可能反映设计符合性	
3	低	对已知设计(相同应用,在工作周期或操作条件方面)和测试,或类似操作条件下的现场经验的细微变化,或成功完成测试程序的新设计,考虑到之前设计的经验教训,设计预计符合标准和最佳实践。预防控制能够发现与失效起因相关的产品缺陷,并预测与生产设计的一致性	

(续)

O	对失效起因发生的预测	频度标准(DFMEA)	公司或产品线示例
2	非常低	与长期现场暴露几乎相同的设计。相同应用,具备类似的工作周期或操作条件。在类似操作条件下的测试或使用现场经验考虑到之前设计的经验教训并对其具备充足的信心,设计预计符合标准和最佳实践。预防控制能够发现与失效起因相关的产品缺陷,并显示出对设计符合性的信心	
1	极低	失效通过预防控制消除,通过设计失效起因不可能发生	

产品经验:在公司内使用产品的历史(新品设计、应用或使用案例)。已经完成的探测控制结果提供了设计经验

预防控制:在产品设计中使用最佳实践、设计规则、公司标准、经验教训、行业标准、材料规范、政府规定,以及以预防为导向的分析工具的有效性(分析工具包括计算机辅助工程、数学建模、模拟研究、公差叠加和设计安全边际)

注:频度10、9、8、7可根据产品验证活动降低。

表8-24 失效模式潜在探测度(D)评估标准

用于产品设计验证的潜在探测度(D)			
根据探测方法成熟度和探测机会对探测控制进行评级			空白,由使用人员填写
D	探测能力	探测方法成熟度	探测机会	公司或产品线示例
10	非常低	测试程序尚未开发	测试方法尚未定义	
9		没有为探测失效模式或失效起因而特别设计测试方法	通过/不通过测试,失效测试、老化测试	
8	低	新测试方法,尚未经过验证	通过/不通过测试,失效测试、老化测试	
7	中	已经验证的测试方法,该方法用于功能性验证或性能、质量、可靠性以及耐久性确认;测试计划时间在产品开发周期内较迟,如果测试失败将导致重新设计、重新开模具,最终导致生产延迟	通过/不通过测试	
6			失效测试	
5			老化测试	
4	高	已经验证的测试方法,该方法用于功能性验证或性能、质量、可靠性以及耐久性确认;计划时间充分,可以在开始生产之前修改生产工装	通过/不通过测试	
3			失效测试	
2			老化测试	
1	非常高	之前测试证明不会出现失效模式或失效起因,或者探测方法经过实践验证总是能够探测到失效模式或失效起因		

3. 措施优先级(AP)

团队完成失效模式、失效影响、失效起因控制的确认和严重度、频度、探测度

的评级后，根据风险的严重程度，兼顾资源、时间、技术和其他因素的限制，制定改进措施行动，进行优先级排序。

第 5 版 FMEA 手册介绍了措施优先级方法，提供了所有 1000 种严重度、频度、探测度的可能组合。该方法首先着重于严重度，其次为频度，然后为探测度。其逻辑遵循了 FMEA 的失效预防目的。措施优先级表建议将措施分为高、中、低三个优先级。

优先级高（H）：评审和措施的最高优先级。团队需要确定适当的措施来改进预防或探测控制，或证明并记录为何当前的控制足够有效。

优先级中（M）：评审和措施的中等优先级。团队应该确定适当的措施来改进预防或探测控制，或由公司自行决定，证明并记录当前的控制足够有效。

优先级低（L）：评审和措施的低优先级。团队可以确定措施来改进预防或探测控制。

当严重度是 9 或 10 时，必须予以特别注意，以确保现行的设计控制或预防/纠正措施针对了这种风险。

RPN（风险顺序数）是 S、O、D 的乘积，是传统的评级排序方式，不推荐使用 RPN 阈值来确定所需要的措施。RPN 可能会对 S、O、D 的不同组合产生相同的风险数，这时，建议使用其他方法对类似 RPN 结果进行优先级排序，例如 S×O。专业的 FMEA 软件可通过用户编辑的 S/O/D 分值，根据后台设置的 AP 规则自动计算风险，并允许根据风险矩阵直接筛选风险清单，按照事先设定的红、黄、绿等不同色彩进行标注（见图 8-49 和表 8-25）。

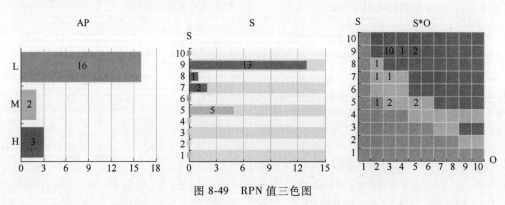

图 8-49　RPN 值三色图

六、步骤六：优化

设计优化的主要目的是通过改进设计来制定降低风险和增加顾客满意度的措施。

优化针对现有的预防和探测措施，从产品设计更改和控制方案改进或增强的角度进行分析，采取额外的预防或探测措施，以降低风险发生的概率及提高探测风险的能力。优化措施必须是具体的、可衡量的、可实现的。优化行动必须制订计划，明确相关人、时间等，并对优化结果进行确认验证，行动的状态需要被注明。如果团队决定不需要进一步行动，需在备注中注明"无"或"未计划"，以表明风险分析已完成。

推荐的优化方法选择顺序：
1）修改设计，以减少失效起因（FC）的发生。
2）增加探测失效起因或失效模式的能力（FC 或 FM）。
3）在设计修改的情况下，再次评估所有受影响的设计元素。
4）在概念修改的情况下，审核 FMEA 的所有受影响的步骤。

当措施完成时，频度和探测度值将重新评估，对应的措施优先级也将重新被确定。

风险分析之后，就需要制定具体的管理优化方案及措施，见表 8-26。

七、步骤七：结果文件化

FMEA 报告按照七步法的步骤进行展现，对 DFMEA 报告、特性清单及 DVP（设计验证计划）进行文件化管理。FMEA 报告的目的是用于公司内或公司之间的沟通。交付给客户的 FMEA 报告并不是所有内容，对于涉及知识产权的内容依据与顾客之间的协议而决定是否提交。文档的格式不是强制统一的，可以由公司自行确定增加细节内容，如执行摘要、FMEA 的范围、S/O/D 评级表、分析的结果和结论等。但文件的内容必须符合目标客户的要求，并经过相关方的同意。

专业的 FMEA 软件可根据结构化分析内容自动生成 DFMEA 报告、特性清单及 DVP 清单。其中，DVP 清单可允许用户再编辑，重新进行任务分配和追踪。

8.4.3 PFMEA 的开展流程与案例

PFMEA 是工艺设计团队所采用的一种风险分析工具，在工艺策划阶段关注制造方案中潜在的失效（即工艺设计的薄弱点），用失效原因发生频度、探测度、失效影响评分来确认风险的大小和行动的优先级，以期获得更稳健的生产过程。

PFMEA 有三个必要的假设：
1）假设产品的设计是满足设计意图的。
2）假设工序中设备技术能力是满足工艺技术要求的。
3）假设上游来料是合格的（历史有证据除外）。

PFMEA 也会关注由设计弱点引发的潜在失效模式。

PFMEA 一般按照以下 7 个步骤进行分析。

一、步骤一：策划与准备

这个步骤的目的是明确项目，确定其中包含和不包含的过程。组织可以评审所有过程，并最终决定需要分析哪些过程，然后集中资源在优先级高的过程上。其主要工作目标是：确定项目、创建项目团队、制订任务计划、界定分析边界、应用相关经验教训及基础 FMEA。

表 8-25 风险分析结果报告展示示例

失效分析（步骤四）			风险分析（步骤五）				
失效影响的严重度（FE）	关注要素的失效模式（FM）	下一较低级别要素或变化特性的失效起因（FC）	对失效起因当前预防控制（FC）	失效起因的频度（O）	FM 失效起因或失效模式的当前探测控制（DC）	失效起因/失效模式的探测度	设计 FMEA 措施优先级
1. 对于上一较高级别要素和/或最终用户的失效影响（FE） 9	2. 关注要素的失效模式（FM） 储液罐泄漏量大于 0.004bar 之间洗涤泵	罐体:85℃ 22 小时 尺寸变化大于 1%		3	密封性测试（FM）、高温验证	3	L
	储液罐泄漏量大于 0.004bar 之间洗涤泵	泵安装密封圈-泵进水口尺寸小,不能提供足够压缩量	参照设计规范	3	密封测试（FM）、密封测试（FC）	3	L
雨刮洗涤系统不能满足规范要求的清洗面积 9	洗涤液喷射不到玻璃面	泵:流量不符合标准要求	最佳实践	2	流量测试（FC）	3	L
	响应时间过长	泵:响应时间过长		5	启动测试（FC）	3	M

表 8-26 优化管理措施示例

风险分析（步骤五）					优化（步骤六）									
对失效起因当前预防控制（FC）	失效起因的频度（O）	FM 失效起因或失效模式的当前探测控制（DC）	失效起因/失效模式的探测度	设计 FMEA 措施优先级	预防措施	探测措施	负责人姓名	目标完成日期	状态	完成日期	严重度（S）	发生度（O）	探测度（D）	措施优先级（AP）	筛选器代码（可选）
	5	启动测试（FC）	3	H	增加防回流阀		jiwen	2020/5/8	开启		9	2	3	L	

1. 定义范围

PFMEA 项目确定包括明确了解评估内容。这涉及一个决策过程来确定顾客项目所需的 PFMEA，在分析中，不包含和包含的内容同等重要。团队可从法律要求、技术要求、内外部客户的需要/需求/期望、要求规范、图表（框图、系统图）、示意图、图纸和/或 3D 模型、物料清单、风险评估、类似产品以往的 FMEA、防错要求、DFMEA、QFD 等方面确定 PFMEA 的分析边界。DFMEA 与 PFMEA 之间的信息流传递过程如图 8-50 所示。

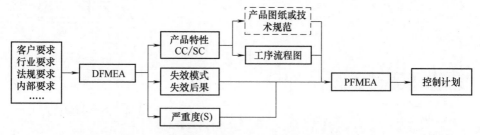

图 8-50　DFMEA 与 PFMEA 之间的信息流传递过程

过程流程图是 PFMEA 的最主要输入，流程图作为一种工具在制造系统设计过程中用于帮助建立分析范围。过程流程图从流入到流出描述产品流程，包括接收过程、零件和材料储存、产品和材料交付、制造、装配、包装、标签、成品运输、储存、维护过程、检测过程以及返工和返修过程等。在传达要求/特性时，那些导致风险的特定过程/要素是公司需要聚焦的分析范围。

如图 8-51 所示，优先分析的范围是注塑和焊接过程。

2. 确定 FMEA 计划

项目计划建议按 5T 开展，即 FMEA 团队、FMEA 时间、FMEA 意图、FMEA 任务、FMEA 工具。FMEA 团队就是谁来做；FMEA 时间就是开始和结束时间，新项目必须遵守项目的节拍才有预防的意义；FMEA 意图是我们为什么在这里，明确了项目的意义，项目团队成员才能更主动积极地投入到开发过程中去；FMEA 任务就是"七步法"描述的内容任务框架和交付成果。

3. 明确项目团队、职责

FMEA 团队由多方论证（跨职能）成员组成，他们具备必要的专业知识。FMEA 的成功实施取决于跨职能团队的积极参与，因为它需要专注于讨论的主题。

核心团队成员参与 FMEA 系统分析（步骤一~步骤三）并参加 FMEA 会议。扩展团队成员根据需要参与（由 FMEA 推进者或会议组织人协调）。这里应注意，不同企业人员配置不同，这里的分类更多的是指具备这项功能的人员。FMEA 跨职能团队的成员组成见表 8-27。

工艺设计主管对 FMEA 内容负技术责任，定义要素、功能、要求和特性。

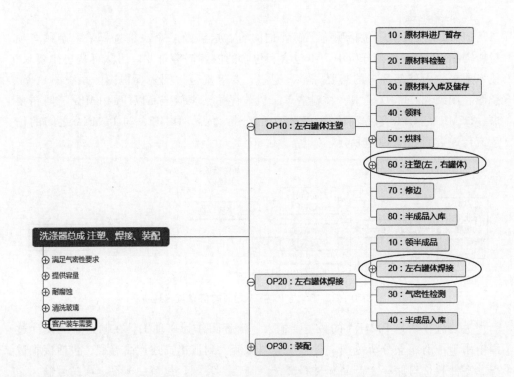

图 8-51 PFMEA 流程图

表 8-27 FMEA 跨职能团队的成员组成

核心团队成员	扩展团队成员
推进者	技术专家
过程/制造工程师	设计工程师
人机工程学工程师	维修工程师
过程验证工程师	项目经理
质量/可靠性工程师	维修人员
其他负责过程开发的人员	采购
	供应商
	现场工作人员
	其他（根据分析需要）

FMEA 推进者主要负责 FMEA 工作流程的协调和组织，以及（FMEA）方法能力传递，是能够在团队中工作且调解、说服、组织和表达能力较好的人。若设计主管具备相应能力，可由其兼任。

核心团队成员提供相关产品、FMEA 的相关经验知识和产品的必要信息，参与执行 FMEA 的 7 个步骤。

扩展团队成员/专家提供有关特殊项目的补充资料或 FMEA 关注产品的必要信息。

4. PFMEA 表头

表头包含了一些基本的项目信息,但没有固定的格式要求,其包含的信息见表 8-28。

表 8-28 PFMEA 表头设计示例

公司名称	负责 PFMEA 的公司的名称
工程地点	地理位置
顾客名称	顾客名称或产品名称
年型/项目	顾客应用或公司型号/风格
项目	PFMEA 项目的名称
PFMEA 开始日期	开始的日期
PFMEA 修订日期	最新修订日期
跨职能团队	所需的团队成员名单
PFMEA ID 编号	由公司确定
设计责任人	PFMEA 所有者的姓名
保密级别	商业使用、专有、保密

二、步骤二:结构分析

过程结构分析的目的是识别、分解制造结构为过程项目、过程步骤和过程工作要素。以工序流程图作为输入,确定分析的过程,利用结构树可视化过程项目、过程步骤和过程工作要素。

(1) 工序流程图 团队可以依据风险和对功能的影响程度等因素决定分析的步骤,如图 8-52 所示。

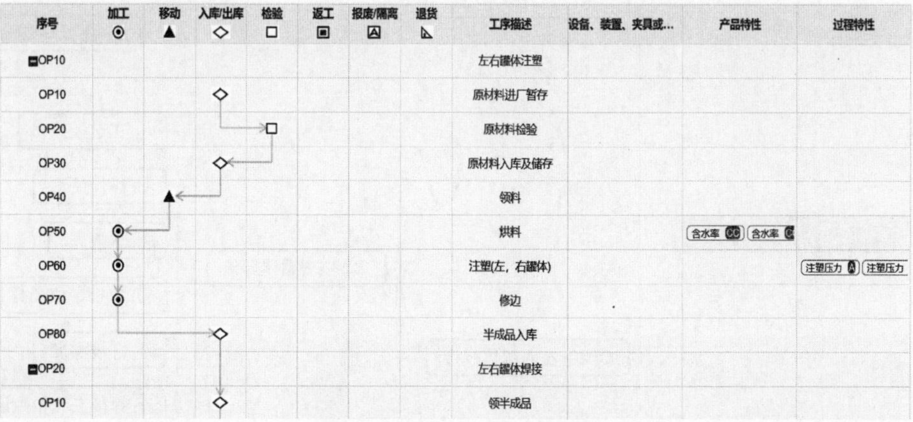

序号	加工	移动	入库/出库	检验	返工	报废/隔离	退货	工序描述	设备、装置、夹具或	产品特性	过程特性
■OP10								左右罐体注塑			
OP10			◇					原材料进厂暂存			
OP20			◇	□				原材料检验			
OP30			◇					原材料入库及储存			
OP40		▲						领料			
OP50	⊙							烘料			含水率 含水率
OP60	⊙							注塑(左,右罐体)			注塑压力 注塑压力
OP70	⊙							修边			
OP80			◇					半成品入库			
■OP20								左右罐体焊接			
OP10			◇					领半成品			

图 8-52 PFMEA 工序流程图

（2）结构树　树形结构可帮助理解过程项、过程步骤和过程工作要素之间的关系。每个要素可增添相应的功能和失效。如图 8-53 所示，分析聚焦过程步骤，过程项是结构树的最高级别，即完成所有过程步骤后的最终成果；过程工作要素是过程流程或结构树的最低级别。每个工作要素都是一个可能影响过程步骤的主要潜在原因类别的名称，就是过程原因分析的 5M1E（人、机、料/辅、法、环、测）。

过程项	过程步骤	过程要素
Structure Analysis(Setp2) 结构分析(步骤二)		
1.过程项	2.过程步骤	3.过程工作要素
洗涤器总成	OP10.60左右罐体注塑	工艺技术员，操作员工，注塑机，模具，注塑工艺参数设定
洗涤器总成	OP20.20左右罐体焊接	环境温度，工艺技术员，操作员工，热板焊，焊接工艺参数设定，焊接定位夹具

图 8-53　过程原因分析的步骤

表格化分析结果如图 8-54 所示。

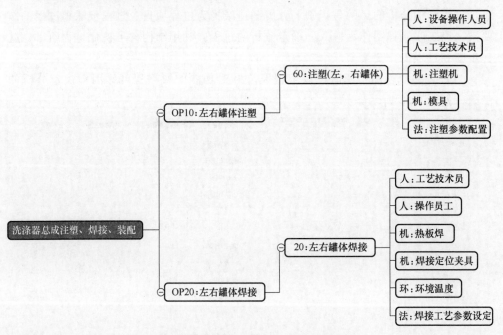

图 8-54　过程原因分析的表格化结果

三、步骤三：功能分析

过程功能分析的目的是确保产品/过程的预期功能/要求得到适当分配。在这个步骤中描述过程功能，使用功能网或功能矩阵可视化过程功能，并将特性与功能、功能与过程要素关联。

1. 功能

功能描述了过程项或过程步骤的预期用途。每个过程项或过程步骤可能具备多个功能。功能分析的输入，包括但不限于产品和过程功能、产品/工艺要求、制造环境条件、周期、职业能力或操作人员安全要求、对环境造成的影响。功能的描述需简洁、清晰、准确。

2. 要求（特性）

要求即特性，分产品特性和过程特性两种，是可判断或可测量的。

1）要求与功能执行相关，是功能需要实现的结果。

2）产品特性体现在产品图纸或规范文件中，如几何形状、材料、外观要求、镀层要求等，可在产品制成后被测量。

3）过程特性体现在制造图纸或规范文件（操作作业说明、工艺参数卡、防错验证程序等）中，可以在产品制造过程中被测量。

4）过程特性保障产品特性的实现。

5）产品特性和过程特性可以不体现具体特性值。

3. 功能关系可视化

过程项的功能、过程步骤的功能和过程工作要素的功能之间的交互能够可视化为功能网、功能结构、功能树、功能矩阵。FMEA Master 是目前国内应用较广泛的 FMEA 软件工具。如图 8-55 所示，根据结构树分析，可以自动生成功能矩阵。

60：注塑(左，右罐体)	下级								
	人：工艺技术员		机：注塑机			机：模具			法：注塑参数
	<设置正确设备...>		<适合的注塑机...>	<适合的注塑机...>	<适合的注塑机...>	<模具尺寸->	<模具尺寸->	<模具温度>	<注塑参数设置>
满足形状尺寸要求->泵安装尺寸	Y			Y		Y		Y	Y
满足形状尺寸要求->焊接面尺寸				Y			Y	Y	
满足形状尺寸要求->加液管安装孔尺寸				Y					
满足形状尺寸要求->外形尺寸					Y				
强度满足要求->壁厚	Y			Y			Y	Y	

图 8-55　功能关系可视化示例

注塑是关注的过程步骤，本例中列出两项功能，功能中有不同的要求特性。功能特性与上级过程项和下级过程要素均建立关联。洗涤器总成是生产线的最终产品。功能特性是客户的要求，不满足特性要求对应失效影响。根据影响关系确认需要分析的过程要素，如人员、设备、方法等，细化到设备操作人员、工艺技术员、注塑机、模具、注塑参数配置等特性要求。功能分析成果表格化示例见表 8-29。

表 8-29 功能分析成果表格化示例

功能分析（步骤三）		
1. 过程项的功能系统、子系统、零件要素或过程的功能	2. 过程步骤的功能和产品特性（量值为可选）	3. 过程工作要素的功能和过程特性
产品装车尺寸符合图纸装配要求	外形尺寸符合要求	模腔尺寸符合工艺要求
	定位尺寸符合图纸装配要求	夹具定位零件准确,夹紧力符合工艺要求

四、步骤四：失效分析

过程失效分析的目的是识别失效起因、模式和影响，并阐述它们之间的关系以进行风险评估。对过程项目、过程步骤和过程工作要素的每个功能建立失效（一个或多个失效）。识别可能发生的失效起因，并分配给过程元素和步骤。失效结构的关注要素被称为失效模式，失效模式存在相应的失效影响和失效起因。根据关注对象的不同，失效可被理解为失效影响、失效模式或失效起因。

1. 失效链

失效关系的可视化是功能关联的基础。针对特定失效，需考虑以下三个方面：失效影响（FE）、失效模式（FM）、失效起因（FC）。失效关系的逻辑关系如图 8-56 所示。

2. 失效模式

过程失效模式是过程步骤功能特性无法实现的表现。它是一种潜在可能性，不一定发生。功能描述完整，失效也基本会完整。失效模式应使用技术术语描

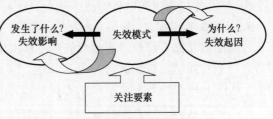

图 8-56 失效关系的逻辑关系

述，而非顾客容易察觉的现象。规范一致的描述有助于建立企业失效库。寻找失效模式的方式与 DFMEA 思路一致，只是这里在过程环境下进行。

失效模式包括以下内容：

1）过程功能丧失——操作未执行。

2）部分功能丧失——操作不完整。

3）过程功能降低。

4）过程功能超出预期——高出太多。

5）间歇过程功能——操作不一致。

6）运行不稳定。

7）非预期过程功能——检验中划伤零件。

8）安装错误零件。

9）过程功能延迟——操作太迟。

3. 失效影响

失效影响是对客户的影响。客户包括最终用户、法律法规要求、下游用户（内外部）。最终用户的影响应与 DFMEA 保持一致，按照顾客可能注意到或经历的情况来描述。对于下游用户，可能的影响是停线、产品报废、产线速度降低、返工返修等，建议与企业采用的评分表思路匹配。

4. 失效起因

失效起因是指失效模式出现的原因。常用的分析方法是鱼骨图，按人、机、料、法、环等维度去寻找原因。原因描述应简明扼要，细致程度建议与采取的相应行动（控制和措施）匹配。

（1）人　考虑人机安全，如举手操作持续，会使身体疲劳，导致动作变形、相近零件拿错。

（2）机　考虑设备工装技术条件的适宜性、充分性，如数据输入错误等。

（3）料　PFMEA 的前提是假设原材料是好的，我们关注工序间工艺材料规范、工序内的异物、存储标识等，如车削余量不足，后续无法加工。

（4）法　工艺参数是重点方向，涉及参数的设计、设定。

（5）环　考虑温度、湿度、照度等是否适宜。

5. 案例分析

关注的要素为注塑，泵安装尺寸是其中一个特性要求。图 8-57 所示是其中一种失效。失效影响是气密性超差，液体渗漏。过程要素分析到的原因是注塑设备、模具、参数设定等。

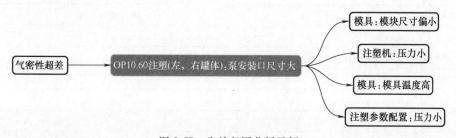

图 8-57　失效起因分析示例

五、步骤五：风险分析

过程风险分析的目的是通过严重度、频度和探测度评级进行风险评估，并对高风险项目进行优先排序，决定采取措施的顺序。针对每个失效链进行严重度、频度和探测度评级，针对失效起因，制定预防控制措施（建议）；针对失效起因或失效模式，匹配探测控制。探测措施是探测度评分的依据。

1. 当前预防措施（PC）

当前预防措施的目的是消除失效起因或降低失效频度，防止生产工厂内出现不合格零件。当前预防措施包括设计过程中应实施的措施，以及正式生产过程中应实施的措施，示例见表 8-30。

表 8-30 当前预防措施

序号	预防措施示例(建议的 O 值分数)
1	防错(防止发生)[绝对防错:1,减少发生:2~4]
2	工艺设计规范(2)、指南(3~4)、报告(4~5)
3	最佳实践清单(4~5)
4	Know-how 管理(3~4)
5	Benchmark(对标)分析(4~5)
6	前瞻性技术研究报告(6~7)
7	工艺试验(量产的控制计划不需要,试制控制计划需要)(4~6)
8	全面生产维护(TPM)(4~6)
9	授权管理、标准化作业(4~6)
10	首件检验、针对原因的控制图(3~5)
11	以提升技能为目的的训练(5~7)
12	问题解决报告(4~6)

2. 当前探测措施（DC）

当前探测措施是指在产品离开过程或发运给顾客前，通过自动或手动方法探测是否存在失效起因或失效模式，示例见表 8-31。

表 8-31 当前探测措施

序号	探测措施示例
针对失效模式的探测	
1	防错(防止流出)
2	控制图
3	100%检验
4	抽检
5	后续自然发现
6	产品审核
针对失效起因的探测	
7	对工艺参数的定期巡视
8	针对工装状态的末件检查
9	针对工装状态的全尺寸检验
10	分层审核

3. 评估

每种失效的起因和影响的风险都需要单独评价,目前较常用的是严重度、频度、探测度 3 个维度评价。FMEA 手册中的评价表不是要求,而是指南和参考;不要因为有数值而误以为是定量的评价，仅仅是风险排序，评价标准可以由企业自主定义。

严重度：失效对顾客的影响。评价取值是各种失效影响中最大的。企业可以使用 FMEA 手册的严重度表，也可以从安全（S）、法规（R）、质量（Q）、成本（C）、交期（D）等维度，依据企业实际设计严重度表。过程一般评估标准严重度（S）见表 8-32。

频度：失效起因的发生频率，同时考虑了当前预防控制。频度分析三原则：数据优先、技术成熟度、预防措施有效性。过程的潜在频度（O）见表 8-33。

探测度：探测失效起因或失效模式的能力。探测度是指在列出的探测类型过程控制中，预测最有效的过程控制相关的评级。探测度是在一个 FMEA 范围内的相对评级。用于过程设计验证的潜在探测度（D）见表 8-34。

表 8-32 过程一般评估标准严重度（S）

S	影响	根据以下标准对严重度进行评级			空白，由使用人员填写
		对您工厂的影响	对发运至工厂的影响（在已知情况下）	对最终用户的影响（在已知情况下）	组织或产品系列示例
10	高	失效可能会导致从事生产或组装作业的工人面临健康或安全风险	失效可能会导致从事生产或组装作业的工人面临健康和/或安全风险	影响车辆和/或其他车辆的安全操作性、驾驶员或乘客或交通参与者或行人的健康	
9		失效可能会导致工厂不符合法规	失效可能会导致工厂不符合法规	不符合法规	
8	中高	生产运行 100%受到影响，产品不得不报废	生产线停工超过一个完整的班次，可能停止发货，需要现场返修或更换（装配线到终端用户），并且不符合相关法规。失效可能会导致工厂不符合法规	预期使用寿命内，正常驾驶所必需的车辆主要功能的丧失	
7		产品可能需要进行分拣，其中一部分会报废，主要过程有偏差，生产过程速度降低或增加劳动力	生产线停工超过一个小时到一个完整的班次，可能停止发货，需要现场返修或更换（装配线到终端用户），并且不符合法规	预期使用寿命期间正常驾驶所必需的车辆主要功能的降低	

S	影响	根据以下标准对严重度进行评级			空白,由使用人员填写 组织或产品系列示例
		对您工厂的影响	对发运至工厂的影响（在已知情况下）	对最终用户的影响（在已知情况下）	
6	中低	100%产品可能需要线下返工才能被接受	停线不超过一小时	车辆次要功能丧失	
5	中低	部分产品可能需要线下返工才能被接受	没有停线,少于100%的产品受影响,极有可能出现额外的缺陷产品,需要分拣	车辆次要功能下降	
4	低	100%产品在线返工	触发重大反应计划;可能不会出现额外的瑕疵产品,不需要分拣	外观、声音、振动、粗糙度或触觉令人感觉非常不舒服	
3	低	部分产品在线返工	触发次要反应计划,不太可能出现其他缺陷产品	中等令人反感的外观、声音、振动、粗糙度、触觉令人感觉中度不舒服	
2	低	会造成对过程、操作或操作员的不方便	不会触发反应计划;不太可能导致其他缺陷产品;需要向供应商提供反馈	外观、声音、振动、粗糙度或触觉令人略微感觉不舒服	
1	很低	没有可察觉到的影响	没有可察觉到的影响或没有影响	没有可察觉到的影响	

表 8-33 过程的潜在频度（O）

根据以下标准对潜在失效起因进行评级。在确定最佳预估频度时考虑预防控制。频度是在评估时进行的预估定性评级,可能不能反映真实的频度。频度评级得分是在 FMEA（正在评估的过程）范围内进行的相对评级数值。针对多个频度评级中的预防控制而言,可以试用最能反映控制有效性的评级

空白,由使用人员填写

对失效起因发生的预测	控制类型	预防控制	公司或产品线示例
10	极高	无	没有预防控制	
9	非常高	行为控制	预防控制在防止失效起因出现方面起到的作用很小	
8				
7	高	行为或技术控制	预防控制在防止失效起因出现方面可以起到一定的作用	
6				
5	中		预防控制在防止失效起因出现方面可以起到有效的作用	
4				

（续）

	对失效起因发生的预测	控制类型	预防控制	公司或产品线示例
3	低	最佳实践:行为或技术控制	预防控制在防止失效起因出现方面可以起到高度有效的作用	
2	非常低			
1	极低	技术控制	预防控制在预防失效起因设计(如零件形状)或过程(如夹具或模具设计)而发生的失效起因方面极其有效。预防控制的目的是失效模式不会因失效起因而实际发生	

表 8-34　用于过程设计验证的潜在探测度（D）

D	探测能力	探测方法成熟度	探测机会	组织/产品系列示例
10	很低	尚未建立或有已知的测试或检测方法	不能或无法探测到失效模式	
9		测试或检查方法不可能探测到故障模式	通过任意或不定时的审核很难探测到失效模式	
8	低	测试或检查方法尚未通过实践证明是有效和可靠的(例如工厂在测试和检查方法方面几乎没有经验,有关类似过程或本程序的测量 R&R 结果接近边际值等)	应当能探测到失效模式或失效起因的人工检查(视觉、触觉、听觉),或使用手动测量(定性或定量)	
7			基于设备的检测(并有光、蜂鸣器等的自动或半自动检测方式),或使用应当能探测到失效模式或失效起因的检测设备,如坐标测量机	
6	中等	测试或检查方法已经通过实践证明是有效和可靠的(例如工厂在测试和检查方法方面具备经验,或有关类似过程或本程序的测量 R&R 结果可以接受等)	将检测到失效模式或失效起因(包括产品样品检查)的人工检查(视觉、触觉、听觉),或使用手动测量(定性或定量)	
5			基于设备的检测(并有光、蜂鸣器等的自动或半自动检测方式),或使用将探测到失效模式或失效起因的检测设备,如坐标测量机	
4	高	测试或检查方法已经通过实践证明是有效和可靠的(例如工厂在测试和检查方法方面具备经验,测量 R&R 结果可以接受)	以设备为基础的自动化探测方法,其可以在下游探测到失效模式,进而避免进一步加工;或系统可以识别差异产品,并允许其在过程中自动前进,直至到达指定的不合格品卸载区。差异产品将在一个有效的系统内受到监视,避免这些产品从工厂内流出	
3			以设备为基础的自动化探测方法,其可以在工位探测到失效模式,进而避免进一步加工;或系统可以识别差异产品,并允许其在过程中自动前进,直至到达指定的不合格品卸载区。差异产品将在一个有效的系统内受到监视,避免这些产品从工厂内流出	

(续)

D	探测能力	探测方法成熟度	探测机会	组织/产品系列示例
2		检测方法已被证明是有效和可靠的（例如工厂在方法、防错验证等方面有经验）	基于机器的检测方法，可检测失效起因并避免出现失效模式（差异零件）	
1	很高	根据设计或加工过程而不会实际出现失效模式，或者探测方法通过实践验证总是能检测到失效模式或失效起因		

4. 措施优先级（AP）

团队完成失效模式、失效影响、失效起因、控制的确认和严重度、频度、探测度的评级后，根据风险的严重程度，兼顾资源、时间、技术和其他因素的限制，提出改进措施行动，进行优先级排序。

新版FMEA手册介绍了措施优先级方法，首先着重严重度，其次为频度，然后为探测度，其逻辑遵循了FMEA的失效预防目的。措施优先级表建议将措施分为高、中、低三个优先级。

六、步骤六：优化

过程优化的目的是确定降低风险的行动并评估这些行动的有效性，目标是通过改进流程来制定降低风险的措施。优化措施必须是具体的、可衡量的、可实现的。优化行动必须制订计划，明确相关人、时间等，并对优化结果进行确认验证，行动的状态需要被注明。如果团队决定不需要进一步行动，需在备注中注明"无"或"未计划"，以表明风险分析已完成。

推荐的优化方法选择顺序：

1）修改过程，减少发生失效起因（FC）的可能性。
2）增加检测失效起因或失效模式的能力（FC或FM）。
3）在进行过程更改的情况下，再次评估所有受影响的工步。

优化改进的重点在实施，专业的FMEA软件可通过专业小组在风险分析页面分析筛选高风险项并加入优化，在优化措施中对添加的具体措施分别指定责任人与任务时间，并且能在系统甘特图中及时跟进任务。

七、步骤七：结果文件化

结果文件化的目的是针对FMEA活动的结果进行总结和交流。可对PFMEA报告、控制计划进行文件化管理。FMEA报告按照七步法的步骤进行展现。FMEA报告的目的是用于公司内或公司之间的沟通。交付给客户的FMEA报告并不是所有内容，对于涉及知识产权的内容依据与顾客之间的协议而决定是否提交。文档的格式不是强制统一的，可以由公司自行确定增加细节内容，如执行摘要、FMEA的范围、S/O/D评级表、分析的结果和结论等。但文件的内容必须符合目标客户的要求,并经过相关方的同意。

专业的 FMEA 软件可根据结构化分析内容自动生成 PFMEA 报告、特性清单及控制计划,极大提高工作效率。

8.5 可靠性基础知识

8.5.1 可靠性概述

第二次世界大战之后,为了迅速提高武器装备的性能,采用的新技术、新材料越来越多,特别是使用了大量的电子元器件,从而使武器装备日趋复杂。加之装备使用环境的严酷,使当时的武器装备故障频繁,特别是军用电子设备的故障最为严重,于是美国国防部在 1952 年成立了电子设备可靠性咨询组(AGREE)。经过 5 年的研究,该组于 1957 年发表了名为《军用电子设备可靠性》的研究报告,从而确定了可靠性工程工程发展的方向,成为可靠性工程发展的奠基性文件,标志着可靠性工程已成为一门独立的学科。可靠性工程经历了 20 世纪 50 年代的起步阶段、20 世纪 60 年代的全面发展阶段、20 世纪 70 年代的成熟阶段和 20 世纪 80 年代的更深更广的发展阶段,自 20 世纪 90 年代以来进入向综合化、自动化、智能化和实用化发展的阶段,可靠性工程已成为一门提高产品质量的重要的工程技术学科。可靠性工程已从电子产品可靠性发展到机械和非电子产品的可靠性;从硬件的可靠性发展到软件的可靠性;从宏观统计估算发展到微观分析计算产品的可靠性;从手工定性的可靠性分析计算发展到计算机辅助进行可靠性分析;从重视可靠性统计试验发展到强调可靠性工程试验,通过环境应力筛选及可靠性强化试验来暴露产品故障,进而提高产品可靠性;从可靠性工程发展到维修性工程、安全性工程、保障性工程等;从军事装备的可靠性发展到民用产品的可靠性。

1. 可靠性的概念

(1) 可靠性的定义　可靠性的定义:产品在规定的条件下和规定的时间内,完成规定功能的能力。可靠性的概率度量亦称可靠度。这里的产品指的是 ISO 9000 中的硬件和流程性材料的有形产品和软件的无形产品。它可以大到一个系统或设备,也可以小到一个零件,只要是这类产品都有可靠性问题。根据产品发生故障后是否可以通过维修恢复到规定的功能状态,可分为可修产品和不可修产品。如汽车属于可修产品,荧光灯管属于不可修产品。定义中的三个"规定"是理解可靠性概念的核心。"规定的条件"包括使用时的环境条件和工作条件。产品的可靠性和它所处的条件关系极为密切,同一产品在不同条件下工作会表现出不同的可靠性水平。一辆汽车在柏油路上和在砂石路上行驶同样里程,显然后者故障会多于前者,也就是说环境条件越恶劣,产品可靠性越低。"规定的时间"指的是规定的工作时间。同一辆汽车行驶 1 万公里发生的故障肯定比行驶 1000 公里发生的故障多。也就是说，工作时间越长，可靠性水平越低，产品的可靠性是时间的递减函数。可靠性定义中的时间是广义的，除日历时间外，还可以是里程、次数等。"规定功能"指的是产品规格书中给出的正常工作的性能指标，完成不了规定功能就叫故障。衡量一个产品可靠性水平时一定要给出故障判据，比如电视机图像的清晰度低于多少就判为故障要明确定义，否则会引起争议。因此，在规定产品可靠性指标要求时一定要对规定的条件、规定的时间和规定功能给予详细具体的说明。如果这些不明确规定清楚，仅给出产品可靠度是无法验证的，也是不科学和不合理的。

（2）故障及其分类　产品或产品的一部分不能或将不能完成预定功能的事件或状态称为故障。对于不可修的产品也称失效。故障也可以简单地定义为丧失了规定的功能。故障的表现形式，如晶体管的短路或开路、灯丝的烧断等称为故障模式。引起故障的物理、化学变化等内在原因称为故障机理。

产品的故障分类有多种。按故障的规律可分为偶然故障和耗损故障。偶然故障是由于偶然因素引起的故障，只能通过概率统计来预测。耗损故障是通过事前检测或监测可预测到的故障，是由于产品的规定性能随时间增加而逐渐衰退引起的。耗损故障可以通过预防维修防止故障的发生，延长产品的使用寿命。按故障引起的后果可分为致命性故障和非致命性故障。前者会使产品不能完成规定任务或可能导致人或物的重大损失，最终使任务失败，后者不影响任务完成，但会导致非计划的维修。按故障的统计特性又可分为独立故障和从属故障。前者是指不是由另一个产品故障引起的故障，后者是指由另一个产品故障引起的故障。在评价产品可靠性时只统计独立故障。

2. 维修性的概念

维修性的定义：产品在规定的条件下和规定的时间内，按规定的程序和方法进行维修时，保持或恢复其规定状态的能力。规定的条件是指维修的机构和场所及相应的人员与设备、设施、工具、备件、技术资料等。规定的程序和方法指的是按技术文件规定采用的维修工作的类型、步骤、方法等。能否完成维修工作当然还与规定的时间有关。维修性是产品质量的一种特性，即由产品设计赋予的使其维修简便、迅速和经济的固有特性。产品不可能无限期地可靠工作，随着使用时间的延长，总会出现故障。此时，如果能通过迅速而经济的维修恢复产品的性能，产品又能继续工作。实际上，可靠性和维修性都是为了使用户手中的产品随时可用。可靠性是从延长其正常工作时间来提高产品可用性，而维修性则是从缩短停机时间来提高产品可用性。可用性是用户对产品质量的又一重要的需要。由于产品的可靠性与维修性密切相关，是产品的重要设计特性。因此，产品可靠性与维修性工作应从产品论证时开始，提出可靠性与维修性的要求，并在开发中开展可靠性与维修性设计、分析、试验、评定等活动，把维修性与维修性要求落实到产品的设计中。

3. 可信性和可用性的概念

可信性是一个集合性术语，用来表示可用性及其影响因素（包括可靠性、维修性、维修保障)。可信性仅用于非定量条款中的一般描述,可信性的定性和定量具体要求是通过可用性、可靠性、维修性、维修保障的定性和定量要求表达的。

可用性是在要求的外部资源得到保证的前提下,产品在规定的条件下和规定的时刻或时间区间内处于可执行规定功能状态的能力。它是产品可靠性、维修性和维修保障的综合反映。这里的可用性定义是固有可用性的定义,外部资源(不包括维修资源)不影响产品的可用性。反之,使用可用性则受外部资源的影响。可用性的概率度称为可用度。可用性通俗地说是"要用时就可用"。

4. 可靠性与产品质量的关系

产品质量是产品的一组固有特性满足顾客和其他相关方要求的能力。顾客购买产品时对产品一组固有特性的要求是多方面的,其中包括性能特性、专门特性、时间性、适应性等。性能特性用性能指标表示,如发动机的输出功率、电视机的屏幕尺寸等。可以通过各种测量仪器及设备对性能特性的每一个参数逐一进行直接测试,顾客很容易就能对产品是否合格作出评价,也能对不同品牌的同类产品进行性能对比,从而判断出不同品牌产品的优劣。时间性指的是产品的开发者和供应者能否及时提供给顾客需要的产品,也就是产品的交货期。这也是顾客能直观地作出决策的。同样,产品的适应性也是顾客可以直观得出结论的。在质量特性中唯独专门特性是顾客最关心,但也是顾客难于直观判断的。所谓专门特性包括可靠性、维修性和保障性等。可靠性与性能的最大区别是:性能是确定性的概念,"看得见,测得到",而产品可靠性是不确定性概念,事先"看不见""测不到",产品出不出故障是偶然或随机的,无法通过仪器设备测一下就能知道。某一具体产品在没有使用到寿命终了之前,它的真实寿命和可靠性是不知道的,只有对同品牌产品进行大量试验和使用,经统计分析和评估才能获得该品牌产品的可靠性。总之,产品可靠性是产品性能随时间地保持能力,换句话说,要长时间地保持性能就是不要出故障,不出故障或出了故障能很快维修是产品很重要的质量特性。要使产品高可靠、好维修就要在产品开发中开展可靠性、维修性设计、试验与管理工作。这也是质量专业技术人员为什么必须熟悉可靠性基础知识的重要原因。

8.5.2 可靠性、维修性的常用度量参数

1. 可靠度函数、累积故障分布函数和故障密度函数

(1) 可靠度及可靠度函数 产品在规定的条件下和规定的时间内,完成规定功能的概率称为可靠度。由此可知,产品的可靠度是时间的函数,一般用 $R(t)$ 表示。

$$R(t) = P(T>t) \tag{8-2}$$

式中,T 为产品故障前的工作时间;t 为规定的时间;$P(T>t)$ 为产品工作到 t 时刻不发生故障的概率。

由可靠度的定义还可知

$$R(t) = \frac{N_0 - r(t)}{N_0} \tag{8-3}$$

式中，N_0 为 $t=0$ 时，在规定的条件下工作的产品数；$r(t)$ 为在 0 到 t 时刻的工作时间内，发生故障的产品数。

（2）累积故障分布函数　产品在规定的条件下和规定的时间内，丧失规定功能的概率称为累积故障概率（又称不可靠度）。依定义可知，产品的累积故障概率是时间的函数，一般用 $F(t)$ 表示。

$$F(t) = P(T \leq t) \tag{8-4}$$

由不可靠度的定义可知

$$F(t) = \frac{r(t)}{N_0} \tag{8-5}$$

显然，由于产品故障与不故障这两个事件是对立的，所以

$$R(t) + F(t) = 1 \tag{8-6}$$

（3）故障密度函数　由式（8-5）可知

$$F(t) = \frac{r(t)}{N_0} = \int_0^t \frac{1}{N_0} \frac{dr(t)}{dt} dt \tag{8-7}$$

令 $f(t) = \frac{1}{N_0} \frac{dr(t)}{dt}$，则有

$$F(t) = \int_0^t f(t) dt \tag{8-8}$$

$f(t)$ 为故障密度函数。它表示在时刻 t 后的一个单位时间内，产品的故障数与总产品数之比，是时间的函数。

（4）可靠度函数与累积故障分布函数的性质　$R(t)$ 与 $F(t)$ 的性质见表 8-35。由故障密度函数的性质 $\int_0^\infty f(t)dt = 1$ 可知

$$R(t) = 1 - F(t) = 1 - \int_0^t f(t)dt = \int_t^\infty f(t)dt$$

表 8-35　$R(t)$ 与 $F(t)$ 的性质

性质	$R(t)$	$F(t)$
取值范围	[0,1]	[0,1]
单调性	非增函数	非减函数
对偶性	1-$F(t)$	1-$R(t)$

因此，$R(t)$ 与 $F(t)$ 之间的关系如图 8-58 所示。

2. 故障率与浴盆曲线

（1）故障率函数　工作到某时刻尚未发生故障的产品，在该时刻后单位时间

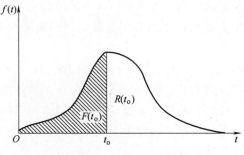

图 8-58　$R(t)$ 与 $F(t)$ 的关系

内发生故障的概率,称为产品的故障率,故障率一般用 $\lambda(t)$ 表示。

一般情况下,$\lambda(t)$ 可用下式进行工程计算:

$$\lambda(t) = \frac{\Delta r(t)}{N_s(t)\Delta t} \tag{8-9}$$

式中,$\Delta r(t)$ 为 t 时刻后 Δt 时间内故障产品的故障数;Δt 为所取时间间隔;$N_s(t)$ 为在 t 时刻没有发生故障的产品数。

对于低故障率的元部件常以 $10^{-9}/h$ 为故障率的单位,称之为菲特(Fit)。

(2)浴盆曲线　大多数产品的故障率随时间的变化曲线形似浴盆(见图 8-59),故将故障率曲线称为浴盆曲线。产品故障机理虽然不同,但产品的故障率随时间的变化大致可以分为三个阶段。

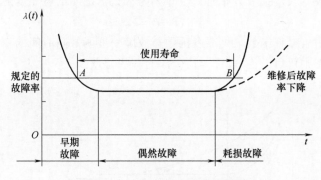

图 8-59　产品典型的故障率曲线

1)早期故障阶段。在产品投入使用的初期,产品的故障率较高,且存在迅速下降的特征。

这一阶段产品的故障主要是设计与制造中的缺陷,如设计不当、材料缺陷、加工缺陷、安装调整不当等,产品投入使用后很容易暴露出来。可以通过加强质量管理及采用老炼、筛选等办法来减少甚至消灭早期故障。

2)偶然故障阶段。在产品投入使用一段时间后,产品的故障率可降到一个较低的水平,且基本处于平稳状态,可以近似认为故障率为常数,这一阶段就是偶然故障期。产品的故障主要是由偶然因素引起的。偶然故障阶段是产品的主要工作区间。

3) 耗损故障阶段。在产品投入使用相当长的时间后,产品进入耗损故障期,其特点是产品的故障率迅速上升,很快出现大量的产品故障或报废。这一阶段产品的故障主要是由老化、疲劳、磨损、腐蚀等耗损性因素引起的。采用定时维修、更换等预防性维修措施,可以降低产品的故障率,以减少由于产品故障所带来的损失,并可以延长产品的使用寿命。

另外,并非所有产品的故障率曲线都可以分出明显的三个阶段。高质量等级的电子元器件的故障率曲线在其寿命期内基本是一条平稳的直线。而质量低劣的产品可能存在大量的早期故障或很快进入耗损故障阶段。

(3) 故障率与可靠度及故障密度函数的关系　由于 $f(t) = -\dfrac{\mathrm{d}R(t)}{\mathrm{d}t}$,所以

$$\lambda(t)\mathrm{d}t = -\dfrac{\mathrm{d}R(t)}{R(t)} \tag{8-10}$$

$$\int_0^t \lambda(t)\mathrm{d}t = -\ln R(t)\Big|_0^t \tag{8-11}$$

$$R(t) = \mathrm{e}^{-\int_0^t \lambda(t)\mathrm{d}t} \tag{8-12}$$

当产品的故障服从指数分布时,故障率为常数,产品的可靠度的表达式为

$$R(t) = \mathrm{e}^{-\lambda t} \tag{8-13}$$

产品典型的故障率函数、可靠度函数与故障密度函数随时间的变化趋势,如图8-60所示,从图中可以看出 $\lambda(t)$ 与 $f(t)$ 的一些特点。

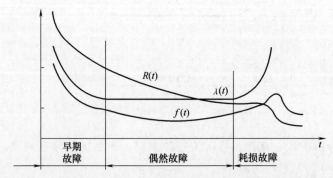

图 8-60　产品典型的故障率函数、可靠度函数和故障密度函数曲线

1) 由产品的 $\lambda(t)$ 曲线可以容易地区分出产品的三个故障阶段,且在偶然故障阶段(产品的主要工作区间)产品的故障率近似为常数,因此,可以用产品偶然故障阶段的故障率来比较其可靠性的高低。而产品的 $f(t)$ 曲线确没有明显的阶

段特征。

2) 由定义可知，$\lambda(t)$ 反映了产品的故障强度，而 $f(t)$ 反映了产品的故障概率密度。

3. 故障前时间与平均故障间隔时间

（1）平均故障前时间（MTTF） 设 N_0 个不可修复的产品在同样条件下进行试验，测得其全部故障时间为 $t_1, t_2, \cdots, t_{N_0}$，其平均故障时间 MTTF 为

$$\text{MTTF} = \frac{1}{N_0} \sum_{i=1}^{N_0} t_i \tag{8-14}$$

当 N_0 趋向无穷时，MTTF 为产品故障时间这一随机变量的数学期望，因此

$$\text{MTTF} = \int_0^\infty t f(t) \mathrm{d}t = \int_0^\infty t \mathrm{d}R(t) = -[tR(t)]_0^\infty + \int_0^\infty R(t) \mathrm{d}t = \int_0^\infty R(t) \mathrm{d}t \tag{8-15}$$

当产品的寿命服从指数分布时，有

$$\text{MTTF} = \int_0^\infty e^{-\lambda t} \mathrm{d}t = 1/\lambda \tag{8-16}$$

（2）平均故障间隔时间（MTBF） 一个可修产品在使用过程中发生了 N_0 次故障，每次故障修复后又重新投入使用，测得其每次工作持续时间为 $t_1, t_2, \cdots, t_{N_0}$，其平均故障间隔时间 MTBF 为

$$\text{MTBF} = \frac{1}{N_0} \sum_{i=1}^{N_0} t_i = \frac{T}{N_0} \tag{8-17}$$

式中，T 为产品总的工作时间。

显然，产品的平均故障间隔时间与产品的维修效果有关。

产品典型的修复状态有基本修复和完全修复两种。基本修复是指产品修复后瞬间的故障率与故障前瞬间的故障率相同。完全修复是指产品修复后瞬间的故障率与新产品刚投入使用时的故障率相同。

某产品进行基本修复或完全修复后的故障率变化曲线如图 8-61 所示。

对于完全修复的产品，因修复后的状态与新产品一样，一个产品发生了 N_0 次故障相当于 N_0 个新产品工作到首次故障，因此

$$\text{MTBF} = \text{MTTF} = \int_0^\infty R(t) \mathrm{d}t \tag{8-18}$$

当产品的寿命服从指数分布时，产品的故障率为常数 λ，完全修复与基本修复之间没有差别，

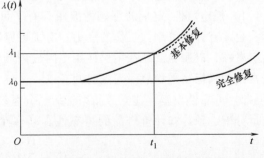

图 8-61 基本修复与完全修复

因此 $MTBF = MTTF = 1/\lambda$。

4. 产品的寿命特征

对于耗损故障可以用可靠寿命、使用寿命、总寿命、贮存期限等对其寿命特征进行描述。

（1）可靠寿命　指给定的可靠度所对应的产品工作时间，如图 8-62 所示。

（2）使用寿命　指产品在规定的使用条件下，具有规定的可接受故障率的工作时间区间。

（3）总寿命　指在规定条件下，产品从开始使用到规定报废的工作时间、循环次数和（或）日历持续时间。

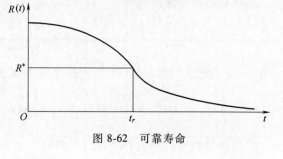

图 8-62　可靠寿命

（4）贮存期限　在规定条件下，产品能够贮存的日历持续时间。在此时间内，产品启封使用能满足规定要求。

5. 平均修复时间

平均修复时间 MTTR 是指在规定的条件下和规定的时间内，产品在任一规定的维修级别上，修复性维修总时间与在该级别上被修复产品的故障总数之比。简单地说就是排除故障所需实际时间的平均值。其观测值，即修复时间 t 的总和与修复次数之比为

$$\text{MTTR} = \sum_{i=1}^{n} t_i / n \tag{8-19}$$

式中，λ_i 为第 i 个项目的故障率；MTTR 为第 i 个项目的平均修复时间。

8.5.3　可靠性设计、试验与管理

1. 可靠性设计、试验和管理的概念

（1）可靠性设计　产品的可靠性首先是设计出来的，也是生产和管理出来的。产品开发者的可靠性设计水平对产品固有的可靠性影响是重大的，因此可靠性设计与分析在产品开发过程中具有很重要的地位。可靠性设计的主要技术有：

1）规定定性/定量的可靠性要求。有了可靠性指标，开展可靠性设计才有目标，也才有开展可靠性工作的动力；有了可靠性指标也才能对开发的产品的可靠性进行考核，以避免产品在用户使用中因故障频繁而使开发商和用户利益受到损失。最常用的指标是平均故障间隔时间。

2）可靠性模型。建立产品系统级、分系统级或设备级的可靠性模型，可用于定量分配、预计和评价产品的可靠性。可靠性模型包括可靠性框图和可靠性数学模型。

3）可靠性分配。可靠性分配是指为了将产品总的可靠性的定量要求分配到规

定的产品层次,通过分配使整体和部分的可靠性定量要求协调一致。它是一个由整体到局部、由上到下的分解过程。

可靠性分配有许多方法,如等分配法、评分分配法、比例组合法、动态规划法、拉格朗日乘数法等。

4)可靠性预计。可靠性预计是指在设计阶段对系统可靠性进行定量的估计,或者根据相似产品可靠性数据、系统的构成和结构特点、系统的工作环境等因素估计组成系统的部件及系统的可靠性。系统的可靠性预计是根据组成系统的元件、部件的可靠性来估计的,是一个自下而上、从局部到整体、由小到大的系统综合过程。

可靠性预计有许多方法,如元器件计数法、失效率预计法、上(下)限法。

5)可靠性设计准则。把已有的、相似产品的工程经验总结起来,使其条理化、系统化、科学化,成为设计人员进行可靠性设计所遵循的原则和应满足的要求,称为可靠性设计准则。

可靠性设计准则一般都是针对某个产品的,但也可以把各产品的可靠性设计准则的共性内容,综合成某种类型的可靠性设计准则,如直升机可靠性设计准则等。当然,这些共性可靠性设计准则经剪裁、增补之后又可成为具体产品专用的可靠性设计准则。

可靠性设计准则一般应根据产品类型、重要程度、可靠性要求、使用特点和相似产品可靠性设计经验以及有关的标准、规范来制定。

6)耐环境设计。产品使用环境对产品可靠性影响十分明显。因此,在产品开发时应开展抗振动、抗冲击、抗噪声、防潮、防霉、防腐设计和耐热设计。

7)元器件选用与控制。电子元器件是完成产品规定功能而不能再分割的电路基本单元,是电子产品可靠性的基础。要保证产品的可靠性,对所使用的元器件进行严格控制是极为重要的一项工作。制定并实施元器件大纲是控制元器件的选择和使用的有效途径。

(2)可靠性试验 可靠性试验是对产品的可靠性进行调查、分析和评价的一种手段。它不仅是为了用试验数据来说明产品是否符合可靠性定量要求,如可以接收或拒收、合格与不合格等,更主要的目的是通过对产品的可靠性试验发现产品设计、元器件、零部件、原材料和工艺方面的缺陷,以便采取有效的纠正措施,使产品可靠性增长。

可靠性试验可以是实验室的试验,也可以是现场试验。现场试验是产品在使用现场所进行的一种试验,因此,必须记录现场的环境条件、维修以及测量等各种因素的影响。实验室试验是在规定的受控条件下的试验。它可以模拟现场条件,也可以不模拟现场条件。产品在不同的环境下使用就会得出不同的可靠性,但是也不可能针对每种情况分别建立起试验与使用现场之间的直接关系。在一般情况下,实验室可靠性试验应该以各种已知方式与产品的实际使用条件建立起相互关系,从而确定典型的试验剖面或试验条件。

可靠性试验一般可分为工程试验和统计试验。工程试验包括环境应力筛选和可靠性增长试验；统计试验包括可靠性鉴定试验和可靠性验收试验。

1) 环境应力筛选。环境应力筛选是通过在产品上施加一定的环境应力，以剔除由不良元器件、零部件或工艺缺陷引起的产品早期故障的一种工序或方法。这种早期故障通常用常规的方法和目视检查等是无法发现的。环境应力不必准确模拟真实的环境条件，但不应超过设计的极限，其大小应根据产品总体要求确定。对电子产品施加的环境应力最有效的是随机振动和温度循环应力。

不论是在产品开发阶段，还是在批生产阶段早期，环境应力筛选在元器件、组件、部件等产品层次上都应100%地进行。在批生产阶段后期，对组件级以上的产品可根据其质量稳定情况抽样进行。

环境应力筛选不能提高产品的固有可靠性，但通过改进设计和工艺等可以提高产品的可靠性水平。

2) 可靠性增长试验。可靠性增长试验是一个在规定的环境应力下，为暴露产品薄弱环节，并证明改进措施能防止薄弱环节再现而进行的试验。规定的环境应力可以是产品工作的实际环境应力、模拟环境应力或加速变化的环境应力。

可靠性增长试验是通过发现故障、分析和纠正故障，以及对纠正措施的有效性进行验证以提高产品可靠性水平的过程，一般称为试验—分析—改进。可靠性增长试验包含对产品性能的监测、故障检测、故障分析，以及对减少故障再现的设计改进措施的检验。

试验本身并不能提高产品的可靠性，只有采取了有效的纠正措施来防止产品在现场工作期间出现重复的故障，产品的可靠性才能真正提高。

产品开发和生产过程中都应促进自身的可靠性增长。预期的增长应表现在各开发阶段和生产过程中都有相应的增长目标值。因此，应制订一个完整的可靠性增长计划，计划应包括对产品开发增长的计划曲线。增长计划曲线的制订主要应根据同类产品预研过程中所得的数据，通过分析以便确定可靠性增长试验的时间，并且使用监测试验过程的方法对增长计划进行管理。

3) 可靠性鉴定试验。为了验证开发的产品的可靠性是否与规定的可靠性要求一致，用具有代表性的产品在规定条件下所做的试验，并以此作为是否批准定型的依据。

可靠性鉴定试验是一种验证试验。验证试验就其方法而言是一种抽样检验程序，与其他抽样验收的区别在于，它考虑的是与时间有关的产品质量特性，如平均故障间隔时间。因此，产品可靠性指标的验证工作原理是建立在一定寿命分布假设的基础上的。目前使用最多的是指数分布假设情形下的统计试验方案。

4) 可靠性验收试验。用已交付或可交付的产品在规定条件下所做的试验，以验证产品的可靠性不随生产期间工艺、工装、工作流程、零部件质量的变化而降低,其目的是确定产品是否符合规定的可靠性要求。

验收试验也是一种统计试验,可采用序贯试验方案、定时或定数截尾试验方案。验收试验所采用的试验条件要与可靠性鉴定试验中使用的综合环境相同。所用的试验样品要能代表生产批,同时应定义批量的大小。所有抽样的产品应通过产品技术规范中规定的试验和预处理。在可靠性验收试验开始前,应进行详细的性能测试,验证可接受的性能基准并在标准的环境条件下进行,以便获取重现的结果。

(3) 可靠性管理　　可靠性是产品在使用中显示出来的一种特性,是通过一系列工程活动,设计和制造到产品中去的,而这些活动的进行需要恰当的组织和管理。可靠性管理就是从系统的观点出发,通过制订和实施一项科学的计划,去组织、控制和监督可靠性活动的开展,以保证用最少的资源实现用户所要求的产品可靠性。

可靠性管理的对象是产品开发、生产和使用过程中与可靠性有关的全部活动,但重点是产品开发阶段的设计和试验活动。由于设计、试验和生产过程是相互关联、彼此依赖的统一整体,可靠性管理要贯穿于开发、生产、使用的全过程,强调从头抓起,从上层抓起,要有一个全面的计划。产品可靠性取决于它的薄弱环节,所以制定计划、实施管理时要抓住关键的少数,突出重点,以提高可靠性工作的有效性。

可靠性管理的职能是计划、组织、监督和控制指导。

计划指的是开展可靠性管理首先要分析确定目标,选择达到可靠性要求必须进行的一组可靠性工作,制定每项工作的实施要求,估计完成这些工作所需的资源。

组织指的是要确定可靠性工作的总负责人和建立管理机构。要有一批专职的和兼职的可靠性工作人员,明确相互的职责、权限和关系,形成可靠性工作的组织体系和工作体系,以完成计划确定的目标和工作。对各类人员进行必要的培训和考核,使他们能够胜任所承担的职责,完成规定的任务。

监督指的是利用报告、检查、评审、鉴定和认证等活动,及时取得信息,以监督各项可靠性工作按计划进行。

控制指的是通过制定和建立各种标准、规范和程序,指导和控制各项可靠性活动的开展。设立一系列检查、控制点,使开发过程处于受控状态。建立可靠性信息系统,及时分析和评价产品可靠性状况,制定改进策略。

2. 故障模式、影响及危害性分析

(1) 定义及内涵　　故障模式、影响及危害性分析(FMECA)是指确定产品所有可能的故障模式,并根据对故障模式的分析,确定每种故障模式对产品工作的影响,找出单点故障,并按故障模式的严酷度及其发生概率确定其危害性。

FMECA 包括故障模式及影响分析(FMEA)和危害性分析(CA)。

FMEA 是在产品设计过程中,通过对产品各组成单元潜在的各种故障模式及其对产品功能的影响进行分析,提出可能采取的预防改进措施,以提高产品可靠性的一种设计分析方法。

CA 是把 FMEA 中确定的每一种故障模式按其严重程度类别及发生概率的综合影响加以分类，以便全面地评价各种可能出现的故障模式的影响。CA 是 FMEA 的继续，根据产品的结构及可靠性数据的获取情况，CA 可以是定性分析也可以是定量分析。

FMECA 可用于整个系统到零部件的任何一级，一般根据要求和可能在规定的产品层次上进行。

故障模式是指元器件或产品故障的一种表现形式，一般是能被观察到的一种故障现象，如断裂、接触不良、短路、腐蚀等。

故障影响是指该故障模式对安全性、产品功能造成的影响。故障影响一般可分为对自身、对上一级及最终影响三个等级。如分析飞机液压系统中的一个液压泵发生了轻微漏油的故障模式时，对自身（即对泵本身）的影响可能是降低效率，对上一级（即对液压系统）的影响可能是压力有所降低，最终影响是对飞机可能没有影响。

严酷度是指某种故障模式造成影响的严重程度，一般分为四类：

Ⅰ类（灾难性故障）：它是一种会造成人员死亡或系统（如飞机）毁坏的故障。

Ⅱ类（致命性故障）：这是一种导致人员严重受伤，器材或系统严重损坏，从而使任务失败的故障。

Ⅲ类（严重故障）：这类故障将使人员轻度受伤、器材及系统轻度损坏，从而导致任务推迟执行，或任务降级，或系统不能起作用（如飞机误飞）。

Ⅳ类（轻度故障）：这类故障的严重程度不足以造成人员受伤、器材或系统损坏，但需要非计划维修或修理。

（2）FMECA 实施步骤

1）掌握产品结构和功能的有关资料。

2）掌握产品启动、运行、操作、维修的资料。

3）掌握产品所处环境条件的资料。

这些资料在设计的初始阶段，往往不能同时都掌握。开始时，只能作某些假设，用来确定一些很明显的故障模式，即使是初步 FMECA，也能指出许多单点失效部位，且其中有些可通过结构的重新安排而消除。随着设计工作的进展，可利用的信息不断增多。FMECA 工作应重复进行，根据需要和可能应把分析扩展到更为具体的层次。

4）定义产品及其功能和最低工作要求。一个系统的完整定义包括它的主要和次要功能、用途、预期的性能、环境要求、系统约束条件和构成故障的条件等。由于任何给定的产品都有一个或多个工作模式，并且可能处于不同的工作阶段，因此，系统的定义还包括产品工作的每个模式及其持续工作期内的功能说明。每个产品均应有它的功能框图,用来表示产品工作及产品各功能单元之间的相互关系。

5)按照产品的功能框图画出其可靠性框图。

6)根据所需要的结构和现有资料的多少来确定分析级别。

7)找出故障模式,分析其原因及影响。

8)找出故障的检测、隔离措施和方法。

9)找出设计和可能的预防措施,以防止特别不希望发生的事件。

10)确定各种故障模式对产品产生危害的严酷度。

11)确定各种故障模式的故障概率等级。

故障概率等级一般可分成以下等级:

A 级(经常发生):产品在工作期间发生故障的概率是很高的,即一种故障模式出现的概率大于总故障概率的 0.2。

B 级(很可能发生):产品在工作期间发生故障的概率为中等,即一种故障模式出现的概率为总故障概率的 0.1~0.2。

C 级(偶然发生):产品在工作期间发生故障是偶然的,即一种故障模式出现的概率为总故障概率的 0.01~0.1。

D 级(很少发生):产品在工作期间发生故障的概率是很小的,即一种故障模式发生故障的概率为总故障概率的 0.001~0.01。

E 级(极不可能发生):产品在工作期间发生故障的概率接近于零,即一种故障模式发生的概率小于总故障概率的 0.001。

填写 FMEA 表,并绘制危害性矩阵。如果需要进行定量 FMECA 则需填写 CA 表。如果仅进行 FMEA,则第 11 步和绘制危害性矩阵不必进行。FMEA 表见表 8-36。

表 8-36 FMEA 表

初始约定层次			任 务		审 核			第 页 共 页		
约定层次			分析人员		批 准			填表日期		
代码	产品或功能标志	功能	故障模式	故障原因	任务阶段与工作方法	故障影响			故障检测方法	补偿措施	严酷度类别	备注
						局部影响	高一层次影响	最终影响				

(3)危害性矩阵 危害性矩阵用来确定每一故障模式的危害程度并与其他故障模式作比较,进而为确定补偿措施的先后顺序提供依据。

1)危害性矩阵图的画法:横坐标用严酷度类别表示,纵坐标用危害度或故障模式的故障概率等级表示,如图 8-63 所示。

2)在危害性矩阵图上,以故障模式 A 和故障模式 B 作比较,B 点比 A 点离原点远,则 B 点的危害程度就比 A 点严重,即线段离原点越远,其危害程度越严重。

将所有故障模式都在此图上示出，就能分辨出何种故障模式的危害程度最严重，有利于提出相应改进措施。绘制好的危害性矩阵图应列为 FMECA 报告的一部分。

（4）FMECA 的主要用途

1）FMECA 的结果可确定可靠性关键件和重要件。这些产品是改进设计的主要目标，是可靠性增长试验、可靠性鉴定试验、可靠性分析和保证安全性的主要对象。

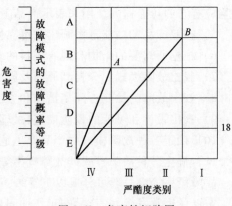

图 8-63 危害性矩阵图

2）根据 FMECA 的结果找出单点故障和薄弱环节，有助于设计人员通过改进设计或采用冗余等技术来消除单点故障和薄弱环节，提高产品的可靠性。

3）FMECA 可为维修性分析、测试性分析、安全性分析、保障性分析和可靠性试验计划制订等提供信息。

（5）影响 FMECA 工作效果的因素　FMECA 工作应由承制方来进行，是设计评审必需的主要内容。FMECA 工作效果取决于下述三个因素：由于进行 FMECA 需要一定的实践经验，分析的正确性取决于分析者的水平，例如分析故障模式原因以及影响、确定严酷度类别、确定故障模式的故障概率等级等都与分析人员的经验和水平有关。另外，分析还取决于可利用信息的多少，信息的多少就决定了分析深度。例如当得不到故障率数据时，只能进行定性分析，而无法填写详细的危害性分析表；如果分析所用的数据有错误，分析的结果也就是错误的。此外，分析时机也很重要，通常在产品设计过程中进行，如果到了产品设计完成后，就得不到有效的结果了。

3. 建立故障报告、分析和纠正措施系统

产品可靠性是用故障出现的频率加以度量的。对产品可靠性的分析、评价和改进都离不开故障信息。建立故障报告、分析和纠正措施系统（FRACAS）的目的是保证故障信息的正确性和完整性，并及时利用故障信息对产品进行分析、改进，以实施产品的可靠性增长。

（1）故障报告　产品任何功能级在规定的检验和试验期间发生的故障均应向规定级别的管理部门报告。故障报告应以故障卡片、文件等书面形式进行，以便审查和存档。

产品开发单位根据产品特点和大纲要求，建立一个闭环的故障报告系统，保证开发过程中发生的所有硬件故障和软件错误均能按规定格式和要求进行记录，并在规定的时间内向规定的管理级别进行报告。

故障报告系统可充分利用已有的信息管理系统，以避免不必要的重复。故障报告工作要及时、正确。故障报告应具有良好的可追踪性。

故障报告的内容应包括识别故障件的信息、故障现象、试验条件、机内测试（BIT）指示、发生故障的产品工作时间、故障观测者、故障发生时机以及观测故障时的环境条件等。

(2) 故障分析

1）故障调查、核实。故障发生后，负责检验和试验的现场负责人，应及时通知有关人员进行现场调查，对故障进行核实。尽可能不破坏故障现场，保持故障状态。

2）工程分析。在故障核实后，可以对故障产品进行测试、试验、观察分析，以确定故障部位。必要时，分解产品，进行理化分析、应力强度分析，以判断缺陷的性质，弄清故障产生的机理。

3）统计分析。收集同类产品生产数量、试验结果、使用时间、已产生的故障数，估算该类故障出现的频率。

通过故障分析查明故障原因和责任，以便有针对性地采取纠正措施。

(3) 故障纠正 在查明故障原因的基础上，研究并提出改进措施。改进措施要经过分析、计算和必要的试验验证，证明是可行的并且是有效的。故障纠正措施经评审通过后，方可付诸实施。按技术状态控制要求或图样管理制度对设计和工艺进行修改。故障纠正活动完成后，应编写故障分析报告，汇集故障分析和纠正过程中形成的各种数据和资料，并立案归档。对故障件应妥善保管，以便进一步研究、分析。对未能查明原因的故障和虽查明原因但未做处理的故障，应说明理由并立案归档，以便追查和进一步做工作。

完成上述工作后，故障报告活动可以终止。整个故障报告、分析和纠正措施系统是一个闭环系统，如图8-64所示。

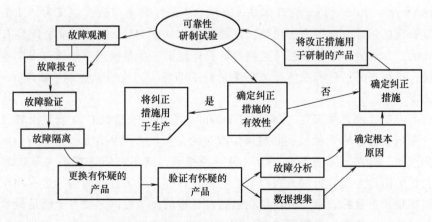

图 8-64 故障报告、分析和纠正措施系统

第9章 质量改进方法

"任何企业都存在问题",这是改进认知的起点。改进是一个不间断的过程,并且会涉及组织内的每一个成员。改进是提高绩效的活动,活动可以是循环的或一次性的。今天和明天永远都不会相同,如果按相同的方式做事,就永远不会进步。

管理包含维持与改进两个方面。维持指的是维持现有技术、管理以及运营标准的一类活动;改进指的是那些改进现有标准的活动。许多公司认为管理层应当将50%的精力投入改进中,坚持不懈地改进公司产品和流程。

持续的质量改进是质量管理的基本特点,是 ISO 9000 标准中提出的质量管理七项基本原则之一。

9.1 质量改进概述

9.1.1 质量改进的定义

ISO 9000:2015《质量管理体系 基础和术语》将质量改进定义为"质量改进是质量管理的一部分,致力于增强满足质量要求的能力"。质量要求可以是有关任何方面的,如有效性、效率或可追溯性。具体地讲,质量改进就是通过采取各种有效措施,提高产品、过程或体系满足质量要求的能力,使质量达到一个新的水平、新的高度。

著名质量管理大师朱兰(JosephM. Juran)博士以"三部曲"(质量策划、质量控制和质量改进)表现质量控制与质量改进的关系,如图 9-1 所示。

朱兰"三部曲"示意图是一个以时间为横轴,以不良质量成本为纵轴的示意图。初始的活动为质量策划,致力于制定质量目标并规定必要的运行过程和相关资源,以实现质量目标;第二阶段是在运行过程中的质量控制,致力于满足质量要求的活动,通过消除偶发性问题使产品质量保持在规定的水平,即质量维持;第三阶段是质量改进,致力于增强满足质量要求的能力,通过消除系统性问题,使现有的

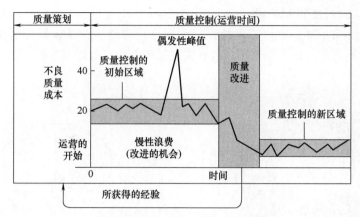

图 9-1 朱兰"三部曲"示意图

质量水平在受控的基础上得以提高,达到一个新水平。

9.1.2 质量改进的程序

不同类型的问题,适用不同的质量改进程序,但万变不离其宗,各种质量改进方法和程序一般都遵循 PDCA 循环的原则,即策划(Plan)、实施(Do)、检查(Check)、处置(Act)。

PDCA 循环是美国质量管理专家休哈特博士首先提出的,由戴明采纳、宣传,获得普及,所以又称戴明环。它是全面质量管理所应遵循的科学程序,全面质量管理的思想基础和方法依据就是 PDCA 循环。全面质量管理活动的全部过程,就是质量计划的制订和组织实现的过程,这个过程就是按照 PDCA 循环,不停顿地周而复始地运转。

1. PDCA 循环的内容

PDCA 循环分为四个阶段:

(1) 第一阶段 P(策划)　根据顾客的要求和组织的方针,为提供结果建立必要的目标和行动计划。

(2) 第二阶段 D(实施)　实施行动计划。

(3) 第三阶段 C(检查)　根据方针、目标和产品要求,对过程和产品进行监视和测量,并报告结果。

(4) 第四阶段 A(处置)　总结成功经验并标准化,以防止原来的问题再次发生。对于未解决的问题,转入下一轮 PDCA 循环解决。

2. PDCA 循环的特点

(1) 周而复始　PDCA 循环的四个过程不是运行一次就完结,而是周而复始地进行,如图 9-2 所示。一个循环结束了,解决了一部分问题,可能还有问题没有解决,或者又出现了新的问题,再进行下一个 PDCA 循环,依此类推。推动 PDCA 循环的关键是 Act（处置）阶段。

（2）大环带小环　类似行星轮系，一个公司或组织的整体运行的体系与其内部各子体系的关系，是大环带小环的有机逻辑组合体，如图 9-3 所示。

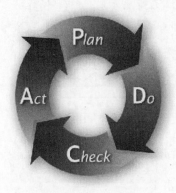

图 9-2　PDCA 周而复始示意图

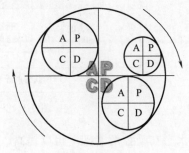

图 9-3　PDCA 大环带小环示意图

（3）大阶梯式上升　PDCA 循环不是停留在一个水平上的循环，不断解决问题的过程就是水平逐步上升的过程。PDCA 循环是爬楼梯上升式的循环，每转动一周，质量就提高一步，如图 9-4 所示。

3. PDCA 循环的步骤

PDCA 循环应用了科学的统计观念和处理方法。作为推动工作、发现问题和解决问题的有效工具，PDCA 循环的步骤如下：

1）选择课题。

2）掌握现状。

3）分析问题原因。

4）拟定对策并实施。

5）确认效果。

6）防止再发生和标准化。

7）总结。

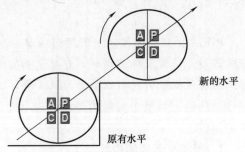

图 9-4　PDCA 大阶梯式上升示意图

9.2　质量改进分类

"一花独放不是春，百花齐发春满园。"改进包括纠正、纠正措施、持续改进、突破性变革、创新和重组。对于不同改进类型，应选择相适宜的改进方法。常见的质量改进方法如图 9-5 所示。各种质量改进方法和程序一般都遵循 PDCA 循环的原则，以 G8D、QCC、DMAIC 为例与 PDCA 对比，见表 9-1。

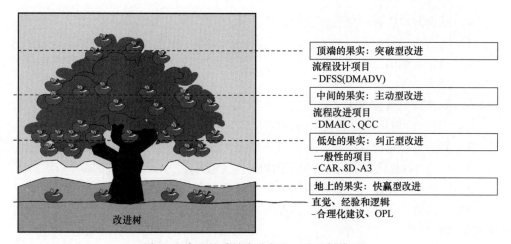

图 9-5　常见的质量改进方法（改进树模型）

表 9-1　PDCA 与 G8D、QCC、DMAIC 对比

方法	PDCA	G8D	QCC	DMAIC
步骤	4	9	10	5
步骤	策划(Plan)	准备 G8D 工作	选择课题	定义
		组成团队	现状调查	测量
		问题描述	设定目标	
		临时对策/围堵措施	分析原因	
		确定并验证根本原因	确定要因	分析
		确定并验证改善措施	制定对策	
	实施(Do)	执行并验证改善措施	实施对策	改进
	检查(Check)		检查效果	
	处置(Act)	预防措施	巩固措施	控制
		总结与向小组祝贺	总结计划	

9.2.1　快赢型改进

1. 合理化建议

合理化建议制度又称为奖励建议制度、改善提案制度、创造性思考制度，是一种规范化的企业内部沟通制度，旨在鼓励广大员工直接参与企业管理，下情上达，让员工能与企业的管理者保持经常性的沟通。合理化建议制度存在着明显的优越性，它是员工参与到公司管理中的一个重要途径，是公司运用集体智慧的一个重要手段，深受企业组织的青睐。

（1）合理化建议的目的

1）降低成本，提高生产效益。

2）减少劳动伤害，创造安全的工作环境。

3）改进品质。

4）开发更优的工作方法。

5）改善工作。

6）促进公司精益改善文化等。

(2) 好的合理化建议需满足的条件

1）好的合理化建议必须是有价值的提案，即直接有益于公司的合理化建议。

2）好的合理化建议必须含有可依循的具体实施内容，并非仅单纯的希望或想法。

3）好的合理化建议必须能解决当前问题或提高工作效率。

4）好的合理化建议必须能实实在在改进公司作业方式、技术、产品、管理制度或公司政策等。

(3) 实施步骤

1）成立一个合理化建议委员会，该委员会可由组织最高管理者任主任（主席），委员由各有关职能部门负责人和工会、工人代表组成或任命。在该委员会中还可设立专门小组，如建议提案审查组、处理组、执行组，负责提案的征集、登记、整理、评审、传递、总评存档等日常工作。

2）颁布实施合理化建议活动的工作流程，并进行必要的培训。

3）制作合理化建议表，可包含以下内容：

① 建议人姓名、部门、职务。

② 提案日期。

③ 提案原因或理由。

④ 建议方案或措施。

⑤ 预期效果及改善前后比较分析。

⑥ 其他事项。

4）对提案落实执行情况进行调查、追踪，协调解决存在的问题。对提案执行情况进行总结、效果评估、效益测算及相关资料归档保存。将提案结果制作成报告，拟订奖励方案，报委员会核准后张榜公告。提案改进结果所导致的专利、专有技术和成果，其知识产权属组织所有。

2. 单点课程（OPL）

单点课程（One Point Lesson，OPL）即"单点教育"之意。面对同样的问题重复发生，以往的改善经验得不到传承，员工之间的知识、经验和技能共享程度低，每位员工都有自己的优势和特长，员工工作时间长、负荷大、参与系统培训的时间少，专业课堂式讲课员工接受程度低等现象，OPL 的推行可以充分挖掘员工的智慧，实现知识、经验、技能共享，以非课堂的形式组织集中培训，培训内容通俗易懂，培训时间简短，将培训贯穿于日常工作中，并持续地进行。

(1) OPL 的目的　将知识、经验、技能通过简单明了的方式表达出来，使其他人员一看即懂,从而达到高效沟通、共享的目的。员工可以通过积累经验、分享经验、表达自我及学习借鉴促进成长,提升技能。企业可以通过沉淀改善、发现亮点、培养员工及改善氛围促进发展,将知识、经验、技能标准化。

(2) OPL 的来源

1) 作业员自己的妙手偶得。

2) 技术员日常故障处理。

3) 设备故障的调整。

4) 现场的改善。

5) 基层管理者提出的攻关课题。

6) 帮助员工总结提炼出来的培训教材。

(3) OPL 推行步骤　在 OPL 活动之初,更多的是由工程师、技术员、技术骨干来主写和主讲,以此作为典范,逐渐带动其他员工踊跃参加 OPL 撰写和培训。可参照以下步骤建立 OPL 推行机制。OPL 流程如图 9-6 所示。

1) OPL 活动开展的专题培训。

2) 制定 OPL 活动实施办法。

3) 开展活动,做好收集与统计工作。

4) 月度奖励编写和讲授 OPL 的员工。

5) 季度汇编 OPL,装订成册,推广培训。

6) 年度奖励推进 OPL 活动出色的集体和个人。

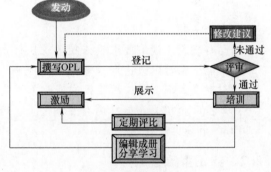

图 9-6　OPL 流程

7) 重要考核指标,班组人均单点课数。

(4) OPL 三原则　对于一些复杂的事情,应拆开讲,遵守以下三个原则,简单明了。

1) 一次一件(点)。

2) 一件(点)一页。

3) 一页(培训)10 分钟。

(5) OPL 制作要求　OPL 模板如图 9-7 所示。

1) 制作者可以手写、手画、拍照,也可用计算机制作。

2) 要做到图文并茂,尽量用图形展示,文字不能太多(70%图画、30%文字)。

3) 内容格式可自行设计,以简单明了、通俗易懂为原则。

(6) OPL 评审　为评选出优秀 OPL,奖励先进,需建立评审规范和要求,并定期进行评审。对于以下情形评审不予通过。

编号	部门代码-年份-月份-内部序号			
范围	□全厂	□部门	□生产线/班组	□其他
分类	□知识	□经验技能		

X	√

图 9-7　OPL 模板

1）多个主题。
2）已有制度、规范要求（未按要求执行）。
3）不能一眼看出改进点（参照 70%图画、30%文字原则）。
4）对提高效率、减少故障损失或改善无明显积极作用。
5）未推广至相关人员（需有签到记录、培训照片）。
OPL 评审表见表 9-2。

9.2.2　纠正型改进

1. 纠正预防措施要求（CAR）表

纠正预防措施要求（Corrective/Preventive Action Request，CAR）表是一种反应性而非预见性的质量改进方法，是问题已经出现或问题被发现后采取的补救和预防行动。

（1）CAR 表使用时机
1）顾客反馈和投诉。
2）供应商质量问题。
3）生产过程审核发现违规。
4）生产过程产品出现异常（混料、错件、零件烧坏等）。
5）首件检验不通过（必须立即停止生产）。
6）生产过程抽检发现批量不良。
7）内部审核发现不良等。
8）出现重复问题。
9）EHS（环境、健康、安全）问题（含 RoHS）。
10）新零件或新产品开发验证失效等。

第9章 质量改进方法

表 9-2 OPL 评审表

姓名		部门		岗位	
主题					
范围	□全厂	□部门	□生产线/班组	□设备	
分类	□基本知识	□问题解决	□改善		

要点描述:
(必要时可另附件)

                                                                                 编制人: 日期:

评价意见: □通过 □不通过	评价意见: □通过 □不通过	评价意见: □通过 □不通过
直接主管: 日期:	审核人: 日期:	批准人: 日期:

- OPL 就是一个简单的培训教材,培训时间不超过 10 分钟
- 材料要求图文并茂(70%图画、30%文字),简单易懂,手画也可以
- 材料需有一定技术含量或技巧

  (2) CAR 表格式 不同的组织,其 CAR 表的内容会有差异,一般包含问题描述、原因分析和确认、纠正及预防措施、方案验证等内容,见表 9-3。

表 9-3 CAR 表

日期:	问题报告处:	
发自:	□进货检验过程	□公司内使过程
	□工地使用过程	□交货期
电话:	□安全	□其他

请在____年__月____日前将此通知单返回_____处
注:逾期未反馈将按照质保协议相应条款做罚款处理,同时按照未关闭的问题计入当月绩效考核

1. 问题描述

2. 原因分析和确认

3. 纠正及预防措施

注:若纠正及预防措施有多条,需每条分别注明责任人和实施日期

4. 方案验证

是否需要进货检验验证 □是 □否	纠正及预防措施效果验证
验证人: 日期:	验证人: 日期:

2. 真因分析（G8D）

（1）定义 所谓 G8D（Global Eight Disciplines）方法，是一种团队导向问题解决对策，是福特公司解决问题的标准方法，由 8 个步骤和 1 个准备步骤组成。

（2）G8D 的目的 通过建立多功能跨部门的团队，在共同目标的指引下，找出异常发生的根本原因，采取有效对策，经效果确认后将经验传承，从而减少将来发生类似问题的可能性。

（3）G8D 的内容 D0：准备 G8D 工作；D1：组成团队；D2：问题描述；D3：临时对策/围堵措施；D4：确定并验证根本原因；D5：确定并验证改善措施；D6：执行并验证改善措施；D7：预防措施；D8：总结与向小组祝贺。

G8D 作为一种很实用的改善工具和手段，没有必要固执于格式、步骤、顺序，可以根据实际工作需要灵活调整。G8D 并不是独立的，可以和其他管理手段配合使用，效果会更好。G8D 报告常见的格式见表 9-4。

表 9-4　G8D 报告

记录编号：

主题：		组织：		开启日期：	
				关闭日期：	
状态：		产品/过程：		更新日期：	

问题类型：

D0:准备 G8D 工作（现象）

D0:准备 G8D 工作（应急反应活动）	ERA 有效率（%）	实施日期	取消日期	是否需要售后行动

D1:组成团队				D2:问题描述
姓名	部门	职务	电话	

(续)

D3:临时对策/围堵措施	验证日期	验证有效率(%)	实施日期	确认日期	取消日期	是否需要售后行动

D4:确定并验证根本原因		
根本原因:	验证日期	影响比例(%)
逃逸点:	验证日期	

D5:确定并验证改善措施 D6:执行并验证改善措施	验证日期	验证有效率(%)	实施日期	确认日期	是否需要售后行动

D7:预防措施		实施日期

D8:总结与向小组祝贺	报告人	时间

3. 丰田 A3 报告

(1) 丰田 A3 报告的定义　A3 报告是一种由丰田公司开发的精益报告方法，它把问题的源头、分析、纠正和执行计划放在一张 A3 的纸上表达出来，并及时更新或报告结果。A3 报告也有"一页纸报告"的说法（大小就是两张 A4 纸并排在一起，它是可以方便地用传真发送的最大幅面的纸张）。

（2）A3 报告的要求

1）简洁——外行人都看得懂。

2）明了——一眼就能看出结果，不需加减乘除运算。

3）工具——操作要习惯从 Word 到 Excel、PPT。

4）干净——不要"涂脂抹粉"。

（3）A3 报告思维七要素

1）合乎逻辑的思维流程：用客观态度区别因和果的差别。

2）客观性：不要让主观和情绪影响到看问题的客观性和逻辑思维。

3）结果和流程：两者对于高效组织和个人能力的发展都很重要。

4）综合、提炼和图形化：以简洁、清晰、高效的图形进行交流。

5）校准调整：包括三个维度的沟通，即部门之间的横向沟通、上下级之间的纵向沟通、事前和事后的沟通。

6）内部的相关性和外部的一致性：相关性对于高效地解决问题至关重要，一致性方法可以提升交流的效率，有利于形成共识。

7）系统观点：问题解决者应从全局的角度来认识形势。

（4）A3 报告的应用类型分类

1）提案型。

2）计划进展型。

3）信息传达型。

4）解决问题型（应用最多）。

（5）A3 报告的应用类型解析

1）提案型 A3 报告。

① 提出一个方案或者新的设想。

② 它不仅是一个建议，还必须包括一个清晰的执行计划、解决的问题及时间表。

③ 可用于涉及投资的政策、决定或项目实施状态的改善。

④ 定量分析和定性分析相结合，高度专注于计划步骤，检查和处理两个步骤根植于实施计划。

提案型 A3 报告的结构见表 9-5。

2）计划进展型 A3 报告。

① 计划进展型 A3 报告主要用于说明正在进行中的项目状况。

② 这类 A3 报告需要最近行动进展信息。

③ 项目的目标是什么？怎样与目标联系起来？实际开展状况与计划时间的对比如何？有些什么问题需要解决？今后的工作如何进行？

计划进展型 A3 报告的结构见表 9-6。

3）信息传达型 A3 报告。

表 9-5　提案型 A3 报告的结构

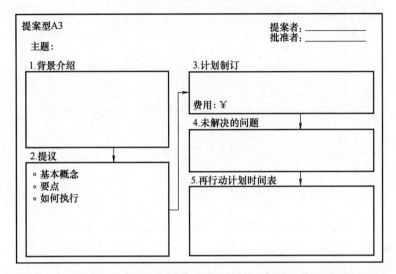

表 9-6　计划进展型 A3 报告的结构

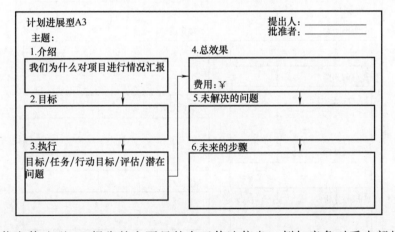

① 信息传达型 A3 报告的主要目的在于传达信息，例如竞争对手内部的信息。

② 信息传达型 A3 报告的形式很自由，版面设计和表现方式等留给作者发挥。信息传达型 A3 报告的结构见表 9-7。

4）解决问题型 A3 报告。公司没有达到计划和目标时，必定存在某些问题。这类 A3 报告需要对策划、实施、检查、处置（PDCA）的整个过程进行沟通，其中隐含的是问题的解决方法。即要目标明确，对当前状况的数据及根本原因进行详细分析，寻找对策以及衡量执行情况。后续跟踪必须包括验证对策行动的有效性，未来将采取的行动以及验证过程中吸取的教训等。

解决问题型 A3 报告的通用格式是将问题分解和根源分析放在左边，而将行动对策与验证对策放在右边，见表 9-8。

表 9-7　信息传达型 A3 报告的结构

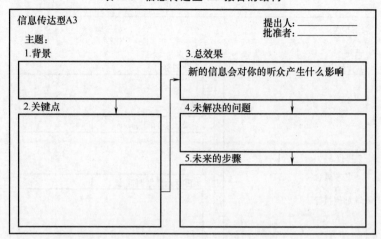

表 9-8　解决问题型 A3 报告的结构

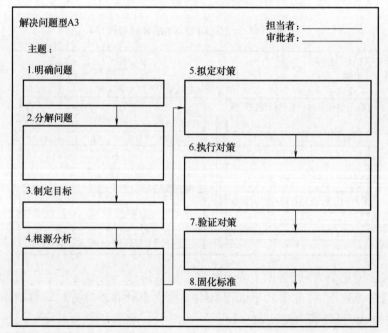

9.3　质量改进工具

"工欲善其事，必先利其器。"质量改进的理念和方法需要在强有力的改进工具的保证下才能得到真正落实，因此熟练掌握各种改进工具可以使质量改进工作达到事半功倍的效果。

本节将介绍质量改进工具中最基础的部分，包含客观工具和主观工具两部分。客观工具基于对数据的图形化展示，帮助质量改进人员准确定位问题或原因，实现有针对性的改进，即量化的质量改进工具。主观工具着眼于发挥改进团队集体的智慧，运用团队工具挖掘出问题的原因，或找到创造性的改进方法，即非量化的质量改进工具。

9.3.1 量化的质量改进工具

量化的质量改进工具主要是运用统计学的方法对数据进行整理、展示、推断、预测等分析，从数据中找出关键的问题点、问题本身的规律、关键的影响因素等，帮助质量改进人员更准确地定位问题，更精准地找出问题的原因，从而做出最恰当的改进。量化的质量改进工具还可以帮助我们确认改进的成效，监控改进成果，保证产品的一致性。

1. 数值法

以统计量的形式描述数据的状态，包含位置统计量和离散程度统计量。具体请参考 7.3.3 小节的详细介绍。

2. 图形法

仅仅采用上面的两种统计量来描述数据还不足以让我们清楚地认识数据，还需要通过图形来更直观地认识数据的基本状况。

针对数据的分析图形有很多种，根据数据展示的目的和性质，可以采用不同的图形。表 9-9 列出了几种常用的图形及其适用范围。

表 9-9 常用统计分析图形

类型	图形	X 类型	Y 类型	功能描述
单个变量的状态	直方图		连续	描述单个变量的状态，如居中程度、离散程度、分布情况、数据异常状态等
	点图		连续	
	箱线图		连续	
	茎叶图		连续	
变量之间的关系	散点图	连续	连续	以图形的方式直观显示变量之间的关系，为后续更精确的数据分析打下基础
	矩阵图	连续	连续	
	边际图	连续	连续	
	箱线图	离散	连续	
	单值图	离散	连续	
变量的构成	Pareto 图	离散	离散或连续	描述变量各组成部分的比例等信息，以 80/20 法则找出关键问题
	条形图	离散	离散或连续	
	饼图	离散	离散或连续	
变量的趋势	时间序列图		离散或连续	描述变量随时间的变化趋势
	运行图		离散或连续	
	控制图		离散或连续	
	区域图		离散或连续	

(1) 单个变量的状态

1) 直方图。直方图是最常用的一种连续数据分析图形。在获取数据后,通常会先画一张直方图,直观了解数据的分布状况,这是数据分析的一个基本操作。运用直方图,可以了解数据分布的状态,如分布平或尖、正或偏、单峰还是多峰、是否存在异常值等,从中可以对数据所反映的实际过程的问题有直观的了解,为进一步寻找原因提供分析方向。

① 直方图的制作方法。

a. 找出数据的最大值和最小值,计算出极差。

b. 将数据分成若干组,分组数量建议在6~20(也可采用样本 n 的平方根值作为分组数)。

c. 计算组距的宽度。用极差除以组数,得到组距的宽度。如果组距小数位数过多,为便于计算和作图,可适当向上取整,如计算出的组距为1.1768325,可以取整为1.2。

d. 计算各组的界限。各组的界限可以从第一组开始依次计算,第一组的下限为最小值,也可取比最小值小一点的整数或小数位较少的数,第一组的上限为其下限加上组距。第二组的下限为第一组的上限,第二组的下限加上组距就是第二组的上限。依次类推,直至最后一组包含最大值。

e. 统计落入各组的数据的个数,制作频数分布表。

f. 制作直方图。以组距为底长,以频数为高,制作各组的矩形图。

【例 9-1】 在生产线上随机抽取 50 个样品,测得其长度的公差为 153 ± 3mm,见表 9-10。

表 9-10 长度数据表 (单位:mm)

151.9	151.6	153.2	155.3	152.1
152.6	150.6	151.6	152.8	151.9
153.9	153.5	154.5	153.7	152.6
152.5	155.2	153.5	152.0	154.1
153.9	153.1	152.6	153.8	152.4
151.9	154.8	152.7	152.9	151.7
152.5	151.8	150.0	152.3	155.1
153.6	151.7	151.5	153.5	151.7
153.4	153.7	152.4	154.7	151.7
152.4	152.0	154.9	152.0	154.4

使用 Minitab 软件,单击"图形"→"直方图",在弹出的对话框中选择"简单",在对话框的图形变量中输入数据所在的列,单击"确定",如图 9-8 所示。

图 9-8 中横坐标为长度,可以看出组数为 10,组距为 0.6mm。图中横坐标数

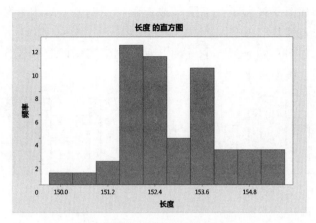

图 9-8 长度的直方图

据显示每组的中点,纵坐标是落入各组的产品数量,最高值为 12,说明有 12 个零件的长度在 151.5~152.1mm。

从图形上看,呈现中间高、两边低的分布状况,大多数产品的长度集中在 151.5~153.9mm,没有异常的值。需要注意的是,有一个产品处于公差下限附近,需要注意其不合格的倾向。

② 使用直方图观察数据。制作直方图的目的是研究数据的分布情况,因此在画直方图后要对它进行观察与分析。在正常生产条件下,如果所得到的直方图不是标准形状或者虽是标准形状,但其分布范围不合理,就要分析原因,采取相应措施。

如果数据是从稳态过程中获取的,一般情况下,重量、尺寸等计量值的分布呈现中间高、左右对称的抛物线形状曲线(正态分布)。常见的直方图如图 9-9 所示。

正态分布如图 9-9a 所示,是理想的图形。数据的平均值与最大值和最小值的中间值相同或接近;平均值附近的数据的频数最多;频数在中间值处向两边缓慢下降,以平均值左右对称。

双峰形分布如图 9-9b 所示。如果两台设备生产的产品的均值相差大,那么把这两台设备的样本数据混杂在一起,容易呈现双峰形分布。故而需按机器进行分层,重新绘制直方图。

陡壁形分布如图 9-9c 所示,它表明工序能力不足。为找出符合要求的产品,前道工序实施全数检查,将不符合标准的加以剔除,即过程中存在自动反馈调整,那么此工序的数据就容易出现这种分布。

孤岛形分布如图 9-9d 所示,表明夹杂了其他分布的少量数据,例如工序异常、测量错误或混有另一分布的少量数据,容易出现孤岛形分布。

锯齿形分布如图 9-9e 所示。分组过多、测量方法有问题或读错测量数据,易出现锯齿形分布。

偏峰形分布如图 9-9f 所示。下限（或上限）受到公差等因素限制时，受心理因素影响，易出现偏峰形分布。

平顶形分布如图 9-9g 所示。它表明几种平均值不同的分布混在一起，说明过程中某种要素正在缓慢劣化。

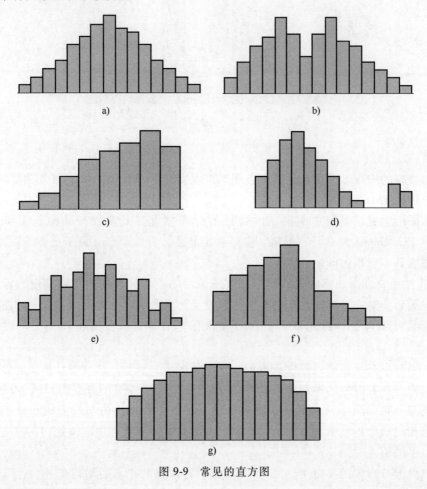

图 9-9 常见的直方图

2）箱线图。箱线图（Box-plot）是一种用作显示一组数据分布情况的图形，因形状如箱子而得名。它主要用于反映原始数据分布的特征，还可以进行多组数据分布特征的比较。

箱线图提供了一种只用 5 个点对数据集做简单总结的方式。这 5 个点包括中位数、Q1、Q3，以及分布状态的高位和低位。箱线图很形象地分为中心、延伸，以及分布状态的全部范围，如图 9-10 所示。

箱线图的绘制步骤如下：

① 画数轴，范围要能够覆盖全部的数据。

② 画箱体，两端的位置分别对应数据的上下四分位数（Q3 和 Q1），在矩形盒

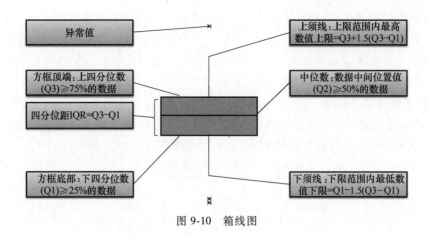

图 9-10 箱线图

内部中位数位置画一条线段为中位线。

③ 在 Q3+1.5IQR 和最大值中选较小的一个，在 Q1-1.5IQR 和最小值中选较大的一个，分别画一条连接箱体的线段，这两条线段为异常值截断点，处于线段之外的数据可能是异常值，需要加以关注。

采用例 9-1 的数据，在 Minitab 中单击"图形"→"箱线图"，在弹出的对话框中选择"简单"，在对话框的图形变量中输入数据所在的列，单击"确定"可得到如图 9-11 所示的箱线图。

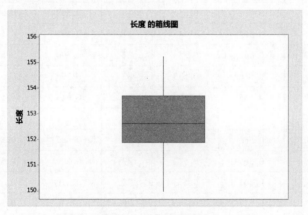

图 9-11 长度的箱线图

箱线图中，箱体包含 50%的数据，上下两条线各包含不多于 25%的数据。箱体的长度越短，说明数据的分布越密；须部的长度越长，说明须部的数据越分散。图 9-11 中没有出现孤立的点，说明数据可能不存在异常值。

（2）变量之间的关系　很多情况下，我们收集的数据不止一个变量，可能是两个或多个变量，而且变量之间可能存在某种关系，此时可以用图形先来直观观察变量之间的关系，然后再运用适当的推断统计方法来确认其关系。

图形可以展示 X 与 X 的关系、X 与 Y 的关系、Y 与 Y 的关系。

图形的选择与变量的性质有关。如果一个为离散变量，另一个为连续变量，常用的图形为箱线图。如果两个变量均为连续变量，常用的图形为散点图。多个连续变量用矩阵图来描述变量两两之间的关系。

1）箱线图。

【例 9-2】 某零件有 3 台机床同时加工，为了解机床之间是否存在差异，从 3 台机床加工的零件中各随机抽取 40 个，测量其厚度，数据见表 9-11。

表 9-11 3 台机床加工的零件厚度　　　　　　　　　　　（单位：mm）

序号	机床 1	机床 2	机床 3	序号	机床 1	机床 2	机床 3
1	0.586	0.582	0.548	21	0.597	0.555	0.608
2	0.571	0.548	0.575	22	0.572	0.567	0.570
3	0.572	0.565	0.554	23	0.580	0.590	0.547
4	0.572	0.560	0.565	24	0.539	0.540	0.566
5	0.585	0.567	0.541	25	0.577	0.570	0.552
6	0.566	0.553	0.553	26	0.597	0.564	0.569
7	0.581	0.560	0.553	27	0.581	0.556	0.618
8	0.568	0.558	0.570	28	0.584	0.561	0.589
9	0.549	0.565	0.562	29	0.580	0.569	0.535
10	0.569	0.561	0.553	30	0.562	0.563	0.574
11	0.611	0.567	0.543	31	0.599	0.572	0.550
12	0.567	0.548	0.550	32	0.590	0.535	0.581
13	0.607	0.556	0.538	33	0.596	0.549	0.557
14	0.619	0.555	0.589	34	0.613	0.558	0.580
15	0.560	0.547	0.584	35	0.571	0.559	0.554
16	0.550	0.560	0.530	36	0.607	0.564	0.564
17	0.580	0.565	0.522	37	0.599	0.559	0.569
18	0.617	0.561	0.573	38	0.610	0.570	0.521
19	0.574	0.557	0.546	39	0.536	0.567	0.598
20	0.581	0.557	0.544	40	0.565	0.545	0.579

本例中一个变量是离散的，即机床，另一个变量是连续的，即零件的厚度，因此可以用箱线图来比较机床之间的差异。

在 Minitab 中单击"图形"→"箱线图"。如果各组数据在不同的列，则在弹出的对话框中选择多个 Y 的简单；如果各组数据在同一列，另有一列为数据所在的组，则选择一个 Y 的含组。在对话框的图形变量中输入数据所在的列，单击"确定"，可得到如图 9-12 所示的箱线图。

从图 9-12 中可以明显看出机床 1 加工出的零件要比其他两台机床厚一些；机床 2 的零件离散程度要比其他机床小一些，说明其过程波动比较小。机床 2 和机床 3 各有一些异常点，需要检查一些数据和过程，找出原因。

如果零件的加工规格为 0.55±0.04mm，显然机床 2 的表现要好于其他机床。

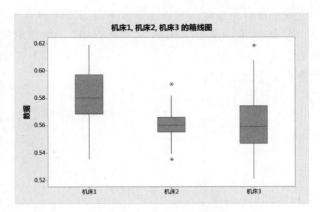

图 9-12　零件厚度的箱线图

2）散点图。当两个变量均为连续变量，且为成对数据（如人的身高和体重、树的直径与高度）时，可以用散点图来描述两个变量之间的关系。可以利用散点图对数据的相关性进行直观的观察，不但可以得到定性的结论，而且可以通过观察剔除异常数据，从而提高估算的准确性。

散点图的绘制步骤如下：

① 收集成对数据，如食品坯料重量与产品重量一一对应的数据。

② 确定散点图的坐标轴与刻度。当数据的一方为原因 x，另一方为结果 y 时，用横轴表示原因，纵轴表示结果。

③ 将每对数据在坐标系中打点。

④ 标明数据的出处。在图的空白处或下部注明获取数据的时间、数据量、目的和记录者等。

【例 9-3】　为研究家庭收入与支出（单位：百元）之间的关系，收集了 16 个家庭每月收入与支出的数据，见表 9-12。

表 9-12　家庭月收入与支出　　　　　　　　　　（单位：百元）

编号	收入	支出	编号	收入	支出
1	45	25	9	50	32
2	59	36	10	34	22
3	33	19	11	99	48
4	81	45	12	61	42
5	77	42	13	38	29
6	26	23	14	72	36
7	19	16	15	59	29
8	55	38	16	25	17

我们可以用散点图来描述收入与支出之间的关系。

在 Minitab 中单击"图形"→"散点图",在弹出的对话框中选择"简单",在对话框的"Y"中输入"支出",在"X"中输入"收入",单击"确定"可得到如图 9-13 所示的散点图。

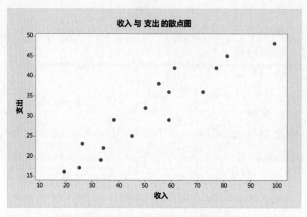

图 9-13　收入与支出的散点图

从图 9-13 中可以看出,收入与支出有较密切的关系,收入高的家庭支出也高,反之亦然。

利用散点图可以描述变量之间的各种关系,如图 9-14 所示为几种典型的散点图。x 增大时,y 呈线性增加,x 与 y 之间强正相关,如图 9-14a 所示;x 增大时,y 呈现增加趋势,x 与 y 之间正相关,如图 9-14b 所示;x 与 y 之间的关系不明显,x 与 y 之间不相关,如图 9-14c 所示;y 随 x 的增大呈现下降趋势,x 与 y 之间负相关,如图 9-14d 所示;y 随 x 的增大呈线性下降,x 与 y 之间强负相关,如图 9-14e 所示;y 随 x 的增大呈现曲线变化,如图 9-14f 所示。

(3) 变量的构成　很多时候,我们希望了解一个变量的构成是什么样的,如产品缺陷是由哪些缺陷构成的,哪些缺陷是主要的缺陷;或者不良质量成本的构成中哪些成本的比例比较高。可以采用 Pareto 图、饼图、条形图等图形来帮助分析。

Pareto 图(帕累托图)是找出影响产品质量主要因素的一种简单有效的图表方法。利用 Pareto 图容易知道这些项目的顺序,以及特定项目在质量问题中所占的比率,据此判断改进的重点。Pareto 图是确定重点问题、识别"关键的少数"的一种有效的工具。

Pareto 图由两个纵坐标和一个横坐标,以及若干个直方和一条折线构成。左侧纵坐标表示不合格品出现的频数(出现次数或金额等);右侧纵坐标表示不合格品出现的累计频率(用百分比表示);横坐标表示影响质量的各种因素,按影响大小顺序排列;直方高度表示相应因素的影响程度(即出现频率为多少);折线表示累计频率(也称帕累托曲线)。

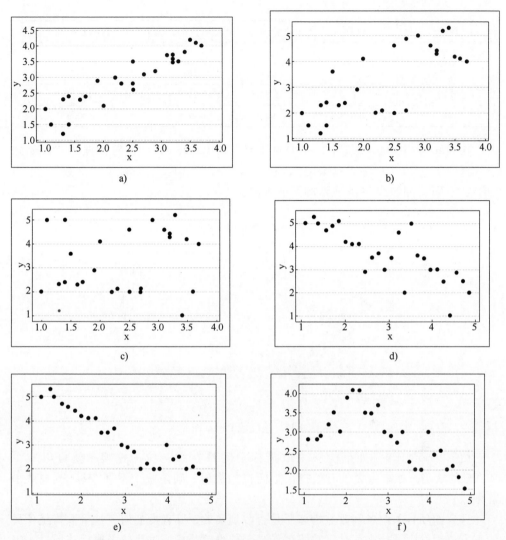

图 9-14 几种典型的散点图

通常,累计百分比将影响因素分为三类:0~80%为 A 类因素,即主要因素;80%~90%为 B 类因素,即次要因素;90%~100%为 C 类因素,即一般因素。由于 A 类因素占 80%,故此类因素解决了,大部分质量问题就得到了解决。

【例 9-4】 对某一时期内照相机镜头缺陷按项目进行整理,结果见表 9-13。

表 9-13 照相机镜头缺陷

缺陷	件数	比率(%)	累计件数	累计比率(%)
擦痕	56	50.9	56	50.9
破边	25	22.7	81	73.6
厚度	19	17.3	100	90.9

(续)

缺陷	件数	比率(%)	累计件数	累计比率(%)
烧痕	5	4.5	105	95.4
材料	2	1.8	107	97.2
其他	3	2.8	110	100.0
合计	110	100	110	100.0

在 Minitab 中单击"统计"→"质量工具"→"Pareto 图",在对话框的"原始缺陷数据位于(C)"中输入"缺陷",在"频率位于(F)"中输入"件数",单击"确定",可得到如图 9-15 所示的 Pareto 图。

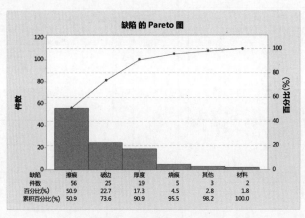

图 9-15　缺陷的 Pareto 图

由图 9-15 可知,如果能够采取措施消除排在第一位的擦痕,就可以减少 50.9%的缺陷。如果致力于消除排在第四位的烧痕,缺陷减少不到 5%,改进效果甚微。

选定的项目采取各种改进措施后是否收到实效,其程度如何,被采取措施项目的直方位置发生了什么变化,缺陷数量是否减少等,可通过比较采取措施前后一定时间内数据的 Pareto 图来了解。

(4) 变量的趋势

1) 时间序列图。时间序列图也叫推移图,它是以时间轴为横轴,变量为纵轴的一种图,其主要目的是观察变量是否随时间变化而呈现某种趋势,便于管理者随时掌握产品的主要性能参数的动态趋势,以便及时分析改进。时间序列图的使用在近代的企业管理上具有相当的效果,它改变了一般报表在文字上的体现,并且也弥补了一般报表不容易察觉到随时间的变动所呈现结果的变化起伏状况。

时间序列图非常简单、一目了然。以不良率随着时间的时间序列图为例,每天将不良率在图中以点的形式标出,然后用直线将每一点连接起来,形成的折线就是不良率时间序列图。

时间序列图的制作步骤如下：
① 确定主题。
② 设计时间序列图的表格。
③ 收集数据。
④ 依据数据画出时间序列图。
⑤ 根据时间序列图得出结论。
制作时的关注要点如下：
① 数据点应相连，以方便使用和解释。
② 涵盖的时间和衡量的单位应该详细标明。
③ 数据应按照被收集时的状况，保持时间的先后顺序。

【例 9-5】 某工厂成品仓库每月月末盘点记录产品的库存数量，全年的数据见表 9-14。

表 9-14 成品库存数据

月份	1月	2月	3月	4月	5月	6月	7月	8月	9月	10月	11月	12月
库存量	4930	2030	3610	1840	4500	2640	4320	3830	4070	3160	2450	2330

运用时间序列图可以帮助我们了解产品库存的运行状况。

在 Minitab 中单击"图形"→"时间序列图"，在弹出的对话框中选择"简单"，在对话框的序列中输入数据所在的列，单击"时间/序列"按钮，在对话框的时间页面选择标记，并在下面的空格中输入"月份"，单击"确定"，可得到如图 9-16 所示的时间序列图。

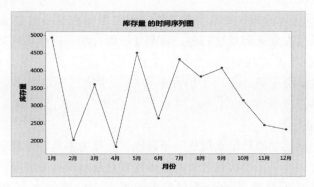

图 9-16 库存量的时间序列图

从图 9-16 中可以看出，上半年的波动较大，下半年呈递减趋势，暗示某种积极因素在发挥作用。

时间序列图的作用如下：

① 观察事件随时间推移的发展趋势或周期性变动，探索可能的影响因素；掌握有无突发性不良发生，以及了解有无管理上的问题。

② 比较干预措施实施前后的变化，评价干预措施的效果。
③ 根据事件的变化趋势，预测可能出现的情况，并采取适当的应对措施。
④ 根据变化趋势制定发展目标，并比较实际成果与目标值的差距；稳定后若实绩与目标相差太远，则应进行改善。

2）运行图。运行图（Run Chart）也称为链图，是一种特殊的时间序列图，是显示任何测量特性随时间变化的图表。分析运行图的目的是确认所出现的波动模式是由普通因素引起的，还是由特殊因素引起的。运行图可用于任何按时间序列组织的、连续尺度测量的数据的图形分析。

流程中都会发生变异，普通原因变异是流程中正常的一部分；特殊原因变异来自系统外部，会出现可识别的模式、偏倚或趋势，运行图可以显示存在某些特殊原因正在影响着流程。当只有常规原因影响流程输出时，流程受控。运行图执行四种随机性检验，包括因趋势、振动、混合和聚类引起的非随机变异的信息。

运行图经常应用于对某一时期的产量、销量、次品率、客户投诉等状况进行观察，与目标和以往的工作表现相对比，发现差异和变化趋势，挖掘差异或变化产生的原因，以采取措施在下一阶段予以改善。

运行图的制作步骤如下：
① 收集数据。
② 确定 X 轴和 Y 轴的单位，如每周和费用。
③ 绘制运行图。
④ 计算数据的中位数，画一条水平线穿过该图，这条线记上"中位数"的标记。
⑤ 观察和研究运行图。观察当前工作表现与目标和前一时期表现的差异；观察运行图中有无重大变化和变化趋势，判断其原因所在，以便采取措施。

在 Minitab 中单击"统计"→"质量工具"→"运行图"，在对话框的"单列（C）"中输入数据所在列，在"子组大小（Z）"中输入子组样本量，如果数据未分组，则输入 1，选择"绘制子组中位数运行图"，单击"确定"，可得到如图 9-17 所示的运行图。

在中位数一侧连续的数据点组成一条游程，或称为聚类。游程中包含的数据点数称为游程长度，如果某个游程过长，则可直观判断过程出现异常。若只有 1 个点落在中位数线上，则忽略不计；若有多个点落在中位数线上，则两边各分 50% 的点。

游程的数量不能过多，也不能过少，否则都说明过程可能出现异常，统计上由检验方法来进行判断。图 9-17 中包含 14 个游程，其中最大的游程长度为 7。

运行图随机性检验包括：
① 聚类。如果游程个数远小于期望的游程个数，则可判断为存在聚类的状况。是否存在聚类可以用检验聚类性的近似 p 值来判断，若 p 值<0.05，说明存在聚类；

第9章 质量改进方法

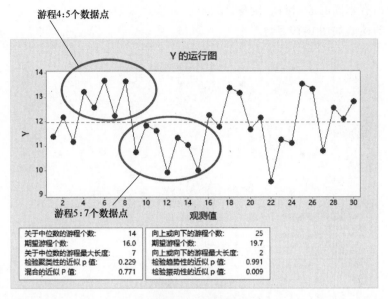

图 9-17 运行图

反之不存在聚类。如果是"好"聚类，则要确认并固化好的条件，以利于保持；如果是"坏"聚类，则要查找原因，实施改进。

聚类性的检验如图 9-18 所示。

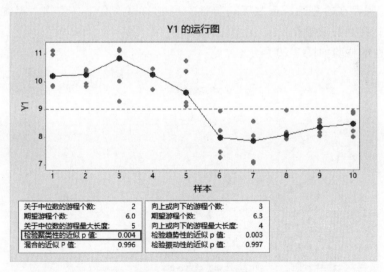

图 9-18 聚类性的检验

图 9-18 中只有 2 个游程，检验的 p 值 <0.05，可以确认存在聚类的情况。

② 混合。混合与聚类相反，游程（链）的数量远大于期望数量，可能是两个不同的过程混合在一起了。若混合的近似 p 值 <0.05，则存在混合；反之无混合。

439

可能的原因有不同的原材料、设备、人员、方法。

混合的检验如图 9-19 所示。

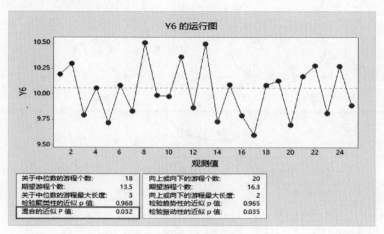

图 9-19　混合的检验

图 9-19 中有 18 个游程，显然过多了，因为期望的游程个数为 13.5 个。检验的 p 值<0.05，显然存在混合的异常情况，需要查找原因。

③ 趋势性。趋势性是指是否存在连续的上升或下降，如果向上或向下的游程个数远小于期望游程个数，则说明存在显著性的趋势变换。若检验趋势性的近似 p 值<0.05，则存在趋势性；反之无趋势性。可能的原因有工具磨损、温湿度变化、热机阶段、夹具松动等。

趋势性的检验如图 9-20 所示。

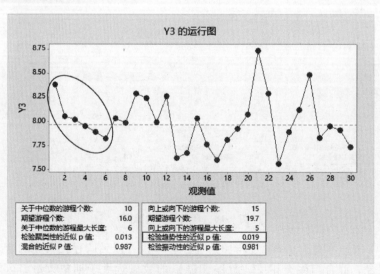

图 9-20　趋势性的检验

图 9-20 中向上或向下的游程最大长度为 5，检验的 p 值<0.05，说明存在趋势性的变化，需要进一步查找原因。

④ 振动性。振动性与趋势性相反，其向上或向下的游程个数远大于期望个数。若检验振动性的近似 p 值<0.05，则振动性显著；反之无振动性。可能的原因有加工设备抖动、不同的测量方法、不一样的人员等。

振动性的检验如图 9-21 所示。

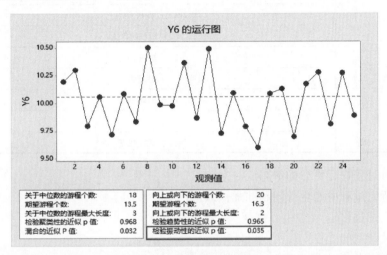

图 9-21　振动性的检验

图 9-21 中向上或向下的游程有 20 个，超过期望的 16.3 的个数，检验的 p 值<0.05，说明确实存在振动性，需要进一步查找原因。

若以上四种检验均不显著，则说明过程波动的随机性很好，不存在明显的异常波动。

3）控制图。控制图由贝尔电话实验室的休哈特博士于 1924 年提出，是对过程数据进行收集，利用统计图形、统计工具加以分析，从分析中发现影响过程的变异，通过问题分析找出异常原因，立即采取改善措施，使过程恢复正常。关于控制图的相关内容，请参考本书 3.4.3 小节。

9.3.2　非量化的质量改进工具

质量改进工具中，有许多并不需要基于收集的数据进行定量分析，即非量化的质量改进工具，有图形、表格和方法等形式。常见的非量化的质量改进工具见表 9-15。

1. 图形类

（1）流程图　流程图（Flow Chart）是将过程（如工艺过程、检验过程、质量改进过程等）的步骤用图的形式表示出来的一种图示技术。按其演变顺序依次分为概略流程图、自上而下流程图、细节流程图、多层次流程图。其适用场合为：

表 9-15　非量化的质量改进工具示例

类别	非量化的质量改进工具名称
图形类	流程图
	因果图
	亲和图
	树图
	PDPC（过程决策程序图）
	关联图（网络图）
	矩阵图
表格类	检查表
方法类	头脑风暴法
	层别法
	水平对比法

① 对过程进行更好的解释。
② 研究过程中产生的问题并加以改进。
③ 记录过程。
④ 设计新的过程。
1）流程图的应用步骤。
① 判别过程的开始与结束。
② 找出过程中发生的所有步骤。
③ 画出流程草图。
④ 与过程涉及的所有相关人员一起检查流程草图。
⑤ 根据评审结果改进流程草图。
⑥ 注明正式流程图形成的日期，以供将来使用和参考。
2）应用示例。
① 概略流程图（Macro Flow Chart）又名高水平流程图或高水平过程图，一般用于描述过程的主要步骤。如图 9-22 所示是一个交付订货的过程。

图 9-22　概略流程图示例

注意，概略流程图的步骤应尽量简洁，并且在图中使用名词；不能显示决定、延误、循环等步骤。

② 自上而下流程图（Top-down Flow Chart）展示了一个过程或项目的最重要步骤以及第一层子步骤，主要用于分析主要步骤以及每一步骤的关键活动，如图 9-23

所示。这是用流程图来表示过程最有效的方法，可以减少资源浪费并降低过程复杂性。

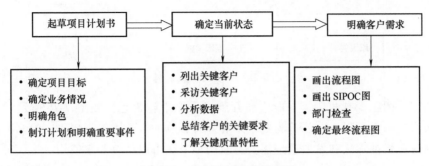

图 9-23　自上而下流程图示例

③ 细节流程图又称过程图、微观图和标志流程图。细节流程图能够显示行动、决定、延误、循环，以及输入和输出等过程运行所需的细节信息，如图 9-24 所示。

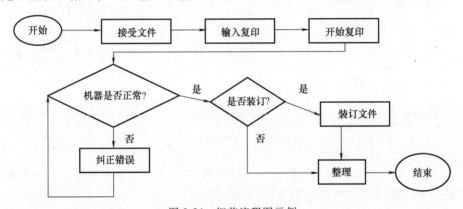

图 9-24　细节流程图示例

（2）因果图　因果图（Cause-and-effect Diagram）又称石川图、特性要因图、鱼骨图等。它是一种用于分析质量特性（结果）与可能影响质量特性的因素（原因）之间的因果关系的一种工具，即表达和分析因果关系的一种图表。其适用场合为：

① 表达因果关系。
② 分析因果关系，识别症状，分析原因，以采取措施解决问题。

1）因果图的使用步骤。
① 简明扼要地确定结果，即确定需要解决的质量问题。
② 确定产生结果的主要原因类别，如人员、设备、材料、方法、环境等。
③ 开始画图，把"结果"画在右边的矩形框中，把各类主要原因放在左边，作为"结果"的输入，如图 9-25 所示。
④ 寻找下一层次的原因，画在相应的主枝上，继续一层层地展开下去。一张

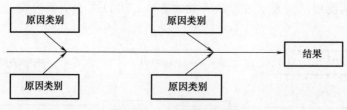

图 9-25　一层因果图示例

完整的因果图至少有两层，一般应展开到可采取措施为止，如图 9-26 所示。根据对结果影响的重要程度，将认为对结果有显著影响的重要因素标出来。绘制因果图可以通过逻辑推理法和发散整理法，有时两种方法可以结合起来使用。

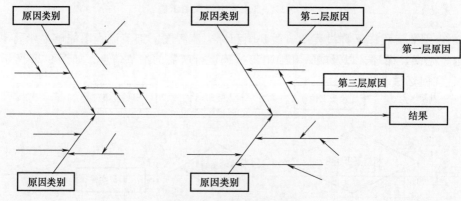

图 9-26　多层因果图示例

⑤ 从最末一层的原因中选取少量（一般为 3~5 个）对结果有较大影响的原因（一般称为"要因"），并对它们做进一步研究。

2）因果图的注意事项。

① 确定原因时应通过大家集思广益，充分发扬民主，以免疏漏。

② 尽可能具体地确定原因。

③ 有多少质量问题，就要绘制多少张因果图。

④ 必须对原因进行细分，直至能采取措施为止。

⑤ 要实现"重要的因素不要遗漏"和"不重要的因素不要绘制"两方面要求，开始时因果图要大和全，最终的因果图越小越有效。

⑥ 在数据的基础上客观地评价每个因素的重要性。

⑦ 因果图使用时要不断加以改进。

（3）亲和图　亲和图是针对某一问题，充分收集各种经验、知识、创意和意见等语言文字资料，并按其相互亲和性归纳整理这些资料，使问题明确起来，求得统一认识和协调工作，以利于问题解决的一种方法。亲和图又称近似图或 A 型图解法。其适用场合为：

① 事实或观点处于混乱状态。

② 问题看起来太大、太复杂而无法掌握，需要时间慢慢解决、不容易解决而非解决不可的问题；不适用于简单的、需要迅速解决的问题。

③ 未知领域或未知事物。

亲和图的使用步骤如下：

1) 确定课题。

2) 收集语言资料。应按照客观事实，找出原始资料和思想火花，收集语言资料；语言资料的收集方法随亲和图的用途和目的不同而异，见表9-16。

① 直接观察法：直接观察法是指亲自到现场去听、看、摸，直接掌握情况，增强感性认识。

② 文献调查法和面谈阅读法：这两种方法包括查阅文献资料、直接征求别人的意见，以及启发多数人新构思的集体创造性思考方法。

③ 头脑风暴法：又称畅谈法、集思法，详细介绍请见后文。

④ 回忆法和内省法：这两种方法又称"个人头脑风暴法"，是个人对自己过去的经验进行回忆，探索自己内心的状态的方法。采用这两种方法时，要边思考边把想到的东西记在笔记本上，然后再反复阅读所记的笔记，以它作为扩展思路的触媒。

表 9-16 语言资料收集方法

目的	直接观察法	文献调查法	面谈阅读法	头脑风暴法	回忆法	内省法
认识事物	●	○	○	○	◎	×
归纳思想	●	◎	●	◎	◎	●
打破常规	●	◎	◎	●	●	●
贯彻方针	×	×	×	●	◎	◎

注：●—常用；◎—使用；○—不常用；×—不用。

可根据亲和图的不同用途和目的，采取不同的语言资料，见表9-17。

表 9-17 语言资料的选择

目的	事实资料	意见资料	设想资料
认识事物	●	×	×
归纳思想	◎	●	●
打破常规	●	◎	●
贯彻方针	○	●	●

注：●—常用；◎—使用；○—不常用；×—不用。

3) 将语言资料制成卡片。将收集的语言资料按内容逐个进行分类，并分别用独立的、简洁的语言写在一张张卡片上。注意不要用抽象化的语言表达，而应尽量采用形象生动的、让大家都能理解的语言来表示。否则，这些卡片在下一阶段就会失去应有的作用。

4）整理综合卡片。卡片汇在一起后，将其逐张展开，用一定的时间反复阅读。阅读卡片的过程中，要将那些内容相似或比较接近的卡片汇总在一起，编成一组，并命名。整理卡片时，对无法归入任何一组的卡片，可以独立地编为一组。

5）制图。卡片编组整理后，将它们的总体结构用容易理解的亲和图来表示。

6）应用。绘制出亲和图后，可以反复观看，也可以采用小组的形式，组内轮流讲解，还可以就亲和图写一些报告。在这些活动过程中，就逐步达到了使用亲和图的目的。

（4）树图　树图（Tree Diagram）又称为系统图，是把要实现的目的与需要采取的措施或手段系统地展开，并绘制成图，以明确问题的重点，寻找最佳措施或手段。可以分为两大类：一类是对组成事项进行展开，称为"构成因素展开型"；另一类是对为了解决问题和达到目的或目标的手段、措施进行展开，称为"措施展开型"。其适用场合为：

① 新产品研制过程中设计质量的展开。
② 制订质量保证计划，对质量保证活动进行展开。
③ 目标、方针、实施事项的展开。
④ 明确部门职能、管理职能。
⑤ 对解决企业有关质量、成本、交期等问题的创意进行展开。

1）树图的使用步骤。

① 确定具体的目的和目标。把应用树图最终要达到的目的或目标，明确地记录在卡片上。注意：

- 把目的或目标的名词或短文以简洁的形式表示出来。
- 在达到目的或目标的过程中，如果存在着制约事项，必须予以指明。
- 确定目的或目标时，首先要对已经确定的目标问几个"为什么"，也就是"为什么要实现该目的或目标"。
- 在确认了更高一级水平的目的或目标之后，还要确认原目的或目标是否恰当。

② 提出措施或手段。为了达到预定的目的或目标，召开会议集思广益，提出必要的手段、措施，并依次记录下来。

③ 对措施或手段进行评价。评价结果包括：可行、调查之后才能确认、不可行。在有限制事项时，也要对该事项进行评价。对"调查之后才能确认"的措施，必须通过调查，才能明确是否可行。

④ 绘制措施或手段卡片。把经过评价后提出的措施，用通俗易懂的语言写在一张张卡片上。

⑤ 形成目标措施的树状展开图。摊开一张白纸，把绘制目的、目标卡片放在纸的左侧中间，如果存在限制事项，把这一限制事项记录在目的、目标卡片的

下方。

⑥ 确认目标能否充分地实现。做出了树图之后还需要从措施出发，确认上一级水平的措施或目标是否妥当，也就是说，首先对做出的树图的最低水平（最右端）的措施提出问题——实现这些措施，能否达到高一级水平的目标？如果可行，那就依次对上一级水平的措施或目标提出同样的问题，并确认所展开的措施能否达到最初所确定的具体目标。如果不可行，意味着所开展的措施没有实现上一级水平的措施或目标，必须增加所缺少的措施。以上确认完成后，将达到目标所必需的所有措施都进行系统展开，树图即告完成。

⑦ 制订实施计划。根据上述方案，制订实施计划。这时，要把树图最低水平的手段更加具体化，并决定具体的实施内容、日期和负责人等。

2）应用实例。树图示例如图9-27所示，其与在项目管理中所用到的工作分解结构相似。

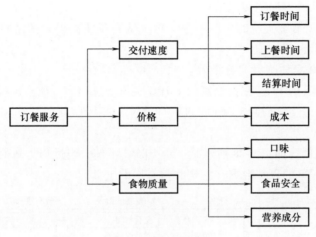

图9-27 树图示例

（5）PDPC（过程决策程序图） PDPC即过程决策程序图（Process Decision Program Chart），是为了完成某个任务或达到某个目标，在制订行动计划或进行方案设计时，预测可能出现的障碍和结果，并相应地提出多种应变计划的一种方法。在计划执行过程中，遇到不利情况时，仍能按第二、第三或其他计划方案进行，以便达到预定的计划目标。其适用场合为：

① 执行计划之前。
② 计划庞大复杂。
③ 计划必须如期完成。
④ 项目的失败成本较高。
⑤ PDPC法不是从局部，而是从全局，整体掌握系统的状态，因而可作为全局性判断。

⑥ 可以按时间先后顺序掌握系统的进展情况。

⑦ 可以密切注意系统进程的动向，在追踪系统运转时，能掌握产生非理想状态的原因。同时，从某一输入出发，依次追踪系统的运转，也能找出"非理想状态"。

⑧ 当出现过去没有想到的情况时，可不断补充、修订计划措施。

1）PDPC 的使用步骤。

① 召集所有有关人员（要求尽可能广泛地参加）讨论所要解决的课题。

② 从自由讨论中提出达到理想状态的措施。

③ 对提出的措施要列举出预测的结果，以及提出的措施方案行不通或难以实施时，应采取的措施和方案。

④ 将各研究措施按紧迫程度、所需工时、实施的可能性及难易程度进行分类，特别是对当前要着手进行的措施，应根据预测的结果，明确首先应该做什么，并用箭头向理想的状态方向连接起来。

⑤ 决定各项措施实施的先后顺序。对于从一条线路得到的情报，要研究其对其他线路是否有影响。

⑥ 落实实施负责人及实施期限。

⑦ 不断修订 PDPC。在按绘制的 PDPC 实施的过程中可能会出现新的情况和问题，需要定期召开会议检查 PDPC 的执行情况，并按照新的情况和问题重新修改 PDPC。

2）应用实例。如图 9-28 所示是一个 PDPC 示例。当过程是新的时，意味着没有失效类型和频率的以往数据，它是非常有用的工具。

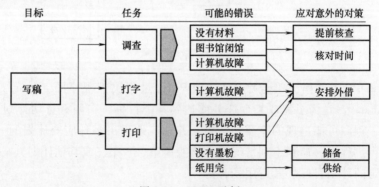

图 9-28　PDPC 示例

（6）关联图（网络图）　关联图（Relation Diagram）又称相关图和网络图，是把推进计划所必需的各项工作，按其时间顺序和从属关系，用网络形式表示的一种"矢线图"。关联图又称为网络计划技术，是安排和编制最佳日程计划，有效地实施进度管理的一种科学管理方法。一项任务或工程可以分解为许多作业，这些作业在生产工艺和生产组织上相互依赖、相互制约，关联图可以把各项作业之间的这种依赖和制约关系清晰地表示出来。通过关联图，能找出影响工程进程的关键和非关键因素，因而能进行统筹协调，合理地利用资源，提高效率与经济效益。其适用场合为：

① 理解各种想法之间的联系或因果关系。

② 分析一个复杂问题的各种原因或贯彻一个复杂的计划。能够具体而迅速地了解某项工作工期延误对总体工作的影响，从而及早采取措施。计划规模越大，越能反映出该工具的作用。

③ 在创建亲和图、因果图或树图之后，更加全面地揭示各想法之间的关系，确定各种因素中影响最大的因素。

1) 关联图的使用步骤。

① 明确关联图所要揭示的问题。

② 围绕这个问题展开头脑风暴，并把各个观点记录在卡片上。如果在头脑风暴法之前已经使用了其他工具，例如亲和图、树图，那么可以从图中最后一个分支得到一些观点，可以把这些观点作为头脑风暴法的补充。

③ 让这个卡片靠近与之最相关的卡片。

④ 不断重复上述三个步骤直至所有卡片的观点都摆上工作台。

⑤ 在有关联的观点之间画出箭头，箭头指向受影响的观点。

⑥ 分析关联图。

2) 应用实例。一个计算机支持小组正在计划一个重点项目——更新大型计算机。小组画出了关联图，如图9-29所示，以便对项目涉及的一组因素进行分类。

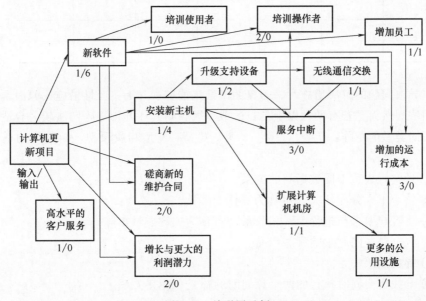

图9-29 关联图示例

画完所有箭头后,关键想法便可以确定下来。"新软件"有一个箭头输入、六个箭头输出;"安装新主机"有一个箭头输入、四个箭头输出;"服务中断"有三个箭头输入。小组将它们确认为关键想法。

(7) 矩阵图 矩阵图(Matrix Diagram)是一种利用多维思考去逐步明确问题的方法,就是从问题的各种关系中找出成对要素 $L1, L2, \cdots, Li, \cdots, Lm$ 和 $R1, R2, \cdots, Rj, \cdots, Rn$,用数学上矩阵的形式排成行和列,在其交点上标示出 L 和 R 各因素之间的相互关系,从中确定关键点的方法。

在分析质量问题的原因、整理顾客需求、分解质量目标时,将问题、顾客需求、质量目标(设为 L)放在矩阵图的左边,将问题的原因、顾客需求转化来的质量目标或针对质量目标提出的质量措施(设为 R)列在矩阵图的上方,用不同的符号表示它们之间关系的强弱,通常用◎表示强相关,○表示中等相关,△表示弱相关或潜在相关,空白表示不相关,见表9-18。通过在交点处给出行与列对应要素的关系及关系程度,可以从二元关系中探讨问题所在和问题的形态,并得到解决问题的设想。

表 9-18 矩阵图的概念图

		\multicolumn{5}{c}{R}
		$R1$	$R2$	...	Rj	Rn
L	$L1$					◎
	$L2$	○	◎			○
	...					
	Li				○	△
	...					
	Lm	△			◎	○

着眼点

在寻求问题的解决措施时,若目的或结果能够展开为一元性措施或原因,则可用树图法。然而,若有两种以上的目的或原因,则其展开用矩阵图法较为合适。有六种不同类型的矩阵:L型、T型、Y型、C型、X型和屋顶型。矩阵图的适用场合为:

① 理解、表达不同数据间的关系。
② 给一组人分配任务(可称为责任矩阵)。
③ 将客户要求与过程因素相联系(可称为关键质量矩阵)。
④ 区分哪些问题影响哪些产品。
⑤ 寻找因果关系。
⑥ 寻找将要同时执行的两个计划间的补充和冲突关系。
6种矩阵适用的不同场合见表9-19。

表 9-19　6 种矩阵的适用场合

矩阵	组数	关系
L 型	2	A→B(或 A→A)
T 型	3	B→A→C,但不能 B→C
Y 型	3	A→B→C→A
C 型	3	3 个同时相关(三维)
X 型	4	A→B→C→D→A,但不能 A→C 或 B→D
屋顶型	1	A→A 和 A→B

1）矩阵图的使用步骤。

① 确定需要比较的组以及需要分析的信息。

② 选择适合的矩阵形式。

③ 画矩阵网格线。

④ 沿矩阵各轴列出说明（可将矩阵各轴显示成阴影以强调矩阵的名称）。

⑤ 确定在矩阵中表达信息的符号，注明图例的含义。

⑥ 组间逐项比较，在交叉项上标注合适的符号。

⑦ 分析矩阵。

2）应用实例。

① L 型矩阵。L 型矩阵用于两组信息间的比较（或与自身的比较），即 A→B（或 A→A）。表 9-20 是总结客户需求的 L 型矩阵，显示了每个外部客户对产品规格、包装选择和运送方式的要求。在表格中填写数字化的公差范围，并用符号说明包装和运送方式的选择。这样构成倒置的 L 型矩阵，它是最基本、最常见的矩阵形式。

L 型矩阵最常用，但不一定最适合。使用时，应结合各组数据及它们之间的可能关系和其他矩阵形式，考虑是否其他形式的矩阵更能清楚地表现数据的含义。

表 9-20　L 型矩阵示例（客户需求）

项目	顾客 C	顾客 M	顾客 R	顾客 T
纯度(%)	>99.2	>99.2	>99.4	>99.0
微量金属(10^{-6})	<5	—	<10	<25
水(10^{-6})	<10	<5	<10	—
塑料膜		√		
卡车	√			√
有轨车			√	

② T 型矩阵。T 型矩阵用于三组信息间的比较。A 组可以分别和 B 组、C 组进行比较，但是 B 组与 C 组之间不能相互比较，即可以 B→A→C，但不能 B→C。

表 9-21 是表示四种产品模型与它们的生产地点和顾客的关系的 T 型矩阵。可以通过从不同的角度研究矩阵来获得不同的信息。例如，集中研究产品模型 1，其在得克萨斯州工厂大批量生产，在亚拉巴马州工厂小规模生产；时代公司是产品模型 1 的主要客户，艾罗公司只购买少量产品。如果集中研究顾客行为，会发现只有一个顾客——艾罗公司购买所有四种产品，齐格公司只大量购买一种产品，时代公司大批量购买产品模型 1 和 4，相比之下，里尔公司是不太重要的顾客。从表 9-21 中只能得到产品模型和生产地点的关系，以及产品模型和顾客的关系，不能得到生产地点和顾客的关系。

表 9-21　T 型矩阵示例（生产地点—产品模型—顾客）

生产地点	得克萨斯州工厂	●		○	○
	密西西比州工厂		●		○
	亚拉巴马州工厂	○			●
	阿肯色州工厂		○	●	
产品模型	大批量	产品模型 1	产品模型 2	产品模型 3	产品模型 4
顾客	齐格公司		●		
	艾罗公司	○	○	○	●
	里尔公司			○	
	时代公司	●			●

③ Y 型矩阵。Y 型矩阵用于三组信息间的比较，即 A→B→C→A。

④ C 型矩阵。C 型矩阵用于在三维空间中同时比较三组信息。

⑤ X 型矩阵。X 型矩阵用于四组信息间的比较。四组信息是循环比较的，即 A→B→C→D→A，但不能 A→C 或 B→D。

表 9-22 在表 9-21 的 T 型矩阵中加入运输公司进行拓展。矩阵的每一个轴和相邻的两轴相联系，但与对面的轴没关系。例如，产品模型与生产地点以及顾客相联系，但与运输公司无联系。从表 9-22 中可以看到，红线公司和万向公司并不是重要的运输公司，它们只向里尔公司提供服务；产品模型 3 的顾客是里尔公司和艾罗公司，里尔公司的购买数量不多；每个产品模型都有一个主要生产地点和一个小规模生产地点，但产品模型 4 例外，它有两个小规模生产地点。

⑥ 屋顶型矩阵。屋顶型矩阵用于与自身比较，通常与 L 型或 T 型矩阵一起运用，即 A→A 和 A→B。屋顶型矩阵常用于"质量屋"，组成"屋"和"顶"。"质量屋"是质量功能展开的核心，是产品开发中连接用户需求与产品属性的经典工具。

表 9-22 X 型矩阵示例（生产地点—运输公司—顾客—产品模型）

运输公司					生产地点					产品模型
	○		●	○	得克萨斯州工厂	●		○	○	
		○	●	●	密西西比州工厂		●		○	
			●	●	亚拉巴马州工厂	○			●	
	○	○		○	阿肯色州工厂		○	●		
	红线公司	万向公司	环球公司	南方公司		产品模型1	产品模型2	产品模型3	产品模型4	
			●	○	齐格公司		●			
				●	艾罗公司	○	○	●		
	○	○			里尔公司			○	○	
			●		时代公司	●				
					顾客					

2. 表格类

检查表（Check Sheet）是为收集和分析数据提前准备的表格，其展示形式不局限于表格。其适用场合为：

① 重复观察和收集数据。

② 收集频数或特征的数据。

③ 收集生产过程的数据。

1）检查表的使用步骤。

① 确定观察的对象。

② 确定收集数据的初始时间以及时间长度。

③ 设计表格。要使数据能够使用"√"或"×"等类似符号简单记录下来，在分析数据时不必重新复制。

④ 用短时间的数据来测试检查表，确保它能够收集合适的数据。

⑤ 开始记录数据。

2）应用实例。某卷烟生产过程中的成品外观质量存在一些问题。为进一步了解成品不合格情况，设计检查表，见表 9-23。

3. 方法类

（1）头脑风暴法　头脑风暴（Brainstorming）法又称畅谈法、集思法，是采用

表 9-23　检查表示例

批次	成品量/箱	样品数/只	不合格品数/只	外观不合格项目								
				切口	贴口	空松	短烟	过紧	钢印	油点	软腰	表面
1	10	500	3	1					1			1
2	10	500	3			2	1					
3	10	500	2		1				1			
…	…	…	…	…	…	…	…	…	…	…	…	…
250	10	500	2				1					
总计	2500	125000	990	80	297	458	35	28	10	15	12	55

调查者：　　　　　　　　调查日期：　　　　　　　　调查现场：

会议的方式，引导各个参与者围绕中心议题广开思路、激发灵感，在自己的头脑中掀起风暴，毫无顾忌、畅所欲言地发表独立见解的一种创造性集体思维方式。头脑风暴法能够在短时间内产生大量的观点，其适用场合为：

① 寻找多种解决方案。

② 寻找创新方案。

③ 全组人员参与讨论。

1) 头脑风暴法的使用步骤。

① 准备阶段。

a. 准备会场，确定时间。会议时间以一小时为宜，不要超过两小时。

b. 确定会议组织者，明确会议议题和目的。会前，会议组织者应把相关问题的阐述和背景信息发给会议成员，使参加会议的每个人都清楚地了解问题的内容，明确问题的范围。

c. 准备必要的用具，如大白纸两三张，红色、黑色签字笔各一只，记录用纸若干，并选定记录人，由其在开会时将大家的创意要点迅速记录下来。

② 引发和产生创造性思维的阶段。组织与会者讨论，产生创意思维，要注意以下几点：

a. 与会者都是平等的，无领导和被领导之分。

b. 与会的成员依次发表意见。

c. 成员可以相互补充各自的观点，但不能评论、更不能批驳别人的观点。

d. 提出奔放无羁的创意，欢迎有不同角度的想法。

e. 要当场把每个人的观点毫无遗漏地记录下来。

f. 持续到无人发表意见为止。

g. 将每个人的意见重复一遍。

③ 整理阶段。将每个人的观点重述一遍，使每个成员都知道全部观点的内容，去掉重复、无关的观点，对各种见解进行评价、论证，最后集思广益，按问题进行

归纳。评价论证归纳时要注意：是否还有更好的方法？是否可借用过去相似的创意？是否可以变更？是否可以代替？

2）应用实例。学校的老师们用头脑风暴法解决如下问题："如何鼓励家长更多参与到孩子的教育中？"该问题的相反问题为："如何阻止家长参与到孩子的教育中？"表9-24中是他们的一些观点，以及逆转过后得到的新观点。

表 9-24 双重逆转法示例

观　　点	逆转过后的新观点
将学校大门紧闭	将学校大门敞开 学校开放晚上和周末的活动 对外开放学校的图书馆
老师看起来难以接近	老师随和，容易接触 将老师的资料和背景与家长们分享
从来不告诉家长孩子们在学什么	经常与家长交流孩子们的学习情况 提前告诉家长孩子们将要学习的课程信息
从不与家长交流	经常和家长交流 提供老师的电子邮件地址

（2）层别法　层别法（Stratification）又称分层法、分类法、分组法，是按照一定的标志，将收集到的大量数据按其数据的不同来源进行归类、整理和汇总的一种统计方法，是最基本的管理工具。层别法将复杂的数据加以归类汇总，使其增加可比性、显示规律性，便于数据比较分析，常与检查表、Pareto、因果图等其他工具联合使用。

可按机械、材料、作业方法等对特性（结果）进行分层，通过比较找出其异常发生的原因。分层原则是使同一层次内的数据波动幅度尽可能小，而层与层之间的差别尽可能大，否则就起不到归类、汇总的作用。层别可分为以下几类：

① 人员：班次、性别、年龄、技术等级、新旧员工等分层。
② 机器：设备种类、型号、新旧、不同生产线和夹具类型等分层。
③ 方法：工艺参数、操作方法、生产速度等分层。
④ 测量：测量设备、测量方法、测量人员、抽样方法等分层。
⑤ 时间：不同班次、日期等分层。
⑥ 环境：照明度、清洁度、温度、湿度等分层。
⑦ 其他：地区、使用条件、缺陷部位、缺陷内容等。

1）层别法的使用步骤。
① 收集数据。
② 将收集的数据根据不同的目的选择分层标志。
③ 分层。
④ 按层分类。

⑤ 画分层归类图表。

2) 应用实例。

① 分层排列图示例如图9-30所示。

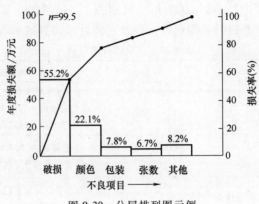

图 9-30　分层排列图示例

② 分层检查表示例见表9-25。

表 9-25　分层检查表示例

不良项目	8月1日	8月2日	…	合计
沾锡	2	4	…	…
焊点翘起	10	13	…	…
短路	2	8	…	…
断路	4	8	…	…
其他	1	2	…	…
合计	19	35	…	…
检查数	100	100	…	…
不良率(%)	19	35	…	…

（3）水平对比法　水平对比法（Benchmarking）是组织将自己的产品和服务的过程或性能与公认的领先对手进行比较，以识别质量改进机会的方法。组织为了改进，针对一些认定为最佳运作典范的组织，以持续的、系统化的过程，评估其产品、服务和工作流程。根据水平对比法适用的频率不同，可以将其分为三类，即单独的、定期的和连续的。

使用水平对比法，可有助于认清目标和确定计划编制的优先顺序，激发应用者的主观能动性，以使自己在市场竞争中处于有利地位。

水平对比法的使用步骤如下：

1）选择用来进行水平比较的项目。要明确在满足顾客需求方面，与领先对手相比自己的产品或服务的过程或性能在哪些方面存在着差距，将其作为水平比较的项目;选择项目时应注意,用来进行水平比较的项目应是影响产品或服务的关键特性;要注意比较的项目不能过于庞大,不然会导致最后无法实施。

2)确定对比的对象。比较的项目或课题确定后,要选择领先对手,领先对手可能是竞争对手,也可能不是竞争对手,但在对比项目上是公认的领先者。

3)收集数据。可通过直接接触、考察、访问、人员调查或公开刊物等途径获取有关过程性能数据和顾客需求的数据。数据收集的方法见表 9-26。

表 9-26 数据收集的方法

内外部比较	直接法	间接法
内部水平比较	1)对过程直接观察 2)内部材料研究	通常不用
外部水平比较	1)现场调查 2)问卷调查	1)市场分析 2)文化研究 3)会议 4)咨询 5)经验交流

4)归纳对比分析数据。将获得的数据进行分析对比,以明确与领先者的差距,针对有关项目制定最佳的实践目标。

5)实施改进。根据顾客的需求和领先者的绩效确定质量改进的机会,制订追赶计划并予以实施。

9.4 质量管理小组

9.4.1 质量管理小组概述

质量管理小组(Quality Control Circle),简称 QC 小组,是由生产、服务及管理等工作岗位的员工自愿结合,围绕组织的经营战略、方针目标和现场存在的问题,以改进质量、降低消耗、改善环境、提高人的素质和经济效益为目的,运用质量管理理论和方法开展活动的团队。

1. 质量管理小组活动基本原则

(1)全员参与 组织内的全体员工自愿组成、积极参与群众性质量管理活动,小组活动过程中应充分调动、发挥每一个成员的积极性和作用。

(2)持续改进 为提高员工队伍素质,提升组织管理水平,质量管理小组应开展长期有效、持续不断的质量改进和创新活动。

(3)遵循 PDCA 循环 为有序、有效、持续地开展活动并实现目标,质量管理小组活动遵循策划(Plan)、实施(Do)、检查(Check)、处置(Action)程序开展适宜的活动,简称 PDCA 循环。

(4) 基于客观事实　质量管理小组活动中的每个步骤应基于数据、信息等客观事实进行调查、分析、评价与决策。

(5) 应用统计方法　质量管理小组活动中应正确、恰当地应用统计方法，对收集的数据和信息进行整理、分析、验证，并得出结论。

2. 质量管理小组主要特点

质量管理小组活动是基于人人都想做好工作的理念，尊重人性，让员工自主参与，使员工不仅出色完成工作，而且在工作中获得更大的满足感与成就感。其具有以下主要特点：

(1) 明显的自主性　可自行选择课题，自行开展活动。

(2) 广泛的群众性　各层面人员都可以参与质量管理小组活动。

(3) 高度的民主性　质量管理小组是自愿组成的，在小组讨论问题、解决问题时，成员之间相互平等，不分职位与技术等级的高低，充分发扬民主，集思广益，相互启发。

(4) 严密的科学性　使用科学的统计工具和方法，遵循 PDCA 循环，步步深入分析和解决问题。

9.4.2　质量管理小组的组建

组建质量管理小组，发挥团队优势，开展小组活动，推进项目按步骤实施。

1. 组建原则

组建质量管理小组工作一般遵循"自愿参加，上下结合"与"实事求是，灵活多样"的基本原则。"自愿参加，上下结合"指启发下的自愿，自愿与指导相结合，共识是结合的基础。"实事求是，灵活多样"指围绕公司经营战略、方针目标和各个层级存在的各种问题，形式多样、自主开展活动。

2. 组建程序

各个组织的规模、文化、人员结构都有不同，因此在组建质量管理小组时需根据组织的需要和特点选择适宜的组建方式。大致可以分为自下而上、自上而下和上下结合三种情况。

质量管理小组的注册登记以小组人数 3~10 人为宜。质量管理小组登记可每年进行一次，质量管理小组活动前进行登记，半年间未开展活动的小组予以注销。具体登记频次可以根据企业的需要及时调整。

质量管理小组活动的基本条件：领导层思想上重视，行动上支持；员工有认识，有要求；培养一批质量管理小组活动骨干；建立健全质量管理小组活动的规则制度。

9.4.3　质量管理小组活动实施

质量管理小组遵循 PDCA 循环规律，按照活动程序，有效开展活动，达到预期目标。

质量管理小组活动的小组课题有问题解决型课题和创新型课题两大类型,质量管理小组活动程序根据小组课题类型而采取不同的程序。

1. 问题解决型课题

问题解决型课题是指小组针对已经发生不合格或不满意的生产、服务或管理现场存在的问题进行质量改进所选择的活动课题。

问题解决型课题包括现场型、服务型、攻关性、管理型四种类型,随着质量管理小组活动的普及和水平的提升,为减少多种分类适用的困惑,问题解决型课题已不再强调此种分类。

(1)总则 问题解决型课题目标根据来源不同分为自定目标和指令性目标。自定目标和指令性目标的课题在活动程序上存在差异,如图9-31所示。

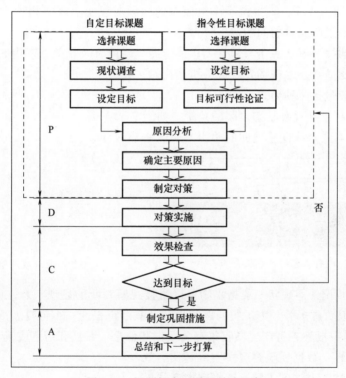

图 9-31 问题解决型课题活动程序

(2)选择课题

1)课题来源。针对存在问题及改进对象,小组应结合实际,选择适宜的课题。课题来源一般有:

① 指令性课题:小组不能改变课题目标。
② 指导性课题:主管部门将综合性课题分解成具体问题,小组从中选择。
③ 自选性课题:小组自选课题时,可以考虑以下几个方面:

a. 围绕组织方针、目标的关键点来选题。

b. 围绕在质量、效率、成本、安全、环保等方面存在的关键问题和薄弱环节选题。

c. 围绕相关方,特别是内、外部顾客的意见和期望去选题。相关方是指与组织的业绩或成就有利益关系的个人或团体,包括顾客、股东、供方、合作伙伴和社会等。

2) 选题要求。小组选题要求包括:

① 课题要小、实、活、新:小组能力范围内课题宜小不宜大,实实在在开展活动,灵活多样的活动形式,新颖、有特色、有实效。

② 课题名称直接,尽可能表达课题的特性值,说明目的、针对问题、直指特性值。

③ 选题理由明确,直接说明小组面对的问题或说明上级或相关方要求,建议用数据说明小组所面对的问题。

选题的数据一般来源于与领导要求的差距、对顾客及相关方期望的不满足、目标或标杆对比的结果、现场发现或分析的问题。

问题一般包括两种形式:

① 应有状态与现有状态之间的差距,如图 9-32 所示。

② 现状与要求或期望之间的差距,如图 9-33 所示。

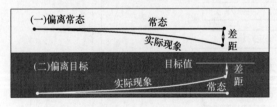
图 9-32 应有状态与现有状态的差距

图 9-33 现状与要求或期望之间的差距

(3) 现状调查 现状一般指事物可以直接观察判断的显现状态,如不良率高、交期过长、浪费过多等。为了解问题的现状及其严重程度,小组应进行现状调查:

1) 从组织报表、生产现场收集有关数据和信息。数据和信息应具有:

① 客观性:数据反映客观事实,真实有效。

② 全面性:多维度了解,准确把握现状。

③ 时效性:明确反映现状问题的时间段。

④ 可比性:数据特性和计量单位等要能够对比。

2) 对数据和信息进行分层整理和分析。可按时间、地点、症状、作业等类别分层,分层后对数据进行分析,做出结论。

3) 通过分析数据明确现状,找出症结,确定改进方向,明确改进程度,为目标设定和原因分析提供依据。症结是指导致问题发生的关键特性。

(4) 设定目标

1) 目标来源。根据所选课题，小组应设定活动目标，以明确课题改进的程度，并为效果检查提供依据。课题目标来源：

① 自定目标。小组明确课题改进程度，由小组成员共同制定的目标。

② 指令性目标。上级下达给小组的课题目标或小组直接选择上级考核指标、顾客要求等作为课题目标。

2) 目标设定依据。小组自定目标可考虑：

① 上级下达的考核指标或要求。

② 顾客要求。

③ 国内外同行业先进水平。

④ 组织曾经接近或达到的最好水平。

⑤ 针对症结，预计其问题解决的程度，测算课题将达到的水平。

3) 目标设定要求。目标设定应与小组活动课题相一致，符合 SMART 原则。

4) 目标可行性论证。指令性目标应在设定目标后进行目标可行性论证，论证课题目标需要解决几个问题，为原因分析提供对象。目标可行性论证和自定目标课题的现状调查步骤一样要收集数据，把握课题当前状态，找出课题症结。与现状调查不同之处在于，对指令性目标值进行测算分析时，可不受课题症结的限制。如果测算课题症结解决后仍不能达到目标要求，应将课题症结之外的问题顺次纳入进行测算分析，直至达到指令性目标。

目标可行性论证可考虑：国内外同行业先进水平；组织曾经接近或达到的最好水平；把握现状，找出症结，论证需解决的具体问题，以确保课题目标实现。

(5) 原因分析　小组进行原因分析应符合以下要求：

1) 针对问题或症结进行原因分析。如果现状调查找出了症结，就针对症结分析原因。如果课题非常小，很直接，现状调查找不出症结，就直接对课题分析原因。

2) 因果关系清晰，逻辑关系紧密。逻辑关系相对是一个综合概念，可以是因果关系，也可以是并列关系、包含关系、递进关系等。原因分析过程不仅有因果关系，还有其他关系。逻辑关系紧密是指原因需逐层展开。

3) 可从 5M1E（人、机、料、法、环、测）等方面考虑，以充分展示生产问题的原因，避免遗漏。分析原因需展示问题的全貌，从各种角度把有影响的原因都找出来。可从 5M1E 等方面展开，如果某一方面原因类别不存在，则无须分析该类别的原因；也可从其他方面展开，应根据实际情况客观分析。

4) 将每一条原因逐层分析到末端，以便直接采取对策。末端原因应该是很具体的，可以直接采取对策的原因。

原因分析统计方法的选择：单一因素用因果图或树图时，不能出现不同原因类别中有相同的表述内容，否则说明具有关联性，需采用关联图；根据所分析原因的类别及深度不同，因果图与树图可以互换使用；用因果图或树图分析时，一张图只能分析一个症结；无论是一个症结还是两个症结，只要原因之间有关联关系，就要用关联图，见表 9-27。

表 9-27　分析原因使用的方法

名称	使用场合	原因之间的关系	展开层次
因果图	针对单一问题进行原因分析	原因之间没有交叉关系	一般不超过四层
树图	针对单一问题进行原因分析	原因之间没有交叉关系	没有限制
关联图	针对单一或两个以上问题进行原因分析	原因之间有交叉影响	没有限制

（6）确定主要原因　小组应针对末端原因，依据数据和事实，客观地确定主要原因：

1）收集所有的末端原因，识别并排除小组能力范围以外的原因。

2）对每个末端原因进行逐条确认，必要时可制订要因确认计划。对小组能力范围内的所有末端原因都要进行确认。是否制订要因确认计划，可由小组根据实际情况自行决定，既非"不要"也非"必须"。

3）依据末端原因对问题或症结影响程度判断是否为主要原因。判断是否为主要原因的依据只能是末端原因对问题或症结的影响程度，影响程度大即为主要原因，影响程度小即为非要因，不影响问题或症结的原因不影响目标的实现。如果现状调查找到两个以上症结，或目标可行性论证找到两个以上症结或症结以外的问题，并且末端原因对症结或症结以外的问题都有关联，则都应确认对其影响程度。影响程度的大小由小组成员依据课题实际情况进行判断，影响程度的大小判断可参照假设检验显著水平。

4）确定主要原因不应仅仅对照标准进行判断，满足规范要求不等于满足本次活动目标达成的要求，还需考虑标准自身是否存在问题，若有问题需要修订标准。

5）判定方式为现场测量、试验及调查分析。通过现场测量、试验及调查分析的方式收集数据和信息，并判定影响程度，避免小组成员仅凭经验主观推断是否为主要原因。

（7）制定对策　小组制定对策应：

1）针对主要原因逐条制定对策。

2）根据工作经验和实际情况，必要时可进行对策选择。针对主要原因提出多种对策，并用客观的方法进行对策的评价和选择。根据经验，有直接解决问题的对策就不必再进行对策的评价选择。有新的、更好的解决问题的思路方法，可提出对策、选择对策。

3）按 5W1H 要求制定对策表，对策要明确，对策目标须可测量、可检查，措施要具体。5W1H 即 What（对策）、Why（目标）、Who（负责人）、Where（地点）、When（时间）、How（措施）。对策表前四项"主要原因""对策""目标"

"措施"的排序是有逻辑关系的,位置顺序不能颠倒。对策目标必须可测量、可检查,它与课题目标没有直接关系,只与对策所针对的主要原因状态相关联,不应是课题目标的分解。措施是对策的具体展开,应具有可操作性。问题解决型课题对策表见表9-28。

表9-28 问题解决型课题对策表

序号	主要原因（项目）	对策 What	目标 Why	措施 How	地点 Where	时间 When	负责人 Who

（8）对策实施 小组实施对策应:

1)按照对策表逐条实施对策,每项对策实施完成后,立即检查对策目标的达成情况,与对策目标进行比较,确认对策效果和有效性。对策目标不是课题目标,不要检查课题目标。

2)当对策未达到对应的目标时,应修改措施并按新的措施实施,再确认实施效果。

3)必要时,小组根据本课题和对策的实际情况,验证对策实施结果在安全、质量、管理、成本、环保等方面的负面影响。

（9）效果检查 所有对策实施后,小组应进行效果检查:

1)检查小组设定的课题目标是否完成,如果没有达到课题目标,需分析具体原因。要从策划阶段的各个步骤找原因,并进行新一轮 PDCA 循环。

2)与对策实施前的现状对比,判断改善程度,说明课题症结是否已经解决,可通过。效果检查收集数据的时间长度要与现状调查时一致,可直接对比,有的行业还要考虑时间的同期对比。

3)必要时,确认小组活动产生的经济效益和社会效益。是否计算小组活动经济效益和社会效益,由质量管理小组根据课题活动的实际情况自行决定。依据活动效果,实事求是判断是否产生了经济效益和社会效益。如果产生了经济效益,经济效益仅计算活动期（包括巩固期）内所产生的效益,并扣除小组活动投入的费用。经济效益和社会效益都要有相关部门的证明。

（10）制定巩固措施 小组制定巩固措施应:

1)将对策表中通过实施证明有效的措施,纳入相关标准或管理制度,并报主管部门批准。巩固措施的内容必须是被活动证明有效的措施,巩固的方式必须是通过将这些有效措施分门别类纳入相关标准或管理制度,可以是技术标准、施工工艺、设备管理制度、人员管理制度,可以是施工图纸、施工方案、工艺文件,也可以是作业指导书、工艺卡片等。不要把巩固措施与小组活动后行政管理方面的跟进工作与巩固措施混淆。

2)必要时,对巩固措施实施后的效果进行跟踪,及时收集数据,以确认效果是否能维持在良好的水平上。巩固期的长短应根据实际需要确定，只要有足够的时间说明在实际运行中效果是稳定的就可以。巩固期长短的确定，是以能够看到稳定状态为原则，一般情况下，通过趋势判稳定，至少应该有三个统计周期的数据。

（11）总结和下一步打算　小组对活动全过程进行回顾和总结，并提出今后打算。包括：

1）针对专业技术、管理方法和小组成员综合素质等方面进行全面总结。通过专业技术方面的总结，会使小组成员在专业技术方面得到一定程度的提高；通过管理方法方面的总结，能进一步提高小组成员分析问题和解决问题的能力；通过综合素质的自我评价，使小组成员明确自身的进步，从而更好地调动小组成员质量改进的积极性和创造性。综合素质可从团队精神、质量意识、进取精神、质量管理工具运用技巧、工作热情、改进意识等方面展开。

2）在全面总结的基础上，提出下一次活动课题，从而将小组活动持续地开展下去。

2. 创新型课题

创新型课题是指小组针对现有的技术、工艺、技能和方法等不能满足内、外部顾客及相关方的需求，运用新的思维研制新产品、服务、项目、方法，所选择的质量管理小组课题。

（1）总则　创新型课题按照图 9-34 所示的程序开展活动。

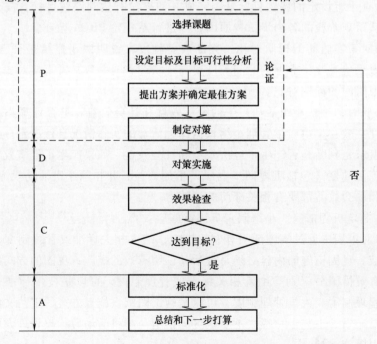

图 9-34　创新型课题活动程序

(2) 选择课题

1) 选题来源。小组针对现有的技术、工艺、技能、方法等无法满足内、外部顾客及相关方的需求,运用新思维选择的创新课题。需求是站在需和求的两个角度看问题的,即需要和追求的满足,也就是强调需和求的实现与满足。小组成员为满足内、外部顾客及相关方的需求,运用创新的思维形成新技术、新工艺、新方法等。有多个课题时,可以采用矩阵法或者少数服从多数的方法选定课题。课题应针对需求,避免与问题解决型的课题混淆。

2) 选题要求。小组选题应满足以下要求:

① 针对需求,通过广泛借鉴,启发小组创新的灵感、思路、方法等,研制(发)新的产品、服务、方法、软件、工具及设备等。借鉴是小组创新的重要手段,小组成员要能够突破原有业界常规思维和束缚,通过不同领域、不同技术、不同功能等的碰撞、交叉和融合,产生有价值的创新思路和成果。要说明小组通过广泛借鉴所得到的创新思路、原理、功能、技术或方法等。借鉴的对象包括本专业或类似专业已有的文献,国内外已有的实际技术、经验,以及自然现象、身边事物等。借鉴内容为创新型课题的目标设定和提出方案提供依据,如图 9-35 所示。

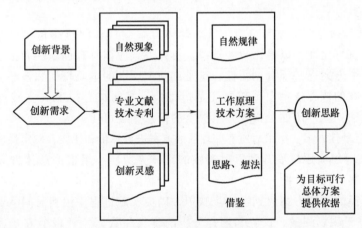

图 9-35　创新型课题选题思路

② 课题名称应直接描述研制对象,研制对象包括研制的产品、服务、方法、软件、工具及其设备等。如果借鉴的内容具体单一,可以对借鉴内容直接确定课题,即课题直接描述研制对象。如果借鉴思路较多,原理、核心技术不止一个,则命题时可以直接针对需求确定课题。

③ 必要时,论证课题的可行性。

(3) 设定目标及目标可行性分析

1) 设定目标。设定目标时应满足以下要求:

① 与课题需求保持一致,针对需求设定目标。设定目标必须与课题相对应,即针对研制的产品、服务、方法、施工工艺等所要达到的需求而设定目标。

② 目标可测量、可检查，以便检查课题活动的成效。有的课题是可以直接定量地确定目标；对于有的定性目标，需要可检查，尽量通过转化成间接定量的方式设定目标。

③ 目标设定不宜多，课题目标尽可能是一个。如果有两个目标值是相互制约的，也可以设定两个目标值。不要把新产品功能参数列为课题目标。

2）目标可行性论证。小组应针对设定的课题目标，进行目标可行性论证。

① 依据借鉴的相关数据进行论证，将借鉴的相关数据与设定目标值进行对比和论证。对原理可通过理论推演，对技术可通过模拟试验，对实物可参照实际效果，作为设定课题目标的依据。

② 依据事实和数据，进行定量分析与判断。小组在进行目标可行性论证时，要注意用数据和事实说明该课题目标实现的可行性，不可只做定性论证。

（4）提出方案并确定最佳方案

1）提出方案。小组针对课题目标，根据借鉴内容，提出方案时应：

① 提出可能达到预定目标的各种方案，并对所有的方案进行整理。这里的各种方案不特指总体方案，包括总体方案和分级方案。总体方案需与借鉴的内容相呼应，保持一致。

② 方案包括总体方案与分级方案，总体方案应具有创新性和相对独立性；分级方案应具有可比性，以供比较和选择。总体方案应该具有创新性和独立性，不管一个还是多个方案都必须有创新性，这是创新型课题的本质特性和核心，创新性体现在总体方案的核心技术上。独立性是指每个方案的核心技术（基础技术）是不同的，相对独立。可比性是指各方案提供的信息相互可比。

2）确定最佳方案。小组对所有整理后的方案进行评价和比较，确定最佳方案。

① 方案分解应逐层展开到可以实施的具体方案。小组根据总体方案具体需要确定分级方案分几级，能分几级就分几级，分解到可以具体实施的方案。尽可能不把做比较选择的具体方案放到实施步骤中，以免实施过程中浪费时间、资源。

② 应基于现场测量、试验和调查分析的事实和数据，对每个方案逐一进行试验、综合分析、论证、对比，并做出评价和选择。最佳方案的选择应有信息和数据的支撑，可从技术的可行性（含难易程度）、经济的合理性（含投资多少）、预期效果（实现课题目标的概率）、时间性（耗时多少）、对其他工作的影响，以及对环境的影响等方面进行分析论证。在对各方案进行综合分析和评价过程中，可以采用试验结果数据将各个方案的优劣直接进行对比选择，也可以将两个方案中的优势项目进行组合，形成新的方案。

在比较方案时，必须用数据和事实说话，对一些不能直接对比的项目，必要时可进行模拟试验，获取数据后再进行比对，避免用定性方式进行方案的评价比较。对于数据比较接近或不能直接做出判断的，可进一步深入分析，必要时可进行小规模的模拟试验，以确定最佳方案。

(5) 制定对策 小组制定对策应：

1) 将方案分解中选定的可实施的具体方案，逐项纳入对策表。具体方案就是对策，制定对策后统一称作对策。在具体制定对策前，先要将选定的准备实施的最佳方案具体化。小组在提出并选择方案的过程中是边展开、边进行比较的过程，方案往往是多层级的，各个方案都要展开到可以采取对策的具体方案。如果方案是唯一的，可用树图展开或用流程图进行描述。如果方案有备选的，则可以采用PDPC法展示。

2) 按5W1H要求制定对策表。对策即可实施的具体方案，目标要可测量、可检查，措施须可操作。对策与措施不能混淆，且相对应，对策目标尽可能量化，或用文字表述清楚，做到可以检查。"对策"栏前不用增加"项目""方案"等栏目，见表9-29。

表9-29 创新型课题对策表

序号	对策 What	目标 Why	措施 How	负责人 Who	地点 Where	完成日期 When

(6) 对策实施 小组实施对策应：

1) 按照制定的对策表逐条实施，不能有遗漏。

2) 每条对策实施后，检查相应目标的完成情况。未达到目标时，应分析措施中导致问题发生的原因，修改该对策的具体措施，并按新措施实施，再确认实施效果。每项对策的实施效果，要有实施前、后完整的比较数据，不能只定性地表述。

3) 必要时，验证对策实施结果在安全、质量、管理、成本、环保等方面的负面影响，确保创新成果安全、可靠、经济、环保。

(7) 效果检查 所有对策实施完成后，小组应进行效果检查。

1) 检查课题目标的完成情况，确认目标是否实现。如未达到预期，应继续从P阶段选择课题、设定目标、进行目标可行性论证、提出方案并确定最佳方案、制定对策、着手分析、重新计划，进行新一轮PDCA循环。

2) 必要时，确认小组创新成果的经济效益和社会效益。经济效益应扣除小组活动投入的费用，并取得相关部门证明。

(8) 标准化 小组应对创新成果的推广应用价值进行评价，并进行处置。

1) 对有推广应用价值的创新成果进行标准化，形成相应的技术标准（设计图纸、工艺文件、作业指导书）或管理制度等。创新型的成果是全新产品、方法等，如需要持续推广应用，需要形成相应的标准。

2) 对专项或一次性的创新成果，将创新过程相关资料整理存档，以供使用中参考。不要将推广应用的做法、获得的奖励、专利作为标准化的内容。

(9) 总结和下一步打算 小组应对活动全过程进行回顾和总结，并提出今后打算，包括：

1) 从创新角度对专业技术、管理方法和小组成员综合素质等方面内容进行全面回顾，总结小组活动的创新特色与不足。明确创新特色，总结小组成员创新思维方法及能力的提升。"专业技术"总结是指小组开展创新活动过程中所涉及的和课题相关的专业技术方面有哪些提高、收获和不足；"管理方法"总结是指小组活动过程中遵循 PDCA 循环、以事实为依据用数据说话，以及统计方法运用方面有哪些收获和提高，还有哪些改进空间；"小组成员综合素质"总结是指小组对综合素质进行活动前后对比。小组活动过程是个学习的过程，要将每一次总结作为很好的学习机会，永无止境地改进与创新。

2) 提出下一次活动课题。

9.4.4 质量管理小组活动成果与评审

质量管理小组课题活动完成预期目标之后，为肯定成绩，指出不足，以不断提高质量管理小组活动水平，表彰先进，落实奖励，使质量管理小组活动扎扎实实地开展下去，要按照 PDCA 循环活动程序，对质量管理小组课题活动进行客观、公正、全面的评审。

1. 现场评审

现场评审的目的是全面了解质量管理小组活动的真实过程，验证质量管理小组活动的真实性和成果的有效性。质量管理小组活动现场评审项目、办法、内容及分值见表 9-30。

表 9-30 质量管理小组活动现场评审表

序号	评审项目	评审办法	评审内容	分值
1	质量管理小组的组织	查看记录	1) 小组和课题进行注册登记 2) 小组活动时，小组成员出勤及参与各步骤活动的情况 3) 小组活动计划及完成情况	10 分
2	活动情况与活动记录	听取介绍 交流沟通 查看记录 现场验证	1) 活动过程按质量管理小组活动程序开展 2) 活动记录（包括各项原始数据、统计方法等）保存完整、真实 3) 活动记录的内容与发表材料一致	30 分
3	活动真实性和活动有效性	现场验证查看记录	1) 小组课题对技术、管理、服务的改进点有改善 2) 各项改进在专业技术方面科学有效 3) 取得的经济效益得到相关部门的认可 4) 统计方法运用适宜、正确	30 分
4	成果的维持与巩固	查看记录现场验证	1) 小组活动课题目标达成，有验证记录 2) 改进的有效措施或创新成果已纳入有关标准或制度 3) 现场已按新标准或制度执行 4) 活动成果应用于生产和服务实践	20 分

(续)

序号	评审项目	评审办法	评审内容	分值
5	质量管理小组教育	提问或考试	1) 小组成员掌握质量管理小组活动程序 2) 小组成员对方法的掌握程度和水平 3) 通过本次活动,小组成员专业技术、管理方法和综合素质得到提升	10分

2. 发表评审

发表评审的目的是总结和交流质量管理小组活动的成果,同时进行评优和表彰。问题解决型课题成果发表评审项目、内容及分值见表9-31。创新型课题成果发表评审项目、内容及分值见表9-32。

表 9-31 问题解决型课题成果发表评审表

序号	评审项目	评审内容	分值
1	选题	1) 所选课题与上级方针目标相结合,或是本小组现场急需解决的问题 2) 课题名称简洁明确,用数据说明 3) 现状调查(自定目标课题)数据充分,为设定目标和原因分析提供依据,目标可行性论证(指令性目标)为原因分析提供依据 4) 目标可测量、可检查	15分
2	原因分析	1) 针对问题或症结分析原因,逻辑关系要清晰、紧密 2) 每一条原因已逐层分析到末端,能直接采取对策 3) 针对每个末端原因逐条确认,以末端因素对问题或症结的影响程度作为判断主要原因 4) 判断方式为现场测量、试验和调查分析	30分
3	对策与实施	1) 针对主要原因逐条制定对策,针对多种对策选择时有事实或数据为依据 2) 对策表按5W1H要求制定 3) 按照对策表逐条实施,并与对策目标进行比较,确认对策效果 4) 未达到对策目标时,有修改措施并按新的措施实施	20分
4	效果	1) 小组设定的课题目标已完成 2) 确认小组活动产生的经济效益和社会效益实事求是 3) 实施的有效措施已纳入有关标准或管理制度等 4) 小组成员的专业技术、管理方法和综合素质得到提升,并提出下一步打算	20分
5	发表	1) 成果报告真实,有逻辑性 2) 成果报告通俗易懂,以图表、数据为主	5分
6	特点	1) 小组课题体现"小、实、活、新"特色 2) 统计方法应用适宜、正确	10分

表 9-32　创新型课题成果发表评审表

序号	评审项目	评审内容	分值
1	选题	1) 选题来自内、外部顾客及相关方要求 2) 广泛借鉴启发小组创新思路、灵感和方法 3) 创新目标与课题需求保持一致 4) 依据借鉴的相关数据论证目标的可行性	20 分
2	提出方案并确定最佳方案	1) 总体方案应具有创新性和相对独立性 2) 方案分解已逐层展开到可以实施的具体方案 3) 用事实和数据对每个方案逐一分析和选择 4) 事实和数据来自于现场测量、试验和调查分析	30 分
3	对策与实施	1) 方案分解中选定可实施的具体方案,逐项纳入对策表 2) 按 5W1H 原则制定对策表,对策即可实施的具体方案,目标可测量、可检查,措施可操作 3) 按照制定的对策表逐条实施 4) 每条方案措施实施后,确认相应目标的完成情况,未达目标时,有修改措施,并按新的措施实施	20 分
4	效果	1) 检查小组课题目标完成情况 2) 确认小组创新成果的经济效益和社会效益实事求是 3) 有推广价值的创新成果已形成相应的技术标准或管理制度等;对专项一次性的创新成果,已将创新过程相关材料整理存档 4) 小组的专业技术创新能力得到提升,并提出下一步打算	15 分
5	发表	1) 成果报告真实,有逻辑性 2) 成果报告通俗易懂,以图表、数据为主	5 分
6	特点	1) 充分体现小组成员的创造性 2) 创新成果有推广应用价值 3) 统计方法应用适宜、正确	10 分

9.5　六西格玛管理

自六西格玛管理诞生 30 多年以来,经过创立、实践、发展、融合,理论体系和方法论逐渐趋于完整和成熟,已经在各行各业得到广泛应用,成为各行各业提升管理能力和极大满足客户需求的必经之路。

六西格玛管理的独特价值体现在以下几个方面:
1) 不断挖掘和理解客户需求,以满足客户需求为第一要义。
2) 降低成本,提高收益。
3) 全员参与,持续改进,不断提升产品和业务的市场竞争力。
4) 以流程为中心,以数据为基础,建立一套科学的问题解决方法体系。
5) 全面的员工发展策略,培养具有创新意识和先进管理能力的人才。

6）建立共同的组织语言，形成独特的组织文化。

9.5.1 六西格玛管理概述

1. 什么是西格玛

任何一个组织，无论是企业、政府机构还是社会团体，无论所提供的是有形的产品还是无形的服务，其表现不可能在所有的时间都完全相同，总会表现出或多或少的差异或波动，如同一款手机的信号强度，同一台机床加工的同一型号零件，办理同一种存款业务的时间等，这种差异我们称为过程的波动。例如，在某一生产线上随机抽取某种产品的若干个样品，测量其特性参数，按样品的时间顺序排列，可以画出如图9-36所示的序列图。从中可以看出产品之间的表现存在差异，说明产品的生产过程存在波动。

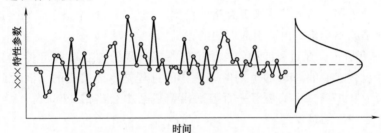

图9-36 产品的波动

将大量的产品检验结果沿横坐标堆积起来，就形成了图9-36右侧的分布图，通常为正态分布。我们用这个分布图来研究过程的波动。

决定正态分布形状的参数有两个：一个是均值，用希腊字母 μ 来表示；另一个是标准差，用希腊字母 σ（西格玛）来表示。均值决定分布的位置，标准差决定分布的覆盖范围。标准差越大，表示过程的波动越大，越有可能使客户不满意。如图9-37所示给出了不同均值、不同标准差之间分布的差异。

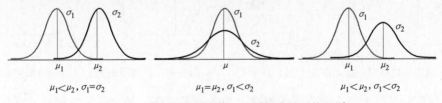

图9-37 分布在不同均值、不同标准差下的区别

在生产和服务过程中，遇到的问题可以分为两类：一类是均值的问题，即均值偏离了目标值，如某产品直径的均值比目标值大；另一类是标准差的问题，即过程波动大，使大量产品超出了客户能够接受的限度，不能满足客户需求。

2. 什么是六西格玛

如图9-38所示，正态分布 $\pm 3\sigma$ 范围内的概率为99.73%。也就是说，99.73%

的产品特性参数处于以均值为中心的 6 倍西格玛范围内。σ 越小,这个范围也越小,表示产品的波动越小,从另一方面说产品的一致性越好。

判断这个范围的大小需要有一个参照系,否则无法得知到底需要将过程波动降低到多少才能使产品/服务既能满足客户需求又能尽可能控制内部生产成本,这个参照系就是客户需求。我们把客户需求理解成规格限,这一概念虽然借用

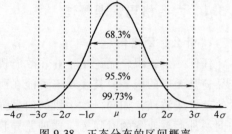

图 9-38　正态分布的区间概率

了技术上特性参数规格限的概念,但其实技术上的规格限本身就代表了客户需求。客户需求包括上规格限(USL)和下规格限(LSL),两个规格限之间的区间是客户接受的波动范围,即产品或服务合格的范围。如果超出这个范围,则会造成产品或服务的缺陷或不合格,由此引起客户的不满。

如图 9-39 所示,在过程波动的均值正好与规格限的中心线 M 重合,且上、下规格限正好包含均值的 $\pm 3\sigma$ 的范围时,这样的过程是不能接受的,因为此时过程出错的机会为 0.27%,也就是每一百万次出错机会中会出错 2700 次,即 DPMO = 2700,这是客户不能接受的。

因此需要减小 σ,使上、下规格限之间包含更多的 σ,从而降低出错的概率。当经过过程改进和优化,过程均值仍处于规格中心,而 σ 减小到原来的一半时,如图 9-40 所示,出错的概率极大地减少到 DPMO = 0.002。

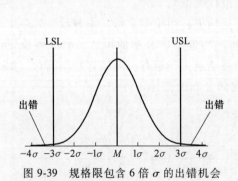

图 9-39　规格限包含 6 倍 σ 的出错机会

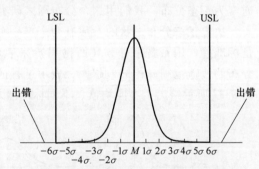

图 9-40　规格限包含 12 倍 σ 的出错机会

但实际过程受各方面因素的影响,如人、机、料、法、环、测等的动态变化,致使过程输出的均值出现漂移,这也是正常的。在考虑了过程长期分布中心相对客户需求的规格中心漂移正或负 1.5σ 后,过程出错的概率为 3.4DPMO,如图 9-41 所示。

通过以上描述可知,六西格玛质量水平表示过程出错的概率仅为 3.4DPMO,代表着世界领先级的质量水平。

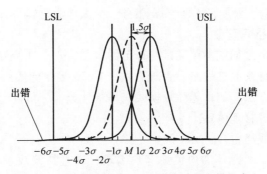

图 9-41 过程均值有 1.5σ 漂移时的出错机会

表 9-33 列举了不同西格玛水平的 DPMO。

表 9-33 不同西格玛水平对应的缺陷数

西格玛水平	合格率	DPMO 缺陷数
1	30.85%	691500
2	69.15%	308500
3	93.32%	66810
4	99.379%	6210
5	99.9767%	233
6	99.99966%	3.4

表 9-34 中以美国为基线的实例可以直观理解不同西格玛水平下缺陷数的区别。

表 9-34 不同过程不同西格玛水平的差异

西格玛水平	手术事故	婴儿出生	信件邮递	ppm①	合格率
3	每年有 200000 宗做错手术事件	每年 120000 个婴儿出生时会因医务人员过失死亡	每年有 1 亿 3 千万封信邮寄错误	66810	93.32%
3.875	每年有 25000 宗做错手术事件	每年 15000 个婴儿出生时会因医务人员过失死亡	每年有 1752 万封信邮寄错误	8800	99.12%
5	每年有 650 宗做错手术事件	每年 392 个婴儿出生时会因医务人员过失死亡	每年有 45 万封信邮寄错误	233	99.9767%
6	每年有 9 宗做错手术事件	每年 5.8 个婴儿出生时会因医务人员过失死亡	每年有 6770 封信邮寄错误	3.4	99.99966%

① ppm（parts per million）表示每一百万个产品出现不合格品的数量。

六西格玛的独特价值在于提供了一个相同的衡量标准，可以很容易比较不同的产品或服务满足客户需求的状况，及时发现生产/服务过程中存在的问题，通过改进来保证满足客户需求。

六西格玛还提供了一个目标，通过持续改进，不断地提高西格玛水平，提高产品/服务质量，向客户提供完美的产品/服务，极大地满足客户日益增长的需求。

3. 什么是六西格玛管理

六西格玛从诞生之初就不单纯是统计上的概念，它一开始就被定义成一种客户驱动下的业务流程持续改进战略和管理方法，在30多年的实践发展中，融合了众多其他先进的管理方法，如卓越绩效模式、平衡计分卡、精益生产等，逐渐形成了一套完整的战略改进管理体系。

六西格玛管理战略包含：

（1）战略目标　持续不断地关注客户需求，通过持续改进业务流程，提高产品和服务质量，极大地满足客户需求，从而帮助组织获得业务上的成功，发展成为行业领先乃至世界级的组织。

（2）战略部署　持续不断地将六西格玛战略目标分解为战略发展规划和计划，将其部署到组织的各个领域，以项目的形式组织实施，并监督整个实施过程。

（3）改进方法　DMAIC（定义、测量、分析、改进、控制）——针对现有业务流程的改进方法；DFSS（Design for Six Sigma，六西格玛设计）——新产品、新服务、新流程的设计。

六西格玛管理目前尚无统一的定义，在国家标准GB/T 36077—2018《六西格玛管理评价准则》中，对"六西格玛"（即"精益六西格玛"）给出了如下定义："六西格玛源于统计原理，是一套系统的、集成的业务改进方法体系，旨在通过严谨的流程和科学的方法实现组织业务流程突破性改进和设计创新，减少变异，消除浪费，提高质量和效率，提升顾客和利益相关方满意的系统化、结构化的业务改进与创新模式。"

每个实施六西格玛管理举措的组织均对六西格玛管理有自己独特的理解，六西格玛在组织中的定位也有很大的差异。总体来说，六西格玛管理体现在如图9-42所示的五个层次。

虽然对六西格玛管理的定义有所不同，但其中的管理理念却大致相同，主要的特征（或核心理念）体现在以下几点：

（1）以客户为中心　毫无疑问，客户是组织存在的价值。几乎所有的组织均将获得高水平的客户满意度和忠诚度作为其追求的主要目标。为此组织应当深入了解客户当前和未来、显性和隐性的需求和期望，跟踪其变化，以此推动产品和服务的质量提升，满足甚至超越客户需求，不断提高客户满意度和忠诚度。

图9-42　六西格玛管理应用的五个层次

在六西格玛管理中，客户的概念是广义的。不仅包含外部客户，如直接客户、间接客户、潜在客户等，还包含内部客户。这些客户是质量改进的起点和终点,项目选择、改进过程、结果评价均应以客户为中心,尽最大的努力为客户创造价值。

(2) 以优化业务流程为核心　无论组织向客户提供的是产品还是服务,都需要通过特定的业务流程来提供,产品或服务所出现的缺陷也是在产品的生产过程或服务的提供过程中产生的,因此要持续提高产品或服务的质量也要从不断地优化流程入手。

六西格玛管理认为,业务流程的输出是输入的函数,如图 9-43 所示。六西格玛改进方法的实施过程就是不断揭示输出与输入之间关系的过程。通过优化和控制输入来保证输出处于高质量水平,从而为客户提供高质量的产品或服务。

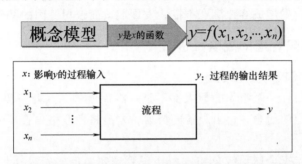

图 9-43　流程输出与输入关系模型

(3) 基于数据和事实的管理　六西格玛管理的创始人之一 Mikel J. Harry(迈克尔·哈瑞)博士曾经说过:"假如我们不能把某种事实用数据来说明,那就说明我们对那个事实不了解。如果我们不了解事实,我们就无法管理。若是我们不能管理。那就会失去机会。"

基于数据和事实的管理是组织从直觉和经验管理走向科学管理的必由之路。用数据来衡量流程绩效,可以帮助组织准确挖掘组织存在的核心问题,明确改进的基准,衡量改进成效。可以毫不夸张地说,没有数据就没有六西格玛管理。

(4) 持续改进　客户需求在不断地增长,技术在不断地进步,市场环境在不断变化,竞争对手在不断提高,总之变化是永恒的,完美永无止境。这就决定了组织要通过持续改进向客户提供满足其不断增长的需求产品或服务,从而保持和提高市场竞争力,成为市场的佼佼者。六西格玛管理正是持续改进的倡导者和实践者。

(5) 无边界合作　强调组织各部门基于流程和流程改进的合作。通过建立基于流程的横向团队,实施突破性改进,促进组织打破部门之间的沟通壁垒,团结协作,实现流程绩效的整体提升。

(6) 鼓励创新,容忍失败　六西格玛管理鼓励项目团队突破思维障碍,勇于创新,大胆尝试,促进业务流程的突破性改进,有效提升产品或服务质量。同时也容忍改进项目失败,鼓励团队总结经验,以利再战。

(7) 组织学习，全员参与　六西格玛管理是构建学习型组织的有效方式，通过组织各部门的无边界合作，依靠团队的力量运用六西格玛方法发现问题，解决问题，实现业务绩效的持续提升，在此基础上促进组织及其员工管理能力的有效提升，从而进一步形成实事求是、持续改进、无边界合作的企业文化。

要将六西格玛管理落到实处，高层领导的作用无疑是最重要的。六西格玛管理是一项自上而下的管理活动，高层领导的支持和参与直接决定六西格玛管理实施的成败。同时全员参与也是六西格玛管理取得成功的重要保证。

通用电气的前 CEO 杰克·韦尔奇对六西格玛给出了非常高的评价："六西格玛管理是通用电气从来没有经历过的最重要的发展战略。它实际上从一个质量举措发展成生产力举措，发展成客户满意举措，发展成改变公司基因的基础。"

9.5.2　六西格玛管理的战略推进

1. 六西格玛管理的实施路径

任何管理方法在一个组织的导入都不是一蹴而就的，六西格玛管理同样如此，需要组织具备坚定的信念，付出艰苦的努力，才能将六西格玛管理融入组织的管理体系中。

曾指导过数十家全球顶级公司六西格玛管理实施的多家公司创始人拉耶博士 (Prasad Raje) 提出了六西格玛管理实施成熟度模型，如图 9-44 所示。

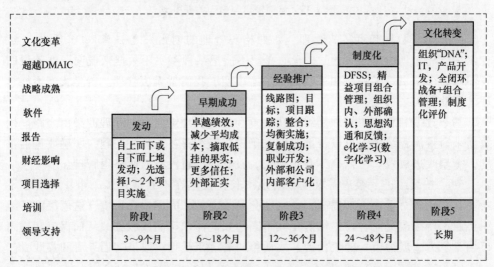

图 9-44　六西格玛管理实施成熟度模型

（1）阶段 1：发动　这一阶段主要是组织做出导入六西格玛管理的决定。组织可能因为激烈的市场竞争，或因为新来一位有六西格玛背景的 CEO 等原因而决定实施六西格玛。组织发动六西格玛的方式有自上而下式和自下而上式两种，发动阶段往往需外部咨询机构的支持和帮助。时间安排上，这一阶段大致需要 3~9 个月。

在初始培训完成，第一批项目开始实施后，组织便可进入实施的第二阶段。这一阶段的关键性挑战是如何确保开始的六西格玛团队在组织内得到必要的支持和挑选适当的六西格玛项目。

（2）阶段2：早期成功　这一阶段的特点是，部分早期的六西格玛项目已经完成，其财务绩效和影响开始显现出来，这些结果能证明组织最初对六西格玛团队支持的正确性。此阶段也是六西格玛实施中关键的"自我展示"阶段，通过初期实施成效的"自我展示"，使组织内其他部门和人员能切实地感受到六西格玛实施的巨大威力，从而消除初期对六西格玛所持有的怀疑和观望态度。此阶段要特别注意的问题是如何确保在合理的时间内完成项目，并使项目对企业的生产经营产生积极影响。早期成功阶段可能需要6~18个月的时间。当早期的六西格玛项目实施成功地影响组织内其他单位主动要求实施六西格玛时，便可进入实施的第三阶段。

（3）阶段3：经验推广　在这一阶段，组织已初步品尝到六西格玛成功实施的甜头，组织内其他部门也开始主动拥抱六西格玛，六西格玛项目在组织大有遍地开花之势。这一阶段的真正挑战是如何确保最初成功的经验和方法能得到有效推广。其时间一般需要1~3年。当组织内各部门都品尝到六西格玛实施的甜蜜果实时，便顺理成章地进入了实施的第四阶段。

（4）阶段4：制度化　六西格玛对整个组织的生产经营产生了广泛的影响，为巩固六西格玛实施的成效，组织将六西格玛实施的经验和过程内化为日常的生产制度和规定。这一阶段的关键挑战是在整个组织内建立一套协调一致的六西格玛实施流程、方法和标准。这一阶段需要的时间较长，约为2~4年。

（5）阶段5：文化转变　至这一阶段，组织已有了多年成功实施六西格玛的经历，六西格玛理念已被嵌入组织的"DNA"中，"六西格玛是我们做事的方式"在组织内各部门得到切实践行。不仅如此，六西格玛的理念还扩展到供应商、销售渠道和客户等供应链的各个环节。该阶段的关键是如何确保六西格玛在组织内始终新奇并能创新性地应用这一管理方法。在完成时间上，这一阶段可谓永无止境，没有尽头。

2. 六西格玛管理的战略部署

在组织确定导入六西格玛管理后，需要领导层对如何做好六西格玛管理在组织内的战略部署有一个清晰的思路、明确的步骤，以保证六西格玛管理在组织内有效且有序开展。

埃克斯有限公司作为通用电气实施六西格玛管理的主要咨询公司，其创始人乔治·埃克斯给出了六西格玛战略改进的8个步骤。

步骤1：确立战略业务目标，并对此达成共识

这是保证组织质量计划，乃至六西格玛管理实施的第一步，也是最关键的一步。六西格玛管理要取得成功，就必须获得高级管理人员的支持和积极参与。而要达到这一点，六西格玛管理就必须与组织不断发展的战略业务目标相结合。

步骤 2：确定核心流程、关键子流程和保障流程

组织要梳理并识别出支持战略业务目标达成的核心流程和关键子流程，这个梳理和识别过程应该基于流程而不是基于职能。通常一个典型的组织拥有 5~7 个核心流程，如研发、制造、销售、服务等。每个核心流程由 5~7 个子流程构成。

除此之外，对客户满意度产生间接影响的关键的保障流程也需要梳理出来，如风险管理、人力资源管理等。

步骤 3：识别流程负责人

每个核心流程、关键子流程和保障流程都需要配备一个流程负责人（或称流程拥有者），他们应该具备以下核心能力：

1）熟悉相应的子流程，而且一定是相关主题的专家。
2）包括说服力在内的领导技能。
3）理解并赞同业务流程管理。
4）以流程荣为荣、以流程耻为耻的强烈责任感。
5）尊重流程中涉及的每一个人。

步骤 4：确定并验证测量"仪表板"

流程负责人应为流程建立关键的绩效指标，这些指标用于测量流程输出满足客户需求的水平。通常流程负责人从自身的角度建立起自认为对客户很重要的指标，但其中很多指标在客户那里并不一定很重要。因此流程的关键绩效指标必须来自客户，并获得客户的认可。

步骤 5：收集议定"仪表板"的数据

收集数据，并与客户需求相比较。

步骤 6 和 7：确立项目选择标准并选择先期项目（First Projects）

高层领导及管理团队议定项目选择标准，并结合"仪表板"数据的表现，选择最值得开展的项目，并设定改进的目标，成立若干项目团队来实施改进行动。

步骤 8：持续管理流程，以实现组织的战略业务目标

这是最后也是最重要的一步，企业的管理层（质量委员会）负责对改进项目及其成果进行战略层面的控制，通过定期的会议对项目进行评审，评审的内容包括（内容视需要而定）：

1）评审并修改战略业务目标。
2）评审并修改核心流程、关键子流程和保障流程。
3）重新确定流程"仪表板"（即每个关键子流程的效能效率指标）。
4）重新确定并应用任何一个绿带或黑带项目的选择标准。
5）选择符合项目选择标准的流程项目。
6）持续推动教育。
7）将业务流程委员会作为"最佳惯行"予以重视。
8）评审组织的系统和结构。

许多每季度一议的议题应当交替进行。例如，每季度都应当解决项目选择问题，但组织系统和结构的评审问题，以及企业质量委员会持续推动教育问题可以交替讨论。

3. 六西格玛管理的组织结构

六西格玛管理法需要将其融入企业文化之中，而其最好的做法就是建立一个致力于流程改进的领导和专家团队，并且确定团队的各种角色和成员。

一个组织的六西格玛推进机构包括如图9-45所示的组织架构。

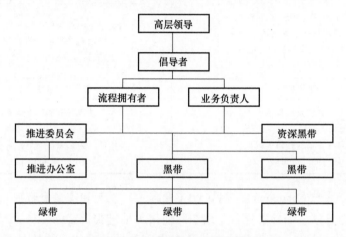

图9-45　六西格玛管理组织架构

（1）高层领导　高层领导是成功推行六西格玛的最关键因素。成功推行六西格玛管理并获得丰硕成果的组织都拥有来自高层的高度认同、支持参与和卓越领导。

（2）推进委员会　推进委员会由组织最高领导及各业务的倡导者组成，专注于制定与公司的发展战略紧密结合的六西格玛管理推进的战略和目标，制订推进计划并定期评审计划执行情况，适时调整推进计划，自上而下和自下而上地选择和确定改进项目，审批改进项目实施计划和目标，监督和评审项目实施进度和效果，适时调整改进项目清单。如果没有这一安排，项目选择就会变得随意而且低效。

推进委员会是推动六西格玛实施的主要力量。大型组织会设立许多的推进委员会，每个委员会负责组织一个具体部门完成六西格玛管理的部署工作。经验表明，推进委员会与项目越接近，就能越好地领导六西格玛管理部署工作。

六西格玛管理的管理原则如下：

1) 参与、控制和负责向下传达决策。
2) 实施时应考虑到产品和地域因素。
3) 应注重流程。
4) 项目与业务目标应明确挂钩。

5) 可能时应采用所有的评议性组织结构和会议。
6) 领导层委员会应由各领导组成。
7) 制定集体和个人责任制。
8) 六西格玛会议至少与公司运营管理性会议一样定期召开。

推进委员会关于六西格玛管理推进的基本功能见表9-35。

表 9-35 推进委员会关于六西格玛管理推进的基本功能

项目和团队选择	组织准备
选择项目并设立目标 设定执行的先后顺序 选择团队、领导和内部顾问 制定团队章程	向整个组织成员传授六西格玛知识 明确六西格玛项目的先后次序 支持日常活动中的创新
持续团队支持	保持成果(项目成效制度化)
监控团队进展 确保资源到位,扫除障碍 向员工授权并培训他们 认可奖励员工的努力	纳入现有的标准体系 保证进行沟通和培训 团队认为结束后继续监管项目 明确维护成果的负责人

（3）倡导者（Champion） 倡导者（发起人）发起和支持黑带项目,是六西格玛管理的关键角色。倡导者通常是组织六西格玛推进委员会的一员,或者是中层以上的管理人员,具有一定的影响力。其工作通常是全面的,战略性地部署实施战略、确定目标、分配资源及监控过程,最后会对六西格玛活动整体负责。

六西格玛管理的成功实施是要在倡导者强有力的支持和行动下才能实现的,作为六西格玛项目的管理者,必须为实施六西格玛管理提供理论知识,挑选和定义项目,提供项目运行所需的资源,排除实施过程中改善团队遇到的所有障碍,调节项目开展速度,协助监督改进流程,并确保在每一环节达到持续稳定成效。此外,倡导者另一重要工作就是要了解如何在各个可行的项目之间做好协调,并驱使这些项目持续不断地产出成效。只有倡导者做好引导和支援六西格玛管理实施的准备工作,六西格玛管理所带来的改变才会实现。

倡导者的职责如下：
1) 充分认识变革,为六西格玛管理确定前进方向。
2) 确保培训和项目的资源。
3) 参与项目评议。
4) 参与项目筛选。
5) 为项目组提供战略性指导。
6) 经常了解项目的发展情况。
7) 帮助黑带克服困难。
8) 使组织一直关注预期成果。

9) 遇到意外事件时,调整团队的活动使之步入正轨。

10) 经常为高级管理层提供有关信息。

11) 为成效负责。

倡导者需要对正式的项目进行节点回顾,以确保一定的成果可见性和领导层支持。每个黑带和绿带项目都需要一名倡导者。

此外,倡导者在六西格玛组织中起着承上启下的作用,黑带应积极争取倡导者的支持。

针对倡导者的培训对于执行任务是十分关键的,不了解六西格玛管理的有关知识不但很难为六西格玛管理的推进提供指导,也无法参与到项目中,因此许多组织都有针对倡导者的培训,使他们了解六西格玛活动和解决问题的流程,以及评议和指导黑带的原则。

表 9-36 列出了倡导者在六西格玛项目实施的每个阶段所承担的任务。

表 9-36 倡导者在 DMAIC 中扮演的角色

培 训 前	分 析 阶 段
制定与黑带的会面时间 与项目负责人一起评议入选项目 讲明期望 约定黑带以获得其支持,同时核查问题	认可问题根源分析 指导改善重点 进行节点回顾
定 义 阶 段	改 进 阶 段
评议并批准项目章程 评议 SIPOC 和关键质量特性(CTQ) 进行节点回顾	批准团队的方案 评议执行计划 为管理转变计划提供建议 风险分析,实验阶段参与其中 进行节点回顾
测 量 阶 段	控 制 阶 段
评议数据收集计划 需要时提供其他的标准 批准六西格玛衡量标准 进行节点回顾	认可实验阶段的项目影响 批准控制计划 对流程主管人员进行非现场控制 参与项目结束会议和递送委员会的最终汇报 进行节点回顾

(4) 资深黑带(Master Black Belt) 资深黑带是经验丰富的六西格玛咨询师,在实施六西格玛改进和设计方面有很深厚的基础,具备娴熟的演讲技能,能够在项目实施中与内部客户密切配合。资深黑带有领导跨职能团队、指导和开发黑带的潜能以及熟练的沟通技巧和项目管理技能。

资深黑带更多的是扮演组织变革的代言人,其工作更加具有管理性质,因为他们经常负责在整个组织或特定领域开展六西格玛管理工作;他们是六西格玛管理的高参和专家,是运用六西格玛管理方法的高手。

资深黑带对六西格玛在组织内部的战略实施负责,能够胜任在组织各个部门和层次讲授六西格玛方法、工具与使用。他们的主要职责为：

1）担任组织高层领导和倡导者的六西格玛管理高级参谋，具体协调、推进六西格玛管理在全公司或特定领域的开展，持续改进公司的运作绩效。

2）有计划地经常为黑带提供培训和指导。

3）帮助倡导者和管理者选择合适的人员，协助筛选能获得潜在利益的项目。

4）为项目把关以保证实施六西格玛方法的一致性。

5）评价黑带，以及提供反馈。

6）为部门内的高级行政人员提供战略支持。

资深黑带直接向业务单元的六西格玛领导汇报工作，以确保整个组织核心流程的一致性。

在指导黑带和帮助团队方面，资深黑带应该做好以下工作：

1）指出需要注意的关键问题。

2）在组织沟通中发挥主要作用。

3）担任项目实施流程顾问。

4）通过团队领导而不是团队会议来工作。

5）起到教练和啦啦队队长的作用。

6）指导经理和监管人员。

7）帮助团队克服困难，解决问题。

对于团队，资深黑带应发挥支持作用而不是直接参与其中。虽然他们有时也会参加团队会议，但是他们对最终决策不加以干涉。资深黑带定期与团队领导会面，讨论有关项目进展情况，并与组员经常保持联系。

（5）黑带（Black Belt）　黑带是六西格玛管理中最为重要的一个角色，他们专职或兼职地从事六西格玛改进项目，是成功完成六西格玛项目的技术骨干，是六西格玛组织的核心力量。他们的努力程度决定着六西格玛管理的成败。

黑带的主要任务是：

1）领导：在倡导者及资深黑带的指导下，定义六西格玛项目，带领团队运用六西格玛方法完成项目。

2）策划：决定项目每一个步骤需要完成的任务，包括跨职能的工作。

3）培训：具有培训技能，为项目团队成员提供专门的培训。

4）辅导：为组员提供一对一的支持，带领绿带队友有效地达成改进目标。

5）传递：在各种形式的培训、案例研究、工作座谈会和交流活动中，将新的战略和新的工具方法传递给团队的其他成员。

6）发现：在内部或外部（如供应商和客户等）找出新战略和新工具方法运用的机会，与资深黑带一起确定有价值的项目，解决一些有关资源的问题。

7）确认：通过与其他组织的合作，发现新的商业机会。

8）影响：拥有良好的人际关系和组织技巧，令团队始终保持高昂的士气与稳定的情绪。

9）沟通：项目完成后向最高层领导提供项目报告。

在六西格玛项目中，黑带组织、管理、激励、指导一支特定的六西格玛项目团队开展工作，负责团队运作的启动，管理团队的进展，并最终使项目获得成功。在推行六西格玛管理的组织中，如果没有一些具有实力且不怕辛苦的黑带，六西格玛项目通常不会取得最佳的效果。

作为一名黑带，必须拥有以下多项技能：

1）管理和领导能力：黑带必须能够运用权力和职责来指导项目的执行，要能够综合运用自己的管理能力和领导才能，并且能够熟练运用项目管理的方法和技巧。

2）决策制定：在六西格玛项目中，黑带可能要做无数次的决策。为制定可靠的、及时的决策，黑带必须随时掌握和了解项目的每一个方面，能够平衡成本、时间和效率。

3）沟通：将项目活动内容与结果及时与相关人员（团队成员、上层管理者、项目倡导者和组织的关键利益相关方）沟通。

4）团队建设和谈判：黑带必须能够与不同的人建立持久的联系，如管理层、客户、团队成员、项目倡导者与供应商等，这是由上级认同的特权。一个优秀的黑带必须经常能够与上级领导沟通和谈判，使六西格玛项目的进行获得优先权。

5）策划、调度和行动：与其他项目管理活动相同，六西格玛项目管理包括目标建立、项目细化、绘制工作流程、任务调度、成本预算、协调团队、组员沟通等活动，黑带必须进行有效的策划和高效的行动，平衡项目规划和进度安排，这些是项目成功的关键。

6）关注全局：一个成功的黑带要能够回顾和预见项目任务的所有方面，对项目细节的过分关注可能会影响对项目整体上的判断。

7）人际交往的能力：作为项目领导，黑带必须具有一定的人格魅力，诚实、有能力、可信赖、有包容心，与项目倡导者和组织的主要相关方建立良好的关系，将具有不同背景的人员组成一个统一的团队。

（6）绿带（Green Belt） 黑带要靠团队才能完成工作，如果团队中只有黑带了解六西格玛方法，完成项目将需要很长的时间。黑带也将在辅导团队成员上花费大量的时间，而不能将更多的精力投入项目中。即使在已经实施六西格玛管理好几年的组织，黑带也很少超过5%。这根本不足以将六西格玛管理作为解决问题的主要途径，更别说支持既定的文化变革了。因此，几乎所有实施六西格玛管理的组织都会培养大量员工作为绿带。

绿带或者作为黑带团队的一员，或者作为负责实施绿带项目的领导，兼职参加黑带项目。绿带领导自己的项目时，经常实施一个部门内的小型项目，而不是跨部门的项目。黑带和绿带的主要区别如下：

1) 绿带接受的培训少于黑带（绿带的培训时间一般为 5~10 天，而黑带一般为 4 周）。

2) 绿带兼职实施六西格玛项目，而部分黑带是全职的。

在六西格玛管理中，绿带的人数最多，也是最基本的力量。他们的职责是：

1) 提供相关流程的专业知识。
2) 建立绿带项目团队，并与非团队的同事进行沟通。
3) 促进团队观念转变。
4) 把时间集中在项目上。
5) 执行改进计划以降低成本。
6) 与黑带一起讨论项目的执行情况以及以后的项目。
7) 保持高昂的士气。

（7）流程拥有者　如果一个组织要真正实施六西格玛管理，作为其支柱之一的流程管理，就需要另一个重要角色，那就是流程拥有者。即使组织没有计划设置正式的流程管理系统，明确由谁来主管黑带或者绿带进行的流程也是非常重要的。指定一名经理在项目完成后接管项目以确保其继续获利，这一点同样重要。如果未能指定在项目完成后接管项目的人选，经常会使流程回归到起点，抹杀六西格玛项目带来的收益。流程拥有者负责确保团队开发的新流程和方法在业务中得以实施。

流程拥有者是直接对由黑带或绿带改进的特殊流程负责的经理。更广义地说，是对指定的端到端业务流程的持续性战略改进负责的经理。流程拥有者应该定期与项目团队会见，以确保项目进展和参与决策流程。流程拥有者负责维护持续的改进并对流程偏差进行监管。每个黑带和绿带项目都需要一名流程拥有者，他们的职责如下：

1) 保证整个组织遵守分析及评价尺度并且实施了改进。
2) 评价流程绩效，为流程绩效提供目标，倾听客户的声音以发现新的或者已经变化的需求。
3) 制定六西格玛项目章程，组建并领导六西格玛团队。
4) 批准团队制定标准流程政策、程序、系统、流程图及标准。
5) 交流内部实施的最佳方法。
6) 经常进行流程评议以确保获益。
7) 不定时参加团队会议，与项目保持联系。
8) 在吸纳高效率成员方面为团队提供建议。
9) 确保成功标准跟上实际变化，并经常进行讨论。
10) 确保程序跟上实际变化并进行有效传递。
11) 确保相关员工都以新方法得到培训。
12) 确保在项目实施阶段取得的收益在保持阶段能继续下去

鉴于业务流程存在不同的层次,建议至少每一层次的业务流程应该有流程拥有者。流程拥有者都需要参加培训,至少是绿带培训,这会使得他们对流程管理有一个总体认识,并且知道项目结束后他们应该做些什么。

(8)业务负责人 业务负责人,包括流程负责人,可以自身就是黑带或绿带来领导项目改进,其更重要的工作是为六西格玛改进项目提供支持和配合,协调和提供资源,帮助黑带和绿带团队切实完成六西格玛改进项目,达成预定的目标,并落实和保持改进成果。他们在六西格玛管理中的职责是:

1) 达成对六西格玛管理的共识。
2) 协助选择黑带、绿带。
3) 为黑带、绿带提供资源支持。
4) 关注黑带、绿带的项目实施过程。
5) 协调所管辖范围内的黑带、绿带项目,保持与业务方向的一致性。
6) 确保过程改进能够落实,保持改进成果。

六西格玛管理的全面推行要求整个组织从上至下使用同样的六西格玛语言和采用同样的六西格玛方法。因此,要组建一支符合项目开展要求的六西格玛专业队伍。一般而言,一个组织中资深黑带、黑带、绿带的比例约为员工总数的0.1%、1%、10%。

此外,组织通常需要为六西格玛项目设置财务代表,负责从项目潜在收益评估、解决方案成本收益分析,到项目成果收益测算的全过程财务评审。

9.5.3 六西格玛管理的方法论

1. 六西格玛改进模式(DMAIC)

DMAIC是一个循环改进的过程,它是在总结了全面质量管理的发展及实践经验的基础上产生的,是由项目管理技术、统计分析技术、现代管理方法等综合而成的系统方法。其强调以内、外部客户为关注点,并且将持续改进与客户满意及企业的经营目标紧密联系起来;强调以数据来表述过程绩效,依据数据进行管理,并且充分发挥定量分析和统计思想;追求创新的问题改进方案,以适应持续改进的需要;强调减少过程波动降低风险等目的。

DMAIC的改进流程遵循发现问题—定义和测量问题—分析原因—改进和优化—成果固化的思维逻辑来展开,分为五个阶段。

(1)定义阶段(Define) 定义阶段的主要目标是发现问题并定义问题。问题的来源非常广泛,既有战略层面的,也有战术层面的;既有外部的,也有内部的。针对外部顾客需求(VOC)的收集和确认,是最重要的项目来源。围绕组织的战略可以展开到组织业务流程的各个层面,寻找影响战略实现的短板,确定改进项目。卓越绩效模式评审,二方和三方体系评审中发现的问题,业务流程运行中暴露出的问题等,也是改进项目的重要来源。

组织需要建立相应的问题收集和分析机制，建立项目筛选标准，定期/不定期确定改进项目列表，并将项目任务下发到相应的黑带或绿带。

黑带或绿带成立项目团队，制订项目计划，确定后续需要测量、分析、改进的关键质量特性（CTQ），并明确与项目相关的现有流程，定义流程的输出指标 y，与客户或管理层（倡导者）共同确定改进的目标，并明确项目的范围。

（2）测量阶段（Measure） 对项目相关流程的输出 y 的绩效进行测量和评估，确定改进的基线和目标。

（3）分析阶段（Analyze） 调查实际运行的流程，初步识别影响输出 y 绩效的潜在关键输入因子 x_s。通过收集现场数据或设计试验，运用数据分析方法，确认测量阶段初步筛选出的潜在关键因子对 y 的影响。根据输入因子对 y 影响的大小，进一步筛选出需要重点改进和优化的关键因子。

（4）改进阶段（Improve） 针对分析阶段确认的关键因子，寻找最佳的改进方案，通过试运行这些方案，验证改进方案的有效性，并确认改进目标是否达成。

（5）控制阶段（Control） 这个阶段是前四个阶段的目标，是将团队的改进活动转化成流程的日常运行的一个重要阶段。控制阶段将改进阶段已确认有效的改进成果进行固化，固化的方式包括标准化、制度化、知识化等。与此同时，还要对流程进行有效的监控，以长期保持改进成果，并寻找进一步提高改进效果的持续改进方法。

如图 9-46 所示，DMAIC 改进流程是一个不断聚焦的过程，通过不断地筛选，深入挖掘出最值得关注的关键因子，从而可以使有限的资源投入最重要的工作上。

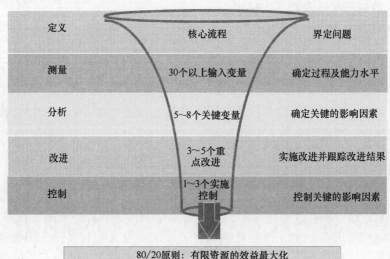

图 9-46 DMAIC 的聚焦过程

2. 六西格玛设计（DFSS）

六西格玛设计的核心思想是"一开始就把事情做好"，即设计出的新产品或新服务能够达到六西格玛的水平，以极大地减少后续产品制造或服务过程中出现的缺陷，从而在一开始就能交付完美的产品或服务。

曾任通用电气总部质量项目经理的杰夫·坦南特（Geoff Tennant）给出了一个六西格玛设计的定义："一种严格的新产品开发或新服务设计方法，按照这种方法可以缩短交付时间和降低开发成本，并且提高产品和服务的有效性从而提高客户满意度。"这种定义主要面向新产品和新服务的开发设计。

DFSS 目前没有统一的模式，不同的组织和研究者提出了不同的方法，表 9-37 列出了迄今为止比较有代表性的方法。

表 9-37 DFSS 的方法分类

方法	阶段
DMADV	定义、测量、分析、设计、验证
DMADOV	定义、测量、分析、设计、优化、验证
DCCDI	定义、客户、概念、设计、实现
DMEDI	定义、测量、研究、概念、实现
IDDOV	识别、定义、开发、优化、验证
ICOV	辨识、表达、优化、验证
IDOV	识别、设计、优化、验证
DCOV	项目界定、概念设计、优化设计、设计验证

DFSS 的核心思想体现在"需求下行，能力上行"这 8 个字上。所谓"需求下行"，就是获取并确认客户对新产品或新服务的真实需求，将这些需求逐步展开到系统设计、模块设计、部件设计、工艺设计等产品/服务实现的各个环节，保证每个环节的设计工作都是围绕着客户的需求展开，使设计工作不会偏离方向。"能力上行"则是通过评估每个阶段设计方案满足客户需求的能力来确认设计的有效性，从而极大地满足客户的需求，减少设计缺陷。

美国质量管理专家苏比尔·乔杜里（Subir Chowdhury）先生提出的 IDDOV 是业界应用比较广泛的新产品开发的六西格玛设计流程。

1）识别（Identify）：DFSS 在识别阶段的主要任务是收集和确定待开发产品的客户需求，并论证即将开展的 DFSS 项目的可行性。

2）定义（Define）：定义阶段是 DFSS 实施的核心过程，此阶段的任务是进一步细化展开"客户的声音"（Voice of Customer，VOC），将 VOC 逐层展开为设计要求、工艺要求、生产要求，并提炼出客户的关键需求，准确地识别、量化客户需求和期望。针对需求和期望进行产品设计，最后生成产品的设计方案和工艺要求说明书。

3）设计（Design）：此阶段的工作是在前期工作给定的解决方案框架以及关键质量特性（CTQ）和关键过程特性（CTP）尺度之内对新产品进行详细的局部设计。本阶段结束后应完成样品的设计，并为采购、生产和售后服务提供一定的参考标准，如原材料和产品的验收准则，规定安全和正常使用所必须的产品特性以及建立初步的售后质保体系等。

4）优化（Optimize）：此阶段是对产品和过程设计参数的优化，目标是在质量、成本和交付时间允许的基础上达到企业利益的最大化。此阶段结束后应有详细的产品生产流程图，对生产的各环节有相应的生产要求标准和完善的售后质保体系。

5）验证（Verify）：此阶段的任务是对产品设计是否满足客户需求、是否达到期望的质量水平予以确认。通过试生产等手段营造一个仿真的生产环境，测试设计的能力、稳健性和可靠性。最后提交设计的验证报告和 DFSS 项目的总报告。

以上是 DFSS 实施阶段的简要介绍，需要说明的是，虽然 DFSS 有固定的流程可以遵循，但在实施的过程中不可拘泥于流程或工具的运用，而要从 DFSS 的本质上去把握其精髓，根据产品和流程的差异有选择地应用 DFSS 中的工具。此外，在产品设计的过程中还必须考虑并行的产品和过程设计，利用并行工程的思想并行设计产品和过程，每个阶段的工作都要充分考虑其后续阶段，在相邻的阶段之间需要有一定的交叉。

3. 系统性的六西格玛改进模式

DMAIC 和 DFSS 两种模式并不是完全割裂的，而是相互依存的。在 DMAIC 项目中，当改进方案无法达成项目目标时，需要启动 DFSS 项目来重新设计产品或流程。同样的，在 DFSS 项目中某些设计方案无法满足客户需求时，也可以启动 DMAIC 项目来实施改进。完整的六西格玛改进流程如图 9-47 所示。

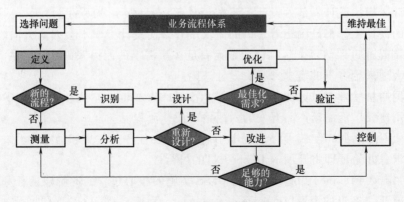

图 9-47　六西格玛改进流程

从前面的描述可知，DMAIC 和 DFSS 存在着很大的不同，杰夫·坦南特对此做出了总结，具体差异见表 9-38。

表 9-38　DMAIC 和 DFSS 之间的差异

DMAIC	DFSS
从客户问题开始	从商务解决方案概念开始
过程改进	产品/服务设计
以客户为关注焦点	以商务为关注焦点
孤立的任务	是新产品引入中更大设想的一部分
只考虑 1~2 个 CTQ	考虑每个 CTQ
项目组比较小,4~6 人	项目组比较大,40 人以上
项目周期一般为 90~180 天	项目周期可能达到 999 天
目标按 1 个西格玛递增	在 4~5 水平上投放设计结果
项目很多(20 个中 19 个)	项目很少(20 个中 1 个)
影响和重视程度小	影响和重视程度大

虽然存在如此多的差异,但是它们之间也存在着很多联系。通常来说,组织引进六西格玛管理是从过程和产品改进开始的,这是引入六西格玛设计的必要的基础。通过大量六西格玛改进项目的实施,培养了大批的六西格玛人才,六西格玛的理念也得到普遍认可,大量的分析方法和工具也得到了很好的普及。在此基础上,引入六西格玛设计是顺理成章的事情,可以有效降低六西格玛设计实施的风险和阻力,保证设计项目顺利实施。如果缺少六西格玛改进实施的坚实基础而直接引入六西格玛设计,则无异于沙滩上盖楼,增大了项目失败的风险。

综上所述,建议组织在六西格玛改进实施较好的基础上再考虑适时引入六西格玛设计。

9.5.4　六西格玛项目选择

六西格玛项目的选择是组织六西格玛管理推进工作的重中之重,是组织最高层领导、倡导者、推进委员会最主要的工作。好的六西格玛项目可以极大地增加组织及其员工的信心,促进组织业务的发展,不好的六西格玛项目则会导致六西格玛管理推进失败。

1. 六西格玛项目的选择原则

(1) 基本要求　六西格玛项目的基本要求是差异显著、原因未明、方案未知。这三个基本要求均需满足,以保证六西格玛的方法能够真正用来解决最值得解决的问题,而不是只用来包装已有的成果。

所谓差异显著,是指项目所要解决的问题当前状态与客户的重要需求存在较大的差异,需要投入人力物力来缩小乃至消除这个差异。

所谓原因未明,是指当前针对造成问题的原因并不明确,需要一个团队通过对过程的深入分析来找出真正的原因。如果已经明确知道原因所在,没有必要再立项,直接寻求解决方案即可。

所谓方案未知,是指当前并不知道问题的解决方案是什么,如果已知,直接执行即可。

（2）项目选择的重要原则

1）能够支持提高客户满意度。

2）能够支持组织战略目标的实现。

3）与组织的业务相关。

4）目标要有挑战性。

5）能够给组织带来较大的财务收益和社会价值。

6）问题定义清晰明确，有量化、可测量的绩效指标（描述客户需求满足程度的关键质量特性 CTQ 和描述过程输出能力的关键过程特性 CTP）。

7）项目范围明确可控。通常项目的运作时间控制在 4~6 个月甚至更短，因此需事先定义清楚项目范围，以防止项目范围蔓延。

总之一个好的六西格玛项目要具备这样的特征：问题重要、量化可测量、目标明确、范围可控，并且事先不知道具体的原因和解决方案。

2. 六西格玛项目的来源

六西格玛项目的来源众多，主要包含：

1）客户的需求。这是不言而喻的，组织需要不断地获取客户需求，不断地找出组织内部与客户需求的差距，不断地完善产品和流程，以促进客户满意度和忠诚度的持续提升。

2）组织发展战略。需要持续地将组织发展战略分解到组织的各个领域，找出妨碍战略实现的薄弱环节。

3）水平对比（Benchmarking）。通过具体业务领域与同行业最佳实践的水平对比，找出差距，持续改进，达成业界最佳。

4）卓越绩效模式和管理体系审核。

5）流程运行过程中出现的问题。

6）长期存在的难点问题。

7）员工的合理化建议等。

3. 项目选择方法

通常这一部分内容是定义阶段的内容，但项目选择并不是一个项目团队能够完成的，需要把这一部分单独抽取出来，由组织的管理层来完成。

本小节将介绍如何从客户需求出发来选择项目。具体的选择逻辑是：识别客户→获取客户需求（VOC）→识别客户的关键需求（CCR）→确定关键质量特性（CTQ）。

（1）识别客户　有些产品的客户是非常明确的，例如某个客户定制的某个产品，通常他会对产品有明确的需求，这样的客户比较容易识别，其需求也容易获取。有些产品的客户则不一定明确，如移动电话，其客户多种多样，而且这些客户不一定能够直接接触到，这就需要根据产品的定位来识别客户。有时候一个产品的客户不止一个，如老人机，客户不仅仅是老人，还有可能是视力障碍者。可以将客户分群，按核心客户、一般客户等排序，在客户需求有冲突时以核心客户的需求为主。

（2）获取客户需求（VOC）　通常采用调查的方式来获取客户需求，如面对面访谈、问卷调查、焦点小组等。通常采用李克特量表对客户需求进行量化，以便通过排序对比筛选出客户的主要需求。客户投诉也是客户需求的重要来源，通过定期对客户投诉数据的收集、整理和分析，可以挖掘出客户投诉的重要问题，这些都是潜在的六西格玛项目。

（3）识别客户的关键需求（CCR）　不是客户所有的需求都是同等重要的，需要通过具体的调查和分析，并将客户的需求有意义地展开，以筛选出关键的客户需求。KANO模型、亲和图等工具是识别客户的关键需求的重要方法。

（4）确定关键质量特性（CTQ）　在识别出客户的关键需求后，需要针对这些需求建立CTQ，用以测量产品/服务满足客户需求的程度，从而识别出改进重点。由于六西格玛管理中定义的客户是广义的，即接收流程输出的组织或个人，他们可以是外部客户，也可以是内部客户，可以是直接客户，也可以是间接客户，因此通过其他途径获取的项目也需要定义其CTQ，这是六西格玛项目的起点。

对于范围较大的CTQ，需要有意义地展开为低层的CTQ，如果需要，可以展开多层，以便在工作中可以更好地把握。如图9-48所示是乔治·埃克斯给出的CTQ树示例。

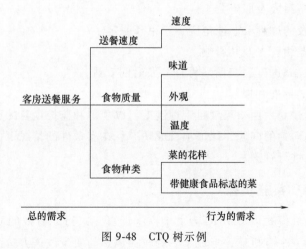

图9-48　CTQ树示例

4. 项目的筛选

并不是所有的问题都值得关注，组织的资源总是有限的，因此需要把有限的资源用于最值得解决的问题上。

问题不同，解决的方法和途径也有所不同。组织要制定项目筛选的标准，依据标准对备选项目进行排序，并采用相应的方法来改进。重要的尤其是难度较大的项目可以采用六西格玛的方法，涉及产品/服务重新设计的可以采用 DFSS 方法，一般的项目可以采用其他的改进方法或直接改进。图 9-49 所示给出了项目简单分类的建议。

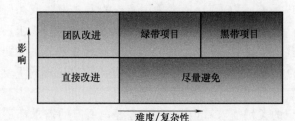

图 9-49　项目简单分类的建议

5. 项目立项

确定了项目后，需要指定项目负责人，成立团队，完成项目计划，并提交立项申请表，待审批后下达项目任务书，项目开始运作。

项目立项申请表的内容包括：

1）项目名称。

2）项目背景及选择理由。

3）问题/机会陈述。

4）目标陈述。

5）项目团队组成及职责分工。

6）项目涉及的过程及职能范围、约束和假定。

7）项目利益相关方及其影响。

8）总体里程碑进度表（阶段性任务及时间安排）。

9）倡导者的批准和授权。

组织应考虑建立六西格玛项目管理制度，以规范和监控项目的运行过程，及时解决项目运行中遇到的问题，保证项目成功率。在有条件的情况下，可以运用信息化的手段对项目进行管理。

9.5.5　DMAIC 实施步骤

六西格玛改进模式以 DMAIC 为主干，将近百年来行之有效的质量改进工具和统计工具集成为一个有机体，形成了一套较为成熟的质量改进方法论。

DMAIC 项目运作的流程和每阶段适用工具可参考表 9-39。需要说明的是：

1）每阶段的工具列出常用的工具，并不限于本阶段使用，项目组完全可以根据实际需要在所有的工具集中选择恰当的工具。

2）不要试图在一个项目中使用所有的工具，项目组应根据项目实际需要来选用适当的工具。

3）尽量使用简单的工具来分析和解决问题。

表 9-39 DMAIC 项目实施步骤

阶段	定义	测量	分析	改进	控制
内容	• 确定项目 • 确定项目 CTQ • 确定项目目标 • 制订项目计划	• 确认测量系统可信性 • 计算过程能力指数，确定改进基线	• 分析并筛选潜在要因 • 确认要因	• 消除或优化要因 • 确认改进成果	• 固化并保持成果
相关工具	• 头脑风暴 • 客户调查 • 亲和图 • 树图 • SIPOC 图 • KANO 分析 • QFD • 排列图 • 图表工具 • 项目管理工具 • 作业时间分析	• 测量系统分析 • 过程能力分析 • 检查表 • 树图 • 图表工具	• 流程图 • 头脑风暴 • 五个为什么 • 鱼骨图 • FMEA • 价值流图 • 假设检验 • 实验设计 • 方差分析 • 回归分析 • 图表工具	• 头脑风暴 • 实验设计 • 响应曲面设计 • 调优运算 • FMEA • 看板 • 安灯 • 设备布局改进 • 约束理论	• 控制计划 • 统计过程控制 • 5S 管理 • 标准化作业 SOP • 防错 • 测量系统分析 • 过程能力分析
输出	• 项目特许任务书	• 现状分析报告	• 要因列表	• 改进方案与效果 • 目标达成情况	• 标准化作业文件 • 控制图

1. 定义阶段

定义阶段其实是六西格玛项目的立项阶段，在本阶段，项目团队要确定需要解决的问题，并对问题进行量化的定义，测量现状，确定改进目标，制订项目的实施计划等。

经典的定义阶段工作包含项目选择和项目定义两部分，但大部分的项目并非项目团队选定，因此在指定的项目中项目选择部分只需说明项目的来源和背景即可。而项目负责人主动提出的项目，则需要按照 9.5.4 小节所描述的流程说明项目的选择过程和理由。

（1）项目背景及意义 阐述项目的来源，更重要的是说明项目对于组织及客户的意义、解决问题的紧迫性、问题的历史表现等。

（2）定义项目的 CTQ 定义 CTQ 的过程在前一小节已经介绍，其逻辑为 VOC→CCR→CTQ。

CTQ 是针对客户需求的量化描述，用以衡量问题的严重程度及客户需求的满足程度。当 CTQ 所涉及的范围较大时，可以考虑将 CTQ 逐层分解到细化的 CTQ。CTQ 分解示例如图 9-50 所示。

在定义 CTQ 时，要考虑其对问题分析的价值，以及收集数据的可行性和难易程度。表 9-40 给出了 CTQ 选择时的参考建议。

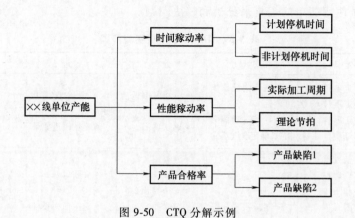

图 9-50 CTQ 分解示例

表 9-40 CTQ 选择时的参考建议

可用性/价值	可行性/难易程度
与重要的客户需求有关	是否有历史数据供分析使用
能准确表示客户需求的满足程度	测量周期是否很长
易于暴露问题和改进机会	测量是否复杂
可以作为与其他组织进行对比的标杆	是否与其他测量指标冲突
可以持续测量并提供有价值的信息	是否可以重复和再现

（3）定义流程的绩效指标 CTP 或 Y　项目需要定义一个内部的针对流程输出的绩效指标，称为关键过程特性（CTP），通常用 Y 来表示。这个指标用于将外部 CTQ 转换成内部的流程语言，是 CTQ 的内部转换和替代。

Y 必须是量化的，需要给出明确的定义，包括名词的含义、计算公式、规格限、抽样率、抽样频率等，以免引起客户和改进团队的误读误解。例如，服务响应的时间，需要定义清楚时间的起点和终点、计量单位是什么、规格限是多少等。

六西格玛项目中常用的过程绩效度量，如 DPU、DPO、DPMO、RTY 等，请参阅本书相关章节内容。

（4）问题陈述　问题陈述的要求如下：

1）具体的：准确说明问题是什么。

2）客观的：用名词描述问题点。

3）可测量的：问题的严重性，产生的影响。

4）可控的：确定能否在约定的时间内解决，是否需要进一步分解成更小的项目。

注意事项如下：

1）不包含造成问题的原因。

2）不提出改进方案。

3）以改进流程为目标，不针对相关人员。

4）问题陈述只包含一个问题，多个问题应分为多个项目实施。

（5）目标陈述　项目团队与客户和管理层共同协商项目需要达成的目标，目标要有明确的时间点，根据需要可设定必须达成的目标和挑战目标。

目标要符合 SMART 原则，即具体的（Specific）、可测的（Measurable）、可行的（Attainable）、相关的（战略、客户）（Relevant）、有时间限制的（Time-bound）。

（6）项目的范围　项目的范围与 Y 密切相关，项目团队应将 Y 相关的所有流程利用 SIPOC 分析列出来，并以此为基础与管理层协商，确定项目的范围。

图 9-51 所示是 SIPOC 的一个示例。

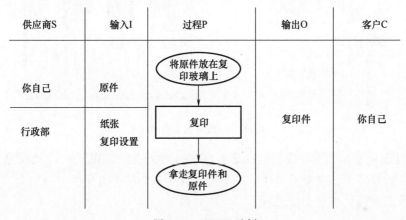

图 9-51　SIPOC 示例

1）组建团队。项目负责人通常由黑带或绿带（或候选人）担任，对整个项目负责。核心成员是项目实施的主要力量，承担项目组的主要工作，全程参与项目。通常根据项目大小，项目组核心成员在 3~7 人为宜。扩展人员是在需要的时候参加部分工作的人员，如财务核算、技术专家等。业务负责人和倡导者也会参与到项目的工作中。

2）制订项目计划。项目组将项目按 DMAIC 五个阶段逐层分解到具体的任务，并明确任务的责任人和完成时间，运用甘特图做好项目进度安排。

3）财务收益预估。项目组与财务人员共同协商项目的财务收益核算方法，预估项目目标达成后能够在未来一年获得的财务收益。无法直接计算成具体收益的，以间接收益的方式列出来。

4）项目风险分析及应对计划。项目组需预估项目执行过程中可能遇到的风险，评估风险造成的影响，做好应对风险的预案，以保证项目的顺利实施。

【例 9-6】　某企业主要生产电子类产品，其中有道工序是主基板手插后过波峰焊，为了提高波峰焊的焊接水平，这个企业成立了一个改进小组进行项目改进。

首先改进小组通过 3C 分析以及企业内部目标来分析得到了改进的迫切性,如图 9-52 所示。

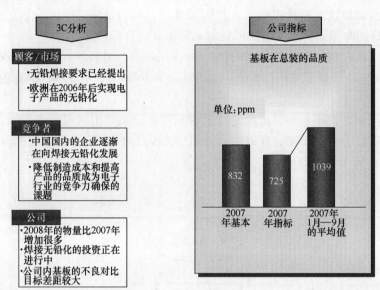

图 9-52　改进背景分析

如图 9-53 所示,为了提高在内部客户(总装)的产品品质,以及满足公司发展需要,所以需要改进基板品质。但是基板在总装的品质由很多缺陷构成。为了更加明确改进范围,项目小组进行了 Pareto 分析。

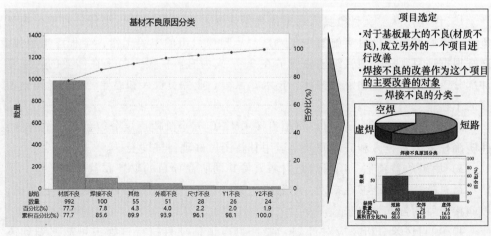

图 9-53　明确改进问题

通过对以往的数据进行分析,发现造成基板不良的问题有很多,其中占比最多的是材质不良,其次是焊接不良,而材质不良已经有另一个项目小组进行改善,所以这个项目小组将焊接不良作为主要改善对象。同时也对焊接不良的总类进行了分类汇总，明确了改进的范围。在明确了需要改进的对象和范围之后，项目小组设定了改进目标以及改进小组的工作计划和团队构成，如图9-54所示。

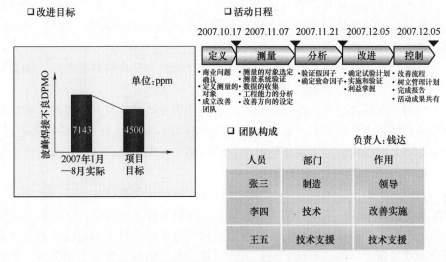

图9-54　改进目标、工作计划、团队构成

项目目标设定需要具有挑战性并且要符合SMART原则，项目计划也需要详细规划，而项目小组的成员则以多部门合作为准则，这样才能在改进中更好地发挥小组成员的积极性。

通过以上几个步骤，定义阶段可以说已经基本完成，只剩下最后一个项目立项和备案的步骤，主要内容就是制作项目立项书。而众多企业的项目立项书根据自己的企业特色和企业文化也不尽相同。立项书必须具备以下几个内容：项目名称；项目背景；问题/机会描述；项目范围、约束和团队任务；项目目标；项目成员；项目计划。

项目立项书制作完成以后务必要得到上层乃至高层认可，并且需要在六西格玛工作小组进行备案以得到监控，这样才能有计划地开展项目，并且可以跟踪管理。当完成项目立项书，并且得到认可和备案以后，这个项目可以说是正式启动了，并且也标志着定义阶段告一段落。

2. 测量阶段

测量阶段是DMAIC流程的第二个阶段，它既是定义阶段的后续活动，也是连接分析阶段的桥梁。测量阶段主要的工作内容就是收集数据，并且着手分析。通过测量阶段的数据收集和分析工作，可以获得现在的问题水准，并且可以从中找出改进方向。

注意，在一些教材中，测量阶段还包括针对原因的初步筛选，本节将这一部分内容归入了分析阶段。无论如何划分，分析的逻辑是一致的，读者可根据实际项目需要来划分阶段。

(1) 建立数据收集计划并验证测量系统　测量是项目工作的关键步骤,是以事实和数据驱动管理的具体体现。

定义阶段定义了项目需要改进的绩效指标 Y,在测量阶段需要根据 Y 的定义建立测量的计划。测量计划包括变量的类型和测量尺度、测量精度、测量系统构成、测量方法和程序、抽样方法、抽样频率等内容。

若已有正在运行的测量系统,则直接采用;若没有现成的测量系统,则要考虑新建并编制测量规范(或检验指导书)。

无论测量系统是现有的还是新建的,在具体实施数据收集计划之前,确认测量系统的可靠性是十分必要的。如果测量系统所获得的数据不能真实反映实际过程,则在此基础上所得出的结论和做出的决策都有很大可能出现错误,从而给组织造成大量不必要的损失。

在大多数组织中,通常会有常规的、定期实施的测量系统验证分析计划,如果 Y 所涉及的测量系统一直保持常规的测量系统分析,且运行良好,则可认为测量系统可信,没有必要为了六西格玛项目再重复做测量系统分析。如果没有常规的测量系统分析或是新建的测量系统,则需要在数据收集之前先做测量系统分析,以保证数据的真实可信性。

(2) 测量系统分析　测量系统分析(MSA)的目的是确认测量系统的可靠性,以保证所收集的数据是可信的,能够真实反映实际的状态。

测量系统分析应贯穿六西格玛项目运作过程的始终,无论在哪个阶段,在收集新的数据之前,都需要对测量系统进行确认,以保证后续工作的有效性。

测量系统分析的原理、步骤、要求等内容请参阅本书相关章节。

在确认测量系统满足要求后,可以开始收集 Y 的数据了。

(3) 过程能力分析　在数据收集完成后,我们需要了解过程的实际状况以及满足客户需求的程度,这时可以运用过程能力分析来做出评价。

通过过程能力分析,可以帮助我们进一步定位问题的实质,即造成 Y 表现差的原因是均值偏离目标的问题还是过程波动过大的问题,或者两者皆存在。搞清楚这个问题,可以指明后续原因分析的方向,使其不会偏离主要的问题点。

图 9-55 所示数据显示过程能力很差,仔细查看直方图,发现均值与目标值很接近,但分布范围较宽,有不少已经超出了规格限的范围,显然主要的问题是过程波动过大,这是后续分析原因的主要方向。

(4) Y 的进一步分解　这一步不是必须的,需要根据定义阶段确定的 Y 的范围和特性来确定是否需要进一步分解。当 Y 的范围过大时,适当的分解可以进一步聚焦问题的关键,实现有针对性的改进。

图 9-55 所示的示例中,若实际的加工周期超过了理论节拍,还需要进一步收集每个工序加工周期的数据,进一步将 Y 定位到具体的工序。

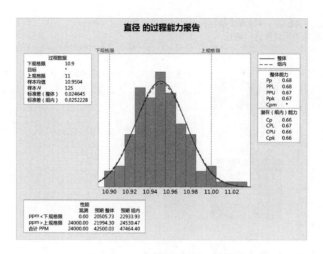

图 9-55　过程能力分析示例

图 9-56 描述的是某生产线各工序的实测加工周期。从中可以看出，工序 100 和工序 220 的加工时间超出了理论加工周期 305 秒的要求，属于瓶颈工序。根据这样的分析，我们可以把大 Y 进一步分解成两个小 Y，即工序 100 和工序 220 的实际加工周期，相应地可将项目团队分解成两个子团队来同步进行分析和改进。

在进一步分解了 Y 之后，需要针对小 Y 制定其需要达成的目标，这些子项目目标合起来要保证大 Y 目标的实现。

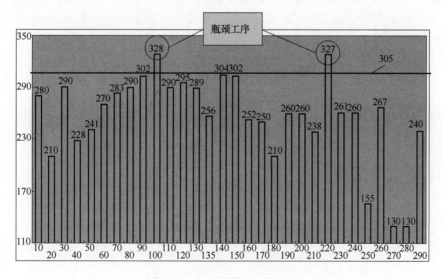

图 9-56　加工周期按工序分解

【例 9-7】　图 9-57 所示说明了测量阶段过程分析、测量计划及数据收集的系列工作。

□ 为了解当前状态的工程能力,对波峰焊接机的焊接情况进行测量
□ 对测量系统的正确性和准确性进行验证
□ 测量的方法:两名检查员取50个基板进行短路、虚焊和空焊的确认,同时和标准值进行比较

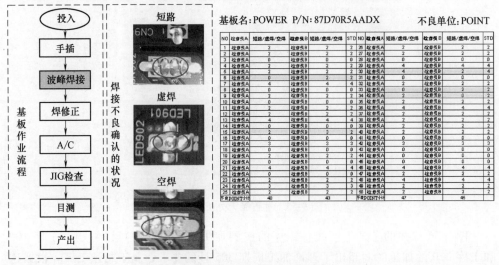

图 9-57　基板作业流程及数据收集

项目小组通过流程图确定了需要进行测量的对象为波峰焊设备的焊接质量,主要内容为短路、虚焊和空焊,同时制订了测量的计划和内容。由于所测量的数据主要是焊接不良,所以数据形态也是离散型数据。

为了验证数据的可信性,需要对数据测量系统进行验证,也就是 Gage R&R 分析,如图 9-58 所示。

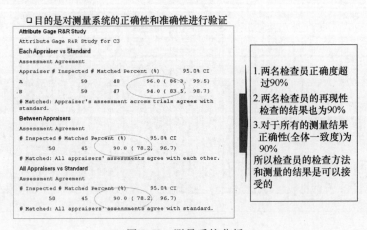

图 9-58　测量系统分析

由于收集的数据形态是离散型的数据,所以采用的也是离散型的 Gage R&R 分析。通过分析结果可以看出测量的数据是完全可信的。

本例中项目小组在获得数据可信的信息后，则可以通过收集的数据了解当前的过程能力处于怎样的一个水平，如图 9-59 所示。

▫ 检查员A对50个基板进行了测试，共发现了105点焊接不良，每个基板共有253个可能产生焊接不良的点，可以计算出DPU为2.1，DPO为0.0083，目前的水准为3.9σ

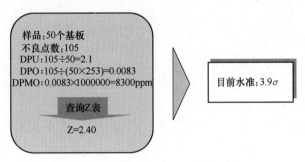

图 9-59　过程能力计算

由于是以不良率为测量对象，属于离散型的数据，所以是用计算 DPO 来掌握过程能力的方法。在六西格玛管理法中，为了统一语言，将过程能力统一用六西格玛水平来衡量，例如此例目前过程能力为 3.9σ，而不是用 8300ppm 来表示。这样做的目的恰恰体现了六西格玛目标的管理意义。

测量阶段进行到得出过程能力就可以认为告一段落了。由于此例采用的是离散型的数据，所以使用起来比较方便。但是遇到连续型数据形态时则需要采用过程能力分析，通过计算过程长短期的波动情况来了解当前过程能力，同时还需要得出长短期能力的差来了解过程的改善方向是否属于管理问题，以及通过短期过程能力了解过程在技术上是否存在问题。这样可以得出在分析过程中的改善方向，为分析阶段做好准备。

3. 分析阶段

分析阶段根据前两个阶段定位的具体问题点展开原因分析。原因分析大致分为两部分：第一部分是针对流程的分析，通常为主观分析，在大量穷举尽可能多的原因基础上，初步筛选出造成 Y 表现不良的潜在关键原因；第二部分则是通过收集过程数据对这些潜在关键原因进行统计上的验证，确认这些潜在关键原因是否对 Y 产生显著影响，从而进一步筛选对 Y 造成影响的关键原因，以便在改进阶段实施有效改进。

（1）筛选潜在关键原因

1）调查并绘出实际的流程图。原因分析是从流程入手的，因此须首先将与 Y 相关（定义阶段 SIPOC 界定的流程）的实际的详细流程图调查清楚并绘制出来。流程图不仅包括加工过程、服务过程等，还可包括结构图、原理图、布局图等。

2）运用分析方法筛选潜在关键原因。以流程图为基础，项目团队运用头脑风暴法穷举出所有可能的原因，并运用特定的方法将这些可能的原因进行分类汇总，制定筛选标准，由团队集体评价，筛选出少量最有可能的关键原因。

常用的分析方法包括5Why、鱼骨图、因果矩阵、FTA、FMEA等。这些工具的详细介绍请参阅本书相关章节。

对于一些未筛选出的潜在原因，如果能够在现场直接改进，且所需投入的成本较低，可以采取快赢型改进，具体方法见9.2.1小节。

（2）数据收集　筛选出潜在关键原因后，需要运用统计分析方法对其是否为显著原因进行客观验证，为此需要根据潜在关键原因的特点选择恰当的分析方法，并以此为基础制订数据收集计划。

常用的统计方法包括图表分析、假设检验、方差分析、变异源分析、回归分析、部分因子试验设计、多元分析等。表9-41为统计方法选用的初步建议（图表分析的选择类似）。

表 9-41　统计方法选用建议

原因数据形态	问题数据形态	
	连续型	离散型
连续型	相关分析 回归分析 实验设计	Logistic 回归分析
离散型	单总体、双总体假设检验 方差分析 变异源分析 非参数检验	单总体比率检验 双总体比率检验 列联表分析 Spearman 相关性分析 Kendall 一致性分析

需要强调的是，在收集数据之前，要确认测量系统的可信性。

（3）数据分析　数据收集完成后，根据事先确定的分析方法，对数据进行整理和分析，得出结论。如果通过分析，潜在关键原因对 Y 有显著影响，则保留到改进阶段；如果没有显著影响，则删除。

【例 9-8】　项目小组先采用因果图来找出潜在原因，如图 9-60 所示。

根据因果图的分析得出有 3 个因素具备了导致波峰焊后焊接不良的可能性，所以接下来就是收集相关的数据。针对这 3 个因素各设了 HIGH、LOW 两个不同的参数进行了试验，并且收集了试验之后的数据，如图 9-61 所示。

通过数据分析看出助焊剂的比重是比较重要的因素。但是为了得到更加准确的分析结果，查看 3 个因子之间是否有交叉作用，所以项目小组又进行了深入分析，如图 9-62 和图 9-63 所示。

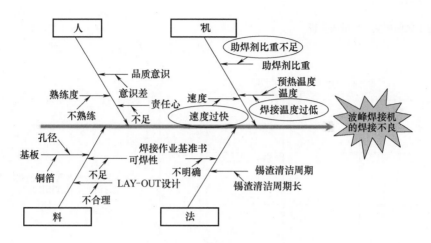

图 9-60　潜在关键原因分析

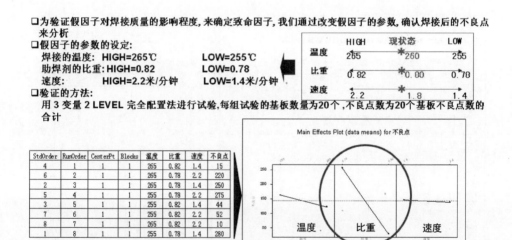

图 9-61　原因验证（1）

通过以上详细的分析，项目小组找出了助焊剂比重和温度是引起焊接不良的真正原因。在这个案例里，项目小组采用的是多因子方差分析，通过分析确认了关键原因。

当关键原因找到以后就代表着分析阶段宣告结束。虽然从案例来看整个分析的过程非常简单，但是很多项目团队在实际应用过程中往往会碰到很多问题。这些问

□ 假因子之间的交互作用的分析

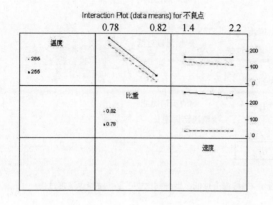

图 9-62　原因验证（2）

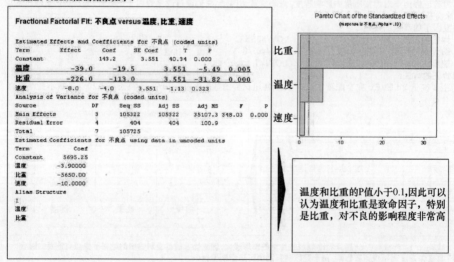

图 9-63　原因验证（3）

题往往会困扰着团队，甚至会导致项目的夭折。导致这些问题的主要原因主要是项目团队未能掌握分析阶段的四大原则：

1）抓大头的原则。产生问题的原因有很多，作为项目团队不可能在短时间内把所有的原因都改善，所以需要找出占比最多的原因加以改善。

2）预测结果原则。问题的原因多种多样，但是如果先分析团队认为可能性最大的原因,并且做好构思框架,那会在短时间内就能轻松地取得较好的成果。

3)假设原则。针对可能造成问题发生的原因给予假设,然后给予验证,从而找出真正原因。

4)事实原则。所有原因的选择必须建立在事实的基础上,特别是数据的收集务必真实,这样得到的分析结果才是最可靠的,找出的关键原因也是最真实的。

分析阶段只要掌握了以上四大原则,同时加以工具的利用,任何项目团队在做六西格玛项目的时候都会水到渠成。

4. 改进阶段

改进阶段的目的是寻找针对分析阶段得到的关键原因的最佳解决方案,并且实施方案,然后验证方案的有效性。改进阶段需要完成的工作如下:

(1)产生解决方案 这些解决方案的产生通常需要专业知识和对流程的认知与经验等。此外,试验设计也是帮助团队产生最佳解决方案的强有力工具。在需要创新的解决方案时,发明问题解决理论(TRIZ)可以提供有效的支持。在解决现场问题时,很多精益工具也可以采用。此阶段针对关键原因要尽可能产生多个解决方案以供选择。

(2)评价解决方案 改进方案产生后,需要对其优劣进行评价。项目团队可从改进方案的效果、可行性、成本投入、时间、对现有过程的影响等方面建立评价标准,筛选出最佳方案。

(3)制订改进方案试验计划 项目团队要针对改进方案的小批量试验制订详细的计划,在人力、物力、试验过程等方面做出细致的安排。

(4)完成改进方案的风险评估 一个好的改进方案不能给客户组织带来较高的风险。因此团队需要事先对改进方案实施过程中可能存在的风险进行预估,并对风险进行评级,且制订相应的风险控制计划,在改进方案实施过程中加以控制。

(5)改进方案有效性的验证 任何改进方案都要验证其有效性,在小批量试验完成后,项目团队根据收集到的试验数据分析改进方案实施效果,确认是否达成定义阶段设定的目标。如果达成目标,则可以进入控制阶段,将改进成果固化。若未能达成目标,可能的原因是分析阶段遗漏了某些关键原因或改进方案不是最佳,项目团队需要回顾前期的分析改进过程,找出改进效果不佳的原因,并进一步挖掘关键原因和完善改进方案,直至目标达成。

【例 9-9】 由于改进阶段主要还是以找出最佳改进方案为目的,其难度也较大,所以就运用试验设计的方法来找出最佳改进方案。本例中项目小组通过试验设计中的响应曲面设计来找出助焊剂比重和温度应该设置在什么范围所产生的不良率最低,如图 9-64~图 9-66 所示。

□ 通过前面的分析已经得出了致命因子温度和比重,考虑生产性和生产线的平衡,将速度定为 2.0米/分钟,运用DOE中表面反应试验法来得出温度和比重的最佳值
□ 在进行表面反应试验法之前要确认2个因子对不良点的影响效果是直线还是曲线

```
Fractional Factorial Fit: 不良点 versus 温度, 比重
Estimated Effects and Coefficients for 不良点 (coded units)
Term         Effect   Coef    SE Coef    T       P
Constant              115.5   1.851      62.41   0.000
温度          -15.0    -7.5    1.851      -4.05   0.015
比重          -200.0   -100.0  1.851      -54.03  0.000
温度*比重     16.0     8.0     1.851      4.32    0.012
Ct Pt                 -92.3   2.483      -37.17  0.000

Analysis of Variance for 不良点 (coded units)
Source              DF   Seq SS    Adj SS    Adj MS    F       P
Main Effects        2    40225.0   40225.0   20112.5   1E+03   0.000
2-Way Interactions  1    256.0     256.0     256.0     18.69   0.012
Curvature           1    18931.8   18931.8   18931.8   1E+03   0.000
Residual Error      4    54.8      54.8      13.7
  Pure Error        4    54.8      54.8      13.7
Total               8    59467.6
```

Curvature的P值=0.000,小于0.05,因此因子对不良的影响的效果是曲线,可以运用表面反应试验法

图 9-64 响应曲面设计分析(1)

□ 因子参数的设定:
  焊接的温度:HIGH=265℃   LOW=255℃
  助焊剂的比重:HIGH=0.82   LOW=0.78
  速度: 2.0米/分钟

StdOrder	RunOrder	Blocks	温度	比重	不良点
5	1	1	252.929	0.8	35
12	2	1	260	0.8	24
6	3	1	267.071	0.8	44
1	4	1	255	0.78	231
10	5	1	260	0.8	21
3	6	1	255	0.82	66
8	7	1	260	0.828284	56
4	8	1	265	0.82	67
7	9	1	260	0.771716	198
9	10	1	260	0.8	26
13	11	1	260	0.8	27
2	12	1	265	0.78	202
11	13	1	260	0.8	18

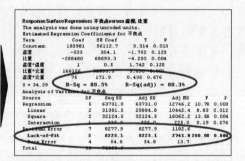

R-sq和R-sq(adj)均大于80%,但是Lack-of-Fit的P值为0,因此函数式的信赖度非常低

图 9-65 响应曲面设计分析(2)

项目小组在经历了以上阶段之后找出了最佳参数的区间,这其中主要还是以数据分析为准绳,利用实际的数据进行不同参数的设置,从而通过统计的方法推算出关键原因的最佳参数区间。虽然看上去比较复杂,但是现在有众多软件可以直接推算,所以项目小组也无须感到困惑。

关键原因的参数区间已经设定好了,但是在实际过程中参数不可能设定一个区间来进行管控,这样管理难度会增加,所以还是需要在改进实施的过程中找到最佳的一个点来进行管控,如图 9-67 所示。

第9章 质量改进方法

❑ 确认等高线

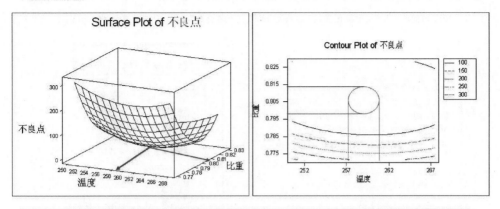

从等高线可以看出不良发生比较低的时候温度在257～261℃之间，比重在0.795～0.815之间

图9-66　响应曲面设计分析（3）

❑ 运用响应优化的方法导出参数的最佳点

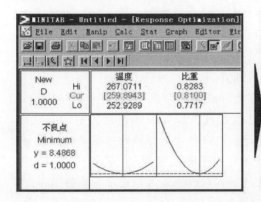

图9-67　因子响应优化改进结果推演

根据图9-67所示，最终通过响应优化，各个因子最终确定。项目小组只需根据确定的结果对过程的因子参数进行设置。至此阶段，改进有了非常好的结果，但是成果如何却还不知道，所以还需要对改进的方案进行最终的确认，如图9-68所示。

项目小组通过重新设定因子的参数后，选取一定的时间进行了再次的不良率统计，得出改善效果。这样也预示着改进已见成效，可以进入控制阶段。

5. 控制阶段

控制阶段是项目团队分析改进工作的总结，是前四个阶段的目标，是临时性的团队活动向日常工作的转换。控制阶段工作的好坏，决定着项目团队的努力能否真

□ 通过对波峰焊接机的焊接参数进行最佳化设定后,采取改善后的不良数据再进行分析,以确认改善后的效果

□ 在4天的时间内采集了80个基板,总的不良点数为88个,总的机会数为51600个,不良率为1705ppm

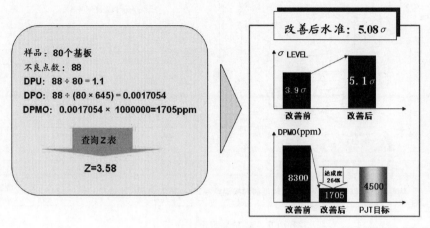

图 9-68　改进成果

正落实到实际,成果能否长期保持,问题会不会重复出现。

控制阶段需要完成以下工作:

1)需要建立监视过程,明确已经取得的改进。

2)需要制定详细的应变方案。

3)需要确定关键的控制点、控制参数和方法。

4)需要形成相对应的程序文件或者作业标准。

(1) 改进成果的文件化　改进阶段已经通过试验验证了改进方案的有效性,控制阶段要考虑如何将改进成果长期保持下去。文件化是保持改进成果的一项重要内容。改进过程必须详细记录在册,形成操作规范和固定程序,并纳入体系文件。文件化的内容包括过程控制体系、程序文件、作业标准、数据记录、控制图和失控应对计划等。

(2) 建立过程控制计划　除了文件化以外,还需要对过程实施有效的监控,需要建立一套系统的过程控制计划。包括:

1)流程图。需要详细绘出改进后的流程,并加以明确的规定。

2)过程应变计划。这些计划要明确标明在过程中的哪些地方可以准确测量过程输入、过程操作和过程输出的关键数据。一旦出现问题,过程负责人会根据过程应变计划做出反应。

3)紧急事件抢险。制订应急预案或补救计划,明确紧急操作步骤,并详细告知员工。一旦发生行动警报,员工可迅速按照应急预案采取行动。

(3) 实施持续的过程测量和监控　明确标识过程中的关键测量点,实施持续的测量和监控,是保持改进成果的重要手段。

1）完善过程 SIPOC 图。改进完成后,要完善过程的 SIPOC 图,实时测量过程输出与客户需求的一致性,及时发现产品缺陷或者过程变化。

2）对过程关键变量进行控制。针对分析改进阶段确认并处于最优设置状态的关键过程输入,需进行持续的监控,以保持其长期处于最佳状态。通常用控制图来实现实时监控。

（4）财务收益核算　项目实施完成后,项目团队会同财务部门根据定义阶段约定的核算方法对项目最终的财务收益进行核算,并出具财务收益核算报告。

【例 9-10】　项目小组通过建立控制图以及检查表对因子参数进行了长期有效的管理,并且最终形成了项目总结报告,如图 9-69 和图 9-70 所示。

□ 在4天的时间内分上午和下午分别采集10个基板确认不良的点数。因为不良点数是离散数据,管理的是不良率,因此我们使用P管理图

NO	25日		26日		27日		28日	
	不良点	机会数	不良点	机会数	不良点	机会数	不良点	机会数
1	0	645	2	645	1	645	1	645
2	0	645	0	645	0	645	3	645
3	2	645	1	645	2	645	0	645
4	1	645	3	645	1	645	0	645
5	0	645	1	645	0	645	1	645
6	1	645	0	645	1	645	1	645
7	2	645	0	645	3	645	2	645
8	3	645	0	645	1	645	2	645
9	1	645	1	645	1	645	1	645
10	0	645	2	645	0	645	1	645
小计	10	6450	11	6450	10	6450	12	6450
11	2	645	4	645	1	645	0	645
12	0	645	1	645	1	645	1	645
13	0	645	1	645	2	645	1	645
14	2	645	0	645	1	645	1	645
15	1	645	3	645	2	645	1	645
16	3	645	4	645	0	645	1	645
17	1	645	0	645	1	645	2	645
18	0	645	1	645	0	645	0	645
19	0	645	1	645	1	645	0	645
20	1	645	2	645	0	645	3	645
小计	11	6450	17	6450	10	6450	11	6450
合计	21	12900	28	12900	16	12900	23	12900

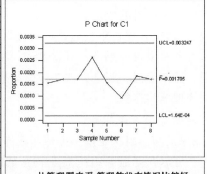

从管理图来看,管理的状态情况比较好

□ 向后管理计划:按照此参数运行2个月后再确认效果和不良率,依据确认的效果修正ISO 9000体系的相关文件

图 9-69　控制图

□ 波峰焊接机焊接温度、助焊剂比重和运行速度的管理表

无铅波峰焊焊接温度、速度、比重检查表

决裁	担当	确认	承认

LINE:　　　　操作担当:　　　　日期:

区分	时间	1	2	3	4	5	6	7	8	9	10	11	12	13	14	15	16	17	18	19	20	21	22	23	24	25	26	27	28	29	30	31
焊接温度	8:30																															
	10:30																															
	13:00																															
	15:00																															
	17:00																															
速度	8:30																															
	10:30																															
	13:00																															
	15:00																															
	17:00																															
比重	8:30																															
	10:30																															
	13:00																															
	15:00																															
	17:00																															

标准:焊接温度设置为260±1℃,速度为2.0±0.1m/min,比重为0.810±0.004g/cm³

图 9-70　检查表

6. 项目总结

项目总结是六西格玛项目管理的最后一项内容。通过总结,将项目团队的集体智慧知识化,形成组织的集体记忆,并向其他相关部门、类似过程,以及客户、供应商、社会等利益相关方分享经验,使项目成果最大化。

(1) 项目总结的步骤

1) 编写项目总结报告。项目团队基于项目立项表和项目过程文档,对活动进行归纳,按前言、定义、测量、分析、改进、控制、经验总结的结构撰写成果报告书。

2) 项目总结报告的审核。项目总结报告报请相关管理部门和领导审核,业务负责人从业务角度审核项目过程及效果的真实性;财务主管核实项目财务收益的计算方法和结果;资深黑带对项目全过程进行全面的审核;倡导者从组织文化和战略的宏观视角审核项目的成果。

3) 项目移交。项目审核通过后,项目团队将成果及相关文件移交给流程的所有者,由后者对项目成果进行日常监控。项目团队要编写教材,组织培训,将改进后的流程、操作规范、测量方法、应急响应等内容详尽告知相关的员工。最后,所有文档交管理部门存档。

(2) 项目成果评审与分享

1) 成果发布。组织定期举办成果发布会,促进项目成果在组织内部分享。除此之外,还可以在不泄漏组织商业秘密的前提下,与外部客户、供应商和合作伙伴,以及行业内外发布和分享,使全社会共享团队的成果。

2) 成果激励。组织应制定六西格玛项目的奖励办法,对项目团队所付出的努力和取得的成效进行及时的奖励。奖励既包含物质的奖励,也包含精神的奖励。

3) 黑带和绿带认证。组织对项目负责人带领团队完成改进任务的能力、所掌握的技巧及其实践经验、解决问题的复杂度和难度等方面进行评价,根据评价结果授予相应的带级,包括黑带、绿带等,并颁发证书。

至此,一个六西格玛项目的完整过程展示完毕。

纵观整个项目的实施过程,DMAIC 步骤循序渐进,环环相扣,利用了大量数据进行分析,并且从统计分析结果得到信息。但是往往有些情况下数据不是很容易得到,没有数据使得很多项目小组会觉得进行下去非常困难。其实也可以从一些定性的分析得到相关改进信息,例如可以通过小组成员评分或者调查问卷等方式得到改进信息。

六西格玛管理 DMAIC 的流程是一个循环的过程,组织不可能只进行一个或几个项目就可以达到高质量的标准,还需开展众多的项目,这样才能形成持续改进的氛围,将品质提升到"零"缺陷。同样,在现今大质量的环境下,质量不仅仅局限在产品质量上,还有运营和服务上也讲究质量。为了提升整个组织的竞争能力可以开展全领域的项目,不论在质量提高方面,还是在效率提高方面,甚至在资源节省和缩短周期方面,也可以通过六西格玛改进项目来加以改进。通过由点到面、由浅入深的持续改进,最终形成六西格玛管理的文化,帮助组织成为行业的领先者。

9.5.6　DFSS 实施步骤

DFSS 运用科学的方法准确理解和把握顾客需求,在最大限度满足客户需求的前提下,对新产品/新流程进行设计,保证一开始就把事情做对,使产品/流程在低成本下达到六西格玛质量水平。DFSS 采用统计方法量化系统性能与相关设计参数、过程参数之间的关系,最大限度地提高顾客满意度,提高产品质量和稳定性,减少客户抱怨,同时又不过度设计,从而降低成本,达到设计目的。

借鉴乔杜里的 IDDOV 流程,将其基本实施步骤及相关应用工具列在表 9-42 中。

表 9-42　IDDOV 项目实施步骤

阶段	Identify(识别)	Define(定义)	Design(设计)	Optimize(优化)	Verify(验证)
内容	确定项目 识别需求 项目可行性论证	客户需求确认和展开 概念(总体)设计选择与评审	初步设计 样机设计 过程设计与试制	产品设计优化 过程设计优化	设计质量验证 制造质量验证 产品验证
相关工具	QFD KANO 分析 SWOT 分析 图表工具 项目管理工具	QFD 系统设计 TRIZ 普式矩阵 DFX 图表工具 风险分析 全生命周期费用 LCC 分析	系统设计 QFD TRIZ DFMEA DFX DOE 参数设计 容差设计 CAD/CAM DFSS 计分卡	DOE 参数设计 容差设计 DFX TRIZ FMEA LCC 分析 CAD/CAM 仿真 优化试验 DFSS 计分卡	仿真试验 可靠性试验 寿命试验 鉴定试验 小批量 SPC 工程检查清单 DFSS 计分卡
输出	项目可行性报告 DFSS 项目特许任务书	产品设计方案 技术规范	样机生产图纸和工艺文件 产品规范(试行稿) 售后保障体系设计方案初稿	产品生产图纸和工艺文件 产品规范 售后保障体系设计方案	设计验证试验报告 设计鉴定报告 过程能力分析报告 DFSS 项目绩效报告

下面展开介绍 IDDOV 每个阶段的主要工作内容。下文中涉及的工具请参考本书相关章节的详细介绍。

1. 识别阶段

识别阶段的主要工作就是要选择具体的项目来进行 DFSS，启动 DFSS 项目。在确定设计项目后，需要界定项目范围，制订项目计划，建立项目团队。

（1）识别客户需求，确定项目　DFSS 在识别阶段需要收集和确定客户需求，对客户需求进行识别和优先级排序，以保证设计出的产品满足客户的需要。在此基础上系统地考虑外部环境、市场和企业内部满足此项目开发所需的资源等，如市场上的竞争对手的产品状况，企业的工艺水平、人员情况、开发费用等，以确定项目的可行性。

（2）确定项目范围　DFSS 项目成功的关键之一就是发掘并建立关键质量特性，以确保项目同时符合顾客需求与企业战略目标。同时，还应考虑项目具有足够的经济效益。视企业的策略性目标而定，可使用项目选择矩阵对待选项目进行评估，确保项目选择的正确性。在项目选择过程中使用的评价要素可以包括：

1）质量的可利用性。
2）资源的可利用性。
3）项目实施所需时间。
4）质量缺陷定义是否准确。
5）投资回报。
6）成功概率。

（3）编制项目计划　为了保证项目的有效实施，在确定项目时就应该注意计划的编制和制订。依照六西格玛设计的 IDDOV 五个阶段，可以相应地确定计划项目完成时间，采用工作分解结构（WBS）、甘特图（Gantt Chart）等方法把计划加以细化，并制订项目的跟踪和监控计划，预先对项目运行过程中的风险进行识别并制订风险管理计划。

（4）成立项目团队　DFSS 团队形成的关键问题是取得团队的共识和团队领导及成员的选择。特别是开始时，问题的选择、解决和改进的项目团队的组建是最主要的几项工作。通常团队成员代表着过程中不同的工作部门。团队领导应具备相当的资格条件，即必须拥有卓越的领导力和项目管理技巧，而且知道如何在特定的情况下选择最合适的六西格玛工具。

2. 定义阶段

此阶段的任务是进一步收集、整理、细化和确认客户需求，并提炼出客户的关键需求，准确地识别、量化顾客需求和期望，并针对需求和期望进行产品设计，通过质量功能展开（QFD）将客户需求逐层展开为设计要求、工艺要求、生产要求，最后生成产品的设计方案和工艺要求。

（1）理解客户需求　提高客户满意度和降低质量成本是六西格玛设计的核心。真正了解客户的需求，确定核心客户的关键需要是 DFSS 的基础。首先需要确定目标客户，并运用恰当的调查方法如面访、问卷调查等方式获取客户需求。在此基础上，运用 KANO 模型将客户需求分类，识别出重要的客户需求。

（2）将客户需求转换为设计要求　在完成客户需求的分析后，需要将客户需求转换为对设计有指导意义的设计指标，它可以定量（首选的）或定性测试或衡量来决定产品的性能水平，可以用来指导或者规范我们的设计。通常采用 QFD 来完成这一转换，其目的是保证将客户需求传递到产品的总体设计中，为下一步的工作打下坚实的基础。

3. 设计阶段

概念设计开发过程包括概念的开发、评价和选择。好的设计概念可以满足客户需求，决定产品的性能和成本，形成产品的"卖点"。首先需要运用一些方法，如头脑风暴、TRIZ 等，通过团队的智慧产生几种不同的设计方案。然后运用普式矩阵比较各个方案满足设计需求的程度，综合考虑成本、可实现性等因素，从中选择一个最优方案。

（1）概念开发　概念开发需从以下几个方面进行准备：
1）心目中是否已有产品概念？
2）设计概念是否有机会可满足顾客的需求和目标？
3）如果上述两个问题的答案是否定的，如何有机会尽快形成一个概念？
4）如果有几个概念方案可选，哪个是最好的？
5）如何确保所选的方案实施后，风险最小？

（2）实施 FMEA　在确定产品设计方案，完成初步设计后，应对产品进行可靠性分析。它能促使企业考虑产品中潜在的故障，通过设计需求控制、工艺控制和产品质量的检验来控制它。运用 FMEA 是从可靠性角度对已完成的设计进行详细评价，并根据需要提出改进设计的意见，完善设计工作。

4. 优化阶段

此阶段是对产品和过程设计参数的优化，其目标是在质量、成本和交付时间允许的基础上达到企业利益的最大化。参数设计是通过能量转化思维，将要研究的系统简化为一个输入信号和输出响应之间的线性理想函数，建立系统参数图（P 图），应用信噪比分析和 Beta 分析，对设计参数进行优化。对于关键的控制因子（设计参数）可以进一步做容差设计，需要建立客户损失函数，分析参数变化对系统敏感度的影响。

通常采用的方法有 DOE、稳健设计和参数设计、FMEA、面向 X 的设计（DFX）等，其目的是使产品质量特性稳定在目标值附近，在使用中抗干扰，并进行过程设计的优化。

5. 验证阶段

本阶段的工作是验证最终的产品设计是否满足客户需求，达到项目设定的目标以及期望的质量水平，通过试生产等手段营造一个仿真的生产环境，测试设计的能力、稳健性和可靠性。主要包括：

1）制造最终设计的样件，并测试其稳健性和可靠性。
2）小批量试生产，验证产品的可制造性以及工艺流程满足先期要求。
3）验证产品的大批量生产过程能力，以确定能够以低成本满足质量要求。

以上简要介绍了 DFSS 的一般路径，遵循这条路径，结合大量分析和设计工具的运用，可以帮助设计者更好地把握客户需求，设计出满足客户需求的高质量低成本的产品。此外，在产品设计的过程中还必须考虑并行的产品和过程设计，利用并行工程的思想并行设计产品和过程，每个阶段的工作都要充分考虑其后续阶段，在相邻的阶段之间需要有一定的交叉。

9.6 精益生产

9.6.1 精益生产的起源

20 世纪 80 年代，美国汽车工业在市场竞争中遭受挫败，终于意识到竞争失败的关键是美国汽车制造业的大批量生产方式输给了丰田的准时化生产。1985 年，美国麻省理工学院的 James Womack（詹姆斯·沃麦克）和 Daniel T. Jones（丹尼尔·T. 琼斯）等筹资 500 万美元，用了近 5 年时间对全球 90 多家汽车厂进行对比分析，于 1990 年总结在《改变世界的机器》一书中，把以丰田汽车为主的日本汽车生产方式称为"Lean Production"，中文翻译为"精益生产"。

精益生产的优越性不仅体现在生产制造方面，也体现在产品开发、协作配套、营销网络以及经营管理等各个方面，它是当前工业界最佳的一种生产体系和方式。想了解精益生产，就需要对丰田历史有一个概括认识。

第二次世界大战后，日本汽车工业遭遇到"资源稀缺"和"多品种、少批量"的市场制约，日本不可能全面引进美国整套设备来生产汽车，而且日本当时的生产力仅为美国的十分之一，规模经济生产在日本面临着考验。丰田汽车公司的社长丰田喜一郎在 1950 年派丰田英二（1967—1982 年的丰田社长）到美国参观福特汽车公司底特律工厂，回日本后与生产制造专家大野耐一研究并得出结论——大量生产方式不适合日本，原因是：

1）当时日本的经济十分困难，不可能花大量外汇去购买美国的技术和设备，也不可能花巨资去建设像美国福特那样的工厂。

2）当时日本国内对汽车的需求量小，需求的品种却相当多，不适合大量生产的方式。

3）受新劳工法的保护，日本不能像美国那样随时地解雇工人。

丰田喜一郎认为，透过汽车带动经济并对社会有所贡献的使命，必须先不断创造利润才行。因此，降低生产制造成本成了生产现场的课题。面对这个课题，丰田汽车公司展开了两项重要生产战略：一项是自働⊖化（即自动化），另一项是准时化，这是丰田生产系统的两大支柱。自动化是从丰田佐吉开始的，加上丰田喜一郎提出的准时化生产和大野耐一等人的共同努力实践，在1962年把丰田生产方式正式定名为TPS，也就是丰田生产系统（Toyota Production System）。

张富士夫在担任丰田汽车公司社长期间，设计了"丰田系统屋"，向员工、供应商、合作伙伴解释什么是丰田生产方式，这也是到目前为止大家所认可的丰田生产方式，如图9-71所示。

图9-71 "丰田系统屋"

采用房屋结构解释丰田生产方式的原因在于房顶、梁柱和地基代表了该系统的稳定结构。若是房顶、梁柱和地基不稳，这间房子也不会坚固，并且只要其中任何一个环节脆弱，就会使整个系统变得脆弱。

"丰田系统屋"有多种版本，但基本原则都是一样的。它始于房顶，代表着丰田生产系统要追求的目标，也就是为客户和员工创造价值。最佳品质、最低成本和最短生产周期代表着客户需要的价值；最安全和最高士气代表着为员工创造工作上的价值。方法就是消除流程上的所有浪费以缩短生产流程。所以，丰田生产系统就是借着消除浪费的手段，为客户和员工创造价值。

接着是两个支柱——自动化和准时化。地基由几项要素构成，其中包括均衡化生产（或称平准化生产）、稳定和标准化的流程、目视管理和丰田思维。"丰田系统屋"的中心是持续改善，也是丰田生产系统的核心思想，员工和团队借着消除浪费的手段，通过PDCA循环，也就是策划、实施、检查和处置的方法解决问题，持续优化品质、成本和交期，为客户创造价值，同时为员工塑造一个安全的工作环境，提高员工的士气。

⊖ "働"是"劳动"的"动（動）"的异体字。

9.6.2 精益生产的核心方法

1. 自働化（Autonomation）

所谓自働化就是机器和生产线被赋予人的智慧，当异常状况发生时，机器和生产线必须自动停止。自働化是"品质"的概念，也就是"不接受不合格品、不生产不合格品、不交付不合格品"的"三不原则"，也是"质量百分百检查"的机制。自働化有以下机制致力于品质的把关：

（1）安灯系统　使问题能得到及时的处理而安装的灯光或声音的报警系统。

（2）人机分离　传统自働化是人员必须一直在机器旁，而少人化生产则尽量设法做到工人的工作与机器的运作各自独立分开，不需要人对设备实施监控作业，使机械有人的机能。

（3）防错措施（Poka Yoke）　防错措施是一种自动防错方法，在生产中用以防止人为失误，避免造成最终产品有缺陷，是新乡重夫所发展出来的概念。

（4）源头品质管制　指产品的品质不是由最终的检验产生的，而是每一个人必须为自己生产的产品品质负责。这是一个品质概念，也是每一个人必须遵守的行为准则。除了自做自检外，问题的解决也必须回到源头，因为只有找出根源才能彻底解决问题，使问题不再重复发生。这也是新乡重夫所发展出来的概念。

（5）五个为什么　最初是由丰田佐吉提出的，是一种提出问题的方法，用于探究造成问题的因果关系。其最终的目的在于确定产品特定缺陷或问题的根本原因。

以上自働化的五个元素也符合新乡重夫提出的"零缺陷品质管制"的四项原则：

1）防错法。

2）百分之百在线检测。

3）源头品质管制。

4）快速反应。

2. 准时化（JIT）

准时化（Just in Time，JIT）就是在需要的时候，生产需要的数量和正确的产品或零部件。自动化是品质的概念，而准时化是交付的概念，其有三大原则：

1）根据市场或客户的需求决定生产节拍（Takt），换言之，各个工序上的生产周期时间（Cycle Time）必须小于或等于节拍时间。

2）生产工序必须要确保连续流动。

3）根据后工序的信息来拉动生产。

准时化生产的前提是稳定和均衡化的生产、快速的置换模具或生产线、良好的供应链管理确保物料及时到达才能做到生产线的连续流动，依客户的需求拉动生产。准时化生产方式对企业降低成本的成效显著，同时还能保证产品的交货期，提高企业的盈利水准。准时化生产包含以下元素：

（1）定义节拍时间（Takt） Takt 是一个德语，原意是乐队的指挥棒，是指生产时必须知道在交货期内生产一个产品所需要的时间，如此才能满足客户所需要的产品和数量；也就是一天的有效工作时间除以一天所需生产的数量。

$$节拍时间 = \frac{用于生产的时间}{客户总需求}$$

（2）连续流动 要确保及时生产和及时交货，生产线必须连续流动，不间断地生产，而均衡化的生产计划和稳定标准化的流程是其基础。欲达到此目标，必须要做到以下几点：

1）工序平衡。
2）物料及时到。
3）生产过程中不能有任何品质的问题。
4）设备不能意外故障。
5）消除制造过程的浪费，例如不恰当的搬运浪费、不适当的加工浪费、不必要的动作浪费等。

（3）看板拉动 依客户需求的数量和时间来拉动生产才不会造成生产过早、过多和库存的浪费。看板是拉动的信息，是丰田发展出来有效且简单的可视化管理系统。在丰田导入初期，看板管理称为超市管理，因其创意源自于美国的超级市场。丰田生产系统中使用了几种不同的看板，主要以物料看板和生产指示看板为主。发明看板管理的大野耐一制定了六项看板使用原则：

1）看板取下后，必须由后工序向前工序领取。
2）前工序依照取下的看板张数与顺序进行生产。
3）没有看板时不得领料，不得生产。
4）看板必须附在实体产品上。
5）必须是100%的良品。
6）逐次减少看板张数，落实有效率的生产和持续改善。

看板是实现准时化生产不可或缺的工具，同时也是目视管理的重要工具。

（4）快速换模 英文是 SMED（Single Minute Exchange of Die），全称是单分钟换模法，是新乡重夫整理归纳形成系统的方法，是指通过应用工业工程的方法，将模具（现在也包括各种生产线上的工装夹具等）的更换时间、开机设置时间、生产启动时间等减少到10分钟以内（单分钟）的一种过程改进方法。它是通过工业工程改善手法，将模具的换模时间、生产启动时间或生产线换线的时间尽可能地控制在单分钟以内。

3. 均衡化生产

最早实行均衡化生产的是丰田公司。均衡化生产也称作平准化生产，其要求的是生产数量的均衡和产品种类的均衡，即总装配线向各前工序领取零部件时，要均匀地领取各种零部件，实行产品组合生产。要防止在某一段时间内集中领取同一种零部件，以免造成前方工序的闲忙不均，以及由此引发的生产混乱。为此，丰田公司的总装线均以最小批量装配和输送制成品，以期实现"单件"生产和输送的最高理想。总装线也会以最小批量从前工序领取必要的零部件。简言之，生产的均衡化使得零部件被领取时的数量变化达到最小程度，即各个后工序每天以相近似的时间间隔领取数量相近的零部件。

丰田公司把均衡化生产作为使生产适应市场需求变化的重要手段。通过均衡化生产，任何生产线都不大批量地制造单一种类的产品。相反，各生产线必须每天同时生产多种类型的产品，以期满足市场的需要。这种多品种、小批量的产品组合生产方式具有很强的柔性，能迅速适应市场需求的变化。为了实现以"多品种、小批量"为特征的均衡化生产，就必须缩短生产前置期，以利于迅速而且适时地生产各类产品。于是，为了缩短生产前置期，则必须缩短设备的装换调整时间，以便将生产批量降低到最小。

4. 标准化

标准化是一种管理的手段或方法，是以标准化原理为指导，将标准化贯穿于管理的整个过程，以增进系统整体效能，提高工作品质与工作效率的一种科学管理方法。同时，标准化也是持续改善的基础，其基本特征包括：

1）一切活动依据标准，标准一经颁布就成了工作品质的要求。

2）一切依照标准来衡量，以事实为准绳来做全面评价。

为了达到企业设定的品质、成本和交期的目标，企业必须合理地利用一切可用资源，对人员、信息、设备和原材料的使用做出每天的计划。利用这些资源的标准有助于提高计划的效率，如果在计划的执行中出现问题或偏差，经营领导就应该及时找出问题的真正原因，并将现有流程修改或完善，以避免问题的再次出现。

工作领域中的标准化就是将工程师的工艺或设计要求转换成工人们每天必须遵守的工作指令。标准是改善的固定组成部分，它为进一步完善提供了基础。标准的管理在丰田公司被定位为管理者的重要工作项目，而且已经制定的标准，就算是社长也不能随便变更。标准化是持续改善和精益的基础。

5. 目视管理

目视管理又称作可视化管理，是利用形象直观而色彩适宜的视觉感知信息来组织现场生产活动，达到提高劳动生产率的一种管理手段，其目的是任何人到达生产现场，一眼就可以察觉异常的地方。目视管理是一种行之有效的科学管理手段，它与5S、看板结合，成为丰田生产方式的重要组成部分。它有四大原则：

（1）激励性原则　目视管理要对员工有激励作用，对生产改善有推动作用。

（2）标准化原则　目视管理的工具要规范使用的色彩达到标准化，要统一各种可视化的管理工具，便于理解与记忆。

（3）群众性原则　目视管理是"让管理看得见"，因此目视管理的群众性体现在两个方面，一是要得到群众的理解和支持，二是要让群众参与和支持。

（4）实用性原则　目视管理必须讲究实用，切忌形式主义，要真正起到现场管理的作用。

目视管理以视觉信号显示为基本手段，大家都能够看得见。要以公开化、透明化的基本原则，将管理者的要求和意图让大家看得见，借以推动自主管理或自主控制。现场的作业人员可以通过目视的方式将自己的建议、成果、感想展示出来，与领导、同事以及工友们进行相互交流。所以说目视管理是一种以公开化和视觉显示为特征的管理方式，也可称为看得见的管理，或一目了然的管理。这种管理的方式可以贯穿于各种管理领域当中。

6. 消除浪费

丰田生产系统的手段是消除生产中所有的浪费行为，为客户创造价值。而浪费行为包括了3个M，也就是Muda、Mura和Muri，如图9-72所示。

图9-72　Muda、Mura和Muri

1）Muda是一切不为顾客创造价值但却消耗资源的活动，也就是大野耐一所定义的七大浪费，或加上管理浪费，成为八大浪费，用DOWNTIME来表示，每一个英文字母代表着一项浪费，方便记忆。

D：Defect，品质缺陷的浪费。

O：Overproduction，生产过多或过早的浪费。

W：Waiting，等待的浪费。

N：Not Fully Utilizing Employees，管理的浪费。

T：Transportation，不合理运输/搬运的浪费。

I：Inventory，库存的浪费。

M：Motion，不合理动作的浪费。

E：Extra Processing，额外加工的浪费。

2）Mura是生产的不平衡。例如，生产进度的安排不符合客户的需求，或者生产节拍不均衡，导致操作工人有时匆忙或加班，有时空闲的现象。

3）Muri是超载的设备或超负荷的工人，通常是工作的节拍比原先设计的规格更高、更困难所致。一般来说，不均衡生产（Mura）往往造成员工的超负荷工作（Muri）。

7. 持续改善

准时化生产的目的是通过消除企业内部每项不能增值的活动，创造一种能够随市场需求变化而灵活应对的一种扁平化的生产体制。为了实现这种理想的准时化生产体制，需要连续不断地推动改善，并由此消除生产线上所有不能产生增值的工作工序，而持续改善正是丰田生产系统的中心思想。

丰田工作法（Toyota Business Practices）是丰田持续改善的方法，基本意识有10个方面：

（1）客户至上　为本部门或公司开展工作时，应将客户的利益放在第一位。在丰田，后道工序也被看作是客户。

（2）经常自问自答"为了什么"　不要将当前的手段与目的相混淆，要常常自问做这件事情的真正目的是什么。

（3）当事者意识　只有认识自己是当事者，才能理解工作的使命和价值，产生自豪感，才会去思考"我要怎么做""我一定要做到"。

（4）可视化　将问题以一目了然的方式显现，与相关的人员共享，促使新的发现。另外对信息、计划、情况的认识、意见等需要共享的信息，也应当进行可视化处理。

（5）三现主义　根据现场和事实进行判断，抛弃先入为主的观念，以客观的心态去观察事物。不要混淆臆测与事实。

所谓"三现主义"指的是现场、现物、现实，也就是当发生问题的时候，管理者要快速地到"现场"。而中文字的"现"就是"王者要出现"，亲眼确认"现物"，认真探究"现实"，并据此提出和落实符合实际的解决方案，如图9-73所示。

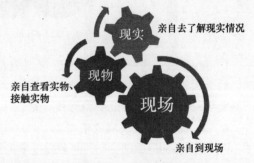

图9-73　三现主义

（6）彻底地思考和执行　再三思考，怀着决不放弃的信念和坚韧不拔的精神，将工作进行到底。

（7）速度时机　迅速对应客户需求，贯彻实施对策。如果实施对策需要一定的时间，可先采取适当措施，避免错失改善的良机。

（8）诚实正直（实事求是）　如实按照既定工序开展工作，虚心听取别人的意见，对自己的行为负起责任。

（9）实现彻底的沟通　诚心诚意与客户或相关人员沟通，直到他们理解，并能主动提供协助。

（10）全员参与　动员一切可以动员的力量，引领团队和相关人员集思广益，实现效率和效果的最大化。

一般在企业中广泛应用的"三现五原则"中的"三现"即指以上的"三现主义",而"五原则"就是以下五个方面:
1) 明确定义问题。
2) 查找问题发生的真正原因。
3) 拟定临时和永久的行动对策。
4) 验证对策的有效性。
5) 回馈至源头,实现标准化,避免类似问题再次发生。

9.6.3 精益生产的实施步骤

"精益思想"的五项原则和"丰田模式"的4P和14项原则是建立精益生产系统架构的基础。这个架构是以物流和信息流为主轴,建立"流动"和"拉动"的流程。建立物流与信息流之前,导入精益思想和建立现场改善的基础(5S和TPM)。建立物流和信息流之后,随即建立标准化和展现执行力,如图9-74所示。

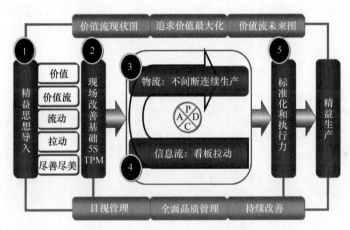

图9-74 精益生产的实施步骤

简单视觉化的目视管理、全面品质管理、持续改善是整个导入过程中的关键因素。5S和价值流程图的绘制是导入精益生产系统初期有利的工具,也是导入精益生产系统之后,检验精益生产系统最简单的方法。

1. 导入精益思想

精益思想的核心就是以较少的资源投入(即较少的人力、较少的设备、较短的时间和较小的场地),创造出尽可能多的效益;同时也越来越接近客户,为客户创造他们需要的价值。精益思想最初体现在对产品质量的控制中。此后,企业界将精益思想逐步延伸、延展到企业经营活动的全过程,即追求企业经营投入和经济产出的最大化、价值最大化。从字面意思来看,"精"体现在产品与服务上,是质量要做到精致和精美,交期要做到精准,成本要精打细算,工作上要精细化,追求尽善尽美、精益求精、持续改善;"益"体现在整体上,当质量、交期、成本优于竞争对手时，企业才能获得效益。换言之，精益思想不只是追求成本最低、质量最优，而是追求用户和企业都满意的质量，追求成本与质量的最佳配置，追求产品性能和价格的最优比。

精益管理的核心思想可概括为借着消除浪费的手段为客户创造最大的价值。精益管理是精益生产理论的扩展，是精益思想在企业各个层面的深入应用，精益管理是以精益思想为指导，持续追求浪费最小、价值最大的生产方式和工作方式的管理模式。

精益思想的五项原则如图9-75所示。

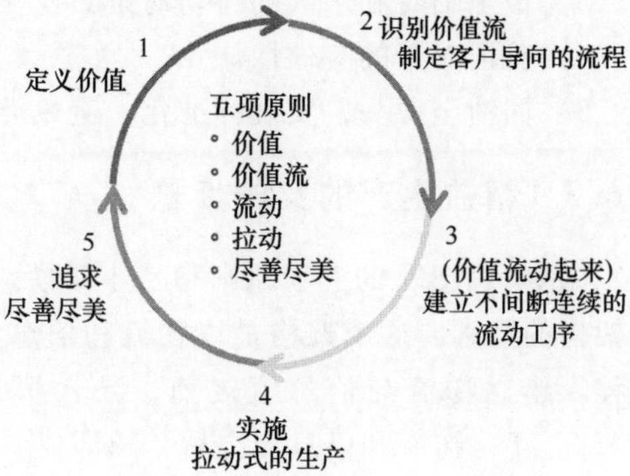

1）价值：根据客户需求，精确地定义特定产品的价值。

2）价值流：识别出每种产品的价值流，重新定义企业活动的流程。

3）流动：使价值不间断地流动起来。

4）拉动：依客户需求拉动价值流。

5）尽善尽美：持续改善，追求尽善尽美。

图9-75 精益思想的五项原则

（1）价值 价值（Value）一词来自拉丁语Valeo。广义地讲，价值泛指人们认为是好的，而且值得去购买的商品，这种商品具有客户所想要的、有需要的和有兴趣的"质"。

价值是每一个有目的的活动中不可缺少的因素。它指导我们在目标设定、选择达到目标的手段、估计风险中做出决定。我们的价值体系决定了我们计划和行动的方式，以及对成功或失败的定义。价值是一种心理信念，也是一种行动选择的标准。

精益生产的目的是为客户创造价值，而让客户在愿意购买的价格下，选择我们的产品或我们提供的服务。为什么客户会选择我们的产品和服务而不是其他竞争对手的产品和服务？因为我们能提供优于竞争对手的产品和服务的品质、交期和价格，这就是"价值"。

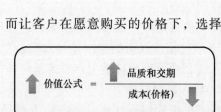

图9-76 价值公式

图9-76所示的价值公式很清楚地解释了价值和提高价值的方向。价值公式也就是我们所说的"性价比"。价值公式解释了在相同的价格下，假如我们有优于竞争对手的品质和交期，或是在相同的品质和交期下，我们有优于竞争对手的价格，我们就能提供给客户优于竞争对手的

"价值"。"相对"的概念产生了客户选择的行为。

精益生产就是从定义客户需求的价值开始。我们需要了解客户希望从我们这里得到什么东西，进而为客户创造价值。所以在导入精益思想时，首先对价值要有正确的认识，才能定义客户所希望的价值，进而让价值流动起来。

（2）价值流 价值是由一连串增值活动所创造出来的。价值流就是指企业提供产品或服务的一连串活动，该活动将特定的产品或服务送给特定的客户。价值流的范围包括概念设计、产品设计、流程设计，以及从原物料到成品所有阶段中赋予价值的全部活动。

客户愿意购买的也是那些有附加价值的部分，而不是那些没有附加价值的部分，如图9-77所示。客户是不会支付因为那些浪费而产生的成本的。不幸的是，没有附加价值的活动在企业中往往占了95%。所以，识别价值流是实行精益思想的起步点。

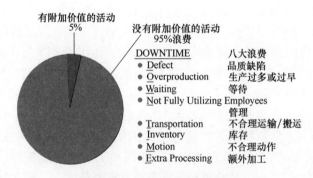

图 9-77　附加价值的活动

生产活动中存在许多浪费，精益生产就是借着消除浪费的手段，把浪费逐一消除，流程就会缩短，进而缩短生产周期，而时间就是金钱，如图9-78所示。

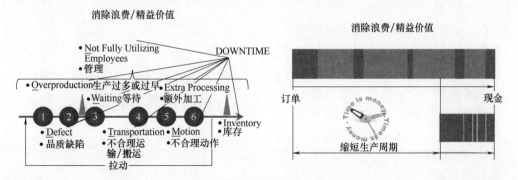

图 9-78　缩短生产周期

(3) 流动　流动是精益思想的五项原则之一，目的是使价值不间断地流动起来，这是精益生产中最精彩的部分。早在 1913 年，亨利·福特就把汽车组装生产线设计成连续流动的生产，使福特的 T 型汽车的组装工作量减少了 90%，他是最先认识到流动潜力的人。那是个生产导向的时代，流水线的大量生产是合理的，也是最有效率的方式。但是精益生产的挑战在于多样少量的生产时代是否也能够创造出连续流动的生产？连续流动的概念在精益生产中之所以如此重要，是因为流动能让浪费可视化、能让价值最大化、能让员工积极化。

1) 流动能让浪费可视化。精益的目的是为客户创造价值，手段之一就是要消除浪费。而在流动的过程中，很容易发现哪里是造成流程中断或迟缓的地方，有如水之流动，水中有石头时，总会引起波动，造成水流迟缓或中断；而浪费就像水中的石头，很容易被察觉。

2) 流动能让价值最大化。在价值公式中，客户的价值会因成本、品质和交期的优化而最大化。而流动能让浪费凸显，进而消除浪费，降低成本。流动能让速度加快，驱动品质。同样，不间断的流动能确保交期。三者皆因流动而达到最佳。

3) 流动能让员工积极化。流动的概念让过去功能性的组织和运作彻底改变成团队合作。精益的方法是要重新定义职能、部门和企业的作用，使他们能对创造整体价值做出积极的贡献。使价值流动起来才能真正符合客户的利益，进而也为员工创造利益。

精益生产的极致表现就是"单件流"，但是"单件流"不是任何企业的流程皆可达到的生产方式，所以精益生产倾向把"大批量的生产方式"改成"小批量的生产方式"，想办法把任何可以连续生产的车间和工序都链接起来，让整个流程不会因批量生产而中断，因为凡是批量生产就会有在制品库存，有在制品库存就会有等待时间。

利特尔法则为精益生产的流动指明了道路。要有效地缩短生产周期，利特尔法则指出了方向：一是提高产出率，从而降低生产节拍；二是减少存货数量。然而，提高产出率往往意味着要增加很大的投入。另外，生产能力的提升虽然可以缩短生产周期，但是，生产能力的提升总有个限度。一般来说，每个公司在一定时期内的生产能力是大致不变的，而从长期来看，各公司也会力图使自己公司的产能与市场需求相吻合。因此，缩短生产周期的最有效的方法就是减少在制品数量，从大批量生产到小批量生产，追求"单件流"，如图 9-79 所示。

(4) 拉动　精益思想谈到

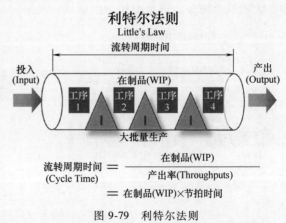

图 9-79　利特尔法则

"只有流动是不够的"。从"部门"和"批量"转化到"团队"和"流动",第一个可见的效果是从概念投产、销售到送货以及原材料到用户所需的时间大大地减少了。以前几年才能设计出来的产品,引进了流动以后,几个月内就可以完成;以前需要若干天才能办完的订货手续,引进了流动以后,几个小时就可以办完。而且精益系统可以使正在生产的所有产品进行任意组合,客户的需求可以及时得到满足。这就是说,我们可以让客户或后工序依照他们的需求"拉动"产品,而不是把客户或后工序不想要的产品硬推给他们。

拉动的概念让我们只生产客户或后工序需要的产品,由客户或后工序告诉我们什么时候产出、生产什么和生产多少。我们依客户或后工序的指令启动前工序生产,投入我们需要的量,在我们需要的时候送到,在制品的库存自然下降,周期时间因而缩短。

拉动式生产方式可以消除八大浪费中的生产过多、等待、库存和额外加工的浪费。精益生产的这种做法能使整个供应链的库存下降,节省大量的资金,它是一项革命性的成就。另外,一旦我们有了在客户需要的时候就能设计和制造出客户所需产品的能力,我们可以抛开销售预测,直接依客户的需求生产就可以了。

(5) 尽善尽美 精益思想的第五个原则是追求尽善尽美,因为尽善尽美是无法达到的境界,所以要集中精力消除浪费,持续进行根本性的、不断的改善。换言之,持续改善是追求尽善尽美的核心思想。在持续改善的过程中,速度是关键的因素,因为尽善尽美的境界很难一步到位,必须很快地行动起来,在"做"中持续改善达到尽善尽美才是务实的做法,有时速度比尽善尽美更为重要。品质在精益生产过程中是基础也是目标。导入精益思想后,用追求速度和品质来诠释追求尽善尽美,比较容易理解也比较明确和直接。

2. 建立精益生产的基础

5S 是精益生产系统的基础工作,是起点,也是持续改善和可视化管理的基础。所以,建立精益生产系统的首要工作是把 5S 做好,才能确保后续导入的流动生产和看板拉动顺利展开。同时,也应把全员生产维护(TPM)列入现场改善的基础,因为唯有机器设备零故障才能确保生产连续不中断。在 5S 和 TPM 导入过程中,目视化管理也必须一起建立才是最有效的。

(1) 5S 管理 现场 5S 管理源于日本现场管理方法。1955 年,日本的宣传口号是安全始于整理整顿,终于整理整顿。当时只推行前两个 S,其目的仅是确保作业的空间和安全。后来因为生产和品质控制的需要,逐步提出了另外 3 个 S,也就是清扫、清洁和素养,从而使应用空间及适用范围进一步拓展。到了 1986 年,日本关于 5S 的著作逐渐出现,从而对整个现场管理模式起到了冲击的作用,由此掀起了 5S 的热潮。

5S 就是整理(Seiri)、整顿(Seiton)、清扫(Seiso)、清洁(Seiketsu)和素养(Shitsuke)五个项目,因为日语的拼音均以 S 开头,故简称 5S,如图 9-80 所示。5S 是改善的基础，它的目的是：
1）创造一个明朗舒适的工作环境，提高现场的工作效率。
2）定物、定位、定量、定容、定时使流程合理化，提高现场的安全性。
3）人造环境，环境育人，养成职工良好的行为习惯。
4）实现可视化管理。
5）改善企业精神面貌，形成良好的企业文化，提高企业形象。

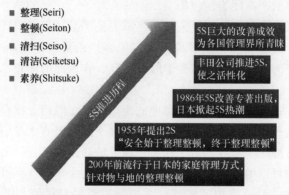

图 9-80　5S 简介

5S 推动架构如图 9-81 所示。

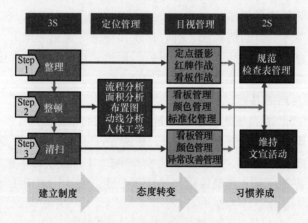

图 9-81　5S 推动架构

（2）全员生产维护（Total Productive Maintenance，TPM）　TPM 为全员生产维护，是一种以设备为中心，展开改善的制造管理技术，与全面质量管理（TQM）、精益生产（Lean Production）并称为世界三大制造管理技术。

TPM 放在现场改善的基础是因为不间断的流动是创建精益生产的必要条件，而 TPM 确保机器设备零故障，是确保不间断流动的要素之一。唯有不间断的流动，物品才能依计划生产出来；唯有快速的流动，问题才能浮现出来，产品的品质因而获得保证。

要达到TPM的目的，必须开展以下八项活动，这称为"开展TPM的八大支柱"，如图9-82所示。

图9-82 TPM八大支柱

TPM是以提高设备综合效率（OEE）为指标，预防维修为过程，全体人员参与的设备保养和维修管理体系，强调五大要素：

1）目标是OEE最大化。

2）在设备使用的寿命期间建立全面的预防维修体制。

3）各个部门共同维护执行；从生产部门开始实施，逐渐发展到开发、管理等所有部门。

4）涉及每位员工，从最高管理者到现场工人。

5）通过自主小组活动来推进预防性保养（PM）。

其中自主保养是由现场操作人员，以自己的设备自己保养为目的而进行的活动，如清洁、加油、更换零件、简单的修复工作等。计划性的保养是由专职的保养部门负责，包括检查设备、老化复原、故障排除和建立定期维护制度等。

3. 建立不间断连续生产流程

建立物流，目的是达到不间断的连续生产。这是精益生产的重点，也是五项原则中的"流动"概念，确保不间断的连续生产。

（1）节拍时间（Takt） Takt Time（Takt是一个德语词汇，表示像音乐节拍器那样准确的间隔时间）是生产节拍时间，又称为客户需求周期时间，指在一定时间内，总有效生产时间与客户需求数量的比值。节拍时间是20世纪30年代德国飞机制造工业中使用的一个生产管理工具，指的是把飞机移动到下一个生产位置的时间间隔。这个概念于20世纪50年代开始在丰田公司被广泛应用，并于20世纪60年代晚期推广到丰田公司所有的供应商。丰田公司通常每个月评审一次节拍时间，每10天进行一次调整检查。

$$节拍时间 = 用于生产的时间 \div 客户总需求$$

从生产节拍的定义可以看出，生产节拍与生产周期不同，生产节拍实际是一种目标时间，是随需求数量和需求期的有效工作时间变化而变化的，是人为制定的。生产节拍反映的是需求对生产的调节，如果需求比较稳定，则所要求的节拍也是比较稳定的，当需求发生变化时节拍也会随之发生变化。例如，需求减少时节拍就会变长，反之则变短。

生产周期则是生产效率的指标，比较稳定，是受到一定时期的设备加工能力、劳动力配置情况、工艺方法等因素影响决定的，只能通过管理和技术改进才能缩短。

生产节拍对生产的作用首先体现在对生产的调节控制，通过节拍和生产周期的比较分析，在市场稳定的情况下，可以明确需要改进的环节，从而采取针对性的措施进行调整。

当节拍时间大于生产周期时，生产能力相应过剩。如果按照实际生产能力安排生产就会造成生产过剩，导致大量中间产品积压，引起库存成本上升、场地使用紧张等问题。如果按照节拍时间安排生产，就会导致设备闲置、劳动力等工等现象，造成生产能力浪费。在节拍时间小于生产周期的情况下，生产能力不能满足生产需要，这时就会出现加班、提前安排生产、分段储存加大等问题。因此，生产周期大于或小于生产节拍都会对生产造成不良影响。

生产管理改进的目的就是要尽可能地缩小生产周期和生产节拍的差距，通过二者的对比分析安排生产经营活动。建立标准生产周期的目的就是要通过不断改进使生产周期与市场需要的生产节拍相适应，从而保证均衡有序的生产。如果市场需求能够稳定在年产量为一固定值，那么节拍就比较稳定，这种节拍就可以作为提高生产周期的一个标杆，进而组织相关资源进行改进。

生产节拍的应用是能够有效防止生产过剩造成的浪费和生产过迟造成的分段供应不连续问题，并确定工序间的标准手持品数量。经济学的常识告诉我们，成本和产量间存在一种函数关系，当产量过剩时，成本就会增加，当产量不足时，单位产品的成本同样处于较高水平，因此从成本的角度出发，生产过剩和不足都是一种浪费，应用生产节拍就是解决这个问题。相对于JIT的零库存理念，应用生产节拍就要改变生产越多越好的观念，建立起适量生产的观念。为保证生产中分段连续供应，必要的、合理的分段贮备在实际生产中也是必需的，因此在平衡生产节奏的同时，通过工序能力的分析就可以建立各工序间的手持分段数量，避免分段库存过多造成的严重浪费。

生产节拍的使用将会使生产现场的作业规律化，达到生产活动的稳定，实现定置管理，并作为现场生产效率改善的依据。

【例9-11】 某工厂白班从上午8点到下午5点，上下午期间有15分钟的休息时间,共30分钟,午饭休息30分钟,上下午各5分钟的会议和自主保养时间。客户今年的需求数是25000台,节拍时间是多少?

解:每天总的时间:9×60=540(分钟)

每天实际中断时间:30+30=60(分钟)

有效时间:540-60=480(分钟)=28800(秒)

计划停机时间:(5+5)×60=600(秒)

生产时间:有效时间-计划停机时间=28800-600=28200(秒)

每年工作日250天,一天需要出货25000/250=100(台)

节拍时间(Takt Time)=28200/100=282(秒)(即4分42秒)

(2)产品ABC分析(PQ分析) 产品数量分析(Product Quantity Analysis)又称为产品ABC分析,是一个很简单但是非常有用的工具。它可以用来对生产的产品按照数量进行分类,然后根据分类结果对生产车间进行布局优化。

在组装作业中,可以使用产品ABC分析,按照物料清单分析零部件的通用性和消耗数量。零部件的通用性是判断不同的产品是否可以混流生产的一个评估标准,而通过零部件的消耗数量判断如何组织零部件的供应很有帮助。

没有进行产品ABC分析的公司会认为他们的生产没有重复性,很难利用精益工具进行优化。实际上,产品ABC分析能够找出表面上没有规律的市场需求,使得生产型企业能够重新组织生产线,来满足客户的实际需求。

产品ABC分析将客户的需求量(3~6个月)分成主要的三类产品,如图9-83所示。

A类产品:很少的几种产品,但是其需求量却大到需要为它们建立专门的生产线。通常只有5~10种产品却占据了70%的市场需求。

B类产品:通常这些产品是一个产品系列,需要一条专门的生产线。通常有大约200个B类产品,占据大约25%的需求。

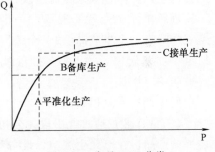

图9-83 产品ABC分类

C类产品:一个工厂中偶尔才需要生产的产品。对于这些产品,不需要对它们的零部件保留在制品。大约有2000个C类产品,但是只占总需求量的5%。

在实际应用中,一个完整的产品ABC分析需要绘制多个图形。因为在销售收入、产品产量和零部件产量中,主要数量的产品(如A类产品)不一定是完全一样的。有时在销售收入方面的分析会产生误导。例如有的行业中,生产数量最多的产品是用于促销的赠品,它们不产生任何直接销售收入,但是却需要划分为A类产品。

(3)生产方式的定义 生产有许多方式,包括最早的工作坊、批量生产、流水线生产和单元生产等,应依据产品的特性、生产的模式、客户的需求量和交货期选择一种既能满足客户需求又能达到效益最大化的生产方式。

1）流水线生产方式。生产线的种类，按范围大小分为产品生产线和零部件生产线；按节奏快慢分为流水线和非流水线；按自动化程度分为自动化生产线和非自动化生产线。

流水线的基本原理是把一个生产重复的过程分解为若干个子过程，前一个子过程为下一个子过程创造执行条件，每一个子过程可以与其他子过程同时进行。简而言之，就是"功能分解，空间上顺序依次进行，时间上重叠并行"。特征是每一道工序都由特定的人去完成，一步一步地加工，每个人做一个特定的工作。优点是这样生产起来会比较快，因为每个人只需要做一样事，对自己所做的事都非常熟悉。缺点是工作的人会觉得很乏味。

典型的流水线生产的特点是，流水线上固定生产一种或少数几种产品（零件），其生产过程是连续的；流水线上各个工位是按照产品工艺过程的顺序排列的。每个工位固定完成一道或少数几道工序，专业化程度较高。流水线按照统一的节拍进行生产（所谓节拍，就是流水线上前后生产两件相同产品之间的时间间隔）。流水线上每个工位的生产能力是平衡的、成比例的。各道工序的单件加工时间等于节拍或节拍的倍数。流水线设有专门的传送装置，产品按单向运输路线移动。

2）单元生产（Cell Production）方式。单元生产是精益生产的一个模块。它是当代最有效的生产方式之一，为日本和欧美企业所广泛采用。这种方式适应小批量多品种的生产环境，效果比流水线还好，被誉为"看不见的传送带"。

要理解单元生产就要理解"一个流"。所谓"一个流"，是指产品在生产时，每道工序只有一个半成品。"一个流"是一个物流概念。很多工厂都存在"批量加工"和"批量转移"的现象。批量最小的单位就是"一个"。这种"一个"的物流，就叫"一个流"。

单元生产按照流程布局成一个完整的作业单元，作业员在单元内进行目标为"一个流"的作业。通过此手段，公司可以尽可能小的成本来制造出一系列满足客户需要的产品。在单元生产中，设备和厂房被以特定的顺序安排，通过这种安排，材料和零件能够以最小的搬运或延误完成流程。

单元生产的名字来源于单词"Cell"，精益生产 Cell 由生产流程中按设备排列的人力、设备以及工作站等组成，所有这些都是为了完成流程或流程的一段所要求的。例如，如果某个特殊的产品需要在钻孔和最终完成前进行切割，Cell 化就包含着完成按照此顺序安排的设备。

单元生产的优点如下：

① 生产周期短意味着快速交货，单元生产的交货期是批量方式的五分之一。

② 产品切换时间短，快速对应紧急订单，沟通方便，反应迅速。

③ 盘点方便准确，提高物控精度。由于半成品少到人手一个，所以物控人员将对物料数量控制得当，比条形码还准确。

单元生产的特点如下:

① 分工越细,效率越高,越能获得规模经济效益。而单元生产则反其道而行之,让原工作内容复杂化。

② 小型化、少人化。一个单元生产一般只有 4~6 人,线体长度为 6~8 米。

③ 工位之间取消传送带,采用手工搬运或其他简易方法(如滑道)。

④ 作业员由"专能工"向"多能工"转变,并且在组内可以进行岗位轮换,以培养"一专多能"的员工,增强人员调配的灵活性。

⑤ 机械化和自动化水平不高。单元生产主要是手工作业,在必要时才使用机械设备。而为了配合手工操作,一般选择自动化程度低的设备。

单元生产的三种类型如下:

① 屋台式。屋台式单元生产线指的是一个作业员拥有一条完整的生产线,如图 9-84 所示。屋台式命名来源于日本的一种小吃作坊。

作业方式:一人完结。

生产布局:U 型布局,可以缩短员工从最后一道工序走到第一道工序的距离,减少员工空走浪费。

物料流动:单件流。

优点:平衡率 100%。

缺点:设备投资大;对员工技能要求高。

② 逐兔式。逐兔式单元生产线仍然采用一人完结式作业,但是多人共用一条生产线,作业并不进行工序分割,而是你追我赶地进行作业,如图 9-85 所示。

图 9-84 屋台式单元生产线

作业方式:一人完结。

生产布局:U 型布局。

物料流动:单件流。

优点:设备投资少。

缺点:生产线平衡不够高,做得快的作业员会受制于做得慢的作业员;对作业员技能要求高。

③ 分割式。分割式单元生产线与逐兔式不同的是,部分放弃了一人完结式作业,一个完整的工艺流程由几个作业员共同完成,如图 9-86 所示。

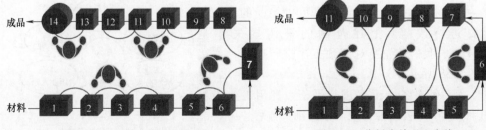

图 9-85 逐兔式单元生产线　　　　图 9-86 分割式单元生产线

作业方式：分工作业+相互协助。
生产布局：U 型布局。
物料流动：单件流。
优点：设备投资少；对员工技能要求低。
缺点：生产线平衡不够高。

（4）工序平衡（Line Balance） 工序平衡是对生产线的全部工序进行负荷分析，通过调整工序间的负荷分配，使之达到能力平衡，最终提高生产线的整体效率。

工序不平衡会造成工序间的在制品、待工和待料等损失，使生产效率降低。追求工序平衡的目的是提高整体效率。这种改善工序间的能力平衡的方法又称为瓶颈改善。换言之，工序平衡及瓶颈改善的主要目的是：

1) 提高人员及设备的生产效率。
2) 减少工时的消耗，降低成本。
3) 减少在制品，降低库存。
4) 实现单元生产，提高生产系统的弹性。

工序平衡率的计算范例如图 9-87 所示。

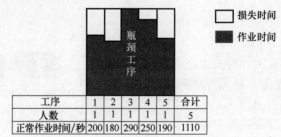

图 9-87　工序平衡率计算范例

平衡损失率在 10% 以内是可以接受的，否则就要进行改善。上述范例的平衡损失率是 23.45%，我们首先要对瓶颈工序进行改善，方法如图 9-88 所示。

然后针对各个工序进行平衡；利用工业工程的手法 ECRS 去改善每个工序的细部流程：

E 是 Eliminate，如果哪个流程是不必要的则取

图 9-88　瓶颈改善方法

消它。

C 是 Combine，如果无法取消而且有必要存在，则简化再合并它。

R 是 Rearrange，考虑最佳顺序，除去重复流程，重排使之更加有序。

S 是 Simplify，对有必要的工作流程，用简单的方法和简单的设备简化它。

工序平衡的方法如图 9-89 所示。

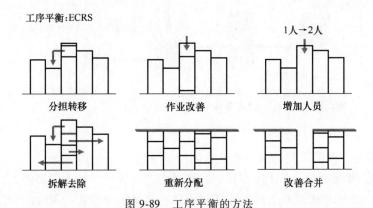

图 9-89　工序平衡的方法

（5）快速换模或换线　我们每天可能生产许多不同型号的产品，所以换模或换线是不可避免的。我们不希望因为换模或换线造成生产线中断正常生产的时间太久，所以精益生产的工具中，快速换模或换线成了一项特别的技术。

快速换模技术是由日本新乡重夫于 1969 年在丰田工厂以 1000 吨的压床换模为例，由 4 小时的换模时间历经 6 个月改善降低到 1.5 小时，再经 3 个月的改善，换模时间再降至 3 分钟内的技术。

快速换模的英文是 SMED（Single Minute Exchange of Die），这一概念指出所有的生产线切换应该少于 10 分钟，因此才有了"单分钟"这一说法，所以又称"单分钟换模法""10 分钟内换模法"或"快速作业换线"，将可能的换线时间缩到最短。它可以将一种正在进行的生产工序快速切换到下一种生产工序。快速换模的四大原则是：

1）区分内部与外部作业。

2）内部作业尽可能转换成外部作业。

3）排除一切调整过程。

4）完全取消作业转换操作。

快速换模的步骤如图 9-90 所示。

1）区分内部作业和外部作业。所谓内部作业是指机器停止运行时才能作业；外部作业是指机器运行时，在机器外就可作业。

2）尽量将内部作业转换为外部作业，做好前期准备，缩短停机换模时间。

① 在还没有停机的时候就做好前期准备，如工装夹具准备、零部件准备、作

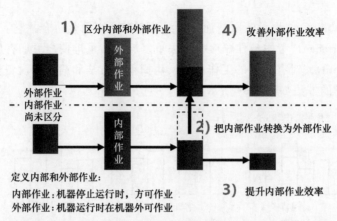

图 9-90 快速换模步骤

业指导书准备、升降工具准备、作业台的准备等。

② 将拿取新模具、清洁新模具、拿取试产产品等活动在不需要停机时准备好。

③ 进行一些与模具有关的预先工作，如预装配、预设定、预清洁、预热等。

3）提高内部作业效率。

① 简化模具卸下和安装的动作。减少卸下和安装模具过程中的转身动作，将多个拿放动作简化为一个动作，单个动作一次放好；使用装配架、模板等；使用标准工具、同型号同大小的螺丝和螺栓等。

② 多人同步并行工作。为了缩短停机换模时间，可以在停机换模时间，多人同时进行换模工作。多人一起工作要提前进行沟通，明确分工，以免产生多余动作，更要避免出现操作遗漏。

③ 缩短调整时间。首先分析要调整什么，是调整位置还是调整尺寸。然后分析调整的原因，是因为累积误差还是标准不统一。还要分析是否与安装、调整的熟练程度有关。通过分析，找到对策，改善调整动作和方法，争取一次成功。

4）改善外部作业效率。

上述方法是一些基本原则，每个企业都要根据自己企业现场设备与工艺的特点，设计出具有自己特色的快速换模流程。

若是组装生产线需要提高效率满足客户要求的节拍时间，也可用同样的原则与方法，把可以移到生产线外组装的零部件或工序尽量先行在生产线外做好，重新做好工序平衡，加快最终组装线的速度，缩短最终组装线的生产周期。

4. 建立信息流

信息流是拉动物流的信号，通知生产车间在什么时候生产、生产什么产品和生产多少，确保客户能准时收到需要的产品和需要的数量。为确保信息流能达到上述目的，我们需要建立两个系统：看板拉动系统和安灯系统。

（1）看板拉动系统　传统物料需求计划（Material Requirement Planning，

MRP）的运作是依据客户订单和销售预测来制定主生产排程，物料计划人员依据主生产计划（Master Production Schedule，MPS）订购物料，而生产计划人员依据MPS下工单给工厂车间生产，如图9-91所示。假如客户订单和销售预测都十分准确，则MRP是一套非常有效率的系统。但是在现实中，销售预测的误差往往很大，而且客户的订单也常常变更，因此，MRP依系统运行往往会造成生产过早、库存过高等问题。为了解决前述问题，需要建立一个机制，能够依客户和后工序的需求投料生产以解决前述问题，而丰田公司的解决方案就是"看板拉动"。

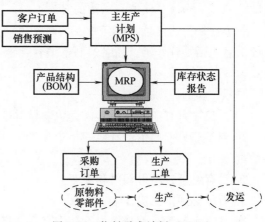

图9-91　物料需求计划（MRP）

1）拉动。拉动式生产是丰田生产系统的两大支柱之一的"准时生产（JIT）"得以实现的技术承载。这也是丰田公司从美国超市管理中得到的启发。相对于过去的推动式生产系统的前工序将零部件生产出来"推给"后工序加工，在拉动式生产中，是后工序根据需求要生产多少产品，才要求前工序制造好需要的零部件。看板就是在各个工序之间传递这种信息和运营这种系统的工具。

与拉动式生产相对应的是推动式生产。在推动式生产中，每一个工序都根据生产计划，尽其所能地生产，尽快地完成生产任务，不管下一工序当时是否需要。传统的生产系统一般为推动式生产，而推动式生产将造成物品的堆积，如图9-92所示。

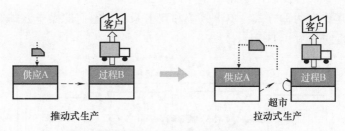

图9-92　推动式生产和拉动式生产的比较

拉动式生产与推动式生产在本质上和观念上有所不同，因此要引进和实施拉动式生产必须先做好思想上的转变。必须对员工和一些主要管理人员进行拉动式生产的精益思想培训，帮助他们转变思想观念，通过组织学习、讨论等形式将精益思想传达和灌输给每位员工。

2）看板。看板（Kanban）一词的原意是指日本小酒馆的服务员在最合适的时候把热酒送上，也就是在前一壶酒刚喝完的时候即时将新的一壶热酒送上，送早了酒就放凉了，送晚了使酒兴正浓的客人扫兴。因此，它指的是准时提供服务。

看板旨在传达信息，即何物，何时，生产多少数量，以何种方式生产、搬运。看板信息包括零件号码、品名、制造编号、容器形式、容器容量、看板编号、移送地点、零件外观等。

看板拉动的原则是：

① 后工序只有在需要的时候，用领料看板向前工序领取需要的零部件。

② 前工序只依照生产看板的指令生产后工序所需的零部件（包括型号、品质和数量等）。

③ 没有看板，不得领料和生产。

④ 看板必须附在实体上。

⑤ 挂有生产看板的料箱内不允许有不合格品，必须是100%的良品。

⑥ 看板数量越多表示在制品越多，所以应尽量减少看板的数量。

看板生产必须同时满足以下前提条件才能运行顺畅：

① 原材料和零部件的供应必须准时，确保"质"和"量"。

② 设备运行状况良好，并且保证加工品质的稳定。

③ 生产属于流水型并且均衡地生产。

依看板原则生产的优点如下：

① 生产活动的信息反馈及时和高效，具有生产车间"自律"的能力，因为生产车间本身可通过看板对生产进行微调。

② 看板随物流而动，使"信息流"融于"物流"之中，易于管理。

③ 库存量低，品质在生产过程中得到控制。

④ 使生产中的许多问题暴露出来，促使企业不断改善。

⑤ 看板运作有两种方式：单卡系统和双卡系统。它们的操作方式如下：

a. 单卡系统如图9-93所示。

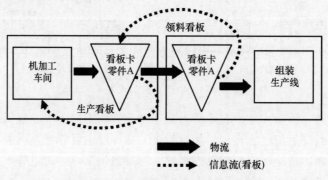

图9-93　看板运作示意图（单卡系统）

组装生产线需要零件 A 时，把零件 A 的看板卡传送到机加工车间。

机加工车间根据零件 A 的看板卡生产。

机加工车间生产好零件 A 后，把零件 A 连同零件 A 的看板卡传送到组装生产线。

整个运作只用了一张卡，这张卡是领料看板卡，同时也是生产看板卡，主要是前后工序之间没有暂存区。

b. 双卡系统如图 9-94 所示。

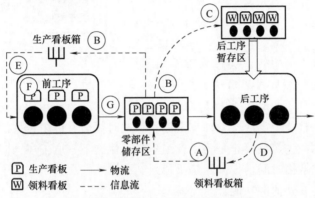

图 9-94　看板运作示意图（双卡系统）

物料配送人员在领料看板箱拿取领料看板和空容器，推车到零部件储存区领取物料。

物料配送人员把零部件连同领料看板置于空容器内，同时把原先附在零部件上的生产看板放在生产看板箱内。必须确认领料看板和生产看板一致。

物料配送人员把领取的零部件连同领料看板用推车送到后工序暂存区。

后工序车间开始使用暂存区的零部件时，必须把附在容器上的领料看板放在领料看板箱内。

前工序在生产看板箱内领取生产看板。

前工序车间依据生产看板生产。

前工序生产好零部件之后，把零部件和生产看板同时放在容器内，置于零部件储存区。

前工序和后工序之间不断地利用领料看板和生产看板连锁运作，结果各个工序仅在需要的时候领取和生产需要数量的零部件，全部工序就自然实现了拉动式的及时生产。

（2）安灯系统　安灯系统是为了能够使连续生产发生的问题得到及时处理而安装的系统。为了及时解决生产线上的问题，有的公司用灯光系统发出问题信号，即每个工作岗位有三个显示灯，绿灯表示没问题，黄灯表示一名员工稍微有点落后，红灯则指问题严重。灯光系统使同一系统里的员工互通信息，使员工和主管尽快找出问题的根源。

安灯系统的目的就是"发生问题立即暂停，或减缓速度立即解决现场的问题以提升生产力的理念"，可以在任何地方发挥着它的警示作用和及时信息传递的作用，将问题阻止在最初的地方，并及时解决问题。所以说安灯系统是信息流中支持物流的有力工具，也是提高制造品质和生产效率最有效的一种手段。

安灯系统在丰田是用来实现生产管理的一种方法。在丰田生产线的地板上会有绿黄红三种颜色，如图9-95所示。绿色表示工序的起点，即0%，黄色表示工序完成70%，红色表示100%完成。当一位工人到达黄线但他的工作尚未完成70%或是他在任何时候有任何问题时，他必须拉动安灯线，安灯就会在安灯板上亮起，同时安灯音乐也会响起，他的生产线上的主管就会过来查看问题是否可以立即解决。假如可以解决，主管会关掉安灯和音乐；假如不可以当场立即解决，安灯就会继续亮着，整条生产线会立即完全停止，这时候会有更多相关的主管和技术人员过来解决问题。生产线停止是为了杜绝不良品流到下一道工序，同时也迫使整个团队尽可能地在节拍时间内把问题解决掉。

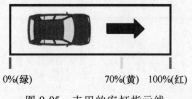

图9-95 丰田的安灯指示线

安灯系统还有其他的功能：

1) 工位作业管理：工位呼叫、集中事件呼叫。
2) 设备运行管理：故障、运行状态、维护信息。
3) 信息可视管理：通过安灯看板显示呼叫信息、故障信息和停线信息。
4) 物料呼叫：通过物料显示屏，显示物料呼叫信息。
5) 品质呼叫：通过广播，呼叫品质信息。
6) 设备呼叫：当设备故障时，通过广播进行呼叫。
7) 维修呼叫管理：通过维修安灯看板，显示维修信息。
8) 公共信息管理：通过信息显示屏，显示各种公共信息。

5. 标准化和执行力

当我们建立了物流和信息流的流程后，这个流程需满足以下三个条件：

1) 有能力的：这个流程的产出能满足客户的需求。
2) 有效率的：这个流程中的浪费基本上已经消除殆尽，能有最大的产出。
3) 能重复的：每一次的工作和动作是一样的。

（1）标准化　标准化作业是解决同类产品之间质量特性差异的有效办法，把生产过程中各种影响因素（人、机、料、法、环、测）按标准化生产的要求制定相应的作业标准。作业标准既是操作者的行为规范，也是管理者检查工作的依据。标准化作业的目的在使每一项作业流程均能清楚呈现，任何人只要看到流程图，便能一目了然，有助于相关作业人员对整体精益生产系统的流程掌握。

（2）执行力　精益生产系统的物流和信息流的标准建立之后必须执行才能产

生效果。执行是一种纪律，是精益生产系统经由消除浪费达到为客户创造价值目标不可分割的一环，执行力的衡量标准就是按"质"和按"量"在计划时间内完成自己的工作任务。再好的精益方案没有执行也是无用的，如何驱动精益方案的执行是企业领导和管理人员的首要工作，一个企业是否有执行力完全看经营领导者的行为，执行力必须成为组织文化的核心部分。

9.6.4 精益生产与六西格玛的融合

流程中始终充满着变异和浪费。精益生产的核心是消除浪费、优化流程、准时制造，用尽善尽美的流程为顾客创造尽善尽美的价值。精益生产关注的是系统的流，即流程速度与效率，主要偏向于对企业流程速度的改善，它衡量的是为满足客户要求而进行的操作的迅速性；六西格玛以数据分析为基础，旨在通过消除过程变异、持续改进获得近乎完美的质量。六西格玛的核心是减少波动，关注质量和价值，它衡量的是为满足客户要求而进行的操作的可靠性。因此，世界级企业需要通过精益生产和六西格玛使企业在质量和速度两方面都达到世界级水平。

精益六西格玛是精益生产和六西格玛管理的有机融合，不仅能通过六西格玛管理大幅度提升产品质量，增加顾客价值，同时能利用精益方法减少资本投入，提高效率和市场响应能力。精益生产和六西格玛虽然解决问题的方法有一定差异，但在核心理念上都强调基于顾客满意的持续改进。实际上目前许多组织在推行六西格玛的过程中已将精益生产的一些思想和工具应用于六西格玛项目，如在 DMAIC 改进过程中，分析阶段可运用浪费分析、价值流分析、流程程序分析、作业时间分析、TPM 等方法和工具，改进阶段可运用看板与可视化管理、5S 及定置管理、设备布局改进、快速换模、5W1H 提问技术及 ECRS 等方法和工具，控制阶段可运用防错、标准化作业等方法和工具。许多服务业在推进六西格玛的过程中，也特别注意引入精益的思想和方法，如图 9-96 所示。

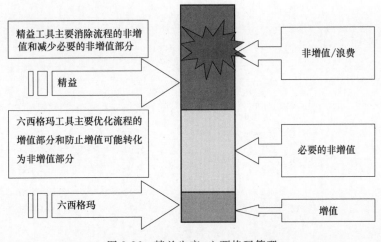

图 9-96　精益生产+六西格玛管理

从图 9-96 可以看出，精益六西格玛是一种集成了两种非常重要又相互补充的改进技术的综合方法论，同时关注消除浪费和降低变异。

精益生产、六西格玛管理或者融合的精益六西格玛管理，都应当整合到持续改进的系统框架中，成为组织持续改进框架中最终的方法论。

第10章　新技术与质量管理

10.1　信息化与质量管理

10.1.1　信息、数据与信息化

1. 信息的概念

人类通过获得、识别自然界和社会中的不同信息来区别不同事物，进而认识和改造世界。控制论创始人诺伯特·维纳（Norbert Wiener）认为："信息是人们在适应外部世界，并使这种适应反作用于外部世界的过程中，同外部世界进行互相交换的内容和名称。"电子和计算机科学家们通常认为："信息是电子线路中传输的以信号为载体的内容。"概括来说，信息是客观世界和虚拟世界中各种事、物和场的状态、特性、相互交互内容等在具有感知能力的主体意识上的反映，是客观事物之间相互联系和相互作用的表征。物理学上，信息不是物质，不能独立存在。信息本身不具有能量，虽然信息的传递需要消耗能量。

2. 信息与数据

数据是反映客观事物属性的记录，或者说是人类为记录客观事物而创造的可以鉴别的符号，包括数字、符号、文字、图形、语音、图像、视频等。数据来自于对物体、现象、事件和特征等的思考、观察、测试、记录等。ISO 9000 标准定义数据为"关于客体的事实"。信息是经过处理后并对客观世界产生影响的数据，即 ISO 9000 标准里定义的"有意义的数据"。数据是信息的表现形式和载体，通过数据采集获得；信息是从采集的数据中获取的有用信息，是数据处理的结果，是对数据作"具有含义"的解释。数据的形式变化多端且易受载体的影响，信息则比较稳定，不随载体的变化而改变。信息不可单独存在，需依附于数据才能存储和传输。美国信息管理专家霍顿（F. W. Horton）认为："信息是为了满足用户决策的需要而经过加工处理的数据。"华为轮值 CEO 徐直军在《谈业务、流程、IT、质量、运营的关系》中指出，在业务流中流动的是信息，信息的载体即数据，数据包括结构化数

据和非结构化数据（文档），数据即业务流各作业活动的输出。业务的数据通常来自于法律法规、标准规范、战略目标、业务流程、顾客需求等，根据应用的需求转化为用以决策、控制、评价、改进等活动的信息，再作用于业务流程，如图10-1所示。

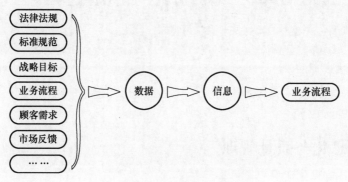

图10-1 业务中的数据与信息

3. 信息化的概念

信息化的概念最早是20世纪60年代的一位日本学者提出的。当前，对信息化概念的表述很多，但基本都把其与当代的信息技术、计算机技术联系起来。例如，1963年，日本学者梅棹忠夫（Tadao Umesao）提出："信息化是指通信现代化、计算机化和行为合理化的总称。" 1977年召开的首届全国信息化工作会议将信息化定义为"信息化是指培育、发展以智能化工具为代表的新的生产力并使之造福于社会的历史过程。" 林毅夫等人指出："所谓信息化，是指建立在IT产业发展与IT在社会经济各部门扩散的基础之上，运用IT改造传统的经济、社会结构的过程。"

信息化不是在现代信息技术和计算机技术出现后才有的，而是自古就有。概括来说，信息化就是为达到一定目的，对各种数据进行制作、收集、保存、传输和处理，并提取和应用其中所含的信息的活动。例如，古时的鸿雁传书、八百里快马传信、纸质的信件、电报、电子邮件、微信等都起到信息化的作用。信息化中的"化"，其含义在于"应用信息并使其产生有益的成效"。基于电子计算机技术的信息化只是获取、存储、传输和处理信息的方式和媒介（电子、量子或光子）不同，并没有改变信息化的本质。信息化丰富了人们生活、学习、工作等活动的内涵，提高了人类认识、利用和改造自然的能力，促进了经济和社会的发展。随着计算机技术、网络技术和通信技术的发展和应用，信息化已成为组织可持续化发展和提高市场竞争力的重要保障。

4. 信息化管理与信息化建设

信息化管理是将现代信息技术与管理理念相融合，把先进技术和管理理念引入管理流程中，转变生产方式、经营方式、业务流程和组织方式，整合组织内外部资源，提高组织管理效率和效益，增强组织竞争力的过程。信息化管理中，信息化是手段，运营是关键，业务流程优化和效率提升是核心，增强核心竞争力和实现组织价值最大化是最终目的。信息化管理的精髓是信息集成，即通过信息管理系统把企业的设计、采购、制造、财务、营销、客服等环节集成起来，共享信息和整合资源。

传统企业管理中，一直把管理理解为通过计划、组织、指挥、协调、控制等各种职能的发挥，保障企业按预定方向和规则运行。现代企业管理则更聚焦端到端的业务流程，围绕价值创造，从输入客户要求开始到交付产品和服务给客户，获得客户满意并实现企业价值。在端到端的业务流程中流动的除了价值流，还有以数据为载体的信息流。信息化管理会使企业的生产经营模式发生深刻变化。

信息化建设是实现信息化管理及其成效的前提。其核心要素是信息管理系统的建设和数据中信息的挖掘。对信息的掌握、快速反应和应用能力是检验信息化建设成效的重要标志。通常，信息化建设是通过信息技术（IT）在端到端的业务流程中进行部署。信息化建设离不开IT，但其与IT不是简单的结合，而是相互融合。

10.1.2 质量管理中的信息

1. 质量信息的概念

信息无处不在，质量管理中同样离不开各种信息。质量管理中的信息（也称质量管理信息，或简称为质量信息）指的是产品实现、服务实施和组织管理等过程中的现象、数据、报表、资料和文件等载体中含有的与质量有关的信息。质量信息是掌握公司质量状况、保障质量决策正确性、保证质量管理相关工作（质量策划、质量控制、质量改进、质量保证）正常进行、保障过程实施质量、促进质量提升、提升顾客满意的基础和前提。质量信息属于信息的范畴，因此其除了具备信息的共性特征（如普遍性、传递性、共享性、实效性等）以外，还具有以下特征：

（1）复杂性　表现在其类别、范围、层次、重要程度等的多样性、分散性、随机性和多专业综合性。

（2）关联性　指的是散布于组织内部各个部门、各个流程，外部供方，顾客，社会各个方面，以及产品全生命周期和/或服务全流程的质量信息相互的关联和影响。

（3）价值性　指的是质量信息可以为组织带来价值。

（4）继承性　指的是质量信息可以被继承和复用。

（5）时效性　指的是有的质量信息具有一定时间特性。

（6）可加工性　指的是质量信息可以通过统计或其他分析技术和方法进行加工而提高其价值。

2. 质量信息的分类

组织质量管理工作中涉及的质量信息来源众多，种类繁多，格式多样。按其来源的不同，质量信息可分为内部质量信息和外部质量信息；按信息受体的不同，可分为向组织高层提供的决策性质量信息、向中层提供的过程性和效果性质量信息、向基层提供的操作性质量信息；按其功能的不同，可分为指令性信息、功能性信息和评价性信息；按影响和紧急程度的不同，可分为重大质量信息（A 类）、异常质量信息（B 类）和一般质量信息（C 类）。其中，内部质量信息指的是组织内部来自于质量战略、质量方针、质量目标、质量标准、质量策划、质量检验、质量监督（稽查、巡查）、质量评价、质量改进、质量教育、质量成本、质量事故等环节的信息；外部质量信息指的是质量法律法规和各级质量标准规定的，以及通过市场调研、供应商、产品故障、主动服务、用户质量投诉、顾客调查等反馈的有关质量信息。重大质量信息指的是对组织有重大影响（例如造成重大质量损失、重点客户书面投诉、被主要新闻媒体曝光、散布范围较大的网络舆情等），需要公司质量领导小组做出判断和决策，并由组织各部门协同配合处理的信息（标识为 A 类）；异常质量信息指的是策划、研发、生产和服务过程出现的、偶发性的批量、有重复出现趋势、已改进未取得明显效果，需由质量管理部协调、相关部门采取必要措施的质量信息（标识为 B 类）；一般质量信息指的是只涉及一个部门，在研发、生产或服务等过程出现的，由部门负责人协调处理的质量信息（标识为 C 类）。

3. 质量信息获取方式

如前所述，提炼于质量数据的质量信息对质量工作的成效具有重要影响。如何从分布于组织内外部所有流程中的质量数据中，准确、及时、全面、系统、完整、经济地获取质量信息至关重要。通常，质量信息的获取方式主要有以下几种：

（1）公司内部质量信息的收集　公司经营战略和经营目标中与质量有关的信息、质量人员相关信息、质量基础设施的相关信息等均可通过查阅和整理相关文档获取；产品制造或服务实施全过程中与产品/服务有关的质量数据可通过人工或/和自动化方式进行采集，可通过统计报表定期反映各类质量相关信息；还可通过质量分析会、工作汇报会、质量信息反馈单和相关记录收集信息；通过早会、日常交流、座谈会等方式收集员工关于质量方面的意见和建议等。

（2）公司外部质量信息的获取　通过问卷调查、座谈会、电话/微信、邮件、现场观察和审核、各类媒体等方式和途径收集、分析外部的质量相关信息。

收集的质量信息应能反映公司产品质量、服务质量和管理质量的运行状况，以及公司技术质量和管理质量的水平，并能为质量预防和持续改进提供机会。通常，质量信息收集的范围主要包括：

1）法律法规和政策中与质量相关的信息。
2）质量人员的数量、能力、资质等信息。
3）质量战略、质量计划和质量目标的完成情况（合格率、不合格品及其处理、质量成本等）。
4）产品关键质量特性，材料、设备、工艺等关键参数等。
5）质量体系审核中的不合格项及其性质和影响等。

6）顾客反馈、顾客需求、顾客满意度、顾客忠诚度等。

7）供应商的产品、过程及体系状况等。

8）竞争对手和标杆企业的质量相关信息等。

10.1.3 质量信息管理

1. 质量信息管理的概念

质量信息管理属于质量管理的范畴，是质量管理系统中贯穿所有模块的子系统。质量信息管理是对质量信息的收集、整理、分析、反馈、处理、贮存、分享等活动进行策划、识别、规范、监督、检查和评价等活动的总称。质量信息是一种有价值的资源，可以说是一种战略性生产要素，关系组织的生存和发展，应对其进行有效的管理。目前，很多组织中大量的质量信息因为没有得到完备的收集、可靠的传递和存储、深入的分析及有效的应用而被白白浪费。质量信息管理的前提是质量信息的真实性、合理性、完整性和系统性。

2. 质量信息管理的目的

质量信息管理的目的在于明确质量信息管理的基本内容、程序、要求、职责及资源，制定质量信息管理相关规定和制度，使质量信息得到正确和及时的收集、贮存、传递、分析和应用，促进体系、过程、产品、服务及管理的持续改进。

3. 质量信息的分级管理

通常，针对不同的质量信息实行分级管理。例如，A 类信息通常由公司质量领导小组判断决策，质量管理部门负责组织传递并督促执行；B 类信息由质量管理部门决策，并传递反馈和督促执行；C 类信息由部门决策并协调执行，并将处理结果报给质量管理部门。对突发的重大质量信息要以书面或信息化的形式，在规定时间内及时向主管负责人及有关部门反馈，确保质量信息及时、畅通地传递和准确、有效地利用。

4. 质量信息管理的职责归属

质量部是质量信息的综合管理部门，肩负质量信息管理的职责，包括负责公司质量管理信息系统的建立、运行、维护和更新；对各类质量信息进行收集、汇总、分析、传递、处理、存储和分享；对公司内外部质量信息工作的规范运行进行检查和考核。企管、生产、财务、销售、市场等部门负责本部门质量信息的收集、汇总、分析、上报，并对接收到的来自其他部门的质量信息进行回应和处理。

10.1.4 质量管理信息化

当前，质量管理借助现代信息技术提高管理的绩效已成必然趋势。质量管理信息化指的是，在质量管理活动中，充分利用现代信息技术，建立质量管理信息系统，集成所有与质量管理有关的数据，并将其转换成在质量管理活动中可用的信息。简言之，质量管理与现代信息技术的结合就是质量管理信息化。信息技术的充分利用，为产品全生命周期和服务全流程的质量管理注入了动力和活力，对质量管理的效率和效益有巨大的提升和保障作用。其不仅可以突破时空限制实现产品全生命周期和服务全流程的协同化管理，还可以与组织其他管理系统链接或集成，促进整个公司信息流、物流、工作流和资金流的畅通和融合应用，从而降低组织内部的交易成本和管理成本，降低组织与外部伙伴之间的信息传递效率和成本，提高质量管理的效率和水平。

整体来说，目前我国制造型企业和服务型组织的质量管理理念、技术和效果尚未达到发达国家水平。大多数组织的信息化建设，目前主要集中于办公自动化、物流管理和财务管理等领域，质量管理信息系统尚未起步或刚刚开始。近年来，随着社会对产品和服务质量要求的不断提高、竞争环境对组织提升质量水平的外部拉动、国家质量相关政策的支持、信息技术的不断完善、质量信息化建设成本的下降等因素，部分组织开始重视并实施质量管理信息化。目前，大型企业的信息化程度相对较高，有多个信息系统涉及质量管理（例如，质量检测数据的采集、传输、保存、分析和展示，现场 6S 管理信息化系统，提案改善信息化系统等），但大多存在专业性和实用性差、多系统协同性差、质量数据分散和利用率低、数据的价值挖掘不足等问题。中小型组织的质量信息化多数仅限于 Minitab、Excel、SPC、ERP 质量模块的应用，系统性和实用性及其效果均难以满足要求。

质量管理信息化的关键，不仅是基于检测自动化、网络化、集成化和智能化等现代信息技术构建完善、可产生价值的信息质量管理系统，还在于使其与组织现有 ERP、MES、CRM、PLM 等管理系统无缝联接，打破系统和部门的职能界限和业务边界，建立跨系统的业务集成，使信息流、物流、资金流、价值流都与质量相结合，进而推动全面质量管理的真正实现。信息化是当今世界经济和社会发展的大趋势，也是各国企业在经济全球化形势下，提高核心竞争力的必由之路。质量管理作为组织管理的核心，将会随着信息化环境的迅猛发展而发生巨大变化。质量管理的目标、方法、体系审核手段，质量管理人员、体系审核人员的素质和能力等都将受到挑战。质量管理信息化必将对传统质量管理产生积极又深远的影响。

10.1.5 质量管理信息系统

显而易见，质量管理的信息化离不开能实现质量信息获取、传输、存储、分析、显示、诊断和应用的信息化系统，即质量管理信息系统（Quality Management Information System，QMIS）。一个功能全面的质量管理信息系统是组织实现质量管理信息化的基础条件，内嵌于质量管理信息系统的各种技术、方法和工具，不仅可提升质量问题分析和解决的效率和效果，还可从人们难以察觉的信息之间的关联发现其内在逻辑，进行智能推断，进而大幅提升产品、服务和经营质量，促进组织的高质量发展。

1. 质量管理信息系统的框架和构成

根据职能设置、质量管理工作以及信息化部署的具体要求，总体来说，组织质量管理信息系统的框架主要包括连接层、支持层、应用层、数据层、展示层、交互层六个层次，如图10-2所示。其中，支持层为整个系统提供硬件、软件、技术、标准、网络、维护等支持和保障作用。数据层是对来自各个业务板块的数据进行存储、关联、汇聚、分类、智能分析、分发等操作。应用层直接与各业务板块、具体职能和工作相对应，其基于数据层提炼出的信息，有针对性地根据需要为各类需求提供信息，并使信息在各应用之间进行共享。应用层里的各类质量应用可分成战略、战术和作业三个纵向层级。质量战略活动由高层管理者进行（如质量战略和质量方针的确定和评审、质量风险管控、管理评审报告等），战略活动的信息具有随机、概要、非结构化、主观等特性。质量战术活动由中层管理人员负责执行，对作业活动进行指导、监督和控制（如质量策划、质量监督、质量评审、质量激励等）。战术活动信息的特点是阶段性、汇总性、不可预见性、可比性。质量作业活动指的是操作层面日常的质量活动（如质量检验、质量改进等），这些活动产生的数据是质量管理信息系统最重要的基础。质量作业活动信息的特点是重复性、可预见性、可测量性、可追溯性。展示层是用于各类质量应用中数据、状态、结果、趋势等的可视化呈现。交互层是系统使用者与系统进行交互的界面，可兼容个人计算机、移动终端和智能设备。连接层的作用是使质量管理信息系统与组织的办公自动化（OA）系统、企业资源计划（ERP）、制造执行系统（MES）、客户关系管理（CRM）、集成产品开发（IPD）、计算机辅助工艺设计（CAPP）、计算机辅助制造（CAM）、供应链管理（SCM）、财务管理系统（FMS）等系统关联，实现跨系统的数据传输和综合应用。

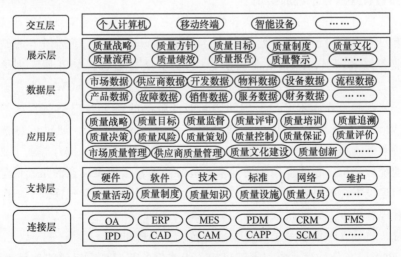

图10-2　质量管理信息系统的框架和构成

质量管理信息系统通常主要包括顾客需求管理、开发质量管理、供应商质量管理、产品制程/服务过程质量管理、质量人员管理、客户质量管理、质量成本管理、质量体系管理、质量文化与质量培训、质量知识管理、质量追溯管理、质量风险管理、质量改进管理、质量管理驾驶舱等模块。各模块下还有不同功能的子模块，如图 10-3 所示。

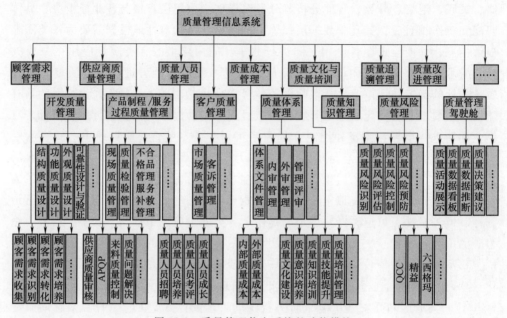

图 10-3　质量管理信息系统的功能模块

2. 质量管理信息系统的实现

质量管理信息系统的设计与实现的核心关注点和落脚点是端到端的业务流。例如，由客户需求和组织战略开始的，经过产品整合开发到覆盖产品全生命周期的产品管理业务流（PLM，产品生命周期管理）；从潜在销售机会开始，到预测、规划、采购、生产、控制、供应直至回款的全供应链业务流（SCM，供应链管理）；从客户的问题和服务需求开始，到问题和服务解决的整个客户关系管理的业务流（CRM，客户关系管理）。应基于横向到边、纵向到底的原则，通过信息技术和手段贯通各业务流程中质量管理数据链，从决策、管理、技术、执行等多个维度构建质量管理统计分析、在线监控预警异常改进协同平台。需要注意的是，质量管理信息系统的建设不纯粹是信息技术的技术实现，更多是对传统管理模式、业务实施途径以及管理者思维方式的挑战。

通常，质量管理信息系统的建设可以按以下步骤进行：
1) 决策层充分重视，成立专门机构，组建由各部门高层组成的项目团队。
2) 分析自身现状，识别各方需求，明确建设质量管理信息系统的重要性、必要性和可行性。

3）基于战略目标，识别业务需求，合理规划质量管理信息系统架构。

4）梳理、优化和完善各业务流程，并统一各流程相互的接口。

5）软硬件基础设施构建，遴选信息技术合作方。

6）可分阶段或层次逐步推进。

7）持续优化和完善系统的架构、逻辑和内容等。

10.1.6 质量管理信息化应用案例

供应商质量管理越来越成为组织管理中的重要一环。通常，每个公司都有数量较多的供应商，且分布于全国甚至全球各地。供应商质量管理过程中会有许多涉及产品、工艺、评审、检验等的信息需要传递、审核和确认。目前，国内还有相当一部分组织在供应商质量管理中仍然采取传真、电话、短信、邮件等传统方式进行信息的传递和处理，普遍存在以下问题：

1）信息的传递、处理和反馈不及时，影响决策的效率。

2）供应商相关数据统计困难，无法实现供应商质量信息的实时查询、统计及分析。

3）供应商档案用纸面或 Excel、Word 电子文件保存，共享和动态维护不便。

解决这一问题的方法就是利用信息技术构建供应商质量管理信息系统（可集成于公司级的质量管理信息系统中）。下面仅以某公司的供应商质量管理信息系统为例进行介绍。

某公司的供应商质量管理信息系统主要包括供应商基础资料、供应商技术文档、供应商评估、供应商试用、供应商准入、供应商分级、供应商绩效、供应商索赔、供应商退出、供应商问题解决（8D）、供应商质量数据协同等模块，如图10-4所示。每个模块的主要内容如下。

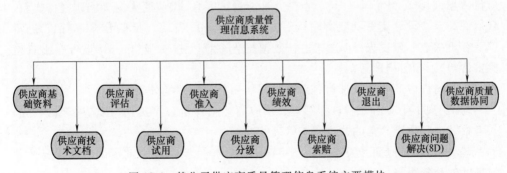

图 10-4 某公司供应商质量管理信息系统主要模块

（1）供应商基础资料 供应商的基本信息（如营业执照、税务登记证、3C证书、质量管理体系证书、采购合同、财务评审报告、审厂报告等）、供应商可供货范围等。

（2）供应商技术文档　质量检验标准和要求、技术文件等。对应的供应商分权限管理，可上传和下载等。

（3）供应商评估　包括资料评估和现场评估，涉及供应商考察和审厂清单明细、结合不同物料及审厂方式配置的不同模板及权重、审厂通知单等，支持移动打分或过程照片上传，评估状态标识及认证结果发布（技术分、品质分、商务分、成本分等，评分人）等功能。

（4）供应商试用　包括供应商试用申请、试用期限设定等。

（5）供应商准入　包括供应商的选择、初评、打样、审厂、审批等。

（6）供应商分级　依采购内部文件定义（OEM、原材料、非生产等）划分分级标准。例如，战略供应商、优先供应商、一般供应商、小批量供应商、停止合作供应商、淘汰供应商等；引入未满6个月的厂商不纳入分级（可配置考评时间，一般2次/年）；供应商分级的维护可依物料类别、合作期限、交易金额占比、物料特性、供应商性质、供应商绩效等进行。

（7）供应商绩效　包括绩效评估策略（从质量、交期、成本、服务等主要评估指标及二、三级指标设计）、绩效目标设定、绩效评估、绩效分析、绩效改善等。

（8）供应商索赔　对接QMIS，触发供应商索赔和处罚流程。供应端确认后，自动扣款。

（9）供应商退出　供应商整合申请、评审、进度（新增、取消、变更、删除等）。

（10）供应商问题解决（8D）　对接QMIS，供应商同步收到客诉，并回复供应商内部的8D流程。

（11）供应商质量数据协同　主要用于供应商端的质量追溯，包括供应商现场质量数据（IQC、IPQC、OQC、首件、性能测试等）、供应商现场（问题拦截次数、合规性记录、设计变更供应商确认等）、供应商来厂表现（检验合格率/批、退货率、客诉次数、质量失效成本等）、数据报告系统（材质报告、8D报告、出货检验报告等）、预警提醒等。

该公司供应商质量管理信息系统上线使用后，取得的效果主要有：

1）实现了供应商开发过程管理、供应商业绩评价公平透明、供应商监察、准入考察及来料质量异常的改进跟踪管理等功能。

2）实现了供应商开发准入现场审核情况、样件鉴定及小批量试生产情况及开发进度的有效跟踪。

3）对供应商业绩评价展开协同及评价得分排名和红黄牌监控。

4）通过与其他子系统的集成，实现供应商来料合格率、制造过程物料异常件数等质量水平的全面量化，为供应商大会及供应商改进沟通提供全面、高效的数据支撑和跟踪管理。

5) 实现了供应商质量信息在线监控和预警,并自动触发改进跟踪。

6) 实现了供应商档案、供应商准入、供应商年度监察、供应商绩效评价、供应商质量统计分析及预警等业务功能。

10.2 人工智能与质量管理

人工智能(Artificial Intelligence, AI)是20世纪50年代,在控制论、信息论、计算机科学等多学科理论和技术得到一定发展的前提下兴起的,是一门涉及生物、心理、计算机、数学、信息与控制等多学科交叉性和前沿性的学科。其研究内容包括知识工程、专家系统、机器学习、神经网络、模式识别、优化计算等多个领域。经过70多年的发展,人工智能目前已成为全球科学界和工程界的热点之一,更是推动人类文明进一步发展的重要技术支撑。人工智能与原子能技术和空间技术一起被称为20世纪三大科学技术成就,人工智能也是21世纪三大尖端技术(基因工程、纳米科学、人工智能)之一。鉴于人工智能的多学科综合性及其复杂性,给其一个较为严谨并得到广泛认同的定义是件困难的事情。就其本质和作用而言,人工智能是对人思维过程的模拟,通过分析已有的数据、条件及先验知识,挖掘其内在的逻辑和规律,并将其用于解决现实问题和预测未来趋势。

人工智能的核心在于"智能"。简言之,智能是智力与能力的总和,可以理解为"有智慧的能力"。智力来源于对知识的掌握、融会贯通、提炼和领悟,因此知识是智力的基础;而能力指的是获取并运用知识解决问题的能力。智力和能力都离不开思维的活动。人与其他动物最大的区别就在于思维的深度、广度和复杂程度的不同。根据霍华德·加德纳的多元智能理论,人类的智能可分成语言(Verbal)、逻辑(Logical)、空间(Visual)、肢体运作(Bodily)、音乐(Rhythmic)、人际(Social)和内省(Introspective)七个范畴。目前的人工智能基本上是朝着实现这七种智力和能力的方向发展,并开始渗透于人们的日常生活,例如自动翻译机、机器人助理(Siri、Cortana等)、无人驾驶、AlphaGo等。人工智能正以前所未有的态势汹涌而来,并在各行各业的质量管理中也逐渐得到越来越多的应用。

10.2.1 人工智能概述

1. 人工智能发展史简介

自古以来,人类就不断地探索制造和使用机器代替人的部分脑力和体力劳动。就其本质上的功用而言,人工智能并不是新鲜事物。

13世纪,人们认为人类的思考过程可以机械化。马略卡哲学家拉蒙·柳利开发了一些"逻辑机",试图通过逻辑方法获取知识。其开发的机器能够将基本的、无可否认的真理通过机械手段用简单的逻辑操作进行组合,以求生成所有可能的知识。

17世纪，莱布尼兹猜测人类的思想可以简化为机械计算。莱布尼兹、托马斯·霍布斯和笛卡儿尝试将理性的思考系统化为代数学或几何学那样的体系。莱布尼兹还设想了一种用于推理的普适语言，能将推理规约为计算。这些哲学家明确提出的形式符号系统的假设，成为后续人工智能研究的指导思想。

20世纪初，数理逻辑研究上的成果（如布尔的《思维的定律》、弗雷格的《概念文字》等）使推理过程的形式化描述更进一步。1913年，罗素和怀特海在《数学原理》中对数学的基础给出了形式化描述。根据邱奇-图灵论，一台仅能处理0和1这样简单二元符号的机械设备就能模拟任意数学推理过程。

20世纪40~50年代，来自不同领域（数学、心理学、神经学和信息论等）的一批科学家开始探讨制造人工大脑的可能性。基于模拟电路的机器人、神经网络机、世界上第一台通用电子计算机ENIAC、跳棋计算机程序等的研制，控制论、信息论、图灵测试的提出等，为人工智能的诞生奠立了基础。1950年，英国数学家图灵发表了论文《机器能思考吗？》，这篇划时代之作为其赢得了"人工智能之父"的美誉。

1956年8月，约翰·麦卡锡、马文·闵斯基、克劳德·香农、艾伦·纽厄尔、赫伯特·西蒙等科学家齐聚美国达特茅斯学院，探讨如何用机器模仿人类智能，人工智能的概念被正式提出。达特茅斯会议是人工智能发展史上的第一个里程碑。因此，1956年也被称为"人工智能元年"。

从达特茅斯会议到20世纪70年代初，人工智能的研究如火如荼，许多令人惊奇的程序被成功开发，计算机可以求解代数应用题、证明几何定理、学习和使用英语等，人工智能研究也获得大量的投资。许多人工智能研究者都对20年内出现具备完全智能的机器持肯定态度。

20世纪70年代，由于当时的计算机内存和处理速度的不足，人工智能程序只能解决一些最简单的问题；另一方面，热衷人工智能的研究者对人工智能的实现路径与人类思考本质的差异理解不足，使得人工智能的研究进展缓慢，也招致来自多方面的质疑和批评。同时，由于研究经费的削减或终止，人工智能的研究也处于停滞状态。

20世纪80年代，知识库系统和知识工程成为人工智能研究的主要方向。能够依据从专门知识中推演出的逻辑规则回答或解决某一特定领域问题的人工智能程序（即专家系统），以及能够用全新的方式学习和处理信息的新型神经网络（现称为Hopfield网络）得到成功应用，使人工智能得以焕发新生，日本、英国、美国等都向人工智能研究项目提供了规模宏大的资助。

从20世纪80年代末到90年代初，由于人工智能硬件市场需求的不景气、个人计算机性能的大幅提升，以及很多宏伟的人工智能项目没有实现目标等，同时基于符合操作的智能模型受到质疑，人工智能经历了所谓的"人工智能之冬"。这段时期，人工智能发展缓慢的主要原因是受限于计算能力和数据量的不足。

20世纪90年代，得益于计算机性能的大幅提升，人工智能技术得到长足的发展，在数据挖掘、工业机器人、物流、语音识别、医疗诊断和搜索引擎等方面都得到较好的应用。1997年5月11日，IBM开发的名为"深蓝"的计算机系统首次战胜国际象棋世界冠军卡斯帕罗夫，这是人工智能发展史上另一个里程碑。

21世纪初开始，基于计算机和互联网技术的飞速发展及其广泛应用、爆炸式增长的数据量以及以深度学习为代表的机器学习算法在机器视觉和语音识别等领域取得的突破，使人工智能再次受到学术界和产业界的广泛关注。人工智能应用开始普及，并融入生产、服务以及人们的日常工作和生活，人工智能产业技术和应用也得到突破。2015年10月—2017年5月，DeepMind公司开发的AlphaGo人工智能围棋程序横扫国际围棋所有世界顶尖棋手，这是人工智能发展史上的又一个里程碑。

人工智能的研究长期存在两种不同的目标或理念，即所谓的强人工智能和弱人工智能。20世纪50年代初，人工智能的研究聚焦于希望机器可以拥有自主心智、独立意识、机器情感等，能像人一样或超越人类的智慧和能力（即强人工智能），但由于人们对人脑认知的局限性以及技术、资金等原因，几乎一直没有实质性的进展。接着，基于让计算机具备学习和建模能力（即弱人工智能）的研究开始兴起。较长的时间内，强人工智能和弱人工智能的研究同时存在。直到20世纪80年代，机器学习开始成为主流，人工智能的研究重点开始聚焦于用机器实现某种特定类型的人类智能行为，并在诸多领域取得了成功。人工智能的两个基本面，包括工业生产和消费与生活，即工业生产智能化和消费生活智能化。工业生产智能化方面，自动推理机器可以进行定理的自动证明，基于图像识别进行产品质量检测的机器已经达到甚至超过人类；消费生活智能化方面，具有较高准确率的便携式实时翻译器已成为现实，围棋和象棋机器人已经彻底超越了人类。

2. 我国人工智能发展概况

我国人工智能的相关研究起步相对较晚，汇集国内人工智能相关研究专家和学者的中国人工智能学会（Chinese Association for Artificial Intelligence，CAAI）成立于1981年。国家从2015年开始鼓励、推动和支持人工智能和机器人技术的发展，密集出台了多项政策，例如《"互联网+"人工智能三年行动实施方案》（2016年5月）、《"十三五"国家科技创新规划》（2016年7月）、《"十三五"国家战略性新兴产业发展规划》（2016年11月29日》、《新一代人工智能发展规划》（2017年7月）、《促进新一代人工智能产业发展三年行动计划（2018—2020年）》（2017年12月）等。科技、制造业等业界巨头都投入巨资进行持续研究并取得可喜成效，例如阿里巴巴的达摩院、百度的AI开放平台（百度大脑）、腾讯的AI Lab、科大讯飞的超脑计划、华为的AI训练集群（Atlas 900）等。

目前，我国人工智能的研究和应用均得到快速发展，相关论文发表、专利申请和组织数量均处于世界领先地位。2013—2018年，全球共发表人工智能领域的论文30.5万篇，其中我国发表7.4万篇，美国发表5.2万篇。2000—2019年，我国人工智能专利申请超过10万项，排名世界首位。截至2018年年底，全球人工智能企业共有15916家，我国人工智能企业为3341家，位居世界第二位。

毋庸置疑，人工智能是新一轮产业变革的核心驱动力，将进一步释放历次科技革命和产业变革积蓄的巨大能量，并创造新的强大引擎，重构生产、交换、消费等经济活动各环节，形成从宏观到微观各领域的智能化新需求和新应用，催生新技术、新产品、新产业、新业态和新模式。包括我国在内的很多国家都已经将人工智能上升为国家战略。党的十九大报告提出，推动互联网、大数据、人工智能和实体经济深度融合。2017年7月，国务院印发的《新一代人工智能发展规划》明确提出新一代人工智能发展的战略目标：到2030年，我国的人工智能理论、技术与应用总体达到世界领先水平，成为世界主要人工智能创新中心。人工智能还是2018年年底中央经济工作会议提出的"新基建"的七大领域之一。2018—2021年的政府工作报告中均指出，要加快新兴产业发展，深化人工智能等研发应用，培育新一代信息技术等新兴产业集群，壮大数字经济。目前，我国已在芯片、算法、数据、平台、应用等领域汇聚了一批人工智能企业，部分领域已取得阶段性成果。例如，语义、语音、人脸和图像识别技术的准确度和效率已超越人工，并在金融、安防、客服、市政交通、电子消费品等领域均有成功的应用。

10.2.2 人工智能的核心

人工智能研究的基本内容主要包括知识表示、机器感知、机器思维、机器学习和机器行为。这些研究的应用都离不开计算机技术的发展。计算机技术应用的关键是运算的效率。人工智能的核心是算力、算法和数据。算力和算法针对的对象都是数据，二者密不可分。算力依靠的是计算机硬件，重点是芯片。强大的算力是人工智能完成高复杂度、高通量、高效率运算的关键之一。计算机软件对人工智能来说更是不可或缺。软件的关键是算法。算法创新是推动人工智能发展的重要驱动力，深度学习、强化学习等技术的出现使机器智能的水平大幅提升。数据就像人工智能的粮食一样，没有大样本的用于机器自我学习的数据，人工智能的优势就难以得到体现。新一代人工智能是算力、算法和数据的相互融合和相互支撑。互联网、物联网、5G、数据自动采集等技术带来的数据洪流满足了人工智能的深度学习算法对于训练数据量的要求，但是算法的实现还需要更快、更强大的算力予以支撑。

1. 算力方面

算力可以简单理解为计算机硬件的计算能力。算力是人工智能发展的基础、动力和引擎。算力越强，计算机处理数据的能力就越强。计算机的算力主要取决于其信号处理芯片（如CPU、GPU、TPU、NPU、BPU、DPU等）。目前，用于人工智能领域的芯片主要是TPU（Tensor Processing Unit，张量处理器）、NPU（Neural network Processing Unit，神经网络处理器）、BPU（Brain Processing Unit，大脑处理器)、DPU(Deep learning Processing Unit,深度学习处理器)等。这其中以谷歌的用于深层神经网络运算的 TPU、中国科学院的"寒武纪"、IBM 的用于神经网络计算的 NPU、地平线科技的嵌入式人工智能处理器 BPU 等为代表。算力的推升迫在眉睫,否则将会极大束缚人工智能的发展和应用。可喜的是,随着量子计算机的诞生、发展和应用推广,算力会得到大幅度提升。

2. 算法方面

人工智能的实现除了需具备性能满足要求的硬件外,软件也是不可或缺且至关重要的。软件的核心是算法。人工智能领域的算法很多,目前常见的主要有玻尔兹曼机(Boltzmann Machine)、朴素贝叶斯(Naive Bayes)、决策树(Decision Tree)、随机森林(Random Forest)、逻辑回归(Logistic Regression)、支持向量机(Support Vector Machine)、聚类分析(Cluster Analysis)、迁移学习(Transfer Learning)、深度卷积神经网络(Deep Convolutional Neural Networks)等。每一种算法都有其不同的应用特长。更有效和更高效的算法还在层出不穷地被开发出来。人工智能真正的革命不是关于大量的数据,而是利用统计方法对数据内在本质和逻辑的洞见以及所产生的价值。

3. 数据方面

数据是算法处理的对象。"巧妇难为无米之炊"。拥有深度的、细致的、海量的数据是训练出"智能"的前提。没有数据、数据量不够大或数据不能反映真实,再强的算力和再好的算法都无用武之地,更不能产生价值。AlphaGo 之所以能战胜棋类世界冠军,除了其强大的硬件和软件技术外,一千多万个棋谱才是其持续进步乃至不可战胜的根源。目前,传感器技术的发展为数据的获得及数据的准确性提供了技术保障,互联网和云存储技术的发展为数据的传输和存储提供了便利。万物互联时代的来临,来自生活、产业、政府管理等诸多领域的超乎想象的海量数据也为人工智能在各领域的应用提供了保障。

人工智能当前虽然是备受关注的高科技之一,但正如诺贝尔奖得主托马斯·萨金特(Thomas J. Sargent)所言,"人工智能其实就是统计学"。简单来说,人工智能的核心就是通过已有的数据和条件,挖掘出其内在的洞见和结论,总结出其规律并将其用于预测未来。人工智能就是用海量的数据去"喂出"一个算法,去应付有固定解决方案、有系统方法可以解决的领域的问题。所以,人工智能只是一个工具而已。

10.2.3 人工智能的研究和应用领域

随着人工智能技术的发展,其已经在生活、学习、工作、制造、服务、金融、安保、军事等诸多行业得到应用。人工智能的研究和应用领域主要有专家系统、机器学习、模式识别、人工神经网络、自然语言理解、智能机器人与多智能体系统、自动定理证明、博弈、数据挖掘与知识发现等方面。下面仅简单介绍几种。

1. 专家系统

专家系统是从20世纪60年代逐步发展起来的，是一种模拟人类专家解决问题的思维过程。它是依靠人类专家已有的知识和经验建立起来的，用于解决特定领域问题的计算机程序。专家系统是人工智能研究中开展较早、最活跃、成果最多的领域。1977年，费根鲍姆提出的"知识工程"标志着人工智能进入实际应用阶段，并逐步在医药、化工、法律、商业、农业、生物、教育、军事等领域都得到了较好的应用。

与传统的计算机程序相比，虽然专家系统也是计算机程序，但两者有着本质的区别。其一，专家系统是以知识为中心，注重知识本身及其应用，而传统计算机程序关注的是确定的算法；其二，专家系统解决问题的知识库与处理问题的推理机不再隐含在程序和数据结构中，而是单独构成一个知识库。知识库是领域知识的集合，可方便地进行更新。传统计算机程序是将知识和知识的处理都编成固定的代码。知识改变时，传统计算机程序的代码需要重新进行编码和调试，而专家系统只需更新知识库即可。

专家系统的出现，不仅便于知识的保存、应用和延续，减少了知识传授和应用的代价，还提高了解决问题的效率和准确性。与一般的数据处理系统不同的是，专家系统中主要应用了符号表示、符号推理、启发式搜索等人工智能的相关原理和技术。

2. 机器学习

人类之所以成为地球上的智能生物之一，关键的是人类拥有学习、推理、决策和行动能力。机器的智能同样可以通过学习来获得，即所谓的机器学习。作为人工智能的一个重要研究领域，机器学习就是研究如何使计算机模拟或实现人类的学习行为，针对生活和工作中的某一场景，建立模仿人类学习过程的计算模型，依靠机器的计算能力和算法进行迭代和演绎，并自我更新模型，用于对新的场景进行预测或者分类操作。机器学习的研究与认知科学、神经科学、脑科学、心理学等学科都密切相关，并对人工智能研究的其他分支（如专家系统、自然语言理解、自动推理、机器视觉等）都起到推动作用。人工智能的发展史伴随着机器学习算法的进化史。

机器学习经过多年的研究，已经形成了监督学习、非监督学习、传授学习、发现学习、类比学习、事例学习、遗传学习、深度学习等多种学习方法。其中，深度学习是目前人工智能领域较为热门的方法之一。2006年，加拿大多伦多大学教授杰弗里·辛顿提出了深度学习的概念，极大地发展了人工神经网络算法，提高了机器学习的能力。目前，深度学习等算法已经广泛应用于笔迹识别、面部识别、语音识别、图像识别、数据挖掘、故障诊断、自然语言处理、自动驾驶、博弈等领域，并在某些特定领域取得了突破性进展。例如，典型的成功案例就是AlphaGo应用深度学习方法进行"自我学习"，最终战胜人类顶级围棋选手。

3. 模式识别

模式识别是人工智能较早研究的领域之一，是一门综合性、交叉性学科，涉及矩阵论、图论、模糊数学、最优化理论等学科知识。其是利用计算机对各类目标信息（物体、图像、语音、字符等）进行采集、数值化、特征提取、分类与识别，应用于语音、语义、人脸、指纹、姿态、手势、文字等特征的识别以及自动分拣、医疗诊断等领域，特别是在智能手机、门禁安检、公共安全中，利用人脸、指纹或语音识别技术进行个人认证和安全保障的应用最为广泛。

模式识别的关键是如何让计算机通过程序快速、准确地实现既定的功能。算法方面，伴随着深度学习技术的不断成熟，运算模型日益优化，大大提升了模型辨识解析的准确度。

4. 人工神经网络

人工神经网络（Artificial Neural Networks，ANNs）起源于 1943 年心理学家麦卡洛克（W. S. McCulloch）和数理逻辑学家皮兹（W. Pitts）建立的神经网络和数学模型（称为 MP 模型）。他们通过 MP 模型提出了神经元的形式化数学描述和网络结构方法，证明了单个神经元能执行逻辑功能，从而开创了人工神经网络研究先河。

人工神经网络是一种模仿人类神经网络行为特征，进行分布式并行信息处理的算法模型。其是大量的节点（或称神经元、简单计算单元）相互连接构成的非线性、自适应信息处理系统。每个节点代表一种特定的输出函数，称为激活函数（Activation Function）。每两个节点间的连接都代表一个对于通过该连接信号的加权值，称为权重。这相当于人工神经网络的记忆。网络的输出则根据网络的连接方式、权重值和激活函数的不同而不同。通过调整网络内部大量节点之间相互连接的关系，在一定程度和层次上模仿人脑神经系统的信息处理、存储和检索等行为，从而具有学习、记忆和计算等智能功能。

5. 自然语言理解

自然语言是人类进行相互信息交流的主要媒介。自然语言充满歧义，结构复杂多样，语义表达千变万化，结构和语义间的关系错综复杂。人类能够轻松自如地进行语言交流是因为人类独具的强大的自然语言处理能力。而对于计算机来说，自然语言的理解是极其困难的。自然语言理解是一门新兴的边缘学科，内容涉及语言学、心理学、逻辑学、声学、数学和计算机科学，而以语言学为基础。该研究起始于 20 世纪 60 年代，目的是使计算机能够快速、准确地理解人类的语言，并根据应用场景的不同发出能被人类理解、语义正确的机器语言，从而实现人与机器间的无碍语言交互。

世界各地人类的自然语言多种多样且千差万别，这给来自不同语系的人们的相互语言交流带来不便和困难，目前都是通过一个中间的过渡环节（即人工翻译）进行交流。即时且准确翻译的前提是翻译者对需转换的两种或多种自然语言的充分理解和应用，这对担当翻译的人提出了较高的要求。因此，与自然语言理解密切相关的一个领域就是机器翻译，即用计算机把一种自然语言翻译成另一种自然语言。自然语言理解分为语音理解（即语音识别）和文字理解（即文本识别）两个方面。

鉴于自然语言本身的复杂、多样性以及语义、语法、省略、方言等目前都无明确的规律可循，尽管近年来自然语言理解上已取得一定进展，但机器完全理解人类的自然语言并实现人机间轻松自如的语言交互目前还相当困难。自然语言处理一直被视为人工智能要攀登的珠穆朗玛峰。

6. 智能机器人与多智能体系统

智能机器人是指具有人类所特有的某种智能行为的机器，不同于只能按照编好的控制程序实现特定功能的普通机器人。智能机器人是在机械、电子、人工智能、自动控制、系统工程、仿生学、心理学等多个学科基础上发展起来的综合性交叉学科。由于智能机器人有着强烈的应用拉动以及相关技术的逐渐成熟，近年来得到迅速的发展。

通常认为，智能机器人至少具备三个要素。一是感觉要素，用以感知周围环境状态。感觉要素包括能感知视觉、接近、距离、温度等的非接触型传感器和能感知力的接触型传感器。这些要素相当于人的眼、鼻、耳等五官，其功能通过基于图像、电磁、超声、激光、力学、压电等原理的传感器件来实现。二是思考要素，用以根据感觉要素所得到的信息思考出采用什么样的动作。思考要素在智能机器人的三个要素中最为关键，也是智能机器人的必备要素。其包括判断、逻辑分析、理解等方面的智力活动。这些智力活动实质上是一个信息处理过程，而计算机则是完成这个处理过程的核心。三是运动要素，用以对外界做出反应性动作。智能机器人的运动要素指的是实现一个无轨道型的移动功能以及特定任务的执行功能。无轨道型的移动功能用以适应平地、台阶、墙壁、坡道、山林等不同的地理环境，可借助轮子、履带、支脚、吸盘、气垫等机构完成。特定任务的执行功能指的是应具备完成诸如举升、翻滚、跳跃、飞行、射击等特定任务的执行机构。在无轨道移动和特定任务执行过程中，还要对移动机构和执行机构进行位置、压力、速度、应力、温度、滑移、碰撞等的实时测量和控制。

根据智能化程度的高低，智能机器人可分为初级和高级两大类。初级智能机器人和普通的工业机器人不同的是，其具有像人一样的感受、识别、推理和判断能力，可根据外界条件的变化在一定范围内自行修改程序，进而做出自适应的调整。初级智能机器人已拥有初步的人类智能，但其修改程序的原则还需由人预先设定，还没有自动规划能力。与初级智能机器人不同的是，高级智能机器人可以通过自己学习和总结经验来获得修改程序的原则，并修改相关程序，已拥有一定的自动规划能力，可以不需要人的照料，完全独立地工作，故也称高级自律机器人。这种机器人已经开始逐步走向实用，最为典型的就是美国波士顿动力学工程公司的"大狗"机器人（Bigdog）、自动驾驶汽车等。

多智能体系统（Multi-Agent System，MAS）是分布式人工智能的一个重要分支，其是由多个智能机器人（即智能体）组成的，通过各个智能体间的自主协作完成特定复杂任务的组合，例如机器人足球队、机器蚂蚁群、机器蜂群等。

10.2.4 人工智能对质量管理的影响与挑战

人工智能作为新一轮科技革命和产业变革的重要驱动技术和力量，虽然目前还处于初级阶段，但已经渗透到科学研究、制造、金融、教育、营销、交通、气象、消费、安防、军事、生活等方方面面。质量是制造型企业和服务型组织的生命，质量管理是永恒的话题。质量管理离不开各种工程技术和管理方法。技术的革新持续催生和变革着质量管理的方法，从以质量检验为基础的质量检验模式，到以质量控制和防错为重点的过程质量管理模式，再到以数据为特征的产品全生命周期预测性质量管理。人工智能技术与质量管理的充分结合，不仅可提升质量管理的效率和效益，还可促进质量管理相关理论和方法的持续变革。

1. 人工智能对质量管理工作的影响

质量管理工作的主要内容包括质量战略和质量方针制定、质量目标设定与分解、质量文化建设、质量管理体系建立与实施、产品研发/服务设计质量控制、供应商质量管理、生产/服务过程质量控制、产品/服务质量检验与监督、市场质量管理、质量项目实施、质量成本管理、质量信息化管理、质量审核与认证、质量绩效考评、质量教育与培训等。这些工作中会涉及来自顾客、市场、供方、制程、检验、仓储、物流、财务、人员等渠道的各种结构化和非结构化的大量数据。传统质量管理模式下，这些数据的整理、识别、分析和应用等过程存在效率低、信息丢失、工作量大、时间长、效果差等弊端，另一方面，存储于不同单位和部门的数据和信息在没有统一的数据平台情况下会形成很多数据和信息孤岛，进而导致质量管理的效率和效益低下。人工智能则可以实现智能化的数据抓取、整理和分析，打通数据和信息孤岛。例如，在产品质量检测方面，对于常规的基于机器视觉原理的产品质量特性检测，由于待识别缺陷千变万化、新产品及具有细微差别的同类产品都需重复开发、对复杂背景和纹理较难处理等原因，普遍存在算法适应性差、误报率高等缺陷。如果将人工智能与机器视觉检测融合起来，通过深度学习可大大减少重复开发的工作量，还可提高检测的准确性和效率。再如，在手机拍摄照片后处理方面，将人工智能与手机拍照相结合（即人工智能拍照），其大光圈虚化就是用海量的某个调色风格和场景的单反照片不断地"喂"并优化机器学习的算法，最后呈现类似单反相机的拍摄效果。又如，在服务质量提升方面，过去十年中阿里巴巴电商平台的订单数增加了几十倍，客服的任务量也同比增加，但是其客服团队的人员并没有增加多少，是因为增加的任务量都被人工智能客服承担了。天猫"双11"活动中，人工智能客服解决了95%的客服问题。

2. 人工智能对质量人员的影响

目前，人是质量管理的实施者，质量问题的解决方案也都是由质量人员做出的。而质量人员的工作结果不可避免地会受到其具备的素质、身体状况与情绪、知识的结构与掌握程度、质量意识、质量技能等诸多因素的影响。随着自动在线检测传感器和装置以及物联网技术在生产中的广泛应用，那些需要人工统计的质量数据会逐渐由数据自动采集系统替代，质量数据的分析与决策也逐渐由人工智能系统接管。显然，这必然会对质量人员产生巨大的冲击。这些冲击主要体现在以下方面：

1) 对质量人员的需求会逐渐减少。简单、重复的质量活动（例如，检测和试验数据的记录与分析，质量报表的制作和展示，体系中文件化信息的产生、存储、审核与修订，供应商筛选与甄别等）会逐渐无人化。部分质量岗位（例如一线专职的质量检验、过程监督、体系审核等）会减少甚至取消。

2) 对质量人员的要求更高。由于种种原因，当前大部分质量人员都忙于应对各种由于质量意识薄弱、不按规定操作、偷工减料等低级因素导致并重复发生的质量问题。随着自动化、信息化和智能化与制造的充分结合（即智能制造），这些现象会大大减少。质量人员的精力就要转向质量策划、质量预测、质量改进等质量经营的创造性工作中。这就对质量人员的素质、知识和能力提出了更高的要求。质量人员只有适应时代需求，看清趋势，主动学习和提升自己，才不会被淘汰。

3. 人工智能给质量管理带来的挑战

人工智能的优势在于可以模拟人思考和处理问题的方式和能力，减轻人的劳动负荷，弥补人在信息处理效率和准确性等方面的不足，以及增强决策的有效性。人工智能与质量管理相结合，在减少简单和重复的质量管理活动、提升质量管理成效、降低质量管理成本的同时，也给质量管理带来不小的挑战。

（1）对数据提出了更高的要求　对组织经营和社会经济发展而言，数据已经成为与劳动、资本、土地、知识、技术、管理等处于同等重要性的生产要素之一。质量管理离不开来自市场、研发、物料、工艺、设备、检测、服务等环节的各种数据。人工智能的算法完全依靠数据或信息通过自我学习实现推断、决策和迭代升级。因此，数据的数量和质量对基于数据的质量管理决策和行动有重要影响。随着数据自动采集技术和物联网技术的普及应用，数据的数量方面已不再是重要的关注点。因此，人工智能优势的充分发挥对数据的质量提出了更高的要求。这主要体现在两个方面：一是数据池中数据的真实性（即数据的质量）如何保证？二是从大量甚至海量的数据池中根据场景的需要，如何快速、准确、完整地提取有用信息？

（2）质量管理模式的变革　质量管理的历史上，在不同时期和背景下产生了多种质量管理模式（例如质量检验、体系管理、全面质量管理、卓越绩效管理等）。当前，这几种模式还共同存在并实施着。人工智能与质量管理的结合将不可避免地对质量管理模式产生影响甚至变革。

1) 质量检验。质量检验是保证产品和服务质量的必要手段。当前，质量检验的方式是人工、人机联合、机器自动等多种形式并存。人工质量检测具有识别精度有限、速度慢、误差大、成本高等不足,且工人长时间工作易疲劳,经常发生漏检、错检等现象。此外,人的检验经验难以量化,较高的流动性导致人的经验难以积累和延续,而新员工培训时间较长,花费较高。近年来,随着各种基于光栅、电容、电感、机器视觉、激光等原理的自动化检测技术和仪器的广泛应用,人工参与的质量检验逐步由离线或在线的全自动检测仪器和装置替代。目前,这种替代很大程度上只是人员的减少以及测量结果中人的影响的消除。

人工智能与质量检验的技术融合,使其可以对当前和历史数据进行智能化分析与处理,人工的经验判断又可帮助人工智能完善算法,指导人工智能系统持续学习,进而提高检测质量,且判断标准一致,保持了检测过程的一致性。目前,人工智能视觉检测的时间已可以做到比人工检测缩短80%,提高了效率,降低了成本。

2) 体系管理。作为已经成为业界最为普遍采用的标准之一,ISO 9001 对质量管理的促进作用毋庸置疑。作为模拟、替代甚至超越人类智能的人工智能,其与质量管理的结合,势必会对 ISO 9001 带来重大的影响。当前,ISO 9001 的应用主要是以相关方满意为目标,按照标准规定的内容、步骤及其要求对业务流程中与质量有关的体系进行规范化管理,以使组织各个部门、流程以及活动协调一致并可追溯,并通过定期的审核和认证以保持其有效性和可信性。

随着相关技术的进步以及市场需求的推动,基于自动化、信息化和网络化技术的生产和服务流程越来越多。这些流程的实施规范、要求、结果的评判与处理等通常都已经嵌入其程序中,再利用人工智能技术对全流程的各种数据进行智能化分析和决策,且所有的步骤及其数据都存储在数据库中,既可复用又可追溯。如此,ISO 9001 的作用何以体现值得思考,况且 ISO 9001 并不是每个组织都必须实施的强制性标准。

3) 全面质量管理。全面质量管理强调的是由全体员工积极参与,涉及所有部门、所有流程和全流程的质量管理,以及管理方法的多样性。对任何一个组织来说,这是一个多维度、多层次、多主体的庞大系统工程。理论上,其已经涉及质量管理的方方面面,有目标,有框架,有技术,有方法,应该是组织内部质量管理的最佳归宿。但是,正是因为其固有的复杂性以及影响因素的多样性,全面质量管理的实践一直没有很好的建树。这其中主要的原因在于部门与部门、流程与流程、流程与物、流程与方法、流程与人、人与人、人与方法等之间存在部门墙、流程墙、人员墙、信息墙、行动墙等不利因素,导致"接口"不畅、"内阻"较大、信息不通等问题。人工智能与全面质量管理的结合,正好可以帮助各种阻隔墙的打通和散布各处信息孤岛的贯通,促进质量管理绩效的提升。另一方面,人工智能如何与全面质量管理有效地融合,对全面质量管理的实践也是个不小的挑战。一定意义上,一旦人工智能与全面质量管理实现充分融合,一种新的质量管理模式(暂称为智能质量管理)也就自然出现了。

4）卓越绩效管理。卓越绩效管理可以说是在全面质量管理的基础上，结合社会发展的需求建立起来的，并在全世界范围内得到广泛认可和实施的最新的质量管理模式。与全面质量管理不同的是，其不仅注重组织内部的质量运营，还从战略、战术、资源以及整体绩效层面对组织综合竞争力、相关方满意度以及社会责任等给予关注。卓越绩效管理强调以卓越的经营达成卓越的绩效，其根本的内涵还是质量，但是这个质量是包括产品质量、服务质量、流程质量、人员质量、环境质量、组织发展质量、社会质量等多方面内容的大质量，即卓越绩效管理关注的是组织的管理质量，不仅仅是产品和服务质量。如何利用人工智能技术的优势促进和提升组织的管理质量也是亟待研究的问题。

　　（3）质量管理的工具和方法　　质量管理中涉及的工具和方法很多，其中较为常用的有抽样检验、测量系统分析（MSA）、统计过程控制（SPC）、失效模式与影响分析（FMEA）、试验设计（DOE）、QC新旧七种工具等。这些工具和方法以及质量人员常用的质量统计软件（Excel、Minitab、JMP、InfinityQS等）的数学原理都是统计学。人工智能的数学原理虽然也是统计学，但其在复杂问题的解决和适用性方面都比传统的统计工具更胜一筹。人工智能与质量管理的融合，势必会给传统的质量管理工具和方法带来较大甚至颠覆性的影响，最为典型的就是抽样检验以及基于样本数据进行过程质量推断的统计过程控制。智能制造模式下，对于非破坏性的检验，实施全检的要求、技术和应用条件（大数据处理的准确性、效率、可靠性等）均已具备。全检模式下，抽样再无立足之地，基于抽样的统计过程控制也会逐渐被人工智能算法所替代。

10.2.5　人工智能在质量管理中的应用案例

　　鉴于人工智能在大数据的统计分析、基于经验和内在关系洞见的逻辑推断、以自我学习为基础的自我进化等方面的突出优势，其在顾客需求和市场质量分析、流程质量控制、体系质量保证、产品/服务质量检测、设备预防性诊断与维护、员工作业分析、质量改进、质量评价、供应链管理等领域的应用越来越广泛。限于篇幅，以下仅选几个典型应用做简要介绍。

1. 机器视觉检测

　　机器视觉检测是通过光源和图像传感器（工业相机）获取产品的表面图像，在计算机上利用图像处理软件先对图像进行裁剪、校正、增强等处理，再对所关注特征（例如表面缺陷、尺寸、形位误差、外形、位置、字体、图案、色彩、温度等）进行定位、识别、分类、计算、判定等操作，具有非接触，无损伤，高效率，易实现自动化、在线化和无人化，可不间断连续工作，适用于恶劣环境等突出特点，因此在工业检测、医疗诊断、包装印刷、食品化工、航空航天、生物医学工程、智能交通、文字识别、安全保卫等领域都有广泛应用。工业检测是机器视觉应用中比重最大的领域，主要用于产品质量检测、产品的分类和包装、制造过程和状态的监视等。

广义上讲，机器视觉就是给机器装上人类的眼睛，使其能像人类一样"看清""看懂"静止的物体甚至是视频中连续的动作。为了达到这种能力，硬件（包括相机、镜头、计算机等）和软件（包括内置的算法）都必不可少。传统的机器视觉检测都是基于固定的算法对图像进行处理，普遍存在普适性差、开发周期长、效果不佳、效率低下等缺陷。将人工智能与机器视觉相结合，利用人工智能强大且可自我进化的算法，大大提升了机器视觉检测的能力。例如，基于腾讯云的机器视觉系统使用视觉洞察（Visual Insights）技术，前端使用高清摄像头，后端使用人工智能算法，云端处理器通过训练不断识别合格和异常产品图像的差异，进行快速学习和训练，完成人工智能算法的建模，帮助福耀玻璃工业集团股份有限公司实现了质量检测工序80%的人工替代，且不良品检出率大幅提升。

2. 产品制造过程质量诊断与调整

产品制造过程中的质量控制是保障产品最终质量的关键一环，也是一个多因素、多变量、多特征、数据庞大的复杂系统。经过多年的研究和发展，制造过程中的质量控制已逐步从统计过程控制（SPC）发展到统计过程诊断（SPD）和统计过程调整（SPA）。SPC是通过产品质量特性数据的监测实现对制造过程稳定性的判断，当质量数据的波动超出预定的规则时则报警提示。其既不能判定产生质量问题的原因（即质量诊断），更不能进行实时的调整（即质量调整）。张公绪基于数学模型提出的选控图和两种质量诊断理论，将SPC提升至SPD，不仅实现了加工过程质量异常诊断，还缩短了过程质量控制的周期，但存在不易排除噪声干扰、建模复杂和计算量大等不足。SPD是对SPC的升华，也弥补了SPC的局限，但没有在业界得到广泛推广和应用。SPA是在SPD的基础上，基于现有的知识和经验，通过复杂的统计计算和既定的策略给出调整方案，并通过自动或手动调整的机构或装置对生产过程进行调整。SPA不仅可监测过程是否异常，判断异常发生在何处及因何而起，同时还能进行自动调整。

从产品的整个制造过程来看，质量形成的过程是一个随机过程，产品质量特征参数的形成是许多随机因素综合作用的结果。科学技术的发展使得对制造过程产品质量的特征进行监视和分析成为可能。但是，传统的SPC、SPD、SPA以及类似的专家系统在应用中还存在着知识获取困难、推理能力差、智能水平低等问题，制约了其在产品制造过程质量控制中的应用。人工智能技术（特别是以非线性、并行分布式处理为特征的人工神经网络技术）在模式识别、结构化和非结构化数据处理、逻辑推理、人类专家知识和经验的运用等方面具备的独特优势，为产品制造过程质量诊断和调整的智能化提供了技术手段，开辟了新途径，目前已经有一些较为成功的尝试和应用。例如，山东大学开发的产品制造过程质量诊断和调整专家系统（见图10-5）以产品加工工序为对象，通过各种监视和数据采集装置实时监测加工过程的各种状态和产品质量特性参数。过程一旦出现异常，首先发出质量预警，根据实际情况判定是否继续生产。专家系统根据控制图异常模式和质量异因之间的映射关系，分析并确定造成质量异常的关键和次要因素，再根据人类专家的知识和经验，在逻辑推理的基础上针对异因提出调整方案并进行评价和决策，最后通过调整机构消除质量异常（见图10-6）。

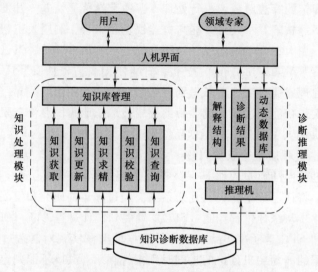

图10-5　质量诊断和调整专家系统结构框架

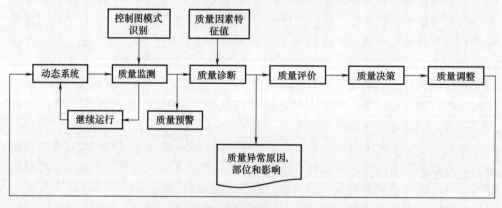

图10-6　产品制造过程质量监测、诊断和调整流程

3. 人工智能在产品审核中的应用

产品审核是确保产品质量稳定、实现顾客满意的重要手段。汽车产品的审核中，缺陷评价有着极其重要的地位，其主要作用是：为重要缺陷确定提供基础数据；为缺陷原因分析提供重要信息；为纠正措施制定提供决策依据；为顾客满意提供保障手段。汽车产品的审核存在系统复杂、变更速度快、不确定性因素多、信息种类繁多、数据量庞大等特点。目前，普遍使用单项缺陷评价和整车质量缺陷水平

评价方法进行审核,即通过审核员的主观评价或运用简单计算来实现。这种方法存在主观性过强、易遗漏缺陷状况信息、对审核员素质要求过高、无法评价特定车辆的缺陷水平、无法区分不同缺陷项的重要性等缺点。

南京航空航天大学将人工智能技术引入汽车的缺陷评价中,引入本体技术、人工神经网络技术、蚁群算法等人工智能技术,实现了产品审核系统的信息抽取、缺陷评价、纠正措施决策等方法的智能化,开发了智能汽车产品审核系统(Intelligent Automotive Product Audit System,IAPAS)。该系统能够智能、客观地评价汽车产品的缺陷,有效地减少了主观性导致的评价不确定性。同时,其还能充分地分析繁杂的缺陷信息并发掘其规律,从而为缺陷评价提供更全面、更有力的信息支持。该系统虽然目前还没有实现全面的智能化,但也为人工智能技术在产品审核中的应用做了可喜的尝试。

10.3 物联网与质量管理

随着信息技术的快速发展,互联网技术也得到广泛应用,信息网络化已大面积普及。进入21世纪以来,智能化概念与互联网的结合,使"物联网"应运而生。物联网的终极设想是将全世界所有的物品都与网络连接,构成一个互联互通的网络体系,从而方便、实时地获知任何事物的相关信息,实现数据共享、远程控制和协调运行。随着网络化、数字化和智能化的发展,越来越多的智能设备、家居、日用品等将与网络连接,生产、生活、学习和社会管理等都会有质的飞跃。未来的世界将因为物联网而变得更加智能。因此,物联网被业界认为是继计算机和互联网之后信息技术革命的第三次浪潮,被称为第三次信息革命。

10.3.1 物联网概述

物联网(Internet of Things,IoT)的概念最早出现于比尔·盖茨1995年所著的《未来之路》一书,只是当时受限于无线网络、硬件及传感设备的技术,并未引起世人的重视。1998年,美国麻省理工学院(MIT)创造性地提出了当时被称作EPC系统的物联网的构想。1999年,美国Auto-ID首先提出物联网的概念,其主要是建立在物品编码、RFID技术和互联网的基础上。

物联网通常被定义为是通过信息传感设备,按照约定的协议,把任何物品与互联网连接起来进行信息交换和通信,以实现智能化识别、定位、跟踪、监控和管理的一种网络。物联网是一个基于互联网、传统电信网等的信息承载体,它让所有能够被独立寻址的普通物理对象形成互联互通的网络。因此,物联网的核心和基础仍然是互联网,是在互联网基础上延伸和扩展的网络,其用户端延伸和扩展到了任何物品与物品之间进行信息交换和通信。

从通信对象和过程来看,物与物、人与物之间的信息交互是物联网的核心。物联网的基本特征可概括为整体感知、可靠传输和智能处理。整体感知可以利用射频识别、二维码、智能传感器等感知设备感知和获取物品的各类信息。可靠传输通过对互联网、无线网络的融合,将物品的信息实时、准确地传送,以便信息交流和分享。智能处理使用各种智能技术对感知和传送到的数据进行分析处理,并提取其中的有用信息,实现监测与控制的智能化。

物联网的体系架构可分为感知层、网络层和应用层。感知层位于底层,是物联网识别物品、采集信息的来源,相当于人体的皮肤和五官。中间的网络层负责传递和处理感知层获取的数据,相当于人的神经中枢和大脑。顶层的应用层是物联网和用户(包括人、组织和其他系统)的接口,它与行业需求相结合来实现物联网的智能应用。简单来说,首先,物联网需要感知层通过射频识别、传感器等感知技术即时获取物品信息;然后,通过网络层的各种有线和无线网络,将这些信息传递到信息存储与处理中心,还要依托云计算的强大计算能力处理这些海量信息;最后,通过应用层的各种应用程序满足终端用户的不同需求。

10.3.2 物联网关键技术及应用

1. 物联网关键技术

(1)射频识别技术 射频识别(Radio Frequency Identification,RFID)又称为电子标签、无线射频识别,是一种自动识别技术,是实现物联网的核心技术之一。物联网体系中,RFID 系统组成及工作示意图如图 10-7 所示。最基本的 RFID 系统一般包括标签(Tag,即射频卡)、阅读器(Reader)及应用软件系统三部分。

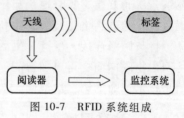

图 10-7 RFID 系统组成及工作示意图

标签由耦合元件及芯片组成,每个标签具有唯一的电子编码,并附着在物品上以实现对象的识别,其通过天线将射频信息传递给阅读器;阅读器用来读取或者输入标签上所包含的信息;天线介于标签与阅读器之间,作为一种传播介质,起传递信号的作用。通过 RFID 技术,可实现对不同物品(设备、信息、人员等资源)在移动或者动态等状态下的识别管理。

(2)传感器技术 传感器(Sensor)是一种检测装置,是实现物联网的关键技术之一。它能够将采集到的各种信息转换成电信号,再经过变换处理,从而实现对监测对象的检测和控制。物联网技术中的传感器技术的应用,能够保证信息的传输和交换工作有效进行,从而实现信息收集、识别和分析的目的,并能够对信息进行及时、有效反馈。随着物联网技术的快速发展,传感器技术的发展呈现出了网络化、智能化的趋势,这将有助于进一步提升传感器的功能和作用,更好地满足物联网的实际需要。

(3)网络通信技术 网络通信技术并不是一个单一的技术,它包括有线和无线传输、网关、交换等技术，是实现物联网的关键技术之一。网络通信技术通过计算机和网络通信设备采集、存储、处理和传输图形、图片、文字、音频、视频等数据，是实现信息资源共享的基础。物联网是建立在网络通信技术基础之上的一个技术集合体，其中，M2M 技术是物联网网络通信的核心技术，包括机器与机器之间（Machine to Machine）、人与机器之间（Man to Machine）、机器与移动网络之间（Machine to Mobile）以及人与人之间（Man to Man）的联系。该技术应用范围十分广泛，能够实现远距离连接和近距离连接的有效结合，同时还能够结合 XML 以及网络位置服务等技术进行安全隐私保护、货物位置追踪等。

第五代移动通信技术（简称 5G）定义了增强型移动宽带（eMBB）、超高可靠与低时延通信（URLLC）、海量机器类通信（mMTC）三大应用场景，将提供更高速率、更低时延和更大连接的移动网络通信服务。其中 mMTC 是专门针对物联网设计的应用场景，通过 5G 提供物联网接入服务，将极大地提升物联网设备的连接和交互能力。

（4）云计算技术　云计算（Cloud Computing）是一种算力资源整合的新方式，通过网络将计算处理程序分布在各地的计算机上，而不是集中由某一台计算机或者服务器来完成。云计算技术最显著的特点就是超大规模计算且成本低廉，这两个特点使其成为物联网中不可或缺的关键技术之一。在物联网中，需要持续不间断地感知客观事物的信息，获得的数据规模以几何方式递增，而云计算恰好具备这种海量数据的计算能力和管理能力，两者的结合相得益彰。可以说，没有了云计算，物联网的发展规模将大大受到限制。

2. 物联网在各领域的应用

物联网在工业、农业、生活、交通、物流等领域得到广泛的应用，使得有限的资源得到更加合理的分配和使用，进而提高了各领域的效率和效益。物联网的出现，将线下的各种物理资源通过互联网联系在一起，促进了产业转型升级，便利了人们的生活，为经济和社会发展提供了新动力。例如，工业生产过程中，基于物联网技术，借助于自动控制和先进传感技术可实现对设备的运行状况进行全面监控，对生产现场的各类信息进行实时获取，可实现全面设备维护以及把握生产中存在的问题和不足，进而提升质量和效率。全国越来越普及的电子不停车收费（Electronic Toll Collection，ETC）系统，不仅免去了取卡和还卡的时间，提升了车辆通行效率，还减少了油耗和车辆损耗。这些都得益于物联网技术在交通领域的应用。生活中的典型应用之一就是智能音箱。通过物联网将家中可以联网的空调、冰箱、电视、灯、扫地机器人、空气净化器等电器都与智能音箱连接，使用者通过与智能音箱的语音交互就可以对联网的电器进行控制，促进了生活质量的提升。

3. 物联网在质量管理中的应用

质量管理中，离不开物体与物体、物体与信息、信息与信息间的连接，更少不了与其他相关方的互联互通。显而易见，物联网技术独特的万物互联的特点可使全价值链中质量管理各环节中的物、信、人、事的互联互通，打通各环节内部和环节间的信息交互壁垒，提高各质量管理流程的效率和效果。目前，物联网技术在质量管理中的应用主要是通过构建数据驱动型全面质量管理应用，可整合设备、员工、工艺、环境、质检等多方数据，以点到面形成全面质量管理解决方案。

（1）物联网在供应链质量管理中的应用　供应链质量管理系统是工业数据在组织间的延伸、交互，涉及企业、供应商、分销商、客户等多个参与方，包括计划、采购、生产、物流等一系列环节，可实现供应链动态精准协同。将物联网技术与供应链质量管理结合在一起，从供应链入手，形成一个闭环高效的产品质量管理信息系统，日常管理经营中所有供应环节的所有产品都能够有准确的信息追溯，使得供应链管理变得更加高效和透明。例如，采购环节，通过物联网技术在采购之初可充分掌握潜在供应商和合格供应商的信息，实时监控供应商所提供产品的货源组织、供应和质量状况；生产环节，利用条形码、二维码、RFID 标签，通过物联网将制程中的物料、设备、半成品、成品、人员等实现无障碍连接，使制程管理数字化、规范化、透明化、条理化；库存和物流环节，建立物联网和电子标签识别技术，管理所有原料与配件的入库、出库、盘点、转运、出货、场外物流等各个环节的状况；销售和客服环节，分销商、代理商、销售终端和客服中心的信息都可以通过物联网技术连接，销售、维保部门和工厂均可实时了解销售和维保情况，制订精准的销售、货源补充、维保和客服计划，提高了销售的绩效和售后服务质量。

（2）物联网在过程质量控制中的应用　物联网技术能够帮助组织实现完整的制造过程智能化质量控制。通过在产品、设备、辅助器具、检测仪器等需要识别和信息交互的物体上固联一个低成本、具有唯一标识码的电子标签，利用 RFID 技术进行无接触快速识别和记录，从而对含有 RFID 标签的产品，从来料、物流、制造、出货、销售、客服、回用、报废全流程的质量、问题追溯、不良产品追踪、质量改进、辅助器具（刀具、模具、工装夹具等）状态等实现一体化管理，形成制程质量管理闭环，从而减少生产过程中各种因素导致的质量问题，保障生产过程的正常运行，减少不良品的产生。

基于物联网的支持，借助于图像识别、条码、RFID、自动控制等技术对产品制造过程进行改造，不仅可减少人力投入，还可将质量管理与生产组织充分融合，实现加工过程各类信息的实时采集，对提高制造过程的柔性、效率、可靠性和产品质量及其可追溯性都具有重要作用。

（3）物联网在产品质量检验中的应用　传统的质量检验只关注产品质量检验本身，对产品属性之间关联度低，检验结果不能实时共享，各个质量检验模块联动程度不高，质量数据的信息挖掘不充分。目前，越来越多的具有数字化检测能力的质量检测仪器和设备在生产中得到应用。通过物联网技术，将计量、检测、检验、试验等环节的传感器、仪器、设备等硬件进行互联，对相关过程的质量数据进行采集、传输、管理、分析、挖掘等作业，打通底层硬件（如传感器、仪器、设备等）

与上层应用软件（如 ERP、MES 等）、关联设计、工艺、生产、计量、质量等部门，实现实验室、车间和工厂的质量数字化检测管理平台，实现质量检验过程中各个环节数据的采集和共享，提高产品属性联动性，增强产品质量检验结果的准确性。

（4）物联网在设备运维中的应用 不同于预防性维护和修复性维护，设备的智能运维和预测性维护是集设备状态监测、故障诊断、寿命预测、维修决策和维修活动于一体的一种设备主动维护方式，也是工业互联网的典型应用之一。预测性维护通过物联网实时监控设备的温度、湿度、电压、电流、气压、振动等因素，以及设备的运行、异常、空闲、关机等状态，并基于历史数据和实时数据预测设备状态及其发展趋势，在设备发生故障前预测其可能出现的故障和隐患，并提出防范措施，从而降低设备维护成本。同时，其基于设备的运行情况可统计设备的运行效率，为企业合理安排设备和提高设备利用率提供了数据支持。

10.3.3 物联网在质量管理中的应用案例

目前，质量数据的采集、传递、存储、分析、挖掘和有效应用是我国组织质量管理的短板之一。特别是中小型企业的产品质量检测和试验数据方面，人工检测、人工填报、纸质记录等现象较为普遍；数据分散，数据的真实性以及人为因素的影响较为严重，且难以及时汇总、分析和应用。有的企业即使有自动化检测设备，因为没有建立区域或全域的质量信息网络，自动检测的数据也仅限于单机使用，每个检测工位上的质量信息无法及时汇总，难以形成上下道工序间质量数据的统一性分析，检测结果也不能及时反馈到加工环节，进而造成加工完成之后才检出零件不合格的现象比比皆是。

由此可见，基于物联网技术建立一个覆盖全流程、数字化的产品质量检测信息管理系统是十分必要的。数据是过程状态和产品质量的反映，数据采集是质量管理信息系统的重要环节，数据采集的全面性、及时性、真实性、可靠性直接决定着质量管理的结果。而产品质量数据的采集涉及全流程中各个环节、多个部门，甚至供应商的种类繁多的手动和自动检测仪器、多种多样的数据格式等挑战，没有物联网和互联网技术的支持是难以想象的。

由深圳市机械行业协会联合海克斯康智能制造、华为云共同打造的，专注产品质量数据管理绩效提升的工业互联网平台——深圳质量云（SMART Quality Cloud），依托物联网、互联网、云计算、大数据等技术，基于质量数据采集、测量管理、数据分析等功能，实现产品质量信息和设备信息等互联可视及数据共享，为用户提供人、机、料、法、环等测量要素及测量结果的全面采集与分析，满足组织质量管理数字化、网络化、智能化的需求。

SMART Quality Cloud 的数据采集终端 SQ Collector 利用物联网技术实现工业设备、检测仪器的数据互联互通，将设备的运行状态和产品质量检测数据可视化，并基于采集的数据对设备进行进一步的分析。如图 10-8 所示为 SMART Quality Cloud 平台框架示意图。检测设备方面，系统兼容三坐标测量机、影像测量仪、便携式测量系统、手工量具和量仪等多种检测设备，适配包括 MQTT、RS485/232、CPS 等多种接口协议，实现产品质量检测数据的自动提取、收集和存储，可采集检测设备状态、运行参数、环境数据等多达上百个变量，并上传到 SMART Quality Cloud 平台。其还开放了丰富的 SDK 开发工具以适应特殊检测设备的快速兼容，能够满足数字化工厂对产品质量数据的采集要求，有效提高组织的质量管理水平、生产效率和经济效益。工业设备监测方面，SMART Quality Cloud 可实时监控检测设备的温度、湿度、电压、电流、气压、振动等环境因素，以及设备的运行、异常、空闲、关机等状态，并基于设备的运行情况统计设备的运行效率，为企业合理安排设备和提高设备利用率提供数据智能支持。此外，系统基于历史数据和实时数据可以对各类设备进行预测性维护，对即将出现的问题进行预判，有效缩短非计划停机时间，保证生产和检测计划的执行，降低设备的综合运维成本。

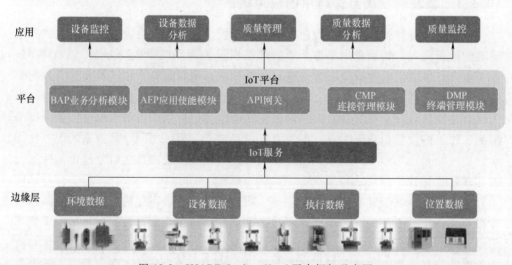

图 10-8　SMART Quality Cloud 平台框架示意图

如图 10-9 所示的 SMART Quality Cloud 智能仪表盘模块 Stat Dashboard，可以统计和评价与生产相关的质量信息，基于国际标准、国家标准、行业标准以及领先的公司标准（例如 BMW、GMPT、Robert Bosch、Volkswagen 等）进行机器和过程能力评价。Stat Dashboard 通过清晰、明了、丰富的图形来反映过程的质量统计数据，还可以自动识别最合适的数据时间分布模型，将数据分配给 ISO 22514-2 中给出的相应过程模型。标准化的评价模型保证了评价结果的准确性和再现性。

通过 SMART Quality Cloud，打通组织 OT 数据与 IT 数据，基于数据分析为组织管理业务和运营优化提供科学决策，实现组织精益管理。SMART Quality Cloud 实现了高效资源管理和科学任务管理，保证了资源的高效、合理的运用，提高了整

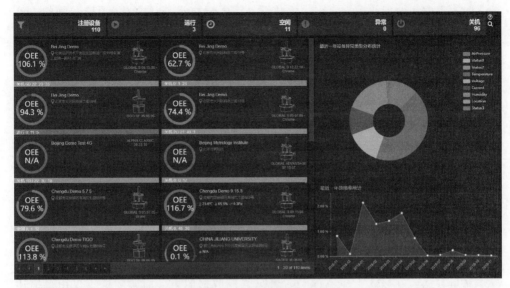

图 10-9　SMART Quality Cloud 智能仪表盘模块 Stat Dashboard

体效率和制造过程的通畅，降低了过程质量控制成本；实现了全过程数字化质量数据采集和展示，形成了全生命周期质量信息档案；实现了透明化的质量数据分析和预测，及时有效地监控传递质量信息，实现了零部件质量信息正向和反向追溯。

10.4　大数据与质量管理

伴随着科技和社会的发展进步，数据的数量不断增多，尤其是近年来，随着互联网的快速发展，图片、视频等多媒体信息以数量庞大、种类众多、时效性强为特征的半结构化或非结构化数据大量涌现，社交网络、物联网、移动技术的广泛应用使得用户可以更快捷地发布和获取数据。用户在互联网中既是数据的消费者又是数据的生产者，现实世界中的数据被快速导入虚拟网络中。一方面，用户在网络上的活动会产生大量数据；另一方面，生活、生产和消费等领域的各种传感器获取的数据也越来越多。在科学研究、互联网应用、电子商务等诸多应用领域，数据的规模和种类正在以指数级增长，大数据时代已悄然来临。

10.4.1　大数据概述

1. 大数据的定义

大数据是一个抽象的概念。维基百科中关于大数据的定义是，大数据是指利用常用软件工具来获取、管理和处理数据所耗时间超过可容忍时间的数据集。但是对于"常用软件"和"可容忍时间"没有确切性的描述。目前为止，对大数据还没有一个统一的定义。通常，大数据指的是在一定时间内无法用常规工具对其内容进行获取、管理和处理的数据集合。大数据是需要新的处理模式才能具有更强的决策力、洞察力和流程优化能力的海量、高增长率和多样化的信息资产。

大量的数据本身没有实际意义，只有针对特定的应用需求分析这些数据，使之转化成有用的信息，并将这些信息有效应用，数据才能产生价值。大数据是一种高新技术，是一个新兴产业，是一种战略性资产，也是一次管理和思维的革命。大数据是未来社会的"石油"，对政府、金融机构、组织乃至个人来说，不仅像空气一样不可或缺，还会改变人们的生活、工作、学习和思维的方式。根据应用场景的不同，大数据可分为产业大数据、政府大数据、互联网大数据、金融大数据、交通大数据、医疗大数据、气象大数据等。

2. 大数据的基本特征

大数据有四个基本特征，分别是数据规模（Volume）巨大、数据种类（Variety）繁多、数据处理速度（Velocity）快、数据价值（Value）密度低但价值高，也就是所谓的大数据4V特征。这些特征使得大数据有别于传统的数据概念。大数据与"海量数据"在概念上也不同，后者只强调数据的量，而大数据不仅用来描述大量的数据，还同时强调数据的复杂形式、数据处理的快速时间特性、对数据分析和处理的专业化以及最终获得有价值信息的能力。

大数据的规模大指的是其数据的体量大，大到目前常用的数据库软件无法对其进行管理。现在来看，大数据基本上是指几十TB到几个PB的数量级。随着数据的不断积累，这个数值将会越来越多。

大数据的种类多指的是其数据类型的繁多和来源各异。随着各种通信网络的发展，数据来源更加丰富，数据类型也不再局限于以前的结构化数据，还包括了来自电子商务、社交平台、智能终端、地理位置信息、网络日志、互联网搜索及传感器网络等途径的半结构化和非结构化的数据。

大数据的处理速度快包含两个含义：一是数据产生和更新的频率快，数据量增长速度快；二是数据处理响应快，大量的实时数据流需要快速地收集、分析、处理和传送。对大数据的处理要求通常要遵循"1秒定律"，即1秒内将处理结果进行反馈。

大数据的价值密度低但价值高包含两方面：一是指数据所含的价值密度低，即有用的数据在数据总量中所占比例低，例如在连续不间断的监控视频图像中，可能有用的数据仅有一两秒；二是指数据的价值高，例如海量的微博数据中的一条微博就会有颠覆性的价值。

3. 大数据技术概述

大数据不仅仅是一堆数据和一种技术，而且是一座宝藏，对数据的充分挖掘会产生巨大价值。如何从类型繁多的海量数据中快速找出有价值的数据和信息，离不开大数据技术。大数据技术指的是从各种海量数据中快速获得有价值信息的一种技术，主要包括大数据获取和预处理技术、数据高速传输技术、大数据存储技术、数据快速处理技术、数据搜索技术、大数据分析技术、大数据可视化技术等。大数据技术与信息化、云计算、物联网、人工智能等技术相互融合贯通，最终都是为了获得有价值的信息和成果。大数据技术离不开硬件、软件、网络和算法的支持。对大数据技术而言，硬件是载体，软件是引擎，网络是通道，算法是核心。

（1）大数据获取和预处理技术　大数据的获取主要有管理信息系统、Web 信息系统、物理信息系统和科学实验系统四种来源。常用的网络数据收集的软件包括 Splunk、Sqoop、Flume、Logstash、Kettle 等各种网络爬虫以及网站公开 API 等方式。依据结构的不同，获取的数据可分为结构化数据、非结构化数据以及半结构化数据等。不同的数据可能存在不同的结构和模式（如文件、XML 树、关系表等），其表现为数据的异构性。对多个异构的数据集，需要做进一步集成处理或整合处理，将来自不同数据集的数据收集、整理、清洗、转换后，生成到一个新的数据集，为后续查询和分析处理提供统一的数据视图。大数据的预处理指的是通过数据的清理、集成、规约和转换提升数据的质量，为后续的数据处理、分析和可视化做准备。

（2）大数据存储技术　大数据的存储不仅需要容量巨大且适宜的存储介质，还需要合适的存储方式和组织管理形式。当前用于存储和管理以结构化数据为主的传统数据的关系模型数据库（SQL）已经难以适用于大数据的需求，分布式数据库系统应运而生。目前，擅长于存储和管理半结构化和非结构化庞大数据集的 Hadoop 开源系统，是由 Apache 基金会开发的分布式系统架构。其特点是高吞吐量、高容错性、硬件成本低廉以及开源等，可存储巨量数据，并通过 MapReduce 对海量数据进行计算。目前，大数据存储应用的数据库类型包括关系型数据库（如 MPP，即 Massively Parallel Processing）、非关系型数据库（NoSQL）和新型数据库（NewSQL）等。

（3）大数据分析技术　大数据分析的关键和目的就是从数据中提取有用的信息并用于决策和预测。对于如何处理大数据，有两大方向：一是集中式计算，即通过不断增加处理器的数量来增强单个计算机的计算能力，从而提高处理数据的速度，IBM 大型机、超级计算机等就是集中式计算的典型硬件；二是分布式计算，即把一组计算机通过网络相互连接组成分散系统，然后将需要处理的数据分散成多个部分，交由分散系统内的计算机组同时计算，最后将这些计算结果合并，得到最终结果。目前，分布式计算是较为普遍的一种方式。当前，大数据分析的方法主要有聚类、分类、关联、预测四大类别，典型的技术包括数据挖掘、自然语言处理等。数据挖掘是对数据进行基于各种算法的计算并预测，目的是从海量网络数据中发掘潜在的高价值信息。数据挖掘需要通过统计学、机器学习、模式识别等方式来实现。目前，比较经典的算法包括关联规则、神经网络、决策树、聚类分析、贝叶斯、时间序列、线性回归、逻辑回归、因子分析、信度分析、效度分析和层次分析等。

(4) 大数据可视化技术　大数据分析的应用过程中，数据可视化通过交互式视觉表现的方式来帮助人们探索和理解复杂的数据。针对数量庞大、种类繁多、关系复杂的大数据，传统的数据显示方法通常难以清楚表现其形态和内在逻辑。大数据可视化与可视分析通过运用计算机图形学和图像处理技术，迅速、有效地简化和提炼数据流，并将分析处理后的有用数据用三维模型、平面的图表等直观并易于理解的形式输出给用户，降低大数据的理解和应用难度。

10.4.2　大数据技术的应用

随着相关技术的不断发展，大数据技术已经在互联网、零售、餐饮、电信、金融、汽车、能源、政务、教育、医疗、体育、娱乐等领域得到广泛应用。庞大的数据资源及其充分应用正在改变着人们思考问题、发现问题和解决问题的方式和方法，提升工作和学习的效率和效果，改进营销方式和服务水平，创新商业模式和发现新的商机。

1. 大数据在互联网领域的应用

互联网是大数据与大数据技术发展的基础，同时也是大数据技术应用的主要领域之一，一方面是互联网企业具有丰富的数据资源和强大的技术力量，另一方面大数据技术也是互联网的主要发展趋势，可以促进互联网的发展。同时，互联网又为大数据技术提供应用测试平台。以淘宝、百度为例，这些公司可为用户提供大数据技术的应用平台，利用电子商务平台所拥有的大数据，对客户的行为进行挖掘分析，提供相似选购行为分析，有效促进了销售和消费。

2. 大数据在电信领域的应用

数据分析技术一直是电信运营商的核心竞争力，电信运营商都在布局大数据技术的应用，包括客户分析与营销、业务分级控制等。

3. 大数据在金融领域的应用

相比传统行业，大数据技术在网络金融领域的应用更为广泛。网络金融企业已经利用大数据技术分析客户的交易行为、客户关注热点等，进而实现业务预测。

4. 大数据在政府领域的应用

美国等西方发达国家已经较多地利用大数据技术解决舆情监测、选举预测、传染病预测、反恐、军事等政府事务。联合国 2009 年就开始应用大数据技术监控全球各地的社会经济数据，以便于对地区性危机做出及时反应。目前，我国政府在利用大数据技术解决政府事务中也有越来越多的良好应用，例如掌握社会发展动态、调控国家经济、保证社会繁荣稳定等。

5. 大数据在物流领域的应用

物流是整个社会经济发展的重要组成部分，当前整个物流行业尤其是电子商务带动的物流已经呈现出爆发式的增长。物流领域应用大数据技术，可促进仓储的空间和地域的优化配置、物流路线的合理规划、物流运输工具的有效调度等。这对减少物流成本、提高经济效益、降低碳排放等都有巨大作用。

6. 大数据在交通领域的应用

我国与交通相关的数据量已从 TB 级跃升到 PB 级,大数据技术将大力促进智能交通的建设和发展。运用大数据技术,可以实现交管系统跨地区、跨部门的资源整合,缓解城市道路拥堵情况,提高高速公路闸口的通行效率,也为交通管理的规划、决策、运营、服务和改进提供有力支持。

10.4.3 大数据在质量管理中的应用

质量管理本身就是基于质量数据的管理。随着数据自动采集、网络传输等相关技术的广泛应用以及质量特性全检的应用需求,产品全生命周期和服务全过程中反映产品和服务质量特性的质量数据,以及质量管理相关过程中产生的其他类型的数据被越来越多地获取,形成了所谓的质量大数据。质量大数据是工业大数据必不可少的环节和因素之一,并在制造企业向智能制造转型升级的过程中扮演着极其重要的角色。质量大数据具有数据量大、结构复杂、分布域广、多源异构、高动态性、关联性高等特性。现有的基于随机、正态和独立性模型的,以传统统计技术为内核的质量管理分析工具已经越来越难以满足要求。高频、多维、海量的质量大数据需要更为有效的数据分析工具,大数据技术就是目前最佳的选项。因此,质量管理和大数据技术的融合是技术和时代发展的必然。

大数据技术在质量管理中的应用体现在产品质量管理、服务质量管理、设备质量管理、环境质量管理、数据质量管理、质量审核与认证、质量监管、人力资源质量管理、教育质量管理等方方面面。

1) 制造业中,质量大数据分散在需求调研、产品规划、产品设计、供应商、制造、检测、销售、客服等全过程中,来源于不同的测量设备、不同的制造过程,甚至不同的描述方法和格式,且需要依附于质量管理体系的相关标准。通过质量大数据对产品质量相关数据的深入分析和挖掘,发现隐匿在数据背后的一些规律性、逻辑性和趋势性,有助于加强质量预防,将质量控制关口前移,及时发现和掌握影响产品和服务质量的关联性因素及其产生原因,进行质量改进。

2) 服务业中,根据来源于各种渠道的消费大数据,京东、淘宝等电商平台可以预测每位顾客的消费习惯和偏好,从而进行针对性的信息和商品推送;顺丰、中通等快递平台可以对分布全国各地的仓储、物流中转站、物流路线和联运方式等进行优化,可大大缩短货物送达的时间,并降低物流成本。

3) 政府质量监管方面,通过舆情监测和大数据分析技术,可以及时掌握舆情的信息,当有异常或突发情况发生时,大数据可视化技术即可清楚、明确地告知监管人员事件的来龙去脉及与其有关联性的信息。这有助于有针对性地采取及时、有效的措施。

4) 人力资源质量管理方面,通过个人信用大数据、消费大数据、网络大数据、教育大数据、职业大数据等渠道，可以全面、准确地获取求职者的相关信息，有助于综合判定其与所应聘岗位的素质和能力的匹配度。

10.4.4 大数据在质量管理中的应用案例

目前，制造业质量大数据的管理还处于起步阶段，也出现了一些专门为制造业研发的质量大数据管理系统。下面以海克斯康集团的 Q-DAS 质量大数据管理系统为例进行说明。

Q-DAS 质量大数据管理系统结合长期的实践经验，利用现代信息技术，提出对组织整体质量系统进行综合建设的 Q-DAS CAMERA 整体解决方案。其从数据采集到数据整合，从数据管理到数据分析及结果展示，全面获取制造过程信息，为结构化、透明化的全面质量管理奠定了基础，如图 10-10 所示。充分采集的质量数据将在统一数据管理平台进行管理，并基于对质量大数据的分析，实现质量数据驱动 PDCA 的螺旋式提升，在设计、工艺、制造等关键环节实现质量闭环。

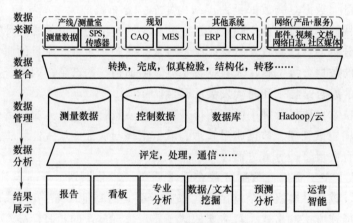

图 10-10 从数据来源到结果展示

Q-DAS CAMERA 质量大数据解决方案，通过引导各种来源的工业生产数据流通，创建了一个自动化的质量大数据管理过程，包括收集、监控、管理、评估、报告、归档六个阶段，如图 10-11 所示。

1. 收集阶段（Collecting）

基于 Q-DAS 为生产企业质量数据采集和传输提供了一种标准的数据交换格式 AQDEF（Advanced Quality Data Exchange Format），可以采集各种测量设备的测量数据。制造企业 ERP、CAQ、MES 等高级系统的质量数据都可以通过接口转换成这种已被大多数主流测量设备供应商所采纳和使用的数据格式。

2. 监控阶段（Assessing）

在生产过程或检测过程对质量进行评价和监控。可以通过多种方式收集测量与检验的数据并进行传输。针对短时间内处理大量数据的情况，实时可视化记录与自

第10章 新技术与质量管理

图 10-11　Q-DAS CAMERA 质量大数据解决方案

动报警监控，从而对整个生产过程的状态创造了透明的监控环境，帮助智能决策，提升系统信心。

3. 管理阶段（Managing）

中央数据存储和维护是进行数据管理的关键方向，集中存储并管理产品和过程数据，实现数据的灵活存取，为 Q-DAS CAMERA 解决方案提供了保障。中央数据库系统实现了数据安全，将测量数据、检验数据及相关描述性信息存储与管理，满足了过程监控中所有关键质量信息的数据集中管理的需求。

4. 评估阶段（Evaluation）

统计评估生产相关信息，评定过程和系统。在工业生产中，重要和完善的统计评估是过程持续改进的基石。此外，根据所定义的准则（国际标准、协会指南和公司规范等）进行自动统计评估是必要的导向。通过图表显示统计结果可以快速识别关键流程，为技术人员和管理层提供可靠的信息。

5. 报告阶段（Reporting）

中央控制服务定期地执行日常工作和功能，进行日常数据分析，根据企业需求运行计划或以特定事件触发工作，大大减轻了人工分析海量数据所带来的负担。自动报告生成系统定期统计数据并将结果或信息通过打印、电子邮件、PDF 文件、手机短信、微信等形式发送给指定收件人。

6. 归档阶段（Archiving）

综合归档和维护功能保证了质量数据的高效管理。将所选时间段或包含某些信息类型的数据定期存储到归档数据库，以最小的内存实现数据的长期归档。在满足用户保存过期数据的需求之外，还能提供数据库的清晰概览，实现数据的随时提取，以及保证数据库的高效性能。

Q-DAS CAMERA 较好地实现了制造业质量大数据的管理，提供了创新的软件工具和程序，结合了良好的结构化设计流程，同时兼顾测量系统的动态特性，通过业务管理平台所汇集的质量大数据，依托于产品过程统计分析方法、预测分析模型，使用大数据分析、机器学习、云平台等技术，定位各种约束条件、范围和周期参数等，输出智能可视化看板和报表，为制造业的质量分析提供了多维的信息；在质量数据流的全过程中进行指导，为质量输出最优化提供了解决方法。

参 考 文 献

[1] 尤建新，周文泳，武小军，等. 质量管理学 [M]. 3 版. 北京：科学出版社，2014.
[2] JURAN J M，DE FEO J A. 朱兰质量手册：通向卓越绩效的全面指南 [M]. 6 版. 焦叔斌，苏强，杨坤，等译. 北京：中国人民大学出版社，2013.
[3] 美国质量协会. 注册质量经理手册 [M]. 中国质量协会，译. 北京：机械工业出版社，2003.
[4] 张公绪. 百年质量管理历程与当前的质量管理形势 [J]. 质量与可靠性，2004（3）：17-20；58.
[5] 冯军. 改革开放40年我国质量发展历程与变革 [J]. 中国质量技术监督，2009（4）：24-29.
[6] 王进. 我国质量管理的发展历程及企业采用ISO 9000质量管理体系的重要意义 [J]. 中小企业管理与科技（上旬刊），2017（8）：21-23.
[7] 荆宁宁. 企业质量文化体系的核心：使命、愿景和价值观 [J]. 中国质量，2016（8）：10-12.
[8] 张爱民. "战略管理"概念的演进及其实质探析 [J]. 理论界，2011（4）：207-209.
[9] 张凤凉，涂静. 质量优先背景下我国产品质量法律体系的完善 [J]. 华南理工大学学报（社会科学版），2018，20（2）：48-55.
[10] 吴倩，蒋小勇，张璧，等. 我国计量行业法规政策和发展趋势分析 [J]. 宇航计测技术，2019，39（5）：86-89.
[11] 支树平. 完善质量法制 建设质量强国——纪念《中华人民共和国产品质量法》施行20周年 [J]. 中国质量技术监督，2013（10）：6-7.
[12] 郑秋艳. 浅析我国产品质量立法的归责原则 [J]. 商场现代化，2008（7）：265-266.
[13] 孙磊，崔有祥，隋丽辉，等. ISO 9001：2015质量管理体系标准理解与实施 [M]. 北京：中国标准出版社，2016.
[14] 张琴. 浅谈质量技术监督部门做好企业标准化监管的对策 [J]. 经贸实践，2018（15）：227.
[15] 贾宝山，李博，崔媛. 浅谈质量经济性 [J]. 轻工标准与质量，2017（3）：56-57.
[16] 薛琴. 制造企业开展质量成本经济性分析 [J]. 化工管理，2015（22）：176-178.
[17] 贾宣东. 基于"大质量"的质量成本 [J]. 中国质量，2017（01）：12-15.
[18] 乌多·汉森. 以变应变的敏捷质量管理 [J]. 上海质量，2019（7）：27-29.
[19] 王颖婕，路正南. 美国NQI发展及对中国的启示研究 [J]. 现代管理科学，2018（1）：27-29.
[20] 中央党校省部级干部进修班课题组，支树平. 新常态下国家质量基础设施建设研究 [J]. 中国领导科学，2016（7）：9-12.
[21] 胡涵景，张熙物，王志民，等. 关于建立"国家质量基础（NQI）集成服务"的研究与分析 [J]. 中国标准化，2018（7）：54-57.
[22] 张纲. 质量强国与质量变革 [J]. 上海质量，2018（7）：11-16.
[23] 张纲. 中国制造的质量创新 [J]. 上海质量，2016（11）：14-18.
[24] 唐先德. 质量管理学实战教程 [M]. 北京：清华大学出版社，2017.
[25] 刘爱珍. 现代服务学概论 [M]. 上海：上海财经大学出版社，2008.
[26] 孙希有. 服务型社会的来临 [M]. 北京：中国社会科学出版社，2010.
[27] 王海燕，张斯琪，仲琴. 服务质量管理 [M]. 北京：电子工业出版社，2014.
[28] 李正权. 质量心理学概要 [M]. 北京：经济科学出版社，2012.
[29] 温德成，李正权. 面向战略的质量文化建设 [M]. 北京：中国计量出版社，2006.
[30] 李正权，孙磊. 企业质量文化建设 [M]. 北京：中国标准出版社，2019.
[31] 中国质量协会. 质量文化在中国 [M]. 北京：中国社会出版社，2006.

[32] 温德成,李正权,林进奎.产品质量竞争力的培育[M].北京:中国计量出版社,2005.

[33] 李正权.论组织的形象竞争[J].世界标准化与质量管理,2004(11):1,4-6.

[34] 郭彬.创造价值的质量管理[M].北京:机械工业出版社,2013.

[35] 郭彬.创造价值的质量管理:质量管理领导力[M].北京:机械工业出版社,2018.

[36] 马逢时,周暐,刘传冰.六西格玛管理统计指南:MINITAB使用指导[M].3版.北京:中国人民大学出版社,2018.

[37] 何桢.六西格玛管理[M].3版.北京:中国人民大学出版社,2014.

[38] MONTGOMERY D C.实验设计与分析[M].6版.傅珏生,张健,王振羽,等译.北京:人民邮电出版社,2009.

[39] 孙磊.质量管理实战全书[M].北京:人民邮电出版社,2011.

[40] 金春华,孙磊,翁明.设计开发质量管理[M].北京:中国质检出版社,2013.

[41] 李德明,王傲胜.计量学基础[M].上海:同济大学出版社,2007.

[42] 张晓东.QFD的历史、现状与发展[J].中国质量,2011(10):10-13.

[43] 孙磊.供应商质量管理[M].北京:机械工业出版社,2020.

[44] 中国质量协会.质量经理手册[M].2版.北京:中国人民大学出版社,2017.

[45] 李若望.精益之旅[M].广州:华南理工大学出版社,2011.

[46] BICHENO J,HOLWEG M.精益工具箱原书第4版[M].王其荣,译.北京:机械工业出版社,2016.

[47] 王雅魁.浅谈质量管理信息化[J].质量指南,2002(22):37-38.

[48] 孙国勇.物联网的关键技术及计算机物联网的应用[J].电子技术与软件工程,2016(9):2.

[49] 王勇.计算机视角下物联网关键性技术的有效运用[J].信息与电脑(理论版),2019(14):193-194.

[50] 佟冬.计算机视角下的物联网关键性技术运用分析[J].通讯世界,2019,26(12):48-49.

[51] 甘志祥.物联网的起源和发展背景的研究[J].现代经济信息,2010(1):157-158.

[52] 韵力宇.物联网及应用探讨[J].信息与电脑,2017(3):3.

[53] 张万红,李斌.物联网技术在产品质量管理中的应用探究[J].物联网技术,2015,5(9):78-79.

[54] 周阿维,邵伟,刘冲.基于物联网的数字化工厂中质量管理信息采集[J].制造技术与机床,2016(7):126-129.

[55] 修春波.人工智能技术[M].北京:机械工业出版社,2018.

[56] 张祥敢.基于人工智能的加工过程质量诊断与调整研究[D].济南:山东大学,2011.

[57] 龚毅光.汽车产品审核系统中人工智能技术的应用研究[D].南京:南京航空航天大学,2009.

[58] 马建光,姜巍.大数据的概念、特征及其应用[J].国防科技,2013,34(2):10-17.

[59] 肖江苏.大数据的概念、特征及其应用探究[J].电脑编程技巧与维护,2016(3):57-58;61.

[60] 蒋晓科,符龙生,李健.大数据关键技术及应用研究[J].电脑知识与技术,2015(3X):2.

[61] 李真春,裴彦芳.大数据概念及主要技术分析研究[J].科技传播,2016,8(19):105-106.

[62] 陈云云.基于物联网大数据处理的关键技术[J].电子技术与软件工程,2019(15):151-152.

[63] 赵鸣丰.大数据-工业4.0-质量4.0[J].中国计量,2017(9):18-25.

[64] 王振环.基于智能制造背景下的质量大数据[J].智能制造,2018(8):36-38.